중앙아시아 이주 한인의 고려말

카자흐스탄 탈디쿠르간

중앙아시아 이주 한인의 고려말

카자흐스탄 탈디쿠르간

곽충구 · 김수현

역락

머리말

　국립국어원은 2007년부터 해외에 거주하는 한인들의 언어를 조사하고 그 결과물 가운데 구술발화 일부를 한글 자모로 전사한 다음 그것을 표준어로 대역하고 주석을 붙여 총서로 펴낸 바 있다. 이 책은 그 후속 편으로서 2010년에 중앙아시아의 카자흐스탄 탈디쿠르간에서 조사한 고려말 구술발화와 어휘 조사 자료를 싣고 있다.

　카자흐스탄에는 10만 명 이상의 한인들이 거주하고 있다. 이들 중 대략 80세 이상의 노년층은 고려말을 구사할 수 있지만 일상적으로는 러시아어를 쓴다. 가족 간의 대화에서도 러시아어만을 쓰는데 그 이유는 자녀들이 모국어를 상실하였기 때문이다. 이들이 모국어를 쓰는 경우는 한인들의 친목 단체나 대소 행사에서 한인들끼리 대화할 때뿐이다. 모국어 사용 환경이 아주 협소해진 것이다. 요컨대, 고려말은 점차 소통의 기능을 상실하고 소멸해 가고 있는 것이다. 이러한 고려말의 소멸은 단지 한 언어의 소멸로 끝나는 것만은 아니다. 고려말 속에 담겨 있는 한인들이 살아온 역사와 문화도 그와 함께 사라져 버리고 마는 것이다. 고려말을 체계적으로 조사하고 보존해야 할 필요성이 바로 여기에 있다.

　이 책은 2010년 탈디쿠르간에서 조사한 고려말 어휘, 음운, 문법, 구술발화 자료 중에서 6시간 30분 정도의 구술 발화만을 따로 떼어내 한글 자모로 전사하고 주석을 붙인 것이다. 이에 앞서 2008년에는 알마티에서 조사한 고려말을 책자로 간행한 바 있는데 이 고려말은 보수적인 육진방언의 한 변종이었다. 그러나 이 책에 수록된 고려말은 한인들의 집거지역에서 흔히 말해지는 고려말이라 할 수 있다. 집필을 마치고 오랜 동안 출판을 미루어 오다가 과분하게도 저자가 <學凡 朴勝彬 국어학상>을 받게 되매, 이를 계기로 學凡 선생의 국어 연구와 국어 사랑을 기리고자 하는 작은 뜻을 담아 3권의 구술 자료집을 출판하게 되었다.

구술자 윤올가 할머니는 연해주 나홋카(Находка) 인근의 어촌에서 태어나고 자랐다. 그리고 1937년에 러시아 볼가강 인근의 아스트라한(Астрахань)으로 강제 이주를 당하였다. 이주지에 정착하여 새 삶의 터전을 닦은 보람도 없이 1941년에 발발한 독소전쟁의 여파로 그 이듬해 다시 카자흐스탄의 아스타나 아크몰린스크주(Астана Акмолинская область)로 두 번째 강제 이주를 당하였다.

구술자 선대의 고향은 함경남도 단천군이고 시댁은 함경북도 경흥군이다. 따라서 구술자는 동북방언과 육진방언의 영향을 받았을 것으로 생각되므로 구술자의 고려말은 고려말의 형성을 이해하는 데 도움을 줄 수 있을 것이다. 또한 이 책은 구술자가 어린 시절을 보냈던 연해주 어촌 지역의 모습과 두 차례의 강제 이주 및 정착 과정에서 겪어야 했던 한인 동포들의 모진 고난의 역사도 일부 보여 줄 것이다.

구술자는 고려말을 많이 잊은 데다 자주 러시아어를 구사하였기 때문에 전사 자료를 접하는 독자들은 그 내용을 이해하기가 쉽지 않을 것이다. 그러나 고려말의 실상과 소멸해 가는 언어의 특징은 어느 정도 살필 수 있을 것이다. 저자들에게는 전사도 힘든 작업이었지만 표준어 대역과 주석을 다는 일도 쉬운 일이 아니었다. 발화가 규범적인 문장이 아닌 데다 구어의 속성상 단축과 생략이 심하고 또 현지 한인들의 역사나 문화를 총체적으로 이해하는 데에는 한계가 있기 때문이다. 그리고 이 언어 조사의 목적을 고려하여 직역에 충실하였기 때문에 대역 부분이 매끄럽지 못한 곳도 있을 것이다. 권말 [부록]에는 고려말 어휘를 좀 더 체계적으로 살필 수 있도록 현지에서 조사한 어휘 자료를 수록하였다. 조사 항목의 많은 부분이 빈칸으로 남겨져 있다. 이를 통해 독자들은 고려말이 어떠한 역사, 사회, 문화적 환경 속에서 소멸해 가고 있는지를 유추해 볼 수 것이다.

조사 기간 중에 도움을 준 박넬리(Пак Нелли) 교수, 그리고 박타티아나(Пак Татьяна) 선생과 그 가족들에게 심심한 감사의 말씀을 드린다. 박타티아나 선생은 현지에서 제보자를 수소문하는 일은 물론이거니와 조사 내내 어려운 일을 도맡아 수고해 주셨다. 그리고 구술자 故 윤올가 할머니는 노령에도 불구하고 12일 동안 고된 조사에 응해 주셨고 또 고국에서 온 불청객들에게 맛있는 음식을 해 주셨다. 이제 유명을 달리 하신 윤올가 할머니께 다시금 감사의 말씀을 드리고 삼가 할머니의 명복을 빈다.

2022년 1월
저자

차례

제1부

현지 조사, 고려말, 자료 정리

1. 조사 경위

1.1. 조사 목적과 조사 개요

국립국어원은 2007년부터 해외 한국어 조사 사업에 착수하였다. 이 사업은 중앙아시아, 중국, 일본 등에 거주하는 재외 동포의 한국어를 연차적으로 조사하고 수집된 전사 자료와 음성 파일을 영구 보존하는 데에 그 목적을 두고 있다. 그리하여 사업 1차 연도(2007)에는 재외 동포의 한국어 중에서도 소멸 위기에 처한 육진방언을 중국 길림성과 카자흐스탄 알마티에서 조사하였다. 그리고 2008년도에는 우즈베키스탄 타슈켄트에서, 2009년도에는 키르기스스탄 비슈케크에서 고려말을 조사하였다. 그 조사 결과물 중에서 구술 발화 일부를 한글자모로 전사하여 표준어 대역을 붙이고 음운, 문법, 어휘에 대한 간단한 해설을 곁들여 2008, 2009, 2011년에 모두 4권의 책으로 출판하였다. 참고로 그 서지를 보이면 아래와 같다.

- 「중국 이주 한민족의 언어와 생활—길림성 회룡봉」, 『국립국어원 해외지역어 구술자료 총서』 1-1, 2008, 태학사.
- 「중앙아시아 이주 한민족의 언어와 생활—카자흐스탄 알마티」, 『국립국어원 해외지역어 구술자료 총서』 2-1, 2008, 태학사.
- 「중앙아시아 이주 한민족의 언어와 생활—우즈베키스탄 타슈켄트」, 『국립국어원 해외지역어 구술자료 총서』 2-2, 2009, 태학사.
- 「중앙아시아 이주 한민족의 언어와 생활—키르기스스탄 비슈케크」, 『국립국어원 해외지역어 구술자료 총서』 2-3, 2011, 태학사.

그리고 2010년도에는 카자흐스탄 탈디쿠르간에서 조사하였는바, 그 조사 개요는 아래와 같다.

- 조사 지역 : 카자흐스탄공화국 알마티주 탈디쿠르간시 나히모바 22번지(Ka

захстан Алматы область г.Талдыкорган ул. Нахимова 22)

- 조사 장소 : 탈디쿠르간 여관
- 구 술 자 : 윤올가(Юн Ольга Константиновна, 여, 1926년생)
- 조 사 자 : 곽충구, 김수현
- 전사, 표준어 대역, 미주 : 곽충구, 김수현
- 조사 일시 : 2010년 7. 17.~2010. 7. 31.(14일간)
- 녹 음 기 : MARANZ PMD660 디지털 녹음기. 마이크 : SHURE SM11

1.2. 조사 과정

1.2.1. 구술자 선정

한국에서, 카자흐스탄 외국어대학의 박넬리 교수에게 우슈토베 지역의 집단 농장에서 조사할 계획임을 말하고 적절한 콜호스와 제보자를 물색해 줄 것을 요청하였다. 7월 17일 키르기스스탄에서 카자흐스탄 알마티로 이동한 후 오후에 다시 우슈토베와 탈디쿠르간으로 출발하였다. 현지에서 카자흐스탄 외국어 대학 강사인 박타티아나 선생을 만나 탈디쿠르간과 우슈토베 지역에 거주하는 한인들의 여러 정황을 듣고 이어 박타티아나 선생이 예비로 선정한 구술자들의 신상 정보를 점검하고 탈디쿠르간에서 조사하기로 결정하였다. 7월 18일 아침 탈디쿠르간에서 윤올가 할머니를 면접하였다. 윤 할머니가 연해주의 어촌 지역에서 출생하고 성장하였다는 점, 남편이 육진방언권 화자라는 점, 그 밖에 구술자의 자격 조건에 알맞다는 점을 확인하고 윤올가 할머니를 구술자로 모시기로 하였다. 그동안 농촌 지역에서 출생하고 성장한 사람만을 조사하였기 때문에 이주 전 어촌 지역 고려인들의 생활 문화를 조사할 수 있으리라는 기대로 윤 할머니를 모시게 된 것이다. 또한 고려말은 함경도의 여러 지역 방언들이 서로 혼합되어 형성되었는바, 윤올가 할머니의 고려말은 그러한 고려말의 특징을 보여 줄 것으로 판단하였다. 즉, 윤올가 할머니는 선대가 동북방언(함남 단천 지역어) 화자이고 남편은 육진방언(함북 경흥 지역어) 화자이기 때문에 방언 접촉과 혼합의 한 양상을 추적할 수 있으리라 생각하였다. 제보자는 85세의 고령이지만 건강한 편이고 목소리가 맑지는 않았지만 언어센스가 있고 차분한 성격의 소유자이다. 러시아와 중앙아시아의 여러 지역을 전전하며 살았기 때문에 고려말을 많이 잊은 상태였다. 그러나 애써 고려말을 쓰려고 노력하였다.

조사 일지를 요약하여 보이면 아래와 같다.

- 7월 17일 : 새벽에 알마티 도착. 박넬리 교수 댁에서 잠시 휴식을 취하면서 조사 예정지인 우슈토베, 탈디쿠르간의 교포 거주 상황, 예비 제보자 상황을 듣고 현지 거주 박타티아나 선생을 소개 받음. 오후에 탈디쿠르간으로 이동. 저녁에 박타티아나 선생을 만나 예비 제보자의 나이, 고려말 사용 정도, 주거 환경 등을 듣고 다음날부터 제보자를 면접하기로 함.
- 7월 18일 : 오전 10시, 윤올가 할머니를 30분 정도 면접하고 제보자로 정함. 탈디쿠르간의 여관에 숙소를 정하고 조사 준비에 들어감.
- 7월 19일~20일 : 구술 발화 조사.
- 7월 21일 : 오전에 구술 발화 조사. 오후에 어휘 농사 편을 조사.
- 7월 22일 : 조사 자료를 정리하고 확인 조사 항목 추출.
- 7월 23일~7월 26일 : 어휘 조사.
- 7월 27일 : 구술 발화 예비 전사 및 확인 조사 내용 추출
- 7월 28일 : 음운 조사.
- 7월 29일 : 음운, 문법 조사.
- 7월 30일 : 문법 조사 완료. 확인 조사.
- 7월 31일 : 오전에 조사 자료 정리. 오후에 40대 고려말 화자를 대상으로 기초 어휘 조사. 제보자 : 강게나(Кан Геннадий Николаевич).
- 8월 1일 : 알마티로 이동. 한글라피라, 박넬리 교수 면담.
- 8월 2일 : 오전 구술발화 전사. 오후에 50대 고려말 화자 조사(200여개 기초

어휘 조사). 제보자 : 문 일리나.

• 8월 3일 : 새벽 알마티 공항 출발. 귀국.

1.2.2. 질문지

국립국어원이 2006년에 제작한 『지역어조사질문지』를 사용하고 여기에 동북방언의 문화적 특징(가옥 구조, 농경 생활, 복식, 음식, 통과 의례 등)이나 조사 지역의 특수성(이주사, 이주 전 원동에서의 생활사, 타민족과의 문화 접변 등)을 보여 줄 것으로 기대되는 조사 항목들을 추가하여 조사하였다.

1.2.3. 질문 방법

조사는 면담 조사로 진행되었으며 구술 발화는 조사자가 조사 항목을 제시하면 구술자가 그에 대하여 자유롭게 이야기하도록 하는 방식을 취하였다. 그리고 어휘는 주로 간접 질문 방식으로 조사하되 사진과 그림을 곁들여 조사하였는데, 구술자의 응답이 없을 때에는 조사자가 가능한 어형을 제시하고 그 중에서 선택하도록 하는 선택식 질문 방법으로 조사하였다. 문법과 음운 항목은 주로 완결식 질문 방법으로 조사하였는데 문법 항목은 질문지 외에 구술 발화를 참고로 하고 또 불가피한 경우 러시아어 문장을 제시하고 그것을 한국어로 번역하도록 하는 방법으로 조사하였다.

고려말은 한국어의 여러 방언 중에서 가장 이질적이기 때문에 질문할 때 표준어를 사용하면 의사소통이 잘 이루어지지 않는다. 이런 이유로 조사자는 가급적 구술자가 일상적으로 말하는 방언으로 질문하기 위하여 노력하였다. 또 구술자는 한국어와 러시아어를 구사하는 이중언어자이기 때문에 이따금 러시아어로 질문하기도 하였다.

2. 조사 지점 개관

탈디쿠르간(г. Талдыкорган)[1]은 카자흐스탄에서 비교적 한인들이 많이 모여 사는 곳 가운데 하나로서 카자흐스탄 알마티주의 주도(州都)이다. 알마티 시를 빠져나와 북으로 향하면 광활한 스텝 지역이 펼쳐진다. 그 스텝 지역을 벗어나 첫 번째로 만나는 도시가 탈디쿠르간이다. 고려인들이 최초로 이주 정착한 우슈토베는 탈디쿠르간으로부터 버스로 약 한 시간 정도 걸리는 곳에 위치한다. 인구는 약 12만 명인데 고려인은 약 6,000명이 거주하고 있다. 옛 수도인 알마티 시에서 북쪽으로 약 244km 떨어져 있다. 우슈토베는 이 탈디쿠르간에서 약 50km 북쪽에 위치한다.

2007년 제1차 카자흐스탄 조사에서는 육진방언 화자를 조사하였기 때문에 카자흐스탄의 고려인들 대부분이 말하는 고려말을 조사할 필요가 있어 초기 이주민들의 집단 거주지이면서 고려인들이 많이 살고 있는 우슈토베 인근의 탈디쿠르간을 조사지점으로 선정하였다.

<지도 1> 카자흐스탄

---

1) 카자흐어로는 '탈디코르간(Талдыкорган)'이지만 조사 당시 구술자가 러시아어로 발음했던 점을 고려하여 '탈디쿠르간(Талдыкурган)'으로 표기함.

3. 구술자의 생애 및 방언 특징

3.1. 구술자의 생애

구술자는 조부 때(부친이 2세 되던 해) 함경남도 단천군(端川郡)에서 연해주 나홋카(Находка) 인근의 한인촌으로 이주 정착하였다. 어촌 마을에서 출생하고 성장하였는데, 부친을 일찍 여의고 국영 상점에서 일하는 삼촌 집에서 살았다. 이주 한 해 전인 1936년, 기관에서 공산당원이던 어머니를 어디론가 끌고 가 어머니와 이별하였다. 11세가 되던 1937년에 강제 이주가 단행되어 러시아의 볼가강 인근의 볼고그라드(Волгоград)(이전의 스탈린그라드(Сталинград))에서 멀지 않은 아스트라한(Астрахань)으로 이주하였다. 구술자가 살던 어촌 마을 사람들은 다른 이주자들과 달리 중앙아시아의 카자흐스탄이나 우즈베키스탄이 아닌 러시아로 이주한 것이다. 이주 경로가 특이하다. 아스트라한은 카스피해의 북서부에 위치한 도시로 볼가강이 흐르는 곳이다. 이주 한인들은 아스트라한에 도착하자마자 러시아 가정에 한 집씩 배치되어 잠시 살았다. 이어 아스트라한 인근의 황무지를 일구어 집을 짓고 경작을 하며 새로운 삶의 터전을 가꾸었으나 1941년에 발발한 독소전쟁(獨蘇戰爭)의 여파로 1942년 정월에 카자흐스탄의 아크몰린스크주로 또 다시 강제 이주를 당하였다. 그 후 중앙아시아의 여러 곳을 전전하다가 지금의 탈디쿠르간에 정착하였다. 구술자의 약력을 아래에 간단히 소개한다.

- 1907년 부친이 두 살이 되던 해 조부모가 연해주 나홋카(Находка)로 이주
- 1926년 나홋카의 어촌에서 출생
- 1929년 4세 때 부친 원동에서 별세(1906-1929)
  이후 결혼 전까지 삼촌댁에서 지냄
- 1934년 원동의 소학교에 입학. 1937년 3학년을 다니다 강제 이주
- 1936년 기관에서 모친을 모처로 옮기는 바람에 모친과 이별

- 1937년 볼가강 인근의 아스트라한(Астрахань)으로 이주
- 1942년 아스타나 아크몰린스크주(Астана Акмолинская область)로 다시 이주
- 1942년 발하슈 호수 동남단의 쿠이간(Куиган)으로 이주
- 1943년 쿠이간 근처 카라차간(Карачаган)의 언니 집에서 고기잡이를 함
- 1944년 우슈토베(Уш-тобе)로 이주
- 1947년 21세에 결혼. 선대(先代) 거주지가 함북 경흥(慶興)인 22세의 남편 (청풍 김씨)와 결혼. 슬하에 아들 둘 딸 하나를 둠.
- 19??년 탈디쿠르간 동부의 체킬리(Текели)로 이주
- 1969년 타지크공화국의 수도 두산베(Душанбе)로 이주하여 1년 거주
- 1970년 두산베에서 카자흐스탄의 탈디쿠르간(Талдыкорган)으로 이주
- 1978년 모친 별세
- 1999년 남편 별세

구술자는 11세 때 원동을 떠나기는 했으나 원동 시절의 이모저모를 많이 기억하고 있었다. 예컨대, 가옥구조나 농사, 어업, 식물 등에 대해서 비교적 잘 알고 있었다. 조용한 성품에 인정이 많고 다정다감한 분이다. 젊었을 때에는 노래에 소질이 있어 대중 앞에서 노래도 불렀다. 고려말이 서툴러서 처음에는 고려말 구사가 쉽지 않아 힘들어했지만 시간이 지날수록 조금씩 좋아졌다. 음색이 다소 흐리기는 하나 발음은 분명하다.

3.2. 구술자의 방언 특징2)

선대 거주지인 함남 단천 지역의 음운 및 어휘적 특징이 나타나기는

---

2) 구술자가 말하는 고려말의 음운, 문법, 어휘에 대해서는 이 책의 미주를 참고할 것. 여기서는 개략적인 특징만을 소개한다. 현지 조사 자료(음운, 문법, 어휘)는 다음 보고서를 참고할 것. 곽충구·김수현(2010), "2010년도 국외 이주 한민족의 지역어 조사 (2) —국외 5지점 어휘, 음운, 문법 통합 자료집", 국립국어원.

하나 일반적인 고려말이 그렇듯이 이른바 koine적인 성격을 보이며 또한 변이형이 많이 나타난다. 예: 덴다~댄다(되다[爲]), 써얼다~싸알다~쏘올다(썰다[제]), 달걀이~달개리~달가리~계란(달걀), 매또기~메뙤기~메떼기~매때기(메뚜기), 굶어~굼머(굶다). 한편, 구술자는 언어 소실의 한 과정을 일부 보여 주기도 한다. 예컨대, 구레나룻, 턱수염, 콧수염과 같은 종개념을 나타내는 말은 모두 잊어버리고 이를 모두 '쉐에미'(수염)라 한다.[3] 한편, 구술자는 발화 중에 갑자기 생각이 떠오르지 않거나 또는 말머리를 고르기 위해 생각을 더듬을 때 '저나'(또는 '저어나')라는 감탄사를 많이 썼다. 표준어 '저기'에 해당하는 말인데 구술자의 독특한 언어 습관이라 할 만큼 빈번하게 사용하였다. 다른 고려말 화자로부터는 '저나'를 듣지 못하였다. 필자는 중국에 거주하는 함북방언 화자로부터 이 말을 들은 바 있으나 중국에서도 이 말을 쓰는 화자는 역시 희소하다.

구술자는 언어습득기에 선대 거주지의 방언을 배워 익혔을 것으로 생각되고 또 시댁 사람들이 함북 경흥 출신이므로 육진방언의 영향도 받았을 것으로 생각된다. 구술자는 시아버지를 21세 때부터 41세 때까지 20년간 모셨다. 구술자는 결혼 후 주로 가정에서 살림을 했기 때문에 활동 반경이 좁고 또한 원동과 중앙아시아에서 한국어 교육을 오래 받지 못하였기 때문에 성장기에 습득한 방언 특징과 시댁의 방언 특징을 함께 가지고 있을 것으로 생각된다. 예: 무셉다~무섭다. 구술자는 자신은 '사름'이라 말하지만 글로 쓸 때는 '사람'으로 써야 한다고 말하였다. 이는 학교에서 배운 것이라 한다. 구술자는 몇 차례 이 같이 말하였으나 이러한 예가 많은 것은 아니다.

---

3) 이 같은 언어 소실 과정에 대한 구체적인 논의는 곽충구(2009b)를 참고할 것.

3.2.1. 음성과 음운 특징

(1) 음성 특징

러시아어의 간섭으로 '르르'을 러시아어 유음 'л[l]'로, '르'을 'p[r]'로 조음하는 경향이 있다. 또 어두 'ㅅ'를 [z]나 [c=ts]로, 모음 사이의 'ㄱ'을 마찰음 [ɣ]로 발음하기도 한다. [w]를 [v]로 조음하는 것도 러시아어의 영향이다. 예: 웨삼추이[vesamcʰui]. 모음은 'ㅗ'의 저설화로 [ɔ]에 가깝게 들리며 'ㅡ'를 'ㅜ'와 가깝게 발음하거나 'ㅜ'로 발음하는 경향이 있다. 그리고 'ㅈ'를 'ㅈ'와 '주'의 중간음 정도로 발음하기도 한다. 예: 나주다(나지다, 없던 것이 새로 나타나다), 가주다(가지다), -주(-지, 부정 어미) 등.

(2) 음운 체계

① 모음체계

10모음체계(/i/, /e/, /ɛ/, /ü/, /ö/, /ɨ/, /ə/, /a/, /u/, /o/)

'ㅟ'는 주로 단모음(單母音) [ü]로 실현되는데, 이중모음 [wi] 또는 [i]로 실현되기도 한다. 예: 귀[kü], 뉘[nü], 뛴다[t'ünda], 쉬[sü], 쉬파리[süpʰari], 쥐[ü]~[wi]~[cʉy], [wəns'i]~[wəns'ü](원수(怨讐)).

'ㅚ'는 자음 뒤에서는 [ö]로 실현되나 원순성이 약화되어 있다. 예: 죄: 꼬맣다, 쇠~쉐[牛], 쇠고기~세고기, 죄[ö](罪). 그러나 어두 위치에서는 [ö] 또는 이중모음 [we]로 나타난다. 예: 외운다[öunda], 웨국[wegugi], 웨편[wepʰyəni](外家), 웬짝이(왼쪽). 또 '쇠[鐵]'를 '쉐'로 발음하기도 하는데 이는 육진방언의 영향이다. 육진방언에서는 대체로 'ㅚ[oy]'가 'ㅙ[wɛ]'로 변화하였다.

② 이중모음

y-계 이중모음 : [ya], [yə], [yo], [yu], [ye], [yɛ]
w-계 이중모음 : [wi], [wa], [wə], [we], [wɛ]

③ 자음체계는 중부방언과 같다.
④ 성조 : 저조와 고조가 시차적이다. mári(말[言])/marí(말[馬]). núni
(눈[雪])/nuní(눈[眼]).

(3) 음운 현상

① 구개음화

형태소 내부의 ㄷ(ㅌ) 구개음화는 완료되었다. 그러나 아래 예처럼 특이하게도 비구개음화형을 쓰기도 하는데 이는 육진방언의 영향이다.

- 피 한고티두(피 한 방울도), 빗고티(빗방울), 물고치(물방울), 오좀고치(오줌방울), 다티다, 다치다[觸]

한편, 형태소 경계(굴절)에서의 ㄷ구개음화는 원칙적으로 이루어지지 않으나 몇 예가 보인다. '빋[債]', '곧[處]', '젙[側]'은 그 주격형(또는 서술격조사 '-이-' 결합형)이 언제나 [비디], [고디], [저티]로 실현된다. 그러나 특이하게도 '낟[鎌]'은 모음으로 시작하는 조사 앞에서 /낮/으로 교체된다. 즉, 부사격 조사 '-으르' 앞에서도 /낮/으로 교체되어 교체 범위가 확대된 것이다.

- 낮을르 뻬엡더마. 그전에 싹 낮을르 베에. 낮을르 뻬서 싹 묶어서 이래 조배기르 햇놋스 음. 그 담에 그담에는 마술게다두 실어딜이구. 벳단으 싹 낮을

르 뻬문, 다른 걸르 무스거 뻬에. 그전이 직금 와서 깜빠인(комбайн)이나 잇는두.(낫으로 베더군요. 그전에 싹 낫으로 베어. 낫으로 베어서 싹 묶어서 이렇게 15단씩 무지를 지어 놓았지. 그 다음에 그 다음에는 말 수레 따위로 실어들이고. 볏단을. 싹 낫으로 베면, 다른 걸로 뭘 베어(=낫 외에는 벼를 벨 것이 없었다는 말). 그전이, 지금 와서 콤바인이나 있는지.)

또한 '피낟[稗]'도 이미 /피낫/으로 재구조화되었다. 어휘에 따라 변화의 시기가 다름을 알 수 있다.

'밭'은 아래와 같이 수의적이다.

> 밭이지[바티지].
> 집 앞이 다 밭이[바티].
> 마다˘ 쪼곰 내놓구선 밭이[바치] 됏지.

파생어는 형태소 내부와 같이 구개음화가 완료되었다. 예: 같이[가치], 꼳꽂이(<꼳꼳이. 꼿꼿이)

한편, '우티'는 본디 '우틔'에서 변화한 것인데 구개음화를 겪은 '우치'가 나타난다.

- ㄱ-구개음화는 예외 없이 이루어졌다. 예: 짐치, 질, 지름, 지둥 등.
- ㅎ-구개음화는 일부 한자어를 제외하고는 모두 이루어졌다. 예: 숭년(흉년), 써개(서캐). cf. 형이~헹이.

② 'ㅣ' 모음역행동화

'ㅣ' 모음역행동화는 수의적이기는 하나 활발한 편이다. 예: 사름-이→사림이, 아츰-이→아침이, 총각이→총객이. 피동화주가 /ㅜ/, /ㅗ/일 때 'ㅣ' 모음역행동화를 보여 주기도 한다. 예: 죽이구>쥑이구, 꿀도독이→꿀도됙이(땅강아지), 다로기>다뢰기[革靴], 목도기>목되기(목침).

③ 음운 탈락

/ㅣ/나 활음 /y/ 앞에서 /ㄴ/이 탈락하는 현상은 수의적이다. 예: 단치 구냐ᵓ아(<구냥+-으), 구야ᵓ이(구멍이).

/ㄷ/이나 /ㅈ/으로 시작하는 어미 앞에서의 /ㄹ/ 탈락은 수의적이다. 예: 살던~사던. 살지~사지.

④ 활용 어간의 말음이 /ㄴ, ㅁ/이고 뒤에 장애음으로 시작하는 어미가 결합되면 대체로 경음화가 이루어지지 않는다. 예: 아르 안구[앙구] 잇엇지.

⑤ 'ㄷ' 불규칙 동사의 말음 /ㄷ/은 /ㄹㅎ/으로 변화하였다. 예: 걻다[걸따](걷다), 싫다[실따](싣다)

3.2.2. 어법적 특징

(1) 어미

① 종결어미

이 고려말의 청자경어법은 '하압소체', '하오체', '해라체'의 세 등급이다. 구술발화에 나타나는 종결어미는 아래와 같다.

	서술형	의문형	명령형	청유형
하압소	-습꼬마/-읍꼬마 (-소다/-오다)	-습두/-읍두 -습다/-읍다 (-소다/-오다)	-습소/-읍소	-기입소
하오	-오/-소	-오/-소, -읍느 -재느	-오/-소	-기오
해라	-다	-냐	-어라/-아라	-자

구술자는 주로 육진방언의 종결어미를 썼다. 서술형의 '-습꼬마/-읍꼬마', 의문형의 '-슴두/-음두'가 그 예다. '-습꼬마/-읍꼬마'는 '-습꾸마/-읍꾸마', '-습끔/-읍끔', '-습끔마/-읍끔마'와 같은 변이형이 쓰인다. 그런데 이따금 '-소다/-오다', '-슴다/-음다'와 같은 의문문 종결어미를 썼다. 이 종결어미는 주로 함남 지역어에서 쓰이므로 구술자의 원적지 방언이라 할 수 있다. 예: 가오다(갑니다), 파재오다?(팔잖습니까?), 헹님! 무스거 보옴다?(형님 무엇을 봅니까?)

② 연결어미

-으메(-으면서), -으무(-으면), -으이(-으니), -을라(-으러), -어서/-아서, -길래(-기에), -두라(-도록), -드리비(-을수록), -사로(-을수록), -으라르~-으래르(<으랴르. -게끔, -려고), -을라이(까) 등. 구술자는 특히 '-을라이(까)'를 자주 썼다. 예: 이전에 들을라이 '꽉지'라 하더구먼(이전에 내가 듣자하니 '꽉지'(괭이)라 하더구먼).

③ 선어말어미

과거 시제의 선어말 어미 '-었-'은 '-엇-', 미래 시제의 '-겠-'은 '-갯-'이다. 예: 쥐구냐아 없이갯으무(쥐구멍을 없애겠으면). cf. '있다'는 '잇다'. 예: 잇은[이슨] 일이지. 잇엇다.

(2) 조사

① 주격조사 : -이. '-가'는 쓰이지 않는다. 예: 코-이 크다(코가 크다).
② 대격조사 : -ㄹ, -르/-으 원칙적으로 자음으로 시작하는 체언 뒤에는 '-으'가 결합하고 모음으로 시작하는 조사 뒤에서는 '-ㄹ', '-르'가 수의적으로 결합된다. 그러나 일부 모음으로 끝난 단음절 명사에는 '-으'가 결합한다.

자음 뒤 : 책으(책-을), 밥우(밥-을) …

　　세상+-으→세상으→세사~아[sesā:]

모음 뒤 : 나르(나-를), 피르(피-를), 배르(배-를), 가매르(솥-을) …

모음 뒤 : 코오(←코+-으)(코-를)

③ 속격조사 : -으. 예: 즘스으 굴(짐승의 우리).

④ 여격조사 : -게 또는 -께. 예: 아들께(아들에게), 아아덜께(아이들에게)

⑤ 처격조사 : -에. '집'은 '-이'가 결합되기도 한다.

⑥ 탈격조사 : -게서. -께서. 말[馬]의 경우는 '-께서'가 결합한다. 그리고 복수접미사 '-덜' 다음에 '-께서'가 결합한다.

　　아아때 <u>말께서</u> 떨어져서(아이 때 말에서 떨어져서).
　　<u>사름덜께서</u> 돈: 많이[마이] 받아내지(사람들에게서 돈을 많이 받아내지).

⑦ 부사격조사 : -으르, -을르, -을루.

⑧ 공동격조사 : -가. 체언 말음과 무관하게 '-가'가 결합한다.

⑨ 보조사 : '-으느, -은는/-ㄴ, -느, -는, '-아부라'(조차), '-커사'(커녕)

(3) 사·피동사에 접미사 '-우-'가 결합되는 현상이 두드러진다.

(4) 통사적 특징

　통사적으로는 이중목적어 구문의 쓰임이 빈번하다는 점과 부정 부사 '아이(<아니)', '못'(모음 또는 'ㅎ'으로 시작하는 용언 앞에서는 '모')이 놓이는 위치가 특이하다는 점을 지적할 수 있다. 부정 부사는 합성어의 어기 사이에 놓이고 또 보조 용언의 앞에 놓인다. 예: 떠 못 나오(떠나지 못하오), 먹어 못 보오(못 먹어 보오). 그리고 '르(또는 ㄴ) 것 같다' 구문은 의존명사 '것'이 없이 쓰이는데 이는 동북방언이나 고려말이 가진 보편적 특징이다. 예: 안개 낄 가툴하다(안개가 낄 것 같다).

3.2.2. 어휘적 특징

어휘는 동북방언의 그것과 큰 차이가 없지만 어휘량은 매우 적다. 고려 말로 나타낼 수 없는 사물의 명칭이나 개념은 러시아어 어휘를 사용하기 때문이다. 이주 후 언어정책적인 측면에서 창조적으로 고려말을 갈고 다듬어 부려 쓴다거나 또 새말을 만들어 쓰는 일이 없었으므로 고려말은 더이상 발전하지 못하고 거의 정체된 상태에 머물게 되었다. 때문에 이주 후에 나타난 새로운 정치 경제 사회 문화나 과학 기술 용어는 모두 러시아어를 쓰게 되었다. 그러나 고려말 어휘가 있기는 하지만 일상적으로 러시아어를 쓰기 때문에 습관적으로 러시아어 어휘를 쓰는 경우도 많다. 러시아어 어휘는 이 책자의 권말에 보인 러시아어 색인을 참고.

지금까지 잘 알려지지 않은 어휘 몇 예를 보이면 아래와 같다. 이 책에 나타나는 고려말 어휘는 미주 및 권말의 색인과 부록을 참고.

끼생게 : 더부살이
낼래리 : 말을 마구 해대는 사람
눈앓이, 눈앓이삥 : 안질(眼疾)
넣우다 : <놓-+-이-+-우-+-다. =놓이다. 예: 상 우에 뇌와 잇다.
늦구다 : 물방울 따위를 천천히 아래로 떨어뜨리다. 예: 오좀고치르 늦군다
　　　　　 (오줌 방울을 천천히 떨어뜨린다)
돌갈기 : 석회(石灰)
돌차개 : 사방치기
뭇이 : 미늘이 달린 작살
방천 준다 : 사글세를 받고 방을 세 주다. <房錢.
번드러지다 : 나가떨어지다. 나자빠지다.
뿔루깨 : 물고기의 부레
수수깨애기 : 수수께끼
안첩재 : 알랑거리는 사람
오마벨 : 불가사리
지정거리다 : 투정하다

27

<지도 2> 구술자의 선대 거주지와 출생지

<지도 3> 구술자의 이주 경로

| <홍범도 장군 흉상> | <구술자 윤올가 할머니> |

4. 고려말 개관 및 조사지의 고려말 사용 정황

4.1. 고려말 개관

러시아와 중앙아시아의 여러 나라에 살고 있는 한인들은 자신들의 모국어를 고려말이라 부른다. 러시아 혁명 전 연해주의 한인 신문, 잡지, 교과서는 '대한국' 또는 '한국', '한인'이라는 말을 썼지만 러시아 혁명 후가 되는 1920년대부터는 '고려', '고려인', '고려말'이라는 말을 쓰기 시작하였다. 민족주의에 바탕을 둔 애국계몽운동 시기가 끝나고 소비에트 사회주의 혁명이 전개되면서 '고려'라는 말이 등장한 것이다. 이주 후에는 조선, 고려라는 말을 함께 썼으나 구소련의 해체 이후 공식적으로 고려, 고려인이라는 말을 쓰기 시작하였다. 고려말, 고려음식, 고렷법(한민족의 전통 예법이나 관습), 고렷글(한국어로 쓰인 글), 고렷사람/고렷사름(러시아와 중앙아시아에 사는 한인), 고려촌(한인들이 모여 사는 마을) 등은 한인들이 일상적으로 쓰는 말이다.

강제 이주 전 러시아 극동 지역의 한인들은 대부분 한인들끼리 공동체를 이루어 살았다. 때문에 자연스럽게 모국어를 습득할 수 있었다. 그러다가 이주 후 한국어 교육이 폐지되고 러시아어로 공부하면서 본격적으로 러시아어를 배우고 말하게 되었다. 그러나 이때도 한인들은 주로 집단농장에서 공동체를 이루어 살았기 때문에 일상적으로는 고려말을 사용하였다. 때문에 이 시기에 다수의 한인들과 함께 살던 소수의 현지 이민족 중에는 고려말을 배워 고려말을 구사하는 이들도 있다. 이때 공동체 안에서 쓰이던 고려말은 이질적인 방언 요소들이 서로 통합 조정되는 과정을 밟게 된다.[4] 먼저, 중부 방언과 같은 소수의 비함경도 방언은 함경도 방언(비육진방언)으로 동화되었다. 또 함경도의 여러 지역 방언형들 중에서 다수형은 살아남고 소수형은 사라지기 시작함으로써 코이네(koine)의 길을 걷기 시작하였다. 예컨대, '몯아바니(큰아버지), 모수다(부수다), 보름(바람)' 따위와 같은 원순모음화를 겪은 방언형들은 다수의 화자들이 말하는 '맏아바니, 마수다, 바름'으로 통일되기 시작한 것이다. 문법형태소는 '-지비', '-습메다', '-소다'와 같은 함북 남부와 함남 북부 지역에서 쓰이는 종결어미가 사라지고 육진방언의 '-소', '-습구마', '-습둥' 따위가 남았고 음운은 표준어의 음운특징과 가까운 동북방언의 음운특징으로 통일되었다. 이에는 이주 전 연해주에서 익힌 규범적인 한국어의 영향도 있었을 것이다. 그러나 지금도 화자마다 선대(先代)의 원적지(함경도) 방

---

4) 이러한 조정은 이주 전 연해주에서도 있었다. 20세기 초 제정 러시아에서 간행된 한국어 문헌에는 ㄷ구개음화에 대한 과도교정형이 다수 보인다. 이는 소수의 비육진방언 화자들이 다수의 육진방언 화자들의 영향을 받은 때문이다(곽충구: 2004, 2007a). 그 무렵 육진방언은 ㄷ구개음화가 이루어지지 않았다.

언 특징을 어느 정도는 가지고 있다. 고려말은 코이네로의 진행 초기 단계에서 소멸할 운명을 맞게 된 것이다.

1960년대에 이르러 한인공동체(집단농장)를 벗어나 도시로 진출하면서 고려말의 위상은 흔들리게 되었다. 공동체에 남은 한인들은 주로 모국어를 썼지만 공동체를 벗어난 고려인들의 고려말은 가정방언(family dialect)의 형태로 남게 되었다. 즉, 밖에서는 지배언어(dominant language)이자 민족 간의 공용어인 러시아어를 쓰고 집에서는 고려말을 쓰게 된 것이다. 게다가 새로운 정치, 사회, 경제, 문화 또는 과학 기술 관련 어휘들이 모두 러시아어로 되어 있으니 불가불 러시아어를 쓸 수밖에 없는 상황에 놓이게 되었다. 이 결과 집거지역이든 산거지역이든 지금은 대략 80세 이상의 노인층만이 고려말을 유창하게 구사할 수 있다. 이들 노년층은 이중언어자(bilinguist)이거나 현지 이민족의 언어까지 구사할 수 있는 다중언어자이다. 이 노인층은 자신들끼리 만나 어울리거나 또는 단오와 같은 명절에 한인끼리 만나 대화를 나눌 때만 고려말을 쓴다. 가정에서는 러시아어와 고려말을 뒤섞어 쓰는 경우도 혹간 있지만 젊은 세대가 고려말을 모르니 러시아어를 쓸 수밖에 없다. 70대는 어느 정도 듣고 이해할 수는 있지만 고려말이 매우 서툴다. 러시아어와 초보적인 고려말 어휘를 뒤섞어 쓰는 경향이 있고 러시아어 조음 습관에 젖어 있어 발음이 명료하지 않다. 한인 집거지역에서 사는 이들은 도시에서 사는 이들보다 사정이 좀 낫다. 이렇게 된 까닭은 80대 이상의 세대는 이주와 정착 및 독소전쟁(獨蘇戰爭)의 와중에서 한인들만의 지역 공동체 안에서 모국어를 쓰고 자랐지만 70대 이하는 대체로 1950년대의 안정된 사회 환경에서 러시아어로 공부하고 새로운 사회에 적극적으로 적응하면서 살아왔기 때문이다. 본국과의 접촉도 없는 데다가 한국어 교육마저 일찍이 폐지되었고 또 사회가 발전하면 그에 따라 관련 어휘도 증가하여야 하나 그 자리를 러시아어가 메운 까닭에 고려말은 점점 설 자리를 잃게 된 것이다. 이주 초기에는 모국어로 쓴 문학 관련 출판물도 나왔고 고려일보(<레닌기치<선봉)와 같은 신문이 지금까지 간행되고 있지만 이것이 고려말을 유지 발전시킬 수 있는 동력은 되지 못하였다.

고려말은 본디 함북방언에 그 뿌리를 두고 있다. 두만강 유역의 육진방언, 동북방언(주로 함북 및 함남 북부 지역어)가 서로 영향을 주고받으면서 발전한 것이다. 고려말은 일종의 언어섬을 이루어 독자적으로 발전하였지만 그 근간은 함북방언이기 때문에 함북방언 외의 다른 한국어 방언 특징은 보이지 않는다. 또한 고려인 사회에서 자생적으로 생겨난 어휘도 드물다. 이 고려말에는 순수고유어가 많다. '도배꾼'(도우미), '돌갈기'(석회), '땅집'(단독주택), '몸글(신분증)', '불술기/부술기(기차)', '즘승이사'(수의사), '줄씨'(계통, 연줄), '아슴채잏다'(고맙다)와 같은 예가 그것이다. '불술기'는 개화기 무렵 함북 지방에서 만들어진 신조어로 한어(漢語) '火車'를 번역 차용한 말이다. Matveev가 1900년에 연해주에서 간행한 『노한소사전』에 '부술기', '불술기', '불술기팀(기차역)'이 수록되어 있는 것을 보면 이미 19세기말에 이 신어가 만들어져 쓰였음을 알 수 있다.

1920년 『독립신문』(상해판)에 발표된 <俄領實記>(상해판)에서 계봉우는 '불술기'는 "우리 國語의 新發明이니라"하여 이 신조어를 극찬한 바 있다.

또 고려말은 현재 북한의 함북방언이나 조선족의 그것보다 더 보수적이다. 때문에 예전에 함경도에서 쓰였던 '불술기'(기차), '공리사'(구판장, 상점), '붕간'(←糞間, 변소), '끼생게'(더부살이), '뭇'(작살), '강동'(연해주) 따위가 지금도 쓰이고 있다.

이 고려말의 어휘 체계는 단순하지 않다. 고려말은 '고유어+러시아어 차용어+현지 민족어'로 구성되어 있다. 고유어는 함북의 육진방언과 동북방언에서 유래한 것으로 옛 함경도의 생활 문화(친족 관계, 통과의례, 음식 등)을 잘 보여 준다. 고려말에는 일찍이 이주 전 러시아어와 한어(漢語)에서 차용한 말이 있다. 전자의 예로 '비지깨(спичка, 성냥), 가란다시

(карандаша, 연필), 거르만(карман, 주머니), 메드레(ведро, 물통)’ 따위
가 있고 후자의 예로 ‘강차이(鋼鍤, 삽), 노배(蘿卜, 무), 마우재(毛子, 러시
아인), 커우대(口袋, 마대), 밴세(匾食, 餻食, 만두의 일종), 촨(船, 배)’ 따위
가 있다. 이 고려말은 고려인들이 이주 후 살아온 역사와 문화를 반영하
고 있다. 예컨대, ‘이동식 임차농업’이라 할 수 있는 ‘고본질(股本-)’이 그
런 예이다. 또 민족 간의 접촉으로 ‘부에, 부우덱이’(러시아인), ‘사께’(카
자흐인), ‘베께’(우즈베크인)와 같은 이민족을 지칭하는 말도 생겨나고 또
혼혈인을 지칭하는 말도 생겨났다. ‘짜구배’는 한인이 다른 민족과 결혼
하여 낳은 2세를 이르는 말이고, ‘올구배’는 그 혼혈인이 다시 한인과 결
혼하여 낳은 사람을 이르는 말이다. 신문물이나 새로운 제도 또는 개념어
들은 러시아어를 차용해서 쓴다. 예컨대, ‘게로이(герой, 노동영웅), 마시
나(машина, 자동차), 할러지리니끄(холодильник, 냉장고), 뻰시(пенси
я, 연금), 오뻬라찌(операция, 手術)’ 따위가 그런 예이다. 한편, 고려말을
쓰는 한인들은 이중언어자이기 때문에 혼종어가 쓰이기도 한다. 예컨대,
장의차는 ‘상뒤마시나’라 하는데 이는 상여를 뜻하는 함북방언 상뒤(<샹
뒤<향뒤)와 자동차를 뜻하는 러시아어 ‘마쉬나(машина)’의 합성어이다.
문화접변으로 생겨난 ‘떡뻬치카’는 ‘빵을 굽는 화덕’을 이르는 말이다. 러
시아어의 영향도 있다. 예컨대, 러시아어를 번역 차용한 ‘골이 일으 하다’
(←голова работает, 머리를 쓰다)나 13,000을 열 세 천이라 하는 따위가
그것이다. 그리고 현지 민족어를 차용해서 쓰기도 한다. 또 기왕에 쓰던
단어에 새로운 개념을 넣어 쓰기도 한다. 예컨대 ‘빵’을 ‘떡’이라 한다든
가 교회를 ‘결당’이나 ‘절당’이라 하는 것이 그런 예이다.

　고려말에는 한인들이 살아온 역사와 문화 그리고 그들의 세계관이 담
겨 있다. 현재의 추세로 미루어 보건대 이 고려말은 조만간 소멸할 것이
다. 따라서 사멸해 가는 고려말을 전면적으로 조사하여 보존하는 일이 필
요하다. 한때 현지 학자가 고려말을 규범화하려는 시도를 한 바 있고 또

오랜 동안 고려말을 수집하고 사전을 편찬하고 있는 이들도 있다. 최근 국립국어원에서 고려말을 국가별로 전면적으로 조사하여 책자로 펴내고 있는 것은 퍽 다행스러운 일이다. 이제는 단순히 고려말을 표준어와 대응시켜 이해하려는 태도에서 벗어나 고려말 어휘 및 문법 형태를 고려말의 체계 속에서 정밀하게 관찰하고 분석하여 기술할 필요가 있다. 또 국내외 학자들의 글 속에 들어 있는 고려말 어휘는 그 '표기', '뜻풀이', '어원' 등이 일정하지 않고 오류도 발견된다. 이를 바로 잡거나 통일하는 일도 필요하다. 그것이 고려말을 보존하는 지름길이다.

4.2. 조사지의 고려말 사용 정황

카자흐스탄은 약 130여 개의 민족으로 이루어진 다민족국가이다. 각 민족은 자신의 민족어를 구사하기도 하나 민족 간의 대화에서는 러시아어를 쓴다. 구소련이 해체된 후 카자흐어가 공용어로 지정되면서 카자흐어도 많이 쓰인다.[5]

탈디쿠르간에는 6,000여 명의 한인들이 거주하지만 이민족과 함께 사는 까닭으로 일상적으로는 러시아어를 쓴다. 구술자는 50대의 아들, 딸 및 30대의 손녀와 한 집에서 사는데 가족 간의 대화는 러시아어로 이루어진다. 50대 자녀들은 간단한 한인 음식 이름(짐치, 찰떡이, 증편, 지름굽이[6]), 친족 명칭(맏아배, 맏아매) 등을 알 뿐이다. 이들은 초보적인 고려

---

5) 조사 당시(2009년)의 정황이며, 현재(2021년)는 카자흐어를 국어로, 러시아어를 공용어로 사용하고 있다.

6) <기름굽이. 함경도의 대표적인 음식의 하나. 쌀가루를 물에 반죽한 다음 판판하고 넙죽하게 빚어 기름에 구운 다음 귀 부분을 세 번 접어 네모지게 꾸민 떡. 요즘에는 찹쌀로 많이 하나 쌀이 귀하던 시절에는 기장쌀, 차좁쌀, 수수쌀로 만들었다. 이 떡을 제사상에 올리지 않으면 귀신이 돌아앉는다고 할 정도로 제사 때에는 반드시 갖추어 놓아야 하는 음식이다(곽충구: 2019에서 전재).

말을 듣고 이해할 수 있으나 말은 할 줄 모른다. 어릴 때는 어느 정도 고려말을 구사하였으나 학교를 다니면서부터 고려말을 쓰지 않게 되었다한다. 구술자는 이렇게 모국어를 잃고 또 모국의 문화와 단절되어 있는자신의 아들과 딸을 '마우재나 다를 바 없다'고 말한다. 고려말은 가정방언(family dialect)의 형태로 남아 있다가 점점 소멸해 가고 있는 것이다. 이 도시에서 한인들이 고려말을 쓰는 경우는 대체로 70세 이상의 한인노인들이 모여서 이야기를 나눌 때뿐이다. 고려인협회에서 일 년에 몇 차례(단오, 여성해방의 날 등) 모임을 갖는데 그런 경우나 대소사로 친족이모이는 경우에만 고려말을 부분적으로 사용한다.

인접 우슈토베에는 한인들의 콜호스가 많지만 개방 이후 많은 한인들이 콜호스를 떠나서 알마티, 탈디쿠르간 등 대도시로 이주하였다. 고려말의 사용 빈도는 대도시보다 집거지역이 높다. 예컨대, 우슈토베는 고려말사용 빈도가 탈디쿠르간보다 높으며 70세 이하의 세대도 고려말 구사가가능하다 한다.

조사자는 탈디쿠르간 지역에 거주하는 중년층을 대상으로 고려말을 조사하였다. 제보자는 강게나(Кан Геннадий Николаевич, 43세(조사 당시), 사업, 남성)씨로 이 분은 어렸을 때에는 우슈토베의 한인공동체에서자라고 고려말을 구사하였으나 도시로 이주하면서 고려말을 거의 잊은 상태였다. 기초 어휘를 중심으로 체계적인 조사를 하고자 하였으나 아주 초보적인 어휘만을 듣고 이해하는 수준이어서 조사를 포기하였다. 어휘에서수사는 '여섯'까지만을 세고 '일곱'과 '야듧'은 알고는 있지만 그 의미는모르고 있었다. 그러나 직계 존속의 친족어는 거의 알고 있었다. 친족어가가장 오래도록 기억되는 것으로 보인다. 인체어는 극히 일부만을 알고 있었고 그 밖의 명사는 전혀 알지 못하였다. 흥미롭게도 상대경어법의 경우는 '하오'체만을 인지하고 있었다. 그리고 /ㅐ/를 /ㅑ/로 조음하기도 하였는데 이와 같은 현상은 2009년 60대 화자에게서도 나타났다(곽충구: 2009b).

5. 전사 및 표기

5.1. 전사와 표기의 원칙

구술 발화의 전사 및 표기는 원칙적으로 한글 자모를 이용하고 그 표기는 형태음소 표기를 하되 필요한 경우 음성적 표기를 가미하였다. 따라서 현행 『한글 맞춤법』의 표기 원리를 준용(準用)한 셈이다. 여기서 '전사'라 함은 음성을 그에 대응하는 문자로 옮겨 적는 것을 말하고 '표기'란 전사된 것을 일정한 원리에 맞추어 적는 것을 뜻하는 말로 쓴다.

국립국어원의 '국내 지역어 조사'에서는 구술 발화를 모두 음성 전사하였다. 이는 조사 대상 언어를 기록하고 분석 및 연구하기 위한 당연한 조치라고 생각한다. 그럼에도 불구하고 이 책자에서 일부 형태음소 표기를 채택한 것은 두 가지 이유에서이다. 그 하나는 구술 발화 자료에 대한 정보 처리를 용이하게 할 수 있도록 하기 위함이다. 다른 하나는 한글 자모를 이용하여 전사하면 일반 독자는 물론이거니와 국어학을 전공하는 이들도 전사된 내용을 분석적으로 이해하기 어렵고 또 그렇기 때문에 필요한 언어적 정보를 쉬 얻어낼 수 없을 것이라는 우려 때문이었다. 예컨대, 조사 대상 언어에 대한 충분한 사전 지식이 주어지지 않는 한 어간과 어미를 식별하기 어렵고 그들 어간과 어미의 의미, 형태 기능 정보를 파악하기가 어렵다.

그런데 형태음소 표기를 하면 독해의 능률을 높이고 분석을 좀 더 용이하게 할 수는 있겠지만 그 표기가 내포하고 있는 발음 정보는 정확하게 드러내기 어렵다. 따라서 이 책자에서는 형태음소 표기를 하면서 필요한 음성적 정보를 제공하는 방법으로 표기를 하기로 하였다. 그런데 표준어를 정해 놓은 원칙에 따라 표기하는 정서법과 달리 방언의 형태음소 표기는 어려운 점이 많다. 방언은 음운, 형태, 어휘 등 모든 영역에서 많은 변이를 보일 수 있기 때문이다. 또한 형태음소 표기를 하려면 체언이나 용언은 그들 교체를 통하여 일일이 기저 어간을 확인하여야 하고 또 그와 통합되는 조사나 어미도 역시 그 이형태를 일일이 확인하는 절차를 거쳐야 한다. 또한 그 과정에서 수반되는 음성 정보를 확인하고 그것을 적절히 표기에 반영해야 한다. 뿐만 아니라 파생어나 합성어의 표기를 위해서는 그 방언의 조어법에 대한 이해가 필요하다. 요컨대, 조사 대상 방언의 전 체계를 낱낱이 파악하고 분석적으로 이해해야만 형태 음소적 표기가 가능하다. 허나 패러다임 상에서 나타나는 다양한 이형태 교체와 그와 관련된 음운 현상을 모두 파악하고 그것을 표기에 반영한다는 것은 결코 쉬운 일이 아니다. 여기에 방언에 대한 형태음소 표기의 어려움이 있다. 그런 이유로 이 책자의 표기에는 다소 불완전한 면도 발견될 것이다. 변이형 및 교체형에 관한 정보는 이 책의 뒤에 붙인 색인을 참고할 수 있을 것이다.

5.2. 몇 가지 음성과 그 전사

① 〔ï〕(〔i〕와 〔ɨ〕의 중간음)

'ᅴ'[ï]는 'ㅣ'와 'ㅡ'의 중간 정도에서 조음되는 전설 비원순 고모음을 전사한 것이다. 이 방언에는 이중모음 'ᅴ'[iy]가 존재하지 않기 때문에 [ï]를 'ᅴ'로 전사하였다. 'ᅴ'는 대체로 'ㅣ'와 가까운 소리여서 'ㅣ'로 적을 수도 있다.

② 〔˜〕

선행모음이 비모음(鼻母音)임을 표시한다. 대체로 비음성이 거의 들리지 않는다. 발화 환경이나 속도에 따라 비음성이 수의적으로 실현되기도 한다. 예: 코˜이(콩-이), 코˜오(←콩+으, 콩-을)

③ 〔ɾ〕

음절말 위치의 '르'이 [ɾ]로 실현되는 예가 있다. 이는 모두 '르'로 전사하였다. 간혹 한글 전사 바로 뒤에 [ ]를 두고 그 발음을 보이기도 하였다.

> 두 볼두[poɾdu] 놓구 세 볼두[poɾdu] 놓구(옷을 두 벌도 놓고 세 벌도 놓고)
> 닭이[taɾɡí] 쉰:개(닭이 쉰 마리)

④ 운율적 요소에 대한 전사

장음을 동반하는 상승조, 하강조, 저장조는 동일 모음을 반복하여 전사하였다. 음운론적으로는 2mora정도의 길이로 해석할 수 있을 것인데 어떤 예들은 중부 방언의 노년층에서 들을 수 있는 음장보다도 길어 2음절로 간주할 수 있는 예들도 있다. 예: 대애지(돼지). 쇄애지(송아지). 왜애지(<오얏+-이, 자두) 등. 표현적 장음은 [:], [::]로 전사하였고 이보다 짧게 느껴질 때에는 [·]로 전사하기도 하였다.

⑤ 구술자의 러시아어 단어 발음에는 고려말에 나타나지 않는 음성들이 많다. 그것을 일일이 국제 음성 기호로 전사하지는 않았다. 예: [z], [f], [v], [β] 등. [z]는 무성음 [s]로 조음되기도 한다. 구술자의 러시아어 발음은 표준적인 러시아어 발음에서 멀어진 것도 있으나 발화음 그대로 한글 자모로 전사하고 러시아어 단어를 괄호 속에 두었다.

5.3. 활용과 곡용 어간

체언과 용언은 패러다임상에서의 교체를 통하여 기저형을 확인하고자 노력하였다. 조사나 어미의 통합형에 대한 표기는 이 기저형을 어간으로 고정시키고 표기하였다. 이 방언은 고어적이기 때문에 어간말 자음 및 그 체계가 표준어와 차이가 크다. 그 표기 예는 아래와 같다.

- 곧/굗[處] : 곧이[고디], 곧읠[고들], 곧에[고데], 곧만[곰만], 곧부터[곧뿌터, 곱뿌터], 곧개[곧까, 곡까](곳-과). cf. 덛[時], 빋[債], 몯[釘], 붇[筆] 등
- 꽂[花] : 꽂이[꼬지], 꽂의[꼬즈], 꽂에[꼬제], 꽂만[꼼만], 꽂부터[꼳뿌터, 꼽뿌터], 꽂개[꼳까, 꼭까](꽃-과)
- 겇[表] : 겇이[거치], 겇읠[거츠], 겇에[거체], 겇만[검만], 겇부터[걷뿌터, 겁뿌터], 겇개[걷까, 걱까](겉-과)
- 숟[炭] : 숟이[수티], 숟읠[수트], 숟에[수테], 숟만[숨만], 숟부터[숟뿌터, 숩뿌터], 숟개[순까, 숙까](숯-과)

그러나 아래와 같이 비자동적 교체를 보이는 어간의 경우 모음으로 시작하는 조사 앞에서의 교체형은 소리 나는 대로 표기하였다.

나무두(나무-도), 낭기, 냉기(←낭ㄱ+-이, 나무가), 낭그(←낭ㄱ+-으, 나무를), 낭글르(←낭ㄱ+-을르, 나무로), 낭게셔(←낭ㄱ+-에셔, 나무에서) ······.
자르두(자루(袋)-도), 잘기(←잘ㄱ+-이, 자루가), 잘그(←잘ㄱ+-으, 자루를), 잘게(←잘ㄱ+-에, 자루에), 잘그느(←잘ㄱ+-으느, 자루는) ······.
짜르다[短], 짜르구(짧고), 짤가서(←짤ㄱ+아서), 짜르이(짧으니) ······.

이 구술자의 발화에서, 형태소 경계에서는 구개음화가 이루어지지 않는다. 예: 밭이[바티], 밭읠[바트], 밭에셔[바테셔]. 혹 구개음화가 이루어진 예가 있으면 '밭이[바치]'와 같이 표기하였다.
그리고 복수의 어간(개신형과 보수형)을 가지고 있는 예, 예컨대 '신다[載]'와 '싫다'의 경우 자음 어미 앞에서는 기저 어간 형태인 '싫-'와

'신-'으로 표기하였지만 모음으로 시작하는 조사 앞에서는 '실-'로 표기하였다.

> 싫구(싣고), 싫지(싣지), 실어서, 실으이(실으니)
> 싣고, 싣지, 실어서, 실으이(실으니)

한편, 아래와 같이 불규칙한 어간 교체를 보이는 예는 소리 나는 대로 표기하였다.

> 같애셔[가태셔], 같으니[가트니]~같아니[가타니], 같으구[가트구], 같지[갇찌](如)

음운 현상에서, 자음 동화는 표기에 반영하지 않았다. 단, 자음군단순화는 실제 발화음을 [ ]에 적어서 보였다. 예: 야듧개[야듭깨]. 그리고 어간 말 자음 'ㄴ, ㅁ, ㄹ' 뒤에서의 경음화 및 원순모음화는 표기에 반영하였다. 고려말 및 육진방언을 포함한 동북방언권의 노년층에서 이 경음화는 화자에 따라 실현되기도 하고 실현되지 않기도 한다. 연령이 낮을수록 그 실현이 현저하다. 예: 신으 신구[싱구] 또는 신으 신꾸[싱꾸]

한편, 말음이 'ㅎ'인 용언 어간에 장애음으로 시작하는 어미가 결합하면 유기음 또는 경음으로 실현된다. 예: 노코~노꼬(놓-고). 이는 함경도 방언의 특징인바, 이를 모두 전사에 반영하지는 못하였다.

5.4. 문법 형태의 표기

표음주의 표기를 원칙으로 하였다. 예컨대, 대격조사의 경우 '-으, -우, -르, -루, -오'와 같은 이형태가 있는데 이들은 소리 나는 대로 표기하였다. 예: 글

의(끝-을), 밥우(밥-을), 죽우(죽-을), 너르(너-를), 줄우(줄-을), 코오(코[鼻]-를)

5.5. 복합어

한자어, 파생어, 합성어는 원칙적으로 아래와 같이 어원을 밝혀 적었다. 파생어의 표기는 대체로 현행 『한글 맞춤법』을 준용하였다. 다만, 그 표기와 발음이 다른 경우, 자동적으로 예측이 가능하지 않거나 표기와 발음이 현저히 다를 때에는 [ ] 속에 한글 자모로 그 발음을 적어 넣었다. 단, 한글 자모로 전사하기 어렵거나 또는 주요한 음성 특징을 보여 주고자 할 때에는 [ ] 속에 국제음성기호로 보였다.

겉모양(겉모양), 붇글씨(붓글씨), 천지꽃(진달래꽃)
헐이[허리], 많이[마이, 마ᅌ이], 욁기다[욍기다], 솂기다[생기다], 멕이다

5.6. 띄어쓰기

채록할 때 띄어쓰기는 크게 고려하지 않았다. 발화 단위 중심으로 적는 것을 원칙으로 하되 의미의 불투명이 우려되는 경우 띄어쓰기도 하였다.

5.7. 기타

① 말을 더듬을 때 자주 쓰이는 '저' 뒤에는 '…'를 부가하였다.
② 구술자가 시늉을 하며 말한 경우 그 동작을 ( ) 속에 보였다. 예: 아아 이거. (방망이질을 하는 시늉을 하며)
③ 웃음, 혀 차는 소리 따위는 (웃음), (쯧쯧)과 같이 표기하였다.
④ 발화 실수는 각주나 표준어 대역에서 밝혔다.

⑤ 조사자와 구술자의 발화가 겹칠 때, 겹치기 전후 위치에서 조사자와 구술자의 발화를 따로따로 구분하여 전사하였으나, 상대의 말에 호응하기 위하여 쓰인 '아', '음' 따위와 같은 말이 의미를 파악하는 데 지장을 줄 수 있다고 판단한 경우는 삭제하였다. 그러나 그 예는 매우 적다.

⑥ 방언형을 특별히 확인한다거나 그 밖에 방언을 드러내 보일 필요가 있다고 판단한 경우는 ' '를 하였다.

> '바다'라구 함둥, '바당'이라구 함둥?('바다'라고 합니까? '바당'이라고 합니까?)
> ─'바당이, 바당물이. 여기 마우재덜이 에: 새비랑 먹어보메: 기딱스레 하압구
> 매[꾸마]. 맛으 딜에서.('바당', '바당물'. 여기 러시아 사람들이 새우를 먹어보
> 며 맛이 기막히다고 합니다. 맛을 들여서.)

6. 표준어 대역과 주석

6.1. 표준어 대역

① 표준어 대역은 전사한 원문을 축자적으로 옮기고자 하였다. 그러나 의미가 불투명해질 우려가 있을 때는 ( )를 두고 보충 설명을 가하였다.

② 발화에서 생략된 말을, 대역에서는 의미의 소통을 위해서 ( ) 속에 넣어 삽입하기도 하였다.

③ 발화 실수. 전후 문맥이나 이 방언의 어휘를 고려하여 분명한 발화 실수는 표준어 대역에서 고쳤다.

④ 구술자는 '고려'(고려법, 고렷사람, 고렷말 등)라는 말을 자주 썼다. 구술자가 말하는 '고려'는 남북한을 아우른 '하나의 모국'을 뜻한다. 때문에 그냥 '고려'로 옮겼다. '내지'(內地)는 '본국'(本國)으로 옮겼다.

6.2. 주석

주석은 각 장마다 미주를 달았다. 독자로서는 각주가 이용하기에 편리하나, 책의 편집상 불가피하게 미주로 만족할 수밖에 없었다. 주석은 주로 어휘의 의미를 풀이해 놓았지만, 그 밖에 음운 현상과 문법 형태의 기능에 대해서도 간략하게 설명해 놓았다. 어휘는 그 양이 방대하여 대역문에서 대응 가능한 표준어를 제시하는 것으로 그친 경우가 허다하나 방언의 어휘와 대응 표준어의 의미, 용법이 동일한 것은 아니다. 풀이는 대부분, 곽충구(2019),『두만강 유역의 조선어 방언 사전』, 태학사를 참고하였다.

6.3. 본문의 글자체와 전사에 사용된 부호

고딕체	조사자
명조체	구술자
*	어떤 단어의 처음 한 두 음절만을 발음하고 그친 경우
**	발화 실수
****	청취가 불가능한 부분
+	찾아보기에서 방언과 대응 표준어에 의미 차이가 있는 경우
++	찾아보기에서 방언에 대응하는 표준어가 없는 경우

제2부

구술 자료

01 세 차례의 이주[1]

1.1. 원동, 러시아, 중앙아시아로의 이주

아매∷!2) 그러면은 그: 어떤, 어떤 분이 그∷ 세베르니까레이(Северная Коря)에서3) 나호드까(Находка)로 가셨슴둥?

— 우리 할메 할아바이4)?

예, 예.

— 내 우리, 내 조오꼬맣다나이 어트기 오픈한두(отправляться?)5) 내 모르지. 내사6), 응.

얘기 들은 거 없슴둥7)?

— 얘기두 얘기 어느 적에. 쪼오꼬말 적에 큰아매 클아바이8) 다 상새낫지9). *빠(па)10) 우리, 우리 아부지 내 네 살에 상새낫지. 마마(мама)11) 어머니12) 없지. 까끄(как) ···. 어머이 그 담에느 마 모르지 메 멫 해나 지지나구서리 윙겨앉앗지13), 다(да)?14) 고려말15)르 윙겨앉앗지. 기래 원, 그 담에 할미 한애비 어 우릴 주재잀지16). *맘(мам)17) 에 어머이 달라는 거 우리 아:덜 달라는 거. 우리 서이 잇엇지18) 서이. 그래 빠빠(папа) 상새나구 에 에따(это) 아부지 상새나구. 기랜게 우리 할미, 할머 할머이 우리네르 어머이르19) 주재니찌20). 기래구 우리 어머이는 다른 데 옮겨앉아서 삼*서 삼십뉴년[삼심늉년]에, 삼십뉴년[삼심늉년]에 어 기게 고려말르느 ······ 우 우리 아부지두 이쩍이 상새나두, 아 (한숨) *노21) 고려말르 당워이 당워이 치스뜨이(чистый) 뎃지, 내 아부지. 기래 우리 어머이 윙겨앉은 분두 당워이 뎃댓지.

공산당원이?

— 아하!22) 공산 당워이. 기래닝께 서른23) 삼십뉴년[삼심늉년]에. 우리네느

1.1. 원동, 러시아, 중앙아시아로의 이주

할머니! 그러면 그 어떤, 어떤 분이 북한에서 나홋카로 이주하였습니까?

― 우리 할머니와 할아버지?

예, 예.

― 내가 우리, 내가 조그맣다 보니 어떻게 러시아에 왔는지 내가 모르지. 나야, 응.

얘기 들은 것이 없습니까?

― 이야기도, 이야기를 어느 때에 (들을 수 있었겠어). 쪼그말 적에 할머니 할아버지가 다 돌아가셨지. 아버지, 우리, 우리 아버지는 내가 네 살 때 돌아가셨지. 어머니 어머니가 없지. 그러니 어떻게 (이주에 대한 이야기를 들었겠어). 어머니가 (아버지 돌아가신 뒤에), 그다음에 모르지, 몇 해 지나서 개가(改嫁)를 했기 때문에, 그렇지? 고려말로 하면 개가를 했지. 그래 그다음에 할머니 할아버지가 우리를 주지 않지. 어머니가 달라는 것을, 아이들을 달라는 것을. 우리 남매는 셋이 있었지, 셋. 그래 아버지가 돌아가시고 에 음 아버지가 돌아가시고. 그런데 우리 할머니가 우리를 어머니에게 주지 않았지. 그리고 우리 어머니는 다른 곳으로 개가해서, 1936년에, 1936년에 어 그게 고려말로는 …… 우리 아버지도 일찍이 돌아가셨는데, 아 고려말로 당원(黨員)이 당원으로 숙청되었지, 내 아버지. 그래 우리 어머니도 개가한 분도 당원이 되었었지.

공산당원이?

― 음! 공산당원이. 그러니까 1936년에 숙청당했지. 우리네는

고려 윈도~서 고렷사름덜이 삼십칠년에 우리 싵겟지[24]. 우리 어머이네느
삼십뉵년에 당 치스떠이(чистой) 당 치스꺼(чистка) 어드르 가져간두~ 모
르지 윈도~서. 그저 가져갓다 가져간… 우리네 조오꼬만게 세사~: 아오?[25]
가져 어드르 에미느 가져갓, 딴 곧에서[26] 살앗지. 우리어머니가[27] 우리네
딴 곧에 살앗지. 그 담에 당 치스까이 가져가이 어드르 가제간두. 그담에
고 고렷사름덜 삼십칠년에 잉게[28]르[29] 싹 싵겟지. 잉게르 싵게두 난 잉게
느 어 인치[30] 잉게르 온 게 애이라 나느[31] 저어: 노 노시아따~에 노시아
땅에 고로드(город) 아스뜨라한(Астрахань)[32] 우리 왓댓지. 아스뜨라한
(Астрахань) 우리네 싵겟지. 개 아스뜨라한(Астрахань)에 싵게서 우리네
고렷사람덜 따~아 떼에줬지, 경게[33]다. 인저. 월가(Волга) 역[34]에다. 그래
그 어디메다 따~아 떼에줬는가 하무, 따 따~이 생겨서 아무것두 짗재인데
[지째인데][35]. 아무 집두 아이주구 **농시집두 아이 주구, 지내[36] 무운직
이[37] 월가(Волга)역에 월가(Волга).

그게 어디에 있슴둥? '월가'가?

　－ 저 아스뜨라한(Астрахань)에.

아싼?

　－ 아스뜨라한(Астрахань).

아싸라한?

　－ 아스뜨라한(Астрахань).

그게 어딤둥? 노시아땅임둥? 여기 …

　－ 노시아 노시아따~이지.

중앙아시암둥?

　－ 노시아 따~이.

아! 노시아땅.

노시아따~이. 으음.

　－ 거기르 우리 싵게왓지. 기래구서리 어 우리 시 실어 실어오구서리

원동에서 고렷사람들이 1937년에 기차에 실렸지. 우리 어머니는 1936년에 당의 숙청으로 숙청을 당했는데 어디로 사람을 데려갔는지 모르지, 원동에서. 그저 데려갔다 하니 데려간 것으로 알지. 우리네 조끄만 것들이 세상 물정을 아오? 데려, 어디로 어머니를 그냥 데려갔기에, 우리는 어머니와 떨어져 딴 곳에서 살았지. 우리 어머니와 우리는 딴 곳에서 살았지. 그다음에 당의 숙청으로 어디론가 데려가니 어디로 데려갔는지. 그다음에 고렷사람들이 1937년에 여기에 싹 실려 왔지. 여기로 실려와도 난 어 곧바로 여기 중앙아시아로 온 것이 아니라 나는 저 러시아 땅에 러시아 땅에 있는 아스트라한 시라는 곳으로 왔지. 아스트라한이라는 곳으로 실려 왔지. 그래 아스트라한으로 실려 와서 우리네 고렷사람들에게 땅을 떼어 주었지 거기에다. 인제. 볼가강 근처에다. 그래 그 어디에 땅을 떼어 주었는가 하면, 땅이 생긴 뒤로 아무것도 농사를 짓지 않은 데. 아무 집도 안 주고 농사 집도 안 주고, 아주 황량한 들판의 볼가강 근처에, 볼가강.

그게 어디에 있습니까? '볼가강'이?

— 저 아스트라한에.

아싼?

— 아스트라한.

아싸라한?

— 아스트라한.

그게 어딥니까? 러시아땅입니까? 아니면 여기 …

— 러시아 러시아 땅이지.

중앙아시아입니까?

— 러시아 땅.

아! 러시아 땅.

러시아 땅. 음.

— 거기로 우리가 실려 왔지. 그리고 어 우리 실어 실어오고서

고렷사름덜으 아스뜨라한(Астрахань)에게다 부리와 놓오이 그 담에 빠라호드(пароход), 이 이층대 삼층대 이런 큰 빠라호드(пароход) 겅게 댕기지. 그 빠라호드(пароход)다 시 실어서 노시아촌으로 우리 가져왓지, 고렷사름덜으. 개 노시아촌으로 시 실어오이까나 국가에서 그 노시아 노시아 집 집집마다 이 한 한 한 이룧기 사름 사는 데 잇재?[38] 한 한 동네. ***손이 사름이 옇개 옇개 옇개스무 옇구 아이 옇개스무 옇구 국가서 막 에따(это) 집집마다 한 호씨 노시아 지 집에다 한 호씨 고렷사름 싹 옇엇지. 옇개스무 에 줴엔이[39] 옇갯다 하던지 아이 하던지 국가서 국가서 우리네 고렷사름덜으[40] 노시아 집에다 싹 옇 한 집씨 집집마다 집집마다 노시아 집집마다 우리네 고렷사름덜으 한 집씨 옇엇지. 그 담에 그래구서리 삼십칠년 동삼[41]우 낫지. 동삼 나서 그 담에 삼십팔년에 어 이찍:이 이찍:이 그 따아 떼에준 데르[42], 고렷사름덜 따아 떼에준 겅게 그런 무운직이 무운직이. 그 그런 데 월가(Волга) 딱 월가(Волга)역이지. 그래 겅게서 그담에 싹 이거 풀 능재풀[43]이구 미시기구 싹 그러구. 스또로이(строить) 에따(это) 집우 지래르[44] 접어들엇지. 개 개이까이 기게 거저 곰만[45] 서른[46] 삼십팔년도에 곰만 시잭이르 해서[47] 그래 겅게가서 그거 싹 없이우구서[48] 진 집우 야. 우리 회 회장 양바이 그렇게 골[49]이 일하는[50] 양바이지.

조합헤장이?

— 야아! 좋온 존 그런 사름이 직금두 직금 없지. 그렇기 골이 일 하는 사름이. 그래 세 꼬호즈(колхоз) 세 세 조합으, 원도~선 우리 딸루 딸루 살앗지 모르지 어디메서 그 사름덜 살앗는두. 갠데 한나 또 맨들엇지. 세 세 조합우 한나 또 맨들엇지. 저 아스뜨라한(Астрахань)에.

하나?

— 한나 맨들엇지. 세 조합으 한나 맨들엇지.

한나또이?

고렷사람들을 아스트라한에다 부려 놓으니 그다음에 기선(汽船) 이 층, 삼층 이런 큰 기선이 거기에서 다니지. 그 기선에다 실어서 러시아촌으로 우리를 데려왔지, 고렷사람들을. 그래 러시아촌으로 실어오니까 국가에서 그 러시아 사람 집 집집마다, 이 한데 이렇게 사람이 사는 데가 있잖소? 한 동(洞)에. **손이 손 (러시아) 사람이 넣겠다면 넣고 안 넣겠다고 해도 넣고 국가에서 막 집집마다 한 호씩 러시아 사람 집에다 한 호씩 고렷사람을 싹 넣었지. 넣겠으면, 에 주인이 넣겠다고 하든지 말든지 국가에서 우리 고렷사람들을 러시아 집에다 싹 넣어, 한 집씩 집집마다 러시아 집집마다 우리 고렷사람들을 한 집씩 넣었지. 그다음에 그리고서 1937년 겨울을 났지. 겨울을 나서 그다음에 1938년에 어 일찍이, 일찍이 그 땅을 떼어 준 데를, 고렷사람들에게 땅을 떼어 준 거기, 그런 허허벌판. 그 그런 데, 볼가강 딱 볼가강 근처지. 그래 거기서 그다음에 싹 이거 풀, 명아주고 무엇이고 싹 그러고(뜯어 없애고). 집을 지으려고, 집을 짓자고 덤벼들었지. 그러니까 그게 금방 서른, 1938년도에 들어서니 금방 시작을 해서 그래 거기에 가서 그거 (풀을) 싹 없애고서 지은 집을 응. 우리 콜호스 회장 양반이 그렇게 머리를 쓰는 양반이지.

조합(콜호스) 회장이?

— 야! 좋은 좋은 그런 사람이지. 지금도, 지금은 없지. 그렇게 머리를 잘 쓰는 사람은. 그래 세 콜호스 세 조합이 있었는데, 원동에서는 따로 따로 살았지, 모르지 그 사람들이 원동의 어디에서 살았었는지. 그런데 하나로 만들었지. 세 조합을 하나로 또 만들었지. 저 아스트라한에다.

하나?

— 하나로 만들었지. 세 조합을 하나 만들었지.

하나또이?

— 한, 한나. 음 한 한 한 조합우 맨들엇지, 세 세 서어. 걔 그래 경게서. 햐아! 그렇기 회재~이 일으 잘해서 그 담에 그 집우 싹 집우이 에 이릏기 땃굴51)이 애이구 땃굴이 애이구 이릏기 *드바 저: 고려말르 그게 미시기오? 드바이노이크리사(двойнойкрыша). 드바이노이 크리사(двойнойкрыша). 누(ну) 크리사(крыша)르 하구 이 아랫집이 잇구. 누(ну), 잉게서 싹 다 집우 이릏기 짗잿소? 드바이노이 크리사(двойнойкрыша). 예 예여~이 예여~으 싹 널르 싹 해서 그러 그릏기. 그래 그 집우 싹 삼십팔연 삼십구연 이릏기 져엇지, 으흠. 그 담에 사심, 사십연도에 사십. 삼십팔련 삼십구연 삼십 사연 에따(это) 그담에 사연이지. 삼십 삼십팔년 삼십구연 사십년. 사십년 사십년 사십년 전에, 삼십구연부터 그 밭으 싹 숭궜지. 그 적에 난 우리네 조오꼬맷지. 그래 삼십구연부터 거기다 싹 제에서 싹 갈구서 집우 다아: 져엇지. 그담에 사십년도에 사십년도에 우리네 발써 우리 우리 조합으느 어뚷기[어뜨끼] 에 저 회재~이 일으 잘 햇걸래 삼십 사십녀이 대 사십년에 우리 이 전기 다 잇엇어. 으흠. 메리니쩌(мельница)다 잇어 리스(рис)나 저런 거 베르 베르 찧는 그런 게구 싹 재비 제엣지. 이거 쿨 쿨… 고려말르 쿠 클루브(клуб) 미시기이? 클루브(клуб), 끼노(кино)던지 클루브(клуб) 미시기? 고려말르.

구락부.

— 어 구락부. 구락부 여름것두 잇구 동삼것두 잇구. 공이사52)두 다아 져엇지. 어 *시 사무원덜이 일하는 그거 다아 져엇지. 그릏기 잘 해. 그담에 마흔한 해, 마흔한 해 떡 돌아왓지.

지금 아매가 말씀하시는 데가 어딤둥?

— 기게 지금 아스뜨라한(Астрахань)이.

아스뜨라한(Астрахань)이지. 아 이 아스뜨라한(Астрахань)이 노시아땅에 있슴둥? 아니면 우즈베키스딴임둥?

— 네엩(нет)! 노시아따~이. 그건 노시아따~이.

－ 하나. 음 한 조합을 만들었지, 셋을 통합해서. 그래, 그래 거기서. 그렇게 회장이 일을 잘 해서 그다음에 그 집을 싹 지붕이, 에 이렇게 땅굴이 아니고 땅굴이 아니고 이렇게 저 고려말로 그게 무엇이오? '드바이노이 크릐사(крыша)[53]', 널을 겹쳐서 얹은 지붕. 음, 지붕을 하고 이 아랫집이 있고. 음, 여기서 싹 다 집을 이렇게 짓잖소? 널을 겹쳐서 얹은 지붕. 이엉, 이엉을 싹 널로 싹 해서 그렇게. 그래 그 집을 싹 1938년 1939년 이렇게 지었지 음. 그다음에 40, 1940년도에. 1938년 1939년 30, 4년[54] 음, 그 다음에 4년이지. 30, 1938년, 1939년, 1940년. 40년, 40년, 1940년 전에, 1939년부터 그 밭을 싹 심었지. 그 때에 난 우리는 조끄맸지. 그래 1939년부터 거기다 싹 지어서 싹 갈고서 집을 다 지었지. 그다음에 1940년도에 1940년도에 우리네 벌써 우리 조합은 어떻게 에 저 회장이 일을 잘 했는지 30, 1940년이 되어 1940년에 우리 전기가 다 들어왔었어. 음. 방앗간이 다 있어. 쌀이나 저런 벼를 벼를 찧는 그런 것이 있었고, 싹 자기가 (농사를) 지었지. 이거 '쿨(루브)'를, 고려말로 '클루브'가 무엇인가? '끼노(кино, 극장)'든지 '클루브(клуб)'를 무엇이라 하나? 고려말로.

　구락부(俱樂部).

　－ 어 구락부! 여름 것도 있고 겨울 것도 있고. 상점도 다 지었지. 어 사무원들이 일하는 그것(콜호스 사무실)도 다 지었지. 그렇게 잘 해. 그다음에 1941년, 1941년이 떡 돌아왔지.

　지금 할머니가 말씀하시는 데가 어딥니까?

　－ 그게 지금 아스트라한.

　아스트라한이지. 아 이 아스트라한이 러시아 땅에 있습니까? 아니면 우즈베키스탄입니까?

　－ 아니! 러시아 땅. 그건 러시아 땅.

고로드(город) 아스뜨라한(Астрахань) 그건 노시 노시아따~이.

그러니까 원동에 사는 고렷사람들을 다아 여기 중앙아시아로 옮겼잖슴두~?

— 원 원도~서 원도~서 우리 원도~서 싹 실어올 적 **우르[55)] 우리느 아스뜨라한(Астрахань)으르 실어왔지. 우린게 *로 러시아따~을르.

러시아땅으로.

— 다(да), 아하.

여기르 오지 않구.

— 아:이! 여기르 아이 왔지. 여기르 아이 왔지.

아스뜨라한(Астрахань)이 노시아 어디에 있슴두? 어드 어드메쯤 있슴두?

— 월가(Волга). 스탈린그라드(Сталининград)[56)]서 그리 머지애잏지.

아! 스탈린그라드(Сталининград)에서.

— 스탈린그라드(Сталининград)서 넽(нет) *달[딸], 달레꼬(не далеко). 네트(нет). 그룷기 머재잏다구. 아하.

아하. 예. 그럼 이제 게:속 말씀해 보십시오. 그러니까 그:::: 아스뜨라한(Астрахань).

— 아스뜨라한(Астрахань), 음.

아스뜨라한(Астрахань).

— 아스뜨라한(Астрахань).

예. 거기서 그 조합을 잋기 만들어서 고렷사람덜을.

— 아하. 조합으 맨들어서

고렷사람덜으 집어 옇구서 그리고서 뭐 공이사 같은 것두 두구

— 다아, 이제 학교 다 잇엇지.

핵교두 두구:. 예. 그룷게 거기서 어떠게: 지내셨는지 자세히 말씀해 보옵소.

— 거 거기서 거기다 그담에 에 그담에느 *사 사십일년이 데재앻소? 사십일 젠자이 낫지[57)], 젠자이 나서 하:! 곡석이 지내 나눕어[58)] 긱땅맥히지[59)].

아스트라한 시는 러시아 땅이오.

　그러니까 원동에 사는 고렷사람들을 다 여기 중앙아시아로 옮겼잖습니까?

　－ 원 원동에서 원동에서 우리 원동에서 싹 실어 올 적에 우리는 아스트라한으로 실어왔지. 우리는 러, 러시아 땅으로.

　러시아 땅으로.

　－ 예, 음.

　여기 중앙아시아로 오지 않고.

　－ 아니! 여기로 안 왔지. 여기로 안 왔지.

　아스트라한이 러시아 어디에 있습니까?

　－ 볼가강. 스탈린그라드에서 그리 멀지 않지.

　아! 스탈린그라드에서.

　－ 스탈린그라드에서 멀, 멀지 않지. 아니. 그렇게 멀지 않다고. 응.

　아. 예. 그럼 이제 계속 말씀해 보십시오. 그러니까 그 아스트라한.

　－ 아스트라한, 음.

　아스트라한.

　－ 아스트라한.

　아스트라한, 예. 거기서 그 조합을 이렇게 만들어서 고렷사람들을.

　－ 음. 조합을 만들어서

　고렷사람들을 집어넣고서 그리고서 뭐 상점 같은 것도 두고.

　－ 다, 이제 학교도 다 있었지.

　학교도 두고. 예. 그렇게 거기서 어떻게 지내셨는지 자세히 말씀해 보십시오.

　－ 거 거기서 거기다 그다음에 에 그다음에는 4, 1941년이 되지 않았소? 전쟁이 일어났지, 전쟁이 나서 아! 곡식이 너무 쓰러져서 기가 막히지.

그렇지!

─ 아하! 이 따~이 생게서 아무것두 짓재인 따~이. 아무것두. 한뉘[60]르 멫천년의[메철려느] 아이 에떠(это) 그거 볼리자(польза) 아이 잇자, 무스거 숭귀[61] 못 본. 집두 없구. 그런 월가(Волга)[62]에 멫 백 곅따르(гектар) 그런게 잇엇지. 멫 백 곅타르(гектар). 으흠. 기래 고렷사름덜이 겡게르 오이까느 고렷사름덜 그 따아 줫지. 월가(Волга)역[63]에다, 월가(Волга)역에다. 그 담에 전재 떡 나이 마흔한해 마흔한내애 그 담에 마흔두해애, *뻬(←뻬르브이, первый), 초, 마흔 두해 초하룻날 초이튿날 정월 정월 초하룻날 초이튿날, 초사흗날 이 이 떠 이쯤안에[64] 이 따 우리 고렷사름덜 싹 띠왓어[65]. 원동~서 들어오는 것처럼. 우리 고렷사름덜 싹 원도~에서 들어오재앳소? 그것처름. 저 에 직금은 저 우리 아스뜨라한(Астрахань) 사던 살던 데서 *구렵 구려부[66]라구 그 구려분 까자흐스딴 따이. 아하! 아하! 겡게 사름 겡게두 고렷사름덜이 가뜩 살앗소. 우리 아는 사름덜두 살구 *구렵 구려부에서. 그런데 구려부 사름덜은 아스뜨라한(Астрахань) 딱 랴돔(рядом)이지. 딱 붙엇지. 기랜데 딱 구려부 사름덜은 아이 띠우구 우리 아스뜨라한 고렷사름덜은 싹 띠왓지. 원동서 들어오는 것처럼. 그래 떠서 띠와서 어드메르 왓는가 하무 직금 이 저 나 이 까자끄스딴 **중하~이 아스따나(Астана)[67] 아이우?

다(да), 다(да).

─ 어스따나(Астана) 그 적에느 아무 집이두 없엇댓소 냐~[68]. 그 집이, 어떤 집이 잇엇는가 하무 그전에 토호르 맞아[69] 간 노시앗사름덜이나.

음.

─ 아하. 고렷사름은 없습데[70]. 고렷사름은 없구. 그래 동삼에 글쎄나 누이 두 메떠르(метр) 이런 이릏기 한 한 층대집우느 **베워주두[71] 못했어. 누이 어트기 쌯엿는두~. 어째 저 전장 적에느 그렇기 칩앗소. 아야! 칩아[72] 아쏘벤느(особенно) 전장 적에. 그래 거기 떡 실어 고렷사름덜 글쎄

그렇지!

 – 아! 이 땅이 생겨서 아무것도 짓지 않던 땅. 아무것도. 한평생을, 몇 천 년을 (농사를) 안 짓던, 음 그거 쓸모가 있지 않은, 무엇을 심어 보지 못한. 집도 없고. 볼가강 인근에 몇 백 헥타르가 되는 그런 땅이 있었지. 몇 백 헥타르. 음. 그래 고렷사람들이 거기로 오니까 고렷사람들에게 그 땅을 주었지. 볼가강 근처에다, 볼가강 근처에다. 그다음에 전쟁이 떡 나니 1941년, 1941년에 그다음 1942년에 1942년 초하룻날, 초이튿날 정월 초하룻날 초이튿날, 초사흗날 이 무렵에 이 땅에 살던 우리 고렷사람들을 싹 옮겼어. 원동에서 들어오는(옮긴) 것처럼. 우리 고렷사람 원동에서, 원동에서 여기 중앙아시아로 들어오지 않았소? 그처럼. 지금은 저 우리 아스트라한 살던 데서 구려부라고, 구려부는 카자흐스탄 땅. 아! 거기에도 고렷사람들이 가득 살았소. 우리 아는 사람도 살고, 구려부에서. 그런데 구려부 사람들이 사는 곳은 아스트라한에서 딱 가까운 곳이지. 그런데 딱 구려부 사람들은 안 이주시키고 우리 아스트라한 고렷사람들은 싹 이주 시켰지. 원동에서 중앙아시아로 들어오는 것처럼. 그래 이주해서 이주시 켜서 어느 곳으로 왔는가 하면 지금 이 저기 … 이 카자흐스탄 중앙(수도) 이 아스타나 아니오? 카자흐스탄의 중앙(中央)이 아스타나 아니오?

예, 예.

 – 아스타나에 그 때에는 아무 집도 없었어, 응. 그 집이, 어떤 집이 있 었는가 하면 그전에 토호(土豪)로서 쫓겨 간 러시아 사람들이나.

음.

 – 음. 고렷사람들은 없데. 고렷사람들은 없고. 그래 겨울이 글쎄 눈이 2미터 높이로, 이런 이렇게 한 층 집은 보이지 않았어. 눈이 어떻게나 쌓 였는지. 어째 전쟁 때에는 그렇게 추워. 야! 추워 어쨌든 전쟁 때에는. 그 래 거기 떡 실어, 고렷사람들을 글쎄

경게르 떡 실어왔어. 동삼에 야. 동삼에 눈 우에 낭기두[73] 한나두 없지. 아무것두 없지. 그런 데. 고렷사름덜이 아무것두 없지. 사 사십이연 정월에 정월달에 경게서. 경게 띠와. 개 기래 어떤 사름덜으느[74] 쌀:이구 이랜 헝겊[75]이낭 무슨 잇던 거 그런 세 세 그 경게사름덜이 그 노시앗사름덜 사는 게 무스거 그런 동삼이랑 때는가나무[76] 이런 거 쇠또~에다 짚우 짚우 섞어서. 그래 말리와서 그 사름덜이 불우 때이지. 시걱 끓여먹지 그걸. 그래 쌀이나 조꼼 가져가구 헝겊이나 가져가두 한 해 동삼우 사월달꺼정 부수깨[77]애다 싹 거더 옇지. 싹 바깟지. 경게 사름덜가. 쌀으 주구 그거 쇠또~ 쇠똥 에떠(это) 말리운 거 바깟지. 그런 거 헝겊으 주구두 바까. 불우 때애사 무 끓에 먹지. 그래 싹 불 쌀이구 헝겊이구 부수깨애다 싹 거두엇지. 기게 사 사십이연 어전 사십이연 그 곰만 잡앗댓지. 기래구 사십이연 나찰르(начало) 거기에 경게르 우리 싣겨왓지. 그 담에 그 담에 경게서 또 저 꾸이간(Куиган)[78]이라는 데 잇소. 꾸이간(Куиган)이라구.

꾸이간(Куиган).

— 아, 그런 꾸이간(Куиган). 저. 그래 꾸이간(Куиган)이라는 그런 경게 가서. 경게서 또 우리 우리 조합우 또 그 꾸이간(Куиган) 조합에다 거기두 그 꾸이간(Куиган)에 고려 조합이 서이 채레 채레져 잇엇지 야? 꾸이간(Куиган) 꾸이간(Куиган)이라는 데. 그런데 거기다 또 웨엔:[79] 구차한 으 어 꼬호즈(колхоз)다가 우리네르 또 합햇단[하패딴] 말이오. 아스뜨라한(Астрахань). 아스뜨라한(Астрахань) 사름덜 거기다 떡 합햇단 말이오. 으흠. 야아!. 그 담에 그담에 젠재~이 낫지. 그담에 어전은 쏘록(сорок), 마흔두 해, 봄에 봄에 사월달에 우리 정게[80]르 왓댓지. 꾸이간(Куиган)으로. 사월달에 못 나오무 어 그담에 어 여름이구야 나오지. 눈이 너무:: 많애서[81] 그게 녹으무 못 댕기지. 조오 조 조 *아크[82] 아스따나(Астана)서. 아스따나(Астана)서 그 철등길[83] 잇는 데꺼저. 철등길 잇는 데꺼저.

철등길?

거기로 떡 실어왔어. 겨울에 응. 겨울에 눈 위에 나무 없지. 아무것도 없지. 그런 데지. 고렷사람들이 아무것도 없지. 1942년 정월에 정월달에 거기서. 아스트라한에서 옮겨왔지. 그래 그래 어떤 사람들은 쌀이고 이런 천이나 있던 거—그런 소(똥), 소(똥), 그 거기에 사는 사람들이 그 러시아 사람들 사는 것이 겨울에 무엇을 때는가 하면 쇠똥에다 짚을 짚을 섞어서. 그렇게 해서 말려서 그 사람들이 불을 때지. 끼니를 끓여 먹지 그걸 가지고. 그래 쌀이나 조금 가져가고 천이나 가져가서 (쇠똥으로 바꾸어) 한 해 겨울을 사월 달까지 부엌에다 싹 거두어 넣지. 싹 바꾸었지. 거기에 있는 사람들과. 쌀을 주고 그거 쇠똥, 쇠똥 음 말린 것과 바꾸었지. 그런 거 천을 주고도 바꿔. 불을 때야만 뭐 끓여 먹지. 그래 싹 불을 얻자고 쌀이고 천이고 (주고 쇠똥을 바꾸어) 부엌 아궁이에다 싹 거두어 넣었지. 그게 1942년 이제 1942년으로 금방 접어들었지. 그리고 1942년 초(初) 거기로 우리 실려 왔지. 그다음에 그다음에 거기에서 또 저 쿠이간이라 하는 데가 있소. 쿠이간이라고.

쿠이간.

— 아, 그 쿠이간. 저. 그래 쿠이간이라 하는 거기로 가서. 거기에서 또 우리 우리 조합을 또 쿠이간 조합에다, 거기도 그 쿠이간에 고려 조합이 셋이 차려져(설립되어) 있었지 응? 쿠이간 쿠이간이라는 데. 거기다 또 가장 가난한 콜호스에다가 우리네를 또 합했단 말이오. 아스트라한 사람들을 거기다 떡 합했단 말이오. 음. 야! 그다음에 전쟁이 났지. 그다음에 이젠 40, 1942년 봄 봄에 사월 달에 우리 저기로 왔었지. 쿠이간으로. 사월 달에 못 나오면 어 그다음에 어 여름이어야만 나오지. 눈이 너무 많아서 그게 녹으면 못 다니지. 조, 조 아스타나 아스타나에서 철로(鐵路) 있는 데까지. 철로가 있는 데까지.

'철등길'(철로)?

- 아하. 뽀예즈드(поезд) 댕기느 길. 뽀예즈드(поезд) 댕기느 길. 그 길으 그 길으 사월달에 나 모, 나 모으무[84] 못 나오지. 누이 하두 녹아서 물이 어찌지 못하지. 기래 우리네 삼추이 삼춘이느 내 내 어시 없어두 삼춘이느 원도~서부터 그리 구차하지 않구 잘 살앗댓지. 구차하재앳지. 그래 거기 경게 사는 사름덜 마술기[85]르 싹으 내서 우리네 철등길꺼저 나왓갯지. 기래 철등길에 나와서 *뽀 뽀예즈드(поезд) 앉아서[86] 이 발하슬(Балхасы-ㄹ)[87] 왓지.

어딜르?

- 발하스(Балхасы).

발하스(Балхасы).

- 아하! 발하스(Балхасы)라구 그런 데 잇지.

그게 어디 옆에 있습니까? - 우슈토베(Уш-тобе) 근처에 있습니까?

- 녜옌(нет)! 우슈토베(Уш-тобе)서 마이 더 가지 저짝으르.

아스따나(Астана) 쪽으르? 아니면 크즐오르다(Кызылорда)?

- 녜옌(нет)! 크즐오르다(Кызылорда)는 따암[88]. 좋은 게지 크즐오르다(Кызылорда).

그러면은 발하스(Балхасы)는 어디가 가깝슴둥? 아스따나(Астана)가 가깝슴둥? 우슈토베(Уш-тобе)가 가깝슴둥? 잠불(Джамбул)이 가깝슴둥? 크즐오르다(Кызылорда)가 가깝슴둥?

- 우슈토베(Уш-тобе)에서 좀 가깝지.

아! 우슈토베(Уш-тобе)에서.

- 좀 가깝지. 발하스(Балхасы). 우슈토베(Уш-тобе)서 머재잏지. 발하스(Балхасы)라는 데.

네.

- 거 거기 와서 그담에 그담에 발하스(Балхасы)꺼저 오이 발하스(Балхасы) 발하스(Балхасы) 와서 그담에 또 배애 앉아서 정게르 가야지. 꾸이간(Куиган).

- 응. 기차가 다니는 길. 기차가 다니는 길. 그 길을 그 길을 사월 달에 못 나오면 못 나오지. 눈이 하도 녹아서 어찌하지 못하지. 그래 우리 삼촌은, 삼촌은 내 부모가 없어도 삼촌은 원동에서부터 그리 가난하지 않고 잘 살았었지. 가난하지 않았지. 그래 거기 거기에 사는 사람들의 말 수레를 삯을 내서 우리네는 철로까지 나왔지. 그래 철로에 나와서 기차를 타고서 이 발하슈(Балхаш)로 나왔지.

　어디로?

　- 발하슈(Балхаш).

　발하슈(Балхаш).

　- 음! 발하슈라고 그런 데가 있지.

　그게 어디 옆에 있습니까? 우슈토베 근처에 있습니까?

　- 아니! 우슈토베에서 많이 더 가지, 저쪽(서쪽)으로.

　아스타나쪽으로? 아니면 크즐오르다쪽으로?

　- 아니! 크즐오르다는 다르지. 좋은 곳이지 크즐오르다는.

　그러면 발하슈(Балхаш)는 어디와 가깝습니까? 아스타나와 가깝습니까? 우슈토베와 가깝습니까? 잠불(타라즈)이 가깝습니까? 크즐오르다와 가깝습니까?

　- 우슈토베에서 좀 가깝지.

　아! 우슈토베에서.

　- 좀 가깝지. 발하슈(Балхаш). 우슈토베에서 멀지 않지. 발하슈(Балхаш)라는 데는.

　네.

　- 거, 거기 와서 그다음에 발하슈(Балхаш)까지 오니, 그다음에 발하슈(Балхаш)에 와서 배에 앉아서 저기 쿠이간을 가야지.

우리, 우리, 우리 저나[89] 기게 꼬호즈(колхоз) 미시기라 하오?

꼴호스(колхоз)?

— 우리 꼬호즈(колхоз) 저 한데 한데 합한[하판] 데르 거길 또 가야지, 발하스 발하스 가 에따(это) 오제르(озеро). 오제르(озеро) 물이지. 발하스 물이. 으흠. 거기 빠라호드(пароход) 댕기구 그저 마또르(мотор) 댕기다 나이. 기래 경게 앉아서 또 꾸이간(Куиган)으 갓댓지. 꾸이간(Куиган)에 가서 살았댓지.

또 꾸이간(Куиган)으로 갔슴둥?

— 꾸이간(Куиган)에. 어 소로끄(сорок) 마흔 두해 적에 꾸이간(Куиган)으르[90] 우리 경게 합해서. 우리 꼬호즈(колхоз) 합해. 그담에 마흔두해 경게서 나구 나 우리 내 헤~이 내 헤~이느 꾸이간(Куиган)꺼저[91] 와서 마흔두해 인치[92] 다른 데르 갓지. 에 에따(это) 어른아두 없구 곰만 시집 서방간게. 내 헤~이. 다른 데르 월급생활하는 데르. 으흠. 그 꼬호즈 아이 그러구. 그 그 기래구 마흔세 해, 마흔세 해 우리 헤~이 나르 자꾸마 오라 해서. 우리 헤~이 남제[93]느 마또르(мотор) 타구 가무 사흘 사흘만에두 오구 닷새만에도 오구 이릏기 그 저언 이릏기 고기 고기 전에 뿐크트(пункт)르 마또르(мотор) 타구 달아댕기다 나이 **그릏가(←그릏기) 날마지[94] 못 댕기구 메츨 한번 집우루 오지. 재비 집우루. 그래 헤~이 어른아두 없지 하분자[95] 잇다구 나르 자꾸 오라구 너무 그래서 기래 내 마흔세 해애 봄에 봄에 헤~이 집으로 왔지. 까라차간(Карачаган) 그거는 사깨덜으[96] 사깨덜이 이런 셀로(село)지. 사 사깨 사는 그거느 까라차간(Карачаган) 이 스딴츠(станица) 립씨(Лепсы) 스딴츠(станица) 립씨(Лепсы) 좀 머 재잇지. 베략[97] 머재잇지 그릏기 잇지 까라차간(Карачаган). 까라차간(Карачаган) 사름덜이 고기잽이르 하지. 으흠. 발하스(Балхасы) 물이 그 발하스 오제르(озеро) 발하스(Балхасы) 물이 고기잽이르 하지.

으음. 음. 그리구서 거기서:: 어떻게 살았슴둥? 그:: 이 이 헤~이 집에 갔

우리, 우리, 우리 저기 … 그거 콜호스를 고려말로 무엇이라 하오?

콜호스?

– 우리 콜호스를 저 한데 합한 데를 거길 또 가야지, 발하슈(Балхаш) 발하슈(Балхаш)를 가서, (발하슈는) 음 호수(湖水). 호수지. 발하슈 물(발 하슈 호수). 거긴 기선이 다니고 그저 발동선(發動船)이 다니다 보니. 그래 거기에 앉아서 또 쿠이간으로 갔었지. 쿠이간에 가서 살았었지.

또 쿠이간으로 갔습니까?

– 쿠이간에, 어 1942년에 쿠이간의 콜호스에 우리 (콜호스를) 합해서. 우리 콜호스 합해서. 그다음에 1942년에 거기서 나오고 우리 내 우리 내 언니, 내 언니는 쿠이간까지 와서 1942년 이내 다른 데를 갔지. 에 음 어 린아이도 없고 금방 시집 장가를 갔는데. 내 언니가. 다른 데로 월급 생활 하는 데로. 음. 그 콜호스에 안 남아 있고. 그 그리고 1943년, 1943년에 우리 언니가 자꾸만 오라고 해서. 우리 언니 남편은 발동선을 타고 가면 사흘 사흘만에도 오고 닷새만에도 오고 이렇게 그 전(全), 이렇게 고기 고 기를 (잡는) 전(全) 지점(地點)을 발동선을 타고 바쁘게 돌아다니다 보니 그렇게 날마다 집을 못 다니고 며칠만에 한 번 집으로 오지. 자기 집으로. 그래 언니가 어린아이도 없지 혼자 있다고 나를 자꾸 오라고 너무 그래서 그래 내 1943년 봄에 언니 집으로 왔지. 카라차간은 카자흐 사람의, 카자 흐 사람들이 사는 마을이지. 카자흐 사람들이 사는 그 카라차간은 이 립 시 역(驛), 립시에서 멀지 않게 있지. 멀지 않게 있지, 카라차간이. 카라차 간 사람들이 고기잡이를 하지. 음. 발하슈 물, 그 발하슈 호수 발하슈 물 에서 고기잡이를 하지.

그리고 거기서 어떻게 살았습니까? 그 이 이 언니 집에 갔지 갔재임둥?

- 아하, 헤~이 집으르 갓지.

까라차간(Карачаган).

- 까라차간(Карачаган)으.

거기서 무스거 하 하셨슴둥?

- 나는 겅게서 그 사름덜 보이까나 이래 후리질하재오? 후리질[98] 다
(да)? 후리질. 겅게서 조끔 일햇지. 까라차간(Карачаган)에서. 으흠. 걔 거
기서 오래 아이 살앗지, 내. 우리 헤~이네 헤~이 남제 마또리스뜨(мотори
ст) 데니까나 마또르(мотор) 타구 댕기지.

마또리스뜨가 뭐, 마또 마또르(мотор)가 뭠둥?

- 마또르(мотор). 배. 배애. 배 에 배애 마또르(мотор) 일하지, 배.

배, 이룧기 운전하는, 배르 가게 오게 하는 거?

- 다(да), 다(да), 다(да). 아하. 그 룧기.

거기서 : : 그러니까 무스걸 하셨슴둥? 거기서.

- 어드메 까라차간(Карачаган)에서? 후리질하는 데서 나두 쪼꼼 일햇
지. 사름덜 이래 후리질해서 고기덜으 다바이(давать) 하지. 주지. 국가
주지. 아하. 거기서 좀 일햇지. (웃음)

그러구선 또 어디르 가셨슴둥?

- 그담에 소로끄 뜨리(сорок три), 마흔세해 겅게르 오구 그 담에 마
흔네해 적에 또 그 까라차간(Карачаган)에서 동삼이무 *일[99] 그 마또르
(мотор) 못 댕기지. 발하스 얼어서.

얼어서.

- 얼어서. 그 담에 그 까라차간(Карачаган)에서 마흔세 해 가슬에 안죽
물이 아이 얼어시적이[쩌기] 또 가슬에 또 알가시(Алгазы)[100]라구 잇어. 랴
돔(рядом) 알가시. 그 까자끄덜 촌이지. 까자끄덜이 자는 데. 걔 그 알가스(А
лгазы)에 가서 저 우리 헤~이 남제랑 그 재비 저 마또르(мотор) 레몬(ремонт),

않습니까?

　― 아, 언니 집으로 갔지.

카라차간.

　― 카라차간을 (갔지).

거기서 무엇을 하셨습니까?

　― 나는 거기서 그 사람들 보니까 이렇게 후리질을 하지 않겠소? 후리질이라는 말이 맞지, 음? 후리질. 거기에서 조끔 일을 했지. 카라차간. 거기서 오래 안 살았지. 우리 언니네 언니 남편이 발동선 선원이 되니까 발동선을 타고 다니지.

'마또리스뜨'와 '마또르'란 말이 무슨 뜻입니까?

　― 발동선. 배. 배에서. 배, 에, 배에서 발동선에서 일하지, 배.

배, 이렇게 운전하는, 배를 가게 또 오게 하는 것?

　― 예, 예, 예. 응. 그렇게.

거기서 그러니까 무엇을 하셨습니까? 거기서.

　― 어디 카라차간에서? 후리질하는 데서 나도 쪼끔 일을 했지. 사람들이 이렇게 후리질해서 고기들을 잡아서 주지. 주지. 국가에 바치지. 거기서 좀 일했지. (웃음)

그러고서는 또 어디로 가셨습니까?

　― 그다음에 1943년, 1943년에 거기로 오고 그다음에 1944년에 또 그 카라차간에서 겨울이면 그 발동선이 못 다니지. 발하슈 호수 물이 얼어서.

얼어서.

　― 얼어서. 그다음에 그 카라차간에서 1943년 가을에 아직 물이 안 얼었을 때 또 가을에 또 알가시라고 있어. 가까이에 알가시가 있지. 그건 카자흐 사람 촌이지. 카자흐 사람들이 사는 데. 그래 그 알가스에 가서 저 우리 언니 남편이랑 그 자기 저 발동선을 '레몬트'(수리),

고려말르 긔 미시기? 레몬뜨(ремонт)르 하지. 동삼에 세와놓구 레몬뜨(ремонт)르 하지. 이 미시기? 고려말르 미시기?

모르갰습구마, 에. 노시아말으 제가 잘 모르갯습구마. 레몬뜨(ремонт)**르.**

— 레몬뜨(ремонт), 이래 파이난 게랑 곤치지. 거기다 동삼에 알가스(Алгазы)에다 세와 놓구. 마또르(мотор) 세와놓구. 파이 기게 파이난[101] 것두 에 싹 갈아서 기래구. 그거 곤치 곤치지[102]. 재비 마또르(мотор). 기래구야[103] 봄에 또 일할라[104] 가지.

그렇습지.

— 아하. 그릏기 그릏기 긔랬어. 그담에 마흔 네해:, 마흔 네 해에 내 우스토베(Уш-тобе)에 왔어.

아하! 그때에 우슈토베(Уш-тобе) **오셨군요.**

— 으흠. 마흔네 해.

고려말로 '레몬트'를 무엇이라 하오? '레몬트'(수리)를 하지. 겨울에 세워 놓고 레몬트(수리)를 하지. 이 '레몬트'란 말이 고려말로 무엇이오? 고려말로는 무엇이오?

모르겠습니다, 예. 러시아말을 제가 잘 모르겠습니다. 레몬트(ремонт)란 말을.

─ 수리, 이렇게 고장이 난 것을 고치지. 겨울에 거기 알가스에 세워 놓고. 발동선을 세워 놓고. 고장이 난 기계도 싹 갈아 넣어 그러고(고치고). 그거 고치지. 자기 발동선을. 그래야만 봄에 또 일하러 가지.

그렇지요.

─ 음. 그렇게, 그렇게 그랬어. 그다음에 1944년에, 1944년에 내가 우슈토베에 왔어.

아! 그 때에 우슈토베로 오셨군요.

─ 음. 1944년.

1.2. 원동 나홋카의 어촌 생활[105)

그러문 고기잡으러 갈 때.

– 야ˉ.

예. 고기를 많:이 잡게 해달라구 예 바다:나 아니문 산에, 바다나 머 집에 이렇게 에 절으 하구 머 그런 건 없었슴둥?

– 그런 거 없엇슴굼[업써쓰꿈]. 그런 게 없엇어.

그냥 고기잡으러 맨날 그냥 다녔습니까?

– 예. 날마지[106) 고기잽이르 하지. 걔 기 잡울라 가구. 게느 기게 고려말르 게지. 노시아말르 크랍(краб).

'크랍(краб)'.

– 게. *다리개 다리객[107) 야듦갠 게. 게. 이릏기 커. 다리 다리객이 한 내 **이막지 **짊지(←이막씨 지지), 게. 야아! 그 게고긴 그렇기 맛잇어. 원동, 원도ˉ: 떠나서는 없짐. 없지. (웃음)

그럼 아매! 거기 원동에 한번 또 갓다오시지이.

– 이그:!

옛날 생각하메서.

– 옛날. 누 누구, 겅게 무스이 어 친척이 잇구라사 가나 아, 친척이 없이 어드르 가겟는가!

아, 그래도 가서. 포예즈드(поезд) 있재임둥? 그거 타구서 휘이 둘러보시멘서 옛날에 내가 이래 여기서 살앗다. 아, 이렇게 맛잇는 게고기두 먹었다. 그런 생각도 하시고.

– 문에두 **** 먹엇다. 문에두 먹엇다. (웃음) 골배애구[108)

1.2. 원동 나홋카의 어촌 생활

그러면 고기 잡으러 갈 때.

- 응.

예. 고기를 많이 잡게 해 달라고 예 바다나 아니면 산에, 바다나 뭐 집에 이렇게 에 절을 하고 하는 그런 일은 없었습니까?

- 그런 것은 없었습니다. 그런 게 없었어.

그냥 고기를 잡으러 만날 그냥 다녔습니까?

- 예. 날마다 고기잡이를 하지. 그래 게 잡으러 가고. '게'는 그게 고려말로 '게'지. 러시아어로는 '크랍(краб)'.

러시아어로 '크랍(краб)'(=게).

- 게. 다리가 여덟 개인 것이 게지. 이렇게 커(다리가 길어). 다리 하나가 이만큼씩 길지, 게가. 야! 그 게살은 그렇게 맛있어. 원동, 원동을 떠나서는 게를 볼 수 없지 뭐. 없지. (웃음)

그럼 할머니! 거기 원동에 한 번 또 갔다 오시지요.

- 에구!

옛날을 생각하면서.

- 옛날. 누 누구, 거기에 무슨 친척이 있고서야 가거나 그렇지 아, 친척이 없이 어딜 가겠는가!

아, 그래도 가서 (구경을 하시지요). 기차가 있잖습니까? 그거 타고서 휘둘러보시면서 옛날에 내가 이렇게 여기서 살았다. 아, 이렇게 맛있는 게살도 먹었다. 그런 생각도 하시고.

- 문어도 **** 먹었다. 문어도 먹었다. (웃음) 소라하고

조개[čogɛ]구109). 골배애구 조개구. (웃음)

아매! 그러무 게 문에 골배 조개 있대임두~? 조개.

— 죠개[čogɛ]. 죠개[čogɛ].

예. 그거 어 어찌 잡았습둥? 어터게 잡았습둥?

— 어떤때느 구물에 나옵구마. 구물에. 구물에 나옵드마110). 그물에, 고기르 잡는 구물에. 어떤 때느 한지에111) 나오지. 음.

그 원동에 사실때느 바당이었구 예 발하쇼느 바당이 아이재임둥? 그 바당. 그 바당에서는 어찌 잡습둥? 그 원동. 원동에서. 바당에서.

— 아, 바다~은 그 저 옝게112) 이 저나 ****113), 집에 잇는 사름덜이?

예.

— 다(да)? 그저 바달르114) 나 아이 가구 집에 잇는 사름덜이?

예.

— 그거느 에따(это) 저 그거 … 야아! 그거 내 알았는데… 후리질115) 하오. 집이 이 챤116)으 타구나가서 챤으 타구서 얼매간: 먼데 가서. 그 저 나 구물이, 구물으[kʉmuɾi] 싹 이 데리구서.117) 그담에 챤으 타구서 들어와서 그 그물으 잡아댕기지. 기래문 거기 가아재낭118) 빌게 다아 들어오지, 그 구물에. 가재 이막씨난 게. 가재.

큼두~?

— 이막씨나 그 크지. *가매119), 가재, 가재. 걔 그 가재 이 껍데기느 이릏기 그 풀색이 나는게. 그런 가재. 이만: 이마씨 큰게. 걔 그거 아 *줏, 우리네느 그거 아덜 직에느 굵은120) 거 댕기메 얻어서 뺏게서느, 어 줏어서느 저나 어 그 우레다 꿇에. 끓이무 째빨갛지121).

아!

— 으흠. 기램 그 껍데기 발라데지구122) 기래구 머 아적에 먹느라구. (웃음) 가재.

아아! 가재.

조개하고. 소라하고 조개하고. (웃음)

할머니! 그러면 게, 문어, 소라, 조개가 있잖습니까? 조개.

– 조개. 조개.

예. 그걸 어 어떻게 잡았습니까?

– 어떤 때는 그물에 걸려 나옵니다. 그물에. 그물에 나오더군요. 그물에, 고기를 잡는 그물에. 어떤 때는 한데로 나오지. 음.

그 원동에 사실 때는 사는 곳이 바다였고 예 발하슈는 바다가 아니잖습니까? 그 바다. 그 바다에서는 어떻게 잡습니까? 그 원동에서. 원동의 바다에서.

– 아, 바다는 그 저 여기에 이 저기…, 이 집에 있는 사람들이?

예.

– 응? 그저 바다로 안 나가고 집에 있는 사람들이?

예.

– 그것은 음 저 그거 … 야! 그거 내 알았는데 … 바다에 안 나가고 집에 있는 사람들이. 후리질하오. 집에 이 배를 타고 나가서 배를 타고서 얼마간 먼데를 가서. 그 저기 그물, 그물을 싹 가지고서. 그다음에 배를 타고 들어와서 그 그물을 잡아당기지. 그러면 거기에 가재나 별것이 다 들어오지, 그 그물에. 가재가 이만큼씩이나 한 것이. 가재.

큽니까?

– 이만큼이나 그게 크지. 솥, 가재, 가재. 그래 그 가재의 이 껍데기는 이렇게 그 풀색이 나는데. 그런 가재. 이만한 이만큼씩 큰 게. 그래 그거 아 줍, 우리네는 그걸 아이들 적에는 돌아다니며 큰 것을 찾아서 껍질을 벗겨서는, 어 주워서는 저기 어 그걸 울안에서 끓여. 끓이면 새빨갛지.

아!

– 음. 그럼 그 껍데기를 발라내고 그리고 뭐 아이 때 먹느라고. (웃음) 가재.

아! 가재.

— 가재두 잇엇지 게두 잇엇지. 게 그 반게[123]라는 건 이룽기[이르끼]
요 요 이기 우이 이 또리또리새 요맨:하지. 이룽기[이르끼] **유이 요룽기
근, 기건 반게라구. 갠게 껍대기 우이느: 거어멓구. 거어멓구. 개래구 저
잉게느 다 다리가 잇지. 반 반게라는 게. 기래 그건 돌 돌으 이래 번지
무[124] 돌밑에 잇지. 고 반기[125].

아!.

— 아하. 물역[126]에 *보, 돌밑에나 잇지. 걔 아덜 적에 그야 그거 재밋
다구 자꾸만 댕기메 돌으 번지메 밧지. 기래 그거 그것두 으 개앳다가서
끄 끓이무 재빨갛게 데지. 가재두. 가재구 게구. 반게, 그건 어쩨 그런두
반게라 **하드르[127]. 그 작구 조그만 게. 기래구서느 털이 '털게', '털게'
두 잇엇어. 털이 잇는게. 그거느 큰게. 조끔 큰게. 큰게 털이 가뜩한 게 그
런, 그런 털게라구. 원도~서 내 *조오꼬마스 들으이 그거 '털게', '털게'
하드문, 자라이덜이[caɾaidəri]. 자라이덜이 그렇기 말하더구만. '털게',
'털게'.

으음. 그럼 아매! 챤 챤으,

— 챤, 챤으 타구. 타구 나가서.

챤으 타구 나가서,

— 아하.

그물루 물고기나,

— 냐~.

그 게르 잡는거 보셨슴둥? 직접?

— 난 밧지. 그 그으 그거 잏게 후리르 잡아댕길적이무 다(да)? 남자
[ca]덜이. 그거 개애다 그물 그 구물 물에다 **차영구 그담에 둘와서 이
거 잡아댕기지. 그 이 두짝에서 두짝 이짝에두 이짝에서 잡아댕게 저짝에
서 잡아. 걔 그 다아 잡아댕기무 거기 가재낭 무스 가뜩 나오지. 고기나,
고기나 가재미낭. 여러 가지 가뜩 나오지. 기래 그 *가, 우리네느 으음

- 가재도 있었지 게도 있었지. 게 그 '방게'라 하는 것은 이렇게 요 요 이게 위[上]가 동글동글하고 요만하지. 이렇게 위가 요렇게 큰, 그건 '방게'라고 하지. 그런 것이 껍데기 위는 거멓고 거멓고 그리고 저 여기에는 다리가 있지. 방게라는 것이. 그래 그건 돌을 이렇게 뒤집으면 돌 밑에 있지. 고 방게가.

아!

- 응. 물가에 가 보면, 돌 밑에나 있지. 그래 아이들 적에는 그냥 그게 재밌다고 자꾸만 다니며 돌을 뒤집으며 보았지. 그래 그거 그것도 가져다가 끓이면 새빨갛게 되지. 가재도. 가재고 게고. 방게, 그건 어째 그런지 '방게'라고 하더라. 작고 조그만 게. 그리고서는 털이 있는 '털게', '털게'도 있었어. 털이 있는 것. 그건 큰 것이지. 조끔 큰 것. 큰 것이 털이 아주 많은 것이 그런, 그런 털게라고 하는 것이 있었지. 원동에서 내 조꼬말 적에 들으니 그거 '털게', '털게'라 하더구먼, 어른들이. 어른들이 그렇게 말하더구먼. '털게', '털게'.

음. 그럼 할머니! 배, 배를,

- 배, 배를 타고. 타고 나가서.

배를 타고 나가서,

- 응.

그물로 물고기나,

- 응.

그 게를 잡는 것을 보셨습니까? 직접?

- 나는 봤지. 그 그 그거 이렇게 후릿그물을 잡아당길 때면 응? 남자들이. 그거 가져다가 그물, 그 그물을 물에다 처넣고 그다음에 들어와서 이거 잡아당기지. 그 이 두 쪽에서 두 쪽, 이쪽에서도 잡아당기고 저쪽에서도 잡아당겨. 그래 그걸 다 잡아당기면 거기에 가재나 무엇이 가뜩 나오지. 고기나, 고기나 가자미나 여러 가지가 가뜩 나오지. 그래 그 가서, 우리네는 음

거 가 가재 줏을라 댕기느라구 그야~ 댕기지. 그 후리질할 적임. 그 사름
덜 물역[물녁]에서 후리질할 적임. 가 가재 줏을라 댕기느라구.

그담에 또 무스거 무스거 또 잽혔슴둥?

– 그 그 기래우 고기 그런 고기, 고렷사름덜 그전에 원도~ 이시 지이
[찌이] 말하니 '꽁치'라 합덤. '꽁치', '꽁치'. 그런 *고 이 이막씨 굵은 게.

그게 잽힘둥? 거기서?

– 그이 으 후리질하무 기 들어오지. 후리질하무. 걔 가재애미구 그저
망채애구128). 그 망채라는 고긴, 내 직금 영게서느 아무 고기나 그 으 물
고길르 그런 거 끓에 먹재임두? 자~아[čǎ:] 풀구 그런 거. 원도~서느 내
조오꼬마실 적이두 들을라이 망챌르써르 에따(это) 장물 끓에먹엇지. 망
채라구. 망채라구 그런 고기 잇지. 대가리 크다아만게. 잏게 크다만게. 게
노시아말른 시자~ 그거 그거 고긴 미시긴두 *모르, 이름 모르갯어. 원도~
서느 고렷사름덜 '망채', '망채' 하구. 그걸르서리 어 저 물고기장물으 끓
에먹엇지. 자~아[čǎ:] 풀어옇구.

그럼, 아매! 꽁치느 어떻게 먹었슴둥?

– 꽁 꽁치란 고기 이막씨 큰게. 요막씨 큰게. 그런 게. 등때기 *샞 이
릏게[이르께] 씨니이(синий)색깔이 나는, 새파아란게.

그건 음 어찌해 먹었슴둥? 어떻게 해서 먹었슴둥?

– 야~ *어티(←어티기)? 그으 그 굽어두 먹구. 굽어두 먹구. 그전에,
그, 직금은 재철에다129) 이릏게 잘:(жар)으 하재오? 그전에느 고렷사름덜
은 그 고기르 그 잏게 굽어먹는 게 저릏게 아이 굽어먹어. 영게서처름 재
철이에다나 그런 데다 아이 굽어먹구 이릏기 으 새절130), 새절으 새절이
요마:이 둑한 거 이래 이릏기 네엠 이릏기 이릏기 네엠 번드사기 이릏게
이래 맨드지. 걔 이게 이릏기 몇 줄으 이릏기 이릏기 그러구 그담에 또
이릏기 이륵햇지[이륵핸찌].

거기에 가서 가재를 주우러 다니느라고 그냥 다니지. 그 후리질할 적이면. 그 사람들이 물가에서 후리질을 할 적이면. 가서 가재 주우러 다니느라고.

　그다음에 또 무엇 무엇이 또 잡혔습니까?

　− 그 그 그리고 고기, 그런 고기, 고렷사람들이 그전에 원동에 있을 적에 말하는데 '꽁치'라 하더군요. '꽁치', '꽁치'. 그런 고게 이 이만큼씩 굵은 것이.

　그게 잡힙니까? 거기서?

　− 그 이 후리질하면 그게 그물 안으로 들어오지. 그래 가자미고 망둥이고. 그 망둥이라는 고기는, 내 지금 여기서는 아무 고기나 그 물고기로 그런 거 끓여 먹잖습니까? 장을 풀고 그런 고기를 넣어서. 원동에서는 내가 조그맸을 적에도 들으니 망둥이로써 음 국을 끓여 먹었지. 망둥이라고. 망둥이라고 그런 고기가 있지. 대가리가 커다란 것이. 이렇게 커다란 것이. 그게 러시아어로는 지금 그거 그 고기는 이름이 무엇인지 모르겠어, 이름을 모르겠어. 원동에서는 고렷사람들이 '망채', '망채' 하고. 그것으로어 저 물고기국을 끓여 먹었지. 장을 풀어서 넣고.

　그럼, 할머니! 꽁치는 어떻게 해서 먹었습니까?

　− 꽁치라는 고기는 이만큼 큰 것이지. 요만큼 큰 것이지. 그런 것이지. 등이 이렇게 새파, 파란색이 나는, 새파란 것이.

　그건 음 어떻게 해서 먹었습니까?

　− 응 어떻게? 그 그건 구워도 먹고. 구워도 먹고. 그전에, 그, 지금은 쟁개비에다 구이를 하잖소? 그전에는 고렷사람들은 그 고기를 그 이렇게 구워 먹는 게 저렇게 안 구워 먹어. 여기서처럼 쟁개비에다나 그런 데다 안 구워 먹고 이렇게 어 쇠줄, 쇠줄을, 쇠줄 요만큼 굵은 것을 이렇게 네모가 이렇게 이렇게 네모 번듯하게 이렇게 이래 만들지. 그래 이게 이렇게 몇 줄을 이렇게, 이렇게 그러고(＝철사로 세로 줄을 늘이고) 그다음에 또 이렇게, 이렇게 했지(＝철사로 가로 줄을 늘이면서 엮었다는 말).

이릏기 맨드지. 그거 *이르 크다만. 기래구서 불으 거반 다아 때구 불이 가뜩 *지. 가뜩하재이오? 부수깨. 그럴 적에 거기다 싹 나서 부수깨 그 불우에다 놓구 굽어 먹지. 이래 재철 직금처름 재철에다느 잘:(жар), 잘:(жар) 아이 해 먹구, 적쇠. 기게 적쇠오.

그렇지.

─ 아하. 고려말르 적쇠. 그 적쇠에다 굽어먹엇지 재철에다느 아이 굽어 먹엇지, 그 원도~이시젝에느. 원도~이시직이[찌기] 재철에다 그 으 물고길르서리. 직금으 마우재애[131] 까뜰릿(котлета)[132] 까뜰릿(котлета) 하재이오? 마우재 까뜰릿(котлета). 고 매살(мясорубка)르 까뜰릿(котлета) 하재오? 이거느 그 원도~이시적이[-찌기] 고렷사름덜 물고길르서르 어 까뜰리뜨(котлета)해오. 이 매소르까(мясорубка)다 **차아쳐서[133]. 개래 거기다 양념이나 옇구. 기래구서리 마 마우재 그 으 쇠고기 저나 까뜰리에뜨(котлета)처름 그릏기 굽어먹엇댓지. 원도~이시젝이. 우리넨 기랫엇어.

음.

─ 음.

으음.

─ 저 개 적쇠에다 굽어먹구 이런 데 재철에다 아이 잘:(жар)해먹엇어. 적쇠다 그양 굽어먹엇지. *부 불으 불이다 놓구서리. 적쇠르 불에다 놓구. 그래 그런 거 내 밧지. 원도~이시젝이[쩨기].

그럼, 아매! 골배애나, 골배애나.

─ 골배애, 골배애. 이릏기 큰: 게우. 큰것두 잇구 조꼬만 것두. 조개 조개두 조개 이마::이 크우. 이릏기 큰 조개 잇지.

그거 어터개 먹었슴둥?

─ 그거느 그거느 그게 이릏기 이제 골배애구 조개구 그거 싹다 싹 잏게 거저느 모 못 끄서내지[134]. 그 그거채르 이르 꺼 껍데기채르 **삼아야 하지.

이렇게 만들지. 그거 커다랗게. 그리고 불을 거의 다 때고 불이 가뜩 있지. 불이 가뜩하잖소 아궁이에. 그럴 적에 거기다가 싹 놓아서 아궁이 그 불 위에다 놓고 구워 먹지. 이렇게 쟁개비, 지금처럼 쟁개비에다는 구이 구이를 안 해 먹고, 석쇠. 그게 이름이 '석쇠'지.

그렇지.

─ 그 석쇠에다 구워 먹었지 쟁개비에다는 안 구워 먹었지, 원동에 있을 적에는. 원동에 있을 적에는 쟁개비에다 그 물고기를. 지금 러시아 사람들은 커틀릿 커틀릿을 하잖소? 러시아 사람들은 커틀릿을 하지. 고 고기 분쇄기로 커틀릿 하잖소. 이거는 원동에 있을 적에 고렷사람들은 물고기로 어 커틀릿을 하오. 이 고기 분쇄기에다 잘게 잘라서. 그래 거기다 양념이나 넣고. 그리고 러시아 사람들이 커틀릿을 해 먹는 것처럼 그렇게 구워 먹었었지. 원동에 있을 적에. 우리는 그랬었어.

음.

─ 음.

으음.

─ 저 그래 석쇠에다 구워 먹고 이런 쟁개비에다는 안 구워 먹었어. 석쇠에다 그냥 구워 먹었지. 불을 불에다 놓고서. 석쇠를 불에다 놓고. 그래 그런 거 내가 보았지. 원동에 있을 적에.

그럼, 할머니! 소라나, 소라나.

─ 소라, 소라. 이렇게 큰 것이오. 큰 것도 있고 조그마한 것도 있고. 조개 조개도 조개 이만큼 크오. 이렇게 큰 조개가 있지.

그걸 어떻게 해 먹었습니까?

─ 그거는 그건 그게 이렇게 이제 소라고 조개고 그거 싹 다 싹 이렇게 그냥은 못 꺼내지. 그 그거채로 이렇게 껍데기채로 삶아야 하지.

이 우에 저 그 마우재말르느 개두 그렇지만 고려말르 미시김두? 그거 조 조개르 조개르 **뺏**기재잏지. 그 쓰 그 끓는 물에다 그 **붸따(это)** 골배애 구 조개구 옇어서 삶지[삶지]. 다 익으무 익으무, 익으무 싹 그거 **뺏**기지. 칼르써 싹 베에내서. 으음 그 살으 ** 안엣 거 싹 베에내구. 개 조개르 싹 **뺏**기지. 골배애는, 골배애느 으 이릏기 저나나 무슨 송곳이나 이런 가지 구서 다 **삼은 거 훌 이래 빼애내무 어 그게 통째르 다아 빠지지. 골배 애서. 으흠. 고대르 싹 빠지지. 기래구 왼: 끝에 이맨: 먹지 못하는 게 잇 지. 그거 떼에데지구선 다른 건 싹 살이지. 그래 그거 삶아서 으으 자알 삶아서 그래서 싹 **갈배애애구(←골배애애구) 조 조개 조개고기구 싹 삶아서 써얼어서 루크(лук)두 옇구 그런 저런거 마늘두 옇구 지렁두 옇구 마슬로 (масло) 옇구 그래 메와[135] 먹지. **메와무 그럼 그릏기 맛잇지. 원도~ 이시젝인[쩨긴] 기랫지. 문에구. 문에랑 삶아서 싹 그릏기 메와먹지. 양념 싹 옇구서. 지렁이두 옇구. 그릏기 해먹엇지 원도~. 그럼 그게 그릏기 맛 잇지.

또 다른 거 잡히는 건 없었슴둥?

- 다른 거 잽히는 게, 다른 고기덜 미시기. 무 고도~이 잇구. 고도~이 랑 고런 고기 잇으무 그런게 또 잇구. 가재미 잇구 멩태 잇구 저~어리 잇 구.

그럼 그 정어리….

- 난치 잇구.

네?

- 난치.

난치?

- 난치 **이꺼 앞서 내 말햇:슴구마. 모히바(мойва)라구. 노 노시아사 름덜은 마가진(магазин)엣 건 마가진(магазин)에서 직금 모히바(мойва) 라 하지.

이 위에 것(=소라나 조개의 껍데기인 '조가비')을, 러시아 말로는 그러지만(=무엇이라고 하지만), 그렇지만 고려말로는 무엇입니까? 그거 조 조개의 조가비를 벗기지 않지, 그 그 끓는 물에다 그 소라고 조개고 넣어서 삶지. 다 익으면, 익으면 싹 그 조가비를 벗기지. 칼로써 싹 베어 내서. 음 그 살을, 안에 들어 있는 살을 싹 베어 내고. 그래 조개를 싹 벗기지. 소라는, 소라는 어 이렇게 저기 무슨 송곳이나 이런 것을 가지고서 다 삶은 것을 홀 이렇게 빼내면 어 그게 통째로 다 빠지지. 소라에서. 음. 고대로 싹 빠지지. 그리고 맨 끝에 이만한 먹지 못하는 것이 있지. 그거 떼어 버리고서는 다른 건 싹 살이지. 그래 그거 삶아서 어 잘 삶아서 그래서 싹 소라고 조 조개 조갯살이고 싹 삶아서 썰어서 파도 넣고 그런 거 저런 마늘도 넣고 간장도 넣고 기름도 넣고 그렇게 무쳐 먹지. 무쳐 놓으면 그럼 그렇게 맛있지. 원동에 있을 적에는 그랬지. 문어고. 문어랑 싹 삶아서 그렇게 싹 무쳐 먹지. 양념을 싹 넣고서. 간장도 넣고. 그렇게 해 먹었지 원동에서. 그럼 그게 그렇게 맛있지.

또 다른 거 잡히는 것은 없었습니까?

─ 다른 거 잡히는 것이, 다른 고기들로는 무엇이 (있겠는가?). 뭐 고등어도 있고. 고등어랑 그런 고기가 있으면 그런 게 또 있고. 가자미 있고 명태 있고 정어리 있고.

그럼 그 정어리….

─ '난치136)'가 있고.

네?

─ 은어.

'난치'(=은어)?

─ 은어 이거 앞서 내가 말했습니다. '모이바(мойва)'라고. 러, 러시아 사람들은 상점에서 파는 것은, 상점에서 지금 '모이바(мойва)'라 하지.

다, 다(да, да).

― 그게 난치지.

난치지.

― 으음.

음. 그럼, 아 아매! 정어리느 외국에 다 내보내기두 하구.

― 예. 멋 통재[137]]에다 싹 절궈서. 그러나 기게 벨란, 벨란 고기지 저~어린. 어느 어느 저나 **고기잽이꾸전지 세사~에서 어느 곧에서 잡던지 저~어리 알이 잇는 저~어린 밧다는 사림이 없지. 밧다는 사림이 없지.

어째 그럴까?

― 저 저~어리 알으 밧다는 사람이 어 이 이 나스베이찌(называется) 못 밧, 못 밧지. 저~어리알으. 개앤데 어디멜 어티기 치걸라 제게[138] 저~어리, 그릏기 바. 저~어리 호드(ход) 맞힌다 하무 그저 자꾸 퍼 에따(это) 퍼 퍼내오지. 바다~아[139] 가서. 그릏기 많지. 그러나 알이 잇는 저~어리 하나투 없지. 세사~에 못밧지, 누구던지. 별란 별란 고기 애이오?

별란고기네! 처음 들었습구마.

― 첨. 아이! 처엄 들은게 애이라. 원도~서두 내 조오꼬매실 적에두 들엇어. 고기잽이꾼덜이 몇 십년 고기잽이르 한뉘[140]르 해두 저~어리 알이 잇는 저~어릴 못 보, 못 구게. 갠데 어터게 데서 *어떠, 누(ну)! 그릏기 새 낄 쳐서 그 저~어리 그릏기 흔할까? 그릏기 많을까 바다에. 그양 잡아내지. 그양 **잡아나지.

지금은 없다꾸마.

― 그 사름 기래재애? 원도~사름덜 그러더구만. 마우재덜이랑. 고렷사름덜 싹 가져가이 저~어리 없다구.

없다구.

― 으음. 고렷사름덜 싹 신겨오이 저~어리 없다구.

네, 네.

– 그게 은어지.

은어지.

– 음.

음. 그럼, 할머니! 정어리는 외국에 다 내보내기도 하고.

– 예. 뭐 물통에다 싹 절여서. 그러나 그게 별난, 별난 고기지, 정어리는. 어느 어느 저기 고기잡이꾼이든지, 세상에 어느 곳에서 잡든지 정어리 알이 있는 정어리를 보았다는 사람이 없지. 보았다는 사람이 없지.

어째 그럴까?

– 정어리 알을 보았다는 사람의 어 이 이 이름을 못 보았, 못 보았지(들었지). 정어리 알을. 그런데 어디에서 어떻게 알을 낳아 새끼를 치기에 저것이(=정어리) 정어리를, 그렇게 (많이) 봐. 정어리가 다니는 길을 맞히기만 하면 그저 자꾸 퍼, 음, 정어리를 퍼내 오지. 바다를 가서. 그렇게 많지. 그러나 알이 있는 정어리는 하나도 없지. 세상에 못 보았지, 누구든지. 그러니 별난, 별난 고기가 아니오?

별난 고기네! (알을 가진 정어리가 없다는 말은) 처음 들었습니다.

– 처음. 아니! 처음 들은 것이 아니라. 원동서도 내가 조그맸을 적에도 들었어. 고기잡이꾼들이 몇 십 년을, 고기잡이를 한평생을 해도 정어리 알이 있는 정어리를 못 보았, 못 구경해. 그런데 어떻게 돼서 어떻게, 아! 그렇게 새끼를 쳐서 그 정어리가 그렇게도 흔할까? 그렇게 많을까, 바다에. 그냥 잡아 내지. 그냥 잡아 내지.

지금은 정어리가 없답니다.

– 그 사람이 그러잖소? 원동사람들이 그러더구먼. 러시아 사람들이랑. 고렷사람들을 싹 이주시키니 정어리가 없다고.

없다고.

– 음. 고렷사람들이 모두 실려오니(=원동에서 이주해 오니) 정어리가 없다고

음. 지금 없다구.

― 흠. 모르지 어째 어째 그런 일이 잇는두. 게 벨일이지. (웃음).

벨일이지. (웃음).

그런데 그 정어리를 에 어떻게 해서 잡수셨슴둥?

― 에, 저˘어리 그거 어 저 가슬 잡아[141] 그래 온건 좋온 거느 우리느 저나 그런 거 소곰우 치지. 소곰쳤다가 동삼에 그 난치가 저˘어리 소곰 소곰에 **전 절것다가서 그게 그룽기 저 저˘어리 다른 고기덜두 찰[142]이 진다하지마는 이룽기 재철이에다가 직금 이룽기 굽재이오? 재철이에다가. 마우재느 잘(жap)으 한다지. 재철이에다 잘(жap)으 하무 다른 고기덜으느 이룽기 그런거 지름우 지름 옇구서르 닦지. 저˘어리느 제 지름에다 닦지. 그룽기 살진 그룽기 맛잇는 고기지 저˘어, 저˘어리. 제지름에다. 다른 고기덜은 싹 지름우 붓구서리 그 닦재이오? 아 이거는 저˘어리느 아이. 제 지름에 재비지름에. 그룽기 살이진 으 고기지. 맛잇는 고기지. 그런데 어째서 알 하나투 세사˘에 없는두 모르지. 알, 저˘어리 저˘어리알으 밧다는 사림이 고기잽이르 한뉘르 해애두 한 한낫두 뉘기던지 못 **밧단 저˘어리알으. 맨 애[143]지. 아! 그런데 새끼느 어디서 저룽기 잇어. 그건 무스 박사두 아는 같재이오. 흐음. 그거 어째, 어째 그 고기 그런가 박사두 아는 같재이오.

아매! 그럼 이 저˘어리를 이룽게 에: 칼르 배르 이제 따개구.

― 예.

그 안을 긁어내면은,

― 걔래.

그 속에 무스거 무스거 들었을까?

― 아, 모르지. 그게사 모르지.

아니, 지금 아매 하 한내 얘기하셨습구마. '애'라구.

― 음. 애. 애. 알이 없구 애 잇지.

음. 지금 없다고.

― 흠. 모르지 어째 어째 그런 일이 있는지. 게 별일이지. (웃음).

별일이지. (웃음).

그런데 그 정어리를 에 어떻게 해서 잡수셨습니까?

― 에, 정어리 그거 어 저 가을에 접어들어 온 것은, 좋은 것은 우리가 저기 그런 거 소금을 치지. 소금을 쳤다가 겨울에 그 은어와 정어리를 소금, 소금에 절였다가서, 그게 그렇게 정어리, 다른 고기들도 차지다 하지마는 이렇게 쟁개비에다 지금 이렇게 굽잖소? 쟁개비에다가. 러시아 사람은 '자르(жар)' 한다고 하지만. 쟁개비에다 구우면 다른 고기들은 이렇게 그런 거 기름을, 기름을 넣고서 볶지. 그러나 정어리는 제 기름에다 볶지. 그렇게 살진 그렇게 맛있는 고기지, 정어리, 정어리는. 제 기름에다. 다른 고기들은 싹 기름을 붓고 볶잖소? 아, 이 정어리는 안 그러오. 제 기름에 자기 기름에 볶지. 그렇게 살진 고기지. 맛있는 고기지. 그런데 어째서 알이 하나도 세상에 없는지(=안 보이는지) 모르지. 알, 정어리 알을 보았다는 사람이, 고기잡이를 한평생을 해도 하나도 누구든지 못 보았단 말이오, 정어리 알을. 맨 이리지. 아! 그런데 새끼는 어디서 저렇게 있어. 그건 뭐 박사도 아는 것 같잖소. 흐음. 그거 어째, 어째 그 고기가 그런지 박사도 아는 것 같잖소.

할머니! 그럼 이 정어리를 이렇게 에 칼로 배를 이제 가르고.

― 예.

그 안을 긁어 내면,

― 그래.

그 속에 무엇 무엇이 들어 있을까?

― 아, 모르지. 그거야 모르지.

아니 지금 할머니가 하나를 얘기하셨습니다. '애'라고.

― 음. 이리. 이리. 알이 없고 이리가 있지.

그 애는 색깔이 어떻습두?

— 샛하얀 게짐.

샛하얀 거죠. 음.

— 샛하얀 게.

샛하얀 거지.

— 샛하얀 그저 맨 애지 무스. 저˘어리마다. 알은 없구.

그 애가 뭘까 아매?

— 애, 애르.

그 무스거 일으 할까? 그 애?

— 모르디. 어티기 쉬까는두.

겐까, 이 고기:덜 보무 아매:! 그:: 암캐, 암캐가 이릏게 알으 낳습구마, 이릏게. 알으 나문 고 옆에서 수캐, 수캐가 또 하아얀 걸 뿜어냅구마. 뿜어서 고 알에다 이릏게 씨웁구마. 바다에서두.

— 그 그래. 그래 걔 다른, 다른, 다른 기게 암케 알이 알이 나가무 그 렇지. 알이나. 이 저˘어리느 알이 없다나 맨 애다나이 무스걸르 어티기 하 는가. 그거 냐˘. 무스걸르 어찌 그게 씨이 이 저˘어리 뿐는가구. 해마다 **교 무스걸르 뿐는가. 그거 그거 무스그 세상엔 그런 박사는 잇는 같재 이오.

알갰지, 알기야.

— 음?

아매 아는 사름 있갰지.

— 아! 아는 사름 잇다는데 어째 **저˘어 무스걸르 기게 새끼 생기는 가? 알이 없이 어티기 맨 애르 가주구서 알 생게? 아이 생기지. 알이 잇구 야 새끼 생기지. 기게 기랜게 무슨 일인두 모르지.

게까 제가 지금 아매애게 여쭈어 보는 거는 암캐 이제 알으 났재임두~?

그 이리는 색깔이 어떻습니까?

― 새하얀 것이지 뭐.

새하얀 것이죠. 음.

― 새하얀 것.

새하얀 것이지.

― 새하얀 그저 맨 이리지 뭐. 정어리마다. 알은 없고.

그 '애'라는 것이 뭘까? 할머니?

― 이리, 이리를.

그건 무슨 일을 할까? 그 이리는?

― 모르지. 어떻게 알을 까는지.

그러니까, 이 고기들을 보면 할머니! 그 암컷, 암컷이 이렇게 알을 낳습니다, 이렇게. 알을 나면 고 옆에서 수컷, 수컷이 또 하얀 걸 뿜어냅니다. 뿜어서 고 알에다 이렇게 씌웁니다. 바다에서도.

― 그래. 그래 그래 다른, 다른, 다른 고기가, 암컷의 알이 나가면(=산란하면) 그렇게 하지. 이 정어리는 알이 없다 보니 맨 이리다 보니 무엇으로 어떻게 하는가(=알이 없는데 무엇으로 새끼를 치는가). 그거 응. 무엇으로 어찌해서 그게 씨가 생겨서 이 정어리가 불어나는가. 해마다 무엇으로 정어리가 불어나는가. 그거 뭐 세상에는 그걸 아는 그런 박사는 있는 것 같잖소

알겠지, 알기야.

― 음?

아마도 아는 사람이 있겠지.

― 아! 아는 사람이 있다는데, 어째 정어리가 무엇으로 (새끼를 치는지) 그게 새끼가 어떻게 생기는지 모르는가? 알이 없이 어떻게 맨 이리를 가지고 알이 생겨? 안 생기지. 알이 있어야만 새끼가 생기지. 그게 그런 게 도대체 무슨 일인지(=곡절인지) 모르지.

그러니까 제가 지금 할머니에게 여쭈어 보는 것은 암컷이 이제 알을 낳잖습니까?

그럼 수캐가 하아얀 걸 또 낳습구마 이롷게. 그게 앰두~?

　－ 그게 앱:구마[꾸마].

그게 애지?

　－ 샛하얀게 기게 애, 기게 애구. 어 이짝. 아까 이건 그거느 어 아암케 쓴 에따(это) 어: 그런 알으 쓴 알, 알이 나가무 그저 그거 애 애 애, 수케 애르,

애르 여기다가 뿜어야지. 하얗게.

　－ 아, 이거느 이건 저~어리게느 그런 게 어,

알이 없지.

　－ 알이 없는데 수캐 무스거 어찌갯는가.

그렇겠지.

　－ 기게, 기게 모를 일이지. 어 원도~서부터 하 *한(←한뉘) 무슨 몇 몇 몇철련으 누(ну) 그거 첫감부터 없다나이 **메.

다, 다(да, да).

　－ 그으 으~ 몇 몇십년 한뉘르 원도~서 대르 네레오메서리 저 고기잽이르 해두 어 저~어리 알이 잇다는 소리느 없어. 밧다는 게 없스꿈 저~어리 알으 밧다는 게 *없.

그러면 이럴 것 같습니다. 내 생각이. 야 두마유 세이차쓰(Я думаю сейчас). (웃음).

　－ 두마이찌(Подумайте)! 두마이찌(Подумайте)!

정어리는 점 깊운 데서, 산란을, 알으 낳는 거 같습구마. 그물이나 이런 게 닿지 않는 데 있재임두~. 쫌 깊운 데서 알으 낳고 그리구 위로 올라와서 놀다가 사람, 이 사름게 잽히는 거 같습구마. 알을 낳을 때는 좀 깊은 데서 낳는 거 같습구마.

　－ 그런두 모르지. 아이, 그러문 글쎄 알으 낳아, 알으 낳아 데진다아구.144) 아이 그래 알으 낳아 데지무 기램 암케145) 그거느 애 없어야 하지.

그럼 수컷이 하얀 걸 또 낳습니다, 이렇게. 그것이 '애'입니까?

– 그것이 이리입니다.

그게 이리지?

– 새하얀 게 그것이 이리, 그게 이리고. 어 이쪽. 아까 이건 그것은 어 암컷이 알을 슨, 음, 어 그런 알을 슨 것인데, 그 알이 나가면 그저 그거 이리 이리 이리, 수컷이 이리를.

이리를 여기다가 뿜어야지. 하얗게.

– 아, 이것은 이 정어리에는 그런 것이 어,

알이 없지.

– 알이 없는데 수컷이 무엇을 어찌하겠는가.

그렇겠지.

– 그게, 그게 모를 일이지. 어 원동에서부터 한(평생), 무슨 몇 몇 천 년을 음 그거(=정어리가 왜 알이 없는지를 아는 사람이) 처음부터 없다 보니.

예, 예.

– 그 응 몇 몇 십 년 한평생을 원동에서 대를 내려오면서 저 고기잡이를 해도 어 정어리 알이 있다는 소리는 없어. 보았다는 것이 없습니다. 정어리 알을 보았다는 것이 없소.

그러면 이럴 것 같습니다. 내 생각이. 내 지금 생각하면. (웃음).

– 생각해 보오! 생각해 보오!

정어리는 좀 깊은 데서, 산란을, 알을 낳는 것 같습니다. 그물이나 이런 것이 닿지 않는 데가 있잖습니까? 좀 깊은 데서 알을 낳고 그리고 위로 올라와서 놀다가 사람, 이 사람에게 잡히는 것 같습니다. 알을 낳을 때는 좀 깊은 데서 낳는 것 같습니다.

– 그런지 모르지. 아이, 그러면 글쎄 알을 낳아, 알을 낳아 버린다고. 아이 그래 알을 낳아 버리면 그럼 수컷 그것은 이리가 없어야 하지.

다아 애 잇거든. (웃음)

수캐, 수캐 애가 있지.

- 싹 그저 수케 다아 애 잇지. 애 없는게 없지. 알이, 알이 잇는 거 없지, 응? 게 저 저~어리마다 다아 애 잇지. 아 알이 거 없지. 개 무스걸르 어티기 기게 풍산하는가146), 아?

그렇지. 근데 (웃음) 이것두 물고기덜두: 이게, 이게 시집 장가가압구마. 정어리구 꽁치구 다 가압구마. 짝으 찾습구마. 잏게. 그래서 암캐가 알으 낳으면 수캐가 애르 뿜습구마. 이렇게. 뿜어내앱구마. 이렇게. 그래야지만 고 새끼가 태어납구마. 이거 이 바당물고기두 그렇습구마, 예. 그런데 이 애가 있는 거는 예 짝을 못 찾아가지고 암캐르 못 찾아가지고 애가 있는 경우도 있고:. 짝을 못 찾아서 애를 안 썼습니다. 써야 데는데. 그런 경우도 있고 쓰긴 썼는데 남은 거일 수도 있구. (웃음) 한번 찾아보겠습구마. (웃음) 예. 그럼 아매! 그으:: 하 하여튼 정어리를 이롷게 에:: 짜개고 이롷게 끄집어 내무 애두 있고 배앨두 잇겠지?

- 배앨이 잇지.

긴: 거 배앨두 있겠지?

- 배앨두 잇지.

또 뭐가 있으까? 그 속에?

- 기래구, 기래구 그 미시긴가 고기마다 그런 게 잇재임두? 기래. 불루깬가?

'불루깨'!

- 뿔루깨147), 뿔루깨 잇구라사 기게 헤에댕기지148) 그게 없으무 아이데지.

그렇지. 아아! 뿔루깨.

- 뿔루캐.

아:: 으:, 뿔루깨.

다 이리가 있거든. (웃음)

수컷, 수컷에 이리가 있지.

― 싹 그저 수컷은 다 이리가 있지. 이리가 없는 것이 없지. 알이, 알이 있는 것이 없지[149], 응? 게 정어리마다 다 이리가 있지. 알이 없지. 그래 (도대체) 무엇으로 어떻게 그게 풍산(風散)하는가, 응?

그렇지. 그런데 (웃음) 이것도 물고기들도 이게, 이게 시집 장가를 갑니다. 정어리고 꽁치고 다 갑니다. 짝을 찾습니다. 이렇게. 그래서 암컷이 알을 낳으면 수컷이 이리를 뿜습니다. 이렇게. 뿜어냅니다. 이렇게. 그래야만 고 새끼가 태어납니다. 이거 이 바닷물고기도 그렇습니다, 예. 그런데 이 이리가 있는 것은 예 짝을 못 찾아 가지고 암컷을 못 찾아 가지고 이리가 있는 경우도 있고. 짝을 못 찾아서 이리를 안 썼습니다. 써야 되는데. 그런 경우도 있고 쓰긴 썼는데 남은 것일 수도 있고. (웃음) 한번 찾아보겠습니다. (웃음) 예. 그럼 할머니! 그 하여튼 정어리를 이렇게 에 배를 가르고 이렇게 끄집어내면 이리도 있고 창자도 있겠지?

― 창자가 있지.

긴 창자도 있겠지?

― 창자도 있지.

또 뭐가 있을까? 그 속에?

― 그리고, 그리고 그 무엇인가 고기마다 그런 것이 있잖습니까? 그래. '불루깨'(=부레)인가?

'불루깨'(=부레)!

― 부레, 부레가 있고서야(있어야만) 그게 헤엄쳐 다니지 그것이 없으면 안 되지.

그렇지. 아! 부레.

― 부레.

아, 음, 부레.

─ 무슨 고기던지 다아 뿔루깨 잇갯지. 기게 없으무 아이 데갯지. 그거 느 그건 물에 잘 떠댕기라구 **불룸깨 잇갯지.

그렇지. 그속에 공기가 있습지.

─ 누(ну). 글쎄. 누(ну). 내 그래 누(ну) 그 **으힌 내 생각엔 그런 가 툴하우.

아. 다, 다(да, да). 아매 말씀이 맞는 같습구마. 직금 생각해 보니까 아매 말씀이.

─ 뿔루깨 없으무 아이데지. 고기딜이 어떠한 거 어떤 한 고기던지 뿔 루깨 잇어야 게 물에 뜨지.

뜨지. 다, 다, 다(да, да, да). 아. (웃음) 아아, 뿔루깨. 걔니까 애두 있 구 배앨두 있구 뿔루깨두 있구.

─ 그릏지.

아아!

─ 열두 잇구.

아아!, 열!

─ 고기딜이 고기딜두 다아 열이 잇지.

열이 있습둥?

─ 열이 잇재~이~쿠150)! 고기 열이 없는게 잇는가!

아아! 그것두 열이 다아 있어야 데갯구마.

─ 열이 글쎄나. 에헤 그겟두 무스 사름처름 열이 다아 잇는데. (웃음).

아아. 그것두 산 거라구. 아아! 열으 한번 잏기 잡숴보셨슴둥? 그럼?

─ 열으 못 먹지.

혹시.

─ 녜옡(нет)!

쓰지.

─ 쓰, 씁아서.

－ 무슨 고기든지 다 부레가 있겠지. 그것이 없으면 안 되겠지. 그것은 그건 물에 잘 떠다니라고 부레가 있겠지.

그렇지. 그 속에 공기가 있지요.

－ 음. 글쎄. 음. 내 그래 음 그 내 생각에는 그런 것 같소.

아. 예, 예. 할머니 말씀이 맞는 것 같습니다. 지금 생각해 보니까 할머니 말씀이.

－ 부레가 없으면 안 되지. 고기들이, 어떠한 것이든 어떤 한 마리의 고기든지 부레가 있어야 그게 물에 뜨지.

뜨지. 예, 예, 예. 아. (웃음) 아, 부레. 그러니까 이리도 있고 창자도 있고 부레도 있고.

－ 그렇지.

아!

－ 쓸개도 있고.

아! 쓸개!

－ 고기들이 고기들도 다 쓸개가 있지.

쓸개가 있습니까?

－ 쓸개가 있고 말고! 고기가 쓸개가 없는 것이 있는가!

아! 그것도 다 쓸개가 있어야 되겠습니다.

－ 쓸개가 글쎄 어 그것도 뭐 사람처럼 쓸개가 다 있는데. (웃음).

아. 그것도 산 것이라고. 아! 쓸개를 한번 이렇게 잡수어 보셨습니까? 그럼?

－ 쓸개를 못 먹지.

혹시.

－ 아니!

쓰지.

－ 써서.

버려야지. 씁아서.

― 씁아서 못 먹지.

아아. 으음. 으음:. 그럼 아매! 열두 잇구 뿔루깨두 있구 배앨두 있구,

― 배앨두 잇구 그렇지.

배앨두 있구 또 무스거 없으까?

― (웃음) 모르갰어.

아아, 그렇구나! 그럼 아매! 요 정어리 요기두 정어리두 그렇구 머 꽁치두 그렇구 잡아 놓오면은 요기 목 부분이 발랑발랑 하재임둥?

― 아, 기게 기게 미시긴가.

그거 무스거라 하까?

― 내 그거 고려말르 들엇는데. 게 마우재말른 '자부라(жабра)'지. 고려 말르느….

자부라(жабра)지.

― 노시아말르 자부라(жабра).

자부라(жабра).

― 이 이기 저나 그기 톱날 같은 게 잇는게.

다, 다, 다, 다(да, да, да, да). 빗살같이 생긴 거.

― 야:˘. 기거느 노시말르느 그저 자부라(жабра)라 하구. 고려말르느 …. 햐아! 내 들엇는데. 햐아! 들엇는데 잊어뿌렛다.

그거 머라구 하까? 그거를. '저벌개'라구 할까?

― 아무래 '저벌개'갯지.

저벌게. 저벌게갰지.

― 그거 싹 빼뻬레 뽑아데디지.

뽑아데지지. 음.

― 저 저벌게 옳겟스끔.

아아, 저벌개가.

버려야지. 써서.

— 써서 못 먹지.

아. 음. 음. 그럼 할머니! 쓸개도 있고 부레도 있고 창자도 있고,

— 창자도 있고 그렇지.

창자도 있고 또 뭐 없을까?

— (웃음) 모르겠어.

아, 그렇구나! 그럼 할머니! 요 정어리 요기도, 정어리도 그렇고 뭐 꽁치도
그렇고 잡아놓으면 요기 목 부분이 발랑발랑 하잖습니까?

— 아, 그게 그게 무엇인가.

그걸 무엇이라고 할까?

— 내 그거 고려말을 들었는데. 그게 러시아 말로는 '자부라(жабра)'지.
고려말로는….

아가미지.

— 러시아어로 '자부라(жабра)'.

아가미.

— 이 이게 저… 그게 톱날 같은 것이 있는 것.

예, 예, 예, 예. 빗살같이 생긴 것.

— 응. 그건 러시아 말로는 그저 '자부라(жабра)'라 하고 고려말로는 ….
햐! 내가 들었는데. 햐! 들었는데 잊어버렸다.

그거 뭐라고 할까? 그것을. '저벌개'(=아가미)라고 할까?

— 아마도 '저벌개'(=아가미)겠지.

'저벌게'. '저벌게'(=아가미)겠지.

— 그거 싹 빼 버려. 뽑아 버리지.

뽑아 버리지. 음.

— '저벌개(=아가미)'가 맞겠습니다.

아, '저벌개(=아가미)'가.

– 내 **그슬 어디메서 들은 같은데. 저벌개 옳갯스끔.

그럼 아매! 꼬리: 붙은 거 있재임두? 꼬리가 있재임둥? 막: 이 휘젓구 다
니재임두? 정어리구 꽁치구 막 휘젓구 댕기잖습니까? 고건 머라구 하까? 잏
게. 이 등에, 등짝에두 붙구 이 배짝에두 붙었재임두?

– 아아~.

아, 그거.

– 아, 그거느 그 무슨. 무슨 저나 (들숨소리) 내 들을라이. 가만. 무슨
'나발개'라 하던두? 혹시.

아아! '나발개'.

– '나발개'라 하는 같은. 내 그릏게 들은 같은데.

으음. 아아, 나발개:. 나발개? 나불개? 나발개?

– 글쎄 '나발개'라 하는 소리 내 들엇는두. 나불갠두 나발갠두….

그 칼르 탁탁.

– 탁 다 찍어 데디지. 다 찍어 데디지.

찍어 데디지. 음. 음.

– 야아! 내 싹 잊어뿌렛어. 자꾸 잊어뿌리는 게 어찌우.

음. 음. 그래두 아매가 오늘 잏게 말씀해 주셔서: 옛날 우리 원동에서는 예
어떤 고기 고기 고기가 있었고 고기의 이름은 뭐고 그 고기에 뱃속에는 뭐가
뭐가 뭐가 있는데 그 이름을 무스거라고 했고. 그렇습지? 예. 이름이. 이름이
러시아말두 있구: 앙그리스끼두 있구: 고려말두 있재임두?

– 다아, 다아 잇지.

다아 있지?

예. 그러니까 아매가 다 얘기를 해서 영원히 몇 십년 몇 백년까지두 원동에
서 우리 고렷사람들이 그 이름을 뭐라구 했다라는 게 이제 남게 됐습구마. (웃
음) 아이 정말. 스뻬짤느이(специальный). 예. 그래서 이런 걸 하압구마,
이거. 예.

― 내가 그것을 어디선가 들은 것 같은데. '저벌개(=아가미)'가 맞겠습니다.

그럼 할머니! 꼬리에 붙은 것이 있잖습니까? 꼬리가 있잖습니까? 막 이 휘젓고 다니잖습니까? 정어리고 꽁치고 막 휘젓고 다니잖습니까? 고건 뭐라고 할까? 이렇게. 이 등에, 등짝에도 붙고 이 배쪽에도 붙었잖습니까?

― 응.

아, 그거.

― 아, 그것은 그 무슨. 무슨 저 … 내가 들으니. 가만. 무슨 '나발개'라 하던가? 혹시.

아! '나발개'(=지느러미).

― '나발개'(=지느러미)라 하는 것 같아. 내가 그렇게 들은 것 같아.

음. 아, '나발개'. 나발개? 나불개? 나발개?

― 글쎄 '나발개'라 하는 소리를 내가 들었는지. '나불개'인지 '나발개'인지….

그 칼로 탁탁.

― 탁 다 찍어서 버리지. 다 찍어서 버리지.

찍어서 버리지. 음. 음.

― 야! 내가 싹 잊어버렸어. 자꾸 잊어버리는데 그거 어찌하오.

음. 음. 그래도 할머니가 오늘 이렇게 말씀해 주셔서 옛날 우리 원동에서는 예 어떤 고기 고기 고기가 있었고 고기의 이름은 무엇이고 그 고기의 뱃속에는 뭐가 뭐가 뭐가 있는데 그 이름을 무엇이라고 했고. 그렇지요? 예. 이름이. 이름이 러시아 말도 있고 영어도 있고 고려말도 있잖습니까?

― 다, 다 있지.

다 있지?

예. 그러니까 할머니가 다 얘기를 해서 영원히 몇 십 년 몇 백 년까지도 원동에서 우리 고렷사람들이 그 이름을 뭐라고 했다는 것이 이제 남게 됐습니다. (웃음) 아니, 정말. 특별히. 예. 그래서 이런 조사를 합니다, 이거. 예.

— 음. 게 무슨 어전 너무 오라다 나 싹 잊어뿌렛지. 다아 듧기사 다아 들엇지. 무시기 어떻다는 거 다아 들엇지. 아, 기래니 그저 죠 죄꼬말 땐 *첸, 그 무스 바르 듣슴드~? 첸심사~:151) 그저 그저 그저 첸심사~: 들 들 들엇지. 기랭께 다아 잊어뿌렛지.

'첸심샹'?

— 누(ну). 노시아말르느 우니마찌(внимать)느 아이 들구서 그저 그저 마우재마따나 니브레쥐나(небрежно) 거저 거저 듣구 그저 그릏기 딱 멩심해 아이 듧는다, 들엇단 말이지.

그렇지.

— 멩심해 아이 들어. 기게 다 쓸데없는 게 뉘기 그 아아덜이 멩심해 듣는가. 아이 듧지.

그렇지. 음. 아, 애기때라.

— 아덜적이.

아덜때라.

— 아덜적에.

그러니 아매느 농사:: 머 느베니 머 아무것두 해 보시지 않아서. (웃음).

— 모 모 해바서. (웃음).

아매! 그: 원동에 게실 때: 그: 멩태,

— 멩태. 야~.

그 멩태 많습지?

— 으흠.

그 멩태는 어떻게 해 먹었슴두?

— 멩태, 내 그래재오. 어 소곰물으 어 마침: 해:서 개 소곰물에 기랫다 가서리 저 그담에 끄서내서 께에서 말리운다구. 말려 두드려먹엇지.

음. 그러면 그 멩태르 그냥 바루 잡아서 먹는 것두 있구. 그렇게 말리,

— 그야~ 먹는 것두 잇쟎구.

– 음. 그게 뭐 이제는 너무 오래다 보니 싹 잊어버렸지. 다 듣기야 다 들었지. 무엇이 어떻다는 거 다 들었지. 아, 그러니 그저 조그마할 때는 비슷하게, 그 뭐 바로 듣습니까? 비슷하게 그저 그저 그저 비슷하게 들었지. 그러니까 다 잊어버렸지.

'첸심상'?

– 음. 러시아 말로는 귀를 기울여 안 듣고서 그저, 그저 러시아 사람 말마따나 건성으로 그저 그저 듣고 그저 그렇게 딱 명심해 안 듣는다, 들었단 말이지.

그렇지.

– 명심해서 안 들어. 그게 다 쓸데없는 것인데 누가 그 아이들이 명심해 듣는가. 안 듣지.

그렇지. 음. 아, 아기 때라.

– 아이들 적이.

아이들 때라.

– 아이들 적에.

그러니 할머니는 농사 뭐 누에니 뭐 아무것도 해 보시지 않아서. (웃음).

– 농사를 못 지어 봐서.

할머니! 그 원동에 계실 때 그 명태,

– 명태. 응.

그 명태가 많지요?

– 음.

그 명태는 어떻게 해 먹었습니까?

– 명태, 내 그러잖소. 어, 소금물을 어 마침맞게 해서 그래 소금물에 그랬다가서 저 그다음에 꺼내서 꿰어서 말린다고. 말려 두드려 먹었지.

음. 그러면 그 명태를 그냥 바로 잡아서 먹는 것도 있고. 그렇게 말려,

– 그냥 먹는 것도 있잖고.

말리와서 먹는 것두 있구.

- 냐ˉ. 말리 말리와서 두두려 먹지. 멩태두 말리와서 쪄두 먹지. 쪄두 먹지. 두두려두 먹구 쪄 멩태르 말리와서 쪄먹지. 가재미구.

그럼 그 멩태르 말리운 거는 따개 부르는 이림이 없습두~?

- 없 없지. 그저 마른멩태라 하지 머. 다른 건 모르지.

음. 그냥, 그냥 먹는 멩테두 따개 부르는 이름이 없고?

- 따게 부르, 따개 나 이름 못 들었어. 그저 멩태 멩태 멩탠가 했지.

아. 그거르 말리와서 장물에다두 넣 옇어 먹습두~?

- 장물에랑 옇어 먹는거 못 밧소. 난 그거느 못 밧소, 장물에. 거저 에 떠(это) 그거 저어나 어떤 때느 닦아두 먹지. 그 멩태느 지름이 지름이 어 없지, **많, 없지. 멩태고기.

그렇지.

- *배, 멩태르 배때르 때기무152) 배때애 멩태배때애 에 으 이 저 지름 이 잇지. 아 거추~엔 이 살에는 멩태 지름이 없지.

그렇지.

- 냐ˉ. 그렇습구마. 배때 안에 저 멩태. 기래 멩태지름우 국가에서 주 지. 멩태지름우 약에 쓰지. 약에, 약에다두 쓰지, 멩태지름우. 으음.

으음.

- 거추~, 거추~엔 살에는 멩태 지름 없스끔. 없어. 멩태느 음 배때 배 때르 때기무 배때애 멩태지림이. 게 멩태지름 모도 받아 개 멩태지림 이153) 약을르 쓰지.

약을르 쓰지.

- 약을르 쓴다구. 으음.

아매! 그 멩태 새끼 있대님둥? 멩태 낳은 새끼.

- 아, 새끼 나 못 밧어. (웃음) 새끼 못 밧어.

그거 먹거나 그렇진….

말려서 먹는 것도 있고.

― 응. 말려 말려서 두드려 먹지. 명태도 말려서 쩌도 먹지. 쩌도 먹지. 두드려도 먹고 쩌, 명태를 말려서 쩌 먹지. 가자미고 (명태고).

그럼 그 명태를 말린 것은 다르게 부르는 이름이 없습니까?

― 없, 없지. 그저 마른명태라 하지 뭐. 다른 이름은 모르지.

음. 그냥, 그냥 먹는 명태도 다르게 부르는 이름이 없고?

― 다르게 부르, 다르게 부르는 이름을 나는 못 들었어. 그저 명태, 명태, 명태인가 했지.

아. 그걸 말려서 국에다도 넣어 먹습니까?

― 국에 넣어 먹는 것은 못 봤소 난 그건 못 봤소, 국에. 그저 음 그거 저기 어떤 때는 볶아도 먹지. 그 명태는 기름이, 기름이 어 없지, 없지. 명태 고기.

그렇지.

― 배, 명태를 배때기를 가르면 배때기에 명태 배때기에 에 어 저 기름이 있지. 아, 겉에는, 이 살에는 명태 기름이 없지.

그렇지.

― 응. 그렇습니다. 배때기 안에 저 명태. 그래 명태기름을 국가에서 주지. 명태기름을 약에 쓰지. 약에, 약에다가도 쓰지, 명태 기름을. 음.

음.

― 겉, 겉에는 살에는 명태 기름이 없습니다. 없어. 명태는 음 배때기, 배때기를 가르면 배때기에 명태 기름이 있지. 게 명태 기름을 모두 받아 그래 명태 기름은 약으로 쓰지.

약으로 쓰지.

― 약으로 쓴다고. 음.

할머니! 그 명태 새끼 있잖습니까? 명태가 낳은 새끼.

― 아, 새끼 나 못 봤어. (웃음) 새끼 못 봤어.

그거 먹거나 그렇지는….

— 어째 어째 어째 나두 어 직금 새끼라 하이 네 에따(это) 알기오[154].
멩태두 알이 잇는 멩태르 밧던두 못밧던두 영 머르갯어.

알이 많습구마.

— 멩태 알이 많소?

음.

— 으음.

즈이 많이 먹습구마. 그 어저께 말씀드렸습지? 그∷ 어 우리가 먹는 멩태있
재임두~? 한국사람덜이 먹는 멩태. 그게 다아 어디서 잽히느냐면은 아매 사시
던 데 있지?

— 누(ну), 누(ну).

나호드까(Находка) 그쪽하구 저쪽에 캄자카(Камчатка) 반도 있재임둥?

— 깜짜까(Камчатка)?

깜차까(Камчатка).

— 깜짜까(Камчатка).

베에링. 깜차까(Камчатка), 베에링 그쪽에서 잽힙구마.

— 아아. 어:.

다(да). 거기서 잡아서 가지구 오옵구마.

— 예:.

겐데 아매! 그 노시아사람덜 있재임두~ 그 사람들은 멩태르 아이 먹습구마.
그놈들은. 그래서 한국사람들이 그 노시아 바당,

— 아:~.

거기가서 그걸 잡고.

— 야:~.

자기들이 안 먹으니까. 잡고 대신 돈으 좀 내앱구마. 노시아에 돈으 내구
오옵구마.

— 아아~.

─ 어쩨, 어쩨, 어쩨 나도 어 지금 새끼라 말하니, 네, 음, 알아지오(＝ 떠오른다는 말). 명태도 알이 있는 명태를 보았던가 못 보았던가 아주 모르겠어.

알이 많습니다.

─ 명태가 알이 많소?

음.

─ 음.

저희는 많이 먹습니다. 그 어저께 말씀드렸지요? 그 어 우리가 먹는 명태 있잖습니까? 한국 사람들이 먹는 명태. 그게 다 어디서 잡히는가 하면 할머니 가 사시던 데 있지?

─ 음, 음.

나홋카 그쪽하고 저쪽에 캄차카 반도가 있잖습니까?

─ 캄차카 반도?

캄차카.

─ 캄차카.

베링해. 캄차카, 베링해 그쪽에서 잡힙니다.

─ 아, 어.

예. 거기서 잡아서 가지고 옵니다.

─ 예.

그런데 할머니! 그 러시아 사람들이 있잖습니까? 그 사람들은 명태를 안 먹 습니다. 그놈들은. 그래서 한국 사람들이 그 러시아 바다,

─ 아.

거기 가서 그걸 잡고.

─ 응.

자기들이 안 먹으니까. 잡고 대신 돈을 좀 냅니다. 러시아에 돈을 내고 옵니다.

─ 아아.

그래서 한국배가 거기서 그렇기 잡 잡재임둥? 그러면 항상 노시아 뽈리찌이(полиция)가 그 배애 탑구마, 잊게. "느이덜 얼마나 잡았느냐?" 이래 가지구. 그래서 돈 얼마 주구 이렇게. *약, 이 이게 이 이게 약속입구마. 한국하구 노시아가 이렇게 약속으 한겁구마.

- 야:~.

즈이들 안 먹으니까. (웃음) 잡아가라. 대신 돈 내라.

- 야~, 기래.

쪼끔 돈으 내라. 그렇기 해야지. 그래서 아매 살던 데 그 근처에서 잽히는 멩태,

- 멩태.

그걸 먹습구마. 그걸 먹는데 알이 많습구마.

- 으음.

아, 이마:낳게.

- 애두 그저 가뜩가뜩 차구.

가뜩가뜩 차구.

- 기래 애, 그 멩태느 배때 안이 지림이 많지. 아, 거충엔 지림이 없지. 저 지 지름 없어.

안에 많지.

- 아하! 배때안에 에 지림이 많지. 곱155)이, 곱이. 지림이 많지.

곱이 많지.

- 냐~. 지림이. 기래 그 곱우 가지구서리 이 에따(это) 어 고기 멩태지름우 맨들지.

다, 다(да, да).

- 으음. 아 거츠~으느 살 아이젖어. 살 아이젖어. 멩태 거츠~으느 살 아이젖어.

음. 거충우느.

그래서 한국 배가 거기서 그렇게 잡 잡잖습니까? 그러면 항상 러시아 경찰이 그 배에 탑니다, 이렇게. "너희들 얼마나 잡았느냐?"이래 가지고. 그래서 돈을 얼마 주고 이렇게. 약속, 이 이것이 이게 약속입니다. 한국하고 러시아가 이렇게 약속을 한 겁니다.

- 응.

저희들이 안 먹으니까. (웃음) 잡아 가라. 대신 돈을 내라.

- 응, 그래.

쪼금 돈을 내라. 그렇게 해야지. 그래서 할머니가 살던 데 그 근처에서 잡히는 명태,

- 명태.

그걸 먹습니다. 그걸 먹는데 알이 많습니다.

- 음.

아, 이만하게.

- 이리도 그저 가뜩가뜩 차고.

가뜩가뜩 차고.

- 그래 이리, 그 명태는 배때기 안에 기름이 많지. 아, 겉에는 기름이 없지. 저… 기 기름이 없어.

안에 많지.

- 응. 배때기 안에 에 기름이 많지. 기름이, 기름이. 기름이 많지.

기름이 많지.

- 응. 기름이. 그래 그 기름을 가지고서 음 고기 명태 기름을 만들지.

예, 예.

- 음. 아 겉은 안 살졌어. 안 살졌어. 명태 겉은 안 살졌어.

음. 겉은.

- 아하! 거 겆이, 겆이156). 멩태 고기. 고기느 고기느 살이 없지. 배때살, 곱이 잇지.

곱이 있지.

- 으음.

그럼, 아 아매! 그때::는 그 연에라든가,

- 연에, 소에.

소에, 그것두 좀 잽헸으까?

- 어 그 우리 겅겐 없스끔.

없습지?

- 겅겐 없스끔. 어 바당물에는 그런게 없스끔. 민물에 잇지.

그렇지.

- *우리마 *간157) 바당물은 짭아서 거 없. 짭재인 물에 잇지. 민물에 잇지.

그게 짭운 물을 거쳐서,

- 음.

바당물르 거쳐서 이룷게 올라오옵구마, 민물루.

- 어어:

민물에 사는 게 아입구마.

- 으음.

민물에: 오는 거는 알으 낳:러. 알으 낳아서 새끼를 치러 민물로 올라오옵구마. 거기서 새끼가 나오무 그것이 다시 또 바당으로 가서 들어가압구마. 그래서 바당에서 놀다가 살다가 죽을 때,

- 으으˜.

알을 치자, 낳고 새끼르 치자고 민물로 올라오옵구마.

- 아아˜. 기게 **엔 저:나 연에 그렇갯지.

연에.

─ 응. 겉, 겉이. 명태 고기. 고기는, 고기는 살이 없지. 배때기에 살, 기름이 있지.

기름이 있지.

─ 음.

그럼, 할머니! 그때는 그 연어라든가,

─ 연어, 송어.

송어, 그것도 좀 잡혔을까?

─ 어 그 우리가 살던 거기에는 없습니다.

없지요?

─ 거기에는 없습니다. 어 바닷물에는 그런 것이 없습니다. 민물에 있지.

그렇지.

─ 우리 마을 가까이 있는 바닷물은 짜서 그게 없지. 짜지 않은 물에 있지. 민물에 있지.

그것이 짠 물을 거쳐서,

─ 음.

바닷물을 거쳐서 이렇게 올라옵니다, 민물로.

─ 어.

민물에 사는 것이 아닙니다.

─ 음.

민물에 오는 것은 알을 낳으러. 알을 낳아서 새끼를 치러 민물로 올라옵니다. 거기서 새끼가 나오면 그것이 다시 또 바다로 들어갑니다. 그래서 바다에서 놀다가 살다가 죽을 때,

─ 응.

알을 낳고 새끼를 치려고 민물로 올라옵니다.

─ 아. 그게 저기 연어가 그렇겠지.

연어.

— 연에.

두만강 있재임두~?

— 연에. 연에.

두만강. 아암두~? 두만강?

— 아, 두 두만강 내 어째서 알갯소.

아, 조선하구 원동하구,

— 아아.

고 사이에 있는 강 있재임두~? 거기에….

— 기게 무슨 내 그 원도~에 잇으적에사 쬐에꼬만 게 아무것두 모르지. (웃음) 아. 아무것두 모르지. (웃음).

다, 다(да, да). 으음.

그담에 또 뭐?

아매! 그 물고기주~에 요마:낳게 자다:만 물괴긴 없었습둥?

— 기게 '새비'란 게우?

아이, 새비?

— 새비란 게 애이우?

새비두 있구. 그 물고깁구마. 요마:낳게 자다:만 거.

— 아 자다:만 거 그런 거 못 밧지. 나 새비는 바 밧지만 해두 아 재다만, 다른 고기는 재다:만거 못 밧지.

그 새비는 어터게 해 잡수셨습두~?

— 나느 새비르 원도~서부터 이릏기 노 노느라고서리 이래 저 채르 가지구 잡앗지만해두. 머 먹즌 애입구마[애이꾸마]. 직금 잉게르 잉게 가져 저 간, 원도~서 가져다 파는데 새비 한 낄로(кило) 세 천이라꿈. 한 낄로(кило) 세 처이. 나느 난 거져줘두 아이먹소, 난. 원동서부터 아이 먹지.

그렇습지.

— 새비르 아이 먹지.

― 연어.

두만강이 있잖습니까?

― 연어. 연어.

두만강. 압니까? 두만강?

― 아, 두만강을 내가 어찌 알겠소.

아, 조선하고 원동하고,

― 아.

고 사이에 있는 강 있잖습니까? 거기에….

― 그게 무슨 내 그 원동에 있을 적이야 쪼끄만 것이 아무것도 모르지. (웃음) 아. 아무것도 모르지. (웃음).

예, 예. 음.

그다음에 또 뭐?

할머니! 그 물고기 중에 요만하게 자잘한 물고기는 없었습니까?

― 그게 '새비'(=새우)란 게오?

아니, 새우?

― 새우라는 것이 아니오?

새우도 있고. 그건 물고깁니다. 요만하게 자잘한 거.

― 아 자잘한 거 그런 거 못 봤지. 내가 새우는 보기는 했지만, 아, 자잘한 것, 그러나 다른 자잘한 고기는 못 봤지.

그 새우는 어떻게 해서 잡수셨습니까?

― 나는 새우를 원동에서부터 이렇게 노느라고 저 채를 가지고 잡기는 잡았지만 먹지는 않습니다. 지금 여기로 여기에 가져오는, 원동에서 가져다 파는데 새우가 1킬로그램에 3,000텡게[158]라 합니다. 1킬로그램에 3,000텡게. 나는 난 거저 주어도 안 먹소, 나는. 원동에서부터 안 먹지.

그렇지요.

― 새우를 안 먹지.

그거 여기 오는 새비느 어디서 잡아서….

– 윈도~서 가져오지! 싹 윈도~서 오지. 윈도~이밖이 어디메 새비 잇는가!

그렇지! 노시아 땅에서 잡은 게 까자끄스딴으로.

– 그래! 아, 고렷사름덜이 사는게 이래 저나 어 친척덜이나 사는게 이래 경게서 가져다 잉게 가져다가 파지.

으음. 낄로(кило)에 삼천 냥[159].

– 아하! 한 낄로(кило)에 세천 뎅가.

그러니까.

– 으음 비싸짐므. 그 먹는 사름덜은 *쏘론(всё равно) 그거 싸압구마. 먹는 사름덜은. 나느 윈도~서부터 아이 먹엇어. 윈도~서부터 새비르 아이 먹어. 우리집이서 어쩨 어 클아매나 클아바이[160]나 잇어두 새비 가뜩해두, 기양 그저 그 새비 기 새비 일년 열두달 잇지, 그 새비. 그 까스비시끄 모레(Каспийское море). 우리 사던 데 그 나호드까(Находка) 그 젙이[저티]. 기양 잇지. 그릏기 호드(ход), 호드(ход) 마이 날 적엔 기게 어느 달이 그릏기 그릏지. 아, 그 전은 그 전은 기양 널널이[161] 기양 물이 잇지. 이래 채르 가지구 나가서 이거, 그전에 내 쪼오꼬마시적에 고렷사름덜이 이런 거 그 이르기 낭글르 낭그 낭그 널이 애이구 **널구 애이구 낭기 뚜릿뚜릿한 게 이마이 둑한 게나 잇재임두~? 이마이 이마이 둑한. 기래 그 널으 이렇게 한판 때개에서 저런 거 그런 거 에 함박이처름 맨드지. 요, 이, 요마이 솔게 이마이 요렇기 요렇기 질게 요렇기 요렇기 한, 응. 그런게 우리집에 잇엇지, 그전에. 큰아매나 클아바이 잇을 적에. 기래 그거 그거 가지구 채르 가지구 베드로(ведро)르 가지구 기래구 그 물역으 가지. 새 새빌 붙들길래 그 재미 잇어서. 기래 그거 그 **몰함[모람] *몰함백일르[모램배길르] 이래 훌 떠서 이래 훌 떠서 채애다 받지. 개 채애다 바 받으무 맨 새비지지. 개 새비 지무 **베도라(ведро)다 그거 새빌 옇지. 개래 마::이 붙들엇다느 집우르 올 적엔 또 되비 물에다 쏟아옇짐. 그 이그 잽히는 재미에,

그거 여기 오는 새우는 어디서 잡아서….

— 원동에서 가져오지! 싹 원동에서 오지. 원동밖에 또 어디에 새우가 있는가!

그렇지! 러시아 땅에서 잡은 것이 카자흐스탄으로.

— 그래! 아, 고렷사람들이 사는 것이, 이래 저기… 어 친척들이나 사는 것이 이래 거기에서 여기로 가져다가 팔지.

음. 킬로그램에 삼 천 텡게.

— 응. 1킬로그램에 삼 천 텡게.

그러니까.

— 음 비싸지 뭐. 그 먹는 사람들은 그래도 어쨌든 그거 삽니다. 먹는 사람들은. 나는 원동에서부터 안 먹었어. 원동에서부터 새우를 안 먹어. 우리 집에서 어째 어 할머니나 할아버지가 있어도 새우가 가뜩해도, 그냥 그저 그 새우가 일 년 열두 달 있지, 그 새우가. 그 카스피해에. 우리가 살던 나홋카 그 곁에. 언제나 있어. 그렇게 산란기에 많이 날 적에는 그게 어느 달인가 그렇게, 그렇게 많이 잡히지. 아, 그 전에는 그 전에는 그냥 널찍이 그냥 물이 있지. 그래 이렇게 채를 가지고 나가서 이거, 그 전에 내 쪼그맸을 적에 고렷사람들이 이런 거 그 나무로 나무를 나무를 널이 아니고 널도 아니고 나무가 둥글둥글한 게 이만큼 굵은 것이 있잖습니까? 이만큼 이만큼 굵은 게. 그래 그 널을 이렇게 한판을 쪼개서 저런 거 그런 거 에 이남박처럼 만들지. 요, 이, 요만하게 솔게 이만하게 요렇게 요렇게 길게 요렇게 요렇게 한 거, 응. 그런 게 우리 집에 있었지, 그 전에. 할머니나 할아버지가 있을 적에. 그래 그거 가지고 채를 가지고 물통을 가지고 그 물가를 가지. 새우를 잡기에 그 재미가 있어서. 그래 그 이남박, 이남박으로 홀 떠서 이렇게 홀 떠서 채에다 받지. 그래 채에다 받으면 맨 새우만 있지. 그래 새우가 있으면 물통에다 그 새우를 넣지. 그래 많이 잡았다가 는 집으로 올 적에는 또 도로 물에다 쏟아 넣지. 그 이거 잡히는 재미에,

재미루.

– 누(ну) 그쩍에 이 일곱 살 야듧[야듭] 살 아홉 살 요것들이지. 걔 그 재미에 그 제에나 거기 네레가지. 누(ну) 쬐외꼬만게 집에서 *하무상 일 두 할 줄 모르지, 죠꼬매[čók'omɛ]. 걔래 그거 새비 새비 뜰라 댕겠지. 걔래 그 새비 기양 잇지 우리. 그릏기 마:이 콱 없지만 널:널:이 기양 그게 잇지. 그 바당물에 기양 잇지. 걔 원도~이시젝에느[쩨게느], 지금은 드비162)나 하재이? 고 고렷사름덜이. 드비나 하는게 이래 저런 거 드비르 *이 *제 그전에 드비르 사름덜이 거기다 해. 맷돌에다 이래 가느라구 힘들 여 하지 드빌, 그 전에. 드비르 해애먹자무 그렇기 힘들. 걔래 그 드비르 할 적에느 코~오 싹 갈아서 드비르 할 **집우 그럴 적이느 바당물으 가서 그 바당물으 바당물으 가서 한 베드로(ведро)163) 가져오지. 기래무 직금 은 모도 웈스(уксус) 저나 초나 옇어서 그거 *이린 저나 드비르 모오 맞 추재오? 초 초르 초오164) 물에다 섞어서 그러갯지. 아, 원도~에 이시적에 느 초두 아이 옇구 그 바당물, 바당물 가서 한 베드로(ведро) 가져오무 그 에때(это) 드빗물이 끓을 적에 끓을 적에 그 바당물으 슬슬 치무 그 그 드비 제일 맛잇지. 원도~서 그 바당물이 한 드비 제일 맛잇지. 어째 기 름 그 물에 그 바당물에 무시기 잇어서 그릏기 데까? 그거 모르갯어, 난. 내같은 게 글쎄 무식한[무시칸] 게 아오? 나. 어 지식 잇는 사름두 나 그 거 아는 같재이오. 그 바당물이 무시게서165) 그 드비 데는가 말이오. 음?

바당물에 성분이 있습구마.

– 짭짤한 게.

거기에 바당물에 그 성분이 있습구마.

– 글쎄, 누(ну). 짭짤한 기 짭지. 바당물이 짭지.

그렇지. 바당물두 그게:: 물이 물속에 여러 가지가 녹아져 있는 겁구마.

– 아아. 어떻거나 글쎄.

거기에: 그 드비할 때 그 엉기게 하는 게 있습구마. 잋게. 그런 바당물 속에

재미로.

　－ 음. 그때는 이 일곱 살 여덟 살 아홉 살 요런 것들이지. 그래 그 재미에 일부러 거기로(=바다로) 내려가지. 음 쪼끄만 것이 항상 일도 할 줄 모르지, 쪼그매서. 그래 그 새우 새우를 뜨러 다녔지. 그래 그 새우가 그냥 언제나 있지, 우리 사는 곳에. 그렇게 많이는 없지만 널찍이 그냥 그게 있지. 그 바닷물에 그냥 있지. 그래 원동에 있을 적에는, 지금은 두부나 하잖소? 고렷사람들이. 두부나 하는데 이렇게 저런 거 두부를, 그 전에는 두부를 사람들이 거기다 해. 맷돌에다 이렇게 가느라고 힘들여 하지, 두부를, 그 전에는. 두부를 해 먹으려면 그렇게 힘들어. 그래 그 두부를 할 적에는 콩을 싹 갈아서 두부를 할 집에서는 그럴 적에는 바닷물을 (바다에) 가서 그 바닷물을 가서 한 통을 가져오지. 그러면 지금은 모두 식초, 그러니까 식초를 넣어서 그거 이렇게 저기 두부모를 잡잖소? 초, 초를, 초를 물에다 섞어서 그렇게 하겠지. 아, 원동에 있을 적에는 초도 안 넣고 그 바닷물, 바닷물을 가서 한 통을 가져오면 그 음 두붓물이 끓을 적에 그 바닷물을 슬슬 치면 그, 그 두부가 제일 맛있지. 원동에서는 그 바닷물로 한 두부가 제일 맛있지. 어째 기름, 그 물에 그 바닷물에 무엇이 있어서 그렇게 될까? 그걸 모르겠어, 나는. 나 같은 것이 글쎄 무식한 게 아오? 내가. 어 지식이 있는 사람도 나는 그거 알 것 같잖소. 그 바닷물에 무엇이 있어서 그 두부가 되는가 말이오. 음?

바닷물에 성분이 있습니다.

　－ 짭짤한 것이.

거기에 바닷물에 그 성분이 있습니다.

　－ 글쎄, 음. 짭짤한 것이 짜지. 바닷물이 짜지.

그렇지. 바닷물도 그게 물이 물속에 여러 가지가 녹아져 있는 것입니다.

　－ 아. 어떻거나 글쎄.

거기에 그 두부를 할 때 그 엉기게 하는 것이 있습니다. 이렇게. 바닷물 속에 그런 성분이 있습구마. 나트룸 성분이.

─ 그래두 그 바당물 가져다가서리 붓어서 그 바당물루 해애두 먹어두 일없걸라 말이지. 무슨 무 죽는다는 것두 없구 무스 그 드비르 먹구두 일없걸라 말이지. 긔래 기게 무시기 긍게 **그룿그 바당물에 그런 게 좋온 게 잇어서.

있습구마, 그거.

─ 드비르 할 적이무 바당물 가서 한 베드로(ведро) 푹 푹 떠다간 드비 물이 끓을 적이 그거 이래 쏙쏙 이래 처엏어무 드비 발으 싹 잡구.166) 내 우리 으 큰아매나 잇으젝이[-쩨기] 내 밧지. 조오꼬말 제167). 큰아매나 잇 으젝인[-쩨긴] 내 몇 살이나 데엣갯는가. 아구! 큰아매 잇으젝이[-쩨기] 내 일곱살이엇댓지. 그래 내 그거 하는 거 밧지. 저 시장 아깨 내 말 해재 앺던두~? (물 마시는 소리) (조사자가 제보자에게 물을 따르자) 잇스꿈. 그 저나 원도~서, 원 원도~이 이시젝이 …, 시간이 댓시무 내 가라?168)

아이!

─ 아, 시간 아직두 아이 댓습두~?

아니! 시간이 넘었어두 모 몰래 더 공부르 해야 데엡구마. (웃음).

─ 그래. 그 이 저 내 동미 *안까, 아깨 여자라 하재? 안까이라 하지? 그 안까이네 에:따(это) 원도~이시젝에[쩨게] 해삼위169) 살앗지, 해삼위. 걔 에미 애비 없구 딸이 서이 잇엇댓지, 그 집이. 긔래 딸이 서이서 그렇기, 그 노시아, 고려말른 무시기라 하까? 노시아말르느 그런 그렇기 꾸쁘 이(скупой)덜이지.

뚝보이덜?

─ 넬(нет)! 꾸쁘이(скупой).

꾸쁘이(скупой)?

─ 넬(нет) 뚝보이! 꾸쁘이(скупой)!

꾸쁘이(скупой).

그런 성분이 있습니다. 나트륨 성분이.

　- 그래도 그 바닷물을 가져다가 부어서 그 바닷물로 두부를 해 먹어도 괜찮기에 말이지. 무슨 뭐 죽는다는 것도 없고 무슨 그 두부를 먹고도 괜찮기에 말이지. 그래 그게 무엇이 거기에 그렇게 바닷물에 그런 좋은 것이 있어서.

　있습니다, 그거.

　- 두부를 할 적이면 바닷물에 가서 한 물통을 푹 푹 떠다가는 두부 물이 끓을 적에 그걸 이렇게 쓱쓱 이렇게 처넣으면 두부가 발을 싹 잡고. 내 우리 어 할머니가 있을 적에 내가 봤지. 조끄말 때. 할머니가 있을 적에는 내가 몇 살이나 되었겠는가. 아이고! 할머니 있을 적에 내가 일곱 살이었었지. 그래 내가 그 두부를 하는 것을 봤지. 저 지금 아까 내가 말을 하지 않던가요? (물 마시는 소리) (조사자가 제보자에게 물을 따르자) 컵에 물이 있습니다. 그 저기 원동에서, 원동에 있을 적에 …, 시간이 되었으면 내 갈까?

　아니!

　- 아, 마칠 시간이 아직도 안 됐습니까?

　아니! 조사 시간이 넘었어도 몰래 더 공부를 해야 됩니다. (웃음).

　- 그래. 그 이 저 내 동무 그 아낙네, 아까 '여자'라 하잖소? '안까이'(=아낙네)라 했지? 그 아낙네 음 원동에 있을 적에는 해삼위(블라디보스토크)에 살았지, 해삼위. 그래 어미 아비가 없고 딸이 셋이 있었지, 그 집에. 그래 딸이 셋이서 그렇게 살았는데, 그걸 러시아어로, 고려말로는 무엇이라 할까?[170] 러시아 말로는 그런 그렇게 구두쇠들이지.

　뚝보이들?

　- 아니! '꾸쁘이'(скупой, =구두쇠).

　'꾸쁘이'(скупой, =구두쇠)?

　- '뚝보이'가 아니고 '꾸쁘이'(скупой)!

　꾸쁘이(скупой, =구두쇠).

- 음. 꾸뽀이(скупой) 그런. 그릏기, 햐! 고려말르 기게 미시긴가? 그런[171] 따꿈재이[172]지! 따꿈재. 다(да)? 그 따꿈재이덜이지. 그래 (기침) 그래 그거 발써 망하자구 그랫갯지. 어 그 원도~서느 그 금으, 금으 어찌메서 금으 일하는 데서 일햇던두: 안까이: 남재 모르게 금으 어디게다 파묻지. 남재 모르게. 남재 안까이[173] 모르게 어디게다 파묻지, 금우. 금우. (쯧) 기래 한번으느 그 시자~ 그 **안 내 동미 안까이 애비 아 앓게 대앳지. 앓아, 앓아서 아야 저 저 죽을베~이 들엇지. 앓앗지. 기래 죽을베~이 들어두 안깐가[174] 아이 말햇단 말야. 그 금으 어디다 파묻은 거. (웃음) 죽으메서두 죽을 때 데메서두 아이 말해. (쯧) 그래 안까이 모 얻어보지[175]. 그 금 모 얻어보지.

그맇습지.

- 어디다 둔 거 알구야 얻어보지. 어티기 모르는 거. 아이 말하구 죽엇지. **남재덜두 죽엇지 덜커덕.

거 어떡했습두~?

- 음. 그담에, 그담에 안깐이[ank'ani]두 앓게 대앳지. 안까이[ank'ai] 그렇게 앓게 데이깐, 아 그래 그담에 그 남재 그래 앓게 대 죽을베~이 드이깐 말으 못하게 대앳지.

으응.

- 말으 못하게 대앳지. 걔 말 못하구 죽엇지.

응.

- 그러단 어디메 금이 파묻은 거 모르구서 죽어. 그담에 안까이 떡 앓게 뎃지. 에미. 그 내 동미 안까이 에미 또 앓게. 걔 에미 앓게 데이까나 그 집안 집이서 거 무슨 아즈바이[176] 데구 무슨 무시기 데는 친척덜이 그으 그 늙은, 늙은 사림이 와서 그래지. "아즈마이! 이 집에, 저 이 집이, 이 집에 굳거나이 그

- 음. 구두쇠, 그런. 그렇게, 햐! 고려말로 그게 무엇인가? 그런 '따꼽재'(=구두쇠)지, '따꼽재' 그렇지? 그 구두쇠들이지. 그래 (기침) 그래 그거 벌써 망하자고 그랬겠지. 어 그 어미와 아비가 원동에서는 그 금(金)을, 금을 어찌하면서, 금을 캐거나 가공하는 그런 일을 하는 데서 일했는지 아낙네(=아내)가 남편 모르게 금을 어디에다 파묻지. 남편 모르게. (또) 남편이 아내 모르게 어디에다 파묻지, 금을. 금을. (쯧) 그래 한번은 그 지금 내 동무가 되는 아낙네의 아비가 아 앓게 되었지. 앓아, 앓아서 아예 저 죽을병이 들었지. 그렇게 앓았지. 그래 죽을병이 들어도 아낙네(=아내)에게 말을 안 했단 말이야. 그 금을 어디다 파묻었는지를. (웃음) 죽으면서도, 죽을 때가 되었는데도 말을 안 해. (쯧) 그래 그 아낙네(=아내)가 금을 못 찾았지. 그 금을 못 찾았지.

그렇지요.

- 어디다 둔 것을 알아야만 찾지. 어떻게 모르는 것을 찾겠어. 말을 안 하고 죽었지. 남편도 죽었지, 덜커덕.

거 어떻게 했습니까?

- 음. 그다음에, 그다음에 아내도 앓게 되었지. 그 아내가 그렇게 앓게 되니까, 아 그래 그다음에 그 남편이 그렇게 앓게 되어 죽을병이 드니까 말을 못하게 되었지.

응.

- 말을 못 하게 되었지. 그래 말 못 하고 죽었지.

응.

- 그렇다 보니 어디다 금을 파묻었는지 그거 모르고서 죽어. 그다음에 아내가 떡 앓게 되었지. (내 동무의) 어미가. 그 내 동무 아낙네가 또 어미가 앓게. 그래 어미가 앓게 되니까 그 집안이 되는 집에서, 거 무슨 아저씨가 되고 무슨 무엇이 되는 친척들이 그 어 그 늙은, 늙은 사람이 와서 그러지. "아주머니! 이 집에, 이 집에, 이 집에 쓰지 않고 두거나 한 그

재사이 어디메 이 이 이 잇갯으니 이 저나 아덜까[177) 말하라"구. 재산으 어디 어디메 금우 어디메 파묻엇다는 거 아가 아덜가 말하라구. 개 새아 가덜[178) 서이 잇엇지. 음. 개 말하라 기래이까나, 무시라는가 그러짐. "헤! 아이, 아즈바이! 내 어저 죽는가!" 하메서리 이리매 아이 말하지. 아덜까. 아, 그러던게 그 '내 글쎄 죽는 죽 죽는다'구서리.[179) 까꾸뚝 아이 죽을 거처르. 아, 그러던 게 또 덜커덕 죽엇소. 에미 앓아서. 에미 앓아서 죽으 이 또 말 아이하구 죽엇소, 요~. 금이 어디 잇다는 거 말 아이하구 죽엇단 말야, 응. 남재것두 모르구 에미것두 모르구 아무것두 모르지. (입을 다시 며) 기래 이 어저느 새애가 서이 떡 짙엇지.

으음.

− 개애 이래 으으, 자다만하지. 크 크재잏지. 에미 애비처름 다아 죽엇 지. 그담에 한내, 한내 시걱으 이래매. 으 구둘집[180)인게 무. 한내 구둘에 앉아서 이렇게 시걱으[181), 시걱 한내 부수깨 불우 때이구 기랫지. 간나[182) 덜 서인게. 기래 이 불으 때이메서 그 으 노롱질[183)해앳갯지. 그 부수땡 길르 자꾸 따아 이릏기 따아 뚜지메[184) 불우 때이메 자꾸 따아 뚜지메서 장난으 햇지. 그런데 펭재[185) 아구리 이런 게 베우지.

아아!

− 펭재아구리.

으음.

− 그래, 그래 큰, 큰 간나덜까 말해. 그거 부수깨 앞우 팠지. 부수깨 앞우 파이까나 그 저런 저런 펭재 저 반리뜨라(литра)짜리 말구. 기래 저 노시아말르 게 치뚜쉬까(четушка)[186)오. 기 반에 반 펭잰가? 요맨 요맨 야?

음. 음.

− 양백쉰그람 드는 기. 게 반에 반 펭재지 다(да)? 옳지?

음.

재산이 어디에 있을 것이니 이 저기 아이들에게 말하라"고. 재산을 어디 어디에다 금을 어딘가에 파묻었다는 것을 아이에게 아이들에게 말하라고. 그래 여자아이들 셋이 있었지. 음. 그래 말하라 그러니까, 무엇이라 하는 가 하면 그러지 뭐. "허! 아니 아저씨! 내가 이제 죽는가!" 하면서 이러며 안 말하지. 아이들에게. 아, 그 "내가 글쎄 죽지 않는다"고 그러던 것이. 꼴까닥 안 죽을 것처럼. 아, 그러던 것이 덜커덕 죽었소. 어미가 앓아서. 어미가 앓아서 죽으니 또 말을 아니 하고 죽었소, 응. 금이 어디에 있다는 것을 말 아니 하고 죽었단 말이야, 응. 남편이 숨긴 것도 모르고 아내가 숨긴 것도 모르고 아무것도 모르지. (입을 다시며) 그래 이 이제는 여자아 이 셋이 떡 남았지.

음.

― 그래 이래 어, 좀 작지. 크지 않지. 어미가 아비처럼 (죽어) (둘) 다 죽 었지. 그다음에 딸 하나가 끼니 밥을 지으며. 어, 방구들을 놓은 집인데 뭐. 하나가 방구들에 앉아서 이렇게 끼니를, 끼니를 짓고 딸 하나가 부엌 아궁 이에 불을 때고 이랬지. 계집아이가 셋인데. 그래 이 불을 때면서 그 어 놀 이를 했겠지. 그 부지깽이로 자꾸 이렇게 땅을 이렇게 땅을 쑤시며 불을 때 며 자꾸 땅을 쑤시며 장난을 했지. 그런데 병 아가리가 이런 게 보이지.

아!

― 병의 아가리.

음.

― 그래, 그래 큰 계집아이들에게 말해. 그 부엌 아궁이 앞을 팠지. 부엌 아궁이를 파니까 그 저런 병, 저 반 리터짜리 말고 그래 저 러시아어로 그 게 '체투쉬카(четушка)'오. 그게 반에 반 병인가? 요만한, 요만한 응?

음. 음.

― 250그램이 드는 거. 그게 반에 반이 드는 병이지, 그렇지? 옳지?

음.

― 옳지?

그렇습지. 음.

― 오백그람 드는 펭재 말구. 양백쉰그람 드는 이런 그전 이런 게 잇엇어. 요런게 펭재. 양백씨. 다아 파내이까 고 펭재르 금이 한내 가뜩하지.

아이구!

― 고거 한나 딱 얻어밧지. 다아 에미 애비 파묻은 거 서로 말 아이 하다나이 한나투 모 얻어밧지. (웃음) 한나투 모 얻어보구. 고거 *하 머 치뚜쉬까(←четвертинка) 한날 따악 얻어밧단 말야. 그 금우. 기래구 우리 쩨낄리(Текели) 살 적엔 그전에 야 신문에, 신문에 해삼위서 울라지보스또끄(Владивосток)서 그 해삼위지. 울라지보스또끄(Владивосток) 해삼위지. 걔 해삼에서 금우 전 이런 거 저런 저 직금 마련하문 그런 게 잇재오? 그으 따아 좀 에스까바르도(экскаватор) 잇지. 그 고려말른 내 모르오. 그 따아 이래 파는 에쓰까바르도(экскаватор). 에쓰까바르도(экскаватор) 잇재오 그런?

예. 있습구마. 에쓰까바바또르(экскаватор).

― 따아 이릏기 파는 게 야. 그 에쓰까바르도(экскаватор)도 그 그러다나 기게 어느 제오. 그 저는 어 해삼에 그것두 아무데두 그렇지 머. 그거 다아 무스거 마사서 온처이 싹 제 ***잊거돈느라구187) 응. 새 **청재188) 집딜두 지구 잘 하느라구 그거 싹 그전, 그전에 그 자다만 집딜이랑 싹 마사데지구 싹 그거 에스까바뚤(экскаватор)르 파. 에스까바또르(экскаватор) 파메서 그 그 신문에 낫습더마. 아무데서 아무데서 금우 얼매 얻어밧다는거. 기래 내 동미 안간가 이래. 기게 저어 에미가 애비 전에 파묻언, 파묻은 전 금인 모애~이라구.

금인 모양이라구.

― 으음! 그렇기 싹 망해 빠졋지. 음. 에구::! 사름덜이 기차지.

그거 왜 마러 그거를,

- 옳지?

그렇지요. 음.

- 500그램이 드는 병 말고. 250그램이 드는 이런, 그 전에 이런 것이 있었어. 요런 병이. 200씩. 다 파내니까 고 병에 금이 하나 가득하지.

아이고!

- 고거 하나를 딱 찾았지. 어미와 아비 둘 다 파묻은 것을 서로 말을 안 하다 보니 하나도 못 찾지. (웃음) 하나도 못 찾고. 고거 하나 뭐 250g 들이 작은 병 하나를 딱 찾았단 말이야. 그 금을. 그리고 우리가 체킬리에 살 적에는 그 전에 응 신문, 신문에 해삼위에서 블라디보스토크에서, 그게 해삼위지. 블라디보스토크가 해삼위지. 그래 해삼위에서 금을 저기 이런 거 저런 저 지금으로 말하면 그런 것이 있잖소? 그 땅을 좀, 굴착기가 있지. 그 이름을 고려말로는 무엇이라 하는지 내 모르오. 그 땅을 이렇게 파는 굴착기. 굴착기가 있잖소, 그런 게?

예, 있습니다. 굴착기.

- 땅을 이렇게 파는 것이 응. 그 굴착기도 그 그렇다 보니 그게 어느 때오. 그 저기 어 해삼위의 그것도 그렇고 아무 데도 그렇지 뭐. 그거 다 무엇을 부수어서 온천히 싹 제 ***** 응. 새 층집들도 짓고 잘 하느라고, 그거 싹 그전, 그전에 그 좀 작은 집들을 싹 부수어 버리고 싹 그거 굴착기로 땅을 파. 굴착기로 파면서…, 그 그 신문에 났더군요. 아무 데서, 아무 데서 금을 얼마를 찾았다는 것을. 그래 내가 동무 아낙네에게 이래. 그게 자기 어머니와 아버지가 전에 파묻은, 파묻은 전(前)의 금인 모양이라고.

금인 모양이라고.

- 음! 그렇게 싹 망해 버렸지. 음. 어이구! 사람들이 기가 막히지.

그거 왜 무엇 때문에 그 금을,

- 음?

왜 땅속에 묻구우 얘기를 아이할까?

- 그전에, 그전에 저어나 내애 늙으이덜이 말하는 소릴 들엇지. 재비 재산으 재비 재산으 어디 어디메다 따에 파묻으무 기게 남우 재사이라구. 제거, 그건 제 재사이 아이라.

근데 그으 따꼽재덜은 왜 땅속에다 집어넣었을까? 아무리 따꼽재라두 그렇지.

- 아, 그래두 글쎄나 그래구 거기서 부수깨애 피우구 사척[189]에다 파묻으무 모 얻어바두, 부수깨 옆엣거 한나 얻어밧지.

아우! 자손덜한테 얘기를 왜 아니 할까?

- 글쎄 아 말 말으 하라니까나 그, "아이! 아즈바이! 내 죽는가!" 하메서리. "내 아이 죽는다!" 하메서리. 이리메서 그양 죽을, 죽을베~이 들어 앓, 앓으메서두 이런 소리하메서리 아아덜까 말으 아이햇지. 그러이 그저 그저 그 숱한 금이 다 **빠, 다아 잃어지구[190] 말앗지.

잃어지구 말앗지. 아이구! (웃음) 아이구! 음.

- 아이구! (웃음) 벨란 일이 다잇소. 고렷사름덜은. 고렷사름덜 사는 데 사는 곧이 벨란 일이 다 잇다.

어디나 다 마찬가집구마. 사람 사는 곳은 다아 어디나 다 마찬가집구마.

- 다아 한가지. 다아 한가지. 사림이 한가지 사림이 잇슴두~? 벨이 벨란 게 다아 잇지. 성질두 멫 만 천가지 성질이, 사름 *생, 잇는 것마이[191] 성질두 그마이지. 그마이지.

얼굴두. 다, 다, 다, 다, 다(да, да, да, да, да).

- 그릏지.

그러니까 어딜, 어, 가나,

- 다아 한가지.

아메리까(Америка)를 가나 노시아를 가나 한국엘 가나.

－ 음?

왜 땅속에 금을 묻고 얘기를 안 할까?

－ 그전에, 그전에 저기… 내가 늙은이들이 말하는 소리를 들었지. 자기 재산을 자기 재산을 어디 어디에다 땅에 파묻으면 그게 남의 재산이라고. 제 것이, 그건 제 재산이 아니라고.

그런데 그 구두쇠들은 왜 땅속에다 금을 집어넣었을까? 아무리 구두쇠라도 그렇지.

－ 아, 그래도 글쎄 그러고 거기서 부엌에다 (금을 묻고 불을) 피우고 사방에다 파묻으면 못 찾지만, 부엌 옆에 것 하나는 찾았지.

어우! 자손들한테는 왜 얘기를 안 할까?

－ 글쎄 아 말 말을 하라니까 그 사람이, "아니! 아저씨! 내가 죽는가!" 하면서. "내가 안 죽는다!" 하면서. 이러면서 죽을병이 들어 앓으면서도 이런 소리하면서 아이들에게 말을 안 했지. 그러니 그저, 그저 그 숱한 금이 다 빠져나가 다 잃어버리고 말았지.

잃어버리고 말았지. 아이고! (웃음) 아이고! 음.

－ 아이고! (웃음) 별난 일이 다 있소. 고렷사람들은. 고렷사람들이 사는 데, 사는 곳에 별난 일이 다 있다.

어디나 다 마찬가집니다. 사람 사는 곳은 어디나 다 마찬가집니다.

－ 다 한가지. 다 한가지. 사람이 한가지로 같은 사람이 있습니까? 별에 별난 것이 다 있지. 성질도 몇 만 몇 천 가지 성질이, 사람이 생긴 것이 다르듯이, 사람이 있는 것만큼이나 성질도 그만큼이지. 그만큼이지.

얼굴도 사람마다 다르고. 예, 예, 예, 예, 예.

－ 그렇지.

그러니까 어딜, 어, 가나,

－ 다 한가지.

미국을 가나 러시아를 가나 한국엘 가나.

− 마우재마따나. ‘그제(где) 나스네드(население нет?) 땀(там).’
음?

− 마우재말마따나. (웃음).

무스거라 했슴두~? 마우재말르?

− (웃음) 마우재말이 그저, “그제 땀 나 나스네드 땀 웨지 하라쇼(где
там население нет? там везде хорошо).” (웃음) 어 마우재, 고려말은,
‘우리 어디바 아이 사는 사는 곧임 다 좋다.’ 다 좋다구. 그저 아무데나
거저 사는 데서 **하구 백 군을 가더래두 그양 그 새~이 장사~이지[192].

그렇습지.

− 그저 기양 그렇지.

아매! 그러면은 그∷∷ 배를 많이 보셨습지? 거기서 나호드까(Находка)에서.

− 아아.

배가 어떻게 생겼슴둥?

− 배 어티기 생기긴. 어 그저 고기르 잡는 배덜으느 이 그리 크재잏구
마또르(мотор) 일하지. 어떤, 어떤 배덜으느 이릏기 이런 걸르 이 이걸르
그래재오? 사름덜이.

그렇습지.

− 아하! 기게 없는 사름덜이.

가랠르[193].

− 기게 없는 그 *한 그거. 이 에따(это) 기게 가.

가래.

− 그것두 그것두. 으음? 찬가래[찬까래]갯지, 기게. 찬가래[찬까래]. 그
런 것두 그런 게 *잇. 걔구 *머 기게 잇는 ***기부이 기게 잇는 배느 마
또르(мотор)지.

음. 마또르(мотор).

− 마또르(мотор).

– 러시아 사람 말마따나. 어디 사람이 있지 않는 그곳이.

음?

– 러시아 사람 말마따나. (웃음).

무엇이라 했습니까? 러시아 말로?

– (웃음) 러시아 사람 말이 그저, "어디 거기 사람 살지 않는 그곳이 어디나 좋다." (웃음) 어 러시아, 고려말은, '우리 어디 가 (사람)안 사는 곳은 다 좋다.' 다 좋다고. 그저 아무 데나 사는 데서 **하고 백 곳을 가더라도 그냥 그 상이지, 늘 그렇지.

그렇지요.

– 그저 그냥 그렇지.

할머니! 그러면 그 배를 많이 보셨지요? 거기서 나홋카에서.

– 아.

배가 어떻게 생겼습니까?

– 배가 어떻게 생기긴. 어 그저 고기를 잡는 배들은 이 그리 크지 않고 발동기가 움직이지. 어떤, 어떤 배들은 이렇게 이런 걸로 이 이걸로 그러잖소(＝노로 젓잖소)? 사람들이.

그렇지요.

– 그렇지! 기계가 없는 사람들이.

노(櫓)로.

– 기계가 없는 그 하는(＝젓는) 그거. 이 음 그 배가 앞으로 가.

노(櫓).

– 그것도, 그것도. 으음? 배를 젓는 노겠지, 그게. 배의 노 그런 것도 있고. 그리고 뭐 기계가 있는 ***, 기계가 있는 배는 발동선이지.

음. 발동선.

– 발동선.

엔진.

– 내지말르[194] 무시?

(조사자가 잘못 알아듣고) '마또르(мотор)'?

– '마또르(мотор)'.

아이, 참!

– 여기 말르 마또르(мотор)라 하지.

아!, 엔진이라구 하압구마.

– 엔진이? 엔진?

모터. 모터, 모터. 이릏기 휘익: 돌아가는 모터엔지이라구 하압구마. 빠앙
그리스끼(по-английски) 엔진, 모터 엔진이구. 빠루스끼이(по-русский) 마
또르(мотор).

– 아아.

– 개래 그거 저 거추~에서 저짝면, 거 배 마또르(мотор) 두에서 방다
리[195] 막 돌아가지. 방다리 돌아가지, ***굴비. 그거 원도~이시젝이[쩍이]
내 들을라이까 방다리 하압덤. 음. 그 마 마또르(мотор) 저짝 두에 두에서
이 마또르(мотор) 잉게서 일하무 방다리 정게서 돌지, 저짝에. 마또르(мо
тор) 바그테서. 물으 물으 방다리물 돌지. 개래 방다리라 하는 소리 내 들
엇어.

방다르.

– 방다리, 방다리.

방다리.

– 아하! 방다리. 방다리 막 돌지. 이 마또르(мотор)나 쿠이 *젓 이릏기
홀 일하무 바 바르 저 배 배 두에선 방다리 돌짐. 방다리 막. 그럼 가 가
지.

음. 그럼 아매! 이렇게 헝겊[196] 쪼배기 같은 건 아이달았슴둥? 배애다가?

– 돛대르[197] 달지.

엔진.

　― 내지(內地) 말로 무엇이라고?

'마또르(мотор)'?

　― '마또르(мотор)'

아니, 참!

　― 여기 말로 '마또르(мотор)'라 하지.

아!, 엔진이라고 합니다.

　― 엔진? 엔진?

모터. 모터, 모터. 이렇게 휙 돌아가는 모터엔진이라고 합니다. 영어로는 엔진, 모터엔진이고. 러시아어로는 '마또르(мотор)'.

　― 아.

　― 그래 그거 저 겉에서 볼 때 저쪽 면에, 거 배 모터 뒤에서 스크루가 막 돌아가지. 스크루가 돌아가지 **. 그거 원동에 있을 적에 내가 들으니 '방다리'라 하다군요. 음. 그 발동기 저쪽 뒤에 뒤에서, 이 발동기가 여기서 일하면 스크루는 저기서 돌지, 저쪽에서. 발동기는 물 바깥에서 돌고. 물을, 물을 스크루가 있어서 물이 돌지. 그래 스크루를 '방다리'라 한다는 소리를 내가 들었어.

'방다리'(＝스크루).

　― '방다리'(＝스크루). '방다리'(＝스크루).

'방다리'(＝스크루).

　― 그렇지! 스크루. 스크루가 막 돌지. 이 발동기가 크니 이렇게 훌 일하면 바 바로 저 배 배 뒤에서는 스크루가 돌지, 뭐. 스크루가 막. 그러면 배가 가 가지.

음. 그럼 할머니! 이렇게 천 조각 같은 것은 안 달았습니까? 배에다가?

　― 돛대를 달지.

달지.

— 돛대르 꼭 달지.

그렇지.

— 으흠. 기게 돛대애다.

돛대애다.

— 아하! 돛대.

음. 그럼 그때 펄럭펄럭하는 건 뭠둥? 돛대애다 잏게,

— 돛대애다 헝겆으 이르기,

그 헝겆으 뭐:라구 부름둥?

— 헝겆이.

그 이름은?

— 푸~이갯지¹⁹⁸⁾ 무슨.

푸~이?

— 아이오?

천막? 푸~이? 으음¹⁹⁹⁾.

— 돛대애다 푸~우 달앗지.

푸~우 달았지.

— 누(ну). 내 그런 소리 들엇스꿈.

그걸 '돛'이라구느 아이 했스까? '돝'이라구는?²⁰⁰⁾.

— '*듵'이라는 소린 난 못들엇스꿈.

못 들었슴둥?

— 못 들엇어.

그럼 그걸 하여튼 세운 건 돛대구,

— 돛대구. 으흠.

그게 아매!

— 헝겆으느 푸~이 푸~이구.

달지.

　　－ 돛대를 꼭 달지.

그렇지.

　　－ 음. 그게 돛대에다.

돛대에다.

　　－ 음! 돛대.

음. 그럼 그때 펄럭펄럭하는 것은 무엇입니까? 돛대에다 이렇게 다는 것,

　　－ 돛대에다 천을 이렇게,

그 천을 무엇이라고 부릅니까?

　　－ 천.

그 이름은?

　　－ '풍'이겠지 뭐.

'풍'?

　　－ 아니오?

천막(天幕)? 풍? 음.

　　－ 돛대에다 '풍'(＝돛)을 달았지.

돛을 달았지.

　　－ 음. 내가 그런 말을 들었습니다.

그걸 '돛'이라고는 안 했을까? 또는 '돝'이라고는?

　　－ '돝'이라는 소린 난 못 들었습니다.

못 들었습니까?

　　－ 못 들었어.

그럼 그걸 하여튼 세운 것은 돛대고,

　　－ 돛대고. 음.

그게 할머니!

　　－ 천은 '풍', '풍'이고.

그게 헝겊이 돛〔돋〕이기 때문에 그 세운 막대르 돛대라구 하압구마. 대는 대구.

– 아하! 그게 돛대지.

돛대지. 으음. 그러면은 이 촤안:: 이름이 있을 텐데. 여기는 무스게라 부르구 저기는 무스게라 부르구 이룋게. 이름이 있을 터인데.

– 이림이 잇어두.

생각남둥?

– 에헤, 배르 배르 내 올라 아이 엱우이무201) 그런 거 모르지. 이림이 무시긴두.

뭐, 고물이오…, 고물202).

– 그저 그물밲이 모르지.

아니! 고물.

그럼 그물은 어떤 그물 어떤 그물이 있었슴둥?

– 어, 전203) 다른 어떤, *다, 누(ну) 게 *게그 게그물이랑 잇지. 게그물은 잏기 이런 거 이룋기 크기 크기 궁냐˜이204) 이룋기 크게 잇구.

아아.

– 음 저˜어리 그물으는 그거 기게 무슨 실인가? (생각이 나질 않아 답답한 듯이 작은 목소리로) 아휴!

니룬(нейлон)?

– 삼실이. 삼실르서리. 에따(это) 삼우 매매205) 실 기래서 그저 *잘 삼실이, 실이, 실이 색이 사 삼이 같은 게. 게 **삼으 기게 그 질기지. 그래 그 삼실, 삼실 같은 걸르 그래서 그걸르 그물으 틀지. 집집마다 그런 거 이런 실으 몇 몇 몇 ***방 이룋기 몇 그런 것이. 몇 ***걸건시 집울 집마당 농가주지. 그물으 틀라구. 저˜어리 그물으 틀라구. 개무 사름덜 동삼에 여자덜 그물 트지. 그 실 개애다 농가주무 그 실 이룋기 이룋게 그런 거. 이 이룋기 실 이룋기 그 감아서 이룋기 맨든 게 게 이림이 미시김두˜?

그게 천이 '돛'이기 때문에 그 세운 막대를 돛대라고 합니다. 대는 대고.

— 그렇지! 그게 돛대지.

돛대지. 음. 그러면 이 배 이름이 있을 텐데. 여기는 무엇이라 부르고 저기는 무엇이라 부르고 이렇게. 이름이 있을 터인데.

— 이름이 있어도.

생각이 납니까?

— 에헤, 배 배를 내 올라 안 얹히면 그런 거 모르지. 이름이 무엇인지. 뭐, 고물이오…, 고물.

— 그저 그물밖에 모르지.

아니! 고물.

그럼 그물은 어떤 그물 어떤 그물이 있었습니까?

— 어, 저기, 다른 어떤, 다른, 음 게 그물, 게 그물이랑 있지. 게 그물은 이렇게 이런 거 이렇게 크게, 크게 구멍이 이렇게 크게 있고.

아.

— 음 정어리 그물은 그거 그게 무슨 실인가? (생각이 나질 않아 답답한 듯이 작은 목소리로) 아휴!

나일론?

— 삼실. 삼실로. 어 삼을 아주 잘 가공해서 실을 그렇게 꼬아서 그저 잘 삼아서 만든 실, 실, 실이 색이야 삼 같은 것. 게 삼 그것이 질기지. 그래 그 삼실, 삼실 같은 것으로 그래서 그걸로 그물을 뜨지. 집집마다 그런 거 이런 실을 몇 몇 몇 * 이렇게 몇 *이 되는 그런 것이. 몇 *** 집을 집마다 나누어 주지. 그물을 뜨라고. 정어리 그물을 뜨라고. 그러면 사람들이 겨울에 여자들이 그물을 뜨지. 그 실 가져다 나누어 주면 그 실을 이렇게 이렇게 한 그런 거. 이 이렇게 실을 이렇게 그 감아서 이렇게 만든 것이 이름이 무엇입니까?

예:. 실뭉치.

- 실뭉치구. 아이! 그 실뭉치 저 이릏기 풀어내서 이래 이래 감아서 그 긍게인저 그 매치끄(мячик)처름 맨든 게 게 미시김두~?

실모디[206]). 모디라가압구마. 삼실모디. 실모디라하압구마.

- 실모디.

음.

- 음. 긔래 그거 모디르 맨드지. 그 실르 실모디르 맨들어서 그담에 그거 그물으 틀지. 그물 이릏기 그물으 트는 게 *요 *원 요매 요매 요롱기 질구 요런 요런게. 납죽한 그런 게. 한짝은 두껍구 한짝은 얇구[얍꾸]. 그릏기 해서 그 그물으 트지. 집집마다 그거 *거이거 실으 농가주지.

아아.

- 긔래 그거 실으 그거 **낭가[naŋga]주무 이거 음 풀어서 그거 싹 이거 맨드지. 긔래 그거 이릏게 맨들어 가지구 또 이 이게 이 **이깐 낭글르, 낭긘게 애이라 직금 낭기 낭기 애이라 참댈르. 참댈르.

참댈르.

- 참댈르. 참댈르서리 그물 트는 에따(это) 바늘이. 그거 바늘이라 합덤. 그물바늘이.[207] 음. 요매:: 요롱기 요롱기 요롱기 요마이 이릏기 이릏기 생게, 요롱기 생겟지. 요롱기 요롱기 요롱기 이릏기 지다맣게 이래. 긔래 잉게 그거느 셋대같은 게 잇지. 영게 영게다 아이 붙이구[부치구] 영게다 ***허구이 잇구 영게다 이릏게 *셋대같, 그걸르 이래서 저나 저 그물, 그물 겅게다 가뜩 이래 감우문 그 그 그 그물바늘르서리 그물으 틀지.

아아.

- 으흠. 그거: 그거 그런 거 그걸 **이르 거 이거 이런 거 이런 기게 미시기오? 이자 선생님,

예. 실몽당이.

― 실몽당이고. 아니! 그 실몽당이에서 저 이렇게 풀어내서 이렇게 감아서 거기에 이제 그 둥근 공처럼 만든 것이 그게 무엇입니까?

실몽당이. 실몽당이라고 합니다. 삼실몽당이. 삼실몽당이라고 합니다.

― 실몽당이.

음.

― 음. 그래 그거 실몽당이를 만들지. 그 실로 실몽당이를 만들어서 그다음에 그거 가지고 그물을 뜨지. 그물을 이렇게, 그물을 뜨는 것이 원동에서는 요만하게, 요만하게 요렇게 길고 요런, 요런 게, 납죽한 그런 것이. 한쪽은 두껍고 한쪽은 얇고. 그렇게 해서 그 그물을 뜨지. 집집마다 그거 거의 다 실을 나누어 주지.

아.

― 그래 그거 실을 그거 나누어 주면 이거 음 풀어서 그거 싹 이 실몽당이를 만들지. 그래 그 실몽당이를 이렇게 만들어 가지고 또 이 이게 이 ** 나무로, 나무가 아니라 지금 나무가, 나무가 아니라 대나무로. 대나무로.

대나무로.

― 대나무로. 대나무로 그물을 뜨는 바늘을 만들지. 그거 바늘이라 하더군요. 그물 바늘. 음. 요만하게 요렇게 요렇게 요렇게 요만하게 이렇게 이렇게 생겨, 요렇게 생겼지. 요렇게 요렇게 요렇게 이렇게 기다랗게 이래. 그래 여기에는 쇠붙이 같은 것이 있지. 여기에 여기에다 안 붙이고 여기에 *** 있고 여기에다 이렇게 쇠붙이 같은, 그걸로 이래서 저기 저 그물, 그물 거기에다 가뜩 이렇게 감으면 그 그물바늘로 그물을 뜨지.

아.

― 음. 그거, 그거 그런 거 그걸 이렇게 거 이거 이런 거 이런 그게 무엇이오? 이제 선생님이 말한 것,

아, 예, 실모디.

― 실모지르 맨들어서 실모디르 맨들어서 또 그물 그물으 그물 에 그물에따(это) 그거 그물바늘에다 그물바늘에다가, 그게 그 그물바늘이 멫 개씨 주지. 이 열대앳개씨 열한개씨 이릏기 주지. 개 그물바늘에다 그거 다 아 감아야지. 개 감으무 그 그물바늘으 가지구 그물으 틀지.

그렇지.

― 이 이릏지 원도~서. 이릏기 기래.

그물을 뜨지.

― 아하! 그물 뜨지. 저~어리그물우 뜨지. 저~어리그물우. 다쑤루208) 저~어리 그담엣거 저~어리 그물우 뜨지.

다, 다(да, да).

― 으흠. 그릏기 *뜨. 그런거 내 밧지. 원도~이시젝[-쩩].

그러문 고기를 다아 잡구 나서 다시 또 그물을 또 손질해야지?

― 그물이 어디메 어디 어디메 파이나무209) 이래 궁야~이 나무 그거 싹다 그걸르 그물바늘르 싹 집지210).

아, 집지 또.

― 집지 싹. 이런 이런 낭기 낭그 이릏기 그 기양 크다맣게 이릏기 세와놓구211) 거기다 그물 이릏기 쪽 페놓구 그담에 그거르 어 집지.

집지.

― 으흠. 그물바늘르 싹 집지.

으음.

― 그런 거 그 원도~이시적이[-쩌기] 그런. 긔라구 원도~이시직에느[-찌게느] 어째 그물우 **어저어저(←어째 어째) 음 물우 들임둥? 물우. 어*크(←크라스카) *크 고려말르 크라스까(краска) 미시긴가? 노시아말르 크라스까(краска). 고려말르 크라스까(краска) 미시기? 그물우 칠으 내지.

음. 칠으 내지.

아, 예, '실모디(＝실몽당이)'.

－ 실몽당이를 만들어서, 실몽당이를 만들어서 또 그물 그물을 그물 에 그물 음 그거 그물바늘에다 그물바늘에다가, 그게 그 그물바늘을 몇 개씩 주지. 이 열댓 개씩 열한 개씩 이렇게 주지. 그래 그물바늘에다 그거 다 감아야지. 그래 감으면 그 그물바늘을 가지고 그물을 뜨지.

그렇지.

－ 이 이렇지 원동에서는. 이렇게 그래(＝그물을 떠).

그물을 뜨지.

－ 그렇지! 그물을 뜨지. 정어리 그물을 뜨지. 정어리 그물을. 대부분 정어리, 정어리 그물을 뜨지.

예, 예.

－ 음. 그렇게 뜨지. 그런 것을 내가 봤지. 원동에 있을 적에.

그러면 고기를 다 잡고 나서 다시 또 그물을 손질해야지?

－ 그물이 어디, 어디, 어딘가 떨어지면 이렇게 구멍이 나면 그거 싹 다 그걸로 그물바늘로 씩 깁지.

아, 그물을 깁지 또.

－ 깁지 싹. 이런, 이런 나무 나무를 이렇게 그 그냥 커다랗게 세워 놓고 거기다 그물을 이렇게 쪽 펴 놓고 그다음에 그 그물을 깁지.

깁지.

－ 응. 그물바늘로 싹 깁지.

음.

－ 그런 거 그 원동에 있을 적에 그런. 그리고 원동 있을 적에는 어째 그물을 어 저 음 물을 들입니까? 물감을. 어 크, 크, 크라스까(краска)는 고려말로 무엇이라 하는가? 러시아어로 크라스까(краска)를. 고려말로는 '크라스까(краска)'를 무엇이라 하는가? 그물을 물감을 들이지.

음. 물을 들이지.

– 칠으 내지. 검정칠으 내나 무슨 칠 칠으 내앱덤. 이르 크다아만 가매애다가서리 이 저 끓에서. 개 그거 끓입:덤마. 그 물 그 가매애 옇어서 그 칠으하매서 칠으내매서 끓여 끓에서 칠으내서 그담에 끄서내앱더마. 내 그거 밧스꿈. 쪼오꼬맬 적 우리 달아댕기메.

그러니까 그물으 가매애다 넣어서,

– 으음. 삶[삼] 삶아서, 삶아서 칠으내지.

으음. 삶아서, 칠으내지.

– 개 칠으내 삶아서는, 삶재이무[삼쩨이무] 인차 뼛어지는 모애~이야. 그러게 삶지[삼찌]?

그렇겠지.

– 음. *그리게 삶지[삼찌]. 큰 큰 큰 모질이212) 큰 가매애다. 그릏기. 허구~에다213) **의드 바그테다 걸구서리 그리 **퍼, 그 물역214)에다 물역에다 커다아만한 가매르 걸구서리 개래 경게다 칠으 무스그 *치인두~ 옇구서리 개 삶지[삼찌]. 칠으 내서 그담에 끄서내서 넣어놓더구만.

그러니까 먼저 칠을내구.

– 먼저 칠으내구.

그리구 가매애 넣어서 삼마서 예. 그리구,

– 칠으. 녜엩(Het)! 그 가매애다 옇어무 그 가매애서 **치지215). **치(←칠) 데지.

그렇지! 아아.

– *삶, **삶물르. 삶는게.

삶는게 인제,

– 누(Hy). 삶는 게.

칠으내는 거지.

– 칠으내는 게. 삶지[삼찌]. 이~.

묻어나는 거지. 아아. 다, 다, 다, 다(да, да, да, да).

– 물을 들이지. 검정 물을 들이거나 무슨 물을 들이더군요. 이렇게 커다란 솥에다가 이 저 끓여서. 그래 그거 끓이더군요. 그 물감을 솥에 넣어서 그 물을 들이면서 물을 들이면서 끓여 끓여서 물을 들여서 그다음에 꺼내더군요. 내 그거 봤습니다. 쪼그말 적에 우리가 뛰어다니며.

그러니까, 그 물을 솥에다 넣어서,

– 음. 삶 삶아서, 삶아서 물을 들이지.

음. 삶아서, 물을 들이지.

– 그래 물을 들여 삶아서는, 삶지 않으면 이내 물들인 것이 벗겨지는 모양이야. 그러기에 삶지?

그렇겠지.

– 음. 그러기에 삶지. 큰, 큰 아주 큰 솥에다. 그렇게. 한데다 바깥에다 솥을 걸고서 그리 (물을) 퍼서, 그 물가에다 물가에다 커다란 솥을 걸고서 그래 거기에다 물감을 무슨 물감인지 넣고서 그래 삶지. 물을 들여서 그다음에 꺼내서 널어놓더구면.

그러니까 먼저 물을 들이고.

– 먼저 물을 들이고.

그리고 솥에 넣어서 삶아서 예. 그리고,

– 물감을. 아니! 그 솥에다 넣으면 그 솥에서 물이 들지. 물이 들지.

그렇지! 아.

– 삶, 삶은 물로 (물들이지). 삶는 것이지.

삶는 게 이제,

– 음. 삶는 것이지.

물을 들이는 것이지.

– 물을 들이는 것이지. 삶지. 응.

물감이 묻어나는 것이지. 아, 예, 예, 예, 예.

－ 그런 거, 내 우리 아 **그째 달아댕기메서리 그런거 구겨~어 햇지.

으음. 그랬었구나! 으음.

그럼 아매! 원동으로 저쪽 노시아땅으로 오실 때애는 머 그물이구 머구 다 그냥 다 버리구 오셨습지?

－ 다아 버리지 않구 그래!

다아 그냥 두고 오셨습지?

－ 다아 줴에뿌렛지216) 무스.

그럼 거기는 노시아 사람들이 들어가 살까? 살았을까? 나중에? 아매 오신 뒤에?

－ 아아, 아이 그거 싹 겅게 아이 그 저어나 저~어리 그 많은 데서 저~어리잽이 하겠는가. 거기 사름덜이와서사 그 저~어리잽이햇갯죠. 노시아 사름덜이.

그러니까 노시아사람덜이 와서.

－ 노시아사름뺵이 없는게.

거기에 끼따이(китаи)나 예부레이(еврей) 이런 것들은 없었으까? 그런 사람덜은?

－ 예브레(еврей)라는 사름은 없습구마. 중국사람은 잇엇습구마.

끼따이(китаи)덜.

－ **중가서. 아하. 중국사람이. 중국사름 마이 애이 잇어두 중국사름 잇엇습구마. 우리, 우리 동네에. 아 이 그 그 예부레(еврей)란 그런 건 ***건빵 이름이 없엇습구마. 이름 모르지. 예브렌(еврей)두 무시기 직금 영게서 예브리(еврей)구 무시기 아 그전엔 예브리(еврей) 어떤겐두 알앗는가.

모르지.

－ 직금 예부릴(еврей-ㄹ) 알지. 그전엔 그런 이름두 없엇지.

여기 까자흐스딴에 예브리(еврей)이덜 있슴둥?

– 그런 것을, 내가 우리가 아이 때 뛰어다니며 놀던 그 시절에 그런 것을 구경을 했지.

음. 그랬었구나! 음.

그럼 할머니! 원동으로 저쪽 러시아 땅으로 오실 때에는 뭐 그물이고 뭐고 다 그냥 다 버리고 오셨지요?

– 다 버리지 않고 그래!

다 그냥 두고 오셨지요?

– 다 내버렸지 뭐.

그럼 거기는 러시아 사람들이 들어가 살까? 살았을까? 나중에? 할머니가 이리로 오신 뒤에?

– 아, 아니 거 싹 거기에서 아니 (이곳으로 이주했는데), 그 저기 정어리 그 많은 데서 정어리 잡이를 하겠는가. 거기 사람들이 와서 그 정어리 잡이를 했겠죠. 러시아 사람들이.

그러니까 러시아 사람들이 와서.

– 러시아 사람밖에 없는데.

거기에 중국 사람이나 유태인이나 이런 사람들은 없었을까? 그런 사람들은?

– 유태인들은 없었습니다. 중국 사람은 있었습니다.

중국 사람들.

– 중국 사람. 음. 중국 사람. 중국 사람은 많지는 않아도 중국 사람이 있었습니다. 우리, 우리 동네에. 아, 이 그 그 유태인 그런 건 애초부터 이름이 없었습니다. 그런 이름을 몰랐지. 유태인인지 무엇인지 지금 여기서 유태인이고 무엇이고 알았지 아 그전에는 유태인이 어떤 사람인지 알았는가.

모르지.

– 지금이야 유태인을 알지. 그전에는 그런 이름도 없었지.

여기 카자흐스탄에 유태인이 있습니까?

- 잇습구마. 여기 잇습구마. 예브리(еврей)덜.

음. 예브레이(еврей)덜은 (얼굴을 가리키며) 여기다 이렇게 이 이 털을 이렇:게 잏게 질구 댕김둥? 여기서두?

- 여기서두 그런 게 잇습더구마.

이렇게, 이렇게.

- 어전 갸두 예브레(еврей)덜 거반 다 갓스꿈.

모자 쓰구. 어디로 갔슴둥?

- 싸악 갓지. 재비따으르 갓지 예부레이(еврей)덜두. 이 네메츠(немецкий)덜처름.

네메츠(немецкий)덜 가구.

- 네메츠(немецкий)덜사 짝 데리구 가니까, 누(ну), 예부레이(еврей)덜두 재비, 재비 따아르 거반: 갓지.

아:! 그렇슴두~?

- 그러재이 그래! 거반 다 갓지. 이 *시(←신발) 엥게 딸디꾸르간에 이시 신발이, 신발이 이 신발으, 신발으 고치는 건 그전 맨 예브레이(еврей)덜밖이 없엇습구마. 예브레이(еврей)처름 저나 신발으 못 곤치입구마. 무까자끼구 마우재구 고롓사름, 이 예브리(еврей)처름 이 이 신발으 못 곤치입구마.

그럼 아매! 네메츠(немецкий)는 즈이 땅으로 가고,

- 기랜게, 기랜게.

예브레이(еврей)덜두 즈이 땅으로 가고,

- 신발, 신발으 고치던 예브레이(еврей)덜은 한나투 없습구마. 싹 갓습구마. 이 딸디꾸르간에 예브레이(еврей)덜이 많앳스꿈.

누가 그걸 신발을 고침둥? 직금은.

- 어저느 까자끄두 고치구. 노시아사름덜. (웃음) 기래두 예브레이(еврей)처름 모 하압구마. 예브레이(еврей)처름 모 하압구마.

－ 있습니다. 있습니다. 유태인들이.

음. 유태인들은 (얼굴을 가리키며) 여기다 이렇게 이 이 털을 이렇게 기르고 다닙니까? 여기서도?

－ 여기서도 그런 사람이 있더군요.

이렇게, 이렇게.

－ 이젠 그래도 유태인들이 거의 다 갔습니다.

모자 쓰고. 어디로 갔습니까?

－ 싹 갔지. 자기 땅으로 갔지, 유태인들도. 이 독일 사람들처럼.

독일 사람들이 가고.

－ 독일 사람들이야 (독일에서) 쪽 데리고 가니까, 음, 유태인들도 자기, 자기 땅으로 거의 갔지.

아! 그렇습니까?

－ 그렇잖고 그래! 거의 다 갔지. 이 신발, 여기 탈디쿠르간에 이 신발, 신발, 신발을 수선하는 사람은 그전에는 맨 유태인들밖에 없었습니다. 유태인처럼 신발을 못 수선합니다. 뭐 카자흐 사람이고 러시아 사람이고 고렷사람이고 이 유태인처럼 이 신발을 못 수선합니다.

그럼 할머니! 독일 사람은 저희 땅으로 가고,

－ 그런데, 그런데.

유태인들도 저희 땅으로 가고,

－ 신발, 신발을 고치던 유태인들은 하나도 없습니다. 싹 갔습니다. 이 탈디쿠르간에 유태인들이 많았습니다.

(그러면) 누가 그 신발을 고칩니까? 지금은.

－ 이제는 카자흐 사람도 고치고. 러시아 사람들도 고치고. (웃음) 그래도 유태인처럼 못 합니다. 유태인처럼 못 합니다.

그럼 아매::두, 니메츠(немецкий)는 니메츠(немецкий)루 갔재임둥? 게르마니아(Германия)루 갔재임둥? 예브레이(еврей)는 이스라엘 갔재임둥?

– 누(ну) 그래! 재비, 재비 따을르 싹, 싹.

재비 땅으로. 그럼 아매는 재비 땅으르 가얍지. 한국으로 가야지. 내지로. (웃음).

– 한국에서 우리르 오라 하는가! (웃음) 우리르 받갯는가! (웃음).

한번 한 적이 있습구마.

– 아, 저 저217) 사는 재비 따에서 재비 사름덜두 배좁아서 저나 그런 거 어 따이 없어서 농새질두 못하는데 아 우리르 무시기 오라갯는가. (웃음) 영게, 영게 따ᅟᅥᆫ에 살던 누 누기 우리르 오라갯는가.

한국에서 오라구 아이함둥?

– 한국에서…. (웃음) 에이구!

내지에서.

– 내지에서 (웃음).

아! 그거 보무 대단하압구마, 니메츠(немецкий)덜. 게르마니아(Германия)루 가재임둥.

– 누(ну) 어전 거반 다 갓습구마. 어전 또 너무: 가이까나 어전, 어전 아이 어전 그러꿈.

아이 보낸다구?

– 에. 저 저기서 *바 니나다(не надо)라구.

니나다(не надо).

– 아하! 너무:: 큰소리하구 싹 다 갓지. 아 그 네메츠(немецкий)덜이 아 노시아 여자게르 서바ᅟᅡᆫ아 갓지218). 아: 네메츠(немецкий) 저나 아 저 여자덜으는 마우재남재애게르 갓지. 아 그런 게 가뜩하지. 어전 그런, 그런 건 어 **느 아이 어전. 맨 네메츠(немецкий)나 네메츠(немецкий)구

그럼 할머니도, 독일 사람은 독일로 갔잖습니까? 독일로 갔잖습니까? 유태인은 이스라엘로 갔잖습니까?

─ 그럼 그래! 자기, 자기 땅으로 싹, 싹.

자기 땅으로. 그럼 할머니는 자기 땅으로 가야 하지요. 한국으로 가야지. 본국으로. (웃음).

─ 한국에서 우리를 오라고 하는가! (웃음) 우리를 받겠는가! (웃음).

한 번 한 적이 있습니다.

─ 아 당신 당신이 사는 자기 땅에서 자기 사람들도 비좁아서 저기 그런 거 어 땅이 없어서 농사질을 못 하는데 아 우리를 뭐 오라고 하겠는가? (웃음) 여기, 여기 이 땅에 살던 우리를 누 누가 오라고 하겠는가.

한국에서 오라고 아니 합니까?

─ 한국에서…. (웃음) 어이구!

본국에서.

─ 본국에서 (웃음).

아! 그거 보면 대단합니다, 독일 사람들. 독일로 가잖습니까.

─ 아, 이젠 거의 다 갔습니다. 이젠 또 너무 가니까 이젠, 이젠 안 그럽니다.

안 보낸다고?

─ 에. 저 저기서(=독일이나 이스라엘에서) 필요 없다고.

필요 없다.

─ 음! 너무 큰소리하고 싹 다 가지. 아, 그 독일 사람들이 아, 러시아 여자에게 장가를 갔지. 아, 독일 사람이 저기 아, 여자들은 러시아 남자에게 시집을 갔지. 아, 그런 사람들이 가뜩하지. 이젠 그런, 그런 사람은 어 안 되지 이젠. 부부가 맨 독일 사람이거나 독일 사람이면

그런 건 그렇지. 아, 안까이 네메츠(немецкий)나 남재 저나 에따(это) 그런 마우재나 그런 거느 아이 갑더. 아이 받는답덤, 게르만(Германия)에서. 어전 그거 이 노시아 따~엣 게 거반 *여(←여기) 니미츠(немецкий)덜 거반 갓는데. 거기서두 너무 사름이 많애 그런두. (웃음).

예에. 으음. 으음. 그럼 아매! 어:: 마감울르 그 나호드까(Находка)에서 사실 때애, 그때:: 아주 좋은 기억이 있으문 꼭 말하고 싶은 그 아주 이 좋은 기억이 있재임두~? 추억. (웃음) 그런 거 있으문 아무꺼나 얘:기해보옵소, 그럼.

— 아, 그런게, 무슨 내 죄외꼬마 적이[쩌기] 무슨 그리 기억이 그런 그런게 잇어 그런 거 알갯는가.

죄외꼬말 때 그런 기억이 많지. 어른 데가지구는 사느라구 정신이 없었구. 아덜때는 그런 게 있습지. 바닷물 색깔이 어떻다 머, 머 이런….

— 아: 바당물이사 싹 저나 이 이 이 이 곱다 색이 나는 게 그런 씨니이(синий).

씨니이(синий)죠. 으음. 음 씨니이(синий) 파란색.

— 파란색이느 그게 풀색이, 풀색이 나는 게 파란 게라 하지.

다, 다(да, да).

— 아, 이 고려말르느 이 씨니이(синий)색은 무시기라 하는두~ 내 모르지.

다 파란색입구마.

— 노시아. 다 파란게라 함두~? 아, 노시아 **집두, 노시아사름이사 그러재잏지. (방안의 집기를 가리키며) 이게 씨니이(синий)나 저짝거느 젤료느이(зелёный)지.

젤료느이(зелёный), 젤료느이(зелёный)는: 없습구마.

— (방안의 초록색 양탄자를 가리키며) 젤료느이(зелёный) 이거 삐뚜름한 게. 이거.

(방안의 초록색 물건을 가리키며) 요, 요, 요런 거. 요거, 요거, 요거, 요거 삐뜨름한 거. 요거, 요거, 요기.

그런 건 이주할 수 있지. 아, 아내가 독일 사람이거나 남편이 저기 음 그런 러시아 사람이거나 그런 건 안 가더군요. 안 받는다더군요, 독일에서. 이젠 그거 이 러시아 땅에 사는 것들이 거의 여기에 사는 독일 사람들이 거의 갔는데. 거기서도 너무 사람이 많아 그런지. (웃음).

예. 음. 음. 그럼 할머니! 어 마지막으로 그 나홋카에서 사실 때에, 그때 아주 좋은 기억이 있으면 꼭 말하고 싶은 그 아주 좋은 기억이 있잖습니까? 추억. (웃음). 그런 것이 있으면 아무것이나 얘기해 보십시오, 그럼.

— 아, 그런 것이, 무슨 내가 조끄말 적에 무슨 그리 기억이 그런 것이 있어 그런 거 알겠는가.

조끄말 때 그런 기억이 많지. 어른이 돼 가지고는 사느라고 정신이 없었고. 아이들 때는 그런 것이 있지요. 바닷물 색깔이 어떻다 뭐, 뭐 이런…

— 아 바닷물이야 싹 저기 이 이 이 이 고운 색이 나는 게 그런 푸른.

파랗죠. 음. 음 파란 파란색.

— 파란색은 그게 풀색, 풀색이 나는 것을 보고 파란 것이라 하지.

예, 예.

— 아, 이 고려말로는 이 '씨니이(синий)색'을 무엇이라 하는지 내 모르지.

다 파란색입니다.

— 러시아. 다 파란 게라 합니까? 아, 러시아, 러시아 사람이야 그렇지 않지. (방안의 집기를 가리키며) 이게 '씨니이(синий, =파란)'이지만 저쪽 거는 '젤료느이(зелёный, =초록색의)'지.

'젤료느이(зелёный)'에 해당하는 말은 없습니다.

— (방안의 초록색 양탄자를 가리키며) 초록색은 이것과 비스름한 것. 이것.

(방안의 초록색 물건을 가리키며) 요, 요, 요런 거. 요거, 요거, 요거, 요거 비스름한 것. 요거, 요거, 요기.

- 아하! 그 풀색이 나는 거 젤료느이(зелёный)라 하지.

뜨라바(трава).

- 네. 예.

풀색이 나는 그거.

- 젤 젤료느이(зелёный).

예. 그게 젤료느이(зелёный).

- **개러 이 이 이건 씨니이(синий)색이 나구. 개래구 이 색이마 더 연한 거느 갈루보이(голубой)라 하지. 갈루보이(голубой). 갈루보이(голубой) **나이안테[219] 하늘색이 나 나는 게라 하갯지.

하늘색이지.

- 하늘색이 **나이나(←나이까) 갈루보이(голубой)라 하갯지.

음. 음:. 그러니까 *얘, 말씀해 주웁소. 거기:…. 이 인저 나호드까(Находка).

- (웃음) 나호드까(Находка)!

그 옆에 동네 머 이런 데 아무 얘기나 좀 해 주웁소.

- 나호드까(Находка) … 아, 내 조오꼬만 게 어티기 내 그거 에 곁에 서 므스거 어찐가 알:. (웃음) 에 진째 조오꼬만 게.

으음.

- 그전에 다(да) 에 저나 원도~이시젝이[쩨기] 나는 조오꼬맷지. 우리 내 헤~이 세 살 더 먹엇지. 개래 이 헤~이느 그 헤, 우리 헤~이막씨 나 먹은 새 새아가덜 같이[가치] 정게르 깨앰뜯을라[220] 가.

아하, 나호드까(Находка) 있을 때.

- 으흠 나호드까(Находка) 잇을 적에 깨앰 뜯을라 가. 개래 저것덜은 나르, 아이구! 나르 저나 에따(это) 묻어갈까바서. 내 조오꼬만 게 나이 어린 게 묻어가까바 가 가마~이 가압구마. 가마~이 **이쩌 새아가덜 가지. 가마~이 가지. 그래 내 얻어보무 헤~이 없단 말야. 기게 에미 없으이까느 헤~이르

― 그렇지! 그 풀색이 나는 것을 '젤료느이(зелёный)'라 하지.

풀.

― 네. 예.

풀색이 나는 그거.

― 초록색의.

예. 그게 초록색의.

― 그래 이 이건 푸른색이 나고. 그리고 이 색보다 더 연한 것은 하늘색이라 하지. 하늘색. 하늘색이 나니 그 색을 보고 하늘색이 나는 것이라 하겠지.

하늘색이지.

― 하늘색이 나니까 '갈루보이(голубой)'라 하겠지.

음. 음. 그러니까 얘기, 말씀해 주십시오. 거기…. 이 이제 나홋카에 대해서.

― (웃음) 나홋카!

그 옆 동네 뭐 이런 데에 관한 아무 얘기나 좀 해 주십시오.

― 나홋카 … 아, 내가 조끄만 것이 어떻게 내 그거 예 곁에서 무엇을 어찌했는지 알겠소! (웃음) 에 진짜 조끄만 것이.

음.

― 그전에 예 에 저기 원동에 있을 적에 나는 조끄맸지. 우리 언니가 세 살 더 먹었지. 그래 이 언니는 그 언니, 우리 언니만큼 나이를 먹은 여자아이들과 같이 저기로 개암을 따러 가.

아하, 나홋카에 있을 때.

― 으흠 나홋카 있을 적에 개암을 따러 가. 그래 저것들은 나를, 아이고! 나를 저기 음 따라갈까 봐. 내 조끄만 것이, 나이 어린 것이 따라갈까 봐 가만히 갑니다. 가만히 있다가 여자아이들이 가지. 가만히 가지. 그래 내 찾으면 언니가 없단 말이야. 그게 어미가 없으니까는 언니를

우리 에미처름 예겟지. 내 동새ː 내 오래비[221]가 나느 가아르 에미처름 기랫지. 헤~이르. 으흠. 쪼오꼬말 적이부터 자르 기양 묻어댕기지. 이 헤~이르 못 떨어지지. 우리 두 둘이서. 내 오래비가 내. 기래무 가마ː이 이것덜이 가오, 야~. 내 나 못 보게서리. 개 얻어보무 없단 말이오. 그담에 거 저 그레 고개 한 넝기무 고개 원동 거 거 산고개[상꼬개] 잇재오?

음. 음.

― 산고개[상꼬개] 잇재오? 거길 기양ːː *달으 달아가구 울메서 기양ː 달아가지. 그래문 가아덜 발써 고개르 넘어갓지. 고개 넘어가, 저어. (웃음). 경게 **허 집이서 가지. 기래 기야~ 울메서 아부장[222] 치메 가무 그것덜 서지. 그담에 내 *하비 조꼬만 하분자 어디가 잃어빼릴까바 그담엔 데리구 가. (웃음) 그담에 깨앰 뜰을라 데리구 가지. 멀기두 뜯구 깨앰두 뜯구 하메서. 에이구! 야아! 그전에 첨 원도~이시젝이[−쩨기] 쪼꼬말 적인 정말 우뻐서[223]. (웃음) 직금 **생깐껀 우뿌지.

그렇지.

― 에우! 직금. 그전엔 야~ 그저 그 가아 헤~이 떨어지지 마자구….

그때가 아매 제일 좋은 시절이지 머.

― 좋온 시절이래두 그 아무 시상두 모르지.

그렇지. 그때가 좋지.

― (웃음) *그러다 아무 시상두 모르다나 아무것두 모르지?

우리 어미처럼 여겼지. 내 동생 내 남자동생과 나는 그 아이(=언니)를 어미처럼 그랬지. 언니를. 으흠. 쪼그말 적부터 저 아이를 그냥 따라다니지. 이 언니를 못 떨어지지. 우리 둘이서. 내 남자동생과 내가. 그러면 가만히 이것들이 가오, 응. 내가 못 보게. 그래 찾으면 없단 말이오. 그다음에 그저 그래 고개 하나를 넘기면, 고개, 원동 거 거 산고개가 있잖소?

음. 음.

— 산고개가 있잖소? 거기를 그냥 닳으면서 달려가고, 울면서 그냥 달려가지. 그러면 그 아이들이 벌써 고개를 넘어갔지. 고개를 넘어가, 저희가. (웃음). 거기로 집에서 가지. 그래 그냥 울면서 고함을 치며 가면 그것들이 서지. 그다음에 내 혼자, 조끄만 것이 혼자 어디로 가 잃어버릴까 봐 그다음에는 데리고 가. (웃음) 그다음에 개암을 따러 데리고 가지. 머루도 따고 개암도 따고 하면서. 어이구! 야! 그전에 처음에 원동에 있을 적에 쪼끄말 적에는 정말 우스워서. (웃음) 지금 생각하니까는 우습지.

그렇지.

— 에구! 지금 (생각하면). 그전에는 응 그저 그 그 아이(=언니) 언니를 떨어지지 말자고….

그때가 할머니의 제일 좋은 시절이지 뭐.

— 좋은 시절이라도 그 아무 세상도 모르지.

그렇지. 그때가 좋지.

— (웃음) 그렇다 보니 아무 세상도 모르다 보니 아무것도 모르지?

1.3. 원동과 중앙아시아에서의 삶

1.3.1. 학창 시절

우슈토베(Уш-тобе). 그러면은 아매! 우슈 우슈토베∷(Уш-тобе∷)에서 그럼 핵교르 댕겠슴둥?

- 우슈토베(Уш-тобе)서 우슈토베(Уш-тобе), 발써 낡은224) 게 내 핵교르 아이 댕겠어.

그럼 언제 핵교르 댕겠슴둥?

- 핵교느 원동 이시적에느 고렷글225)으 세 번채226) 반으 이르다가227) 잉게 들어왓지. 그래 경게 워 원도~서 고렷글으 그래 세번채 반으 이르다가서 오구서는 영게와서느 고렷글이라는 게 없엇지. 싹 노시앗글루 뎃지.

음.

- 긔래 아스뜨라한(Астрахань), 원도~서 아스뜨라한(Астрахань)에 와서 음 우리 고렷글으 세 세 삼학년으 이르다가 들어왓는데 노시앗글은 또 첫 첫 클라스(класс)부터 첫 번채부터 일겄어. (웃음) 원도~서 들어온 사름덜이. 우린 원도~서 고렷글으 이르메 노시앗글으 한 한 시간씨228) 한 시간씨 옇엇어 우리네, 원도~에 이시적에. 노시앗글으 한 시간씨 옇엇어. 노시아 선새~이 잇엇소. 고렷사름이 노시아 노시앗글으 가르쳐 베와줫지229). 그래구서리 다른 **정교230) 저 아스뜨라한(Астрахань)에설랑 고렷글이라는 게 없엇지. 그저 기양 노시앗글으 써. 기래. 걔 노시앗글두 머. 아이 고렷글이 세 반 세 번채반 읽다[일따] 들와서 노서앗글은

1.3. 원동과 중앙아시아에서의 삶

1.3.1. 학창 시절

우슈토베. 그러면 할머니! 우슈토베에서 그럼 학교를 다녔습니까?

─ 우슈토베에서 우슈토베에서는 벌써 나이가 들어 내 학교를 안 다녔어.

그럼 언제 학교를 다녔습니까?

─ 학교는, 원동에 있을 적에는 고렷글을 세 번째 반(3학년)에서 공부하다가 여기로 들어왔지. 그래 거기 원동에서 고렷글을 3학년까지 공부하다가 오고서는 여기 와서는 고렷글이라는 것이 없었지. 싹 러시아어로 쓰인 글로 바뀌었지.

음.

─ 그래 아스트라한, 원동에서 아스트라한으로 와서, (아스트라한으로 오기 전에) 우리 고렷글을 3학년까지 공부하다가 들어왔는데, 아스트라한에 와서는 러시아 글을 첫 학년(1학년), 첫 학년부터 공부를 했어. (웃음) 원동에서 들어온 사람들이. 우린 원동에서 고렷글을 공부하며 러시아 글을 한 시간씩 넣었어, 우리네, 원동에 있을 적에. 러시아 글을 한 시간씩 넣었어. 러시아어 선생이 있었소. 고렷사람이 러시아 글을 가르쳐 주었지. 그리고서 다른, 저기에 저 아스트라한에서는 고렷글이라는 것이 없었지. 그저 계속 러시아 글만 써. 그래 러시아 글도 뭐 그렇지. 아니 고렷글을 3학년까지 공부하다 들어와서 러시아어 글은

또 첫 번채부터 첫 클라수(класс) 첫 일학년부터 일것단 말이오 노시앗글으. 핵교에 노시앗글은 무슨. 네 네 이 클라스(класс)밖에 모 일거. 고럇글으. 소핵교밖에 아이 모231) 일것어. 무스 에미 애비두 없지 무슨 무시기 그리 우리네르 글으 글으 일그 이르라구 그룿기 그리. 긔래 내 기래재오! 거저 삼춘두 냄이라구. 우릴 그 그 글으 일것우무 일게시무232) 어떻갯어. 우리 기양. 에이구:!233)

그러면:은 나호드까:에서두 핵 핵교르 다니 다녔습지? 세 번 세채 반꺼지 다니셨지?

— *나호드 곁에 그 우리 그런 에떠(это) 조합이 잇엇지. 나호드까(Находка) 곁에. 좀 머재잏게 조합이. 그럴 적에는 에 세 번채 클라(класс) 세 번채반꺼지 이르다가 이루 들왓지. 삼십 삼십칠년도에 이루 들왓지. 그래 갖구 그래 고럿글으 쉐에뿌리구234) 다시 고럿글으 모 일것단 말이. 모 일거 밧지.

그때 나호드까:에서 거기서는 무스걸 배웠습둥? 핵교에서.

— 핵교서 첫 번채부터 아 무슨 '아, 이, 우' 이 그건 뻬리브이 까(первый класс) 첫번 첫 클라스(класс)부터 이룽기 베왓지. 그담에 두 번채 세 번채 클라스(класс) 읽다[일따]가 세 번채 반 읽다[일따] 잉게 들어오이 그래구 홀 쉐에뻐리니 다시 고럿글으 모 일거밧지.

아니! 거기서: 어 머 거기서 산수니.

— 산수구, 어.

머 지리구 역사구.

— 냐˘. 기래구 그런 기게 고려책이 (혼잣말로) 긔 미시긴가 이럼이. 고려말르서 그 고려책이 응.

독본이라구 햇습둥?

— 독, 독본이. 독본이 잇구. 이 산술이 잇구. 기래구서 기게 미시긴가 마 에떠(это) 그람마찌까(грамматика) 노시앗말르 그람마찌까(грамматика)지.

또 첫 학년부터 공부했단 말이오, 러시아어 글을. 학교에서 러시아어 글은 뭘 배웠겠소. 4학년밖에 공부를 못 했지. 고렷글을. 초등학교밖에 아이 공부를 못했어. 뭐 어미 아비도 없지 하니 무슨 무엇이 그리 우리에게 공부를 하라고 그렇게 그리하겠어. 그래 내 그러잖소! 그저 삼촌도 남이라고. 우리를, 그 글을 공부했으면, 공부를 시켰으면 어떠했겠어. 우리 그냥 …. 어이구!

그러면 나홋카에서도 학교를 다녔지요? 세 번째, 3학년까지 다니셨지?

— 나홋카 곁에 그 우리 그런 어 콜호스가 있었지. 나홋카 곁에. 좀 멀지 않게 콜호스가 있었지. 그럴 적에는 에 3학년, 3학년까지 공부하다가 여기로 들어왔지. 30, 1937년도에 이리 들어왔지. 그래 가지고 그래서 고려말을 집어던지고 다시는 고려말을 공부하지 못했지. 공부를 못 했단 말이오.

그때 나홋카에서 거기서는 무엇을 배웠습니까? 학교에서.

— 학교에서 1학년부터 아 무슨 '아, 이, 우' 이러한 것은 1학년, 첫 학년부터 이렇게 배웠지. 그다음에 2학년, 3학년 공부를 하다가 여기에 들어오니, 그리고 나서 그냥 고려말 공부를 내던지니 다시는 고려말을 못 공부해 보았지.

아니! 거기서 뭐 거기서 산수니.

— 산수고, 음.

뭐 지리고 역사고.

— 응. 그리고 그런 그 고려말 책이 그 무엇인가 이름이. 고려말로서 그 고려말 책이 응.

'독본'이라고 했습니까?

— 독, 독본이, 독본이 있고. 이 산술이 있고. 그리고 그게 무엇인가, 음, 문법, 러시아 말로 '그람마찌까'(грамматика)지.

그런 글으 쓰는 게 잇엇지. 기래구 으 노시아 글이 한 한 끌라(класс) 한 반 한 한 에떠(это) 그런 거 한 시간씨 노시앗글으 거두어 주구 윈도~서 부터 음. 기래구서 왓지.

그때 그 학교는 좀 컷습니까?

— 어드메?

나호드까.

— 나호드까(Находка), 나호드까(Находка) 어 핵교 그 소핵교꺼지 잇 엇단 말이오, 소핵교. 사 사학년꺼정. 사학년꺼지 잇엇단 말이오. 내 헤~ 이두 사학년꺼저 이르구서리, 에 경게 오학년이라 없어서 저어: 우리 헤~ 이느 윈도~ 이시적에 우리 우리 아부지 느비235) 윈 윈도~서 이 이래 저 저나 칠년제 칠년 칠 십년제꺼지 잇는 곧이 잇엇댓지. 저. 그래 그 곧으르 우리 헤~이느 글 이를라 갓댓지. 사학년 필하고 그 우리 빠빠(папа) 우리 전 아부지 느 느비 집우르 글으 이를라 가 갓지. 그래 우리 헤~이느 어 노 시아 고렷글으 여슷채 여슷번채반 이르다가 잉게르 들왓지.

잉게르 둘왓지.

— 잉게르 들왓지. 여슷번채반 이르다가 잉게르 들왓지. 나 세번채 반 이르다가 이리 들왓지.

그럼 소핵교가, 거기 (기침) 나호드까에 소핵교가 컸엇습둥?

— 아이 컷어. 무시기 조합이 크지 그렇기 크쟁인게 무슨. 그 그저 소 핵교밖에 사학년까지밖에 없엇지.

1.3.2. 정착 생활

그러면 거기는 다아 그:: 까레이츠(кореец)덜만 있엇습둥? 마우재두 있엇 습둥?

— 마우재두 이르. 윈동선 이릏기 고개르 고개르 넘어 가재오? 고개르

그런 글을 쓰는 것이 있었지. 그리고 어 러시아어가 한 학년, 한 반, 한 음 그런 거 한 시간씩 러시아 말을 가르쳐 주고, 원동에서부터, 음. 그리고 여기(중앙아시아)로 왔지.

그 때 학교는 좀 컸습니까?

— 어디?

나홋카.

— 나홋카, 나홋카에서 학교는, 그 초등학교까지 있었단 말이오, 초등학교. 4학년까지. 4학년까지 있었단 말이오. 내 언니도 4학년까지 공부하고서, 어 거기에 5학년 과정이 없어서 저 우리 언니는 원동에 있을 적에 우리, 우리 아버지 누이가 원동에서 이 이렇게 저 음 7년제, 10년제까지 있는 곳에 있었었지. 저. 그래 그 곳으로 우리 언니는 공부를 하러 갔었지. 4학년을 졸업하고 그 우리 아버지, 아버지 누이 집으로 공부를 하러 갔지. 그래 우리 언니는 어 러시아 말, 고려말을 6학년 과정에서 공부하다가 여기로 들어왔지.

여기로 들어왔지.

— 여기로 들어왔지. 6학년 과정을 공부하다가 여기로 들어왔지. 나는 3학년 과정을 공부하다가 여기로 들어왔지.

그럼 초등학교가, 거기 나홋카의 초등학교가 컸었습니까?

— 크지 않아. 뭐 콜호스가 크지, 그렇게 크지 않았는데, 뭐. 그 그저 초등학교밖에, 4학년까지밖에 없었지.

1.3.2. 정착 생활

그러면 거기는 다 그 한인들만 살았습니까? 러시아 사람도 있었습니까?

— 러시아 사람도 이렇게. 원동에서는 이렇게 고개를 고개를 넘어 가지 않소? 고개를

넘어가문 고개르 넘어가문 이릏기 높은 고개 잇엇지. 높은 산이. 긔래 그
게 그전에 거기서 고렷사름덜 살앗지. 걔 고렷사름덜 싹 한 군데 어드르
그랜 기래구서르 거기는 어 군대 뷔엔느이(военный)덜이[vəenniydəri]
살앗지. 걔 그래 그 고개르 *쁘로꾸스뜨[prok'ust'](пропуск) 이릏기 그런
게 그게 없이 못 거기 못 건네가지. 노시아 저 뷔엔느이(военный) 그런
직금 말하무 노시아말르 웨인느이까라도끄(военный городок) 됏댓지. 고
개르 넘우문. 걔 그 글째 쁘로뿌스끄(пропуск) 없이는 고렷사름덜 아무
사름두 못 댕기구.

군대덜 있어서.

- 군대덜 잇어서.

아:. 음. 그러면은 그 때 그 나호드까에 고렷사람들은 무스거 하구 살았슴
둥?

- 정어리 정어리 잡앗소. 고기잽일 햇지. 그 그 그전에 내 쬐외꼬마시
적이 들을라이까나[236] 우리 그 저~어리 잡는 그 그 모레(море). 그 그 바
다~이[237] 무슨 바당인가 하문 일본 이름이 야쁜스끼이 모레(Японское мо
ре)라 합데. 그전에 내 쪼오꼬마시적이 들으이 야쁜스끼이 모레(Японское
море)서. 저~어리 저~어리 잡앗지. 저~어리 기땅맥히게[238] 잇지. 저~어리
저~어리 잡앗지.

그럼, 그 정어리를 잡아서 어티기 했슴둥?

- 정어리 저~어리 잡아서 그런 크::게[xɨ::ge] 집우 진:게[či:ŋge] 잇
지. 걔 이 저 돌 돌갈기[돌깔기][239] 쩨멘뜰(цемент-ㄹ) 돌갈기[돌깔기]라
하지 고려말르 다(да)? 쩨멘뜨(цемент). 영겐 쩨멘뜨(цемент). 돌갈기[돌
깔기] 돌갈기[돌깔기]. 그 쩨멘뜰(цемент-ㄹ)르서르 크게 크게 그래서.
그러이까 찬이[240] 찬이 그릏기 그릏기 가뜩하지 무 그런 게. 그래서 거기
다 옇구서 소곰 소곰 소곰 간 간 간 소곰 옇어서 소곰 옇어서 기게 다아
쏠 잏게 간이 드무, 퉁재[241], 고려 고려말르느 퉁재지. 이릏기 큰 게.

넘어가면 고개를 넘어가면 이렇게 높은 고개가 있었지. 높은 산이. 그래 그게 그전에 거기서 고렷사람들이 살았지. 그래 고렷사람들을 싹 한 군데 어디로 모아 살게 하고, 그러고서는 거기 고개 넘어는 어 군대 군인들이 살았지. 그래 그 고개를 증명서, 이렇게 그런 것이 없이는 거기를 건너가지 못했지. 러시아 저 군인들, 지금으로 말하면 러시아 말로 'военный го родок(군사지역)'이 되었었지. 고개를 넘으면. 그래 그 증명서 없이는 아무 사람도 못 다니지.

군대가 주둔하고 있어서.

– 군대가 주둔하고 있어서.

아. 음. 그러면 그 때 그 나홋카에 고렷사람들은 무엇을 하고 살았습니까?

– 정어리 정어리를 잡았소. 고기잡이를 했지. 그 그 그전에 내가 조그맸을 때 들으니까 우리 그 정어리 잡는 그 그 바다. 그 바다가 무슨 바다인가 하면 일본 이름이, 일본해라 하데. 그전에 내가 쪼그맸을 때 들으니 일본해라고. 정어리를 잡았지. 정어리는 기가 막히게 있지. 정어리, 정어리를 잡았지.

그럼, 그 정어리를 잡아서 어떻게 했습니까?

– 정어리 정어리를 잡아서 그런 크게 지은 집이 있었지. 그래 이 저 돌가루 시멘트, 돌가루라 하지? 고려말로 그렇지? 그 돌가루. 여기서는 시멘트라 하지. 돌가루 돌가루 그것으로 크게 크게 지어서. 그러니까 배, 배에 그렇게 고기가 가득하지 뭐, 그런 게. 그래서 거기다 넣고서 소금 소금 소금 간을 맞추는 소금을 넣어서 소금을 넣어서 그게 다 간이 들면, 물통, 고려말로는 물통이라 하지. 이렇게 큰 것이.

이 이막씨 이런 게오. 모질이242) 큰. 그런 거 그런 통재르 그런 저 마또르 (мотор)다 가뜩 실어오지. 기램 경게서 그거 소 소곰 쳐서 싹 이래 보취까(бочка)다 그래서 싹 가져가지. 웨국으르 싹 가져가지, 으음. 이런 저~ 어르243) 저~어리 싹 당가서 자알 당가서 보취까(бочка). 물두 못 나오지. 보취카(бочка)서 물두 한 고치244)두 물두 못 나오지. 그런 보치까(бочка) 다 싹 절궈서. 그래 누(ну) 하 고렷사름덜 얼매 사던지. 그 그 걱정 시겟지245). 정어리 잡아서느 싹 싹 이 저 보취(бочка) 그런 통재애다 옇어서 절궈서는 싹 웨국으로 가져가지, 싹.

　어디루?

　− 어드르 가져가는두무 내 그적에[쩌게] 쬐외꼬맨 게 그저 싹 가져가지.

　에국으로.

　− 웨국 싹 가져가지. 그래 그거 그양:: 정어리잽이르 햇지. 그래 어 고렷사름덜이 그 저~어르 잽이르 해서 저~어리 당구기두 하구 저~어르 어 저 바다~에 나가 저~어리 잡아 그걸루 고렷사름덜이 살앗지. 음, 그거루지. 그거루 진째 살앗지. 기래구 기래구 이거 기래구 오고로드(огород)246) 재기 오고(огород), 재기 밭이, 누(ну) 산이 그저 산이 그저 가뜩한데 산이 **잇자니(←잇재니) 경게다 산 뿌리 낭기뿌리나 뽑아 데지구247)서 그거 밭으 맨들지, 밭으. 그래 그거 끓에서. 그 제 무슨 감제구 무스 옥수끼구 무스 무스 지재~이248)구 찰이구 무슨 미시기오 밥수끼249)구. 벨거 다. 원도~ 잇으적엔 이 내 쪼오꼬매두 야 그건 다 우리 클아바이250) 잇다나이 클아바이 오구르드(огород) *잇다 밭으 그래다나이까나 밧지. 벨란 거 다아 숭궛지. 개래구 저~어리잽이르 해서 돈으 타지. 음. 개 즘승개두251) 치구. 대애지구 닭이구 모도 그래. 쇠두 재래우구 이래, 이래, 이랫지.

　그럼, 아매! 그::클아바이느 그럼 농새르 지으셨슴둥? 농새르 아이 졌슴둥?

이 이만큼씩 한 이런 것이오. 매우 큰 것인데 그런 물통을 발동선에다 가득 실어오지. 그럼 거기에서 그거 소 소금을 쳐서 싹 이렇게 그 물통에다 담아서 가져오지. 그리고 외국으로 싹 가져가지, 음. 이런 정어리 정어리를 싹 담가서 잘 담가서 물통에. 물도 새 나오지 못하지. 물통에서 한 방울의 물도 못 나오지. 그런 물통에다 싹 저려서. 그래 음 고렷사람들이 얼마나 살았는지는 모르지만 그 일이 사람들에게는 걱정을 시켰지(걱정거리였지).252) 정어리 잡아서는 싹 싹 이 저 물통에다 넣어서 절여서는 싹 외국으로 가져가지 싹.

어디로?

— 어디로 가져가는지 뭐 내 그 때에 쪼끄만 것이 (아는가!) 그저 싹 외국으로 가져가지.

외국으로.

— 외국으로 싹 가져가지. 그래 그냥 그 정어리잡이를 했지. 그래 이 고렷사람들이 그 정어리잡이를 해서 정어리를 담그기도 하고, 정어리, 바다에 나가 정어리를 잡아 그것으로 고렷사람들이 살았지. 음, 그것으로 진짜 살았지. 그리고, 그리고 이 정어리잡이를 하고, 그리고 텃밭 자기 텃밭, 자기 텃밭이, 산이 그저 산이 그저 아주 많은데 산이 있잖소, 산에 가서 뿌리, 나무뿌리나 뽑아 버리고서 그거 밭을 만들지, 밭을. 그래 그거 가지고 음식을 끓여서(만들어서). 그때 감자고 뭐 옥수수고 무슨, 무슨 기장이고 차조고 무슨 무엇이고 수수고. 별것이 다. 원동에 있을 적에 내가 쪼그매도 응 그건 다 우리 할아버지가 있다 보니 할아버지가 텃밭이 있어서 밭을 다루다 보니까 내가 보았지. 별난 것을 다 심었지. 그리고 정어리잡이를 해서 돈을 타지. 음. 그래 짐승도 치고. 돼지고 닭이고 그거 치고 소도 키우고 이렇게, 이랬지.

그럼, 할머니! 그 할아버지는 그럼 농사를 지으셨습니까? 농사를 안 졌습니까?

– 클아바이 그 글쎄 밭으 밭으 숭궛지 클아바이느. 클아바이느 어저
느253) 그렇기 점무이254) 애이지. 음: 내 삼 삼춘이느 게 마우재말르 잘마
(завма, заведующий магазина) 데지. 공이사 쉐인이지. 원도~ 이시적에
느 재빗게 없재이오? 싹 국가께 애이우? 싹 다. 음. 개 거기서 어 삼춘이
느 공이사르 밧지.

공이사르 봤고.

– 공이사르 밧지.

음: . 음. 그러면 뭐 그 조이나 피낟이 농새르 어티기 했슴둥 거기서는?

– 거기서 그래 우리네느 원도~ 이시직이[찌기] 어 바 바이두 잇구. 기
게 말이 돌구는 게. 석매[성매]255) 다(да)? 석매[성매] 옳지이? 석매[성
매]. 우리네는 석매[성매]두 잇엇지. 우리집이. 우리집이. 음.

그것좀 얘기해 주웁소. 어 어터게 그 석매르 돌구구 ….

– 아! 석매[성매], 난 그전에 그 조오꼬마시적이 나두 밧지. 우리집이
그 석매[성매]. 석매돌[성매돌]으 잏기 또리:다맣기256), 쿠르굴리(круглы
й) 또리:또리사단257) 크다:만 거. 한 판에다 이룷기. 무스거 무스거 무스
거처름 잘 말하갯소.258) 그 직금은 저나 그런게 이 이 질259)으 맨들구서
까딱 이룷기 **달구재오260)? 질으 맨들구서 돌구재오? 그룷기 우둔한261)
그거 그거 그거 말이 말이, 말께다262) 말에 메와 놓오무 말이 그거 돌구
지. 사름이 아이 돌구구 말이 찛지 야~ 말이 찛지. 그런 석매[성매] 잇어.
우리집에 잇엇지.

거기다 무스거 찛었슴둥?

– 싹 쪻엇지.

무스거르?

– 피나지구 지재~이구 조이구 그저 밥수끼. 밥수끼두 다아 쪗지. 밥수
꾸느 이룷기 물에 제체서 밥수꾸 눙구재우263)? 바이다가 눙구재오? 나느
내 내것두 밥수끼 직금 직금두 쪼오꼼 잇어. (웃음) 쪻재인 게. (웃음).

– 할아버지는 글쎄 밭을 밭을 심었지(＝경작했지), 할아버지는. 할아버지는 이젠 그렇게 젊은이가 아니지. 내 삼촌은 그게 러시아 말로 '잘마'(＝상점의 지배인)가 되지. 상점 주인이지. 원동 있을 적에는 자기 것이 없잖소? 모든 것이 국가 것이 아니오? 싹 다. 음. 그래 어 삼촌은 거기서 상점을 보았지.

상점 일을 보았고.

– 상점 일을 보았지.

음. 음. 그러면 뭐 그 조나 피 농사는 어떻게 했습니까, 거기서는?

– 거기서 그래 우리네는 원동에서 있을 적에 방아도 있고. 그게 말이 돌리는 것이지. '석매'(연자방아) 응? '석매'가 옳지? 연자방아. 우리네는 연자방아도 있었지. 우리집에. 우리 집에. 음.

그것 좀 이야기해 주십시오. 어떻게 연자방아를 돌리고 ….

– 아! 연자방아를, 난 그전에 그 아이 때 조그맸을 때 봤지. 우리 집에 연자방아. 연자방아 돌을 이렇게 동그랗게, 동글동글, 동글동글하다 싶게 생긴 커다란 거. 한가운데에다 이렇게, 무엇 무엇처럼 생겼다고 말해야 잘 말을 하겠소. 그 지금은 저기 그런 거 이 길을 만들고서 이렇게 돌리잖소? 길을 낼 때 롤러(roller)를 굴리잖소? 그렇게 육중한 그거 그걸 말이, 말에다 메워 놓으면 말이 그걸 돌리지. 사람이 안 돌리고 말이 방아를 찧지 응. 말이 찧지. 그런 연자방아가 있어. 우리 집에 있었지.

거기다 무엇을 찧었습니까?

– 모든 고식을 다 찧었지.

무엇을?

– 피고 기장이고 조고 그저 수수. 수수도 다 찧었지. 수수는 이렇게 물에 젖혀서 수수는 능그지 않습니까? 방아에다 능그잖습니까? 나는 내 것, 내 수수가 지금도 쪼끔 있어. (웃음) 방아를 찧지 않은 것이 있어. (웃음).

아아. 그러면은 그:: 피낱이나 조이 이런 걸 이 시무는 걸 직접 보셨슴둥?

― 시무는 거 시, 나는 원도˜ 이시적이 우리 클아바이 싹 기랫지. 우리 네르 조 조오꼬만게라구 난 **밭의두[바틔두] 못 매 밧지.

그럴습지.

― 못 매 밧지. 몬. 클아바이 어디 가이 어디다 숭궈서 클아바이 싹 그랫지. 클 큰아매264)느 저런 저˜어리 영구 보오취까(бочка)다 저˜어리 옇는 일으 하구.

보오취까(бочка)에다.

― 아하, 그래서 어드르 가져갓는두 싹 이 그전에 조오꼬마시적이 들을라이 웨국 가져간다더. 어느 웨국으로 가져간두 모르지. 저˜어리 싹 당가서. 퉁재다 옇어서 싹 옇어서. 걔 그 그래 식료사 식료느 그 거기다 밭에다 숭궈서. 감제두 수무지. 일본무끼두 **싱구구지.

또?

― 로 로, 저어 에 고려말르, '로바265)' 이림이 고려말르 미시기오? 무끼266) 무끼지 글쎄.

예, 무끼.

― 무끼. 무끼구 불루깨267)구. 불루깨. 원 원도˜ 불루깨. 원도˜ 불루깬게 지금은 가마:이 생각하이 거저 잉게 점 바자르(базар)서 *팔 이 저 자˜이서 팔재오다268)? 파는, 저 마르꼬프(морковь)269)까 첸심 저나 불루깨 같데. 색이, 색이[ʃɛgi]. 아, 불루깨느 이릏기 크 큰 게지. 저 마르꼬프(морковь)는 요맨씨 나재? 불루깨느 굵지[국찌]. 그래 불루:깨구 무슨 무시게던지 어이 고치구 무슨 미시기구 싹 재빌르 준 거 오고르드(огород) 밭이[바티] 잇단 말이. 집이 집 오래 밭이[바티] 잇지. 기래구 저어 산에, 산에 우리 하 하 클아바이, 클아바이 저어나 이릏기 펭등한 데는 그런 데 가서 낭 낭 기뿌리르 싹 뽑아 데지구. 거게느 검정 흙이, 원동 검정 흙이 애이우? 음. 저 새까만 흙이. 음 그래 클아바이 그 뿌로둑뜨(продукт) 젠체르 싹 해.

아아 그러면 그 피나 조 이런 것을 이 심는 것을 직접 보셨습니까?

— 심는 거, 나는 원동에서 있을 적에 우리 할아버지가 싹 심었지. 우리들을 조그만 것들이라고 해서 난 밭에 나가 (김도) 못 매 보았지.

그렇지요.

— 못 매 보았지. 못. 어디다 심어서 할아버지가 김을 맸지. 할머니는 저런 정어리를 넣고, 물통에다 정어리 넣는 일을 하고.

물통에다가.

— 어디로 가져갔는지 그전에 들으니까 어느 외국으로 가져간다고. 어느 외국으로 가져갔는지 모르지. 정어리 싹 담가서. 물통에다 넣어서 싹 넣어서. 그래 식료(食料)야 식료는 그 거기다 밭에 심어서. 감자도 심지. 일본무도 심지.

또?

— 로(바), 로(바), 저 에 고려말로, '로바'(蘿蔔)는 이름이 고려말로 무엇이오? 무, 무지 글쎄.

예, 무.

— 무, 무고 '불루깨'(홍당무)고. '불루깨'. 원 원동의 '불루깨' 원동의 '불루깨'라는 것이 지금 가만히 생각하니 그저 여기 바자르(시장)에서 팔, 장에서 팔잖습니까? 파는, 저 당근과 천생 저기 … 홍당무와 같데. 색(色)이, 색이. 아, 홍당무는 이렇게 큰 것이지. 저 당근은 요만큼씩 나잖소? 불루깨는 굵지? 그래 불루깨고 무슨 무엇이든지 어 이 고추고 무슨 무엇이고 싹 자기에게 준 텃밭이, 밭이 있단 말이오. 집에 집 오래에 밭이 있지. 그리고 저 산에, 산에 우리 할아버지, 할아버지가 저기 이렇게 평탄한 그런 데 가서 나무뿌리를 싹 뽑아 버리고. 거기에는 검정 흙이, 원동은 검정 흙이 아니오? 음. 저 새까만 흙이. 음 그래 할아버지가 거기서 그 식료품 전체를 싹 마련해.

그 에따(это) 식료는 싹 숭궛지 산에다. 벨거 다아 숭궛지. 무슨 지재~이구 찰지재~이구 무신 미시기구 벨란 게 다아 잇어 원동에 이시적에는, 벨란. 직금은 어전 씨 없어져 한나투[270] 없지.

다 없어졌지, 씨.

— 다 없어져 씨. 원도~서 **둘오멧시문 누기 그 씨르 가져오라구. 그러나 찰은 재대:만게 찰으느 떡 하는 찰떡[271] 하는 찰으느 **저~이[272] 숭궛어, 우슈토베(Уш-тобе)서. 그건 데엡덤. 내 내 이 정게서 살 적에두 뒤어: 고랑 숭궛댓지. 그래 이색이나 하 좋온게. 아 갠데 새새끼덜께서 거기다 시향세[273]

그때 벌써 시향세르 씨 씨웠슴둥?

— 씨 잇엇어.

아니! 시향세.

— 시향세 시향세르 아 그게 저나 이색이 이래 이색이 나지무[274] 아! 새덜이 너무:: 접어들어서[275] 그담에 거기다 시향세 씨워. (웃음) 어찌갯소 글쎄 음?

그 시향세느 무슨 무스거 무스걸르 만들었슴둥? (쇠로 만들었느냐고 농담을 하면서) 셀르 맨들었슴둥?

— 넽(нет)! 국가서 그런 시향세르 파지.

그물르?

— (거즈 천을 직접 보여주기 위해 일어서서 주머니를 뒤적이면서) 가마 잇어.

(구술자가 주머니를 뒤적이며 '시향세'로 만든 손수건을 가지러 가자) 무스거. 예, 그냥 가압소. 괜찮습구마. 일없습구마.

— (거즈를 내보이며) 시향세지. 고려말르 이게 시향세지.

예, 예. 음. 헝겇이.

그 먹을거리를 싹 심었지, 산에다. 별 거 다 심었지. 무슨 기장이고 찰기장이고 무슨 무엇이고 별난 것이 다 있어 원동에 있을 적에는, 별난. 지금은 이젠 씨가 없어져 하나도 없지.

다 없어졌지, 씨가.

— 다 없어져, 씨가. 원동에서 들어오는 사람이 있으면 누가 그 씨를 가져오라고. 그러나 차조는 잔다란데, 차조는 찰떡을 하는 차조는 저기 심었어, 우슈토베에서. 그건 되더구면. 내 저기서 살 적에도 두어 고랑을 심었었지. 그래 이삭이 매우 좋은데. 아 그런데 새 새끼들이 (찍어 먹어서), 그래서 거즈(gauze) 천을 거즈 천을 씌워서 그렇게 해 두고, 여물 때까지. (웃음).

그 때 벌써 거즈를 씌웠습니까?

— 씨가 있었어.

아니! 거즈.

— 거즈 거즈천을 아 그게 저기 이삭이 이렇게 이삭이 나오면, 아!, 새들이 너무 덤벼들어서 그 다음에 거기다 거즈천을 씌웠지. (웃음) 어쩌겠소 글쎄 음?

그 거즈는 무슨 무엇으로 만들었습니까? (쇠로 만들었느냐고 농담을 하면서) 쇠로 만들었습니까?

— 아니! 국가에서 그런 거즈 천을 팔지.

거즈 천으로 그물을 만들어?

— (거즈 천을 직접 보여주기 위해 일어서서 주머니를 뒤적이면서) 가만있어.

(구술자가 주머니를 뒤적이며 '시향세'로 만든 손수건을 가지러 가자) 뭐. 예, 그냥 가십시오. 괜찮습니다. 괜찮습니다.

— (거즈를 내보이며) 이게 거즈지. 고려말로 이게 거즈지.

예, 예. 음. 천.

– 이거 찰 찰에다. (웃음).

새 들어 못 오게.

– 새 새 어뚫기 접어드는두˜. 밥수끼두 그.

밥수끼두?

– 밥수끼두 밥수끼 이색이 다(да) 이릏기 이릏기 이릏기 이른 이른 이
색이 밥수끼 음. 밥수끼두 접어드지. 으음. 아우! 샐래서276). 원도˜서느 그
거 어티기 어티기 숭궸는둥 모르갰어. 새 그릏기 접어드는 거.

그럼 이게 새르 쫓자구 이렇게 그 채찍 비슷하게 만든 건 없었슴둥?

– 그러재277). 그러재. 이래 내 그전에 볼라이까나278) 이릏게 나무 꼬
재279):애다 세우구서리 이래 헌: 우치르[uʧʰɨri]280) 입헤서 떡 세와 놓앗
습데.

그건 뭐라구 했슴둥? 그게 헌우티르 입헤서 이렇게 세운 거.

– 그 그거 고려말르느 모르갰소.

정애 정애라구 했슴둥? 헤 헤재비라구 했슴둥?

– 노시아말르느 글쎄 기게 에 에따(это) 뿌갈까(пугало)지마는 고려말
르 고려말르는 내 모르지.

헤재비?

– 헤, 정말 헤재비. 헤재비르 해 세와 놓지. 아하! 헤재비 옳소. 거저
고려말으 잊어, 더러 잊어뿌렛단 말야.

안 쓰시니까.

– 나281) 나아 먹은 사름두 더러 잊어뿌렛단 말야, 고려말으
마우재말으 자꾸 쓰시니까. 그러니까 고려말이 인제 자꾸 없어지지.

– 나아 먹어두 어 고렷말으 더러 잊에삐렜어.

그럼 아매:는 노인단에 나가무,

– 노인단아, 노인단에 나가두 히. (웃음)

고려말으 하암둥 노시말으 하암둥?

― 이거 찰 찰수수에다 (씌우지.) (웃음).

새가 들어오지 못하게.

― 새 새가 어떻게나 덤벼드는지. 수수도 그.

수수도?

― 수수도 수수 이삭이 응 이렇게 이렇게 이렇게 이런 이런 이삭이 (달린 게) 수수지 음. 수수에도 덤벼들지. 음. 어우! 그 놈의 새 때문에. 원동에서는 그거 어떻게 어떻게 심었는지 모르겠어. 새가 그렇게 덤벼드는 것을.

그럼 이것이, 새를 쫓자고 이렇게 그 채찍 비슷하게 만든 것은 없었습니까?

― 그렇잖고. 그렇잖고. 이렇게 내가 그전에 보니까 이렇게 나무 꼬챙이에다 세우고서 이렇게 헌옷을 입혀서 떡 세워 놓았데.

그건 무엇이라고 했습니까? 그게 헌옷을 입혀서 이렇게 세운 것인데.

― 그 그거 고려말로는 모르겠소.

‘정애’, ‘정애’라고 했습니까? ‘헤재비’라고 했습니까?

― 러시아 말로는 글쎄 그게 ‘뿌갈까’이지만 고려말로, 고려말로는 내 모르지.

그럼 ‘헤재비’라고 했습니까?

― 헤, 정말 ‘헤재비’(허수아비). ‘헤재비’를 만들어 세워 놓지. 아! ‘헤재비’가 옳소. 그저 고려말을 잊어, 더러 잊어버렸단 말이야.

안 쓰시니까 (잊어버리지요).

― 나이 나이 먹은 사람도 더러 잊어버렸단 말이야, 고려말을.

러시아 말을 자꾸 쓰시니까. 그러니까 고려말이 이제 자꾸 없어지지.

― 나이를 먹어도 어 고려말을 더러 잊어버렸어.

그럼 할머니는 노인단에 나가면,

― 노인단을, 노인단에 나가도 허. (웃음)

고려말을 합니까 러시아 말을 합니까?

― 노시아말두 하구 고려 고려말두 하지, (웃음) 노인단에 가두.

어느 말으 더 마이 씀둥?

― 아, 저 걔두 고려말으 더 하지.

아, 그렇지.

― 더 하지. 더 하지. 어저는 나아 먹은 사름두 모도 보무 '알령하십니까?' 이 말 아이 하구 '즈드라스뜨붜이찌(здраствуйте)' 그럼 뎃지. (웃음) 이릏기 이릏기 그러이. (웃음).

그럼 나호드까에 그 고려 마 마 마을이 아매 사시던 데가 에: 모례(море)가 있으면은 그 모례(море) 근처에 있었슴둥? 바당물 근처에 있었슴둥?

― 바 바당물이 뻴게 다아 잇었어. 이릏기 비나 오구 바당물이 이릏기 파도치재오? 파도 칠 적이무, 야아! 무섭:소[musə́əs'o]. 파도 이릏기 조집 집떼마시 이릏기 높우게 올라갓다 타앙 떨어지오. 그래 그게 바당물이 그릏기 어: 모질이 그럴 적에느 그담에 비오매 그릏기 바당물이 뻴라이 할 적에느 그 이튿날에 그 이튿날에는 해 쪼올 나구 그렇기 날이 좋지. 기래 네레가무 경게느 그적 우리 쪼오꼬만 아덜이 새아가282)덜이구 선서나283)덜이구 거그 어저느 그래 바당물이 파도 그렇기 쳐 쳇다나무 어전 다아 알지 우리네. 아아덜두 알구 자란이284)두 알구. 걔래 그 이튿날 네레가무 경게서 물밑에서 뻴게 다 나오지.

무스거 나왔슴둥?

― 오마뻴이구 …. 오마뻴.

오마빌.

― 오마뻴이285). *뻬 에따(это) 이래 이래 마우쟨 마우쟨 게 뻬찌까뉴쉐니(пяти конюшенька)라 하지. 오마뻴이. 이래 이래 이런 게 이래. 이게 싹 이게 싹 산: 게, 산: 게. 숨우 쉬는 게. 그래 그거 줏느라구서. 우리 쪼오꼬말 적이.

그걸 뭐라구 했다구?

– 러시아 말도 하고 고려말도 하지, (웃음) 노인단에 가도.

어느 말을 더 많이 씁니까?

– 아, 저 그래도 고려말을 더 하지.

아, 그렇지.

– 더 하지. 더 하지. 이제는 나이를 먹은 사람도 모두 보면 '안녕하십니까?' 이 말을 아니 하고 '즈드라스뜨뵤이찌(здраствуйте, =안녕하십니까)' 그러면 되었지. (웃음). 이렇게 이렇게 그렇게. (웃음).

그럼 나홋카 그 고려 마을이, 할머니 사시던 데가 에 바다가 있다면 그 바다 근처에 있었습니까? 바닷물 근처에 있었습니까?

– 바 바닷물에 별것이 다 있었어. 이렇게 비나 오고 바닷물이 이렇게 파도치잖소? 파도칠 적이면, 아아! 무섭소. 파도 이렇게 조 집채처럼 이렇게 높게 올라갔다 탕 떨어지오. 그래 그게 바닷물이 그렇게 몹시 그럴 적에는 그다음에 비가 오며 그렇게 바닷물이 별나게 굴 적에는 그 이튿날에 그 이튿날에는 해가 쫄 나고 그렇게 날이 좋지. 그래 바다로 내려가면 거기에는 그 때 우리 쪼끄만 아이들이 계집아이들이고 사내아이들이고 그래. 이제 그래. 바닷물이 파도 그렇게 쳤다 하면 이젠 다 알지. 아이들도 알고 어른들도 알고. 그래 그 이튿날 내려가면 거기에서 물밑에서 별것이 다 나오지.

무엇이 나왔습니까?

– 불가사리고 …. 불가사리.

불가사리.

– 불가사리. 음 이렇게, 이렇게 생겼는데 러시아 사람은, 러시아 사람은 '뻬찌까뉴쉐니(пяти конюшенька)'라 하지. 불가사리. 이렇게, 이렇게 이런 것이 이래. 이게 싹 이게 싹 산 것이. 산 것이. 숨을 쉬는 것이. 그래 그거 줍느라고서. 우리 쪼끄말 적에.

그걸 무엇이라고 했다고?

– 아, 뭐라 하기는 아무 없는 따~이. 그저 우리 아아덜이.

아니! 그거 이름이 오마빌?

– 오마벨.

오마베리.

– 오마빌.

오마빌?

– 그래구서리 그런 (쯧) 에따(это) 고숨도치라 하재오? 고숨도치 잇으문 까치네(колючка). 그래 그 물이 물에 고숨도치느 또릿또리산 게오.[286] 고숨도치. 그저 가시 **자뜩난 게. 그것두 숨우 쉬는 게. 벨게 다아 나오지. 어떤 때 어떤 건 우리 이림 모르지. 나이 어린 게 아덜이 이름 모르지. 이름 모를 게. 걔 모를 이림이 가뜩 나오무 싹 숨우 쉬는 게. 싹 숨우 쉬는 게 그런 게. 멕:이두 나오구.

그렇지 멕:이.

– 아하. 멕:이두 나오구. 그러나 멕:이 야~ 에 에따(это) 선생님! 멕:이 우리 원도~ 원도~ 멕:가 그, 저 한국에 선생님네 그 곧에 멕:이 따압데[287].

아아! 그렇슴둥?

– 그 마이 차이 잇소. 멕:이 이림이사 한가지지만해두 이 내 쪼오꼬마 시적에두 내 멕:이르 원도~서 밧지. 걔 잉게서두 모도 멕이 원도~서 가져다가 잉게 파재오? 말리운 거. 난 아이 싸 암만해두. 그래 내 어째 그것두 딴가 아는가 하무 저어나 우리 우리 내가 성친[288], 한 집안안 한 집안 윤실개[윤씰개]라구 우슈토베(Уш-тобе)에 살앗지. 음 윤실개라구. 그래 그 사람덜이. 저 한국에 갓다 왔어. 유즈느이 까레이(Южная Корея) 갓다. 아하! 남조선에 가 갓다왔어. 그래 갔을 적에 이릏기 경게서 그 그 윤실개네 그 집에 한국에서 야~ 그 사림이 잇는두 모르갯어. 그 적에 고려 교살르 우슈토베(Уш-тобе)르 왓댓지. 고려 글으 배와줄라[289]. 젊은 총각이 한국에서.

― 아, 뭐라고 하기는, 아무도 없는 땅이, 그저 우리 아이들이.

아니! 그거 이름이 '오마빌'?

― 오마삘.

오마베리.

― 오마빌.

오마빌?

― 그리고서 그런 음 고슴도치라 하잖소? 고슴도치가 있으면, 물에 물에 고슴도치는 동글동글한 것이오. 고슴도치. 그저 가시가 잔뜩 난 것이. 그것도 숨을 쉬는 것. 별것이 다 나오지. 어떤 때 어떤 것은 우리가 이름을 모르지. 나이가 어린 것이, 아이들이 이름을 모르지. 이름 모를 것이. 그래 이름 모를 것들이 가뜩 나오는데 싹 숨을 쉬는 것들이지. 싹 숨을 쉬는 그런 것이. 미역도 나오고.

그렇지 미역.

― 그러나 음 선생님! 미역 우리 원동 원동 미역과 그, 저 한국에 선생님네 그 곳에 미역이 다릅디다.

아! 그렇습니까?

― 그게 많이 차이가 있소. 미역은 이름이 싹 한가지이기는 하지만도 내가 쪼그맸을 적에도 미역을 원동에서 봤지. 그래 여기서도 모두 미역을 원동에서 가져다가 여기 와 팔잖소? 말린 것. 나는 안 사, 암만 사라고 해도. 그래 내가 어째 그것도 (원동의 미역과 한국의 미역이) 다른 것을 아는가 하면 저기 우리 우리 나와 성이 같은 사람, 한 집안 안, 한 집안 사람으로 윤실개라고 하는 이가 우슈토베에 살았지. 음 윤실개라고. 그래 그 사람들이. 저 한국에 갔다 왔어. 남한에 갔다 왔어. 아! 남조선에 갔다 왔어. 그래 갔을 때 이렇게 거기에서 그 그 윤실개네 그 집에 한국에서 응, (한국에서 온) 그 사람이 지금도 있는지 모르겠어, 그 때에 고려 교사로 우슈토베를 왔었지. 고려글(한국어)을 가르쳐 주러. 젊은 총각이 한국에서.

음:: 내 이름 알았어. 그 사름이 내게 그 그전에 우리 영게 창가르 그 사름이 내개서 뺏게 갔어.

으음.

− 한국에 에따(это). 그적에[그쩍에] 스물일곱 살이 뎄어. 그 서방 아이 간 게²⁹⁰⁾. 음. 병학이 김병학이. 김병학이라구 이런 사름이 서방 아이 간게 스물일곱 살 먹은 게. 그때 우슈토베(Уш-тобе)에 와서 교사질 고려 교사질 하느라고 긔래. 긔래 윤실게네 집이 잇엇지. 아하! 그 집이다 **중인 **차꾸. 걔 그 긔래 먹을 것두 아이 대구 돈두 아이 받구서 반 **핼동하구 잇엇지. 반해르. 그 한국에 사름이. 긔래 이 사름덜이 쒜인²⁹¹⁾집에 저나 윤실개가 윤실개 부인네 경게르 가게 데이 남조선 가게 데이까나 집에다 그 펜질 싹 썻지 자:²⁹²⁾. 한국에서 온 총객이. 펜질 썻지. 긔래 가서 어 그 에미 저 두 부이 다 갓지, 엠네스나²⁹³⁾. 윤실개네. 한국으 어느 핸 두 모르갯소만해두. 그래 갓다와서리 어 메엑이나 가져왓습데 냐~. 메엑이나. 저나 병학이나 어시²⁹⁴⁾덜이 병학이 어시덜이 그 사름덜 간다하더라 이까나 마주~ 나왓지. 으흠. 마주~나와서 저나 그렇기 아들으 그집에서 그 저 반해 동안으 돈 한 글째두²⁹⁵⁾ 아이 받구 아하 기래구 기양 *메(←멕엣지) 에따(это) 그 집에서 그 집에서 먹엇지 자기는 딴 딴 군²⁹⁶⁾에 가서 자구. 긔래 거기 사름덜이 멕:이 말리운 게나 병학이 어시덜 에미구 애비구다 한국에서. 긔래 그거 보내서. 개래 보낸거. 우리 무스 일이 잇어 오라 해서 우슈토베(Уш-тобе)에서 윤 윤실개 오라해서 우리 갓댓지. 긔래 가이까 메엑이 야 메엑이 지내 얇운 게 애이구 장물²⁹⁷⁾해 먹는 게 애이구 죄:끔 두껍운 게. 고런 게 말리운 게 에 그거 말리운 거 저 요래 먹을 적에 다(да) 먹을 적에 누(ну) 모 나 모 그렇게 저나 그런거 무스 시락장물 하나 기러문 야 그거 따따:산 물에다 이래 놓이까나, 그 인치 싹 저나 싹 페지매 매흐끼(мягкий). 긔래 이래 쒜에 보이 매흐(мягкий) 고롷기 만만 하압데²⁹⁸⁾. 영게 메엑이 저 원도~ 메엑이느 그렇재이오. 긔래 그거 다아

음, 내가 그 이름을 알았어. 그 사람이 내게 그 그전에 우리 여기에서 부르던 노래를 그 사람이 내게서 베껴 갔어.

음.

– 한국에 음. 그 때에 스물 일곱 살이 됐어. 그 장가를 안 간 사람이. 음. 병학이, 김병학. 김병학이라고 이런 사람이, 장가를 안 간 사람이, 스물 일곱 살을 먹은 사람이 그때 우슈토베에 와서 선생질, 한국어를 가르치는 선생질을 하느라고 그래. 그래 윤실개네 집에 있었지. 음! 그 집에다 숙소를 잡고. 그래 먹을 것도 안 대고 돈도 안 받고 반년을 활동하고 있었지. 반년을. 한국 사람이. 그래 이 사람들이 주인집의 저기 윤실개와 윤실개 부인네가 거기(한국)을 가게 되니, 남조선에 가게 되니까 집에다 그 편지를 싹 썼지, 저 사람이. 한국에서 온 총각이. 편지를 썼지. 그래 가서 어 그 어미 저 두 분이 다 갔지, 부부(夫婦)가. 윤실개네. 한국을. 어느 해인지 모르겠소만 해도. 그래 갔다 와서 어 미역을 가져왔데 응. 미역이나. 저기 … 병학이나 부모들이 병학이 부모들이, 그 사람들이(윤실개) 간다 하더라 하니까 마중을 나왔지. 으흠. 마중을 나와서 그렇게 아들을 그 집에서 그저 반년 동안을 돈 한 푼도 안 받고 그리고 그냥 음 그 집에서 먹게 했지. 잠을 자기는 딴 곳에 가서 자고. 그래 거기 사람들이 미역 말린 것 등을, 병학이 부모들이, 어미고 아비고 다 한국에서 그래 그거 미역을 보내서. 그래 보낸 것이지. 그래 가니까 미역 응 미역이 아주 얇은 것이 아니고 국을 끓여 먹는 것이 아니고 조끔 두꺼운 것. 고런 거 말린 것 에 그거 말린 거 저 요렇게 먹을 적에 음 못 그렇게 저기 … 그런 것 뭐 시래깃국을 끓이거나 하면 응 그거 따뜻한 물에다 이렇게 넣으니까, 그것이 이내 싹 저기 … 싹 퍼지면서 부드럽지. 그래 쥐어 보니까 연하고 고렇게 부드럽데. 여기 미역은, 저 원동 미역은 그렇지 않소. 그래 그거 다

장물이랑 먀싸(мясо)나 다아 끓어서 먹을 임세:²⁹⁹⁾ 그거 썰:어서 경게다 옇습데. 시락장물에다. 그래 메엑이 우리 원동 메엑이마 한국에 메에기 따압더. 따압데. 우리 원동멕이는 그렇재이오.

따갰지.

― 아하! 더 더 만만하지. 만만하지. 이 이 지다만 겐 다아 한가지지. 또 에떠(это) 저어나 만만하지 우리 원도~멕이마. 걔 내 어찌 아는가. 내 내 저나 내: 내 오래비딸이 오래비딸이무 내게 조캐데지. 다(да) 다(да)? 조캐오?

그렇습지.

― 내 오래비딸이.

조캐지.

― 내 오래비딸이 지금 한국에 가 잇소.

아! 그렇습둥?

― 이 일할라 가서 일 가서 어저느 아홉해[aɦofwε]르 잇는두~. 살기는 따시껜뜨라 하재오? 따시껜뜨서 살지. 따시껜뜨서, 살기는 따쉬껜뜨서 살지. 기래 마마나따 내 오래비느 다부노(давно) 없소³⁰⁰⁾. 없은지 오라오, 내 오래비. 걔 어머이 경게 사지. 딸두 경게 사구. 따쉬껜뜨. 겐게 따쉬껜뜰르서 한국으르 일할라 가느라구 갓지. 일할라.

아홉해르 가서 아이오옴둥?

― 어 **업(←отпуск), 기게무 고려말르 미시기오? 노시아말르느 저나 옽부스끄(отпуск)지. 옽부스끄(отпуск) 고려말르 미시기오?

으음, 옽부스끼?

― 이래 이래, 일년 일하나 이틸³⁰¹⁾ 일하나 한달 한달 동안씨 이릏기 시우 시우. 시우는³⁰²⁾ 거 주재오.

월급을 주구?

― 월급은 옽부스끄 오뜨부스노이(отпуск -отпускной) 타구³⁰³⁾.

국이랑 고기나 다 끓어서 먹을 무렵에 그거 썰어서 거기에 넣데. 시래깃
국에다. 그래 보니까 미역이 원동 미역이 한국의 미역과는 다르데. 다르
데. 우리 원동 산(産) 미역은 그렇지 않소.

다르겠지.

― 아! 더 연하지. 연하지. 이 이 기다란 것은 다 한가지지. 또 음 저기
부드럽고 연하지, 우리 원동 미역보다. 내가 어찌하여 그것을 아는가 하
면. 내가 내가 저기 내 내 오라비 딸이, 오라비 딸이면 내게는 조카가 되
지. 그렇지, 그렇지? 조카가 맞소?

그렇지요.

― 내 오라비 딸.

조카지.

― 내 오라비 딸이 지금 한국에 가 있소.

아! 그렇습니까?

― 이 일하러 가서 일 가서 이제는 아홉 해를 있는지. 살기는, 타슈켄
트라 하잖소?(타슈켄트라 하는 곳이 있잖소?) 타슈켄트에서 살지. 그래 어
머니나 내 오라비는 오래 전에 죽었소. 죽은 지 오라오, 내 오라비. 그래
어머니 거기서 살지. 딸도 거기에 살고. 타슈켄트. 그런데 타슈켄트로부터
한국으로 일하러 가느라고 갔지. 일하러.

아홉 해를 가서 안 옵니까?

― 그게 고려말로 무엇이오? 러시아 말로는 저기 … 온부스끄(отпуск,
휴가)지. 온부스끄(отпуск)를 고려말로는 무엇이라 하오?

온부스끄(отпуск)?

― 이렇게 이렇게, 일 년을 일하거나 이태를 일하거나 하면 한 달 한
달 동안씩 이렇게 쉬오, 쉬오. 쉬게 하는 시간을 주잖소?

월급을 주고?

― 월급은 (받고) 휴가를 타고.

긔래구서리 하 한 달 동안 시지. 기게 미시기오? 고려말르, 노시아말르느 오뜨부스끄(отпуск). 고려말르 나 모르오. 그래 그 상 상 상연 그러게 집에 왓다갓지 따쉬껜뜨. 따쉬껜뜨. 그래 그래 가 가 내인데[304]르 에따(это) 그거 경게 와 일하는 거 우리 가즈[305] 알앗지. 서르 이거 아드레스(адрес) 우리 이새르 햇던게 오다나이 아드레스(адрес) 잃에 잃에삐레서 펜지글으 못햇:지[모태:지]. 기랜게 멧해만에 한국에서 가 글쎄 잉게르 우리 제 제 *아드레서(адрес) 우리 그거 펜지 아드레스(адрес) 얻어밧다[306]구. 하나 얻어밧다구. 잃에삐렛지, 기랜거 얻어밧지. 멧해 지나간. 긔래 그 아드레스(адрес) 보구서 한국에서 우리집우르 펜지르 햇습데. 으흠. 그래 가 내 나르 나르 장물 해먹으라구 마른 마른 메엑이르 마른 메엑이르. 기랜게 원동메엑이마 저 한국에 메엑이 더 만만하구 더 더 낫습데. 저 원동메엑이 우리 원동메엑인 저렇재이오. 마 마 한국에 메엑이 맛잇어. 두껍운 게구 얇운 게구 만만하지.

그럼, 아매! 그 나호드까 거기서: 그:: 핵교르 댕길 때 응 그때: 동미들은 기억이 나암둥? 쪼끔?

동미덜 어전 한나투 없소. 으흠.

그때 동미덜 이름이 어떻습둥? 뉘기 뉘기 잇엇습둥?

— 아, 그 그전에는 고려이림이 잇엇댓지 야.

그렇지 고려이름이.

— 송직이두 잇구 게화두 잇구 에: 금년이두 잇구 옥년이두 잇구 봉, 봉직이두 잇구 봉사~이두 잇구 많앳지 무슨.

다 한번 얘기 해 보옵소. 봉직이두 잇구.

— 봉 봉 봉 주, 우리 우리 낫거리 된 건 봉주두 잇구 봉사~이두 잇구, 봉철이두 잇구. 봉철이느 그건 남자, 선스나.

선스나구.

— 선스나 동미. 봉사~이두 잇구. 긔래구 어 옥녀두 잇구. 금녀이두 잇구

그리고서 한 달 동안 쉬지. 그게 고려말로는 무엇이오? 러시아 말로는 옽
부스끄(отпуск, 휴가). 고려말을 나는 모르오. 그래 그 상년(嘗年, 작년)
그러게 집에 왔다 갔지, 타시켄트. 그래 그래 그 아이가 그 아이가 나한테
로 음 편지를 보내와 거기 가 일한다는 것을 우리가 최근에 알았지. 서로
이거 주소, 우리가 이사를 했던 것 때문에 이사를 오다 보니 주소를 잃어
버려서 이렇게 편지를 못 썼지. 그러던 것이 몇 해만에 한국에서 그 아이
가 글쎄 여기로 우리에게 *제 주소, 우리 집 편지 주소를 찾았다고. 잃어
버렸던 것이지. 그래 몇 해 지나서 그래 그 주소를 보고서 한국에서 우리
집으로 편지를 했데. 으흠. 그래 그 아이가 내 나에게 나에세 국을 해 먹
으라고 마른 마른 미역을 보냈지. 그런데 원동 미역보다 한국의 미역이
더 연하고 더 낫데. 저 원동 미역은 그렇지 않소. 한국의 미역이 맛있데.
두꺼운 것이고 얇은 것이고 한국 미역은 연하지.

　그럼, 할머니! 그 나홋카 거기서 그 학교를 다닐 때 응 그 때 동무들은 기
억이 납니까? 쪼금?

　동무들이 이젠 하나도 없소. 으흠.

　그때 동무들 이름이 어떻습니까? 누가 누가 있었습니까?

　－ 아, 그 그전에는 고려식 이름이 있었었지 응.

　그렇지 고려식 이름이.

　－ 송직이도 있고 계화도 있고 예 금년이도 있고 옥년이도 있고 봉, 봉
직이도 있고 봉산이도 있고 많았지 뭐.

　다 한번 이야기해 보십시오,

　－ 봉 봉 봉주, 우리 우리 나이 또래 된 건 봉주도 있고 봉산이도, 봉철
이도 있고. 봉철이는 그건 남자, 사내아이.

　사내아이고.

　－ 봉산이도 있고. 그리고 옥년이도 있고. 금년이도 있고

나쟈(Надя)도 잇구.

나쟈(Надя)?

— 나쟈(Надя), 나쟈(Надя). 그건 노시아 노시아 이림이지, 나쟈(Надя). 내 헤~이두 이림이 나쟈(Надя)지 노시아 이름.

그리고 또 나쟈(Надя)두 있구?

— 아하!

— 개애 그래구, 고레이 고레 이림이느 순나두 잇구, 순나, 순나두 잇구. 걔 노시아 이름두 가뜩하지. 순나두 잇구 으:: 옥순예두 잇구 옥순예두 잇구. 마 많아앳지[마아냇지].

그럼, 아매! 이 동미덜이 고려 이름두 가지구 있고 노시아 이름두 가지구 있구 두 개씩 가지구 있었슴둥?

— 그럼 그럼. **두기 잇어. 그담 노시아 이름으 가이까나307) 나느 내 내 빠스쁘르뜨(паспорт)두 싹 노시아 이림이지.

음. 그때는 무엇이었슴둥? 아매 이름운? 고려식으르.

— 그것두 어전. 내 원도~서 원동서부터 내 내 노시아 이림이 잇댓지.

아아! 고려이름은 없었슴둥?

— 고려이름은 내 모 모르갯어. 내 헤~이두 내 헤~이두 나쟈(Надя)지 노시아.

— 오래비두 오래비 이름두 고려 이림이 없었어. 미샤(миша)308), 노시아 이림이 미샤(миша), 내 오래비.

그럼, 아매! 그: 핵교에서 이룿게 재미 잇엇던 일이 있었으면은 그때 한번 얘기해 보옵소?

— 그 적이 쪼오꼬만 개 무슨.

그래두 뭐 이룿게 쪼:끔 생각나는 거 있으면 얘기해 보옵소. 핵교에 대해서.

— 핵교서, 그전에 조오꼬말 적에는, 어: 처 첫반309)으 댕기메서두 아동 춤이나 췻지. 저 무대에서. 저 자란이덜이 자란이덜 구겨~어 오구. 고려말

나쟈도 있고.

나쟈?

― 나쟈, 나쟈. 그건 러시아 러시아 이름이지, 나쟈. 내 언니도 이름이 나쟈지, 러시아 이름.

그리고 또 나쟈도 있고?

― 음!

― 그래 그러고 고려 고려 이름은 순나도 있고, 순나, 순나도 있고. 그래 러시아 이름도 많지. 순나도 있고 어 옥순예도 있고 옥순예도 있고. 많았지.

그럼, 할머니 이 동무들이 고려 이름도 가지고 있고 러시아 이름도 가지고 있고 두 가지씩 가지고 있었습니까?

― 그럼, 그럼. 두 가지가 있어. 그 담에 러시아 이름으로 바꾸었기 때문에 나는 내 신분증도 싹 러시아 이름이지.

음. 그때는 무엇이었습니까? 할머니 이름은? 고려식으로.

― 그것도 이젠. 원동서부터 내 내 러시아 이름이 있었었지.

아아! 고려 이름은 없었습니까?

― 고려 이름은 내가 모르겠어. 내 언니도 언니도 나쟈지. 러시아 이름이지.

― 오라비두 오라비 이름도 고려 이름이 없었어. 미샤, 러시아 이름이 미샤, 내 오라비.

그럼, 할머니! 그 학교에서 이렇게 재미있었던 일이 있었으면 그때 시절, 한번 이야기해 보십시오.

― 그 때 쪼그만 것이 무슨.

그래도 쪼끔 생각나는 것이 있으면 얘기해 보십시오. 학교에 대해서.

― 학교에서, 그전에 조끄말 적에, 1학년에 다니면서도 아동 춤이나 추었지. 저 무대에서. 어른들이 어른들이 구경을 오고. 고려말

으 말하라무 *까 에 *까 노시아말르 말하무 까 깐쩨르뜨(концерт). 춤두 추구 차 창가310)두 하니깨나 무 무대에서. 원도~ 원도~이시적에두 그랫지. 아스뜨라한(Астрахань)에 와서두 노시앗글으 이르메서두 그래 연극이두 잇구. 그래 깐쩨르뜨(концерт)두 잇구.

그러니까 그 깐쩨르뜨(концерт)에서는 무스거 했으까? 연극은 무스거 했으까? 거기서?

— 여 연극으 ……. 정게 와서두 아스뜨라한(Астрахань)에 이시 적에 두 연국이. 심천전311)두 하 노 놀구. 그래 그러메서 심천저이구. 긔래구서 연극으, 그 무슨 다머거리 연극이두 잇어 **잇엇갯지. 잇엇지.

그럼, 아매! 심청전 좀 생각이 나암둥?

— 심천전에, 그게 무 쪼오꼬말 적에 본 게 그저.

내용이 내용이 생각이 나암두?

— 누(ну)! 그 저 아부지 보 보지 못하구 눈 눈이 메서 보지 못하구. 아, 그 저나 어머니느 어 그 이림이 이림이 심처~이지. 이 심천전이 애이라 심처~이. 새애기 나 그 새애가 이림이 심처~이 심처저~이, 다(да), 심처~이 심처~이, 다(да)? 그래 심천 그 그 김 애비 김학규, 학규.

심학규.

— 심학, 또 심학규. 심학규. 기래구 딸이 잇구. 딸은 어머이 딸이 난지 이레만에 칠일 만에 에미 죽엇지. 긔래 애비 하분자 딸으 재래우지. 아 보지 못하는 게. 개 창가두 그런 게 잇지. 그랴 애비 안구[앙꾸] 이 집동 애312) 댕기메 젖으 비지. 젖으 이 아해르 살라 살가달라구313). 젖 젖으 빌.

살가달라구.

— 아하. 살가달라구. 이런 끼노(кино)두, 연극두 그런 게 잇지.

그렇게 해서, 나중에? 그래 젖을 이제 이 이 예 그렇게 해서 예,

— 그렇게 해서 자라서 자라서 어저느 이 새아가 어 아무래 거이 새애긴

로 말하면 까 까 '깐쩨르뜨(концерт, 콘서트)'. 춤도 추고 노래도 하니까 무대에서. 원동 원동에서 있을 적에. 아스트라한에 와서도 러시아 글을 공부하면서도 그래 연극도 있고. 그래 콘서트도 있고.

그러니까 그 콘서트에서는 무엇을 했을까? 연극은 무엇을 했을까? 거기서?

— 여 연극을 ……. 저기에 와서도 아스트라한에 있을 적에도 연극. 심청전도 하고 놀고. 그래 그러면서 심청전이고. 그리고 연극을, 그 무슨 '다머거리' 연극도 있어, 있었지. 있었지.

그럼, 할머니! 심청전이 좀 생각이 납니까?

— 심청전에, 그게 뭐 쪼끄말 적에 본 것이 그저.

내용이 내용이 생각이 납니까?

— 그럼! 그 저 아버지는 보지 못하고 눈 눈이 메어서 보지 못하고. 아, 그 저기 어머니는 어 그 이름이 이름이 심청이지. 심청전이 아니라 심청이. 처녀 그 처녀 이름이 심청이, 심청전 그렇지 심청이 심청이, 그렇지? 그래 심청 그 그 김, 아비는 김학규, 학규.

심학규.

— 심학, 또 심학규. 심학규. 그리고 딸이 있고. 딸은, 어머니 딸이 난 지 이레만에 칠 일만에 어미가 죽었지. 그래 아비 혼자 딸을 키우지. 아! 보지 못하는 사람이. 그래 노래에도 그런 것이 있지. 그래 아비가 어린 딸을 안고 이 집집마다 동냥을 다니며 젖을 빌지. 젖을. 이 아이를 살려, 살려 달라고.

살려달라고.

— 응. 살려 달라고. 이런 영화도, 연극도 그런 것이 있지.

그렇게 해서, 나중에는? 그래 젖을 이제 이 이 예 그렇게 해서 예,

— 그렇게 해서 자라서 자라서 이젠 이 처녀가 어 아마 거의 처녀가

거 거이 새애기314) 나 댓갯소. 아. 그런데 무슨 어 협작놈315)이 협 협작놈
이 다(да)? 협작놈이, 개 협작이라는 게 '거즛뿌레재316)이지 다(да) 옳지
냐? 거즛뿌레 하메서리 그 새애기 욕심 나이까나 아 저 그 새애기르 어
그 새아가르 그 새아가르 저어 제게다 장가 시 시간으 시 새아갈 주무 애
비 눈으 **뛰운다 하지. 애비 제 애비 눈 멘 게 눈으 뜬 띠운다317)구서
그랫지. 그래 이 새애기는 나 어린 게 정말인가 하구서리 팔게318) 갓지.
갓지. 애비 눈으 애비 보라구서 베우게319) 하자구서 눈으 띠우자구서리.
기랜게 거즛뿌레르 햇지. 협잽이, 협잡꾼이 그런 게. (웃음).

　그렇지. 으음 으. 그래서 나중에, 근데 나중에 인제 이∷ 애비 눈을 떴슴둥
아니 떴슴둥?

　— 아이! 또 거수뿌레햇지. 그래 협작군이라 하저? 거수뿌레해. 그 새아
가르 가져가길래서 거수뿌레햇지. 심청전은 그 새아가르 가져가길래서 애
비가 거수뿌레햇지. 개 이 딸으느 나 어린 게 정말 그렇개[그러깨] 정말
그런가 해서 애빌 눈으 띠우자구서 갓지. 그래 거수뿌레르 햇지.

　눈을 떴는데? 나중에는.

　— 난 모르갯다. 그 난 눈 떳다는 말은 난 못 들엇소, 야. 모르지, 모르
지 난. 난 눈떳다는 말으. 협작 협작꾸이[협짜구이] 와서 거수뿌레해서.
기래 딸으 줘두 딸으 기래 가제가두 애비 눈은 못 떳지 기냥. 모르지 글
쎄. 난 쪼오꼬말 적에 이르 이릏기 들어 난 모르지.

　거스뿌레.

　— 거스뿌레. 협작꾸이지. 협작 협작햇지.

　그렇지.

　— 아하! 그 새아가르 가제가길래 거 거스뿌레. 음. 개 연극이사 그 그
전에 내지320)에서두 와서 놀앗댓지. 그 춘향전이나.

　그러면은 아매! 이젠 나호드까 핵교서 지금 이제 깐쩨르(концерт)뜨 한
거.

거의 처녀 나이가 되었겠소. 그런데 무슨 어 협잡꾼이 협 협잡꾼이 옳지? 협잡꾼이, 그게 협잡(挾雜)이라는 것이 '거짓말쟁이'지 그렇지? 옳지 응? 거짓말을 하면서 그 처녀가 욕심이 나니까 그 처녀를 그 처녀를 그 처녀를 저 제게다 결혼하도록 하게 하고, 처녀를 주면 아비 눈을 뜨게 한다 하지. 아비 눈 메인 것이 눈을 뜨게 한다고서 그랬지. 그래 이 처녀는 나이가 어린 것이 정말인가 하고서 팔려 갔지. 갔지. 아비 눈을 아비 앞을 보라고서 보이게 하려고 눈을 뜨게 하려고서. 그런 놈이 거짓말을 했지. 협잡꾼이 협잡꾼이 그런 놈이. (웃음).

그렇지. 음. 그래서 나중에, 그런데 나중에 이제 이 아비가 눈을 떴습니까 안 떴습니까?

— 아니! 또 거짓말을 했지. 협잡꾼이라 하잖소? 거짓말을 해. 그 처녀를 가져가려고 거짓말을 했지. 심청전은 그 처녀를 가져가기 위해서 심청이의 아비에게 거짓말을 했지. 그래 이 딸은 나이가 어린 것이 정말, 정말 그런가 해서 아비의 눈을 뜨게 하자고 갔지. 그래 거짓말을 했지.

눈을 떴는데? 나중에는.

— 나는 모르겠다. 난 눈을 떴다는 말은 난 못 들었소, 응. 모르지 난 모르지. 난 눈 떴다는 말을. 협잡 협잡꾼이 와서 거짓말을 해서. 딸을 주어도 딸을 가져가도 아비 눈은 못 떴지 그냥. 모르지 글쎄. 난 쪼그말 적에 이렇게 들어서 나는 모르지.

거짓말.

— 거짓말. 협잡꾼이지. 협잡(挾雜), 협잡했지.

그렇지.

— 그 처녀를 가져가기 위해서 거 거짓말을 했지. 음. 그래 그 심청이 연극이야 그전에 본국(本國)에서도 와서 공연했었지. 그 춘향전이나.

그러면 할머니! 이제 나홋카 사실 때 학교에서 지금 이제 공연을 한 거.

- 그전에는 그전에는 저 원도~으르 그저 해삼에서 다(да) 게 직금 블라디보스토끄(Владивосток)지 다(да). 해삼에서 연극 배우덜이 각 각 꼬호 각 이릏기 조합우 댕기메서 원동 이시적이 놀앗지. 놀앗지. 그적에느 우리네 조오꼬맣다구 들에 아이 놓앗지. 쿨루부(клуб) 저런 데 잇는 쿨쿨루부(клуб).321) 고려말르느 기게 무슨 조선말르느 미시기, 쿨루부(клуб) 미시기?

구락부라구.

- 아하! 구락부. 구락부 우리네 조오꼬맣다구 딜에두 아이 놓지. *거래 그래 연극 와 놀 적에느 못 들어가. 원도~서 못 들어갓어. 딜에 아이 놔서. (웃음).

그럼 깐쩨르뜨(концерт)에서 머 연극두 하구 또 노래두 불렀슴둥? 나호드까 핵교서.

- 야~. 그때두 불럿지.

무스거 노래르 불렀슴둥?

- 무스? '먹으:나 입으나' 이런 창가두 잇구.

한번 해 보옵소. 한내만 한번 해 주웁소.

- 잊어 잊어뿌레재오? 내 잊어뿌리지 애인등 모르갯소.

아이 그냥 한번 해 주웁소.

- 그거 그 창가느 전체르 이 조오꼬말 적 어레이시 **쑤 발써 으 하재앳지 그 창가. 으흠. 음 (목청을 가다듬으며). 내 닞어뻐레 다아 잊어뻐레시끼오. 직금 다른 **창, 으 웨떠(это) 자란이덜 창가르 하지 어른아덜 창가르 아이 하지, (웃음) 직금. "먹으나 입으나 똑같이[가치] 살자. 뜨락:또르(трактор)에 앉아서 논으로 밭으로 왓구나, 왓구나 노력이 세상 뜨랄랄랴 이것은 꼬무나이(коммуна) 세상. 땅 위에는 자동차 공중에는 비행기. 그 온 세계 인연은 그 우에 앉아서 한 손에 라지오 한 손에 전화통 뜨랄랄랴 이것은 꼬무나이(коммуна) 세상." 이런 게오.

– 그전에는, 그전에는 저 원동으로 해삼위에서 응 그게 지금은 블라디보스토크라 하지 응. 해삼위에서 연극배우들이 각 콜호스 농장을 다니면서, 원동 있을 적에, 공연을 했지. 그 때 우리네는 조그맣다고 극장에 들여놓지 않았지. 구락부(俱樂部, 클럽) 저런 데 있는 구락부. 고려말로는 그걸 무엇이라 하나, 조선말로는 무엇인가, '쿨루부'가 무엇인가?

구락부라고.

– 아! 구락부. 구락부에서는 우리가 조끄맣다고 연극을 공연할 적에는 안 들여놓았지. 그래 연극을 공연할 적에는 못 들어가. 원동에서는 못 들어갔어. 들여놓지 않아서. (웃음).

그럼 공연에서는 뭐 연극도 하고 또 노래도 불렀습니까? 나홋카 학교에서.

– 응. 그때도 노래 불렀지.

무슨 노래를 불렀습니까?

– 뭐? '먹으나 입으나' 이렇게 하는 노래도 있고.

한번 해 보십시오. 노래 하나만 한번 해 주십시오.

– 잊어 잊어버리잖소? 내가 잊어버리지 않았는지 모르겠소.

잊어버렸어도 한번 해 주십시오.

– 그거 그 노래는 전체를 조그말 적에, 어렸을 때 하고, 벌써 …, 어하잖았지, 그 노래를. 음. 음. (목청을 가다듬으며) 잊어버려 다 잊어버렸을 것이오. 지금은, 내가 부르던 노래와 다른 노래, 음, 어른들 노래를 하지 어린아이들 노래를 안 하지, (웃음) 지금. "먹으나 입으나 똑같이 살자. 트랙터에 앉아서 논으로 밭으로 왔구나, 왔구나, 노력이 세상 트랄랄라. 이것은 공산주의 세상. 땅 위에는 자동차 공중에는 비행기. 그 온 세계 인연은 그 위에 앉아서 한 손에는 라디오 한 손에는 전화통 트랄랄라 이것은 공산주의 세상." 이런 것이오.

아이구!! (박수) 아매! 옛날에 뭐 노래 창개르 많이 했습둥?

— 마이 햇어.

어째 그렇게 창개를 잘하심둥? (웃음) 아이구::!

— (웃음)

예:. 아이 정말 창개르 잘 하십니다. (웃음) 잘 들었습구마.

— 어전 나아 먹어서 (웃음). 젊어쓰적엔 내 창갈 잘햇소.

새애기 목소립구마.

— 에헤, 새애기. (웃음)

새애기 목소리 딱 같습구마. 아이구! 예. 이: 음정두 잘 아주 잘 맞구 예. 그러면 그 나호드까 핵교 다니실 때애두 창가르 햇습둥?

— 창가두 하구 춤이두 추구. 어른아덜 **아드 **오드322) 에따(это) 아동춤, 아동춤.

그렇지 아동춤. 그리구 뭐 그으 일년에 한번씩 이렇게 에 학생 이 학생아덜이 자란이덜 어시덜하구 이렇게 막: 다를래기 하구 뭐 이런 건 없었습둥? 다를래기두 하구 뽈채기.

— 그런 것두 잇엇지. 그런 것두 잇엇지. 매치깨(мячик)치기나 에 그러 그 고려 고려 조선말르 매치끼(мячик) 미시기오? 쿠루글르이(круглый) 예쯔다 매치크(мячик)?

공. 뽈이라구 하압구마.

— 아, 뽈이. 이 조오꼬만 뽈 뽀 뽈으 친 거 그런 거 쩨에꼬마시적이 워원동서 기랫지. 여기 와선 아이 기래지.

그거 어 글쎄 지금 쬐꼬말 때 얘기르 하는 겁니다.

— 아하! 쩨꼬말 때.

어떻게 매치끄놀이르 했습둥?

— 이래 **하대 한내 사름 이릏기 혹 뿌리문323) 이짝 게 어 탁 치지. 기람 그 매치까(мячик) 바 받아야 하지. 제 제야324)하지. 받아제야.

아이고! (박수) 할머니! 옛날에 뭐 노래를 많이 불렀습니까?

― 많이 했어.

어째 그렇게 노래를 잘 부르십니까? (웃음) 아이고!

― (웃음)

예. 아이고! 정말 노래를 잘하십니다. (웃음) 잘 들었습니다.

― 이젠 나이를 먹어서 (웃음). 젊었을 적에는 내가 노래를 잘했소.

처녀 목소리입니다.

― 에, 처녀(는 무슨). (웃음)

처녀 목소리와 똑같습니다. 아이고! 예 이 음정도 아주 잘 맞고 예. 그러면 그 나홋카 학교에 다니실 때에도 노래를 했습니까?

― 노래도 하고 춤도 추고. 어린아이들 **아동, **아동, 음 아동춤, 아동춤.

그렇지 아동춤. 그리고 뭐 그 일년에 한 번씩 이렇게 에 학생, 이 학생들이 어른들, 부모들하고 이렇게 막 달리기를 하고 축구도 하는 뭐 이런 행사는 없었습니까?

― 그런 것도 있었지. 그런 것도 있었지. 공치기나 에 그리고(?) 그 고려 고려 조선말로 '매치끼'(мячик, 공)는 무엇이오? 동그스름한 '매치끼'(мячик, 공).

공. 볼이라고 합니다.

― 아! 볼. 조끄만 볼을 치는 그런 놀이를 쪼그맸을 적에 원동에서 놀았지. 여기 와서는 안 놀았지.

글쎄 지금 쪼그말 때 이야기를 하는 겁니다.

― 아하! 쪼그말 때.

어떻게 공놀이를 했습니까?

― 이렇게 하나 한 사람이 이렇게 훅 공을 던지면 이쪽 사람이 어 탁 치지. 그럼 그 볼을 바 받아야 하지. 쥐 쥐어야 하지. 받아 쥐어야.

못 받으무?

― 아하! 못 받으문 그양 그래구. (웃음) 어전 싹 잊어삐렛어. 노는 거.

그럼 탁 치문 친 사름이, 친 사름이.

― 아, 친 사름운 친 사름운….

뛰임둥? 달아감둥 어디로?

― 친 사름이 친 사름 아이 달아가압데.

음.

― 에, 그래 그거 이래 착 가 한나 받아서 또 다른 저짝 사름은 그 매 치깔(мячик-ㄹ)르 처야 하지. 긔래 그거 무슨 백혜야 하지. 백히지 못하무 거 저 무스 뉘기마따나 저 저어나 졋지.

그렇지. 졌지.

― 졋지. 고려말르 노시아말른 쁘라이그랄(проиграл) 햇다문 졋지. (웃음). 옳소! 졌어. 졋지. (웃음)

고 다음에 무슨 에 다른 무슨 놀옴이 있었슴둥?

― 다른 다른 놀옴325)이 기래구 그런 게. 원도~서 새아가덜이구 선스나덜두 쬐외꼼한 게 쒜에기 채기르 햇지, 쒜:기.

아아.

― 그리 추끼(чулки) 같은 거 파이나무326) 그거 이룽기 잡아매서 그 안에다가 음 옥수끼나 일리(или) 무스거 거기다 거더 엏구. 개구 발르서르 쒜기채기르 햇지. 이 선스나덜두 새아가덜두 쒜기차기르 하구. 원동 이시적에. (웃음).

그럼, 제기르 그 무스걸르 만들었슴둥?

― 쒜기차기. 개래 이룽기 저나 어 헝 헝거, 헝겇쪼배길327)[헝거쪼배길]르서 이룽기 이룽기 그 요룽기 요룽기 *맨 에따(это) *맨. 누(ну) 이룽기 맨들어두 일없구.

못 받으면?

─ 아! 못 받으면 그냥 그러고. (웃음) 이제는 싹 잊어버렸어. 노는 것을.

그럼 탁 치면 친 사람이, 친 사람이.

─ 친 사람은 친 사람은….

뛰어갑니까, 달려갑니까 어디로?

─ 공을 친 사람이 친 사람이 달려가지 않데.

음.

─ 에, 그래 그거 이렇게 착 하나가 받아서 또 다른 저쪽 사람은 그 공을 쳐야 하지. 그래 그거 뭐 맞혀야 하지. 맞히지 못하면 거 저 뭐 누구마따나 저기 … 졌지.

그렇지. 졌지.

─ 졌지. 고려말로, 러시아 말로 '쁘라이그랄(проиграл, 졌다)했다면 졌지. (웃음). 옳소! 졌어. 졌지. (웃음)

고 다음에 무슨 에 다른 놀이가 있었습니까?

─ 다른 다른 놀이가, 그리고 그런 게 있었지. 원동에서 여자아이들이고 사내아이들이고 쪼그만 것들이 제기 차기를 했지, 제기.

아아.

─ 그리고 양말 같은 것이 떨어지면 그거 이렇게 잡아매서 그 안에다가 옥수수나 혹은 무엇을 거기다 거두어 넣고. 그리고 발로 제기차기를 했지. 아 사내아이들도 여자아이들도 제기차기를 하고. 원동에 있을 적에. (웃음).

그럼, 제기를 그 무엇으로 만들었습니까?

─ 제기차기. 그래 이렇게 저기… 어 천, 천 조각으로서 이렇게 이렇게 그 요렇게 요렇게 만(들었지) 음 만들었지. 음, 이렇게 만들어도 괜찮고.

그래 그거 바 바늘르 기래구서는 영게서 그거 **아초꼼내느328) 조꼼 내놓 거이다 옥수끼낭 몇 개 얼매간 가뜩이 채우구 조꼼 엋구 개구 **자뻴라우 기래 *이러 발르서 찻지. (웃음) 발르.

아아! 거기다 옥수끼 알으 집어넣구.

― 아하! 옥수끼나 일리(или) 무스 다릉 무스거 거 무스 옇어나 옇서 그래 거저 제기차개. 기게 고려말르느 지금 그전에 들을라이 제기 제기차개라. 제기차개라. 제기 찬다구.

제기.

― 제기 찬다구.

줴기. 줴기네.329) 음. 그럼 아매! 에:: 음: 줴기차기.

― 아하, 제기차길 햇지.

그거 말구 또 무슨 다른 놀옴이 없었슴둥?

― 걔 긔라구 긔라구 더 점 낭그 요마:이 질게 해서 앞쭉 뽀오족하기 꿀까치기르 햇지. 꿀까치기르. (웃음) 새아가덜이 우스워서 난.

그건 어티게 하는 검둥, 꿀까치기는?

― 에 이거 요 요 요런 요만한 요러문 요런거 그런 그렇가구 갸구 이릏기 낭그 요마:이 진 거330) **난 지지. 걔 이거 탁 이래 치무 이 이 저나 이런 끔우 끄스지331) 이래. 이래 쿠루브(круг). 이거 이거 메 몇 개 두 이래 이래 걸어 또 이래 그래구. 또 이릏기 이래구. 쿠루브(круг) 몇 개 간 몇 개 간 또리또리산332) 게 끄스지 따˘에다 끄스. 긔래 거기서 그거 훌 이래 저나 줴에뿌리무 기게 어디메 가무 그거 탁 쳐서 먼데 먼데르 가무 하라슝(хорошо). 이르 좋구, 먼데르 가무. 이리 이런 놀옴이 노는 꿀개치기라는 게 그런 놀옴이. **그래드 그냥 다른 다른 그런 건.

가만있어바. 제가 잘 모르겠슴구마. 어티기하는 건지. 이릏기 동그란 또리또리마게 금을 긋어서.

― 아 이게 이렇게 냐˘, 이릏기 끗구 또 잉게다 이릏기 또 끗구.

그래 그거 바늘로 그리하고서는 여기서 그거 ***면 조끔 내놓(고) 거기다 옥수수랑 몇 알 얼마간 가뜩 채우고 조끔 넣고 그리고 잡아매서 그래 이렇게 발로 찼지. (웃음) 발로.

아! 거기다 옥수수 알을 집어넣고.

— 아! 옥수수나 또는 무슨 다른 무슨 무엇을 거기에 뭐 넣거나 넣어서 그렇게 그저 '제기차개'를 만들었지. 그게 고려말로는 지금 그전에 들으니 '제기', '제기차개'라 하더구면. '제기차개'라고. 제기를 찬다고.

제기.

— 제기를 찬다고.

'줴기', '줴기'이네. 음. 그럼 할머니! 에 음 제기차기.

— 아! 제기차기를 했지.

그거 말고 또 무슨 다른 놀이가 없었습니까?

— 그래 그리고 그리고 더 좀 나무를 요만큼 길게 해서 앞쪽이 뽀족하게 해서 자치기를 했지. 자치기를. 여자아이들이 우스워서 난.

그건 어떻게 하는 겁니까, 자치기는?

— 에 이거 요 요기 요런 요만한 요런 거 그런 것을 그렇게 하고 그리고 이렇게 나무를 요만큼 긴 것을 쥐지. 그래 이거 탁 이렇게 치면 이 이저… 이런 금을 긋지, 이렇게. 이렇게 원을. 이거 이거 몇 개 또(?) 이렇게 이렇게 걸어서 또 이렇게 그러고. 또 이렇게 그러고. 또 이렇게 이러고. 원을 몇 개, 가서 동글동글한 동심원을 긋지, 땅에다, 긋지.333) 그래 거기서 그거 훌 이렇게 저기… 집어던지면 그게 어디로 가면 그거 탁 쳐서 먼데 먼 데를 가면 좋지. 좋고, 먼 데로 가면. 이렇게 이런 놀이를 노는, 자치기라는 것이, 그런 놀이이지. 그래도 그냥 다른 다른 그런 건 ….

가만있어 봐. 제가 잘 모르겠습니다. 어떻게 하는 것인지. 이렇게 동그란 동그랗게 금을 그어서.

— 아 이게 이렇게, 응, 이렇게 긋고 또 여기에다 이렇게 또 긋고.

또 이릏기 끗구.

또 넓게 그 그스구, 그런 다음에?

― 그래구서 그래구서 꿀 꿀까치기르 하지.

어떻게?

― 이래 이래 홀 돌아서서 이래 홀 이래지. 기래문 기게 어느 금 어느 *금일 금우루 간게.

이르 이릏기 뒤 잏기 두우루 던짐둥? 그러면 거기 딱 떨어지무?

― 그러이까 어느 어디메 어느 **링 그거 그런 게 떨어지는 거, 거 *거래. 기래구서 그담에 경게 까빠울까(капалка)르334) 치지. 까빠울까(капалка) 후레서 먼데 치지.

먼데 친, 먼데 친 뒤에

― 예, 탁 치무 먼데르 가지.

가지.

― 꿀까.

그렇지.

― 그전에 그거 원동 이시적이 내 들을라이 그양 꿀까치기르 한다메서. (웃음)

예. 딱 쳐서 멀리 가무 어떻게 뎀둥?

― 이래 이래 이래 큰 빨까(палка) 탁 이래 쳐서 그거 받아쳐야 하지.

으흠.

― 으흠, 그래 받아치무.

날라갔재임둥?

― 먼데르 가지.

먼데르 가무 또 어떻게 함둥? 또 재앰둥 그게?

― (한숨) 그거 그렇기 그양 우리 첫는데. 쪼오꼬마실 적에. 어전 (웃음) 잊어뿌렛어. 어쨌둥 어쨌던둥. 꿀가치기르 하는데 잊어 ….

또 이렇게 긋고.

또 넓게 긋고, 그런 다음에는?

— 그리고서 그리고서 자치기를 하지.

어떻게?

— 이렇게 이렇게 홀 돌아서서 이래 홀 이러지. 그러면 그게 어느 금 어느 금으로 간 것이.

뒤 뒤로 던집니까? 그러면 거기 딱 떨어지면?

— 그러니까 어느 (곳) 어디에 어느 (곳에) 그거 그런 게 떨어지는 거, 거. 그리고서 그다음에 거기에 메뚜기를 치지. 메뚜기를 후려서 먼 데로 치지.

먼 데로 친, 먼 데로 친 뒤에는

— 예, 탁 치면 먼 데로 가지.

가지.

— 자치기.

그렇지.

— 그 전에 그거 원동에 있을 적에 내 들으니 그냥 자치기를 한다면서. (웃음)

예. 딱 쳐서 멀리 가면 어떻게 됩니까?

— 이렇게 이렇게 이렇게 큰 막대기로 탁 이렇게 쳐서 그걸(메뚜기) 받아쳐야 하지.

음.

— 음, 그래 받아치면.

날라갔잖습니까?

— 먼 데로 가지.

먼 데로 가면 또 어떻게 합니까? 또 자로 잽니까? 그거?

— (한숨) 그거 그렇게 그냥 우리 치고 놀았는데. 쪼끄맸을 적에. (웃음) 이젠 잊어버렸어. 어쨌는지, 어찌했던지. 자치기를 하는데 잊어 ….

그게 선스나두 하구 새애기두?

- 선스나두 하구 새애가두 햇지. 옴판335) 선스나딜 놀옴이지. 갠 새아가딜 조끄말 적이무 선서나 놀옴이 새아가 놀옴이 없엇지. 거저 선스나딜 하는대르 햇댓지.

그렇습지. (종이 넘기는 소리)

그럼 그 다음에 또 뭐 많았을 터인데. 여러 가지 놀이가. 많았을 텐데요?

- 무스기?

그 나호드까에서, 하던 놀옴이.

- 야~ 그 놀옴이 글쎄 그 놀옴이 햇지. 제기채기라구. 또 뽈치기르 하구.

꿀가, 꿀까치기르 하구.

- 꿀까치기르 하구 그래 그랫지.

그 담에 또?

- 기래구 이릏기 따~에다 이릏기 이릏기 쳐 놓구 이래 끔우 끄스구서니 기래구 그거느 고려말르느 미시긴두 모르갯어. 훌 훌 돌아서서 훌 돌아서서 음 돌으 요만:한 거 요런 거 납족한 거 **블로(плоский) 납족한 그런 돌 이래 훌 돌아서 이라구 뿌리지. 걔 어디메 이 이 금우 끈데 가서 떨어지무 쁘라이(проиграть) 저나 졋지. 걔 그 끔이 **끄는 데 떨어지지 말구 이 클리(круглый) 그 이런 데 떨어지무 기래무 그거 차서 이 잉게 꺼정 가 이게 이게 이게 이릏게 이릏게 이릏게 해 놓오무 이 쪽 끄스구 그 담에 이릏기 걸지. 그래 열카이두 데구 이래 하 한 줄이 디슷칸씨 다슷칸씨 열 카이 데구 그 거 다아 발르 차서 금우 끄 끔에 떨어지무 졋지. 끔이 그 돌이 끔에 떨어지지 말아야 하지. 그래 그런 놀옴으두 놀앗지. 쪼오꼬마시적에. 기게 고려 고려말르 무시긴두 모르갯어. 무슨 놀옴인두.

그러면은 그: 꼼치울래기나?

- 꼼치울래기두 놀앗지.

그 자치기를 사내아이도 하고 여자아이도 하고?

― 사내아이도 하고 여자아이도 했지. 원래 사내아이들 놀이이지. 그런데 여자아이들 조끄말 적에는 사내아이 놀이와 여자아이 놀이가 따로 없었지. 그저 사내아이들 하는 대로 했었지.

그렇지요. (종이 넘기는 소리)

그럼 그 다음에 또 뭐 많았을 터인데. 여러 가지 놀이가. 많았을 텐데요?

― 뭐?

그 나홋카에서 하던 놀이가.

― 응. 그 놀이가 글쎄 (아까 말한) 그 놀이를 했지. 제기차기라고. 또 공치기를 하고.

자치기, 자치기를 하고.

― 자치기를 하고 그리하고 그랬지.

그 다음에 또 다른 놀이는?

― 그리고 땅에다 이렇게 이렇게 쳐 놓고 이렇게 금을 긋고 그리고, 그게 고려말로는 무엇이라 하는지 모르겠어. 홀 홀 돌아서서 홀 돌아서서 음 돌을 요만한 거 요런 거 납작한 거 블로(плоский, 납작한) 납작한 그런 돌을 이렇게 홀 돌아서 이러고 뿌리지. 그래 어디 이 이 금을 그은 데 가서 떨어지면 쁘라이(проиграть, 지다) 저기… 졌지. 그래 그 금을 그은 데 가서 떨어지지 말고 이 원 그 이런 데 떨어지면 그러면 그거 차서 이 여기까지 가 이게 이게 이게 이렇게 이렇게 이렇게 해 놓으면 이 쪽 긋고 그다음에 이렇게 걷지(?). 그래 열 칸도 되고 이렇게 한 줄이 다섯 칸씩 다섯 칸씩 열 칸이 되고 그 거 다 발로 차서 금을 그어 금에 떨어지면 졌지. 금이, 그 돌이 금에 떨어지지 말아야 하지. 그래 그런 놀이도 놀았지. 쪼끄맸을 적이. 그게 고려말로 무엇인지 모르겠어. 무슨 놀이인지.336)

그러면은 숨바꼭질이나?

― 숨바꼭질도 놀았지.

어떻게 놀았습둥?

− 어찌기 *놀어이 … 어 척감에 어찌던가. 오~! 이릏기 빨까(палка) 잏기 낭그 낭그 지다만337) 거 이릏기 지구서. *이르 이릏기 아덜 이릏기 이릏기 지지. 이릏기 지오. 이릏기. 걔 마감에 긑이 저나 그 차지 못한 아ᄂ 눈으 감지.338) 눈 감구[감구] 헴: 헤지339). **근샘이 싹 달아나서 곰치 우지340). (웃음)

아! 가만있어바. 맨 척감에?

− 맨 첫감에 내 이릏지 머. 다른게 지구 이릏기 지구 이릏기 지구 그렇지. 아덜 여래 이릏기 지구. 기래 마감에 그 잏기 모자라는 게 모자라는 게 눈우 깜지[깜지]. 빠울까(палка) 모자라는 게.

근데 잘 모르겠습구마. 이제 아매가 있구 요맇기 있으면, 요맇기 같이, 아아! 잏게 막대를, 막대를 쥐구 아아! 그래구 요기에 없으무 가가 눈을 감습둥?

− 기래구 셈: 세지. (웃음)

으음. 으음. 으음 꼼치울래기. 그럼 어디가서 꼼치왔습둥? 대개. 꼼치울래기르 할 때?

− 어디메 그 그런 … 집 집 두에두 가 곰치우구. 벨 데 다 가서 곰치우지. 도투굴341) 두에342) 가두 곰치우구. (웃음) 집에 저런 구석에다두. 직금 가만가만 돌아 구섹에다두 곰치우구. 아덜 조오꼬말 적이.

부수깨아구리ᄂ 아이 들어감두?

− 아이! 그런 데ᄂ 아이 들어가지. (웃음)

그러면은 어: 그: 이 새아가덜이 그 요만:한 돌으 가지구 다섯개.

− 아!, 돌으, *꼬 *꽁지 꽁깃주이르, 돌주이[돌쭈이]르 햇지. 다섯개르 가지구 돌주이[돌쭈이]르 햇지. 그런 놀옴두 놀앗지, 새아가덜이.

그걸 뭐라구 했습둥? 돌.

− 그 돌주이[돌쭈이]르 돌주이[돌쭈이]르 **한담둥.

어떻게 놀았습니까?

— 어떻게 놀아 … 어 처음에 어찌하던가. 아! 이렇게 막대기 이렇게 나무를 나무를 기다란 것을 이렇게 쥐고서. 이러 이렇게 아이들이 (손으로 그 막대를 차례로) 이렇게, 이렇게 쥐지. 이렇게 쥐오. 이렇게. 그래 마지막에 저기 막대의 끝을 저기 … 그 막대를 차지하지 못한 아이는 눈을 감지[343]. 눈을 감고 셈을 하지. 그 사이에 (다른 아이들이) 싹 달아나서 숨지. (웃음).

아! 가만있어 봐. 맨 처음에 어찌한다고?

— 맨 처음에 내가 이러지 뭐. 다른 놈이 쥐고 (아이들이 차례로) 이렇게 쥐고 이렇게 쥐고 그렇지. 아이들이 여럿이 이렇게 쥐고. 마지막에 모자라는 놈이 모자라는 놈이 눈을 감지. 막대가 모자라는 놈이.

그런데 잘 모르겠습니다. 이제 할머니가 있고 요렇게 있으면, 요렇게 같이, 아! 이렇게 막대를, 막대를 쥐고, 아! 요기에 없으면 그 아이가 눈을 감습니까?(＝술래가 됩니까?)

— 그리하고서 수를 세지. (웃음)

음. 음. 음. 숨바꼭질. 그럼 어디 가서 숨었습니까? 대개. 숨바꼭질을 할 때?

— 어디 그 그런 … 집 집 뒤에 가서도 숨고. 별 데를 다 가서 숨지. 돼지우리 뒤에 가서도 숨고. (웃음) 집의 저런 구석에다도 (몸을 숨기고). 지금 가만가만 돌아다니며 구석에다도 숨기고. 아이들이 조끄말 적에.

아궁이에는 안 들어갑니까?

— 아니! 그런 데는 안 들어가지. (웃음)

그러면 어 그 이 여자아이들이 그 요만한 돌을 가지고, 다섯 개.

— 아! 돌을, 공기 공기 줍기를, '돌주이'(공기놀이)를 했지. 다섯 개를 가지고 공기놀이를 했지. 그런 놀이도 놀지, 여자아이들이.

그거 뭐라고 했습니까? 돌을.

— 그거 '돌주이'(공기놀이)를 '돌주이'를 한다던가.

돌주이? 돌주이르?

— 돌주이[돌쭈이]르 한다구. 그전이 어전 고려 고려말두 싹 잊어삐레
서 쪼오꼬마시적이 하던 말으.

돌쥐이. 돌주이임둥 돌쥐임둥?

— 돌주이[돌쭈이].

돌주이. 음ː.

— 기래구서르 이릏기 그 그 돌이 멫 개던둥 그건 다슷 개 애이구 여러
개 기래구서리 이래 이래 띠우는 거. 가찹운344) 돌으 띠우는 거. 그 그런
놀옴두 하구.

띠우는 거?

— 아하, 띠우는 거. 원동 이시적이. 원동 이시적이.

음.

— 개 선생님들! 이따가 갈 적에 날 좀 에떠(это) 그런 거 선생님 한국
에 창가르345) 날 좀 베와주우346) 으음?

즈이 모릅꾸마, 창가를.

— 어째 모르?

모르끔. 예. 창가 잘하는 사람이 있는데. 즈이는 창가를 잘 모릅구마.

— 아 젊우 젊운사름이두 창가르 잘하지. 저 젊운사름. 고려 고려 내지
서 고려 고려 고려ː 으ːː 고려따~에서 사는 게 어째 고려창갈 모르갯. 다
아 알지.

요새 젊운 사람덜은 여기두 마찬가지꾸마. (몸을 흔드는 시늉을 하며) 이런
거만 하압구마. 그럼 아매! 에ːː 그러니까 꽁기 돌주이르 하구 꼼치울래기두
했구 또 제기차기두 했구.

— 제기차기두 하구 꿀까치기두 하고. 꿀가치기.

고 다음에 땅바닥에다가 이릏게 열칸으 그려가지구 넓죽한 돌으 가지구.

— 열칸으 하자무 하구 열두칸으 하자무 하구. 그래 긔게 처 첫반부터

‘돌주이’? ‘돌주이’를?

－ ‘돌주이’(공기놀이)를 한다고. 그전에, 이젠 고려 고려말도 싹 잊어 버려서, 쪼끄맸을 적에 하던 말을.

‘돌쥐이’. ‘돌주이’입니까? ‘돌쥐이’입니까?

－ ‘돌주이’.

‘돌주이’. 음.

－ 음 그리고 이렇게 그 그 돌이 몇 개던지, 그건 다섯 개가 아니고 여러 개 그리고서 이렇게 이렇게 띄우는 거. 가까운 돌을 띄우는 거. 그 그런 놀이도 하고.

띄우는 거?

－ 음, 띄우는 거. 원동에 있을 적에. 원동 있을 적에.

음.

－ 그래 선생님들! 이따가 갈 적에 나에게 좀 음 그런 거 선생님 나라 한국의 노래를 나에게 가르쳐 주오. 응?

저희는 모릅니다, 노래를.

－ 어째 모르오?

모릅니다. 예. 노래를 잘하는 사람이 있는데. 저희는 노래를 잘 모릅니다.

－ 젊은 사람들이 노래를 잘하지. 저 젊은 사람. 본국에서, 고려 고려 땅에서 사는 사람이 어째 고려 노래를 모르겠소. 다 알지.

요새 젊은 사람들은 여기도 마찬가지입니다. (몸을 흔드는 시늉을 하며). 이런 것만 합니다. 그럼 할머니! 에 그러니까 공기놀이를 하고 숨바꼭질도 했고 제기차기도 했고.

－ 제기차기도 하고 자치기도 하고. 자치기.

그 다음에 땅바닥에 열 칸을 그려 가지고 넓죽한 돌을 가지고.

－ 열 칸을 하자면 하고 열 두 칸을 하자면 하고. 그래 그게 첫 번부터

다아 이래 이래서 오문 그담에 둘채반 두 번째 반[빤]으 올라가지. 두 번째 에따(это) 이런 끄슨 데르.

그럼 바꿈재놀옴이라는 거 했슴둥?

— 바꿈재놀옴은 놀앗지. 그 쬐외꼼할. 그 물역에 가서 조개나 가뜩 줏으무 파도 치무 물께서 벨개 다아 나오지. 그래 그 조개덜 줏어서 에따(это) 그런 놀옴 놀앗지. 조오꼬마시적이.

줏어서

— 줏어서 개래 무스 큰거느 이래 앉혀놓구서 거기다 밥우 끓이느라. 하구. 쬐꼬만 *기어느 그릇이처름 이래 까스(газ)에 올레놓구. (웃음)

그게 바꿈재놀옴임둥?

— 기게 바꿈재놀옴이지. 기게 바꿈재놀옴이지.

너느 에미다 나느 애비다 이런 것두 했슴둥?

— 그런 거는 나는 모르갯소. 모르갯소.

세간살이 하는 거 했었지.

— 누(ну)! 그저 바꿈재놀옴 바꿈재놀옴우 그거 놀앗지.

바꿈재란 말이 무슨 뜻임둥? 그게?.

— 아, 그거 모르오 난. 바꿈재 무시긴둥. 바꿈재놀옴 미시긴둥 모르지.

그럼 사내아들이 이런: 막대를 여기다가 사타구니다 이르 늫구 뛰어댕기메, 뛰어다니는?

— 아, 그런 그런 선서나덜이. 선서나덜 그. 내 이름 모르지. 내사 무시기 어쨷둥. 거저 그런 거 밧지. 아, 이 이 무슨 놀옴인거 모르지.

그리고 또 다 다른 놀옴은 없슴둥?

— 다른 놀옴이 무슨 머. 그 조오꼬말 적인 그 놀옴뱊이 무슨 다른 놀옴 ….

음:. 그럼, 아매! 핵교서 이룽게 그 공비르 하고 시험두 봤슴둥? 시험우 츠렜슴둥?

다 이렇게 이렇게 해서 오면 두 번째 번으로 올라가지. 두 번째 음 이런 금을 그은 데로.

그럼 소꿉질이라는 것을 했습니까?

− 소꿉질 놀이를 했지. 그 쪼끄말 때. 그 물가에 가서 조개 같은 것을 가뜩 주우면 파도가 치면 물에서 별것이 다 나오지. 그래 그 조개들을 주워서 음 그런 놀음을 놀았지. 조그맸을 적에.

주워서

− 주워서 그래 뭐 큰 것은 이렇게 앉혀 놓고서 거기다 밥을 끓이노라 하고. 쪼끄만 것은 그릇처럼 가스에 올려놓고. (웃음)

그것이 소꿉질 놀이입니까?

− 그게 소꿉질 놀이이지. 그게 소꿉질 놀이이지.

너는 '어미'이다 나는 '아비'이다 이런 것도 했습니까?

− 그런 것은 나는 모르겠소. 모르겠소.

살림살이 하는 것을 했었지.

− 그럼! 소꿉장난 소꿉장난 그것을 놀았지.

'바꿈재'란 말이 무슨 뜻입니까? 그게?

− 아, 그거 모르오 나는. '바꿈재'가 무엇인지. '바꿈재놀음'이란 말뜻이 무엇인지 모르지.

그럼 사내아이들이 이런 막대를 여기다가 사타구니에다 이렇게 넣고 뛰어다니며, 뛰는 놀이는?347)

− 아, 그런 사내아이들. 사내아이들이 그(랬지). 내 이름을 모르지. 나야 무엇이 어쨌는지 (모르지). 그저 그런 거 봤지. 아, 이 이 무슨 놀이인지 모르지.

그리고 또 다른 놀이는 없습니까?

− 다른 놀이가 무슨 뭐. 조끄말 적에는 그 놀이밖에 무슨 다른 놀이 ….

음. 그럼, 할머니! 학교에서 이렇게 그 공부를 하고 시험도 봤습니까? 시험을 치렀습니까?

- 시헴이, 어느, 소핵교엔 시헴이 없엇소.

별루 없었슴둥?

 - 없엇소.

음. 음. 그러문 바당물고기::는 인제 정어리을 제일 많이 잡우셔구. 예.

 - 아, 싹 저~어리 싹 잡지. 그래무 그 저~어리 저~어리 그물에 그런 것 두 문에두 나오구. 그 이막씨나 그리 크재~인게. 문에, 문에. 오시미노끄 (осьминог). 문에. 문에 꿰348)두 문에두 나오구. 기래구 저 사~어 사~이 직금 아꿀라(акула) 아꿀라(акула) 하재? 기 사~이 잇재이? 사~어. 사~어 두 나오구. 개 골배두 이만한 게 나오지. 골배나.

골배.

 - 아하! 구물에. 저~어리 구물에. 골배두 나오구. 다른 고기두 드문드 문 나오지. 그러나 아 젠체르 맨 저~어리 저~어리 나오지. 저~어리 잡지. 고도~이도 혹시 나오. **그까 직금 영게서 그런 에따(это) 에: … 그 고기 르 잊어뿌렀어 야~. 고려말르느 고도~에지. 그 고도~에두 저~어리 그물에 들어오구. 저~어리 그물에 마이 들어오지 무시기.

그럼, 아매! 골배:~구 이 고도~이 하구 어티기 땀둥? 같재임둥?

 - 정어리 구물에 들어오지.

아니! 생긴 게 골배하구 고두~이.

 - 골배 골배느 이렇게 고도~에느 이렇게 저나 이게 고도~에 고기느 뚜 릿뚜리사오 **온치지. 거이 싹 거저 뚜릿뚜리사서349). 이거 이거 이게 배 때구 이 이런게. 이릏기 둑한 둑한 고기 고도~에. 아하. 에 잏게 그런 게. 새파란 등때기 새파란 새파아, 씨 씨니이(синий) 색이 나는 게 고도~에. 기래 큰 큰 큰 건 모지르 크지. 이막씨 이막씨 큰게 고도~에 들어오지. 아 하. 기게 살이 두껍지 그 고도~에. 이리 *뚜리뚜리서, 뚜리뚜리삻다나이까 나 살이 두껍지. 아, 원도~은 어 그거 그런 게나 우리 원동 물에느 그런 게.

- 시험이, 어느, 초등학교는 시험이 없었소.

특별히 없었습니까?

- 없었소.

음. 음. 그러면 바닷물고기는 이제 정어리를 제일 많이 잡으셨고. 예.

- 아, 싹 정어리를 싹 잡지. 그러면 그 정어리 정어리를 잡다 보면 그물에 그런 것도, 문어도 나오고. 그 이만큼씩한 그리 크지 않은 놈이. 문어, 문어. 오시미노끄(осьминог, 문어). 문어. 문어, 게도 문어도 나오고. 그리고 저 상어 상어 지금 러시아 말로 '아꿀라(акула)', '아꿀라(акула)' 하잖소? 그 상어가 있잖소? 상어. 상어도 나오고. 그래 골뱅이도 이만한 것이 나오지. 골뱅이 등이.

골뱅이.

- 아! 그물에. 정어리 그물에. 골뱅이도 나오고. 다른 고기도 드문드문 나오지. 그러나 아 전체적으로 보면 맨 정어리 정어리가 나오지. 정어리를 잡지. 고등어도 혹시 나오오. 그거 지금 여기에서 그런 음 에 … 그 고기 이름을 잊어버렸어 응. 고려말로는 고등어지. 그 고등어도 정어리 그물에 들어오고. 정어리 그물에 많이 들어오지 무엇이든.

그럼, 할머니! 골뱅이하고 고둥하고 어떻게 다릅니까? 같지 않습니까?

- 정어리 그물에 들어오지.

아니! 생긴 것이 골뱅이하고 고둥.

- 골뱅이 골뱅이는 이렇게 고등어는 이렇게 저기 … 고등어 고기는 둥글둥글하오 **하지. 거의 싹 그저 둥글둥글해서. 이거 이거 이게 배때기고 이 이런 것이. 이렇게 투실한 고기가 고등어. 음. 에 이렇게 그런 게. 새파란 등때기 새파란 새파아란, '씨니이(синий, 새파란)' 색이 나는 것이 고등어. 그래 큰 큰 건 매우 크지. 이만큼씩 이만큼씩 큰 것이, 고등어가 들어오지 응. 그것이 살이 두껍지, 그 고등어. 이리 몸통이 둥글둥글, 둥글둥글하니 살이 두껍지. 아, 원동은 그거 그런 것이나, 우리 원동 물에는 그런 게 (많았지).

그럼, 아매! 골배는?

― 가재미낭 멩태낭 기땅맥히지.

아, 멩태.

― 냐˜ 기랴구 게, 게. 다리 게 야듧개[야드깨]. 궤. 영게, 윈도˜서 떠나서 그 궤르 못 밧지. 우리 못 구거˜ 햇지. 난 난 궤 조오꼬매시직인[ĉigin] 난 게 제일 맛잇는 같습데350). 궤고기 제일 맛잇는 같습데. 영게느 영게느 그런 그런 저나 크라블르이 빨로춰까(краблньйи палочка)라 하지. 마우재덜은. 크라블르이 빨로춰까(краблньйи палочка). 이래 겇351)으느 째째빨간게352), 기래 먹어 보무 개두 궤엣내[궤엔내] 조꼼 나오. 마가신(магазин)서 그런 공리사서 파지, 영게서.

공리사에서.

― 공리사서 파지. 기래두, 아: ! 죄외꼼 게에 게 게 맛이 *잇으, 나 나오다.353) 음.

그럼, 아매! 아까 고도˜이 얘기했잖습둥? 그럼 골배, 골배는 어티기 생겼습둥?

― 골배 내 아. 골배 이룧기 요룧기 생겼소 요룧기. **영태느354) 뽀오족한 게. 영게느 뽀오족한 게. 이룧기. 아, 자 한국에 골배 없소? 없습둥?

머 있겠는데, 근데 아매가 말씀하시는 골배:를 그게 어티기 생겼는지 잘 예 생각이 잘 생각히우재꾸마.

― 그 이 그 끝에 나가서는 뽀오족하구 이룧기 이룧기 이룧기 생겟지. 이룧기 생겟지.

예.

― 아하! 그래 그거 그거 살아시적에느 거저 못 끄서내지. **산고라[상꼬라](←삶고라) 그 고기르 끄서내지. 아하! 가매애 삶구라새[삼꾸라새] 그 고기르 끄서내지. 아하. '삶기[삼끼] 전에느 못 끄서내지.

아! 그렇지.

그럼, 할머니! 골뱅이는?

― 가자미랑 명태랑 기가 막히지.

아, 명태.

― 응, 그리고 게, 게. 게는 다리가 여덟 개. 게. 여기서는, 원동을 떠나서는 그 게를 못 봤지. 우리는 구경을 못 했지. 난 난 게 조끄맸을 적엔 게가 제일 맛있는 것 같데. 게살이 제일 맛있는 것 같데. 여기는 여기는 그런 그런 저기 … '크라블르이 빨로취까(крабльыи палочка, 게맛살)'라 하지, 러시아 사람들은. '크라블르이 빨로취까(крабльыи палочка)'. 이렇게 겉은 새빨간 것이 그래 먹어 보면 그래도 게 내는 조끔 나오. 상점에서 그런 상점에서 팔지, 여기서.

상점에서.

― 상점에서 팔지. 그래도, 아! 조끔 게의 게 게 맛이 있, 게 맛이 납니다, 음.

그럼, 할머니! 아까 고등어 이야기를 했잖습니까? 그럼 골뱅이, 골뱅이는 어떻게 생겼습니까?

― 골뱅이 내 아. 골뱅이가 이렇게 요렇게 생겼소 요렇게. 여기는 뾰족한 게. 여기는 뾰족한 게, 이렇게. 아, 저 한국에는 골뱅이가 없소? 없습니까?

뭐 있기는 있겠는데, 그런데 할머니가 말씀하시는 골뱅이 그것이 어떻게 생겼는지 잘 예 생각이 잘 나지 않습니다.

― 그게 이 그 끝에 나가서는 뾰족하고 이렇게 이렇게 이렇게 생겼지. 이렇게 생겼지.

예.

― 아! 그래 그것은 살아 있을 적에는 그저 못 꺼내지(끄집어 내지). 삶고야 그 고기를 끄집어 내지. 아, 솥에 삶고서야 그 고기를 끄집어 내지. 음. 삶기 전에는 못 끄집어 내지.

아! 그렇지.

— 으흠. 기래구 원도˜ 이시 **적에저 어 골배 고기두 맛잇지. 문에 고기두 맛잇지, 케 고기두 맛잇지. 케고기. 아아! 개래 그래 원도˜스적인[쩌긴] 그런 거 그런 저나 (혀 차는 소리) …. 소, 소˜에랑 민물에 잇지, 다(да)?

그렇지.

— 소˜에 소˜에 연에요 소˜에요 민물에 잇지.

예, 그렇습지.

— 강물에 없지 소˜에. 내 그거 으 저나 따우짐355) 가스356) 젝이 내 그런 거 밧지. 원도˜ 고려 고려초이 이림이 따우짐이라구 그런게지. 갠데 물이 그 그릏기 민물이 네레가지. 기래˜이께 소에들이 소에구 연에구 이런게. 그런 낚실르 아이 잡구 뭇을르357) 찍어 잡데. 뭇을르 잡숩데. 내 밧소. 내 밧소.

이렇기 탁 띡어서.

— 아하! 물이, 물이 거저 민물이 그릏기 영 또 이런 게 크지. 물이. 걔 그 물이 소˜에구 연에구 갠데 무슬르 싹 찍어. 낚실르 아이 잡구 싹 무슬르 찍어.

'무스'?

— 뭇을르.

'무스'가 뭠둥?

— 아, 뭇을르 탁 이렇기 이래지.

러시아 말임둥? '무스'?

— 노시아 노시말으느. **하와 노시아말르느 무시긴가. 노시아말르 *개서, 고려말르 뭇이지. 아 노시아말으느.

고려말르 뭐라고요?

— 고려 고려말르 뭇이.

무스.

— 뭇을르 확 *찍이지. 확 *찍이지. 다(да), 뭇을르.

― 음. 그리고 원도에 있을 적에는 어 골뱅이 고기도 맛있지. 문어 고기도 맛있지, 게살도 맛있지. 게살도. 아아! 그래 원동에 있을 적에는 그런 거 그런 저기 … (혀 차는 소리) …. 소, 송어랑 민물에 있지, 응?

그렇지.

― 송어, 송어, 연어요 송어요 민물에 있지.

예, 그렇지요.

― 강물에 없지 송어. 내가 그거 음 저기 … 따우짐에 갔을 적에 그런 거 내가 봤지. 원동 고려 고려촌(韓人村)의 이름이 '따우짐'이라고 그런 게 있어. 그런데 물이 그렇게 (맑은) 민물이 내려가지. 그러니까 송어들이, 송어고 연어고 이런 것이 있지. 그런 낚시로 안 잡고 뭇(=작살)으로 찍어서 잡데. 뭇으로 잡데. 내가 보았소. 내가 보았소.

이렇게 탁 찍어서.

― 아! 물이 그저 민물이 그렇게 아주 (맑고) 또 이런 게(강이) 크지. 물이. 그래 그 물에 송어고 연어고 많은데 그런데 뭇(=작살)로 싹 찍어. 낚시로 안 잡고 싹 뭇으로 고기를 찍어.

'무스'?

― 작살로.

'무스'가 무엇입니까?358)

― 아, 작살로 탁 이렇게 이러지.

러시아 말입니까? '무스'라는 것은?

― 러시아 러시아 말은…. 러시아 말로는 무엇인가? 러시아 말로 해서, 고려말로 '뭇'이지. 아, 러시아 말은….

고려말로 무엇이라고요?

― 고려 고려말로 '뭇'이.

무스.

― 작살로 확 찍지. 확 찍지. 응, 작살로.

(혼잣말로) 무시가 뭐까? 음 작 작살 같은 건데.

지다만 그 잘기에 요기 뾰족한 세로?

— 냐˘ 냐˘. 이 이릏기 기래구 이릏기 이릏기 저나 무시 이릏기 하구서 영게 이릏기 이릏기 생갯습데, 뭇이. 기래이게 칵 찍으무 잉게 걸케서 뻿어지지 말라구. 그릏기 햇습데, 뭇으 내 밧소. 그전에 내 쪼오꼬말 적에.

그걸 뭇이라구 함둥?

— 아하! 무시.

그게 마우재말이 아이까?

— 뭇이. 마우재말이 아이오. 고려말이오. 뭇이.

그럼 곰 같은 것두 있었슴둥? 곰:.

— 내사 못 밧지. 누(ну)! 산에 잇다는 소리 들엇지. 보 **보지사는 못햇지.

그럼 아매가 보신 그 산즘승은 무엇이 있었슴둥? 나호드까 사실 적에?

— 나호드까(Находка) 살 적이 혹시 그런 거 잡아온거 밧:갯지. 맷돼지르. 맷돼지.

멧도티.

— 멧도치, 다(да), 멧도치.

그럼, 집즘승은 뭐가 있었슴둥?

— 집즘시:˘359) 대애지 잇구 닭이[다기] 잇구 그저 개두 잇구. 누(ну)! 고렷사름이 원동서 그것밲이 더 무시기.

산즘승은 뭐 범:이나 여끼나 승냬:나······.

— 여 여끼360)나 승냐˘이나 그런게사 밧지.

아! 봤슴둥?

— 여끼르 밧지. 승냐˘이두 밧지.

무섭게 생겼슴둥?

— 여끼느 한 번으 우리 허재인(хозяин)두 한 번 잡앗지.

누가 잡았다구?

(혼잣말로) '뭇'이 무엇일까? 음 작살 같은 것인데.

기다란 그 자루에 요기를 뾰족한 쇠로 만든 것입니까?

— 응, 응 이렇게 이렇게 저기 … 뭇(작살)을 이렇게 하고서 여기에 이렇게, 이렇게 생겼는데, 뭇이. 그러니까 콱 찍으면 여기에(=미늘) 걸려서 빠지지 말라고. 그렇게 했데, 뭇을. 내가 봤소. 그전에 내가 쪼끄말 적에.

그것을 무엇이라고 합니까?

— 아! '뭇'(작살).

그것이 러시아어가 아닐까?

— '뭇'. 러시아 말이 아니오. 고려말이오. '뭇'은.

그럼 원동에는 곰 같은 것도 있었습니까? 곰.

— 나야 못 봤지. 음, 산에 있다는 소리는 들었지. 보지는 못 했지.

그러면 할머니가 보신 그 산짐승은 무엇이 있었습니까? 나홋카 사실 때?

— 나홋카 살 적에 혹시 그런 거 잡아온 거 봤겠지. 멧돼지를. 멧돼지를.

멧돼지.

— 멧돼지, 응, 멧돼지.

그럼, 집짐승은 뭐가 있었습니까?

— 집짐승이 돼지가 있고 닭이 있고 그저 개도 있고. 아! 고렷사람이 원동에서 (기른 것이) 그것밖에 더 무엇이 ….

산짐승은 뭐 범:이나 여우나 승냥이나…….

— 여우나 승냥이나 그런 것이야 봤지.

아! 봤습니까?

— 여우를 봤지. 승냥이도 봤지.

무섭게 생겼습니까?

— 여우는 한 번은 우리 남편도 한 번 잡았지.

누가 잡았다고?

- 우리 내 내 남편.

호새비361)?

- 내 남펴이, 내 남 남편. 내 내 남편. 그거 우리 저: 우슈토베 그 우리 우리 *허(←허재인) 내 우리 *허생이 우리 쒜인인데 내 시 시집와서. 네 해르 네 해르 꼬호즈서 살아밧지. 꼬호즈 고려말르 미시긴가?

꼴호즈라구.

- 꼴호즈 꼴호즈서 네 해르 살아밧지. 네 해르 살아바두 난 일은 아이 햇지. 할럴으 다 일은 나가 아이 햇지. 그래 그 산에 산에 산에 *허(←허재인) 우리 쒜엔이 산에 그 꼬호즈 산 산에다 산 채밀으 수무재오? 채밀으. 채밀으 산에다 수무재오. 기램 그 채밀으 가슬에 저나 싹 가슬하구서리 거기다 씨 까무 씨르 채밀 씨르 몇 십에 톤으 이래 쿠게 쿠게 집우 져엇지. 거기다 채밀 씨르 가뜩 거더 옇지, 그 안에다. 걔 봄에 나가 또 시무지362). 가슬에두 수무구. 가슬에두 수무구. 그래 경게 가서 채밀 씨르 지켓지. 기래구 기래구 사름 사는 또 집이 한내 잇지 음. 그럴 적이 산에 가서 그런 거 여끄 잡아 여끼 잡아왓어. 여끼 잡아 그래 껍데기 벳게서 그래 그건 여끼 잡은 거 내 밧지. 승냥이두 와서 댕기지 으음. 승냥이 댕기우. 잏기 산 산으르 그 그 우리 사느 경게 말구 산으르 그 그런 거 저나 사여~ 여끼사여~이나 *가무나 가무 승내덜 댕기는 게 잇지. 음 잡준 못햇지.

그게 집에 네려와서 무슨 즘승을 잡 잡아가거나 하는 일은 없었슴둥?

- 없습짐363).

머 도투새끼르 잡아가거나 머 닭으 물어가거나….

- 네엔(нет)! 우리 우리 경게선 우리 허재인(хозяин) 저 우리 남제가364) 둘이 잇다나 거기느 집에 저런 즘시~덜 한나투 없엇지. 그저 사름만 우리 두울이 그 채밀 씨르 지 지켓지. 채밀 씨르.

그렇습지.

— 우리 내 남편.

'호새비'?

— 내 남편이, 내 남편. 내 남편. 그거 우리 저 우슈토베 그 우리 우리 남 내 우리 남편이 우리 주인(=남편)인데 내 시 시집와서. 네 해를 네 해를 꼴호스에서 살아 봤지. 꼴호스, 고려말로 '콜호스'를 무엇이라 하는가?

'콜호스'라고 하지요.

— 콜호스 콜호스에서 네 해를 살아 봤지. 네 해를 살아 봐도 난 일은 안 해 봤지. 하루를 다 일을 안 했지. 그래 그 산에 산에 산에 남(편) 우리 남편이, 그 콜호스 산 산에다 밀을 심잖소? 밀을. 밀을 산에 심잖소. 그럼 그 밀을 가을에 저기 … 싹 가을하고서 거기다 씨, 탈곡하면(?), 씨를 밀 씨를 몇 십 톤을 저장할 수 있는 집을 크게 크게 지었지. 거기다 밀 씨를 가뜩 거두어 넣지. 그 안에다. 그래 봄에 나가 또 심지. 가을에도 심고. 가을에도 심고. 그래 거기에 가서 밀 씨를 지켰지. 그리고 사람 사는 집이 한 채가 있었지 음. 그럴 적에 산에 가서 그런 거 여우을 잡아, 여우를 잡아 왔어. 그래 가죽을 벗겨서, 그래 여우 잡은 것을 내가 보았지. 승냥이도 와서 다니지 음. 승냥이가 다니오. 이렇게 산 산으로 그 그 우리 사는 거기에 말고 그 산으로 그 그런 거 저기 … 사냥, 여우 사냥이나 가면 승냥이가 다니는 것을 볼 수 있지. 음, 잡지는 못했지.

그게 집에 내려와서 무슨 짐승을 잡아가거나 하는 일은 없었습니까?

— 없지요, 뭐.

뭐 돼지새끼를 잡아가거나 뭐 닭을 물어가거나….

— 아니! 우리 우리가 거기선 우리 남편 저 우리 남편과 내가 둘이 있다 보니 거기는 집에 저런 짐승들이 하나도 없었지. 그저 사람만 우리 둘이 그 밀 씨를 지켰지. 밀 씨를.

그렇지요.

─ 꼬호즈 꼬호즈 채밀 씨르 *지이 그거. *싼 큰집에다 옇는 거 그거 집
우 지켯지. 기래메시리 경게서 우리 둘이 살앗댓지. 한 해 한 해 동삼우.

　**그렇습지. 음. 그럼 원동에서 아매 그:: 멩실날은 무스거 했습둥? 어티기
뭘 해 잡수셨습둥?**

　─ 멩실365)날에 직금은 우 우리 할미라나 이시적에 내 그 적이 할미 이
시적이 내 조오꼬맷댓지. 개래 무슨 어떤 때 무슨 기림인두366) 무스 그
적 조오꼬마시 때 몰랏지. 어떤 때무 여러 가지 쌀으 옇더문. 무슨 아하
입쌀367)이구 무슨 조이쌀이구 무슨 무슨 쵸368) 에따(это) 새까만 찰369)
찰이 새까만 찰두 잇더구만, 냐. 있어? 경게도 잇슴370)? 내지?

　네.

　─ *새371), 검정 찰두 잇구 샛노란 찰두 잇구.

　음.

　─ 아, 그래 무스 밥시끼372)구 무시기구 무스 여러 가질 해서 그거 무
슨 날인지 여러 가지 밥우 해 먹습덤. 다스 다슷가지 밥이 아마. 기게 무
슨 날이우?

　보름날. 정월보름날.

　─ 정월 보름날? 오 오각가지 밥우 한다, 다(да)?

　오각밥이라구.

　─ 오각밥이373).

　저두 들었습구마. 따시껜뜨에서. 오각밥이라구.

　─ 오각밥이라구. 다슷가지 다슷가지 싹 옇어서.

　무스거 무스거 다슷 가지를 넣었습둥?

　─ 아, 에떠(это) 그런 거. 내 원동서 ….

　뭐 지재~이두 놓구:

　─ 지재~이두 놓구:.

　조이 놓구.

― 콜호스 콜호스 밀 씨를 지켰지 그거. 밀을 넣어 저장하는 큰 집, 그 집을 지켰지. 그러면서 거기에서 우리 둘이 살았지. 한 해, 한 해 겨울을.

그렇지요. 음. 그럼 원동에서 할머니! 그 명절날은 무엇을 했습니까? 어떻게 뭘 해 잡수셨습니까?

― 명절날에, 지금은, 우 우리 할머니가 있을 적에 내 그 적에 할머니가 있을 적에 내가 쪼끄맸었지. 그래 무슨 어떤 때 무슨 기념인지 무슨 그 때 조끄맸을 적에 몰랐지. 어떤 때면 여러 가지 쌀을 넣더구면. 무슨 아 입쌀이고 무슨 좁쌀이고 무슨 음 새까만 차진 쌀(차좁쌀), 새까만 차좁쌀도 있더구면, 응. 있어? 거기 한국에도 있어? 본국에도?

네.

― 검정 좁쌀도 있고 샛노란 좁쌀도 있고.

음.

― 아, 그래 무슨 수수고 무엇이고 뭐 여러 가지를 해서 그 무슨 날인지 여러 가지 밥을 해 먹더구면. 다섯, 다섯 가지 밥이지 아마. 그게 무슨 날이오?

보름날, 정월 보름날.

― 정월 보름날? 오 오곡밥을 한다지, 응?

오곡밥이라고.

― 오곡밥.

저도 들었습니다. 타슈켄트에서. 오곡밥이라고.

― 오곡밥이라고. 다섯 가지를 다섯 가지를 싹 넣어서.

무엇 무엇 다섯 가지를 넣었습니까?

― 아, 음 그런 거. 내 원동에서 ….

뭐 기장도 놓고:

― 기장도 놓고.

조도 놓고.

- 조이 놓구. 검정지재~이두 놓구.

검정지재~이 넣구.

- 차입쌀두 옇구 거저 입쌀두 옇구.

거저 입쌀, 그렇지 입쌀르. 차입쌀두 옇구. 아아:. 그래구 그:: 뭐 설날이나, 설날에는 무스거 했슴둥? 설날? 너브이 고드(Новый год).

- 너버이 고드(Новый год). 너버이 고드(Новый год). 그전에느 그런 거 무슨 시리374)떡두 해애 먹구 기랫지. 아, 직금 너브이 고드(Новый год)느 마우재처름 밴새375)르 싹 해 먹지.

아, 밴새르.

- 배 밴새르. 메츨 *앞어서느 놓구서리 싹으 싹으 얼 얼구 얼구지376). 헐러지니 헐러지니꺼(холодильник) 아이래두 껄 껄리또리(коридор)에다 놓우무 칩어서 싹 얼지. 긔래무 밴새두 해애 먹구. 노시아. 지 직금 다 다 쑤루377) 노브이 고드(Новый год)느 마우재처름 밴새르 해 먹지. (웃음) 기래구 재빌루 그럴 적이느 저런 차 차입쌀밥이두 해애 먹구. 기래구 무스 기래구 회두[hödu] 잇구 해 먹으문서.

회? 무스거 회이까?

- 나는 그 회르 원도~서 원도~서부터 조오꼬말 적부터 어째 나는 회르 입에다 아이 옇지. 지금두 아이 먹지. 그거 새 생고길르, 회르 생고길르 하지. 쇠고기.

다(да), 다(да).

- 으흠. 쇠고길르두 하구. 저 물고길르두 하구. 음. 쇠고길르. 여기서 다쑤루 쇠고길르 하오. 쇠고길르.

회르?

- 아하! 웨엔378) 뒷달개 고기, 그런 거 그런 게 한나투 없는 거 맨 그런 맨 검정살379)르서리. 그래 쇠 쇠고기 회르 다쑤루 옇게서 하구. 음. 군일380)이무, 군일이.

― 조를 넣고. 검정 기장도 넣고.

검정기장도 넣고.

― 찹쌀도 넣고 그저 입쌀도 넣고.

그저 입쌀, 그렇지 입쌀로. 찹쌀도 넣고. 아아. 그리고 그 뭐 설날이나, 설날에는 무엇을 했습니까? 설날? 설날?

― 새해. 새해. 그전에는 그런 거 무슨 시루떡도 해 먹고 그랬지. 아, 지금 새해는 러시아 사람처럼 밴새를 싹 해 먹지.

아, 밴새를.

― 배 밴새를 (해 먹지). 며칠 앞두고서 놓고서(?) 싹을, 싹을 얼리, 얼리지. 냉장고가 아니래도 현관에다 놓으면 추워서 싹 얼지. 그러면 밴새도 해 먹고. 러시아. 지, 지금 다 대부분 새해에는 러시아 사람처럼 밴새를 해 먹지. (웃음) 그리고 자기 고려식으로 해 먹을 때는 저런 찹쌀밥도 해 먹고. 그리고 뭐 그리고 회(膾)도 있고 해 먹고.

회(膾)? 무슨 회일까?

― 나는 그 회를 원동에서 원동에서부터 조끄말 적부터 어째 나는 회를 입에다 안 넣지. 지금도 안 먹지. 그거 날고기로, 회를 날고기로 하지. 쇠고기.

네, 네.

― 음. 쇠고기로도 하고. 저 물고기로도 하고. 음. 쇠고기로. 여기서는 대부분 쇠고기로 하오. 쇠고기로.

회를?

― 아! 맨 '뒷달개 고기(?)', 그런 거 그런 것이 하나도 없는 거. 맨 그런 맨 살코기로써. 그래 쇠고기 회를 대부분 여기서 하고. 음. 큰일[大事]이 있으면, 큰일이 있으면.

군일에.

– 다(да), 군일. 무슨 혼세나 무슨 한갑[항갑]이나 무시기 그저 군일이
무 여러 가지 회르 하지. 그 기래구 그런 에따(это) 기게 미시기오? 쇠 안
찝은 그것두 쇠 안찝은 싹 삶아서 검줄하지381). 삶아서. 아, 생거느 물고
기가 쇠고기르 새 생 생 메아서느 그렇기 하지. 욱수수(уксус)는 욱수수(у
ксус)다 쳐서 그렇기 하지. 아, 그런 거느 쇠고기 그런 안찝이랑 싹 그거
느 삶아서 삶아서 하지. 기래구 달 닭이 그런 거 닭이 에 저나 또줴(тож
е) 닭이 안찝 잇재오? 고거 싹 그거 그전에는 그전 해는 없었어. 영게서
싸재두382) 싸 먹재두 없어서 못 싸먹엇지. 기랜게 올헤느[óreɲi] 올헤느
[óreɲi] 저거 드문드문 파는 게 잇단 말이. 난 차암 난 그게 그룷기 소원
이지 나두. 그룷기 그룷기 소원이. 아 기랜게 싸재두 *없엇담둥 없다는,
없엇소. 겐게 올헤[óre] 올헤[óre] 차암 에따(это) 검줄 아이 한 거. 거저
이래 쏙쏙 빼서 거저 빼서 그래 얼거서 저나 실어온 거. 그거 개 올헤 올
헤느 *게게 저 드문드문 잇어. 그전에는 싸 싸 사먹재두 없엇댔어.

그게 아매! 안찝이라구 하는 게 막뒤르 말함둥? 똥집이나?

– 똥집이!

똥집이지.

– 똥집이 기게 기게 저 그 에따(это) 닭이게, 닭으게. 그 오리게랑 못
쓰갯어. 그건 검줄아이해지지. 그저 닭이 게 제일 흟지383). 닭이게 제일
좋지.

그럼, 아매! 인제 설날에는 시르떡두 해 먹구 밴세두 해 먹구.

– 개 기래구 오구랑떡384)은 어느 때 해먹는가? 우리 오구랑떡두 해먹
엇지.

아! 나호드까에서?

– 나호드까에서두 그러구 잉게서두 그래지.

잉게서두?

군일에.

- 응 큰일. 무슨 혼사나 무슨 환갑이나 그저 큰일이 있으면 여러 가지 회를 하지. 그 그리고 그런 음 그게 무엇이오? 소 내장은 그것도 소 내장은 싹 삶아서 깨끗하게 하지. 삶아서. 아, 생것은 물고기와 쇠고기를 생것을 무쳐서는 그렇게 하지. 식초는, 식초에다 쳐서 그렇게 하지. 아, 그런 것은 쇠고기 그런 내장이랑 싹 그런 것은 삶아서 하지. 그리고 닭 그런 것은 닭 에 저기 … 역시 닭의 안찝이 있잖소? 고거 그거 그전에는 그전 해에는 없었어. 여기서 사려고 해도, 사 먹자고 해도 없어서 못 사 먹었지. 그런데 올해는, 올해는 드문드문 파는 것이 있단 말이오. 난 처음 난 그것이 그렇게 먹기 소원이었지. 나도. 그렇게 소원을 했지. 아, 그런데 사려고 해도 없었단 말이오, 없었소. 그러던 것이 올해, 올해 처음 다듬어 씻지 아니한 거. 그저 이렇게 쏙쏙 빼서 그저 빼서 그래 얼려서 저기 … 실어온 것. 그거 올해, 그전에는 (없었는데), 드문드문 있어. 그전에는 사 먹으려 해도 없었어.

그거 할머니! '안찝'이라고 하는 것이 '위'를 말하는 것입니까? 혹은 똥집이나?

- 똥집!

똥집이지.

- 똥집이 그게 그게 저 거 그 음 닭의 것, 닭의 것. 그 오리의 것은 못 쓰겠어. 그건 깨끗이 다듬어지지 않지. 그저 닭의 것이 다듬기 제일 쉽지. 닭의 것이 제일 좋지.

그럼, 할머니! 이제 설날에는 시루떡도 해 먹고 밴세도 해 먹고.

- 그래 그리고 오구랑떡은 어느 때 해 먹는가? 우리 오구랑떡도 해 먹었지.

아! 나홋카에서?

- 나홋카에서도 그러고 여기에서도 그래지.

여기서도?

- 잉게서두. 어느 날이무 오구랑떡 해 먹? (웃음)

섣달 동지 아닐까? 동짓날 오구랑떡을 해 먹는 게 아임둥?

- 그저 무스 어느 어느 멩슬[385)인두 멩슬이무 또 저 그런 거 오구랑떡으

동짓날이라구.

- 음, 오그랑떡 해먹느라: 또 기랬지.

그 오구랑떡은 무스걸르 맨들었으까요?

- 오구랑떡으두 저나 그런 거. 갈그, 입쌀 갈그, 입쌀 그거 입쌀갈게다, 그건 차 찹입쌀[386) 조끔 섞지. 맛이 잇으라구. 기래 조끔 섞어서 그거 갈그 내애서 그 담에 저나 야악간 이릏기 그런 따갑운[387) 물에 잉머리[388) 해서 그래 데게 데게 이게야 하지. 기래 요래 비베서 꼭꼭 눌러서 오구랑떡이[389).

잉기 또옹그랗게 새알처럼?

- 그래 이래 이래 누(Hy) 새알처름 해애두 일없구. 잉게서는 요리 꼭 눌러서. 요래 **했잖아.

어디르?

- 누(Hy) 요 또리또리산 데 요래서.

한가운데르.

- 아하, 이래서 하지.[390) 그래서두 해애 먹지.

그러니까 거기다 머 패끼느 아이 옇슴둥?

- 패끼르 옇어나 열코오 옇어나.

아아, 패끼르.

- 꼭 옇어야 하지. 맨 그거 아이 데지. 패끼 패끼두 옇지.

그게 오구램둥?

- 기게 오구래.

오그랑떡임둥? 오그램둥?

- 여기서도. 어느 날이면 오구랑떡을 해 먹소? (웃음)

섣달 동지 아닐까? 동짓날 오구랑떡을 해 먹는 것이 아닙니까?

　- 그저 무슨 어느 어느 명절인지 명절이면 또 저 그런 거 오구랑떡을 해 먹지.

동짓날이라고.

　- 음, 오구랑떡을 해 먹노라 또 그랬지.

그 오구랑떡은 무엇으로 만들었을까요?

　- '오구랑떡'도 저기 … 그런 거. 가루를, 입쌀 가루를, 입쌀 그 입쌀 가루에다 찹쌀을 조끔 섞지. 맛이 있으라고. 그렇게 조끔 섞어서 그거 가루를 내서 그다음에 저기 … 약간 이렇게 뜨거운 물에 익반죽을 해서 그래 되게 되게 이겨야 하지. 그래 요렇게 비벼서 꼭꼭 눌러서 오구랑떡이 되지.

이렇게 똥그랗게 새알처럼?

　- 그래 이렇게 이렇게 음 새알처럼 해도 괜찮고. 여기서는 요리 꼭 눌러서. 요렇게 **했잖아.

어디를?

　- 음. 요 동글동글한 데를 요렇게 해서.

한가운데를.

　- 아! 이래서 하지. 그래서도 해 먹지.

그러니까 거기다 뭐 팥은 안 넣습니까?

　- 팥을 넣거나 강낭콩을 넣거나 하지.

아, 팥을.

　- 꼭 넣어야 하지. 맨 그것(새알심)으로만 하면 안 되지. 팥 팥도 넣지.

그것이 '오구랑'(새알심)입니까?

　- 그것이 '오구래'(새알심).

'오구랑떡'이라 합니까? '오구래'라 합니까?

– 오그랑떡이지. 누(ну)! 오그랑죽이. 오그랑죽이.

열콩이나 팥을루.

– 패끼 옇어나 열코˘오 옇어나. 패끼 없으무 열코˘오 옇구.

그렇지.

음. 그러면은 어티기 하는 검둥? 아매. 먼저:: 패끼나 열콩을 물에다 넣어서 끓임둥?

– 다아 끓에야지. 다아 끓이구 다아 끓이구 그담에 마감에 이거 옇지.

오구래르 옇지 마감에.

– 그 열코˘이나 잘 익히야 하지. 패끼나. 일리(или) 패끼나 열코˘이나 잘 익히야 하지. 다아 자알 익은 연에391) 그담에 그거 오구래르 요래 장물에다 널도맥애다 해 낳˘다서 그 담에 그거 ….

그러면은 삼월삼진날::에느 무스거 했슴둥?

– 삼월?

삼짇날.

– 삼짇날이 무시긴가?

음력으르 삼월 삼일. 삼월 초사흗날.

– 아, 그건 모르지.

아, 모름둥?

– 모르. 그저 저나 여자덜 해 해방 찾는 여자덜 기럼이나 아지. 삼월 팔일. 삼월 팔일.

삼월 팔일.

– 누(ну)! 삼월팔일.

여자해방일.

– 누(ну)! 여자해방일. 여자해방인 거 여자해방일 기럼에 올헤 이릏기 싹 이 모다서 모다서 노지. 삼월 팔일. 올헤두 놀앗지. 해마당 이렇

— '오그랑떡'이지. 음! '오그랑죽'(팥죽). 팥죽.

강낭콩이나 팥으로.

— 팥을 넣거나 강낭콩을 넣거나. 팥이 없으면 강낭콩을 넣고.

그렇지.

그러면 어떻게 하는 것입니까? 할머니. 먼저 팥이나 강낭콩을 물에다 넣어서 끓입니까?

— 다 끓여야지. 다 끓이고, 다 끓이고 난 그다음에 마지막에 이것(새알심)을 넣지.

새알심을 넣지 마지막에.

— 그 강낭콩 등을 잘 익혀야 하지. 팥이나. 혹은 팥이나 강낭콩을 잘 익혀야 하지. 다 잘 익은 연후에 그거 새알심을 요렇게 국에다 널 토막에다 미리 해 놓았다가 그다음에 그것을 넣지.

그러면 삼월삼짇날에는 무엇을 했습니까?

— 삼월?

삼짇날.

— 삼짇날이라는 것이 무엇인가?

음력으로 삼 월 삼 일. 삼 월 초사흗날.

— 아, 그건 모르지.

아 모릅니까?

— 모르. 그거 저기 … 여자들이 해방을 찾는, 여자들이 쇠는 기념일이나 알지. 삼월 팔일. 삼월 팔일.

삼월 팔일.

— 음! 삼월 팔일.

여자 해방일.

— 음! 여자 해방일. 여자가 해방이 된 거 여자 해방 기념일에 올해 이렇게 싹 이 모여서 모여서 놀지. 삼월 팔일. 올해도 놀았지. 해마다 이렇

기 저 스똘로브이(столовая)나 이래 까페(кафе)[392]나 가서.

스똘로보이(столовая).

– 스똘로보이(столовая) 일리(или) 까페(кафе)나 가서. 모다서. 음. 우리네 올헤 노인단이 저 싹 이릏기 해마다. 노인단에. 기래구서르 오월단오두 올헤느 해마다 우리 쇠지. 삼월 팔일이구 오월 단오구 그 해마다 우리. 올해 올해두 정::게 우슈또베(Уш-тобе) 가는데 악또부스(автобус) 앉아서 그거 까라딸(Каратал)[393] 역[394]에 가서 딸듸꾸르간(Талдыкорган), 까라불라ㄲ(Карабулак), 쩨에낄리(Текели)[395], 우슈토베(Уш-тобе) 이래 오지, 전국에서 싹 다. 오월 단오문. 기램 겡게 가서 가매나 그 가스 가스 가스 발로(баллон)낭 가져가구 가매나 가져가. 뿔로(плов), 마우재 임석[396]은 쁠로브(плов)두 해:먹구.[397] 기래 재비 그런 데 갈 적인 재빌르 싹 가져가지. 음석으 기래 겡게 가서는 그저 쁠로브 쁠로브(плов) 먀싸(мясо)르 가지구 가서 거저 그저 거기서 쁠로브(плов)르. 아, 먹을 거두 해앰이구 수울이구 싹 재빌르 가지구 가지. 숱한 사름이 싹 다 가지구 가지.

그렇구나.

– 으흠. 그래 오월 단오 보니 해마당 그렇기 쇠지. 오월 단오. 다른 사름두 머 다른 사름두 그렇기 새갯지[398]. 우리 노인단이 그렇기 새. 노인단이 해마다.

그럼 아매! 그:: 나호드까에서는 오월 단이 때는 무스거 했으까?

– 아, 그 적이무 그 적이 내 조오꼬맣다나이 무슨 헤암이 들었어[399]? 오월 단오구 그거 나느 몰, 나는 몰랐지. 몰랐지.

그 굴기 같은 거 매구서.

– 구 굴기[400] 떼엣지[401]. 굴기사 떼엣지. 원동있으 적에두 그것두.

그거 어터기 맨들었슴둥?

– 기래구 널두 띠구. 널두 띠구. 저 우리 오월 단오느 그전에 우리 ** 효세˜이느 내 줴엔만 있으적에는 우리 싹 가문 나 낭기 큰낭기 이릏기 어

게 저 식당이나 이렇게 카페나 가서.

식당.

— 식당 또는 카페에 가서. 모여서. 음. 우리네 올해 노인단이 저 싹 이렇게 해마다. 노인단에. 그리고서 오월 단오도 올해는, 해마다 우리 쇠지. 삼월 팔일이고 오월 단오고 해마다 우리 그 날을 쇠지. 올해 올해도 저기에 우슈토베 가는 곳에 있는, 버스를 타고, 그 카라탈 근처에 가서 (쇠었지). 탈디쿠르간, 카라블라크, 체킬리, 우슈토베에서 이렇게 오지. 전국에서 싹 다. 오월 단오면. 그러면 거기에 가서 솥이나 그 가스 가스 가스 가스통을 가져가고 솥이나 가져가. 쁠로프(기름밥), 러시아 사람 음식인 쁠로프도 해 먹고. 그래 자기가 그런 데 갈 적에는 자기가 싹 가져가지. 음식을. 그래 거기에 가서는 그거 쁠로프 쁠로프, 고기를 가지고 가서 그저 거기서 쁠로프를 해 먹지. 아, 먹을 것도 반찬이고 술이고 싹 스스로 가지고 가지. 숱한 사람이 싹 다 가지고 가지.

그렇구나.

— 음. 그래 오월 단오를 해마다 그렇게 쇠지. 오월 단오를. 다른 사람도 뭐 다른 사람도 그렇게 쇠겠지. 우리 노인단이 그렇게 쇠어. 노인단이 해마다.

그럼 할머니! 그 나홋카에서는 오월 단오 때는 무엇을 했을까?

— 아, 그 적이면 그 적에 내 조끄맣다 보니 무슨 철이 들었어? 오월 단오고 그거 나는 몰, 나는 몰랐지. 몰랐지.

그 그네 같은 것을 매고서.

— 그 그네를 뛰었지. 그네야 뛰었지. 원동에 있을 적에도 그것도.

그거 어떻게 만들었습니까?

— 그리고 널도 뛰고. 널도 뛰고. 저 우리 오월 단오는 그전에 우리 남편은, 내 남편만 있을 적에는 우리가 싹 가면 나무 큰 나무가 이렇게 어

떤 거느 이룽기 이룽기 아치402) 이룽기 나가지 두 칸 아치. 기래 경게 바아 가지구 가서 경게다가서 굴기르 매구. 굴기 펫지. 굴기두 띠구. 원도~ 있으적에느[쩌게느] 널으 펫지. 새애가덜이 널으 띠지. 오 오얼 단오나 그런 그런 멩실이무 널으. 널띠기두 하구 굴기두 띠구 그랫댓지. 오얼 단오느 우리 해마다 세지. 해마다 그양 세지. 그 고려 고려 고려 깔린다르(календарь) 깔린다르(календарь) 주지. 우리네르. 해마다 해마다.

어디서 줌둥? 어드메서?

― 모르지. 저어 저 알마따 어 하 한국에서 온 내지서 온 사름덜이 그 가져, 맨들어 주는둥 어찐둥403) 모르지. **어쨋스던 알마따서 가져오지. 깔린다르(календарь) 해마다~ 해마다 어 우리 정월달이무 우리 싹 가지지. 저 보리실라 바실리쩨(Борис Васильевич) 그 싹 다 주지 우리르. 으음. 가져다가 우리네 싹 다 농가404)주지. 노인단 사름덜 싹 농가주지. 그렇다나이 해마다 그거 타지. 음.

아 그러면은, 그러면은 에 여 잉게 와서두 그 굴기르 뒈엤슴 뛌슴둥?

― 뛰재얬구! 노인단 이 저 오월단오 가무 저엉게 까라딸((Каратал)역 물역405)으르 가무 그 나 낭기덜이 가뜩 섯지. 걔 그 낭게다 에 경게 가서 오월단오르 올해도 새앳디.

예, 새앴슴, 세엤슴둥?406)

― 음. 네 굳에서 온 게. 이 딸듸꾸르간(Талдыкорган)이구 까라불라그(Карабулак) 쩨에낄리(Текели)구 우슈토베(Уш-тобе) 사름덜이. 기래 압또부스(автобус)에 모도 실어오지. 아하, 푸~우407) 크다 지다::만 거 페구서 경게 *싸 앉지. (웃음)

(웃음) 재믰갯습구마.

― 재믿재이.

― 걔 술 걔래 그 무스 영게서는 그리 수울으 무스기 그리 아이 먹소 어전. 나아 먹어서 모도 사름덜이. 걔두 수울으 두 사름이 두 사름이 하낙씨

떤 것은 이렇게 이렇게 가지가 이렇게 나가지, 두 가닥의 가지가. 그래 거기다, 밧줄을 가지고 가서 거기다가 그네를 매고. 그네를 뛰었지. 그네도 뛰고. 원동에 있을 적에는 널을 뛰었지. 여자아이들이 널을 뛰지. 오 오월 그런 단오나 그런 명절은 널을. 널뛰기도 하고 그네도 뛰고 그랬었지. 오월 단오는 우리 해마다 쇠지. 해마다 쉬지 않고 쇠지. 그 고려 고려 달력, 달력을 주지. 우리에게 해마다, 해마다.

어디에서 줍니까? 어디에서?

– 모르지. 저 저 알마티 어 한국에서 온, 본국에서 온 사람들이 그 가져(오는지), 만들어 주는지 어찌했는지 모르지. 어쨌든 알마티에서 가져오지. 달력을 해마다 해마다 어 우리 정월달이면 우리가 싹 가지지. 저 보리실라 바실리치가 그걸 싹 다 주지 우리에게. 음. 가져다가 우리에게 싹 다 나누어 주지. 노인단 사람들에게 모두 나누어 주지. 그렇다 보니 해마다 그거 타지. 음.

아, 그러면, 그러면 에 원동에서 여기로 와서도 그 그네를 뛰었습니까?

– 뛰잖고. 노인단이. 이 오월 단오에 가면, 저기 카라탈 그곳 물가로 가면 그 나무들이 즐비하게 늘어섰지. 그래 그 나무에다 에 (그네를 매고), 거기에 가서 오월 단오를 올해도 쇠었지.

예, 쇠었습니까?

– 음. 네 곳에서 온 게. 이 탈디쿠르간이고 카라불라크고 체킬리고 우슈토베 사람들이. 그래 버스에 모두 실어오지. 아! 천막을 크고 기다란 것을 펴고서 거기에 싹 앉지. (웃음)

(웃음) 재미있겠습니다.

– 재밌고 말고.

– 그래 술, 그래 그 무슨 여기서는 그리 술을 뭐 그리 안 먹소 이젠. 나이를 먹어서 모두, 사람들이. 그래도 술을 두 사람이 두 사람이 하나씩

한 펭재408)씨 그래. 그 수울으 무시기 다아 먹개. 먹준 *먹준댆는(←먹두 댆는) 거. 그래두 멩실이라구 가주 가지. 무슨 수울으 마시는데.

　그럼, 아매! 한식에는 무스거 함둥?

　─ 한식에? 한식에 …….

　사월 한 초닷샛날쯤.

　─ 아, 그거는 그런 그런 기렴은 우리 아이 샛지.

　한식날, 아 산에 아이감둥?

　─ 아아! 산409)에, 그건 오 저 사월 초닷샛날?

　그렇지, 사월초닷샛날.

　─ 아아! 아아! 그럴 적에느 정게 가지. 허새인(хозяин)인데르410) 가지.

　누구?

　─ 집집마다.

　'허'?

　─ 쮀엔 잇는 데르 내 가지. 사월 사월 초닷샛날에.

　그렇지. 근데 아매! 쮀엔으 뭐라구 하셨지? 지금? 허생이라구 했슴둥?

　─ 이림이?

　아니!

　─ 기래.

　아매 지금 남펴이르 뭐라구 불르셨슴둥? 허생이라구 했슴둥?

　─ 허재인(хозяин).

　허잰.

　─ 노시아말르 노시말르 허재인(хозяин), 허재인(хозяин).

　다(да), 다(да).

　─ 아, **재 고려말르사 쮀인이지.411)

　그렇지!

한 병씩 먹지. 그 술을 뭐 다 먹겠소. 먹지는, 먹지도 않는 거. 그래도 명절이라고 가지고 가지. 무슨 술을 마시는데.

그럼, 할머니! 한식에는 무엇을 합니까?

— 한식에? 한식에 ⋯⋯.

사월 한 초닷샛날쯤

— 아, 그거는 그런 기념은 우리 안 쇠었지.

한식날, 아 산소에 안 갑니까?

— 아아! 산소에, 그건 오 저 사월 초닷샛날?

그렇지, 사월 초닷샛날.

— 아아! 아아! 그럴 적에는 거기에 가지. 남편한테로 가지.

누구?

— 집집마다.

'허'(＝허재인(хозяин))?

— 남편 있는 데를 내가 가지. 사월 사월 초닷샛날에.

그렇지. 그런데 할머니! '줴엔'(＝남편)을 뭐라고 하셨지? 지금? '허생'이라고 했슴둥?

— 이름이?

아니!

— 그래.

할머니가 지금 '남편'을 뭐라고 불렀습니까? '허생'이라고 했습니까?

— '허재인(хозяин)'.

허잰.

— 러시아 말로 러시아 말로 '허재인(хозяин)', '허재인(хозяин)'.

예, 예.

— 아, 제 고려말로야 '줴인'이지.

그렇지.

– 아하! 줴엔이지.

줴엔이지.

– 우리 내 줴엔이지. 줴엔이지.

그래 맞아! 허재인(хозяин).

– 줴엔이지.

빠루스끼이(по-русски) 허재인(хозяин), 빠까레이스끼(по-корейски) 줴 줴엔이.

– 줴엔이지. 주인이지.

주인이지.

– 줴엔.

줴엔.

– 줴엔.

그럼 아매! 그리구 취석에느 뭐 취석에는 뭐하까요? 팔월?

– 취석에두 산으르 가는 날이지? 음? 영게서 모도덜 저 오얼달 오얼 초닷샛날 가구. 어 고 고려는 팔월 보름날이지. 다(да)? 취석이 옳소? 취석인두 일리(или) 무슨 한식인두 야 모르오, 나 미시긴두˜. 이게 한식이우? 초 사월 초닷샛날?

그게 한식이고.

– 이게 한식이구 저짝 건 취석이, 취석이구, 팔월 어.

보름.

– 고렬르 고렬르 *싼 *쓰 팔월보름날이무.

그렇죠.

– 취석이구.

취석이구. 큰명절이꾸마.

– 글쎄 그래 저 내 깔린다레(календарь)다 쓴 게, 깔린다레(календарь)다 고렷글르 쓴 게 야˜ 저기 팔얼 팔얼 추석날이무 기게 에따(это) 어

— 아! '쮀인'(=남편)이지.

'쮀엔'이지.

— 우리 내 남편이지. 남편이지.

그래! 맞아 허재인(хозяин).

— 남편이지.

남편을 러시아 말로 '허재인(хозяин)', 한국말로 '쮀엔이'.

— '쮀엔'이지. 주인이지.

주인이지.

— '쮀엔'.

'쮀엔'.

— '쮀엔'.

그럼 할머니! 그리고 추석에는 뭐 추석에는 무엇을 할까요? 팔월에?

— 추석에도 산소로 가는 날이지? 음? 여기서 모두들 저 오월 달 오월 초닷샛날 산소에 가고. 어, 고려는 팔월 보름날이지. 그렇지? 추석이 옳소? 추석인지 또는 무슨 한식인지 응 모르오, 나는 무엇인지. 이게 한식이오? 사월 초닷샛날이?

그것이 한식이고.

— 이게 한식이고 저짝 건 추석, 추석이고, 팔월.

보름.

— 고려로 고려로 치면 팔월 보름날이면.

그렇죠.

— 추석이고.

추석이고. 큰 명절입니다.

— 글쎄 그래 내, 달력에다 쓴 것이, 고렷글로 쓴 것이 응 저기 팔월 팔월 추석날이면 그게 음

멩실이날인데 어째 추석 저짝 저 저런 데 댕기오? 멩실날이라 멩실인데. 팔얼 취섹이.

멩실이꾸마.

— 멩실인데 어째서 모412) 모오른 어째 가오?

멩실이니까 어시덜, 돌아가신 어시덜 그 우에 에 할미나 할애비한테 가서 그러니까 그 동안 펜이 잘 게셨습니까:: 하구 인사하는 거죠.

— 아:: 아!

우리 민족에 전통이꾸마.

— 거 이 한해 사월으 사월 사월초닷샐날 가구 팔월 보름날 가구.

그렇습지요. 취석날. 한국에서느 취석날 데무 메칠 노옵구마. 아무것두 아이하구.

— 어, 팔월 보름날?

그럼!

— 아:! 그거 우리 아는가! 우리 모르지.

여기는 인제 마우재가 다 뎄으니까. (웃음)

— 그거 모르지. 알 알라문사 글쎄 알았으문사. 그전부터 알았으문 어째 늙으, 그전에 늙은이덜이 어째서 알앗갯는데. 아 우리네는 모 모르오지. 나아 가뜩 먹어두 모르지. (웃음). 거저 팔월 취석이무 정게 산으르 가는 날인가: 하지.

그렇죠. 산소에 가는 날이죠.

— 아, 그래구서 거기(=달력)다느 쓰기는 으 음:: 기게 … 누(ну) 그저 까끄(как) 딱 기렴날처름 썻습데. 기렴날처름 썻습데.

기렴.

— 아하! 기렴이. 기렴이라는 게 그게 쁘라즈드니끄(праздник)라는 말이지.

그렇지. 쁘라즈드니끄(праздник).

어 명절날인데, 어째 추석에 저쪽(=산소) 저 저런 데 다니오? 명절날이라 명절날인데. 팔월 추석이.

명절입니다.

— 명절인데 어째서 묘(墓), 묘로는 어째 가오?

명절이니까 부모들, 돌아가신 부모들 그리고 그 위에 할머니나 할아버지한테 가서 그러니까, '그동안 편히 잘 계셨습니까?'하고 인사하는 것이죠.

— 아, 아!

우리 민족의 전통입니다.

— 거 이 한 해에 사월의 사월 사월 초닷샛날 가고 팔월 보름날 가고.

그렇지요. 추석날. 한국에서는 추석날이 되면 며칠 놉니다. 아무것도 아니하고.

— 어, 팔월 보름날?

그럼!

— 아! 그걸 우리가 아는가! 우리는 모르지.

여기는 이제 러시아 사람이 다 되었으니까. (웃음)

— 그거 모르지. 알려면야 글쎄 알았으면야. 그전부터 알았으면, 어째 늙은이, 그전에 늙은이들이 어째서 알았겠는데 (안 가르쳐 주었을까). 우리네는 모 모르지요. 나이를 잔뜩 먹어도 모르지. (웃음) 그저 팔월 추석이면 저기 산소로 가는 날인가 하지.

그렇죠. 산소에 가는 날이죠.

— 아, 그리고서 거기 달력에다가 쓰기는 음 그게 … 음 그저 딱 기념일처럼 썼데. 기념일처럼 썼데.

기념.

— 아! 기념. 기념이라는 것이 그게 러시아 말로는 쁘라즈드니끄(праздник, 명절)라는 말이지.

그렇지. 쁘라즈드니끄(праздник, 명절).

– 아하! 그렇기 기럼날처름 경게다 썼습데. 깔린다르(календарь). 고려 고려 깔린다르(календарь).

그렇습지. 거기다 쓰웁지 다아.

– 거기다 다아 썼습데. 거기다 썼습덤413).

1.3.3. 이민족과의 삶

오후 공부르 시작하갰습구마. (웃음) 선생님 많이 가르쳐 주웁소. (웃음)

– 이후! 재비 선생님이지. 내 아무것두 모르는 게. (웃음)

아니! 내 선생님이무 제 마러 여기에 왔겠습둥?

아매! 그:: 아까 말씀하실 때애 그 둥간(Дунгане)414) 얘기 하셨재임둥?

– 둥 둥간(Дунгане)들이 이 잇다는 소리는 들어두 내 그 사름덜 말으느 못 들었어 어찐두.

어드메 여기 까자 까자흐 어드메 많이 사암둥? 둥간(Дунгане)들이?

– 둥간(Дунгане)덜이 둥간(Дунгане)덜이 둥간(Дунгане)덜이 아무래 저어 빤필로프(Панфилов)라구 잇어. 끼따이(китаи) 젙에. 빤필로프.415) 경게 둥간(Дунгане)덜이 살구. 기래구 위구르덜이 마이 살구. 경게. 어 빤필로프(Панфилов).

빤치?

– 빤필로프(Панфилов), 빤필로프(Панфилов).

빤필로프(Панфилов).

– 아하, 빤삘로프(Панфилов). 그건 노시아 저나 그런 게지. 곤이림이지. 그게 노시아 노시아 무시긴가 잏기 전장 전장 이릏기 큰 큰 일 하던 사름덜이 빤필로프(Панфилов)라구. *마우, 그 노시아사름이지, 빤삘로프(Панфилов). 서이 아무래 빤필로프(Панфилов)지.

서이.

- 아! 그렇게 기념일처럼 거기에다 썼데. 달력. 고려 고려의 달력에. 그렇지요. 거기다 쓰지요, 다.
- 거기다(=달력에다) 다 썼데. 거기다 썼더군요.

1.3.3. 이민족과의 삶

오후 공부를 시작하겠습니다. (웃음) 선생님 많이 가르쳐 주십시오. (웃음)416)

- 어이구! 자기가 선생님이지. 나는 아무것도 모르는 사람인데. (웃음)

아니! 내가 선생님이면 제가 무엇 하러 여기에 왔겠습니까?

할머니! 그 아까 말씀하실 때 그 '둥간'에 대해서 이야기하셨잖습니까?

- 둥 둥간족들이 있다는 소리는 들어도 그 사람들 말은 못 들었지, 어떠한지.

어디 여기 카자흐스탄 어디에 많이 삽니까? 둥간족들이?

- 둥간족이 둥간족이 아마 저 판필로프라고 있어. 중국 곁에. 판필로프. 거기에 둥간족이 살고. 그리고 위구르족이 많이 살고 거기에. 어 판필로프에.

빤치?

- 판필로프, 판필로프

판필로프.

- 그렇지, 판필로프. 그건 러시아 저기 그런 게지. 지명(地名)이지. 그게 러시아, 러시아 무엇인가 하면 이렇게 전쟁 전쟁에서 이렇게 큰일을 하던 사람이 판필로프라고. 러시아 사람이지, 판필로프는. 성이 아마도 판필로프지.

성(姓)이.

– 아하, 빠뼬로프(Панфилов).

파밀리야(фамилия).

– 기게 기게 고로드(город) 빠뼬로프(Панфилов) 따앙 고런 게 있어. 게 그 중국 중국 중국 그 빠뼬로프 가무 중국 사름이 거기에 물이 어간에서 건네 베운다우417). 아하! 그렇기 가찹기 살지. 빠쩰로프(Панфилов)가 끼따이(китаи).

끼따이(китаи).

– 끼따이(китаи), 중국이.

둥간(Дунгане)들은 거기말구 이쪽 안쪽에는 없습둥?

– 여 영게선 영게 아 딸디꾸르간(Талдыкорган)에 조끔 잇갯지. 그러나 나느 모르지. 위그루느 내 아지, 잇는 거. 아: 둥간(Дунгане)덜은. 둥간(Дунгане)덜두 거저 다른 사름덜 애길하는게 둥간(Дунгане) 으: 그 민족두 고렷사름덜 딱 고렷사름처럼 임석으 먹는다꾸마. 딱 고렷사름 임석으 먹는거처럼 그렇기 해:먹는다구. 둥간(Дунгане)덜이 그렇다구.

그럼 고렷사름들: 하구 무슨 관계가 있겠습둥?

– 모르지 관계 잇는두 없는두. 아 임석으느 고렷사름 임석 먹는 거처름 그룿기 그룿기 해:먹는다구.

음. 그 사름덜은 무슨 일으 많이 하암둥 그럼?

– 아, 모르지. 무슨 일으 하는두~.

우리 고렷사름들처럼 뭐 고본질이나:: 뭐 이런 건 아이 하구?

– 지, 모 모르긴 하지만은 직금은 이런 농세질 아이 하는 민족이 잇는 같재이꾸마. 다(да)? 위구르구 까자끄구 둥간(Дунгане)두 이거 모도 따~아 가지구서 숭궈 숭궈서 파느라구.

그렇갯습지.

– 으흠. 씨엠춰끼(семечки)두 수무구 벨거 다아 수멋지.

무스거 싱구구?

─ 그렇지, 판필로프

성(姓).

─ 그게, 그게 도시(都市) 판필로프 땅이 고런 것이 있어. 그게 그 중국, 중국, 중국, 판필로프를 가면 중국 사람이 강물 사이로 건너다보인다오. 그렇게 가깝게 살지. 카자흐스탄의 판필로프와 중국이.

중국.

─ 중국, 중국이.

둥간족은 거기 말고 이쪽 안쪽에는 없습니까?

─ 여기선 여기 탈디쿠르간에 조금 있겠지. 그러나 나는 모르지. 위구르족이 있다는 것은 내가 알지. 아, 둥간족은, 둥간족도, 그저 다른 사람들이 이야기를 하는데, 둥간 어 그 민족도 고렷사람들, 딱 고렷사람들처럼 음식을 먹는답니다. 딱 고렷사람이 음식을 먹는 것처럼 그렇게 해 먹는다고. 둥간족이 그렇다고.

그럼 고렷사람들하고 무슨 관계가 있겠습니까?

─ 모르지, 관계가 있는지 없는지. 아, 음식은 고렷사람이 먹는 음식처럼 그렇게 그렇게 해 먹는다고.

음. 그 사람들은 무슨 일을 많이 합니까 그럼?

─ 아, 모르지. 무슨 일을 하는지.

우리 고렷사람들처럼 뭐 고본질(＝임차 농업)418)이나 뭐 이런 건 안 하고?

─ 모 모르긴 하지만 지금은 이런 농사를 안 하는 민족이 있는 것 같지 않습니다. 그렇지? 위구르족이고 카자흐 사람이고. 둥간족도 이거 모두 땅을 가지고서 무엇을 심어 심어서 파느라고.

그렇겠지요.

─ 음. 해바라기도 심고 별거 다 심었지.

무엇을 심고?

― 쎄, 해, 그 고려말르 해자부리지. 다(да)? 해자부. 내 쎄미치끼(семечки), 쎄미치끼(семечко) 그 해자 해. 고렷사름 그전에 내 들을라이, 내 쪼꼬맸일 적이 들을라이 해자부리, 해자부리 하덤.

다(да), 다(да). 해자부리.

― 해자부리. 다(да).

요렇::기 해르 따라가는 거.

― 아하. 기게 해자부리. 고렷사름덜이.

그럼 아매! 아까 말씀하실 때 아주 재밌게 들었는데 그 쯔간(цыган)덜 있재임두?

― 아하, 쯔 쯔간(цыган)덜은 쯔간(цыган)덜은 그저 벨루 일으 아이 하구 저렇기 사지. 거저 집두 그릇기 그릇기 이릏기 이릏기 따 이래 한 한 곧에 그릇기 뿌릴 잡아 모 오라 아이 잇구 자꾸 떠댕기지. 이새르 해: 댕기지, 쯔간(цыган)덜이. 으음. 일하긴 싫구 어 다른 사름덜 얼리구 도독질 하구 이 까르따(карта)[419], 손금우 보구 이르메 사지, 쯔간(цыган)덜이.

노래를 부르구.

― 노래두 부르구.

춤두 추구.

― 춤우 추구. 야 춤두 추구.

― 쯔간(цыган)덜 춤우 잘 춰.

잘 춰.

― 으흠. 쯔간(цыган)덜 춤우 잘 춰.

어디에 그 사람덜이 많습둥?

― 그저 사척[420]에 온, 웬: 웨지 웨지에 다아 살지, 쯔간(цыган)덜이.

여기저기 사척에.

― 사척에 사척에 다아 댕기지. 개 기래두 우리 우리 쏘쎄진(сосед-ㄴ) 노시아 여자 그 쯔간(цыган)게 시집와서. 시집가서 새아가덜이 스무살씨 넘은

― 해바, 해 그 고려말로 말하면 해바라기지. 그렇지? 해바라기. 러시아
말로는 '씨미치까(семечко, 해바라기씨)', 고려말로는 '해자불'. 그전에 내
가 듣자니, 내 쪼그말 적에 듣자니 '해자부리', '해자부리'라 하더군.

예, 예. '해자부리(해바라기)'.

― '해자부리(해바라기)'. 예.

요렇게 해를 따라가는 것.

― 그렇지. 그게 해바라기. 고렷사람들이 (그렇게 말하지).

그럼 할머니! 아까 말씀하실 때 아주 재미있게 들었는데 그 집시가 있잖습
니까?

― 음, 집시들은, 집시들은 그저 별로 일을 아니 하고 저렇게 살지. 그
저 집도 그렇게, 그렇게 땅에서 이렇게 한 곳에 그렇게 뿌리를 내리고 오
래 못 있고 자꾸 떠다니지. 이사를 해 다니지, 집시들이. 음. 일하긴 싫고
다른 사람들을 얼리고 도둑질하고 이 카드로 점을 보거나, 손금을 보고
어떻다고 말하며 살지, 집시들이.

노래를 부르고.

― 노래를 부르고.

춤도 추고.

― 춤을 추고. 응, 춤도 추고.

― 집시들은 춤을 잘 춰.

잘 춰.

― 음. 집시들은 춤을 잘 춰.

어디에 그 사람들이 많습니까?

― 그저 사방(四方)에 온, 온 외지(外地)에 다 살지, 집시들이.

여기저기 사방에.

― 사방에, 사방에 다 다니지. 그래 그래도 우리 우리 가까운 이웃은
러시아 여자가 그 집시에게 시집와서. 시집가서 처녀들이 스무 살씩 넘은

게 둘이. 그렇기 오래 살지. 쯔간(цыган). 쯔간(цыган). 으흠. 쯔간(цыга
н), 쯔간(цыган) 나그내[421] 어 고옵운게. 으음. 그런게 노시아 여자르 해
서. 스무살 넘어간 딸이 둘이나 잇지.

뉘기?

― 그 쯔간(цыган)이게. 노시아 여자가[422] 사는 게. 아덜이 아덜 둘이
새아가 둘이 잇지. 기랜게 이십살이 넘운 개, 새아가덜이. 안죽 시집 아이
갓.

그럼, 아매! 그 쯔간(цыган)들은 그럼 무스거 해먹구 사암둥?

― 아, 무스거 해먹구 **생인지 모르지. 그저 저래 자꾸 마술기[423]르
가지구서 자꾸마 바라댕기지[424].

아아! 마술기르 가지구. 그러니까 그래두….

― 으흠. 마술게다 이래 풍~우 이래 쳐가지구서리. 기애 기까이끄느 노
시아 사름은 쯔간스끼(цыганский) 따보르(табор)라구 하지.

아아! 쯔간스끼(цыганский) 따보르(табор).

― 쯔간스끼(цыганский) 따보르(табор)라 하지.

― 이래 마술기에다 이래 *뜨래(тряпка) 이래 푸~우 이래 쳐가지구, 해
비치지 말라구 이래 마술기에다 말으 둘씨 메와서 기래가지구서 그것덜
댕기지, 쯔간(цыган)덜이. 개 직금 시대느 개두 어 어떠 어떤 것들은 일
이랑 하는 게 잇지. 기관에서 일두 하구. 음. 직금. 그전에느 그저 집두 저
래 없이 떠댕기구, 쯔간(цыган)덜이.

아아. 생긴 거는 그러문 까자끄 사람하구 비슷함둥, 고렷사람하구 비슷함
둥?

― 녜엘(нет)! (혀 차는 소리) 생긴 게 거저 저어 따지끄 삐뚜룸하
게[425]. 생기기는 그 사름덜이 여자나 남자나 곱운 사름덜이. 낯으느 곱운
사름덜이. 개 우리네마 조꼼 우리두 우리두 **히재인제 우리만[426] 더 더
검지[검지], 쯔간(цыган)덜이.

것이 둘이나 되는데. 그렇게 오래 살지. 집시. 집시. 음. 집시, 집시인 남편은 어 고운 사람이지. 음. 그런 사람이 러시아 여자를 취해서. 스무 살 넘는 딸이 둘이나 있지.

누가?

─ 그 집시에게. 러시아 여자와 사는 사람. 아이들이 아이들 둘이 처녀가 둘이나 있지. 그런데 스무 살이 넘은 게, 처녀들이. 아직 시집을 안 갔지.

그럼, 할머니! 그 집시들은 그럼 무엇을 해 먹고 삽니까?

─ 무엇을 해 먹고 사는지 모르지. 그저 저렇게 자꾸 말 수레를 가지고 자꾸만 싸돌아다니지.

아! 말 수레를 가지고. 그러니까 그래도….

─ 음. 말 수레에다 이렇게 장막을 치고서. 그래 그러니까 러시아 사람은 '집시의 무리'라고 하지.

아아! '집시의 무리'.

─ '집시의 무리'라 하지.

─ 이렇게 말 수레에다 이렇게 장막을 이렇게 쳐서, 해가 비치지 말라고 이렇게 말 수레에다 말을 둘씩 메워서 그래가지고서 그것들이 다니지, 집시들이. 그래 지금 시대는 그래도 어떤 것들은 일을 하는 것들이 있지. 기관에서 일도 하고. 음. 지금. 그전에는 그저 집도 저렇게 없이 떠다니고, 집시들이.

아. 생긴 것은 그러면 카자흐 사람하고 비슷합니까, 고렷사람하고 비슷합니까?

─ 아니! 생긴 것이 그저 저 타지크 사람과 비슷하게. 생기기는 그 사람들이 여자나 남자나 고운 사람들이지. 낯은 고운 사람들이지. 그래 우리네보다 조끔 우리도 우리도 희지 않은데 우리보다 더 검지, 집시들이.

더 검습둥?

— 더 검소. 남자구 여자구. 아! 곱기느 더 곱습구마[꾸마].

음::, 으음. 그러면 아매! 저쪽 우즈벡스딴이나 머 끼르기스 이쪽에두 그 쯔간(цыган)덜이 있습둥?

— 어디메던지 다 잇습구마[꾸마]. 따시껜뜨(Ташкент)두 가뜩하압굼[꿈].

따시껜뜨(Ташкент)두.

— 따시껜뜨(Ташкент)두. 쯔가이 아이 사는 데 없스꼬마.

그렇습지.

— 어 이 땅덩어리에 쯔가이(цыган) 아이 사는 데 없소. 다아 사아. 어느. 이 자그라니쩌[zagranits'ə](за границей) **싸아 삭찌.

이 싸그란[s'agran](за границей)?

— 으, 저, 누(ну)! 기거 고려말르 미시긴가. 노시아말르 자그라니짜[zagrants'a](за граница)지. 으! 다른 국에, 다른 국에 가서두 가뜩 사지.

음, 음:.

— 고렷사름덜두 또 벨데서 다. 고렷사름두.

— 웨엥그리아(Венгрия)구, 웨지에 고렷사름덜이 살구.

많:습지 머. 끼따이(китаи)에 두 밀리온(миллион)이 잇구.

— 끼따이(китаи)서 더 말이 없지. 더 말이 없지. *많. 음.

그 담에 아미리까(Америка).

— 아메리까(Америка)구.

**두, 거기에두 두 밀리온(миллион) 있구.

— 음:.

야쁜이야(Япония), 일본에두.

— 일본에두 가뜩하압지.

가뜩하구.

더 검습니까?

― 더 검소. 남자고 여자고. 아! 곱기는 더 곱습니다.

음, 음. 그러면 할머니! 저쪽 우즈베키스탄이나 뭐 키르기스 이쪽에도 그 집시들이 있습니까?

― 어디든지 다 있습니다. 타슈켄트에도 가득합니다.

타슈켄트에도.

― 타슈켄트에도. 집시가 안 사는 데가 없습니다.

그렇지요.

― 어 이 땅덩어리에 집시가 안 사는 데가 없소. 다 사오. 어느 곳이나. 이 외국에서 싹 살지.

이 외국에서?

― 음. 그거 고려말로 무엇인가. 러시아 말로 '자그라니짜'(за границa)'지. 어! 다른 국(國)에, 다른 나라에 가서도 가뜩 살지.

음, 음.

― 고렷사람들도 또 별 데서 다 살지. 고렷사람도.

― 헝가리고 (어디고) 외지(外地)에 고렷사람들이 살고.

많지요 뭐. 중국에 2백만이 있고.

― 중국에서는 더 말이 필요 없지. 더 말이 필요 없지. 많지. 음.

그 다음에 미국.

― 미국이고.

2, 거기에도 2백만이 있고.

― 음.

일본, 일본에도.

― 일본에도 가뜩하지요.

가뜩하고.

- 고렷사름 없는 어 **나라에 뻴루 잇는 같재입구마.427) 어느 나라던 지 고렷사름. 조꼬막씨 살아두 다 살아.

- 그적에[그쩌게] 그적에[그쩌게] 우리 내 마마(мама) 오래비. 맘마 오래비 아들이문 에따(это) 어티기 데는가?

에사촌?

- 우리 내 내 어머이 내 어마니 오래비 아들이 군대르 떡 갓지. 군대 르 가서 어: 그런데서느 어 에따(это) 일햇지. 딴끄(танк) 딴끄(танк)서 일햇지. 그래 그 이 루믜니아(Румыния)구 웽:그리아(Венгрия)구 이거 싹 이래 취 췄지. 그 그런 저나 딴끄(танк), 딴그(танк) 쩔리(цели) 아뜨 리에(артиллерия)지. 쩔리(цели). 그런 딴끄(танк) 숱한 땅끄(танк) 그 릏기 그 '자그라니짤(за граница-르) 그릏기 댕기지. 그래 개 웽그리아(В енгрия) 가서 에따(это) 그런 거 떡 서게 뎃지. 숱 딴끄(танк) 가뜩 이 노 시아 딴끄(танк)느 그건 솔다뜨(солдат) 아들이 군대 아들이. 땅크(танк) 르 숱한 땅끄(танк)르 경게르 웽가리아(Венгрия)구 루믜니아(Румыния) 구 제주 이래 둘러서 긔래 땅끄(танк)르 타구 댕. 그랫는데. 우리 가아, 끼르스탄(Киргизстан) 가두 조캐지 그 머시마. 음. 으흠. 긔래 가아 군대 가서 그 땅끄(танк)서 일하메서리 웽그리아(Венгрия) 가이간 *웽그리(Ве нгрия) 그래 땅끄(танк) 숱한 게 가뜩 이게 줄으 쳐서. 쩔르 아뜨리에(ар тиллерия)처름 줄으 쳐서 보이깐, 그저 아덜이 재다:만게 새아가덜이구 선서나구 재다:만게 가뜩 달아나왓지428). 그거 보느라구. 땅끄(танк) 이릏 기 큰길르 떡 네레오는 거 보 보느라구. 긔란데 한내 선스나 대가리 새까 만게 잇거든 야. 기래 야 제에나429) 물어밧지. 우리 조캐. '네 고려아이 야?' 하이까나 고려아라하더. 웽그리아(Венгрия)서.

허허허.

- 개 고려아라 하더라구. 개 개 어디메 사느야430). 보까식와옙(показывает), 산다메 고 쪼:꼬만 선스나. 개 대애일굽살 레뜨 쉐스 셈(лет шесть семь)

– 고렷사람 없는 나라가 별로 있는 것 같지 않습니다. 어느 나라든지 고렷사람이 있지. 조금씩 살아도 어느 곳에나 다 살아.

– 그 때, 그 때, 우리 내 엄마의 오라비. 엄마 오라비 아들이면 음 나와는 어떻게 되는가?

에사촌?

– 우리 내 내 어머니 내 어머니 오라비 아들이 군대를 떡 갔지, 군대를 가서 어 그런 데서 음 일을 했지. 탱크에서 기갑병으로 근무했지. 그래 그 이 루마니아고 헝가리고 이거 싹 이렇게 추었지. 그 그런 저기 … 탱크, 탱크 포수(砲手)지. 목표물, 그런 탱크 숱한 탱크가 그렇게 외국으로 그렇게 다니지. 그래 그래 헝가리에 가서 음 그런 게 서게 되었지. 숱한 탱크 가뜩하지. 러시아 탱크는 그건 군인들이 군대 아이들이 탱크를 숱한 탱크를 거기 헝가리고 루마니아고 죄 이래 둘러서 그렇게 탱크를 타고 다녀. 그랬는데 우리 그 아이가, 키르기스스탄에 사는 그 아이두 조카지 그 사내아이. 음. 음. 그래 그 아이가 군대를 가서 탱크에서 복무하면서 헝가리에 가니까 헝가리 그래 탱크 숱한 것이 가뜩 이게 줄을 지어서. 저 대포처럼 줄을 지어서 보니까, 그저 아이들이 자잘한 여자아이들이고 사내아이고 자잘한 놈들이 가뜩 달려 나왔지. 그 탱크를 보느라고. 탱크가 이렇게 큰 길로 떡 내려오는 거 보느라고. 그런데 사내아이 하나가 대가리 새까만 것이 있거든, 응. 그래 이 아이가 일부러 물어보았지. 우리 조카가. '네 고려 아이냐?' 하니까 고려 아이라고 하더랍니다. 헝가리에서.

허허허.

– 그래 고려 아이라고 하더라고. 그래, 그래 어디에 사느냐 하니까 가르쳐 주며 어디에 산다고, 쪼그만 사내아이가. 대일곱 살, 예닐곱 살 먹은

이런 게 달아나와서 그거 구겨~하느라구. 기랜데 머리 새까만게 대갈 새까만게 그런게 잇지. 걔 고려아 가툴해서 걔 물어보이까나 제 고렷사림이라구 하더라구. 걔 어시덜은 잇냐? 잇다. 걔 어드메 사는가. 정게 산다구. 걔 야 그거 저낙때꺼지 저낙때 그거 땅끄 세와 놓구 들어가 밧으무 좋겟는데 어티기 어티기 어쩔 수 없어 가다 조끔 가다가서 딴끄(танк) 그런 기게 미시긴가? 기 바키 *마구 그 레멘(ремень) 잇재오? 레멘(ремень). 기게 땅끄(танк) 잏기 기다만 도는 게 잇재오? 거기다 가 돌으 떡 쳐 옇엇다우. 내 조캐 아. 쉬또브(чтоб) 경게서 레몬드(ремонт) 하무 그 고렷사름 집엘 들어가 보자구. (웃음) 스뺄쟌나(специальный) 제에나. 그 아무 크일 나지 그 꼬네쉬나(конечно). 걔 나찰스뜨보(начальство)나 아이 볼 적에 레멘(ремень)이 도는 데 거기다 돌으 떡 거더 옇엇지. 그러다나이까 레멘(ремень)이 쪼끔 가다가 레멘(ремень) 뚝 끄너졋짐. 땅끄. 레몬드(ремонт)르 해야 하지. 헤! 걔 레몬드(ремонт) 저낙에 하메서리 걔래 가과 물어보이깐 아무데 아무데 산다하지. 그래 야 찾아 들어갓다 왓지. 내 얼매니까[431] 고렷사름덜 어시네 사는 데르. 들어가이까나. 여스 호이, 여스 호이, 여스 호이 고렷사름덜이 모로:기[432] 경게 산다구. 긔래 그 사름덜 거기서 산지 오랏걸라서 그 사름덜으 어시덜이 다아 죽어서 거기서 파묻엇지.

아하!

— 웽그리이(Венгрия)서. 긔래 긔게 그전이부터 살앗지. 댈르 네레오메서 살지.

그렇습지.

— 으음. 어시네느 다아 죽어서 다 빠하라니찌(похоронить) 해앳지. 기래 이상 어시[433] 잇어 난 아덜이 경게서 여스 호이 살지. 누(ну) 숱한 라드냐(родня) 아이구 딴 딴 사름이 딴 사름이. 갠게[갱게] 고렷사름 여슷 호이 경게 사더라구. 그래, 야:! 고렷사름 **만 오란만에 밧다구 조선사름

이런 놈이 달려나와서 그거 구경하느라고. 그런데 머리 새까만 놈이 대가리 새까만 놈이 그런 놈이 있지. 그래 고려 아이 같아서 그래 물어보니까 자기가 고려사람이라고 하더라고. 그래 부모들은 있냐? 있다. 그래 어디에 사는가. 저기에 산다고. 그래 응 그거 저녁때까지 저녁때 그거 탱크를 세워 놓고 들어가 보았으면 좋겠는데 어떻게 어떻게 어쩔 수 없어 가다가 조끔 가다가서 탱크 그런 기계가 있는데 그게 무엇인가 바퀴 말고 그 무한궤도(無限軌道, 캐터필러)가 있잖소? 무한궤도. 그게 탱크에 이렇게 기다란 것(무한궤도)이 있잖소? 거기다 돌을 떡 처넣었다오. 내 조카 아이가. 거기에서 수리를 하면서, 그 고렷사람 집엘 들어가 보자고. 특별히 일부러. 그 누가 알면 큰일 나지, 그게 틀림없이. 그래 상급자(上級者)가 안 볼 적에 무한궤도가 도는 데 거기다가 돌을 떡 주어 넣었지. 무한궤도가 조끔 가다가 뚝 끊어졌어. 탱크. 수리를 해야 하지. 허! 그래 수리를 저녁에 하면서 그래 저녁에 그 아이에게 물어보니까 아무 데 아무 데 산다고 하지. 그래서 찾아서 들어갔다 왔지. 내 얼마쯤 되니까 고렷사람들 부모네 사는 데를. 들어가니까 여섯 호 여섯 호 여섯 호가 고렷사람들이 한군데 가지런히 모여 거기에 산다고. 그래 그 사람들 거기서 산 지 오래 되었기에 그 사람들의 부모들이 다 죽어서 거기에 파묻혔지.

아하!

― 헝가리에서. 그래, 그래 그 전부터 살았지. 대(代)를 이어 내려오면서 살지.

그렇지요.

― 음. 부모네는 다 죽어서 다 묻혔지. 그래 윗대 부모들이 있어서 난 아이들이 거기에서 여섯 호가 살지. 숱한 친척이 아니고 (친척이 아닌) 딴 사람이 딴 사람이. 고렷사람들 여섯 호가 거기에 살더라고. 그래, 야! 고렷사람 오랜만에 봤다고, 조선 사람

오란만에 밧다구. 그릏기 반갑아서 그러지. 그래 그래 그 제 어저느 땅크(танк)르 어저느 레몬드 레멘이(ремень) 손질해서 어전 가야 데갯는데 아 이 그 고롓사름덜 여스호이 여스 호이 아~이 글쎄 간다구서리 그런 거, 먹을 거 먹을 거 글쎄 여슷 집이서 한 땅크(танк)르 끄서왓더라구 먹을 거. 먹으라구서 냐~ 으흠. 기래 야덜이 햐:! 그릏기 가져왓는데. 야덜 무스 걸르 인고~오434) 갚겟는둥. 긔래 그 사름덜이 고롓사름 산 게 마시나(машина)두 모도 잇구 뜨락또르(трактор) 재빗게 다아 잇지. 웽그리아(Венгрия) 사는 게. 기래 야덜이 야아! 무스거르 무스거르 인고~오 갚겟는가. 저릏기 먹을 거 가져다가 땅끄(танк) 안에다 가뜩 가져다 옇엇는데. 기래 야덜이 양백 리뜨라(литра)짜리 양백 리뜨라(литра)짜리 그런 보취까(бочка) 이런 게 잇엇지. 빈진(бензин)두 무신두 그거 가져다 줫지. 그 사름 고롓사름덜이 여슷 집에서 여슷 집에서 저어나 에따(это) 어붙어435) 쓰라구. 어붙어 쓰라구. 그래 양백 리뜨라(литра)짜리 거기다 또 두구 왓다구. 고 고롓사름덜 줫다꾸마. 누(ну) 줄건 없지, 어찌. 기래 그거 줫다메서.

그거 어티기 웽그리아(Венгрия)까지 갔으까아?

— 웽그리아(Венгрия) 가서 발써 몇 십년 사는 게지. 댈루 네레오메 살지.

그렇습지.

— 으흠. 어시덜은 어 아물다물436) 싹 다 싹 거기다 거기다 모셋지. 그릏기 오래 사는. 웽그리아(Венгрия)두 고롓사름이 그릏기 사는 게. 그 이 고롓사름 아이 사는 덴 벨루 잇는 같재입더구마[갇째이떠구마]. 어느 나라던지 조꼼 살두 다 살지. 다아 잇지.

음, 음. 그럼 아매! 여기:: 위구루족들은 주로 뭐하구 많이 사암둥?

— 위그루두, 위그르두 영게는 얼매 없습구마[꾸마]. 여기 죄에꼼 그저 메 메 호이가 잇지. 우리 정게서 **옛김 사적에[사쩍에] 체레스 쩽끼(через стенки) 남자는 까자끄구 여자 위그르 그릏기 살앗습구마[꾸마].

오랜만에 보았다고. 그렇게 반가워서 그러지. 그래 그래서 그 자기는 이제 탱크를 이제는 수리 수리를 손질을 해서 이젠 가야 되겠는데 아 이 그 고렷사람들 여섯 호가 여섯 호가 아니 글쎄 간다고 그런 거 먹을 것을 여섯 집에서 먹을 것을 한 탱크를 끌어왔다고. 먹으라고. 그래 이 아이들이야! 그렇게 가져왔는데. 이 사람들 은공을 무엇으로 갚아야 되겠는지. 그래 그 사람들이 고렷사람 사는 것이 자동차도 모두 있고 트랙터도 자기 것이 다 있지. 헝가리에 사는 사람들이. 그래 이 아이들이 야! 무엇으로 은공을 갚겠는가. 저렇게 먹을 것을 가져다가 탱크 안에다 가득 가져다 넣었는데. 그래 이 아이들이 200리터짜리 200리터짜리 그런 병(瓶), 이런 것이 있었지. 벤젠인지 뭔지 그거 갖다 주었지. 그 사람 고렷사람들이 여섯 집에서 여섯 집에서 저기 … 음 함께 쓰라고. 함께 쓰라고. 그래 200 리터짜리 거기다 또 두고 왔다고. 고렷사람들을 주었답니다. 음 줄 것은 없지. 그러니 어찌해야 하겠습니까. 그래서 그것을 주었다면서.

그거 어떻게 헝가리까지 갔을까?

─ 헝가리에 가서 벌써 몇 십 년을 사는 것이지. 대(代)를 이어 내려오며 살지.

그렇지요.

─ 음. 부모들은 어 **** 싹 다 싹 거기다 거기다 모셨지. (고렷사람이) 그렇게 오래 사는 (곳이지). 헝가리도 고렷사람이 그렇게 사는데. 그래 이 고렷사람이 안 사는 데는 별로 있는 것 같지 않더군요. 어느 나라든지 조금 살아도 다 살지. 다 있지.

음, 음. 그럼 할머니! 여기 위구르족들은 주로 무얼 하고 많이 삽니까?

─ 위구르도, 위구르도 여기는 얼마 없습니다. 여기 조끔 그저 몇 호가 있지. 우리 저기에서 살 적에 건너편에 사는 남자는 카자흐, 여자는 위구르 사람인데 그렇게 (부부로) 살았습니다.

개 위그르덜은 마 마이 사는 거는 저 싹 빤필로프(Панфилов)서.

빤필로쁘(Панфилов).

─ 기래구 끼따이(китаи)서 살구 그렇지. 여기는 그저 족고막씨[čókk'omaks'i] 메 몇이간 데지. 위구르 그리 많재이꼬마. 까자끄덜이지 싹 다.

근데 까자끄 사름덜두 어저끼 저낙에 같이 다니다 보니까 쪼곰 쪼꼼 좀 따압구마.

─ 어떤건 따구.

눈두 따구. 예.

─ 게에 어떤 거느 또 첸심 고렷사름 같은 것두 잇구. 어슷 또춰노(Точ Но) 점 고렷사름 같은 게.

여기가 뭐 민족이 뭐 그으 백….

─ 백, 백 민족이 넘아 산….

넘어산다구 그러는데.

─ 아하. 벨란 벨란 민족이. (웃음) 어떤 건 우리 모르지, 모르지. 모르재잏구.

우즈벡사람두 있겠구.

─ 우즈베크구 따지끼구 그저 끼르끼즈구 벨게 다아 잇지. 나자르바에브(Назарбаев)437) 우스뚜빠엘(выступает) 할 때 그릏기 말햇지. 이 카자흐스탄이 일 백 몇 민족이 산다구. 이 까자끄스딴이. 그러니 제 헤게없지438). 무슨 민족이 잇는지 어찌기 알개 …. 우리는 생전 들어두 못 보구. 벨란 민족이 다아 잇지.

음. 민족끼리는 잃기 잘 어울려 잘 사암둥?

─ 저 미 그,

서르 서르?

─ 숱한 게 잇어두 다아 거저 정말 그릏기 이 이 영게 까자끄스딴에느 기래두 내 생각에는 민족차별이 그리 없단 말이.

그래 위구르들 많이 사는 데는 저 싹 판필로프서.

판필로프.

— 그리고 중국에서 살고 그렇지. 여기는 그저 조금씩 몇이 되지. 위구르 사람은 그리 많지 않습니다. 카자흐 사람들이지, 싹 다.

그런데 카자흐 사람들도 엊저녁에 같이 다니다 보니까 쪼금 쪼금씩 다릅니다.

— 어떤 것은 다르고.

눈도 다르고. 예.

— 게 어떤 것은 또 흡사 고렷사람 같은 것도 있고. 엇비슷이 정말 좀 고렷사람 같은 게 잇고.

여기가 뭐 민족이 뭐 그 백….

— 백, 백 민족이 넘어 산….

넘어 산다고 그러는데.

— 응. 별난 별난 민족이 다 있지. (웃음) 어떤 건 우리도 모르지, 모르지. 모르잖고.

우즈베크 사람도 있겠고.

— 우즈베크고 타지크고 그저 키르기스고 별것이 다 있지. 나자르바에프가 접견할 때 그렇게 말했지. 아 카자흐스탄에 일 백 몇 민족이 산다고. 이 카자흐스탄에. 그러니 죄다 셀 수 없지. 무슨 민족이 있는지 어떻게 알겠소. 우리는 생전 들어도 못 보고. 별난 민족이 다 있지.

음. 민족끼리는 이렇게 잘 어울려 잘 삽니까?

— 저 미 그,

서로 서로?

— 숱한 민족이 있어도 다 그저 정말 그렇게 이 이 여기 카자흐스탄에는 그래도 내 생각에는 민족차별이 그리 없단 말이오.

없습지.

– 없습구마[꾸마], 음.

좋습지 뭐.

– 좋습구마[꾸마]. 그러나 어전 까자끄가 고렷사름덜이 민족차별이 할데 없습구마[꾸마]. 싹 랴드나(родня) 이잰. 그러재에두 그전에 나자르바에브(Назарбаев) 그전에 우스뚜빠엩 뽀쩰리비조르(выступает по телевизору)서. 그 시장[439) 내지 한국에 아무래 어 에따(это) 나베르나(наверно) 미니스뜨리(министр)나 일리(или) 무슨 한국에 수령이나. 수 수령이더만. 개래 그때 영게 까자끄스딴에 와서, 나자르바에브(Назарбаев)가, 나자르바에브(Назарбаев)가 무슨 무슨 얘기르 하는데 누(ну) 그릏기 말하문서. 까끄(как) 우재[440)처럼 그저, 저 그 그 고렷사름은 나쉬(наши) 까레이츠(корейцы)라 하지. 이 까자끄산이 까레이츠(корейцы) 다(да)? 그래니까 나자르바에브(Назарбаев) 무시기라 하는가 하무, '네트(нет)! 나쉬 까레이츠(наши кореец), 에따(эта) 크로브느이(кровный) 까레이츠(кореец) 나쉐이. 나자르바에브(Назарбаев). 나자르바에브(Назарбаев) 그렇게 그래.

그 고려말르 번역해 보옵소.

– 고려말르 에 크 크로브느이(кровный) 저나 에따(это) 까레이츠(кореец) 저 우리 '크로브느이 까레이츠(кровныйкореец) 나쉬(наши)'라 하무, 기게 기게 어전은 어저느 정말 그렇게 데엣지. 까자끄 어느 고렷사람 집이나 어느 까자끄 집이 고려 고렷사람이나 까자끄 없는 집이 에따(это) **마오, 조오꼼아오. 싹 개 기게 크로브느이 까레이츠(кровный кореец)라 할 적에무 저어 저어 피라는 말이지. 저어 사깨딜 피 피라는. 크로 크로브느이(кровный) 까레이츠(кореец)라 하무 저어 저 크로브느이(кровный) 에따(это) 저어 피 까 까레이츠(кореец)라 하지. 그 저 내지 사름이 우리 나시 까레이츠(кореец), 네뜨(нет)!, 와쉬 까레이츠(ваши кореец).

없지요.

－ 없습니다, 음.

좋지요 뭐.

－ 좋습니다. 그러나 이젠 카자흐 사람과 고렷사람들이 서로 민족 차별을 할 데가 없습니다. 싹 친척이지, 이젠. 그렇지 않아도 그전에 대통령 나자르바예프가 그전에 텔레비전에 나와서 말하지. 그 지금 본국 그러니까 한국에 아마 틀림없이 장관이나 또는 무슨 한국의 수령이나. 수령이더구먼. 그래 그때 여기 카자흐스탄에 와서, 나자르바예프와, 나자르바예프와 무슨 무슨 이야기를 하는데 음 그렇게 말하면서. 농담처럼 그저, 그 내지(內地)에서 온 고렷사람(한국 사람)은 '우리 한국인'이라 하지. 이 카자흐스탄에 사는 한인(韓人)을, 응? 그러니까 나자르바예프가 무엇이라 하는가 하면, '아니오! 우리의 한인, 피로 맺은 한인 우리의'. 나자르바예프가 그리 말하지. 나자르바예프가 그렇게 그래.

그 말을 고려말로 번역해 보십시오.

－ 고려말로 에 '혈연의' 저기 … 이 한인(韓人), 저 우리 '혈연관계의 한인 우리'라 하면 그게, 그게 이젠, 이젠 정말 그렇게 되었지. 카자흐나 어느 고렷사람 집이나 어느 카자흐 집에 고렷사람이나 카자흐 사람이 없는 집이 음 조끔 있소. 조금 있소. 싹. 그래 그게 '혈연관계의 한인'이라 할 적에는 자기, 자기 피라는 말이지. 자기 카자흐 사람들 피라는. '크로브느이 까레이츠(кровный кореец)'라 하면 자기, 자기 피 음 자기의 피로 맺은 한인이라 하지. 그 저 본국 사람이 우리 '나셰이 까레이츠'(우리의 한인)이라 하니까, (카자흐스탄의 대통령 나자르바예프가) '아니오 당신에 한인'. '이 우리의 한인'.

에따(это) 나쉬 까레이츠(кореец). 크로부느이(кровный) 까레이츠(кореец) 나쉬(наши). (웃음) 고렷사름은 저 저 나쉬(наши) 까레이츠(кореец)라구. 저 나자르바에브(Назарбаев).

우리야 저두 '우리' 그러잖습둥? (웃음) '우리 민족' 그러재임둥? 그러니까 한국에 쁘레지덴트(президент)가 와가지구 나쉬이 까레이스끼(наши корейский) 그렇게 얘기한 거지.

- 누(ну)! 누(ну)! 고렷사름이니까 그랫갯지. 아 그거 우리, 우리 모르지. 우리 우리 한애비[441] 할미 싹 다 그 내지서 내지서 들어온 사름덜이지.

다(да), 다(да).

- 우리 큰아매랑 클아바이 싹 내지서 들왓지. 우리 빠빠(папа)두 내지서 나서 두 살인두. 우리 빠빠(папа) 두 살일 직이 욍게들와. 우리 아부지 두 살일 직이 우리 큰아매 클아바이 욍게 들어왓지. 기래구서 따 딸이느 딸이 여슷 살이구 우리 아부진 두 살이구. 요런거 가지구 들어왓지.

그렇지.

- 내지서.

근데 내지 어딤둥? 내지 어디서 사다가 원동으르 들어갓슴둥?

- 아, 글쎄 ….

빠빠(папа)?

- … 내지 어디메, 어 그런 그런 곧이 잇슴둥? 단천이 어디메 있슴둥?

아우! 단천이 있습지.

- 단천.

아, 있습구마.

- 단천. 우리 우리 그런 고 곧이 음 그런….

아압구마. 단천을 내 아압구마.

- 단천, 단천. 개 성은 패평 윤가.

'피로 맺은 한인, 우리의'. (웃음) '고렷사람'은 자기, 자기(카자흐스탄)의 한인이라고. 나자르바예프가 말하기를.[442]

우리야 저도 '우리'라고 하잖습니까? (웃음) '우리 민족' 그러잖습니까? 그러니까 한국의 대통령이 와 가지고 '우리의 한인의' 그렇게 말한 것이지.

— 그럼! 그럼! 고렷사람이니까 그랬겠지. 아 그거 우리, 우리 모르지. 우리 할아버지 할머니 싹 다 그 본국에서 본국에서 들어온 사람들이지.

예, 예.

— 우리 할머니랑 할아버지가 싹 본국에서 들어왔지. 우리 아버지도 본국에서 나서 두 살인지. 우리 아버지 두 살 적에 옮겨 들어왔다고. 아버지 두 살 적에 우리 할머니와 할아버지가 옮겨 들어왔지. 그러고서 딸은, 딸이 여섯 살이고 우리 아버지는 두 살이고. 요런 걸 데리고 들어왔지.

그렇지.

— 내지(內地, 본국)에서.

그런데 본국 어딥니까? 본국 어디서 살다가 원동으로 들어갔습니까?

— 아, 글쎄 ….

아버지?

— … 본국 어디에, 어 그런 곳이 있습니까? 단천(端川)이 어디에 있습니까?

아! 단천(端川)이라는 곳이 있지요.

— 단천(端川).

아, 있습니다.

— 단천. 우리, 우리가 떠나온 곳이 음 그런 ….

압니다. 단천을 내가 압니다.

— 단천, 단천. 그리고 성(姓)은 파평(坡平) 윤가(尹哥).

그렇지. 패평 윤가. 파평은, 패평은, 패평은 직금 유즈느이 까레이(Южная Корея)에 있구.

— 아아:!

단천은 쎄베르느이 까레이(Северная Корея)에 있습구마.

— 음..

파평은 우리집에서 내 사는 곳에서 가챕이 있습구마.

— 패평 윤가.

파평.

— 파평.

패평 윤가라구 하는 게, 패평이 무슨 말이냐 하면은 고로드(город) 이름입구마. 그러니까 아매 먼:: 옛날 조상이 있재임둥? 뻬르브이(первый) 조상, 조상이 살던 데엡구마 그게. 그게 패평입구마. 내 집에서 가깝 가까이 있습구마. 그 아매 그 단천이라구 하는 데느 쎄베르느이 까레이(Северная Корея)에 있습구마, 즉금. 옛날에는 이게 나라가 한나였는데, 지금은 이게 갈가졌습구마. 아압지?

— 누(ну)! 세베르느이(Северная)가 유즈느이(Южная).

또 하 이제 합치겁구마, 인제.

— 하 합햇으문[하패스문] 어찌 좋갯슴둥.

아이! 더 없이 조 좋습지.

— 그, 그렇재잏구! 제, 제 사름찌리 그거 홀 하나 맨들엇음 어찌 좋갯슴둥. 서르 서르 돕아두 주구. (혀 차는 소리)

지금 많이 돕아 주웁구마. 비료, 쌀, 약.

— 이복.

약, 약.

— 약, 약으.

메디시인(medicine). 그런 거 많이 가압구마. 에::, 그럼, 아매! 우리 고렷사람들하구 다른 민족 사람들 하구 이 결혼은 많슴둥?

그렇지. 파평 윤가. 파평은, 파평은. 파평은 지금 남한에 있고.

— 아아!

단천은 북한에 있습니다.

— 음.

파평은 우리 집에서 내 사는 곳에서 가까이 있습니다.

— 파평 윤가.

파평.

— 파평.

파평 윤가라는 것이 파평이 무슨 말인가 하면 도시 이름입니다. 그러니까 할머니의 먼 옛날 조상이 있잖습니까? 첫 조상(시조), 그 조상이 살던 덴니다. 그게 파평입니다. 내 집에서 가까 가까이 있습니다. 할머니가 그 단천이라고 하는 곳은 북한에 있습니다. 지금. 옛날에는 이게 나라가 하나였는데, 지금은 이게 갈라졌습니다. 알지요?

— 그럼! 북(北)과 남(南)이.

또 이제 합칠 겁니다, 이제.

— 합했으면 얼마나 좋겠습니까.

아이! 더 없이 좋지요.

— 그 그렇고 말고! 제, 제 사람끼리 그거 홀 하나 만들면 얼마나 좋겠습니까. 서로 서로 도와도 주고. (혀 차는 소리)

지금 많이 도와줍니다. 비료, 쌀, 약.

— 의복.

약, 약.

— 약, 약을.

약. 그런 것이 많이 갑니다. 에, 그럼 할머니! 우리 고렷사람들하고 다른 민족 사람들하고 결혼하는 일은 많습니까?

- 많재잏구!

이제 많아졌습둥?

- 많:스꼬마. 어저느 눼: 집에 사께443) 여자나 사께 남자나 없는 집이 레드까(редко), 레드까(редко). 드무단 말이오. 기래 고롓사름 집에 까자끄 여자 메눌르 들어오지. 까자끄 집에 고레 고레남자 싸월르 들어가지. 그 기땅맥헤. 음. 그래 나자르바 나자르바에브 말이 옳지. 크로브느이 까레이츠(кровныйкореец). 걔 저 피 크 크로브느이(кровный)라는 게 기게.

피.

- 한 피란 말이지.

이 피라구. 끄로비(кровь).

- (웃음) 어저느 어전 정말 라드나(родня) 데서 한 피나 다름없습지. 그릏기 말했지.

그렇기 데야지 머 인제.

- (웃음) 어전 어전 그릏기 데지.

이 나라에 사니까.

- 이 나라에 사다나이. 이 이 사는 까자끄덜이 좋은 사름덜이. 수수럽운444) 사름덜.

뭐 없는 사람?

- 수수럽운 사름덜이. 순한 사름덜이.

아아! 수수럽운 사람.

- 수수럽운 사름덜이. 그리 강 강하재잏구 사름덜이. 사름덜이 좋은 사름이라구. 까자끄덜 좋은 사름덜이오. 어 바까 놓구 아 그러문 아, 우 우리 우리 이 우리 고려따~이구 저래 까자끄덜 나와 있으문 별랗게 이저 그렇기 그렇지이. 갠데 이 사름덜은 수수럽운 사름덜이라 아이 그렇소. 사깨덜 까자끄덜이. 순한 사름덜이.

－ 많고 말고!

이제 많아졌습니까?

－ 많습니다. 이제는 뉘 집에 카자흐 여자나 카자흐 남자나 없는 집이 보기 드물어, 드물어. 드물단 말입니다. 그래 고렷사람 집에 카자흐 여자가 며느리로 들어오지. 카자흐 집에 고려 남자가 사위로 들어가지. 그 기가 막혀. 음. 그래 나자르바예프의 말이 옳지. 혈연으로 맺은 한인. 그래 '크로브느이(кровный)'라는 게 그것이.

피〔血〕.

－ 한 피라는 말이지.

이 피라고. 피.

－ (웃음) 이제는 이젠 정말 친척이 되어 한 피나 다름없지요. 그렇게 말했지.

그렇게 되어야지 뭐 이제.

－ (웃음) 이젠 이젠 그렇게 되지.

이 나라에 사니까.

－ 이 나라에 살다 보니. 이 이곳에 사는 카자흐 사람들이 좋은 사람들이지. 수더분한 사람들이지.

뭐가 없는 사람?

－ 수더분한 사람들. 순한 사람들.

아! 수더분한 사람.

－ 수더분한 사람들이지. 그리 강하지 않고, 사람들이. 사람들이 좋은 사람들이지. 카자흐 사람은 좋은 사람들이오. 어, 처지(處地)를 바꾸어 놓고 생각해 보면, 아, 우리, 우리, 이곳이 우리 고려땅이고 저렇게 카자흐 사람들이 우리 땅에 나와 있다면 별나게 굴지. 그런데 이 사람들은 스스러운 사람들이라 안 그렇소. 카자흐 카자흐사람들이. 순한 사람들이지.

그렇습지.

- 그래 까자끄덜이 어 어 까자끄 여자덜 어떤 거느 사 사둔이[saduni] 두 아이 데는데, 고렷사름 보구, '사두임더?' 사두이[sadui]라구. (웃음).

그렇지요.

  ─ 그래 카자흐 사람들이 어 어 카자흐 여자들 중에 어떤 사람은 사돈
도 안 되는데 고렷사람을 보고 '사돈입니까?'라고 말하지. 사돈이라고 하
지. (웃음).

■ 주석

1) 녹취한 음성 파일은 AKZ-TD-01(국립국어원 관리 파일)이다.

2) 동북방언 및 육진방언의 일부 지역에서 '할머니'의 방언형으로 쓰이는데 중국, 중앙아 시아의 한인들도 이 말을 쓴다. 때문에 조사자가 써 본 것이다. 구술자는 '할머니'를 '큰아매'라 하였다. 조사자가 이전에 조사한 단천 지역어의 '조모' 호칭어는 '클아매'였 다(곽충구: 1993).

3) 중앙아시아의 한인들은 한국이나 북한을 모두 '고려' 또는 '조선'이라 부른다. 그런 까닭에 조사자가 '북한'이라는 말 대신 러시아어를 쓴 것이다. '고려'라는 말은 이미 1920년대부터 연해주에서 쓰이기 시작하였다. 중앙아시아로 이주한 후에는 '조선'과 '고려'라는 말을 아울러 썼으나 1980년대 말부터 공식적으로 자신들을 '고려인'이라 부르고 모국어를 '고려말'이라 부른다. 이에 대해서는 로스 킹(1992: 84-85), 김필영 (2004: 15-18) 등을 참고할 것.

4) 고려말은 본디 함북의 여러 지역어들이 혼합되어 형성된 말이므로 하나의 지시 대상에 대해서도 여러 지역 방언을 쓰는 경우가 있다. '할메(<할머이)'는 '할머니'의 방언이고 '할아바이'는 '할아버지'의 방언이다. 구술자는 뒤에서 자신의 조부모를 여러 번 '클아 바이'(할아버지), '큰아매'(할머니)라 했는데 이는 구술자가 어릴 때 직접 불렀던 호칭 어다. 그리고 '할미', '할머이', '한애비'라는 친족어도 썼는데 이는 지칭어다.

5) 추측컨대, 러시아어 отправляться를 발음하려다 고려말의 '-한두'를 말한 것으로 생각된다.

6) '-사'는 강조하는 뜻을 보태는 첨사.

7) '-음둥/-슴둥'은 육진방언과 그 외곽의 함북 지방에서 많이 쓰이는 하압소체의 의문형 종결어미. 'ㄹ'를 제외한 자음으로 끝난 용언 어간 뒤에는 '-슴둥', 모음과 유음으로 끝난 용언 어간 뒤에는 '-음둥'이 결합된다. '-음둥/-슴둥'의 '둥'은 흔히 [tu] 또는 [tū]으로 발음된다.

8) '큰아매'는 '할머니'의 방언, '클아바이'는 '할아버지'의 방언. 주로 함북과 함남 북부 지역에서 쓰이는 친족호칭어이다.

9) '상새나다'는 '사람이 죽다'라는 뜻의 동사. 상스(喪事)+이>상싀>상새. '상세나다'라 하는 화자도 있다. 대체로 화자보다 손위이거나 동등한 대상에게 이 말을 쓴다. 따라서 표준어로 옮길 때, 주체가 화자의 손위일 때에는 '돌아가시다'라 옮기고 대등할 때에는 '돌아가다' 또는 '죽다'로 옮긴다.

10) '빠빠(папа)'를 발음하려다 그친 것.

11) 중앙아시아 한인들은 노소를 막론하고 '어머니'를 러시아어를 써서 '마마(мама)'라 한다.

12) 구술자는 특이하게도 '어머니'와 '어머이'를 함께 썼다. 동북방언에서는 /ㅣ/나 활음 /y/ 앞에 'ㄴ'이 오면 'ㄴ'은 선행하는 모음을 콧소리(비음)으로 만들고 자신은 탈락하는 규칙이 있다. 그러나 육진방언에는 이 규칙이 없거나 그 적용이 미미하다. 그런데 구술자는 이 규칙 적용이 수의적이다. 이는 육진방언 화자였던 남편의 영향일 것으로 추측된다.

13) '욍겨 앉다'는 '옮겨 앉다'의 방언으로 '개가(改嫁)하다'의 뜻. '욍기다'는 '옮기다'에 자음군단순화 규칙과 'ㅣ' 모음역행동화 규칙이 적용된 것이다.

14) '개가(改嫁)'를 고려말로 '욍겨 앉다'라 하는 것이 맞느냐는 말.

15) 구술자는 '고려' 및 '고려'('고레'라 하기도 함)를 어기로 하는 합성어를 쓴다. 예: 고려말, 고렷사름, 고려 마을, 고려 조합, ……. '고려'는 주로 중앙아시아의 한인들과 관련하여 쓰인다. 이 밖에 구술자는 남북한을 아우른 '모국'이란 뜻으로 '고려'라는 말을 쓰기도 하고 몇 차례 '조선'이라는 말을 쓰기도 하였다. 또 뜻이 다르기는 하지만 달리 '내지'라는 말을 많이 썼다. 한편, '남한' 또는 '북한'을 지칭할 때, 남한은 주로 '한국'이라 하였으나 '남조선'이라는 말도 썼다. 북한은 '북조선'이라 하기도 하고 러시아어를 쓰기도 하였다.

16) '주+지#아니하-+지'(주지 아니하지, 주잖지)가 줄어든 말.

17) '마마(мама)'를 말하려다가 그친 것.

18) '잇다'는 '있다'의 방언. '잇-'은 어미 '-아X'와 결합할 때 나타나고 어미 '-으X'와 결합할 때에는 '잇' 또는 '이시'로 나타난다. 반말체 종결어미 '-어' 앞에서는 간혹 '있'으로 나타나기도 한다.

19) 전형적인 동북 및 육진방언의 이중 목적어 구문이다. 동북 및 육진방언에서는 'X에게 Y를 주다'를 'X르(으) Y르(으) 주다'라 한다.

20) '주+지#아니+엇+지'가 줄어든 말. 따라서 '주재넷지[주재네찌]'가 되어야 할 것이나 구술자는 '주재니찌'로 발음하였다.

21) '노시아'를 말하려다 그친 것. 중앙아시아의 한인들은 '러시아'를 '노시아'라 하고 러시아 사람은 '마우재'(<毛子)라 한다.

22) '그렇지', '웅', '그럼', '음' 따위의 뜻으로 쓰이는 감탄사. 중앙아시아 한인들이 자주 쓰는 말이다. 이 말 대신 러시아어 '누(ну)'를 쓰기도 한다.

23) 고려말 화자들은 연도(年度)를 말할 때 고유어 수사를 쓰는 경우가 많다. 구술자가 '서른'이라 한 것은 1936년의 '36년'을 '서른여슷 해'로 말하려다가 그친 것이다. 구

술자는 다시 '삼십뉵년'으로 바꾸어 말하였다. 앞 문장에서도 "삼 *서 삼십뉵년"이라 하였는데 이도 역시 같은 이유로 말을 더듬은 것이다.

24) '싣-'의 피동사. 구술자를 비롯, 중앙아시아 한인들은 '기차에 실려 중앙아시아로 오다'라는 뜻으로 '싣기다'라는 말을 흔히 쓴다. 또 '이주(移住)'라는 말이 없는 까닭에 '강제 이주'라는 말 대신 '뜨-'의 피동사 '띠우-'라는 말을 쓴다.

25) 구소련은 한인을 중앙아시아로 이주시키기 전에 많은 한인들을 비밀리에 처형한 것으로 알려져 있다. 구술자의 모친도 그 때 잡혀간 것으로 보인다.

26) '곳[處]'의 방언형. 중세국어의 명사 말음 'ㄷ'은 고려말과 동북 및 육진방언에서 'ㄷ>ㅅ'의 변화(마찰음화)를 겪지 않았다. '낟[鎌]', '몯[釘]', '붇[筆]' 따위가 그러한 예다. 이는 동북방언이 보수적인 성격을 지니고 있음을 보여 준다.

27) '-가'는 주격조사가 아닌 공동격조사. 구술자는 한두 차례 '-과'를 쓰기도 하였다. '-가'는 음운론적 조건과 무관하게 명사에 결합된다. 부연하면, 구술자의 고려말, 동북 및 육진방언에서는 이형태 '-와'가 쓰이지 않는다. 참고로, 고려말에는 주격조사 '-가'가 없다.

28) 처소를 나타내는 지시 대명사 '여기'의 방언. 고려말, 동북 및 육진방언에는 지시 대명사 '이, 고, 그, 저(뎌), 조(됴), 요' 등에 'ㅇ 게'가 결합한 '잉게, 영게, 공게, 궁게, 정게(<뎡게), 종게(<둉게), 용게'와 같은 대명사들이 쓰인다. '-ㅇ 게'는 중세 국어 시기의 '-어긔'와 관련이 있을 것으로 생각되나 '잉게, 정게(<뎡게)'를 '이어긔, 뎌어긔'로부터 이끌어 낼 수는 없다. 즉, 그 음변화가 설명되지 않는다. 중세 국어의 '뎌어긔'가 중앙어에서는 '저기'로 변화하였지만, 이 방언에서는 '정게'로 변화하였기 때문이다.

29) '-르'는 움직임의 방향을 나타내는 부사격조사 '-로'의 방언. 받침을 가진 체언 뒤에서는 이형태 '-으르'가 결합된다.

30) 흔히 '인차'라 하는데 구술자는 '인치' 또는 드물게 '인츠'라는 말을 쓰기도 하였다. '인츠+-이>인치>인칙>인치'의 변화를 겪은 것이다.

31) '-느'는 모음으로 끝나는 말에 결합하여 '대조', '화제' 또는 '강조' 따위의 의미를 나타내는 보조사. 결합 환경이나 그 의미가 표준어 '-는'과 같다. '-느' 외에 '-ㄴ, -는'과 같은 이형태가 있다. 자음으로 끝나는 체언 뒤에는 '-은, -으느, -으는, -운, -우느, -우는'과 같은 이형태가 결합된다.

32) 카스피해의 북서쪽에 위치한, 러시아 아스트라한 주(Россия, Астраханская область)의 주도(州都)이다. 이곳으로부터 다시 북서쪽으로 200km 떨어진 곳에 볼가강이 있고 그 서안(西岸)에 볼고그라드(Волгоград, 이전의 스탈린그라드)가 있다. 볼가강은 이 볼고그라드와 아스트라한을 관류한다. 구술자는 연해주 나홋카에서 이 아스트

라한의 볼가강 인근 지역으로 강제 이주를 당하였다. <지도 2>를 참고할 것.

33) '경게'는 처소를 나타내는 지시대명사 '거기'의 방언. 함경도 방언과 고려말에는 지시 대명사 '이, 고, 그, 저(뎌), 조(죠), 요' 등에 'ㅇ게'가 결합된 '잉게, 공게, 긍게, 정게 (<뎡게), 종게(<동게), 용게'와 같은 대명사들이 쓰인다.

34) '역'은 '가장자리'의 뜻을 지닌 명사. 따라서 '월가역'은 카스피해 서부에 위치한 '볼가 강의 주변 지역'이란 뜻이다.

35) 동북 및 육진방언에서 '짓[作]-'은 '짛-'으로 실현되나 구술자는 '지ㅎ-'로 조음한다. 'ㅅ'불규칙 용언과 같다.

36) '지내'는 '아주'의 뜻을 지닌 부사. 때로 '너무'라는 뜻으로 쓰이기도 한다.

37) '무운직'은 '아무도 살지 않는 황량한 벌판' 즉, '무인지경(無人之境)'이란 뜻이다. 중 앙아시아 한인들이 비교적 자주 쓰는 말이다. '미인적, 미은직, '미운직' 따위의 변이 형들이 있다. 어원은 분명하지 않으나 '무인적(無人跡)'과 관련이 있을 듯하다.

38) 종결어미 '-재'는 '-지 아니하-+-오'가 줄어든 말. '-지 아니하-+-오>-재이오>- 재오>-재'. 주로 하오할 자리에서 쓰인다.

39) '주인(主人)'의 방언.

40) '-으'는 대격조사 '-을'의 방언. 자음으로 끝난 체언 또는 모음으로 끝난 일부 단음절 명사 뒤에 결합된다. 예: 책으(책-을), 신으(신을), 사는 곤으(곳-을), 닙쌀으(입쌀-을), 즘스으(짐승-을), 꽂으(꽃-을) 등. 받침이 순자음인 경우 또는 선행하는 체언의 끝 음절 모음이 'ㅗ', 'ㅜ'인 경우는 수의적으로 '-우'로 실현된다. 예: 밥우(밥-을), 집우 (집-을), 문-우(문을).

41) '겨울'의 방언. 함경남북도 지방에서는 '저울', '저슬', '겨슬', '경울' 따위의 방언형이 쓰이지만 일반적으로 널리 쓰이는 방언형은 '동삼'이다. '冬三'에서 유래한 말이다.

42) '-르'는 대격조사 '-를'의 방언. 일부 모음으로 끝난 단음절 명사를 제외한 대다수의 모음으로 끝난 체언 뒤에 결합된다.

43) '능재'는 밭이나 길가에 흔히 나는 '명아주'의 방언. 합성명사의 선행 어기일 때 '능장' 으로 나타나기도 한다. 따라서 '능재'는 본디 '능장+-이'에서 변화한 말이다.

44) '-래르'(<랴르)는 '-려고' 또는 '-게끔' 정도의 뜻을 지닌 연결어미. 가장 고형인 '-랴 르'가 육진방언에서 쓰이며 '-라르', '-래르'와 같은 변이형도 있다.

45) '곰만'은 '금방'의 방언.

46) '1938년'을 '서른야듧 해'로 말하려다 그친 것.

47) '시작하다'를 '시잭이르 하다'라 한다.

48) '없이우다'는 '없애다'의 방언.

49) '골'은 '머리[頭]'의 방언.

50) '골이 일으 한다'는 중앙아시아의 한인들이 흔히 쓰는 말로, 러시아어 'голова рабоöт ает'을 번역차용한 관용어. '머리를 쓰다' 정도의 뜻을 지닌다.

51) '땅굴'의 방언.

52) 흔히 중앙아시아 한인들은 '상점'을 '공리사'라 하는데 구술자는 '공이사'라 하였다.

53) 기와를 얹듯이 널조각을 얹고 그 위에 다시 널조각을 포개어 얹은 것을 말한 것이다.

54) 1940년의 '40'을 어떻게 말해야 할지 몰라서 더듬은 것.

55) '우리르'를 잘못 발음한 것.

56) 스탈린그라드는 현재 볼고그라드(Волгоград)로 이름이 바뀌었다. 차리친(1598-1925)이라 불리던 것이 1925년에 스탈린그라드로 바뀌었고 다시 1961년에 볼고그라드로 바뀌었다. 볼가강의 서안에 있는 도시로 볼고그라드 주의 주도(州都)이다. 인구는 대략 110만 명이다. 제2차 세계대전 중 독일과 소련 간의 격전지로 유명하다. 볼가·돈 운하의 기점(起點)이며 교통의 요충지이다.

57) =전쟁(戰爭). 구술자의 경력으로 보아 이 전쟁은 제2차 세계대전 중 독일과 소련 사이의 전쟁일 것이다. 이 전쟁은 1941년 6월에 독일이 소련을 기습 공격하면서 시작되었다. 1945년 5월 8일 독일의 무조건 항복으로 끝났다. 이 시기에 중앙아시아의 많은 한인들이 전쟁에 동원되어 노무(勞務)의 일을 하였다.

58) '나눕-'은 '곡식 따위가 쓰러져 눕다'의 뜻을 지닌 동사. 어떤 일을 완강히 거부할 때에도 '나눕-'이라는 말을 쓴다.

59) '긱땅맥히다'는 '기가 막히다'의 방언. 함경도 방언에서 흔히 쓰이는 말이다. '기땅맥히다'라 하기도 한다.

60) '한평생'의 방언.

61) '심다'의 방언은 대체로 자음으로 시작하는 어미 앞 또는 어미 '-으X' 앞에서는 '수무-', 어미 '-어X' 앞에서는 '숭구-' 또는 '숨-'으로 교체된다.

62) 러시아어 발음대로 '월'을 [vəl]로 발음한다. 볼가 강을 말한다.

63) '역'은 '개[邊]'의 방언. 물가는 '물역', 입가는 '입역'이라 한다.

64) '-쯤안'은 주로 이, 그, 저, 요 등과 같은 지시대명사에 붙어, 앞 말이 나타내는 장소나 시간을 중심으로 '그 언저리나 무렵'의 뜻을 나타내는 말. 동북 및 육진방언에서 흔히 쓰인다.

65) '뜨다[離]'의 사동사. 이주(移住)라는 말이 없는 까닭에 순수 고유어를 써서 말한 것이다. '자리를 뜨다'의 '뜨-'에 접미사 '-이우-'가 결합한 것이다. 뜨-+-이-+-우->띠우->띠우-.

66) '구려부'는 아스트라한으로부터 남쪽으로 70km 떨어진, 볼가강 지류에 바로 인접해 있는 Кировский인 것으로 생각된다. 구술자는 '구려부'가 카자흐스탄 땅이라고 하였지만 러시아 영내에 있다.

67) 카자흐스탄의 북부에 위치한 카자흐스탄공화국의 수도. 인구는 2007년 현재 약 70만 명이다. 1997년에 알마티에서 이곳 아스타나로 수도를 옮겼다. 한인들이 이주할 당시에는 아크몰린스크(Акмолинск)로 불렸다. 1991년 카자흐어 아크몰라(Акмола)로 고쳤다가 1997년 수도를 옮기면서 카자흐어로 '수도'라는 뜻의 '아스타나'로 개명하였다. 그러다가 2019년 누르술탄 나자르바예프 전 대통령의 이름을 따 누르술탄으로 고쳤다가 2022년 다시 아스타나로 환원하였다. 2007년 통계 자료(알마티 한국종합교육원)에 의하면 3,659명의 한인이 거주한다.

68) 냥[nyā]>양[yā]. 구술자는 '냥[nyā]'과 '양[yā]'을 수의적으로 쓴다. 발화의 맨 앞에 놓일 때는, 대등한 사람 또는 손아래라도 '해라'할 처지가 아닌 사람의 부름에 대답하거나 묻는 말에 긍정하여 대답할 때 쓰는 말이고, 발화 도중에 쓰일 때는 대등한 사람 또는 손아래라도 '해라'할 처지가 아닌 사람과 말을 나눌 때, 말을 이어가면서 중간 중간에 상대방의 주의를 환기하거나 강조할 때 삽입하는 요소로서, 하오할 대상과 어울려 쓰이는 말이다. 발화의 맨 끝에 놓일 때는 상대편의 대답을 재촉하거나 다짐을 두는 말로 쓰인다. 동북방언의 상대 경어법은 대체로 '하압소', '하오', '해라'의 세 등급으로, '냥'은 '하오'할 자리에서 쓰인다. 대등한 사이 또는 부모가 장성한 아들에게 또는 동네의 노인이 젊은이에게 쓴다. 참고로 하압소할 자리에서는 '예'라 하고 해라할 자리에서는 '옹' 또는 '엉'이라 한다. '야' 또는 비음성이 없는 '야' 등의 형태로 나타난다. 육진방언에서는 보통 '냥[nyā]'이라 하고 동북방언에서는 'ㄴ'가 탈락한 '야[yā]'라 한다. 구술자는 야라 하는데 혹간 '냥'을 쓰기도 하였다. 표준어 대역에서 '응'이라 하였지만 이것이 적절한 처리가 아님은 물론이다.

69) 토호(土豪)는, 어느 한 지방에서 오랫동안 살면서 많은 땅과 재산을 가지고 세도를 부리며 인민을 착취하고 억압한 지방 호족을 이르는 말이다. 러시아 혁명 시기에 이 토호는 지주(地主)와 함께 숙청의 대상이었다. '토호르 맞다'는 '토호로서 숙청을 당하다'의 뜻. 중국에서는 이를 '청산을 맞다'라 하는데 구술자도 '맞다'라는 동사를 쓰고 있다.

70) '-읍데/-습데'는 하오할 자리에서 화자가 과거에 보고 들은 사실을 현재에 와서 남에게 말할 때 쓰이는 서술형 종결어미. 어간이 모음이나 유음으로 끝나면 '-읍데'가 결합되고, 유음을 제외한 자음으로 끝나면 '-습데'가 결합된다.

71) 동북방언권에서는 '보이다'를 '베우-' 또는 '배우-'라 한다. '베워주두'는 원래 '베우지도'(보이지도)라 할 것을 잘못 발음한 것이다.

72) '칩아'는 '칩-+-아'로 분석된다. '칩다'는 '춥다'의 함경도 방언이자 고어(古語)이다.

지역에 따라 부사형어미 '-어'가 결합되기도 하고 '-아'가 결합되기도 한다.

73) '낭기'는 '나무'의 주격형. '나무'는 본디 자음 조사 앞이나 또는 합성어의 선행 어기일 때에는 '나무'로 교체되고 모음 조사 앞에서는 '낡'으로 교체되었으나, 이 구술자는 자음 조사 앞에서 '낭기', '낭그'를 수의적으로 쓴다. 교체 어간 이형태들의 단일화 (leveling) 경향을 보여 주는 것이다.

74) '-으느'는 순자음을 제외한 자음으로 끝나는 말에 결합하여 '대조', '화제' 또는 '강조' 따위의 의미를 나타내는 보조사. 결합 환경이나 그 의미가 표준어 '-은'과 같다. '-으 느' 외에 '-은, -으는, -운, -우느, -우는' 따위와 같은 이형태가 있다. 이 중에서 '-은, -으는'은 순자음을 제외한 자음 뒤에 결합되고, '-운, -우느, -우는'는 순자음 뒤에 결합된다. '-은', '-으느', '-으는'은 동일한 환경에서 자유롭게 교체될 수 있는 이형태들이다.

75) '헝겊'은 '천'(실로 짠 물건)의 방언.

76) '-는가나무'는 '-는가 하면'의 방언.

77) '부수깨'는 '부엌'의 방언. 함경도 지방의 가옥구조는 전통적으로 두줄박이집(양통형 집, 田字집)의 유형이다. '부수깨'는 구들을 놓은 방구들(정지방)과 벽이 없이 이어져 있다. '부수깨', '방구들', '바당' 등을 합쳐 '정지'라고도 한다.

78) 카자흐스탄 동부 알마티주(州) 발하슈 호수의 동남단에 있는 도시 이름.

79) '웬'은 정도를 나타내는 부사 '맨' 또는 '가장'의 방언. 대체로 육진방언에서는 '웬:'이 라 하고 동북방언에서는 '웬:'이라 한다. 이들 방언형들은 상승조로 실현되는데 각각 '왼'에서 변화한 것이다.

80) 처소를 나타내는 지시대명사 '저기'의 방언. 고려말, 함경도 방언에는 지시대명사 '이, 고, 그, 저(뎌), 조(됴), 요' 등에 'ㅇ게'가 결합한 '잉게, 영게, 공게, 궁게, 정게(<뎡 게), 종게(<둉게), 용게'와 같은 대명사들이 쓰인다.

81) '많-'는 '-아X' 어미와 결합할 때에는 '많애X'로, '-으X'계 어미와 결합할 때에는 '많아', 자음으로 시작하는 어미와 통합할 때에는 '많'으로 어간이 교체된다.

82) '아스타나'의 구명(舊名)인 '아크몰린스크'를 발음하다가 그친 것.

83) 기차가 다니는 철도(鐵道)를 말한 것인데, '철둣길'을 잘못 발음한 것으로 보인다.

84) '나 모 나 모오무'는 '나 모 오무'를 말하려다가 더듬은 것. 고려말, 함경도 방언에서는 부정부사가 합성어의 어기와 어기 사이에 놓인다. 즉, '나오다'와 부정부사 '못'의 통합은 '못 나오다'가 아닌, '나 모 오다'라 한다. 부정부사 뒤에 놓이는 용언의 첫소리 가 모음이거나 'ㅎ'일 때는 '못'이 아닌 '모'가 쓰인다.

85) '마술기'는 말이 끄는 수레. '술기'는 수레의 방언이다. *술귀>술긔>술기. 중세국어의 '술위'는 '술귀'에서 'ㄱ'이 탈락한 것이다.

86) 고려말과 함경도 방언에서는 '타다[乘]'라는 말 대신 '앉다'라는 말을 쓴다.

87) =Балкаш(Balhash). 구술자는 Балхасы라 하였지만 Балхаш가 옳다. 발하슈는 카자흐스탄 동부에 있는 호수로 면적이 1만 8,000~1만 9,000㎢, 길이 605㎞에 달한다. 호수의 너비는 서쪽 넓은 부분이 74㎞이고, 평균 수심은 6m, 최대 수심은 26m이다. 서부의 일리강 하구 부근은 담수, 동부는 염수이다. 수산업(잉어·농어)이 이루어지며, 연안에서는 구리·소금이 생산된다.

88) '따암'은 '따-+-암'으로 분석된다. '따-'는 '다르-'의 방언. '-ㅁ'은 종결어미.

89) '저나'는 표준어 '저기'(생각이 갑자기 나지 않거나 또는 말머리를 고르기 위해 말을 더듬을 때 쓰는 말)와 같은 말. 구술자는 '저나', '저어나' 또는 드물게 '저냐'라는 말을 자주 썼다. 지시대명사 '저'와 '냥'이 결합한 말로 보인다. 고려말이나 함경도 방언 화자들이 흔히 쓰는 말은 아니다.

90) '-으르'는 조사 '-으로'의 방언. 'ㄹ'을 제외한 자음으로 끝난 명사 뒤에 결합되며 방향, 도구, 자격 따위의 의미를 나타낸다. '-을르'로 나타나기도 한다.

91) '-꺼저'는 보조사 '-까지'의 방언. 구술자는 '-꺼정', '-꺼지'와 같은 변이형도 썼다. '-꺼저'는 '-꺼정'의 말자음 'ㅇ'이 약화 및 탈락된 것이다.

92) '인치'는 '이내', '곧바로'의 뜻을 지닌 부사. 흔히 '인차'라 하는데 구술자는 '인치'라 하였다. 중국의 함북방언 화자들은 '인츠'라는 변이형도 쓴다. '인차'는 북한의 문화어이다.

93) 흔히 남의 집 '남편'을 홀하게 이를 때 '남제(남뎨<남덩+-이)'라 한다. 흔히 자기 남편이나 남의 집 남편을 이를 때에는 '나그내'라는 말을 쓴다.

94) '날마지(<날마디)'는 '날마다'의 방언. 육진방언에서는 '날마디', '날마디르'라 한다.

95) '혼자'의 방언. '하분자' 외에 '호분자', '호분차' 따위의 변이형들이 쓰인다.

96) '사깨'는 카자흐인을 홀하게 이르는 말. 우즈베크인은 '베께'라 한다.

97) '베략'은 '별로'의 방언. 흔히 '베락'이라 하는데 구술자는 '베략'이라 하였다. 필자는 이 '베략'이라는 방언형을 접해 본 적이 없다.

98) 강이나 바다에서 그물을 넓게 둘러치고 여러 사람이 두 끝을 끌어당겨 물고기를 잡는 일.

99) 호수가 얼어 배가 다니지 못하여 일을 못한다는 말을 하려다 만 것.

100) 카자흐스탄 북부 발하슈 호수 내의 동쪽에 있는 지명(地名).

101) '파이나다'(<판이나다)는 '판나다'라 하기도 하는데, '닳아서 해어지다', '물건 따위가 망가지다'라는 뜻.

102) '곤치다'는 '고치다'의 방언.

103) '-구야'는 '-고서'를 강조하는 연결어미. 고려말에서 흔히 쓰인다.

104) '-ㄹ라'는 'ㄹ' 받침 또는 받침 없는 어간 뒤에 붙어 행동의 목적을 나타내는 어미. '-러'의 방언이다.

105) 이 부분은 AKZ_TD_06(거주생활, 어촌생활)(국립국어원 음성 파일 관리 번호)의 32분부터 전사한 것임.

106) '날마지'는 '날마다'의 방언. 육진방언권에서는 '날마디', '날마디르'라 한다.

107) '다리객'은 '다리각'에 주격조사 '-이'가 결합한 다음 'ㅣ' 모음역행동화를 겪은 것. '다리각'은 '다리'를 좀 낮추어 이르는 말. 함경도에서 흔히 쓰이는 방언이다.

108) '골배'는 '골뱅이'(몸이 타래처럼 꼬인 껍데기 속에 들어 있는 동물을 일상적으로 통틀어 이르는 말)의 방언. 함경도 방언에서는 흔히 '다슬기, 우렁이, 달팽이'를 총칭하는데, 위 구술자가 말한 것은 바다에서 서식하는 것을 말한 것이므로 '소라'나 '고둥'일 것이다.

109) '죠개'의 'ㅈ'는 경구개음으로 조음된다. 중부방언 노년층 화자의 'ㅈ'이 치조경구개음이라면 구술자의 'ㅈ'는 경구개음이다. 구술자는 'ㅈ'을 경구개음이나 치조음으로 발음하지만 이 책에서는 이를 일일이 구별하여 전사하지는 못하였다. 이에 대해서는 곽충구(1994, 2001, 2005), 소신애(2005)를 참고할 것.

110) '-읍드마'는 '-더군요'의 뜻을 지닌 종결어미. 유음이나 자음으로 끝난 어간 뒤에는 '-습드마'가 결합된다.

111) '한지에'는 '한지+-에'로 분석된다. '한지'는 '한데'의 방언형. '한지'는 본디 '한더>한디'에서 나온 말이므로 구개음화하기 어렵지만 중앙아시아의 한인들은 '한지'라 하는데, 아마도 '한지'의 '지'가 '地'에 유추된 것으로 생각된다.

112) '여기에'의 방언. 본디 '영게'라 하지만 구술자는 '영기', '옝게'라 말하기도 한다.

113) 말을 몹시 더듬어 말뜻을 알기 어렵다.

114) '바당'에 부사격조사 '-을르'가 결합한 말. '바당'은 '바다'의 방언이고 '-을로'는 '-으로'의 방언이다. 바당+-을르→바다을르→바달르(바다로).

115) '후리질'은 '바다에 나가 후릿그물을 넓게 둘러치고 여러 사람이 그물의 두 끝을 끌어당겨 물고기를 잡는 일'을 말한다.

116) '촨'은 한어(漢語) '船[chuán]'를 차용한 말. 함북 지방에서는 일찍이 이 말이 차용되어 지금도 널리 쓰이고 있다.

117) 고려말이 서툴러 '가지고'를 '데리고'라 한 것이다.

118) '-랑'을 '-낭'으로 발음한 것.

119) '가재를 솥에 끓인다'는 말을 하려다가 '가매'(솥)만을 말한 것.

120) '굵다'는 '몸체의 부피가 크다'의 뜻.

121) '재빨갛다'는 '새빨갛다'의 방언. 흔히 '재빨갛다'라 하는데 구술자가 강조하여 '쩨빨
갛다'라 하였다.

122) '발라데지구'는 '바르[塗]-+-아 데지-'로 분석된다. 동북방언과 육진방언에서, '바
르-'는 대체로 어미 '-아X' 앞에서는 '밝'으로 교체되고 어미 '-으X'와 자음으로
시작하는 어미 앞에서는 '바르로 교체된다. 구술자의 말에서는 어미 '-아X' 앞에서
는 'ㄱ'이 탈락하고 'ㄹ'이 덧난 '발'로 교체된다. '데지-'는 '더디[投]-'에서 유래한
말이나 동북방언과 육진방언에서는 흔히 '버리[棄]-'의 뜻으로 쓰인다. 고려말도 물
론 그와 같다. 따라서 '발라데지구'는 '발라 버리고'(또는 '발라내고')의 뜻을 지닌
말이다. 육진방언에서는 '발가데디다'라 한다.

123) '반게'는 '방게'를 말한 것이다. 중앙아시아의 고려말에서는 어간말 위치의 'ㅇ'을
'ㄴ'으로 발음하는 경우가 흔하다. 종전에는 이것이 음소 /ㅇ/이 존재하지 않는 러시
아어의 영향으로 보았으나, 소신애(2010)에 의하면, 중국의 육진방언 화자에게서도
발견되므로 동북방언의 일반적인 특징으로 볼 수도 있을 것이다. 1902년 러시아의
카잔에서 간행된 한국어 문헌 *Первоначальный Учебникъ Русскаго Языка
для Корейцевъ*(≪한인을 위한 초등 러시아어 교과서≫)에서도 이러한 예가 다수
발견된다(소신애:2010). '방게'는 바위겟과의 하나. 등딱지의 길이는 3cm, 폭은
3.5cm 정도이며, 어두운 녹색이고 몸은 사각형으로 우툴두툴하고 다리에 털이 적다.
등에 H 자 모양의 홈이 뚜렷하며 집게발은 수컷이 암컷보다 억세다. 식용하며 해변
에서 가까운 민물에 사는데 한국, 일본, 중국 등지에 분포한다.

124) '번지다'는 다의어로, '가대기나 호리 등으로 땅을 갈아엎다', '(달력을) 넘기다', '(밥
을) 거르다', '번역하여 옮기다', '말을 옮기다', '뒤엎다' 등의 뜻을 지닌 동사.

125) 구술자는 이따금 'ㅔ'를 수의적으로 'ㅣ'로 발음하기도 하였는데 고모음화 현상이다.

126) '물역'은 '물'과 '역'이 결합한 합성명사로 '물가'라는 뜻. '역'은 '가장자리'라는 뜻을
지닌 명사이다. '강역'(=강가), '입역'(=입의 가장자리) 따위와 같이 쓰인다.

127) '하드라이'의 발화 실수일 것으로 생각된다. '-드-'는 '-더-'의 변이 형태. '-더라
이'(<-더라니)는 '과거에 있었던 사실을 지금에 와 전달할 때 쓰이는 하오체 서술형
종결어미.

128) 구술자는, '망채는 머리가 크고 바닷가에서 서식한다'고 하였다. 이에 의하면 '망채'
는 '망둥이'(또는 '망둑어')의 방언으로 생각된다. 여기서는 '망둥이'로 옮겨 적는다.

129) '재처리'는 보통 함경도에서 '쟁개비'를 뜻하나 여기서는 '프라이팬'를 말한 것일
수도 있다.

130) '쇠줄[鐵絲]'을 '새절'로 발음하였다. 함북의 북부 지역에서는 '쇄줄', '새줄'이라 한

다. 구술자는 'ㅚ'를 [ㅐ], [ㅔ], [ㅚö]로 발음한다. 이는 필시 육진방언 화자인 시댁 사람들의 영향일 것이다. 'ㅚ'는 육진방언권을 포함한 함북 북부 지역에서는 [ㅐ], [ㅐ]로 발음하고 남부에서는 [ㅚö], [ㅔ]로 발음한다.

131) 한어(漢語) '毛子[máozi]'(러시아 인)에서 유래한 말. 이 구술 발화에는 '마우재'와 어울려 쓰인 합성어가 있다. 예: 마우재글(러시아어로 된 글), 마우재말(러시아어), 마우재까뜰릿 등.

132) 커틀릿(cutlet)은 소, 돼지, 닭 따위의 고기를 납작하게 썰거나 다져서 그 위에 빵가루를 묻혀 기름에 튀긴 요리.

133) '타~아 쳐서'의 발화 실수. '탕아 치다'는 '고기나 물고기 또는 그 밖의 질긴 물건을 도마에 놓고 잘게 될 때까지 칼질하다'의 뜻. 육진방언권에서는 '타~아 티다(탕을 티다)'라 한다.

134) 'ㄲ서내다'는 '꺼내다'의 방언. 'ㄲ스[引]-+-어 내-'.

135) '메우다'는 '무치다'의 방언.

136) 은어과에 속하는 작은 물고기.

137) '퉁재'는 '물통'의 방언. 통자(桶子)+-이>퉁재.

138) '뎌게>져게>제게'의 변화. '저것이'의 뜻. 구술자의 발화에서는 간혹 '져>제'의 변화가 나타난다. 예: 전체>젠체. 점점>젠젠.

139) 바당(바다)+-으(대격조사)→바다~아([padā:], 바다ㄹ를).

140) '한뉘'는 '한평생'의 방언.

141) '잡다'는 '어떤 철이 되거나 돌아오다'의 뜻. 따라서 본문의 '가슬 잡아'는 '가을철에 들어서서'의 뜻이다.

142) '찰'은 '찰기', '차진 기운'의 뜻. 혹, '차조' 따위와 같은 '차진 곡식'을 이르기도 한다.

143) 동북방언권 화자들은 정어리나 명태 따위의 정액덩어리인 '이리'를 '애'라 하기도 하고 또 '간'을 '애'라 한다. 뒤에서, 구술자는 암컷이나 수컷이나 다 '애'를 가지고 있다고 하였으므로 구술자가 말하는 '애'는 '간'이라 할 수 있을 것이나 어떤 대목에서는 '이리'라는 뜻으로 말하기도 하였다. 여기서는 '이리'라 부르기로 한다.

144) '데지다'는 '버리다'의 방언. 더디다>데디다>데지다. '더디다'는 원래 '던지다[投]'의 뜻을 가진 말이지만 고려말과 함경도 방언에서는 '버리다'의 뜻으로 쓰인다. 또 '-어 데지다'의 꼴로 쓰여 앞말이 나타내는 동작이 이미 끝났음을 나타내는 보조용언으로 많이 쓰인다.

145) '수케'를 잘못 말한 것. 바닷속에서 산란을 하면 수컷도 애를 뿜어서 애가 없어야

하는데 수컷이 애를 가지고 있다는 말.

146) '풍산(風散)'일 것으로 생각된다. 바람에 이리저리 마구 흩어지듯이 그렇게 산란(産卵)하거나 새끼를 친다는 뜻으로 한 말이라 생각된다.

147) '뿔루깨'는 '부레'의 방언.

148) '헤다'는 '물속에서 팔다리를 놀려 물을 헤치고 앞으로 나아가다'의 뜻. '헤에댕기다'는 '물을 헤치고 다니다' 또는 '이리저리 헤매고 다니다'의 뜻.

149) 정어리는 '이리'를 다 가지고 있지만 '알'을 가진 것은 없다는 말.

150) '잇-+-지 아니하-'가 줄어든 말. '잇쟤닝->잇쟤잉-'.

151) '쳄심하다'는 '비슷하다' 또는 '흡사하다'의 뜻을 지닌 형용사. 본문에서는 '비슷하게'의 뜻으로 쓰였다.

152) '때기-+-무'(가르면)의 '때기-'는 '따기-'의 'ㅣ' 모음 역행동화형.

153) '맹태지름이'의 '-이'는 주격조사가 아니라 명사에 결합되는 '-이'이다.

154) '알기-'는 '알[知]-'에 접사 '-기-'가 결합된 파생어. '알아지다', '생각나다', '기억이 나다' 정도의 뜻을 갖는다.

155) '곱'은 '동물성 기름'을 말한다. 식물성 기름은 '지름'이라 한다.

156) '겆'은 고어(古語)이자 함북방언. 흔히 '겆'에 접미사 '-웅'이 결합된 '거충'이라는 말을 쓴다.

157) '우리마'는 '우리마을'을 발음하려다 그친 것으로 보이고 '갇'은 '가채비'를 발음하려다 그친 것으로 보인다. 참고로 '가장자리'의 고려말은 '역'이다.

158) '텡게(Теңге)'는 카자흐스탄의 기본 화폐 단위. 구소련연방의 해체로 1993년 11월 15일에 1텡게 : 500 루블의 비율로 소연방의 화폐인 루블을 대체하고 새로운 카자흐스탄의 화폐로 도입되었다. '텡게(Теңге)'는 '저울'이라는 뜻이다.

159) 중앙아시아 한인들은 거주국의 기본 화폐 단위 대신 우리의 옛 화폐 단위인 '냥'을 쓴다. 즉, 카자흐스탄의 화폐 단위인 '텡게' 대신 '냥'이라는 말을 쓴다.

160) '클아매'는 '할머니'의 방언, '클아바이'는 '할아버지'의 방언. 주로 함북 지역에서 쓰이는 친족 호칭어다.

161) =널찍이. '널널하다'는 품, 틈, 간격 따위 원만하게 벌어져 있다', '공간이 꽤 너르다'의 뜻으로 쓰인다.

162) 함북방언에서는 순자음 앞의 'ㅜ'가 비원순화하는 음운현상이 있다. '두부'에 '-이'가 결합한 다음 비원순화하여 '드비'가 된 것이다. 두부+-이>두뷔>드비. 이 같은 예는 곽충구(1994)를 참고할 것.

163) 베드로(ведро)는 일찍이 함북 지방에 '메드레'로 차용되어 널리 쓰였다. 그러나 구술

자는 러시아 어 그대로 발음하여 쓴다.

164) '초(醋)'의 대격형이 '초르'(초+-르)와 '초오'(초+-으) 두 가지로 나타났다. 일반적으로 개음절인 단음절 명사에는 대격조사 '-으'가 결합하여 선행모음에 동화된다. 예: 코+-으→코오(코를).

165) '무시기(=무엇)'에 '-어서'가 결합된 것.

166) 살얼음이나 두부 따위가 엉기어 붙은 상태를 '발'이라 한다. 함경도 방언에서는 '콩을 갈아 걸러서 끓인 물에 간수를 넣은 뒤 콩물이 엉기어 두부의 형태를 갖출 때 흔히 '발으 잡는다', '발이 잽힌다'고 한다.

167) '제'는 '때'의 뜻을 지닌 의존명사.

168) '-으랴'는 청자의 의향을 물을 때 쓰는 의문형 종결어미. '-을까'에 해당하는 어미이다. 구술자 스스로 조사 시간이 지난 것으로 판단하고 '이제 집으로 갈까?'라는 뜻으로 한 말이다.

169) 해삼위(海蔘威)는 블라디보스토크(Владивосток)를 달리 이르는 말. 러시아 시베리아 남동부, 동해에 연한 항구 도시이다. 시베리아 횡단 철도의 동쪽 종착점이며 러시아 함대의 기지가 있다.

170) '구두쇠'라는 말을 하려는데 '구두쇠'의 러시아어와 고려말이 생각이 나지 않아 질문한 것. '꾸뽀이'는 '인색하다'는 의미의 러시아어 'скупой'를 말한 것이다.

171) 생각이 갑자기 나지 않아 기억을 더듬을 때 하는 말. 여성 화자들이 많이 쓴다. 이 밖에 구술자는 '저나'라는 말을 많이 썼다.

172) '따꼽재이'는 '구두쇠'라는 뜻을 지닌 전형적인 함북방언.

173) 흔히 '남의 집 아내'를 홀하게 이르는 말로 쓰인다. '아낙네', '여편네' 정도의 뜻을 갖는다. '동미 안까이'는 구술자의 '여자 친구'를 말한다. 그 아래에 나오는 '안까이'는 구술자의 여자 친구의 어머니를 가리켜 말한 것이다.

174) 동북방언, 육진방언에서 조사 '-와/-과'는 대체로 '-가'로 실현된다. 동북, 육진방언에서는 '-에게 (-을) 말하다'를 '-가 (-을) 말하다'의 문형으로 표현한다.

175) '얻어보다'는 '찾다[尋]'의 방언.

176) '아즈바이'가 지시하는 친족은 '작은아버지', '어머니보다 나이가 어린 외삼촌', '아저씨' 등 여럿이다. 여기서는 그냥 '아저씨'라 해 둔다.

177) 복수접미사 '-덜' 뒤에서는 공동격조사 '-가'가 '-까'로 실현된다.

178) '여자아이'를 좀 다정하게 이르는 말. 대략 초등학교나 중학교에 다니는 여자아이를 이르는 말이나 혼전의 처녀를 이르기도 한다.

179) '내 글쎄 죽는 죽 죽는다'는 '내 글쎄 죽는 죽 죽지 않는다'의 발화 실수.

180) 현재 살고 있는 서양식 가옥구조와 달리 그전에는 구들을 놓은 집이었다는 사실과, 사건이 전개되는 공간이 '부수깨'라는 사실을 일깨우기 위해 말한 것이다.

181) 전통적인 함경도의 가옥구조에서, 밥을 짓는 '부수깨'와 거실 또는 안방에 해당하는 '정지구들'은 벽이 없이 한 공간 안에 이어져 있다. 밥을 지을 때 불은 '부수깨'에서 때지만 솥을 다루거나 반찬을 만드는 일은 모두 정지구들에서 이루어진다. 때문에 구들에 앉아서 끼니를 준비했다고 한 것이다. '정지'는 '부수깨'를 아우른 공간을 지칭한다. 이때 사람이 거처 하는 공간은 '(정지) 구둘'이라 한다.

182) '간나'는 '여자아이'를 낮추거나 욕으로 이르는 말.

183) '놀옹질'은 '놀이'의 방언. 흔히 '놀옴질'이라 하는데 구술자는 '놀옹질'이라 하였다.

184) '뚜지다'는 ①뾰족한 것으로 쑤셔 파다, ②땅을 파서 일구다, ③두더지 따위가 땅을 쑤셔 놓다' 따위의 뜻을 지닌 동사. 함북북부의 육진방언권에서는 '뚜디다'라 한다.

185) '펭재'는 '병'을 가리키는 한어(漢語) '瓶子[píng zi]'에서 유래한 말이다. 평재>펭재.

186) 러시아의 액체 측정단위로 1 체투쉬카(четушка)가 약 246mm(мл)이다. 19세기 말 러시아에 미터법이 도입되면서 체쿠쉬카(чекушка, 0.25리터의 보드카 병 명칭)으로 바뀌었다(손현익 2012:100-101).

187) 말을 더듬어 무슨 말인지 해독이 어렵다. 전후의 문맥으로 보아 '낡은 집들을 모두 철거하고 땅을 온전히 고르고' 정도의 뜻을 말한 것으로 생각된다.

188) '층대집'을 말한 것. '층대집'은 '층집'을 말한다.

189) '사척'은 '사방(四方)'의 방언. 함경도에서 흔히 쓰이는 말이다.

190) 동북, 육진방언권에서 사용 빈도가 높은 동사이다. 곽충구(2019)에 의하면 다음과 같은 뜻이 있다. 가졌던 물건이나 사람이 없어지다. 가지고 있던 것이 사라지거나 없어지다. 사람이 몸이나 마음속에 가졌던 것이 없어지거나 사라지다. 원래의 모습이나 상태를 유지하지 못하게 되다.

191) '-마이(<마니)'는 '-만큼'의 방언.

192) '늘'이란 뜻의 부사 '장상(長常)'인 것으로 생각된다.

193) 함경도 방언에서는 '노(櫓)'를 '가래' 또는 '촨가래'라 하는 까닭에 조사자가 '노'를 '가래'라 한 것이다.

194) 내지(內地)+말+-르(부사격조사)=본국에서 쓰는 말로. '내지(內地)'(육진방언은 '내디')는, 나라 밖인 연해주에 살면서 '본국(本國)'을 일컫던 말이었는데 중앙아시아 한인들은 지금도 이 말을 쓴다.

195) '방다리'는 스크루(screw)를 말한 것이다.

196) '헝겊'은 '천'의 방언. '헝겊'은 '헝겊쪼배기'(천 조각)이라 한다.

197) 함북방언에서는 '돛'을 흔히 '돔'이라고 하나 구술자는 이 말을 모른다. 여기서는 '돛대'라고 전사한다.

198) '풍'은 본디 '무엇이 보이지 않게 가리거나 장식을 하기 위하여 드리우는 천'을 일컫는 말이다. 이전에 함경도 지방에서 '돛'을 '풍'이라 했는지는 확인하기 어렵다.

199) 중국의 함경도 방언 화자들은 흔히 '천막'이나 '무대에 설치하는 막' 따위를 '풍'이라 하기 때문에, '돛'도 '풍'이라 하는지 확인하기 위하여 조사자가 물어 본 것이다.

200) '돛'의 말자음이 'ㅊ'인지 'ㅌ'인지, 'ㄲ'인지 확인하기 위하여 계속 질문한 것이다.

201) 고어 '엱-'(얹-)의 피동사를 부정확하게 말한 것. '배에 얹히지 아니하면(=승선하지 않으면)'의 뜻으로 말한 것이다.

202) '고물'은 '배의 뒷부분'을 이르는 말. 배에 딸린 여러 부분 명칭을 알아보기 위해 던진 질문이다.

203) '저나'의 준말.

204) '궁냥'은 '구멍'의 방언.

205) '보통 정도보다 더 꼼꼼하게 잘' 또는 '고루고루 아주 잘'의 뜻을 지닌 부사.

206) '실모디'는 동북 및 육진방언에서 쓰이는 '실몽당이'의 방언.

207) 그물을 뜨는 데 쓰는 도구. 보통 참대로 만들며, 모양은 조붓하고도 갸름하고 얄팍한데 앞은 뾰족하고 뒤는 오목하게 반달 모양으로 파며, 앞쪽에는 가운데 혀를 남겨 놓고 파내어 이 혀와 뒤의 오목한 홈에 실을 감는다.

208) '다쑤루'는 '대부분'의 뜻을 지닌 부사. '다슈(多數)'에 부사화 접미사 '-르'가 결합하여 형성된 것으로 보인다.

209) '파이나다(<판이나다)' 또는 '판나다'라 하는데, '옷 따위가 헤어지거나 닳아서 떨어지다.'의 뜻.

210) '깁지'는 '깁[補]-지'의 ㄱ-구개음화형. 구술자의 고려말은 ㄱ-구개음화가 예외 없이 이루어졌다.

211) 수선할 그물을 펼쳐 놓거나 걸어 놓기 위하여 덕대처럼 세운 구조물을 말한 것.

212) '모질이'는 '몹시'라는 뜻을 지닌 부사. 형용사 '모질-'에 부사 파생 접사 '-이'가 결합된 파생어.

213) '허궁'은 '한데'의 뜻으로 말한 것임.

214) '역'은 '가장자리'의 뜻을 지닌 명사이므로 '물역'은 '물가'가 된다.

215) 명사 '칠'을 동사로 쓴 것이나 '칠다'라는 동사는 쓰이지 않는다.

216) '줴에뿌리다'는 '내버리다, 내던지다, 하던 일을 집어치우다' 등의 뜻을 지닌 동사. <쥐-+-어 버리다.

217) 하오할 자리에서, 말하는 이가 듣는 이를 가리키는 이인칭 대명사. 해라할 자리에서 는 '너'를 쓴다. '저'는 '당신'보다 더 친근한 표현에 쓰인다. 화자와 청자의 나이가 서로 엇비슷하거나 또는 화자에 비해 청자의 나이가 어리지만 청자가 장성하여 해라 하기 어려운 경우에 쓰인다. 중부방언으로 말하면, 하오할 대상이나 하게할 대상에 게 쓰인다(곽충구: 2019).

218) '서방 가다'는 '장가를 가다'의 뜻.

219) 파란색이 '나니 그 색한테(색보고)'를 말하려다 발화 실수를 한 것. '나니 그 색한테' 를 '나이 한테→나이안테'라 한 것임.

220) 함경도 방언에서는 열매를 '딴다'라 하지 않고 '뜯는다'고 한다.

221) '오래비'는 동기간에서 손위 여자가 '남동생'을 이르는 말이다. 손위 남자는 '오라바 니' 또는 '오라바이'라 한다.

222) '어부장'은 '고함'이나 '아우성'의 뜻을 지닌 말. 흔히 '어부작으 치다'라 하나 구술 자는 '어부장'이라 하였다. 사람이 서로 고래고래 소리를 지르거나 울부짖을 때 또는 승냥이 따위가 모여 울 때 '어부작 치다'라 한다. 작은 말은 '아부작'이다. '아부재기', '어부재기'와 같은 명사도 있다. 이들 방언은 '어불[倂-]'에서 파생된 말로 보인다.

223) '우뿌다'는 '우습다'의 방언으로, 중세국어 '웂브다'의 반사형.

224) 표준어의 '낡다'와 그 의미 및 용법이 다르다. 중국의 육진방언 화자도 '나이가 들어 볼품이나 쓸모가 없다'의 뜻으로 '낡다'라는 말을 쓴다.

225) 한국어로 쓰인 글.

226) '채'는 '째'의 방언. '차히'에서 변화한 고어(古語)이다.

227) '글으 이르다'는 '배우다, 공부하다'라는 뜻. '이르다[讀, 謂]'는 어미 '-어X' 앞에서 는 '읽'으로 교체되고 자음 어미 앞에서는 '이르'로 교체된다. 구술자의 발화에서 '읽'은 혹간 자음 어미 앞에서 나타나기도 한다.

228) '씨'는 '씩'의 방언.

229) '베와 주다'는 '가르쳐 주다'의 방언. '베우다'는 '배우다'의 방언. 비호다>베우다.

230) '정게'를 잘못 발음한 것. '정게'는 '저기'의 방언.

231) 고려말은 물론 함경도 방언에서는 부정 부사 '못'이, 모음으로 시작하는 용언 앞에서 는 '모', 자음으로 시작하는 용언 앞에서는 '못'이 쓰인다. 단, 첫소리가 'ㅎ'일 때에 는 '모'와 '못'이 수의적으로 쓰인다.

232) '일게시문'은 '일기-+-어시+-으무'로 분석된다. '일기-'는 '이르[讀]-'의 사동사, '-어시-'는 '-었-'의 방언, '-으무'는 '-면'의 방언이다. '글으 이르다'는 '공부를

하다'의 뜻이므로 '일게시문'은 '공부를 시켰으면'의 뜻이 된다.

233) 삼촌 댁에서 얹혀 지내면서 공부를 계속 못 한 것에 대해 조금 서운한 마음을 토로하고 있다.

234) 쥐[執]-+-어 뿌리->줴에뿌리->제에뿌리-. '내던지다', '집어던지다', '내버리다', '집어치우다'의 뜻을 지닌다. 함경도 방언과 고려말에서는 '뿌리다'가 주로 '던지다'의 뜻으로 쓰인다.

235) '느비'는 '누이'의 방언. '누븨>느븨>느비'의 변화. 육진방언을 비롯 함북 북부 방언에는 순자음 앞의 'ㅜ'가 'ㅡ'로 변화하는 비원순모음화 현상이 있다(곽충구: 1991/1994). 예: 드비(<두부+이, 두부). 늡다<눕다 등.

236) '듫-+-을라이'로 분석된다. '-을라이'는 받침 있는 어간 뒤에 결합되는데 '-자 하니', '-으니까' 정도의 뜻을 지닌 연결어미. 이보다 약간 강조의 의미를 지닌 '-을라이까', '-을라이까나', '-ㄹ라이까네'도 쓰인다. 구술자의 발화에서 두드러지게 나타난다.

237) '바당'은 '바다'의 방언.

238) '기땅맥히다'는 '기가 막히다'의 방언. 동북 및 육진방언에서 흔히 쓰인다. '긱땅맥히다'라 하기도 하는데, 구술자도 '긱땅맥히다'와 '기땅맥히다' 두 말을 다 쓴다.

239) '가르[粉]'는 자음으로 시작하는 조사 앞에서는 '가르', 모음으로 시작하는 조사 앞에서는 '갉'으로 교체된다. 주격형은 '갉기(갉-이)', 대격형은 '갉그(갉-으)', 처격형은 '갉게(갉-에)', 조격형은 '갉글르(갉-을르)'.

240) =배[船]. 한어(漢語) '船[chuán]'을 차용한 말. 일찍이 함경도 지방에 차용되어 동북방언에 정착하였다. 육진방언에서는 '챤'이라 한다. 이 명사가 어기로 쓰인 합성어도 몇이 있다. 예: 찬재(뱃사공), 찬가래(노).

241) '퉁재'는 '물통'의 방언. 퉁자(桶子)+-이>퉁재.

242) '아주 몹시'의 뜻을 지닌 부사. 형용사 '모질-'에서 파생된 부사이다. <모딜이. '모질다'는 '굵다', '어떤 정도가 매우 심하다' 등의 의미를 지닌 형용사이다.

243) 육진방언에서는 형태소의 끝 모음 '이'가 대격조사 '-으'와 같이 모음으로 시작하는 조사 앞에서 탈락하는 것이 일반적이다. '저~어르'는 '정어리+-으'에서 끝 모음 '이'가 탈락된 것이다. '저고리-를'을 '져골으'이라 한다. 합성어를 이룰 때에도 '이'가 탈락한다. 예: 져굴섶이(저고리 섶).

244) '고치(<고티)'는 '방울'의 방언. 합성어로 물고치(물방울), 오좀고치(오줌방울) 따위가 있다. 누에고치를 '느베고치'(<느베고티)라 하는데 이때의 '고치'도 그와 어원이 같은 말일 것으로 생각된다.

245) '시기다'는 '시키다'의 방언이자 고어(古語).

246) '텃밭'이란 뜻을 가진 러시아어인데 중앙아시아 한인들은 이 말을 고려말처럼 일상 적으로 쓴다.

247) '데지다'는 본디 '더디다[投]'에서 변화한 말이나 고려말에서는 보조 용언 '버리다' (표준어)와 그 쓰임이 같다.

248) '지쟁이'는 '기장'의 방언.

249) '밥수끼'는 '수수'의 방언. 모음으로 시작하는 조사 앞에서는 '밥숚'으로 교체된다.

250) '클아바이'는 '할아버지'의 방언.

251) '즘승개'는 집짐승을 통틀어 이르는 말.

252) 앞뒤 문장과의 연결이 매끄럽지 않다. 추측컨대, 고기를 잡아 소금에 절이고 통에 담아서 외국에 수출하기까지의 과정이 힘들었다는 뜻으로 한 말로 생각된다.

253) '어저느'는 '어저'에 보조사 '느'가 결합한 말. '어저'는 '이제'의 방언.

254) 함북방언에서는 어간말자음군 'ㄲ>ㄸ'의 변화를 볼 수 있는데, '점문이'도 그 한 예이다. 이 밖에 '삶다>삼다'가 있다.

255) '석매'는 '연자방아'의 방언.

256) 발음이 분명하지 않은데 '또리또리다맣다'를 발음하다가 그친 것으로 생각된다.

257) '또리또리사다'는 '동글동글하다'의 뜻을 지닌 형용사. 어미 '-아'가 결합할 때에는 '또리또리새애서'가 된다.

258) 무엇을 가지고 말해야 연자방아의 모습을 제대로 설명할 수 있겠느냐는 말.

259) '질'은 '길[道]'의 방언. ㄱ-구개음화를 겪은 방언이다.

260) '달구다'는 '돌구다(돌리다)의 발화 실수.

261) '우둔하다'는 '좀 산뜻하지 않게 굵거나 육중하다'라는 뜻을 지닌 형용사.

262) '-께다'는 '-에게'의 방언. 표준어의 존칭 여격 조사 '-께'와는 다르다.

263) =눙그다. 디딜방아로 곡식을 찧을 때, 확 속에 있는 곡식에 물을 뿌리며 찧어서 껍질을 벗겨 내다. '눙구다'는 본디 자음으로 시작하는 어미 앞에서는 '누무', 모음으 로 시작하는 어미 앞에서는 '눔ㄱ' 또는 '눙ㄱ'으로 교체되던 동사이나 점차 '눙구' 로 교체 어간이 단일화하고 있다.

264) '큰아매'는 '할머니'의 방언.

265) 한어(漢語) '蘿葍[luófú]'를 차용한 말. 고려말 및 함경도 방언에서는 흔히 '무'를 '노 오배'라 한다.

266) '무'는 자음으로 시작하는 조사 앞에서는 '무수', 모음으로 시작하는 조사 앞에서는 '묶'으로 교체된다. 주격형은 '무끼(묶-이)', 대격형은 '무꾸(묶-으)', 처격형은 '무께 (묶-에)'. 그러나 자음 조사 앞에서 '무끼'가 출현하기도 한다.

267) '홍당무'를 뜻하는 한어(漢語) '胡蘿卜[húluóbo]'에서 유래한 말로 보인다. 본문에서는 '홍당무'로 옮긴다.

268) '-오다'는 주로 함경남도 지방에서 쓰이는 서술·의문의 종결어미로 표준어 '-ㅂ니다'에 대당된다. 'ㄹ'을 제외한 받침 있는 어간 뒤에서는 '-수다'를 쓴다.

269) 러시아어 'морковь'는 '당근'이다.

270) '한나투'는 '한나+ㅎ+두'로 분석된다. '한나'는 '하나'[一]의 방언이다. '한나투'를 공시적으로 기술하게 되면, '한나'와 보조사 '-두'가 결합할 때 'ㅎ'이 삽입되었다고 해야 하는데 이러한 기술은 몇 가지 점에서 용인하기 어렵다. 그 하나는 'ㅎ' 삽입이 이루어지는 환경이나 조건을 말하기 어렵다는 점이고 다른 하나는 '한나투'가 '하나'라는 뜻보다는 '조금도', '전혀'라는 뜻을 갖는다는 점이다. 따라서 '한나투'는 통시적으로 'ㅎ' 종성 체언을 가진 '한낳'와 보조사 '-두'가 결합하여 한 단어로 굳어진 부사라고 하는 것이 옳다.

271) 찹쌀(이전에는 주로 차좁쌀을) 쪄서 떡메로 친 다음, 네모지게 썰거나 혹은 손으로 적당히 떼어내어 그것을 고물이나 꿀, 물엿에 묻혀 먹는다. 접시나 사발에 떡과 고물을 함께 놓으면 먹는 사람이 떡에 고물을 알맞게 묻혀서 먹는다. 혹은 떡을 물에 찍어서 먹기도 한다. 고물이 쉬기 때문에 고물을 묻히지 않는다 한다.

272) '정계'를 잘못 말한 것.

273) '시향세'는 '거즈천'의 방언.

274) '나지다'는 '전에는 없던 것 또는 잃었던 것이 나타나거나 새로 생기다'의 뜻. 육진방언에서는 '나디다'라 한다. 따라서 '나지다'는 구개음화를 겪은 어형이다.

275) '접어들다'는 '덤벼들다'의 방언.

276) '-ㄹ래서'는 원인이나 이유를 나타내는 조사.

277) '그러재'는 원래 '그러재이오'(그러-+-지#아니하-+-오)가 줄어든 말이다. '-재'는 상대의 말을 강조하여 긍정하는 뜻을 나타낸다. 표준어 '-지'보다 강한 어조를 지닌다.

278) '보-+-ㄹ라이'로 분석된다. '-ㄹ라이'는 받침이 없는 어간 뒤에 결합되는데 '-자하니', '-으니까' 정도의 뜻을 지닌 연결어미다. 이보다 약간 강조의 의미를 지닌 '-ㄹ라이까', '-ㄹ라이까나', '-ㄹ라이까네'도 쓰인다. 구술자의 발화에서 두드러지게 나타난다.

279) '꼬재'는 '꼬챙이'의 방언.

280) 우티>우치(ㄷ구개음화). '우티'는 본디 '우틔'이므로 ㄷ구개음화를 입을 수 없지만 여기선 구개음화가 이루어졌다. 구술자는 이 한 예를 제외하고는 모두 [우티]로 발음하였다.

281) '나'는 '나이'의 방언. 중세국어 '낳'의 후대형이다. '나아'는 '나'에 대격조사 '-으'가 결합한 다음 완전순행동화을 입은 어형이다. 나+-으→나아.

282) 여자아이를 흔히 '새아가'라 한다. 한편, 대체로 10대 후반 이후의 여자, 처녀, 갓 시집온 새댁은 '새애기'라 한다.

283) '선스나'는 '사내아이'의 방언. 『訓蒙字解』(中:1)의 '순[丁]'에 '아(兒)'가 결합한 것이 '수나'이고 이 '수나'가 '스나'로 변한 것인데 동북 및 육진방언에서는 '사나이'라는 뜻 외에 남의 집 남편을 홀하게 이르는 말로 쓰인다. '선스나'의 '선'은 '설-'에서 변화한 말로 보인다. 설-+-은+수나>선수나>선스나. 따라서 '선스나'는 아직 사나이라 할 수 없는 '미성숙의 사나이'의 뜻이니 '사내아이'가 된다. 남부방언의 '선머슴'의 '선'이 여기에 참고된다.

284) '자란이'는 '어른', '성년(成年)'의 뜻을 지닌 명사. '자란이'는 '자라-+-ㄴ+-이'로 분석된다. 표준어 '어린이'와 그 조어법이 같다. 이는 통사적 구성이 어휘화한 것이다. 동북 및 육진방언에는 '자란이'와 '어른'이 모두 쓰이는데 '자란이'는 '성인'(成人)이라는 뜻만 갖고 있다.

285) 불가사리가 별 모양의 오각형으로 생긴 까닭에 '오마벨'이라는 이름을 얻은 것으로 생각된다. '오마벨'의 '오'는 '오(五)', '벨'은 '별[星]'일 것이다. 두 번째 음절 '마'는 '馬'일 것으로 생각되나 분명하지는 않다.

286) '성게'를 말한 것이다.

287) '-읍데/-습데'는 하오할 자리에서 화자가 과거에 보고 들은 사실을 현재에 와서 남에게 말할 때 쓰이는 서술형 종결어미. 어간이 모음이나 유음으로 끝나면 '-읍데'가 결합되고, 유음을 제외한 자음으로 끝나면 '-습데'가 결합된다.

288) 성(姓)이 같아 친척처럼 가깝게 지내는 사람을 이르는 말.

289) '배와 주다'는 '가르쳐 주다'의 방언.

290) '서방가다'는 '장가가다'의 방언. 고려말이나 함경도 방언에서는 부정부사 '아이'(<아니)가 합성어의 어기 사이에 놓인다. 흔히는 '서바아̄ 가다'라 한다.

291) '줴인'은 '주인'(主人)의 방언. 흔히 '쥈:'이라 한다.

292) '자'는 '저 아'가 줄어든 말. 저+애[aá](아이)>자아(저 아이). 본문에서는 한국에서 온 김병학이라는 사람을 지칭한 것이다.

293) '부부'란 뜻의 '에미나스나'가 줄어든 말. 본디 남의 아내를 홀하게 이르는 말은 '에미네'이고 '여자아이'를 좀 낮추어 말할 때는 '에미나'라 하는데 '에미네스나'라 하지 않고 '에미나스나'라 하였다. '스나'는 남의 집 남편을 홀하게 이르는 말이다.

294) '어시'는 '부모(父母)'의 방언. 중세국어 '어싀'의 반사형이다.

295) '한 글째'는 '한 푼'이라는 뜻. 이전에 '한 글째'는 '1코페이카'를 가리키는 말로도 쓰였다. '글째'는 '글자'에 '-이'가 더해진 말로서 동전에 새겨진 숫자를 말한 것으로 보인다. 따라서 '한 글째'는 1코페이카 짜리의 보잘것없는 동전 즉, 보잘것없는 작은 돈이란 뜻이 된다. '한 푼'의 '푼'은 엽전을 세던 단위이므로 '한 푼'은 엽전 한 잎 즉, 보잘것없는 작은 돈이란 뜻이다.

296) '굳'은 '곳[處]'의 방언. 고려말이나 함경도 방언에서는 아직 체언의 종성 'ㄷ'이 'ㅅ'으로 변화하지 않았다. 예: 몯[釘], 갇[笠], 붇[筆], 덛(짧은 시간) 등.

297) '장물'은 '국'의 방언.

298) '만만하다'는 '연하고 보드랍다'는 뜻을 지닌 형용사.

299) '임셰:'는 '임시+에'로 분석된다. '임시'는 '무렵'의 뜻을 지닌 명사. 고려말과 함경도 방언에서는 'ㅣ'로 끝난 명사에 처격조사 '-에'가 결합하면 'ㅣ'가 활음으로 바뀌기도 한다.

300) '없다'는 '죽다'의 뜻. 근대국어 단계에서도 '없다'는 '죽다'의 뜻으로 쓰였다.

301) '이티'는 '이태'의 방언.

302) '시우다'는 '시다[休]'의 사동사. '쉬게 하다', '휴가를 주다'의 뜻으로 쓰인다.

303) 전후 문맥으로 보아, '월급을 받으면서 휴가를 타서(받아서)'의 뜻으로 말한 것으로 생각된다.

304) '-인데'는 '-한테'의 방언.

305) '이제, 막'의 뜻을 지닌 부사. '갓난아이'를 '가즈난아'라 한다.

306) '얻어보다'는 '찾다'의 방언.

307) 갈[替]-+-으이까나→가이까나.

308) 미하일(михаил)의 애칭.

309) '반(班)'은 러시아어 'класс'를 번역한 말일 것인데 '학급'이란 뜻이 아니고 '학년'이란 뜻이다. 본문의 '첫 반'은 1학년(первый класс)을 말한 것이다. 흔히 1학년은 '첫째(또는 채) 반, 2학년은 '둘채 반'이라 한다.

310) '창가(唱歌)'는 '노래'라는 뜻이다.

311) 심청전을 말한 것이다. 고려말에서는 'ㅇ[ŋ]'을 [n]으로 발음하기도 한다. 중국의 육진방언에서도 이러한 현상이 있는데 이에 대해서는 소신애(2010)을 참고할 것.

312) 동냥+-이>동야ˇ이>동애.

313) '살구다'는 '살다'의 사동사. 살구-+-아→살과→살가.

314) 대체로 10대 후반 이후의 여자, 처녀, 갓 시집온 새댁을 '새애기'라 한다. 한편, 여자 아이를 귀엽게 이를 때에는 '새아가'라 한다.

315) '협잡'은 '협잡'(挾雜, 옳지 아니한 방법으로 남을 속임)의 이중모음 'ㅕ'의 반모음이 탈락한 것.

316) 거줏뿌레+-쟝이>거줏뿌레쟤(거짓말쟁이).

317) '띠우다'는 '뜨다[開眼]'의 사동사.

318) '팔기-+-어'. '팔기다'는 '팔리다'의 방언. '팔다'의 사동사다.

319) '베우다'는 '보다'의 사동사. 보-+-이-+-우->뵈우->베우-.

320) '내지(內地)'(육진방언에서는 '내디')는, 나라 밖인 연해주에 살면서 '본국(本國)'을 가리켜 하던 말이었는데, 중앙아시아의 한인들은 지금도 이 말을 쓴다.

321) 구락부(俱樂部). 사회주의 국가에서 주로 근로자들을 위한 문화 교양 사업을 하는 데 쓰는 공공건물을 말한다. 본디 club의 일본어 음역어이나 사회주의 혁명 후 콜호스 내에 설치된 '문화, 교양 사업을 하는 건물'이란 뜻을 갖게 되었다.

322) '아동'이란 말이 생각이 안 나 더듬거린 것.

323) 동북, 육진방언에서는 흔히 '던지다'를 '뿌리다'라 한다. '던지다'와 어원이 같은 '데디다', '데지다', '더지다', 던디다'는 '버리다[棄]'의 뜻으로 쓰이며 또 보조 용언으로도 쓰인다.

324) 쥐[執]-+-어야→줴야→제야.

325) '놀옴'은 '놀이'의 방언. '놀-'에 접미사 '-옴'이 결합하여 파생된 명사. '놀옴'은 합성명사의 어기로도 쓰이는데 '놀옴감'(장난감), '놀옴질'(놀기만 하는 짓)이 그런 예이다.

326) 닳아서 해어지다. 또는, 물건 따위가 망가지다.

327) '헝겇'은 '천'의 방언이고 '쪼배기'는 '조각'의 방언. 다라서 '헝겇쪼배기'는 '헝겊' 또는 '천조각'을 뜻한다.

328) '-내느'는 가정이나 조건을 나타내는 어미 '-면'의 방언. 흔히 '-네느' 또는 '-네느' 라 한다.

329) 조사자가 '제기'를 '줴기'로 잘못 알아듣고 한 말.

330) 자치기 놀이에 필요한 메뚜기(자치기의 짧은 나무토막)와 자(메뚜기를 치는 긴 막대)에 대해 말한 것. 고려말이 서툴기 때문에 주로 대명사 '이, 요, 그'를 써서 자치기 도구의 모양을 말하고 있다.

331) '끄스다'는 '긋다[劃]'의 방언.

332) '또리또리사다'는 '매우 동글동글하다'의 뜻을 지닌 형용사. 어미 '-아'가 결합할 때에는 '또리또리새애서'가 된다.

333) 놀이 방법을 설명하고 있는데 그 내용을 파악하기 어렵다. 메뚜기가 떨어진 자리를

원으로 표시한 다음 거기서 같은 방법으로 계속 걸어가며 경기를 해 나간다는 사실을 말한 것으로 생각된다.

334) 까빠울까(капалка)는 사전에 등재되어 있지 않은데 자치기의 '메뚜기(작은 막대)'를 이르는 말이다.

335) '옴판'은 '원판'이 변해서 된말. '원래'라는 뜻을 지닌 명사이다.

336) 사방치기를 말한 것이다. 놀이판과 경기 규칙이 사방치기와 흡사하다. 흔히 이 놀이를 러시아어를 써서 클라씨키(классики)라고 말한다. 구술자가 고려말과 사방치기의 경기 규칙을 많이 잊었기 때문에 표현이 분명하지 않다.

337) '지다맇다'는 '기다랗다'의 방언. 함경도 방언의 '-다맇다'는 표준어 '-다랗다'와 비슷한 의미를 갖는다. '정도가 꽤 어떠하다'는 뜻을 보탠다. 이에 대해서는 곽충구(2013)을 참고할 것.

338) 술래를 정하는 방법을 말한 것. 세워 놓은 막대기를 놀이에 참여한 아이들이 차례로 한 손으로 쥐는데 첫 아이가 쥐면 그 다음 아이는 그 바로 위를 쥐고 또 그 다음 아이가 그 위를 쥐는 방법으로 계속 쥐어 나가다가 막대기의 맨 끝을 쥔 사람이나 더 이상 쥘 수 없는 사람이 술래가 된다.

339) '헤다(<혜다')는 '세다[算]'의 방언. 그 앞의 '혜엠'(셈)은 '혜-'에서 파생된 명사. 구술자는 '헴'과 그 구개음화형 '셈'을 수의적으로 쓴다. 혜->셰->세-.

340) '곰치우다'는 자동사와 타동사로 쓰인다. '숨다', '숨기다'의 뜻을 지닌다.

341) '도투굴'은 '돼지우리'의 방언. '돝'은 '돼지'을 뜻하는 고어(古語)이자 함경도 방언이고 '굴'은 '우리'를 뜻하는 말이다. 예: 오리굴(오리를 가두어 기르는 곳), 닭굴, 달기굴(닭장), 쇠굴(외양간).

342) 고려말, 함경도 방언에서는 '뒤'를 '두'라 한다. 예: 두우르(뒤로), 두에(뒤에).

343) '눈을 감지'는 술래가 되면 눈을 감는다는 뜻. 눈을 감고 하나, 둘 …… 수를 센다. 놀이에 참여한 사람들이 막대를 차례로 쥐어 나가다가 막대를 쥘 곳이 없는 사람이 술래가 된다.

344) '가찹다'는 '가깝다'의 방언.

345) '대격중출 구문이다. '-에게, -을 주다'를 '-르, -르 주다'로 표현하였다. 즉, "날 … 창가를 베와주우(나에게 … 창가를 가르쳐 주오)."라 하였다.

346) '베와 주우'는 '가르쳐 주오'라는 뜻. '베우다[學]'는 '비호다>베우다'의 변화.

347) 대말[竹馬]를 가지고 노는 '말놀이'가 있었는지 물은 것이다.

348) '게[蟹]'의 방언. 고려말과 동북방언에서는 '게'라는 말이 잘 쓰이지 않는다.

349) '뚜리뚜리사다'는 '둥글둥글하다'의 방언. '뚜리뚜리사다'와 '뚜리뚜리삻다'가 수의

적으로 나타나는데 동북방언에서도 그와 같다.

350) 고려말과 함경도 방언에서는 '같다' 또는 '가툴하다'와 같은 말 앞에서 의존명사 '것'이 생략된다.

351) '겇'은 '겉'의 방언. 함경도 방언에서는 '겉'을 흔히 '겇' 또는 이에 접사 '-웅'이 결합된 '거충'이라 한다.

352) '째빨갛다'는 '새빨갛다'의 방언. 동북 및 육진방언에서는 흔히 '재빨갛다'라 한다.

353) 구술자는 이따금 자신의 모방언인 함남 방언의 종결어미를 썼는데 '-소다/-오다'가 바로 그 예다. '-소다/-오다'는 합쇼체 서술형 종결어미.

354) '영게느'(여기는)의 발화 실수.

355) 1888년 연해주에 건설된 한인촌. 흔히 다우지미라 부른다. 블라디보스토크 동쪽 보스토크만으로 흘러드는 다우지미강 하류로부터 10㎞쯤 거슬러 올라간 계곡에 다우지미[大烏吉密] 마을이 있었다. 나홋카로부터 북쪽으로 20㎞쯤 떨어진 곳이다. 따라서 구술자가 거주하던 마을과 가까운 곳이다. 이 한인촌에서는 밀, 조, 귀리 등을 재배했다. 1919년 이후 다우지미 마을은 항일 빨치산 활동의 근거지가 되기도 했다. (<한민족문화대전-인문 지리-한인 마을>을 참조)

356) 개[去]-+-앗-(-았-)+-을→가슬→가스.

357) '뭇'은 고기잡이에 쓰는 커다란 작살.

358) 이하 아래 대화에서는, '뭇'이 무엇인지 모르는 조사자가 '뭇'에 대해 계속 묻고 있다.

359) '즘시:'는 '짐승'의 주격형. 즘승+-이>즘싁:¯>즘시:¯.

360) 구술자의 발화에서 '여우'는 '여끼'로 나타난다. 함경도 방언에서는 본디 모음으로 시작하는 조사 앞에서는 '엮'으로, 자음으로 시작하는 조사 앞에서는 '여스'로 교체되었으나 구술자의 발화에서는 '여끼'로 단일화된 듯하다.

361) 한 집의 가장(家長)이 되는 남편을 이르는 말.

362) 구술자의 발화에서 '심다'는 '숨-/수무-'로 교체된다. 간혹 '숭구-'라 하기도 한다.

363) '-짐'은 '-지 무'가 줄어든 말. '무'는 '뭐'의 방언형. 문장의 맨 뒤에 놓이는 '무'(표준어의 '뭐')는 어떤 사실을 약간 강조하거나 일깨워 주면서 얼버무리고 넘어갈 때 쓰이는 말이다. 따라서 종결어미 '-짐(<딤)'은 '-지(<디)'와 약간의 의미차를 보인다.

364) '-가'는 주격조사가 아닌 공동격조사. 선행하는 명사의 말음과 무관하게 '-가'만이 결합된다. 구술자의 말에서는 주격조사 '-가'가 쓰이지 않는다.

365) 명일(名日)의 '일(日)'의 한자음은 이전에 '쉴'이었다. 중세국어의 'ㅿ'이 고려말과

함경도 방언에서는 대체로 'ㅅ'으로 반사된 까닭에 '일'이 '실'이 된 것이다.

366) '기렴'은 '기념(紀念)'의 방언. 사전적 의미 외에 '명절(名節)'도 '기렴'이라 한다.

367) 이 방언에서 '쌀'은 '벼의 껍질을 벗겨낸 알맹이'라는 뜻보다는 '볏과에 속한 곡식의 껍질을 벗겨낸 알맹이'라는 뜻으로 쓰인다. 따라서 우리가 흔히 '쌀'이라 하는 것을 '닙쌀'(또는 '입쌀')이라 한다.

368) 러시아어 чёрный(검은)을 발음하려다 그친 것.

369) '찰'은 '끈끈한 성질이나 차진 기운. 또는, 그러한 것'을 뜻하는 명사. 본문에서는 '차조'를 말한 것이다.

370) '-슴'은 'ㄹ'을 제외한 받침 있는 용언 어간, 선어말어미 '-엇-, -갯-' 뒤에 붙어 하오할 자리, 때로 하압소할 자리에서, 어떤 사실을 있는 그대로 나타내거나 의문을 나타내는 종결어미.

371) '새'는 '샛노란'을 발음하려다 그친 것.

372) '밥시끼(<밥수끼<밥슈끼)'는 '수수'의 방언.

373) '오각밥'은 오곡밥의 방언. 고려말과 함경도 방언에서도 쓰인다.

374) '시리'는 '시루[甑]'의 방언. 함경도 방언에서 '시루'는 본디 모음으로 시작하는 어미 앞에서는 '싥'으로 교체되고 자음으로 시작하는 조사 앞에서는 '시르'로 교체되었다. 그러나 구술자는 주격형 '실기'에서 'ㄱ'이 탈락한 '시리'를 썼다. '시리'는 함경도 방언에서도 쓰인다.

375) 함경도 지방의 대표적인 음식의 하나. 만두의 일종. '밴셰', '벤셰' 또는 '벤세', '밴새'와 같은 변이형이 있다. 멥쌀, 밀가루, 감자 전분 따위의 가루에 더운 물을 넣어서 반죽하고 이겨서 둥그렇게 만든 다음 돼지고기, 부추, 양배추 따위로 속을 만들어 넣은 다음 송편 모양으로 빚어서 쪄서 먹는 음식. 밀가르밴새, 물밴새, 감지밴새, 닙쌀밴새 등 재료에 따라 여러 종류가 있다. 구술자는 밀가루로만 밴새를 빚는다고 하였다. '밴새'는 한어(漢語) '匾食, 偏食'에서 유래한 말이다.

376) '얼구다'는 '얼다'의 사동사인 '얼리다'의 방언.

377) '다쑤루'는 '대부분'의 방언.

378) '웬:'은 '맨' 또는 '가장'의 뜻을 지닌 부사. 육진방언에서는 '왠:'이라 한다.

379) 검정살은 '살코기'를 말한다. 중국의 육진방언 화자는 '검덩고기'라 한다.

380) 경조사와 관련된 큰일[大事]를 '군일'이라 한다.

381) '검줄하다'는 '깨끗이 다듬다'의 뜻을 지닌 동사. 채소나 고기 따위에 붙어 있는 불필요한 것을 제거하고 다듬는 것을 '검줄한다'고 한다. 예컨대, 김장을 담글 때 파나 배추를 다듬거나 요리하기 전에 생선에 붙은 비늘이나 내장을 제거하는 것을

'검줄한다'고 한다. 사람에게 쓰기도 한다. 예컨대, 염습(殮襲)할 때 '깨까지 검줄한다'고 한다. 본문에서는 부정부사 '아이'가 어기와 접사 사이에 놓였다.

382) '싸재두'는 '싸-+-자+해-+-두'가 줄어든 말. '싸다'는 '사다[買]'의 방언이다.

383) '훻다'는 '쉽다'의 방언.

384) 앞서 말한 '밴새'와 함께 '오구랑떡'은 함경도의 대표적인 음식이다. 새알심을 '오구래(<오구랑+-이)'라 하는데, 이 오구래에 팥이나 강낭콩을 삶은 물을 묻혀 놓은 것이 오구랑떡이다. 그리고 팥을 삶은 물에 오구래(새알심)를 넣어서 익힌 팥죽을 '오구랑죽'이라 한다.

385) 구술자는 '멩실'(<名日(명실), =명절)을 주로 '멩슬'로 발음하였다.

386) '차입쌀'은 '찹쌀'의 방언. 함경도를 비롯한 북부방언에서는 '볏과'에 속한 식물의 열매를 거두어 껍질을 벗겨낸 것을 '쌀'이라 한다. 즉, '쌀'은 '보리쌀', '수수쌀', '좁쌀' 따위를 총칭하는 말이다. 때문에 벼의 껍질을 벗겨낸 것은 '입쌀'이라 한다. 육진방언에서는 '닙쌀(<니[糯]+쌀[米])'이라 하는데 'ㅣ'모음 앞의 'ㄴ'이 탈락한 것이 '입쌀'이다.

387) '따갑다'는 '뜨겁다'의 방언. 형용사 '딱-'에 '-압-'이 결합된 파생어다.

388) '잉머리'는 익반죽(가루에 끓는 물을 쳐 가며 하는 반죽)의 방언. 이 밖에, 함경도 방언에서는 '닉머리', '익마리' 따위의 방언형이 쓰인다.

389) 반죽한 것을 손으로 비벼서 동글동글하게 빚은 다음 마지막으로 새알심의 위 부분을 눌러 놓는다는 말.

390) 손으로 비벼서 오구래(새알심)을 빚은 다음 그 위 부분을 눌러 놓는다는 말.

391) (주로 '-(으)ㄴ' 뒤에서 '연에'의 꼴로 쓰여) 어떤 일이 있은 뒤.

392) 중앙아시아의 한인들은 '카페'라 하는 곳에서 생일, 환갑 등의 잔치를 치른다. '카페'는 몇 십 명에서 몇 백 명을 수용할 수 있는 연회장이다.

393) 탈디쿠르간과 우슈토베 사이에 있는 도시. 탈디쿠르간 서북방 30km 지점에 위치하며 발하슈 호수로 흘러드는 카라탈 강이 도시 옆으로 흐른다. 매년 단오가 되면 인근의 한인들이 이 곳에 모여 친목을 다진다.

394) '역'은 '가장자리', '가[邊]'의 방언.

395) 카라불라크(Карабулак)는 탈디쿠르간 동남쪽 20km에 위치한 도시며 그로부터 동쪽으로 약 30km 떨어진 곳에 구술자가 살았던 체킬리(Текели)가 있다.

396) '임석'은 '음식(飮食)'의 방언. 음석>윔석>임석.

397) 쁠로프(плов)는 '마우재'(러시아 사람)의 음식이 아니고 우즈베크인들이 즐겨 해 먹는 전통 음식이다. 쌀에다 고기와 야채 그리고 후추 따위를 넣고 기름에 볶은

밥이다.

398) 구술자는 '쇠다'를 [세다] 또는 [새다]로 발음하였다. 전자는 동북방언형, 후자는 육진방언형이다.

399) 함경도 방언에서는 흔히 '헴:이 들다', '셈:이 들다'라 한다. '철이 들다'라는 뜻이다. '혜암'은 본디 동사 '혜-'에 접미사 '-암'이 결합되어 파생된 명사다.

400) '굴기'는 '그네[鞦韆]'의 방언. 고려말에서는 'ㄱ'이 탈락한 '구리', '굴리'라는 방언형도 쓰인다. 중세국어의 '굴위'를 참고하면 '굴기'는 '*굴귀'로부터 변화한 것이 된다. 중세국어 '굴위'는 '*굴귀'의 어중 'ㄱ'이 탈락한 것이다.

401) 뛰-+-어→뛔에→떼에.

402) '아치'는 '나뭇가지'의 방언. 함경도 방언에서는 달리 '아지', '아채기', '아재기'라는 말이 쓰이기도 한다.

403) '어찌-+-ㄴ둥'. 고려말에서는 '어찌하다'보다도 '어찌다'를 더 많이 쓴다. '-ㄴ둥(두)'은 '-ㄴ지'의 방언이다.

404) '농구다'는 '나누다'의 방언. 중세국어 '논호다'를 고려하면 '농구다'와 '논호다'는 '*논고다'에서 변화하였을 가능성이 있다.

405) '물역'은 '물가'의 방언. '역'은 '가장자리', '가[邊]'의 방언이다. 예: 산역(산기슭), 입역(입 주위), 강역(강가).

406) 구술자가 '쇠다'를 [세다] 또는 [새다]로 발음하는 듯하여 그 사실을 확인하고자 재차 질문한 것이다.

407) '풍'은 '막(幕), 풍, 풍천'의 뜻을 가진 명사.

408) '평재'는 '병(瓶)'의 방언. 한어(漢語) '瓶子'에서 유래한 말이다. 여기에 '-이'가 결합하여 '평재'가 되었다. 한어를 차용한 말 중에서 '子'가 붙은 말들은 '子'를 한어가 아닌 한국한자음으로 받아들였다. 예: '毛子'(러시아 사람)는 '마우재'라 한다.

409) '산'은 '산소[墓]'의 방언. 순수 고유어 '모'라는 말을 많이 쓴다.

410) '-인데르'는 '-한테로'의 방언.

411) '줴엔', '줴인'은 '쥬인(主人)'에서 변화한 말로 '주인' 또는 '남편'의 뜻.

412) '모'는 '묘[墓]'의 방언. '모오른'은 '모+-으르+-ㄴ'으로 분석된다. '-으르'의 '으'가 선행 모음에 동화되었다.

413) '-습덤'은 '-습더구마'(더군요)가 줄어든 말.

414) '둥간'은 19세기 후기 중국에서 이주한 회족(回族)을 이르는 말. 중앙아시아의 카자흐스탄, 키르기스스탄, 우즈베키스탄에 약 11만 명의 둥간족이 거주하고 있다. 이들이 사용하는 둥간어는 중국의 산시성(山西省)과 깐수성(甘肅省)에서 쓰던 한어(漢語)

방언의 변종이다. '동간족'에 대해서는 이기갑(2008:1055)를 참고할 것.

415) 이반 판필로프는 제2차세계대전 당시 독일군과 맞서 싸웠던 장군의 이름이다. 그의 업적을 기리기 위해서 조성한 공원이 카자흐스탄 알마티 시내에 있다. 구술자는 카자흐스탄 동부의 중국과 인접한 지역에 판필로프라는 도시가 있다고 하였다. 박타티아나 선생의 말에 의하면 얼마 전 쟈르켄트(Жаркент)로 이름이 바뀌었다 한다.

416) 이하는 AKZ-TD-03파일을 전사한 것임.

417) '베우-'는 '보-'의 피동사. '보-+-이-+우->뵈우->베우-'의 변화를 겪었다.

418) 영농 주체인 고려인이 가족 단위로 구성된 소공동체(브리가다)를 조직하여 농사철에 당사자의 거주지를 떠나, 근거리 또는 원거리에서 토지를 임차하여 생산에서 판매에 이르는 영농의 전 과정을 수행하는 '이동임차농업'이라 부를 수 있다(전경수 편 (2002), 『까자흐스딴의 고려인』, 서울대학교출판부, 139-210).

419) 'карта'(카드)는 '집시들이 카드를 가지고 점을 친다'는 뜻으로 한 말.

420) '사척'은 '사방(四方)'의 방언.

421) '나그내'는 주로 '남의 집 남편이나 자기 남편을 가리키는 말'로 쓰이는데 혹 '손님'의 뜻으로도 쓰인다.

422) '-가'는 주격 조사가 아닌 공동격조사. 선행하는 명사의 말음과 무관하게 언제나 '-가'가 결합된다. 구술자의 말에서는 주격조사 '-가'가 쓰이지 않는다.

423) '마술기'는 '말이 끄는 수레'를 말한다. '술기'는 '수레'의 방언.

424) '바라댕기다'는 '여기저기 마구 돌아다니다'의 뜻을 지닌 동사.

425) '삐뚜름하다'는 '비슷하다'의 방언.

426) '-만'은 선행어가 비교의 기반이 됨을 나타내는 보조사. 구술자는 '마'라 하기도 한다.

427) 고려말, 동북방언, 육진방언, 동남방언에서는 '같다'(또는 '겉다'), '가툴하다'(또는 '거툴하다')와 같은 말 앞에서 의존명사 '것'이 생략된다.

428) '달아나오다'는 '달려나오다'의 방언. '닫[走]-+-아 나오-'. 고려말이나 함경도 방언에서는 '닫[走]-'이라는 동사가 흔히 쓰인다. '뛰-'는 '跳躍'의 뜻으로 쓰인다. 고려말이나 함경도 방언에는 고어(古語)가 많이 남아 있다.

429) '제에나'는 '일부러'의 방언.

430) '-느야'는 '-느냐'의 방언. 활음 /y/ 앞에서 /ㄴ/이 비모음화 이후 탈락한 것이다. 탈락하지 않은 '-냐'가 쓰이기도 한다. 구술자는 다른 고려말 화자에 비해 음운 변이가 심한 편인데 그 이유는 육진방언 화자인 시댁 사람들과 함께 살았기 때문이다.

431) '내'는 '구술자의 조카'이다. 구술자가 조카의 입장에서 말한 것이다. '고렷사람들이

사는 곳이 얼마나 떨어져 있는지를 혜량하고' 정도의 뜻으로 말한 것이다.

432) 흩어져 있지 않고 모두 한 곳에 다소곳이 모여 있는 모양.

433) '이상'은 '손위'라는 뜻. 예: 이상느비(누나). '이상 어시'는 '부모의 윗대'라는 뜻으로 쓰였다.

434) '인공'은 '은공'(恩功)의 방언. 중국의 조선족(동북, 육진방언 화자)도 이 말을 쓴다. 인공+-으>인고ᅡ오(은공-을)(완전순행동화).

435) '어불다'는 '어우르다'의 방언. 흔히 '어불어'의 꼴로 쓰여 '함께'라는 뜻을 나타낸다. 예: 어불어 먹다(함께 나누어 먹다), 어불어 들다(물건을 함께 어울려 들다).

436) '가까운 곳에 옹기종기 모여 있는 모양' 또는 '알게 모르게'의 뜻을 가진 부사로 보인다.

437) 당시 카자흐스탄공화국의 대통령(2019년 퇴임).

438) '헤게없다'는 '회계(會計)+없-'의 어구성에서 비롯된 말. '헤아릴 수 없이', '더 말할 나위 없이'라는 뜻이다.

439) '시장'은 '지금'의 방언.

440) '우재'는 '농담', '우스갯소리'의 뜻을 지닌 명사.

441) 구술자를 비롯하여 중앙아시아의 한인들이 쓰는 친족명칭은 매우 다양하다. '한애비'는 지칭어로, '클아바이(<클아바니)'는 호칭어와 지칭어로 쓰였다. 중국의 조선족(동북 및 육진방언 화자)들이 말하는 한국어 방언에 의하면, '한애비'는 자신이나 남의 할아버지를 홀하게 이르거나 또는 막연히 '할아버지'라는 뜻으로 이르는 말이다.

442) 카자흐스탄과 한국의 대통령이 나눈 대화 내용으로 카자흐스탄의 고려인 사회에서 널리 회자되었던 일화이다. 한국의 대통령이 고려인을 '우리 한인'이라고 하자 카자흐스탄의 대통령이 '피를 나눈 우리의 한인'이라고 응수했다는 말. 즉, 카자흐스탄의 한인들은 카자흐인들과 결혼을 하여 피가 섞였으니 카자흐인이라는 뜻.

443) '사깨'는 '카자흐 인'을 홀하게 이르는 말. '우즈베크 인'은 '베께'라 한다.

444) '스스럽다'보다는 '수더분하다'(성질이 까다롭지 아니하여 순하고 무던하다)와 그 뜻이 가깝다.

02 의식주 생활

2.1. 농사

그러문 아매::! 그:: 논, 농사짓는 거느 아까 쪼곰 물어봤습지? 저쪽에서, 나호드까(Находка)에서.

— 나호드까(Находка)에서, 예, 아깨.

아까 쪼금 조꼼 얘기하셨었지. 그때, 그럼 아매! 이쪽에 들어오셔 가지고:: 농사짓는 것을 보셨습지? 농사 짓는 거 좀 보셨습지?

— 보기사 밧습지. 재빌르 하재잏지만해두 보기사 보기사 거저. 잉게 서 우슈토베(Уш-тобе)르 가는 데두 그런 밭에 가뜩하재임둥? 기래 수 믄 게 음.

그럼 옛날에, 옛날부터 아매 본대르 그냥 그:: 베질으 어티기 했슴둥? 여기 첨 들어와가지구 고렷사람덜이?

— 그거사 내 모르지. 처암 나는 이 잉게르 원도~서 이기르 우슈토베(Уш-тобе)르 온 게 애이라 내사 아스뜨라한(Астрахань) 다른 데르 왔지.

그렇습지.

— 으음. 기래 첫감에사 음 에따(это) 모 모르지. 첫감이 데서.

그러면 나중에 아매 인제 스집가셔가지구: 저 봤을 거 아임둥? 베질하는 거 를?

— 베질하는[1] 거 밧지.

봤지? 어티기 하 하압덤둥?

— 보 봄에 오월달이 오월달이 이래 그런 거 베 베 이런 그 고려말르 기 게 미시긴가. 베 클레드카(клетка)덜. 이래 베 한 답우. 베 답우 이릏기 하 자? 한 클레드카(кледка)씨 한 클레드카(кледка)씨. 그런 거 만저 저나….

2.1. 농사

그러면 할머니! 그 논, 농사짓는 건 아까 쪼금 물어봤지요? 저쪽에서, 나홋카에서 살 때의.

— 나홋카에서, 예, 아까.

아까 쪼금 조금 이야기하셨었지. 그때에 그럼 할머니! 이쪽에 들어오셔 가지고 농사짓는 것을 보셨지요?

— 보기야 봤지요. 손수 하지는 않았지만 해도 보기야 그저 보았지. 여기서 우슈토베로 가는 데에도 밭이 가득하잖습니까? 그렇게 심은 것이음.

그럼 옛날부터 할머니가 본 대로 그냥 그 벼농사를 어떻게 했습니까? 여기 처음 들어와 가지고 고렷사람들이.

— 그거야 내 모르지. 처음 나는 이 여기로, 원동에서 여기 우슈토베로 온 것이 아니라, 나야 아스트라한(Астрахань)이라는 다른 데로 왔지.

그렇지요.

— 음. 그래 처음에야 음 모르지. 처음이 돼서.

그럼 나중에 할머니가 이제 시집가서 저 농사짓는 것을 보았을 거 아닙니까?

— 벼농사를 짓는 거 봤지.

봤지? 어떻게 하던가요?

— 봄에 오월 달, 오월 달 그런 거 벼, 벼 이런 그 고려말로 그게 무엇인가. 벼를 심을 돼기를, 이렇게 벼 한 답(畓)을. 벼 한 답(畓)을 이렇게 하잖소? 한 돼기씩 한 돼기씩. 그런 거 먼저 저기….

베밭이.

— 베밭으 그거 이거 이거 뚝으 뚝으 이래 맨들어서 싹 베 한 한 클레드카(кледка)씨 한 클레드카(кледка)씨 이거 싹 맨들어 놓구. 그거 다아. 그 담에 물으 엏더구만해두. 으흠. 물으 엏구서리 기래구서리. 그 이 어구! 그 찬물에 나는 난 그런 데서 일으 아이한 것두. 이 뽈리볼야뜨(поляболят)질 했는데. 그 찬물이 여자덜이나 들어가서 그거 물으 물으 저나 어즈럽게 어즈럽게 맨들어야 하지.2) 이른 이른 저나 기게 미시기오? 꾹 꾹두기3) 같은 거 낭그 낭그 그런 거 지다맣게4) 루취까(ручка) 이릏기 꽤 지다:맣게 해 가지구 영게 이 이릏기 해 그걸르써 자꾸 이릏기 물으 자꾸 흐리우지. 그래 흐리와 놓구 모:질이5) 모질이 흐리와 놓구 그담에 저나 베씨르 뿌리더구마. 베씨르. 거저 맑은 물에다 아이 기래구. 그거 모:질이 모질이 깡치6) 일궈서7) 그 *하 그 클레드카(кледка)마다 모:질이 여자덜 깡치 일궈서. 걔 남자덜 두에 이릏기 그런 거 베 베씨르 메구서리 중태애다8) 메구서르 이래 이래 저나 뿌리더구만. 그런 게사 내 밧지. 내 일이사 아이 햇지만 그저 밧지. 그릏기 베르 숨어. 직금사 그릏기 아이 숨엇갯지. 그적에 그적에 기랫지. 직금사 싹 그저 따게 기겔르 따게 그러지. 그적엔 고렷사름덜이 그 꼬호즈(колхоз) 산 사름덜 여자 새아가덜이구 슨스나덜이구 고사~햇지. 그 칩운 물에 그 찬물에 그거 들어서서. 이유! **기차맥히지9). 난 그런 일으 못해 밧지 그 제.

그러니까 맨 처음에: 베밭을 만드는 거죠?

— 베밭으 맨들구 싹 이래 빠안 뺨빠이 이릏기 싹 맨들구 싹 파서 싹 치끄멘(кетмень)인두 강차월10) 싹 파서 싹 그래 놓구.

치끄멘하구 강차위 가지구?

— 강치위.

잏게 파서?

— 으흠. 그래 그래구서리 모질이 모질이 흙물[홍물]으 싹 맨들어 놓지.

논.

─ 논을 그거 이 둑을 둑을 이렇게 만들어서 싹 벼 심을 논 한 뙈기씩 한 뙈기씩 이거 싹 만들어 놓고. 그거 다. 그다음에 물을 넣더구먼. 음. 물을 넣고서 그리고서. 그 이 어이구! 찬물이, 나는 나는 그런 데서 일을 아니 했지만도. *들일을 했는데. 그 찬물이 여자들이 들어가서 그 물을 물을 저기 … 어지럽게 어지럽게 만들어야 하지. 이런 이런 저기 … 그게 무엇이오? 고무래 같은 거 나무를 나무를 그런 거 기다랗게, 손잡이를 이렇게 꽤 기다랗게 해 가지고 여기 이 이렇게 해, 그것으로써 자꾸 이렇게 물을 자꾸 흐리지. 그렇게 흐리게 해 놓고 몹시 몹시 흐리게 해 놓고 그다음에 저기 … 볍씨를 뿌리더구먼. 볍씨를. 그저 맑은 물에다 안 뿌리고. 그거 몹시 몹시 논 밑바닥의 흙을 일어나게 해서 그렇게 하더구먼, 그 뙈기마다 여자들이 바닥의 퇴적 흙을 일어나게 해서. 그래 남자들도 뒤에 이렇게 그런 거 볍씨를 메고서 망태기에다 볍씨를 넣어 메고서 이렇게, 이렇게 저기 … 뿌리더구먼. 그런 것이야 내가 보았지. 내가 일이야 아니 했지만 그저 보았지. 그렇게 벼를 심어. 지금이야 그렇게 안 심겠지. 그때에 그랬다. 지금이야 싹 그저 지금과는 다르게, 기계로 다르게 뿌리지. 그때에는 고렷사람들이 콜호스에 산 사람들, 여자고 처녀들이고 사내아이들이고 고생했지. 그 추운 물에 그 찬물에 거기에 들어서서. 어휴! 기가 막히지. 난 그런 일을 못 해 보았지. 그때.

그러니까 맨 처음에 논을 만드는 거죠?

─ 논을 만들고 싹 이래 빤 빤빤하게 이렇게 싹 만들고 싹 파서 싹 치끄멘[11]인지 삽으로 싹 파서 싹 빤빤하게 해 놓고.

치끄멘하고 삽을 가지고?

─ 삽.

이렇게 파서?

─ 으흠. 그래 그리하고서 몹시 몹시 흙물을 싹 만들어 놓지.

그담에 물으 거둬 옇지. 크레드까(кледка)마다. 걔 물으 거더 옇구. 그거 모::지 모::지 걸:게스리 그릏기 흙물[홍물]으 싹 맨들지. 사름이 댕기메서. 여자덜만 댕기메서. 그렇게 흙물으 모질이 해 놓구 그 담에 씨르 뿌립덤 므. 그거 내 밧지. 모:질 모질 흙물으 맨들어 놓구, 걸:게 걸게. 그 담에 두울루 가메 인츠¹²⁾ 씨르 뿌립덤무.¹³⁾ 내 그거 밧지.

아매! 그러니까 이렇게 뽈레(поле)가 있으면은 들이 있으면은 에:: 그 드 럭을, 드럭이라구 그래셨,

- 아, 드럭이 드럭이. 다(да). 드럭으 맨들어. 그 드럭으로 사름이 댕기덤무.

그렇지. 사람이 댕기지. 고게.

- 걔 그래구 *클래(кледка) 잃게 이래 깔:덱이[깔떼기]라 클래드카(к ледка)마다 거기 낭글르서리 낭글르서 요릏기 이르 요 요런 데지. 걔 그 거 지다:맣게 네모이 다 낳기지. 이 한 이거는 이짝에두 비구 이짝에두 단 책이지 이거. 걔 질게 해서 그 뚝에다가 거기다가 파묻더구만 해두. 그거 저 에따(это) 낭글르 맨든 거 이르 지다:만 이거. 기래 파묻으문 경겔르서 물이 이 *클 이짝 클래드까(кледка)르 오구 저짝 클래드까(кледка)다 이 릏기 이릏기 하더구만. 으흠. 거기다 그런 거 낭글르 해서, 널르 낭그 널 르 널르 널르 절쭘한 널르 그릏기 맨들어서 기게 무시긴가 하문 수토~이¹⁴⁾ 수 토~이 하더구만 해두.

수통이.

- 수토~이. 내 들을라이 그렇기 말하더문 그전에 사름덜이. 음. 수토~ 오 그래 클 클래드까(кледка)마다 수토~오 파묻지. 기래 물이 들어가구 나가구 이릏기 그러라구서리 으흠.

드럭이 드럭 한쪽이.

- 드럭에다 파묻어야 하지. 물이 그 그럼 물이 들어갓다 나왓다 할마 이 고마이¹⁵⁾ 그거 이 이 이거 수토~오 파묻지. 개래 수토~올로써 물이 들 으가구 나오구 이릏지.

그다음에 물을 거두어 넣지. 뙈기마다. 그래 물을 거두어 넣고. 그저 몹시 몹시 걸게끔 그렇게 흙물을 싹 만들지. 사람이 다니면서. 여자들만 다니면서. 그렇게 흙물을 몹시 흐리게 해 놓고 그다음에 씨를 뿌리더군요. 그거 내가 보았지. 몹시, 몹시 흙물을 만들어 놓고, 걸게, 걸게. 그다음에 뒤에서 따라가며 곧장 씨를 뿌리더군요. 내 그거 보았지.

할머니! 그러니까 이렇게 들이 있으면 들이 있으면 에 그 둑을, 둑이라고 그러셨,

— 아, 둑이, 둑이. 예. 둑을 만들어. 그 둑으로 사람이 다니더구먼.

그렇지. 사람이 다니지. 고게.

— 그래 그러고 뙈기는, 이렇게 이래 갈대가 자라는 지대라 뙈기마다 거기를 나무로, 나무로 요렇게 이렇게 한 요 요런 데지. 그래 기다랗게, 네모가 다 나무지. 이 한쪽 이거는 이쪽에도 비고 이쪽에도 모판이지 이거. 그래 길게 해서 그 둑에다가 거기다가 파묻더구먼 해도. 그거 저 음 나무로 만든 거 이렇게 기다란 거. 그래 파묻으면 거기로 물이 이 뙈기 이쪽 뙈기로 오고 저쪽 뙈기에다 이렇게 이렇게 하더구먼. 음. 거기다 그런 거 나무를 해서, 널로 나무를 널로 널로 길쭉한 널로 그렇게 만들어서, 그게 무엇인가 하면 '수통(水筒)', '수통' 하더구먼 해도.

수통.

— 수통. 내 듣자하니 그렇게 말하더구먼 그전에 사람들이. 음. 수통을 그래 뙈기마다 수통을 파묻지. 그래 물이 들어가고 나가고 이리 이렇게 그러라고서, 음.

둑 둑 한 쪽에.

— 둑에다 파묻어야 하지. 물이 그럼 들어갔다 나왔다 할 만큼 고만큼 그거 이 이거 수통을 파묻지. 그래 수통으로 물이 들어가고 나오고 이렇지.

으음. 으음. 음. 그런데 예 그럼 아매! 드럭두 잏게 이건 네 베밭이오 이건 내 베밭이오 해서 고거 구분하느라구 맨들어 놓은 그 드럭이 있고. 차나 머 술기 같은 게 이게 다니게 만든 큰 드렉이 있구. 드럭두 있재임둥? 그건 머라구 했을까?

— 술기16)랑 맨드는 거는 그거 술기랑 맨드는 그런 거 에따(это) 그 어째 술기랑 가지구 댕기는가 하문 내 직금 생각하이 비로나 싫구17) 댕기느라구 그러지. 비로나 싫구 댕기느라구. 술기에다. 마시나(машина) 개애다가 실어다가 어디다 부리우문 그담에 그거 시 싫구 **댕기갓어. 그거 사척에다 그래지. *양 주지.

그렇게 큰 드럭을 장성이니 무슨 토담이니 머 토성이니 이런 말은 이런 말은 아이 썼슴둥? 쬐그만 건 드럭, 드렉이구 잏게 큰: 거 술기나 댕기구 하는 건 장성이니 무슨 토 토성이니 머 그런 말은 아이 썼슴둥?

— 장드렉이18).

아! 장드렉이.

— 장드렉이, 다(да). (웃음) 장드럭이. 조꾸만 드럭이문 긓지 그 큰 건 장드렉이라구. 잊어뿌렛어.

**그렇쟈. 안 쓰시니까. 음 드렉이. 으음 장드렉이.

그러면 아매! 그렇게:: 물을 흐리우구 거기다 인제

— 모질이 하구. 물이 까란주19) 까란주 말게. 마알간 물이 데기 전에 그 모질이 이릏기 저나 거얼게서리 그릏기 깡치르20) 모지21) 일궈서 그 일궈 놓오무 그 사름 두에22) 저 깡치 모질 일군 그 사름 두우 댕기메서 남자덜 **쌀으23) 베르 씨르 치지.

그렇슴지.

— 으흠. 씨르 치지. 내 그런 건 밧소.

씨르 친 뒤에는 무스거 함둥? 고 다음에는? 씨를 친 뒤에?

— 씨를 친 뒤에, **오, 나, 기게 씨르 쳐 옇어무 기게 나길 지달구지. 베 나길 지달구지.

음. 음. 음. 그런데 예 그럼 할머니! 둑도 이건 네 논이오 이건 내 논이오 해서 고거 구분하느라고 만들어 놓은 둑이 있고. 차나 뭐 수레 같은 것이 다니게 만든 큰 둑이 있고. 그런 둑도 있잖습니까? 그건 뭐라고 했습니까?

– 수레를 만드는 건, 그 수레를 만드는 그런 거, 음 그 어째 수레를 가지고 다니는가 하면, 내 지금 생각하니 비료 등을 싣고 다니느라고 그러지. 비료 등을 싣고 다니느라고. 수레에다. 차를 가져와 실어다가 어디다 부리면 그다음에 (수레가) 그거 싣고 다녔어. 그거 사방에다 그러지. 그냥 나누어 주지.

그렇게 큰 둑을 '장성'이니 무슨 '토담'이니 '토성'이니 이런 말은 이런 말은 안 썼습니까? 쪼그만 건 '드럭'이고 이렇게 큰 거, 수레나 다니고 하는 건 '장성'이니 무슨 '토성'이니 뭐 그런 말은 안 썼습니까?

– 폭이 넓고 긴 둑.

아! 폭이 넓고 긴 둑.

– '장드럭', 응. (웃음) '장드럭'. 조끄만 둑이면 그렇지 그런 큰 건 '장드럭'. 그 말을 잊어버렸어.

그렇죠. 안 쓰시니까. 음, 둑. 음 장드럭.

그러면 할머니! 그렇게 물을 흐리고 거기다 이제.

– 몹시 (물을 흐리게) 하고. 그러면 흙물이 가라앉아서 가라앉아서 말개. 맑은 물이 되기 전에 그 몹시 이렇게 저기 … 걸게끔 그렇게 바닥의 퇴적 흙을 몹시 일어나게 해서 그 일어나게 하면 그 사람 뒤에 저 바닥 흙을 일어나게 한 그 사람 뒤를 따라다니면서 남자들이 볍씨를 치지.

그렇지요.

– 음. 씨를 치지. 내가 그런 것은 보았소.

씨를 친 뒤에는 무엇을 합니까? 그 다음에는? 씨를 친 뒤에?

– 볍씨를 친 뒤에, 그게 볍씨를 쳐 넣으면 그게 발아하기를 기다리지. 벼가 나기를 기다리지.

지달구지.

— 그러지. 베 나오고서야 일하지.

그렇습지. 그런데 베가 이제 나오면은 뭘 해 줘야 데재임둥?

— 음 베 나오문서 발써 조끔 크문 그담에 지슴매야 하지. 벳지슴 매야 하지. 그 그 사모 직금 그전에 내 들을라 사모재[24] 사모재 그런 풀이. 사모재 풀두 잇구. 돌피두 나구. 여러 가지 풀이 가뜩 나지.

그렇지.

— 음. 개래구 그 으 그저 첸심[25] 돌피같은 그런 풀이 또 잇지.

그렇슴둥?

— 돌피 말구. 아하! 그런 풀두 잇지. 벨란 풀이 다 나지. 사모재구.

사모재?

— 으흠. 사모재라구 내 그전에 들었어. 사모재. 사모재 풀이.

음. 음. 그럼 그놈덜::이 나오면은 지슴매서 다아 없애버려야 데지요. 다 없애야 데구.

— 다 없애지 않구 그래!

그렇지. 겐데 베하고 돌피느 어떻게 구분했을까?

— 그담에 저나…

비젓한데?

— 아하! 비젓 비젓해두 돌피 돌피느 이릏기 저나 곰만 조오꼬만할 적이 자랄 때부터 이 쭈울 페지. 베 베는 아이 페지. 이게 이건 이 풀은 쭉 페지메 돌피 쭉 페지메서. 기래구 한판에 이런 샛하얀 줄이.

아하!

— 돌피.

돌피, 돌피.

— 다(да), *달피.

기다리지.

— 그렇지. 벼가 나오고서야 일하지.

그렇지요. 그런데 벼가 이제 나오면 뭘 해 주어야 되잖습니까?

— 음 벼가 나오면서 벌써 조끔 크면 그다음에 김을 매야 하지. 벼 김을 매야 하지. 그 지금 그전에 내 듣자니 '세모재비(골풀)', '세모재비' 그런 풀이. 세모재비 풀도 있고. 돌피도 나고. 여러 가지 풀이 가뜩 나지.

그렇지.

— 음. 그리고 그 으 그저 천생 돌피와 아주 흡사한 그런 풀이 또 있지.

그렇습니까?

— 돌피 말고. 아! 그런 풀도 있지. 별난 풀이 다 나지. '세모재비(골풀)'고.

세모재비(골풀)?

— 으흠. 세모재비라고 내 그전에 들었어. 세모재비. 세모재비 풀.

음. 음 그럼 그놈들이 나오면 김을 매서 없애버려야 되지요. 다 없애야 되고.

— 다 없애지 않고 그래(다 없애고 말고)!

그렇지. 그런데 벼하고 돌피는 어떻게 구분했을까?

— 그 다음에 저기…

비슷한데?

— 아! 비슷, 비슷해도 돌피 돌피는 저기 금방, 조끄말 적에 자랄 때부터 쭉 (잎을) 펴지. 그러나 벼 벼는 안 펴지. 이게 이건 이 풀은 쭉 잎이 펴지며 돌피 쭉 펴지면서. 그리고 한가운데에 이런 새하얀 줄이 있지.

아!

— 돌피.

돌피, 돌피.

— 예, 돌피.

― 돌피 베마[26] 따지. 베문 베 베잎우는 전 우런 우런 남 남페이 그런 게 베잎우느 그 저나 싹악싹하다덤[27]. 베잎이 싹악싹하다구. 그래 우리 효재인(хозяин) 그 전인 내가 그거 눈이 메인 사람이 이 누이 보지 못하는 사람이 다른 지슴으는 못 매두 벳지슴운 맨다구. 눈이 보지 못한 사람이.

음. 만져서.

― 아하! 이거 이래매서. 우리 허재인(хозяин) 그전에 그러메 내가 이래. 눈멕재[28] **그거르루 다른 지슴은 다 못 매두 벳지슴운 맨다구.

눈멕재.

― 아하! 눈 보지 못하는.

― 내 그런 소리르 내 들엇어.

돌피를. 그렇기 가려내는구나!

― 벳지슴은 맨다꾸마. 보지 못하는 눈 멘 사람이 다른 지슴은 못 매두 벳지슴은 맨다구. 그 그거 아는 사람이 그랫것지. 알구야 그렇지 그렇구 * 그럼? 그것두 자꾸 매 *놔구 그래서 줴에 이래 줴에 바야 알지. 그 저 베가 그거.

돌피.

― 돌피 그거르. 그런 소리르 하압더마. 옛날 그거 다 옛날 늙으이덜이 그릏기 말햇갯지.

그럼 아매! 그 돌피::를 그릏기 뽑아 내구. 그리구나서 뭐 인제 세모재비 이런 것들을 다 뽑아 내구. 예. 베가 좀 컸을 때 또 어 지슴우 매앱지?

― 그거 풀이 잇으문 그양 매지. 음. 뽀까:(пока) 저나 베 이릏기 이색이 나올 때꺼저~ 장 장 풀 기야~ 매지.

그러면은 그리구나서: 어: 뭐 만약에 가물어서 물이 없다 그러면은 어터게 물으 댔슴둥? 베밭에?

― 물이 없는 때 없갯지. 큰 **도(←도랑) 이런 그런 기 미시긴가. 큰도라~

－ 돌피가 벼와는 다르지. 벼이면, 벼 벼 잎은 전에 우리 우리 남 남편이 그랬는데, 벼잎은 그 저기 싹싹하다더구면. 벼잎이 싹싹하다고. 그래 우리 남편이 그 전에 내게 말하기를, 그거 눈이 먼 사람이 이 눈이 멀어 앞을 보지 못하는 사람이 다른 김은 못 매도 벼 김은 맨다고. 눈이 보이지 않는 사람이.

음. 만져서.

－ 아! 이거 이렇게 만지면서. 우리 남편은 그전에 나에게 이렇게 말해. 소경은 그걸로(감촉으로) 다른 김은 다 못 매도 벼 김은 맨다고.

소경.

－ 음! 눈을 보지 못하는.

－ 내가 그런 말을 내가 들었어.

돌피를. 그렇게 가려내는구나!

－ 벼 김은 맨답니다. 보지 못하는 눈 먼 사람이 다른 김은 못 매도 벼 김은 맨다고. 그 그거 아는 사람이 그랬겠지. 알아야만 그렇지 그렇고 그렇지? 그것도 자꾸 매 놓아서 그래서 쥐어 이렇게 쥐어 봐야 알지. 그 저 벼와 그거(돌피).

돌피.

－ 돌피 그걸. 그런 말을 하더군요. 옛날 그거 다 옛날 늙은이들이 그렇게 말했겠지.

그럼 할머니! 그 돌피를 그렇게 뽑아 내고. 그리고 나서 뭐 이제 세모재비(골풀) 이런 것들을 다 뽑아 내고. 예. 벼가 좀 컸을 때 또 어 김을 매지요?

－ 그거 풀이 있으면 그냥 매지. 음. 저기 … 벼가 이렇게 이삭이 나올 때까지 늘 늘 풀을 그냥 매지.

그러면 그리하고 나서 어 뭐 만약에 가물어서 물이 없다 그러면 어떻게 물을 댔습니까? 논에?

－ 물이 없는 때가 없겠지. 큰 *도 이런 그런 그게 무엇인가. 큰 도랑

을르, 짚우지29). **그릇두 너르다:만 그런 도라~을르 물이 네레오다나 물이 없으 때 없지. 베 베농새라는 게 물이 없으문 아이 데지. 기래 물이사 그양: 잇지. 큰 **도 에따(это) 그런 데르 네레가지.

그러면 아매! 그: 추수할 때느 어터게 추수함둥?

― 그담에 그,

거더들일 때.

― 거더들, 거더, 베 거이 데무 발써 누우렇게 데무 그담에 물우 싹 빼지.

물으 먼저 빼구.

― 물으 싹 빼지. 물으 빼구 메츨 잇으문 조꼼 들어설만 하문 메츨 잇으문 그담에 베가슬30)으 하지.

그 가슬은 어티기 했을까?

― 가슬으 내 그전에 볼라이느 내 우리 우리 남편이네 꼬호즈(колхоз)가 딱 네해르 **날앗스꿈. 네해르 살구 이새르 쩨낄리(Текели) 이새르 해 갓지. 걔 나느 일은 고 그건 밭에 나가 일은 할럴두 아이햇지 난. 네해 그저 집에서 저나 정슴이나 거구두 시 시걱이나 끓이구. 기래구 시애끼가 우리 우리 남펴이 자~31) 일햇지.

그러니까 그때:는 낱을르 삐 삐엤지?

― 낱을르32) 삐엡더마. 그전에 싹 낱을르 베에. 낱을르 삐서 싹 묶어서 이래 조배기르33) 햇놋스 음. 그 담에 그담에는 마술게다두 실어딜이구. 뱃단 으 싹 낱을르 삐문, 다른 걸르 무스거 삐에. 그전이 직금 와서 깜빠인(комбайн)이나 잇는두. 그전에느 내 기게 어느 때인가. 아구! 전장 후에 마흔 일굽해애 마흔 야듧해애[야드패애] 그 무스걸르 무스걸르 그리햇갯소! 그저 싹 낱을르 그래.

그래가지구 마술기에다가 실어가지구 집이 와서 그렇게 해서 어터기 털었슴둥?

으로 (물이 흐르는데) 깊지. 꽤 널따란 그런 도랑으로 물이 내려오다 보니 물이 없을 때가 없지. 벼 벼농사라는 것이 물이 없으면 안 되지. 그래 물이야 그냥 항상 있지. 큰 도랑 음 그런 데로 내려가지.

그러면 할머니! 그 추수할 때는 어떻게 추수를 합니까?

－ 그 다음에 그,

거두어들일 때.

－ 거두어들일, 거두어, 벼가 거의 되면 벌써 누렇게 되면 그다음에 물을 싹 빼지.

물을 먼저 빼고.

－ 물을 싹 빼지. 물을 빼고 며칠 있으면 조끔 들어설 만하면 며칠 있으면 그다음에 벼가을(벼 추수)를 하지.

그 가을은 어떻게 했을까?

－ 가을[秋收]을 내가 그전에 보니까, 내 우리 우리 남편네 꼴호스에 가 딱 네 해를 살았습니다. 네 해를 살고 체킬리로 이사를 갔지. 그래 나는 일은, 밭에 나가 일은 하루도 안 했지, 난. 네 해를 그저 집에서 저기 점심이나 거두고 끼니나 짓고. 그리고 시동생과 우리 우리 남편이 항상 일했지.

그러니까 그 때는 낫으로 베 베었지?

－ 낫으로 베더군요. 그전에 싹 낫으로 베어. 낫으로 베어서 싹 묶어서 이렇게 15단씩 무지를 지어 놓았지. 그다음에 그다음에는 말 수레 따위로 실어들이고. 볏단을. 싹 낫으로 베면, 다른 걸로 뭘 베어(=낫밖에는 벼를 벨 것이 없었다는 말). 그전이, 지금 와서 콤바인이나 있는지. 그전에는 내 그게 어느 때인가. 아이고! 전쟁 후에 1947년, 1948년에 그 뭘로, 뭘로 그리했겠소(베었겠소)! 그저 싹 낫으로 베지.

그래 가지고 말 수레에다 실어 와 가지고 집에 와서 그렇게 해서 어떻게 털었습니까?

- 집우르 아이 실어오지. 그래 그거 저 그런 게 잇지. 마쉬나(машина) 잇지. 두디리는[34] 마쉬나(машина). 깜바인(комбайн)은 마시나(машина) 두디리는 게 잇지. 삐 삐기느[35] 손을르 삐에두 아 두디리는 건 깜바인(комбайн)으르 두디레. 으음.

아아! 음. 음.

- 즉금은 어쩐두 그전에 내 시집가서 경게 와서 조꼼 살 적에는 싹 다 낮을르 뺍:더구마. 낮을르 삐구 두디릴 적에는 똘리꼬(только) 깜바인(комбайн)으르 두디리지. 깜바인(комбайн) 거기 사람이 올라가서 **뽀다 올레보내는 게 잇구 경게서 또 베 벳단으 이래 무슨 칼룬둥 낮인둥 쿡쿡 짜개서 거둬 엫구 거둬 엫구. 그건 내 밧지.

그러니까 무슨 잏게 에: 잏게 이 줄루 잏게 벳단으 묶어서 잏게 땅땅 내려친다거나 아니면 도리깰르 잏게 내리치는 건 없었슴둥?

- 그런 것 못 밧소꼬마. 내 무스거 밧는가 하문 도리깰르 치는 거 못 보고 그전에 잏기 오고로드(огород) 오고로드(огород) 밭으[36] 재비 밭으 주는 게 다(да) 고 고렷사름덜이 경게서 재비 밭에다가 베르 숨어. 거 멫 소뜨까(сотка)씨[37] 줬는두~ 모르지 내사. 그 적엔 내 아무 세상두 몰랐어. 멫 소뜨까(сотка)씨 주는 거. 그래 경게다 베르 숭궈서 베르 숭궈서 그담에 베르 싹 삐에서 고런 거 단으, 단으 요매씨 하압더구마, 다(да). 싹 마른 담에 그런 데 돌으 크 이런 게 이릏기 저나 빤빤한 이런 거 돌에다 메에칩더마.[38] 다아 마른 거. 요 단으 요매씨 해애서. 그거 내 밧스끔.

아, 어디서? 어드메지 그게?

- 그 저 내 시집가서. 우리 우리 남편네 꼬호즈(колхоз)서.

꼬호즈(колхоз)에서.

- 아하! 아, 그거 밧스끔.

거기가 아까 어디라구 그러셨지? 아 …. 거기 시집가신 데가 아스뜨라한(Астрахань)?

– 집으로 안 실어 오지. 그래 그거 저 그런 게 있지. 곡식을 터는 기계. 콤바인이라는 기계, 터는 것이 있지. 베기는 손으로 베어도 아, 터는 건 콤바인으로 털어. 음.

아! 음. 음.

– 지금은 어찌하는지 모르겠는데, 그전에 내가 시집가서 거기에 와 조끔 살 적에는 싹 다 낫으로 베더군요. 낫으로 베고 털 적에는 오직 콤바인으로 털지. 콤바인 거기에 사람이 올라가서 올려 보내는 것이 있고 거기에서 또 이렇게 뭐 칼인지 낫인지 볏단을 쿡쿡 쪼개서 (콤바인에) 거두어 넣고. 그건 내가 보았지.

그러니까 뭐 이렇게 에 이렇게 이 줄(매끼)로 이렇게 볏단을 묶어서 이렇게 땅땅 내려친다거나 아니면 도리깨로 이렇게 내리치는 것은 없었습니까?

– 그런 것은 못 봤어. 내가 무엇을 보았는가 하면 도리깨로 치는 것은 못 보고 그전에 텃밭, 텃밭을 자기가 지을 수 있는 밭을 주었는데 응 고렷사람들이 거기 자기 밭에다 벼를 심어. 거 몇 소트카씩 주었는지는 모르지 나야. 그 때에 내 세상 물정을 몰랐어. 몇 소트카씩 주는지 몰랐지. 그래 거기에다 벼를 심어서 벼를 심어서 그다음에 벼를 베어서 단을 요만큼씩 짓더군요, 응. 싹 마른 다음에 그런 데, 돌을 *크, 이런 게 이런 저기 빤빤한 이런 돌에다 메어치더군요. 다 마른 거. 요 단을 요만큼씩 해서. 그거 내가 보았습니다.

아, 어디서? 어디지 그게?

– 그 저 내 시집가서. 우리 우리 남편네 콜호스에서.

콜호스에서.

– 아! 아, 그거 봤습니다.

거기가 아까 어디라고 그러셨지? 아 …. 거기 시집가신 데가 아스트라한?

- 넬(нет)! 아스뜨라한(Астрахань)에 시자 그 내 조꼬매,
아스뜨라한(Астрахань).

- 조꼬마시젝이[쩨기]. 윈도~서 싫게 들어와서 거기서 살앗지.

아니! 아매 시집가신 데느 어디였었지?

- 시집간 데느 저 우슈토베(Уш-тобе).

맞아!

- 꼴호즈 바로쉴로바(Варашилова)라구 잇엇습구마[꾸마]. 열야듧째
[열야듭째] 열야듧째[열야듭째] 하는 게. 뷔심나드차찌(восемнадцать)
열야듧째[열야듭째] 깔호즈(колхоз)지. 개 이름은, 꼴호즈(колхоз) 이름으
는 발로쉴로바(Варашилова)지.

바로쉴로바(Варашилова).

- 바로쉴로바(Варашилова). 아이, 노시아 기래 장군이 기애 에따(это)
바로쉴로바(Варашилова)라구 잇재이?

모르갯습구마.

- (웃음) 노시아 장 장교 그 전에. 바로쉴로바(Варашилова)라구 초~오
잘 놓는39) 사림이, 그전에 그전에 노시아에, 노시아에 초~오 잘 놓는 사
림이 바로쉴로바(Варашилова)라 하지. 그 그 바로, 그 꼴호즈 바로쉴로
바(колхоз Варашилова)라구 그런데 가 살앗지.

그렇셨구나! 음. 네. 그 그러니까 어 스집가서 맨 처음에는 이렇게 빼짝 말
려 가지구 잉기 치는 것두 좀 보셨다구.

- 치는 거 밧습구마[꾸마] 내. 이래 따~에다가 무스거 가:뜩 페놓구서
무슨. 그거 따:르 따이 그러지 말라구. **그 스 기래두 프쑈론느(всёравн
о) 딱 **부리 안 나가지. 누(ну) 기래두 바:~이 그거 너르게 페구선 기래
구 돌으 저나 잉게 빤:빤하게 그전 돌이 큰 게 잇재? 그 그 돌에다가 요
매씨난 단 핸 거 싹 말리와서 말리와서 기래 그거 그양, 아, 싹 싹 떨어지
드만. 베 베알이 다아 떨어져.

– 아니! 아스트라한에서는 그 내 조끄맸…,

아스트라한.

– 조끄맸을 적에. 원동서 실러 들어와서 거기서 살았지.

할머니가 시집간 데는 어디였었지?

– 시집간 데는 저 우슈토베.

맞아!

– 콜호스 바로실로바라고 있었습니다. 18번째 18번째라 (콜호스)라고 하는 것이지. 18번째 18번째 콜호스지. 그래 이름은 그 콜호스 이름은 '바로실로바'지.

바로실로바.

– 바로실로바. 아이, 러시아의 장군 중에 그 음 바로실로바라고 있잖소?

모르겠습니다.

– (웃음) 러시아 장교, 그 전에. 바로실로바라고 총을 잘 쏘는 사람이, 그 전에 그 전에 러시아에, 러시아에 총을 잘 쏘는 사람이 있었는데 바로실로바라 하지. 그 그 바로, 그 콜호스 바로실로바라고 하는 그런 데 가서 살았지.

그러셨구나! 음. 네. 그 그러니까 어 시집가서 맨 처음에는 이렇게 벼를 빠짝 말려 가지고 이렇게 치는 것도 좀 보셨다고.

– 치는 거 봤습니다, 내가. 이렇게 땅에다가 무엇을 가득 펴 놓고서 무슨. 그거 땅을 땅이 그러지 말라고[40]. 그래도 어쨌든 딱 ** 안 나가지. 그래도 방에 그거 너르게 펴고선, 그리고 돌을 저기… 이렇게 빤빤하게 그 전에 돌이 큰 것이 있잖소? 그 그 돌에다가 요만큼씩하게 단을 지은 것을 싹 말려서 말려서 그래 그거 그냥 (두드리면), 아, 싹 싹 떨어지더구면. 벼알이 다 떨어져.

저두 했습구마.

— 난 아이 햇어.[41]

(조사자가 자신을 가리키며) 내, 내.

— 재빌르 햇슴두?

내 어렸을 때 내 했습구마.

— 으음:. 어릴적. 우리 저냐 거기 꼬호즈(KOJIXO3) 사름덜두[뚜] 그래는 거 밧지.

그러면은 그 단을 이룽기 묶 묶는 바 잇재임둥 밧줄. 그게 잇구 이렇게 해서 이렇게 하재임둥?

— 누(HY), 글쎄 이래 메치더군.

예, 밑에 있는 돌은 무스게라 불렀구 그 벳단을 감는 줄은 무스게라 불렀슴둥?

— 돌으는 그저 돌으 그런 어디서 난 난 빤빤:한 납주구러한 거 이룽기 큰 거 어디가 얻어바 오지 머. 그래문 그거 따~에다 무스거 푸~이 같은 가뜩 피군 너르게 페구 기래구 그거 다아 잘 말리와서 벳단 요짝 요맥씨나지 ** 요롱게 해서 잘 말리와서 거기다 잘 잘 털어지더문. 베알 베알 아이 지구 잘 털어지더만.

도리깰르 이룽기 두두리는 거 못.

— 도리깨 두디리는 건 난 못 밧소.

못 보셨지?

— 못 밧스꿈. 그저 원도~서느 그거 무스거 내 밧는가 하무 도리깨 둘르 그 코~, 코~ 메지코~이 잇지? 메지코~이나 숭궈서 내 도리깰르 두디리는 거 밧지. 우리 클아바이 생존에. 그런 거. 아, 이 베르 이 도리깨 두디리는 건 내 못 밧지. (웃음).

없을 겁니다, 아마. (웃음) 어 그러면 아매! 여기서 아매 시집가신 시집에서는 베질만 했슴둥? 그 남편하구 시애끼하구 베질만 했슴둥?

저도 했습니다.

- 나는 아니 했어.

내, 내.

- 손수 했습니까?

내 어렸을 때, 내 했습니다.

- 음. 어릴 적에. 우리 저기 … 콜호스 사람들도 그러는 것을 봤지.

그러면 그 단을 이렇게 묶는 밧줄이 있잖습니까? 밧줄. 그게 있고 이렇게 해서 이렇게 하잖습니까?

- 음, 글쎄 이렇게 메치더군.

예. 밑에 있는 돌은 무엇이라 불렀고 그 볏단을 감는 줄은 무엇이라 불렀습니까?

- 돌은 그저 돌을 그 어디서 난 빤빤하고 좀 납죽스름하게 생긴 이렇게 큰 것을 어디 가 찾아서 가지고 오지 뭐. 그러면 그거 땅에다 뭐 장막 같은 것을 가뜩 펴고 너르게 펴고 그리고 그거 다 잘 말려서 볏단의 요쪽을 요만큼씩하지 요렇게 해서 잘 말려서 거기다 치면 잘 털어지더구면. 벼알, 벼알이 안 지고(?) 잘 털어지더구면.

도리깨로 이렇게 두드리는 것을 못.

- 벼를 타작할 때 도리깨로 두드리는 건 난 못 보았소.

못 보셨지?

- 못 보았습니다. 그저 원동에서는 그거 무얼 내가 보았는가 하면 도리깨 둘로 그 콩, 콩 메주콩이 있지? 메주콩이나 심어서 내 도리깨로 두드리는 것을 보았지. 우리 할아버지가 생존해 계실 때. 그런 거 보았지. 아, 이 벼를 도리깨로 두드리는 것은 내 못 보았지. (웃음).

못 보았지. 없을 겁니다, 아마. (웃음) 어 그러면 할머니! 여기서 할머니 시집가신 시집에서는 벼농사만 했습니까? 그 남편하고 시동생하고 벼농사만 했습니까?

－ 베질은 내 내 시집가서느 멫 해 멫 핼 아이 하구 **은치(←인츠) 이
새[42]르 갓지. 그 어째 기랫는가 하무, 아 우리 시애끼[43] 시애끼가 우리
허재인(хозяин) 일 잘햇습구마[꾸마]. 걔 일년에 양천 뜨루드(труд)두[44]
남아 남아 벌엇지, 걔 무스거 아완스(аванс)르 타두 아이 먹엇디 가슬
이 가슬 돌아오문 그냥 빈이 잇다구. 무슨 아무것두 타두 아이 먹엇는데
그냥 빈이 잇다구. 그래 우리 허재인(хозяин) 너무 ***게으르나서 그담에
바로쉴로브 꼬호즈(Варашилов колхоз) 저어 따쉬껜트르 에따(это) 그
꼬호즈(колхоз) 떡 갓지. 열 열아홉째 바로쉴로브 꼴호즈. 떡 갈 적이 기
게 쉰 쉰 한 해, 쉰 한 해, 저기 열아홉째 꼴호즈 정게[45] 떡 간다 하지.
그애 우리 *허(←허재인) 남펴이 무시기라 말하는가, '우리 경겔 가즈 마
자. 야! 멫 해르 일해두 일은 멫 천 뜨루드(труд)씨 벌어두 아완스(аванс)
두 아무것두 타두 아이 먹어두 아! 그냥 이 빈이 잇다이[46]. 이거 어티기
헤에나갯는가[47]. 우리네 월급 생활루 가자. 그래 어디르 가갯는가. 쩨낄리
(Текели) 가자구. 걔 쩨낄리(Текели) 가서 살앗지. 쩨낄리(Текели) 가
서 우리네 오꼴로 드바드차찌 례뜨(около двадцати лет) 그래 쩨낄리(Т
екели) 가서 첫감엔 가서 저런 끼리사보드(кирзавод)서 우리 허재인(хоз
яин) 일햇지. 으흠. 끼리사보드서 일하구. 끼리사보드서 조꼼 일하다 그
담에 마쉰느이끄란(машинныйкран)서 일햇지. 크라노프식(крановщик)
질햇지 허재인(хозяин). 아, 기래메서 기래 크라노프식(крановщик)질 으
지하메서 거기서 자우취노(заочно) 글두 이르구 그래메 그래메 그 쩨낄리
(Текели)서 살메서리. 그담에 쩨낄리(Текели)에 살다가 두샨베(Душанбе)
가 살앗지, 따지끄스딴(Таджикстан)에.

맞아! 두산베르 가셨지, 아까.

－ 아하! 그 담에 두샨베(Душанбе)에서 이 딸디꾸르간(Талдыкорган)
으로 이세르 해 왓지.

따지끄(Таджикстан)에서 두산베르 오신게 멫 년도일까?

- 벼농사는 내 내 시집가서는 몇 해 몇 해를 아니 하고 이내 이사를 갔지. 그 어째 그랬는가 하면 아, 우리 시동생 시동생과 우리 남편이 일을 잘했습니다. 그래 일 년에 노동을 하고 2,000 트루드도 넘어 넘어 벌었지. 그래 뭐 선불금(先拂金)을 타 먹지도 않았는데 가을, 가을이 돌아오면 그냥 빚이 있다고 하지. 무슨 아무것도 타 먹지도 않았는데 그냥 빚이 있다고. 그래 우리 남편이 너무 힘들어서 그다음에 발로실로바 콜호스, 저 타슈켄트로 음 그 콜호스로 떡 갔지. 19번째 바로실로바 콜호스. 떡 갈 적에 그게 1951년, 1951년, 저기 19번째 콜호스 저기에 떡 간다고 하지. 그래 우리 남편이 무엇이라고 말하는가 하면, 우리 거기를 가지 말자. 야! 몇 해를 일해도 일은 몇 천(千) 트루드씩 벌어도 선불금도 아무것도 타먹지 않아도 아! 그냥 이 빚이 있다. 이거 어떻게 헤어나겠는가. 우리네 월급 생활로 가자. 그래 어디로 가겠는가. 체킬리 가자고. 그래 체킬리 가서 살았지. 체킬리 가서 우리네 한 스물 두어 살에 그래서 체킬리 가서, 처음엔 가서, 저런 키리사보드에서 우리 남편이 일했지. 으흠. 키리사보드 조끔 일하다 기중기를 다루는 곳에서 일했지. 기중기 운전기사의 일을 했지, 남편이. 아, 그러면서 그래 기중기 기사 일에 의지하면서 거기서 통신 교육으로 공부도 하고 그러면서 그러면서 그 체킬리에서 살면서. 그다음에 체킬리에서 살다가 두산베로 가서 살았지, 타지키스탄에.

맞아! 두산베로 가셨지, 아까 말씀하시기를.

- 음! 그 다음에 두산베에서 이 탈디쿠르간으로 이사를 해 왔지.

타지크에서 두산베로 오신 것이 몇 년도일까?

- 예?

따찌끄(Таджикстан) 에 따지끄에 두산베에서 여기 딸디꾸르간(Талдыко

рган)으로 언제

- 언제 이세르 해 왔는가구?

예. 이 이사르 오셨어요?

- 치, 칠십년도.

아이구!

- 칠십년도에.

일찍 오셨네. 열루 영겔르.

- 칠십, 칠십년도에.

음, 음. 음. 그럼, 아매! 그거∷ 베농사 말구 다른 농사는 아이 졌슴둥? 베

질할 때? 아이 했습지? 베질만 했습지?

- 거:서 그땐 그 꼬호즈(колхоз) 사름덜으느 베 베 베두 하구 베질두

하구 에 떠(это) 그런 거 스뾰끌라스(свёкла) 농세질두 했지. 저 꼬호즈(к

олхоз)서, 꼬호즈(колхоз)서. 어, 나느 베농세질두 모 못 나가구 스뾰끌라

스(свёкла)두 못 숭궈 보구.

그럼 아매! 고본질이라는 건 점 아심둥?

- 고 고본질[48]이라는 거 모 해 밧지.

- 우린 저 기관에서 기양 일하다나이 고본질이라는 것두 없엇짐.

그렇지. 그런데 그 고본질이라는 개 뭠둥? 아매.

- 고본질이라는 게 어: 이릏기 누(ну) 고본질하는 게 어 따아 싸가지구

서 거기다 그런 거 루꾸(лук)두 수무구 씨메치끼(семечки)두 수무구 일해

서. 기래구 얼매 한 겍따르(гектар)에서 얼매마:치 국가 저 주지. 그담 그

담에 짙은 건 제 먹구. 이릏기 일으 고본질, 고렷사름덜 고본질으 햇지.

그럼, 아매! 제가 이 꼴호즈에 살구 있습구마, 나쁘레메르(например).

- 어, 어.

- 예?

타지크, 에, 타지크의 두산베에서 여기 탈디쿠르간으로 언제

- 언제 이사를 해 왔느냐고?

예. 언제 이사를 오셨습니까?

- 칠 칠 십 년도에.

아이고!

- 1970년도에.

일찍 오셨네. 여기로 여기로.

- 70, 1970년도에.

음, 음. 음. 그럼, 할머니! 그 벼농사 말고 다른 농사는 안 졌습니까? 벼농사할 때? 안 했지요? 벼농사만 했지요?

- 거기서 그때 그 콜호스 사람들은 벼 벼 벼도 하고 벼농사도 하고 에음 그런 거 사탕무 농사도 지었지. 저 콜호스에서, 콜호스에서. 어, 나는 벼농사에도 못 나가고 사탕무도 못 심어 보고.

그럼 할머니! '고본질'이라는 건 좀 아십니까?

- 고본질이라는 거 못 해 보았지.

- 우리는 기관에서 그냥 일하다 보니 고본질이라는 것도 없었지 뭐.

그렇지, 그런데 그 고본질이라는 것이 무엇입니까? 할머니.

- 고본질이라는 것이 어 이렇게 음, 고본질하는 것이 어 땅을 사 가지고 거기다 그런 거 파도 심고 해바라기도 심고 일해서. 그래 얼마 1헥타르에서 얼마만큼을 국가에 저기 바치지. 그다음에 그다음에 남은 것은 자기가 먹고. 이렇게 일을 하는 것을 고본질이라 하는데 고렷사람들이 고본질을 했지.

그럼, 할머니! 제가 이 콜호스에 살고 있습니다, 예를 들면.

- 어, 어.

이: : 꼴호즈에 살구 있는데 여기서 에 이 꼴호즈에 땅을 빌김둥?

— 아:! 따~아 따~아 잉게서두 직금두 잉게서두 따~아 팔지 그 사름게다. 머 멫 객따르(гектар) 암마이라:구 이릏기 멫 천이라:구 이릏기 딱 그 사름덜게다 팔지. 기래문 그 사름덜은 이릏게 따~아 쓱 저래 *메 얼매라구서 따~아 주구 싸무 그담엔 따~아 제 재비르 그 따~아 싸무 직금으느 이 이거 뉘길 주는 게 없지. 다 *지기지. 따~아 싸재애잏갯소? 싸다나이 제 따~이지.

직금?

— 아하! 직금은. 개 이런 국가는 아이 주지. 아이 주지. 재비 재비 따~아 쌋짐. 비싸게 주구 쌋는데. 그 담에 어전 안 데지.

그럼 언제부터 그럼 국가가 따~아 팔았슴둥?

— 아! 모르지. 나느 그런 무슨 농세질으 하재잏다나이 어느때 팔구 어느때 어쨋두~ 모르지.

그럼 옛날에 고본질할 때에,

— 응, 옛날에.

— 예, 고본질할 때 … 제가 지금 이: 꼴호즈에 … (에어컨을 켜 놓아서) 칩슴둥? 칩우문 *끄* *끄*자구.

— 아, 받슴소.

아니, 즈히두 전 필요 없습구마. 아매 때문에 켰습구마.

— 아아니! 일없소!

그럼 *끄*오. 그럼, 아매! 이렇게 이게 에: 꼴호즈무 제가 꼴호즈에 있습구마. 그러면 이 꼴호즈 땅을 일년 동안 빌리는 거엄둥? 고본질이라구 하는 게?

— 고본질하는 사름덜이, 다(да). 어 어떤 사름덜으 저래 따~아 싸서 누(ну) 일년이나 이티나 이릏기 고본질 하 하지. **하 고본질하지. 그릏기 다가바리찌(договориться)하구서리 *수 에 따~아 그러 수무지. 음. 그담에 그거 이티나 이 이 일년이나 그만한 돈으 물구서르 싸무 싸구서는

이 콜호스에 살고 있는데 여기서 에 이 콜호스의 땅을 빌립니까?

— 아! 땅을, 땅을 여기서도 지금은 여기서도 땅을 팔지, 그 사람에게 다. 뭐 몇 헥타르에 암만이라고 이렇게, 값이 몇 천이라고 이렇게 딱 그 사람들에게다 팔지. 그러면 그 사람들은 이렇게 땅을 쓱 거기에 맞추어 얼마라고서 땅을 (돈을) 주고 사면 그다음에는 땅을 자기가 스스로 그 땅을 사면 지금은 이 이것을 누구에게 주는 것이 없지. 다 자기 것이지. 땅을 사지 않겠소? 샀으니 자기 땅이지.

지금?

— 그럼! 지금은. 그래 음 국가에는 안 주지. 안 주지. 자기, 자기 땅을 샀지 뭐. 비싸게 주고 샀는데. 그다음에는 이젠 안 되지.[49]

그럼 언제부터 국가가 땅을 팔았습니까?

— 아! 모르지. 나는 그런 무슨 농사질을 하지 않다 보니 어느 때 팔고 어느 때 어쨌는지 모르지.

그럼 옛날에 고본질할 때에,

— 응, 옛날에.

— 예, 고본질할 때 … 제가 지금 이 콜호스에 … 춥습니까? 추우면 (에어컨을) 끄려고.

— 아, 그냥 바람을 받으세요(쐬세요).

아니 저희도 전 에어컨 바람이 필요 없습니다. 할머니 때문에 켰습니다.

— 아니! 괜찮소.

그럼 끄오. 그럼 할머니! 이렇게 이게 콜호스라면 제가 이 콜호스에 있습니다. 그러면 콜호스 땅을 일 년 동안 빌리는 것입니까? 고본질이라고 하는 것이?

— 고본질하는 사람들이, 응. 어 어떤 사람들은 저래 땅을 사서 음 1년이나 2년이나 이렇게 고본질하지. 고본질하지. 그렇게 계약(契約)하고서에 땅을 빌려 심지. 음. 그다음에 그거 이태나 이 이 1년이나 사용하는 기간에 맞추어 그만한 돈을 물고서 사면, 사고서는

그담에 돈이 잇으무 돈으 물구. 돈이 없으문 못 수무지.

그렇지.

— 그렇지.

그러면 자기 꼴호즈 말구 다른 꼴호즈에 가서두 고본질을 할 수 있슴둥?

— 그렇재앦구 그래! 저 여기 영게 사름덜이 우리네는 아이 그랫지. 우리 고렷사름덜은 저어기 라씨아(Россия)나 벨 데 다 가서 농세질햇지. 벨데 다 가서는. 이 싸라:또끄구50) 어디메구 다아 가서.

으음. 그러니까 거기가서 일년동안 땅을 잃게 돈을 주구 빌림둥?

— 기래구서리 농세질해애 가지구 오지. 그 그담에 그 이듬해느 또 다른 데르 가지.

그렇슴지.

— 다른 데 가서 또 얼매만한 따~아 싸 싸가지구서 노 농세질으 하지. 그룽기 그. 이 노시아 땅두 벨 데르 다아 돌아댕기지. 영게 고렷사름덜이. 이 딸디꾸르간(Талдыкорган) 고렷사름덜두.

부지런하재임둥 고렷사람들이, 예.

— 그 무스거 숨는다든가?

루꾸(лук).

— 루끄(лук)두 수무구. 수박두 수무구, 수박 참에나 수무구. 누(ну) 그래서 기래지. 그래가지구.

근데 어제 이렇:게 알마따에서 탈디꾸르간 가는데, 아매! 수박으 많이 파압데. 길에서.

— 질51)에서 헤! 여기 시장 가무 알마따꺼지 파오. (웃음) 질에서, 질에서. 아하! 그전에 나두 알마따 댕길 적이. 그전에두 그래. 직금두 그렇구. 그전에두 그래. 저어기 깝차가이(Капчагай)52) 지나서 저짝 기양.

그럼 고본질을 하문 대개 얼마르 에 그 꼴호즈에 바침둥? 국가에다 바침둥?

돈이 있으면 돈을 물고(?). 돈이 없으면 못 심지.

그렇지.

— 그렇지.

그러면 자기 콜호스 말고 다른 콜호스에 가서도 고본질을 할 수 있습니까?

— 그렇지 않고 그래(그렇고 말고)! 저 여기 여기에 사람들이 우리네는 안 그랬지. 우리 고렷사람들은 저기 러시아나 별 데 다 가서 농사를 지었지. 별 데 다 가서는. 이 사라토크(←사라토프)고 어디고 다 가서.

음. 그러니까 거기 가서 일 년 동안 땅을 이렇게 돈을 주고 빌립니까?

— 그리하고서 농사를 지어 가지고 오지. 그다음에는 그 이듬해에는 또 다른 데로 가지.

그렇지요.

— 다른 데 가서 또 얼마만큼의 땅을 사 가지고서 농사를 짓지. 그렇게 그. 이 러시아 땅도 별 데를 다 돌아다니지. 여기 고렷사람들이. 이 탈디쿠르간 고렷사람들도.

부지런하잖습니까, 고렷사람들이, 예.

— 그 무엇을 심는다든가?

파.

— 파. 수박도 심고, 수박 참외 등을 심고 음, 그래서 그래지. 그래 가지고

그런데 어제 이렇게 알마티에서 탈디쿠르간을 가는데, 할머니! 수박을 많이 팔데. 길에서.

— 길에서 헤! 여기 지금 가다 보면 알마티까지 (늘어서서 물건을) 파오. (웃음) 길에서, 길에서. 아! 그전에 나도 알마티 다닐 적에 보면 그전에도 그래. 지금도 그렇고. 그전에도 그래. 저 캅차가이 지나서 저쪽까지 그냥 (길가에서 팔지).

그럼 고본질을 하면 대개 얼마를 에 그 콜호스에다 바칩니까? 국가에다 바칩니까?

- 아, 모르지. 내 재비르 농세질으 아이하다 나이 그게사 모르지.

그러니까 아매 말씀은 고렷사름덜이 제일 마이 하는게 인제 루끄(лук)구 파이르 많이 하구. 고 담에는 수박,

- 수박 참에구.

- 기애구 또 어떤 사름덜으느 마르꼬프(морковь)나 짓재임둥?

마르꼬프(морковь). 음. 그럼 아매! 그:: 목하라든가 머.

- 목하.

께납(конопля)이라든가.

- 그거느 따시껜뜨(Ташкент)에 잇지. 따시껜뜨(Ташкент)에 잇지 잉게는 없어. 잉게 까자흐스딴은 어디메 잇는가 하무 저 침켄트(Чимкент)53)서 경게서 목하르 스무지. 저 그 딱 젙에, 따시껜뜨(Ташкент) 젙에.

젙이지.

- 아하! 젙에 저 침껜트. 경게서 목하르 스무지. 거그 거그서 까자흐스 딴은 경게서 목하르 스무지 다른 데서느 목하 아이 데지. 침껜트 똘리까 (только)지. 기게 덥재이~?

그렇습지.

- 으흠. 다른 데. 개구 께납(конопля)이라는 거느 잉게느 까자끄스딴 에서 못 구경햇어. 난 그전에 따지끄스탄(Таджикстан)에 놀라 가길래 경 게 가 밧지. 께납(конопля)은두~ 무시.54) 아하! 께납(конопля)은 거 헝 겊55)으 맨드는가? 어찌는가?

그렇습지. 베우티.

- 야아:! 나는 그 노릇은 못하갯습더구마. 어우:! 사름덜 일하는 거 보 이, 이 께납(конопля) 키 네 메따라(метре) 다슷 메따라(метре) 데엡구 마. 그리 꼳꼳이56) 올라간게. 기랜데 요꺼 조꼼 다치무57) 이게 살이 가랍 아서 모 못 전디갯어. 살이 가랍아. 갠데 경게 사름덜 고렷사름덜 어티기 그릏기 햇는두~ 모르지. 야아! 기차덤무. (혀 차는 소리)

─ 아, 모르지. 내 자신이 농사를 안 짓다 보니 그거야 모르지.

그러니까 할머니 말씀은 고렷사람들이 제일 많이 하는 것이 이제 파고, 파 농사를 많이 하고. 고 다음에 수박,

─ 수박과 참외고.

─ 그리고 또 어떤 사람들은 홍당무 같은 것을 짓잖습니까?

홍당무. 음. 그럼 할머니! 그 목화라든가 뭐.

─ 목화.

삼〔麻〕이라든가.

─ 그것은 타슈켄트에 있지. 타슈켄트에 있지. 여기는 없어. 여기 카자흐스탄은 어디에 있는가 하면 저 침켄트 거기서 목화를 심지. 저 그 딱 곁에, 타슈켄트 곁에.

곁이지.

─ 아! 곁에 있는 저 침켄트에서. 거기서 목화를 심지. 거기 거기서 카자흐스탄은 거기서 목화를 심지 다른 데서는 목화가 안 되지. 침켄트에서만 오직 심지. 그곳이 덥잖소?

그렇지요.

─ 음. 다른 데. 그리고 삼이라는 것은 카자흐스탄에서는 구경하지 못했어. 내 그전에 타지키스탄에 놀러 가 거기서 보았지, 삼인지 무엇인지. 아! 삼은 거 천을 만드는가? 삼을 가지고 어찌하는가?

그렇지요. 베옷을.

─ 야! 나는 그 노릇은 못하겠더군요. 어우! 사람들 일하는 것을 보니, 이 삼은 키가 4미터, 5미터가 됩니다. 그렇게 꼿꼿이 올라간 것이. 그런데 요기 있는 것을 조끔 건드리면 이게 살이 가려워서 못 견디겠어. 살이 가려워. 그런데 거기에 있는 사람들 고렷사람들 어떻게 그렇게 일했는지 모르지. 야! 기차더구먼. (혀 차는 소리)

그럼, 아매! 그 느베치기 머 이런 건 해 보셨슴둥?

— 그런 건 모 햇다구. 그런 건 모 해밧어. 따시껜뜨(Ташкент)서 그전에 그거 그랫엇지.

따시껜뜨(Ташкент)에서.

— 따시껜뜨(Ташкент)서.

으음.

그럼, 할머니! 그 누에치기 뭐 이런 것은 해 보셨습니까?

— 그런 것은 못 해 못 해보았어. 타슈켄트에서 그전에 그거(누에) 그랬었지(쳤었지).

타슈켄트에서.

— 타슈켄트에서.

음.

2.2. 과일과 나물

그럼, 아매! 그 아매 오구르드(огород)에서는 지금 뭘 질 길러냄둥?

– 우리 집에? 내 내 집에서? 내 집에 헤우! 난 저런 고치르 고치르 이제 우 첫감에 쇠문 **거덩 다아 얼어 빠젔지. 잉게 얼귀 얼구메햇어 잉게. 그래 다아 얼어빠진 그담에 그래 다시 숭궈 놓오이 게 안죽은 이제 꽃이 피우. 그것두 재비 먹을 **거마이두만. 그전에 그전에 줴엔 이시직이낭 [이시찌기낭] 에따(это) 줴엔이 그런 거 뻰시(пенсия) 나와서 그래 뻰시 (пенсия) 나오기 전에두 일 일 하메서리 저 저 정게 옐친 살적에 *오구르 (огород) 저 밭에다 그 땅딸기58), 고려말르느 기게 땅딸기지. 직금은 마우 재널 굴루부니까(клубника) 굴루부니까(клубника) 하재임둥? 이 땅딸기 지. 땅딸기 숭궈서 저 파 팔앗지. 으음. 기래구 잉게 고로드(город) 이세 르 오이까나 땅딸기두 아이 숨어. 아무것두 아이 숨었어. 그저 제 먹을 거 아고르뜨(огород) 한고라~, 거저 고치르 뒤: 고라~: 이릏기 수무무. 상연에 는 다드배채59)나 숭궛댓소. 아, 다드배채 숭구이까 그 이 저나 다아 다아 이 여무무 다아 싹 터지지. 기래 올해느 내 상연에 기랫지 아:덜까. 야! 올해느 돌아오는 해애느 야 스무지 말자, 다드배차. 아, 바자르(базар)에 가서 가슬이무 눅은데60) 그 이거 저나 그 **베준뎃:지. 다아 따개지지61). 다아 따개지지. 아, 이거 거저 그거 고사~한 바램두 없지. 가슬에 바자르 (базар)서 싸자. 기랴 올해느 다드배채두 아이 숨어. 기래구서 그 아이 저 나 밭에다 무스거 그거 무스거 수무갯어. 그래서 올해느 옥수꾸 조꼼 숭 궛지. 기래구서리 그런 거 앞울르느 내 그 그 밭으 에따(это) 싸아드(сад) 맨들자구. 이런 열매낭그 숭구자구.

2.2. 과일과 나물

그럼, 할머니! 그 할머니 텃밭에서는 지금 무엇을 길러냅니까?

— 우리 집에? 내 내 집에서? 내 집에 어휴! 난 저런 고추를, 고추를 이제 처음에 심은 게 다 얼어 버렸지. 여기서 얼려 얼음이 됐어 여기서. 그래 다 얼어 버린 그 다음에 그래 다시 심어 놓으니 그게 아직은 이제 꽃이 피오. 그것도 자기가 먹을 것만큼뿐이지만. 그전에 그전에 남편이 살아 있을 적에는 음 남편이 그런 거 연금이 나와서 그래 연금이 나오기 전에도 일 하면서 저 저 저기 옐친에 살 적에 텃밭, 저기 … 밭에다 그 땃딸기, 고려말르는 그게 땃딸기지. 지금은 러시아 사람들이 '굴루부니까(клубника)', '굴루부니까(клубника)'라 하잖소? 이게 땃딸기지. 땃딸기를 심어서 팔았지. 음. 그리고 여기 도시로 이사를 오니까 땃딸기도 안 심어. 아무것도 안 심었어. 그저 자기가 먹을 것을 텃밭에 한 고랑, 그저 고추를 두어 고랑 이렇게 심으면 (되지). 작년에는 양배추나 심었었어. 아, 양배추를 심으니까 그 이 저기 … 다 다 이 여물면 다 싹 통이 터지지. 그래 올해는 내 작년에 그랬지, 아이들에게. 야! 올해는 돌아오는 해에는 심지 말자, 양배추를. 아, 가을에 시장에 가면 싼데, 그 이거 저기 … ****. 다 통이 쪼개지지. 다 쪼개지지. 아, 이거 그저 그거 고생한 보람도 없지. 가을에 가서 시장에서 사자. 그래 올해는 양배추도 안 심었어. 그리고서 아이 저기 … 밭에다 무엇을 그 무엇을 심겠어. 그래서 올해는 옥수수를 조끔 심었지. 그리고 그런 거 앞으로는 내 그 밭을 음 정원(庭園)을 만들자고. 이런 열매 나무(=果實樹)를 심자고.

열매낭그 올해느 내 네 천 네 천 네천네천 싸다가서 에따(это) 옹겨낫지. 이 그루샤(груша)구 야불로끄(яблоко)구 어 체시냐(черешня)구. 아하! 돌아오는 해느 아구로트(огород) 없어. 내 그거 낭그덜[62] 싸다가 싹 꼽아[63] 놨어. 그 어찌지 못하갰는데. 풀이 자꾸마 나지, 팔이 아푸지, 허리 아푸지. 헤이! 난 아무것두 안 해. (웃음)

　그래 아매! 야불로까(яблоко)하구 체리 좀 달겠슴둥 올해?

　— 올헤사 그게 언제. 돌아오는 해애 **덴 게. 올헤 온게[옹게] 논게. ***깔리울리한 거. ***깔리울리한 거 싸다가 싹 다 옹겨 놨지. 앞울루느 싹 데제. 오구르드(огород) 없어. 누기 그거 누기 그거 어찌갰어.

　그렇습지. 그럼, 아매! 어:: 나물 이 산에 가서 머 뜯어오는 거. 들이나 산에 가서 머 뜯어오는 거.

　— 산에 가서 나물 캐는 거?

　예, 예, 예.

　— 산에 잉게 나물이 잇슴둥?

　그런걸 해 보셨슴둥?

　— 산에 나물이 없습구마[꾸마] 잉게. 무슨 나물이. 거저 잇다는 게 거저 저 사척에 집오래[64]나 거저 저런 게나 그 무슨둘레[65] 잇지. 무슨둘레 잇지. 기래구 다른 나물이 미시기 잇슴둥, 없스꼬마.

　뭐 세투리두 있구.

　— 세투리나 그런 게 잇지. 세투리갸 무순둘레 잇구. 기래구 나시 잇구. 나시랑 풀.

　봄에.

　— 그거 그건 그건 나시라는 나물이 잇지. 긔래구 다른 나물이사 원동 나물이사 잉게 없지. 원동나물은 잉게 없지. 그 영게 영게 나물은 그뺴이 없지 무슨.

　그거 아매! 저 원동 나물도 얘:기 좀 해 주웁소.

과실수를 올해는 내 4000, 4000 텡게를 주고 사다가 음 옮겨 심었지. 이 배나무, 사과나무고 어 벗나무고. 아! 돌아오는 해에는 텃밭이 없어. 내 그거 나무들을 사다가 싹 꽂아 놓았어. 그 어찌하지 못하겠는데. 풀이 자꾸만 나지, 팔이 아프지, 허리 아프지. 에이! 난 아무것도 안 해. (웃음)

그래 할머니! 사과하고 버찌가 좀 달렸습니까? 올해?

— 올해야 그게 언제 (열리겠소). 돌아오는 해에 **된 게. 올해 옮겨 심은 게. ****한 거 ****한 거 사다가 싹 다 옮겨 놓았지. 앞으로는 텃밭의 것을 싹 버리려 하지. 텃밭이 없어. 누가 그 텃밭을 누가 그거 어찌하겠어 (가꾸겠어).

그렇지요. 그럼, 할머니! 어 나물 이 산에 가서 뭐 뜯어오는 거. 들이나 산에 가서 뭐 뜯어오는 거.

— 산에 가서 나물 캐는 거?

예, 예, 예.

— 산에 여기에 나물이 있습니까?

그런 것을 해 보셨습니까?

— 산에 나물이 없습니다 여기에. 무슨 나물이 있겠어. 그저 있다는 것이 그저 사방에 집 주위 등에 저런 것이나 그 민들레가 있지. 민들레가 있지. 그리고 다른 나물이 무엇이 있겠습니까, 없습니다.

뭐 씀바귀도 있을 것이고.

— 씀바귀나 그런 것이야 있지. 씀바귀와 민들레 있고. 그리고 냉이가 있고. 냉이라는 풀.

봄에.

— 그거 그건 그건 냉이라는 나물이 있지. 그리고 다른 나물이야 원동에서 자라는 나물이야 여기에 없지. 원동 나물은 여기에 없지. 여기에 나물은 그것밖에 없지 뭐.

그거 할머니! 저 원동 나물도 이야기를 좀 해 주십시오.

- 원동나물은 내 조오꼬마스 **쎄이구(←젝이구) 에따(это) 우리 조오꼬만 게 나무판에 댕길 때지. 원동나물으느 보선나물[66]두 잇구. 제비나물이두 잇구. 닥지쌔기[67]두 잇구.

아아! 예.

- 닥지쌔기 잇구. 지름고비두 잇구, 개 고사리두 잇구. 그래 그거 그거 봄이무 그거 나물 캘라 댕겟댓지. 이 나물 캘러. 쪼오꼬만게 모도. 개래구 원도~이시직에느[찌게느] 그게 그게 많앳지. 어 산에 멀귀. 비노그라드 지꿔(виноград дикий).

다(да), 다(да).

- 아하! 산에 산에 **잇느 에따(это) 멀그 **멀궤지(←멀귀지) *멀. 지 직금 그거 원도~ 잇으 적에느 기게 멀귀지. 직금은 기게 저 마우재덜이마따나 지끼비노그라드(дикийвиноград)지. 산에 잇다나이 산에. 개 깨앰 뜯을라 댕겟지.[68] 다래 뜯을라두 댕기구. 에이구! 땅딸기구 가시달기구 쪼오꼬말 적이 이래 뜯을라 댕겟지. 다래두 잇엇지.

그렇습지.

- 으흠. 원도~잇으직이 **잘 다래두 잇엇지. 깨앰이 뜯구. 깨앰 뜯을라두 댕겟지. 멀기 멀그 뜯을라 댕기구 기랫지.

근데 아매! 그 처음에 말씀하신 보선나물이라구 하는 거느 무슨, 어티기 생겼습둥?

- 정말 **까끄부떠(как--)[69]. 어: 무슨마따나 정말 에 이릏기 누(ну) 이게 이릏기 잉게 대 잇지. 긔래 그거 어째 고 고렷사름덜이 보선나물이라 햇는두 내 나두 모르지. 보선나물으 보선나물이라 하지. 제비나물이라는 건 요 우이는 우이는 새파랗게 에 잏게 풀색이 나구 이 이래 이짝 두 우 홀 기래무 거 제 제비색이 나지. 제비 이릏기 양보라 색이 나는 같은 게 제비 그런 여러 가지 색이 나는게 곱재임둥 제비? 개 그 이래 홀 헤치무 이래 홀 데디무 거기 제비 제비색이 나지.

— 원동의 나물은 내가 조끄맸을 적이구 음, 우리 조끄만 것이 산판에 다닐 적이지. 원동 나물은 '보선나물'도 있고. 제비나물도 있고. 모싯대의 싹도 있고.

아아! 예.

— 모싯대의 싹이 있고. 기름고비도 있고, 그래 고사리도 있고. 그래 그 거 그거 봄이면 그거 나물을 캐러 다녔었지. 이 나물 캐러. 쪼끄만 것들이 모두. 그리고 원동에 있을 적에는 그게 그게 많았지. 어, 산에 머루. 러시아 말로 비노그라드 지꾀(виноград дикий, 머루)

예, 예.

— 아! 산에 산에 있는, 음, 머루, 머루지, *멀. 지금, 그거 원동에 있을 적에는 그게 머루지. 지금은 그게 저 러시아 사람들 말마따나 '지끼비노그라드(дикийвиноград, 머루)'지. 산에 있다 보니, 산에. 그래 개암 따러 다녔지. 다래 따러도 다니고. 어이구! 땃딸기고 산딸기고 쪼끄말 적에 이 래 따러 다녔지. 다래도 있었지.

그렇지요.

— 으흠. 원동에 있을 때 다래도 있었지. 개암도 따고, 개암을 따러도 다녔지. 머루 머루를 따러 다니고 그랬지.

그런데 할머니! 그 처음에 말씀하신 '보선나물'이라고 하는 것은 무엇이고 어떻게 생겼습니까?

— 정말 어떻게 무엇부터 말해야 하나. 어 뭐마따나 에 이렇게 음 이게 이렇게 여기에 대(줄기)가 있지. 그래 그거 어째 고렷사람들이 '보선나물' 이라고 했는지 내 나도 모르지. 보선나물을 보선나물이라 하지. 제비나물 이라는 것은 요 위는 위는 새파랗게 에 이렇게 풀색이 나고 이 이렇게 이 쪽 뒤를 홀 헤치면 홀 버리면 거 제비 제비 색이 나지. 제비 이렇게 양보 라 색이 나는 것 같은 게 제비 그런 여러 가지 색이 나는 것이 곱잖습니 까, 제비? 그래 그 홀 젖히면 홀 던져 놓으면 거기 제비 제비 색이 나지.

한짝, 한짝으느 새파란 게구, 한짝으느 제비 제비 새 저나 에 색처름 고렇기. 그래 그런두 제비나물이라구 하더만. (웃음) 걔구 무슨 닥지쌔기요 무스 무시기구 많지 무슨. 기래구 고사리두 원도~ 잇으 적엔 두 가지 뗏지. 두 가지가 웨 두 가진두 모르지. 글쎄. 내 알기는, 세사~ 모르는 게 무. 지름고비 잇구, 거저 고사리 잇구 그저 그랫지. 기래구 낭그두 이름 내 더러 잊어버뿌렛습구마[꾸마]. 더 잇엇댓습구마[꾸마]. 걘데 이림이….

많았겠지 머.

- 많지. 고려에. 원도~사 나물이 많지, 산이.

그럼 아매 이 보선나물은 어떻게 해먹었습둥?

- 무슨둘레두 잇구.

- 걔 어떤 어떤 나물으느 에따(это) 저나 씁운70) 게 잇구. 어떤 나물으느 아이 씁지. 데와서 싹 씿어서 저레71) *데 저 장물으 해먹을만 하지. 어떤 나물으느 저 무슨둘레처름 무슨둘레 씁재임두? 무슨둘레처름 우레야 하지. 세투리랑 싹 우레야지. 데와서 우레야지. 그런 거 그런 나물덜두 잇엇지.

그러니까 어떻게 메왔을까? 데와서 뭘?

- 데와서.

어떤 양념을 넣어서 잏게 메왔을까?

- 데와서 무스 고치두 놓구 마늘으 놓구 루 루꾸(лук)두, 파이 그 고렷사름 그거 파이라 하지. 루꾸(лук)르 파이라 하지. 파이두 놓구. 아! 지름은 지름으 답닦아서72) 잏게 닦아서.

지름은 무슨 지름이까 그게?

- 지름은 원도~에 잇으 적이느 지림이 콩지림이 잇구 깨지림73)이 잇엇습구마[꾸마]. 깨. 아하! 거저 깨나 그전에 가뜩 모도 그저. 그거 에따(это) 그거 제74) 재빌르 슾에 아이 하무75) 얼매라두 따아 뚜지구76) 수무지77). 걔 재빌르 슾에하무 어 밭이두[바티두] 조꼬맣지. 원도~서사 기랫지. 음.

한 쪽, 한 쪽은 새파란 것이고, 한 쪽은 제비 제비 **새 저기 ··· 에 색처럼 고렇게. 그래 그런지 제비나물이라고 하더구먼. (웃음) 그리고 무슨 '닥지쌔기'요 뭐 무엇이고 많지 뭐. 그리고 고사리도 원동에 있을 적에는 두 가지를 뗐지(떼＋었＋지, ＝뜯었지). 두 가지가 왜 두 가지인지 모르지. 글쎄. 내가 알기는 뭐, 그 때는 내가 세상 물정을 모르는 어린 것이니 뭐. 고비가 있고 그냥 고사리가 있고 그저 그랬지. 그리고 나무도 이름을 내더러 잊어버렸습니다. 더 있었었습니다. 그런데 이름이….

많았겠지 뭐.

− 많지. 고려에. 원동에야 나물이 많지, 산에.

그럼 할머니 이 보선나물은 어떻게 해 먹었습니까?

− 민들레도 있고.

− 그래 어떤, 어떤 나물은 음 저기 ··· 쓴 것이 있고. 어떤 나물은 안 쓰지. 데쳐서 싹 씻어서 바로 저 국을 해 먹을 만하지. 어떤 나물은 저 민들레처럼, 민들레가 쓰잖습니까? 민들레처럼 우려야 하지. 씀바귀랑 싹 우려야지. 데쳐서 우려야지. 그런 거 그런 나물들도 있었지.

그러니까 어떻게 무쳤을까? 무엇을 데쳐서?

− 데쳐서.

어떤 양념을 넣어서 이렇게 무쳤을까?

− 데쳐서 뭐 고추도 넣고 마늘도 넣고 파도, 파를 그 고렷사람은 그거 '파이'라 하지. '루꾸(лук)'를 '파이'라 하지. 파도 넣고. 아! 기름은 기름은 여러 번 덖어서 이렇게 덖어서.

기름은 무슨 기름일까? 그게?

− 기름은 원동에 있을 적에는, 기름이 콩기름이 있고 깨 기름이 있었습니다. 깨. 아! 그저 그전에는 깨나 가뜩 모두 심고 그거 음 그거 제 자신이 (일하는 것을) 싫어하지 않으면 얼마든지 땅을 쑤셔서 파고 심을 수 있지. 그래 제 스스로 일하기 싫어하면 어 밭도 조끄맣지. 원동에서야 그랬지. 음.

근데 여기선 지금은 깨지름 아이 심지?

- 깨르 무시기 숨어! 그거 어디다가 그렇기 마이 숭궈서 지름우 짜래르 그래갯. 원도~서는 야아! 그 산에다가서리 밭으 맨들어서 가:뜩 수무무 그룷기 잘 데지. 이래 굵다맣게스리[굽다마케스리]. 그러이까나 그 원도~서느 정말 저나 이 일하기 좋아하는 집우느 깨지름 기양 잇엇지. 일하재 인는 집우느, 일하기 슳에하는 사름 집은 깨지름 없지. 콩지름이나 잇지.

그렇지.

- 그래 아무 때 아무데서두 그렇짐. 아무데서두 그렇지. 원도~으느 콩지름가 깨지름이 잇엇스꿈. 다른 지름운 난 못 밧어. 내 그 쪼오꼬맨[č'oók'omaŋ] 게 세상 모르는 게 무신 다른 이름 잇언두 어쩬, 그저 깨지름가 콩기름밲이 모르지. (웃음) 영게르 들어오이까나 콩지름두 없구 그저 쎄메취까(семечка) 지름이 잇지. 해자부리 지림이 잇지. 해자부리 지림이 잇지.

음, 음.

- 기래구 그전에느 그전에느 마가신(магазин)에 저나 에따(это) 목하지림이 잇엇댓습구마[꾸마]. 직금 없어. 직금 없스꿈. 그전에 목하지림이 공이사[78]서 팔앗스[79]. 으흠.

공이사.

- 아하! 마가신(магазин)에서 팔앗지. 공이사.

음, 이 보선나물에, 아매! 곶이 핌둥?

- 꽃이 피는 거 못 밧습구마[꾸마].

아아, 제비나물 요거는 곶이 피입지? 파랗게 피입지?

- 피던두 어찌던두. 아, 그러나 그 언제 꽃이 필 시 필 새 잇는가. 꽃이 피기 전에 싹 다 전에,

싹 다 먹어버리니까.

- 싹 다 캐다나. 숱한게 다 가 **캐다나우.

다(да), 다(да). 그러면 이 닥지쌔기라는 거 이거는 제가,

그런데 여기선 지금은 기름을 짜는 깨를 안 심지?

– 깨를 무엇이(=누가) 심어! 그거 어디다가 그렇게 많이 심어서 기름을 짜려고 그러겠어. 원동에서는 야! 그 산에다가 밭을 만들어서 가뜩 심으면 그렇게 잘 되지. 이렇게 굵다랗게. 그러니까 그 원동에서는 정말 저기 … 이 일하기 좋아하는 집은 깨 기름이 그냥 있었지. 일을 하지 않는 집은, 일하기 싫어하는 사람 집은 깨 기름이 없지. 콩기름이나 있지.

그렇지.

– 그래 아무 때 아무 데서도 그렇지. 아무 데서도 그렇지. 원동은 콩기름과 깨 기름이 있었습니다. 다른 기름은 못 봤어. 내 그 쪼끄만 것이 세상 물정 모르는 게 무슨 다른 기름이 있었는지 어쨌는지 알겠나. 그저 깨 기름과 콩기름밖에 모르지. (웃음) 그저 여기로 들어오니까 콩기름도 없고 그저 해바라기 씨를 짠 기름이 있지. 해바라기 기름이 있지. 해바라기 기름이 있지.

음, 음.

– 그리고 그전에는, 그전에는 상점에 저기 … 음 목화기름이 있었습니다. 지금은 없어. 지금 없습니다. 목화기름을 상점에서 팔았어. 음.

상점.

– 아! 상점에서 팔았지. 상점.

음, 이 보선나물에, 할머니! 꽃이 핍니까?

– 꽃이 피는 거 못 봤습니다.

아, 제비나물 요거는 꽃이 피지요?

– 피던지 어떻던지. 아, 그러나 그 언제 꽃이 필 새가 있는가. 꽃이 피기 전에 싹 다, 전에,

싹 다 먹어버리니까.

– 싹 다 사람들이 캐다 보니, 숱한 사람이 다 가서 캐다 보니.

예, 예. 그러면 이 모싯대의 싹이라는 것은 이것은 제가,

— 닥지쌔기라구서리 이릏기 그거 닥지쌔기 모도 어떤 사름덜으느 데우잖구서르 이제 이제 저나 선 선생이 정말 쌤이르 해 먹재임둥? 그렇기 장다다 찍어서 쌤이르 해 먹는, 쌤이두 해먹구. 데와서 이릏기 저나 채두 해먹구. 으흠. 닥지쌔기. 개구 무 삼 닥지쌔기두 잇구 삽지라던두[80] 그런 그런 나물두 잇구. 삽진두 무시긴두. 음.

삽지라구.

— 삽지라구 그런.

아:, 삽지를 ***.

— 음.

그럼 원동에서는 뭐 많이 해 잡수셨네요.

— 많:습고마[꼬마][81]. 개 내 잊어뿌렛짐.

보선나물, 제비나물, 닥지쌔기, 지름고지, 고사리, 삽쥐 많이 해 잡수셨네.

— 많:습고마[꼬마]. 내 안죽 모르이 그렇지 싹 잊어뿌레. (웃음) 나아 먹어, **어려쓸사, 들어왓으무 알지. 내 쪼오꼬말적에 들어온 게 머. 몰라서.

그래두 쩨끄맣게, 쬐꼬말 때 들어오셨어두 지금 말하실 건 다 말하시잖아요. 한나투 아이 빼 놓구 다아 말씀하시잖아요, 지금. (웃음) 지금 보선나물, 제비나물, 닥지쌔기, 지름고비, 고사리, 삽쥐 얘기하셨는데. 겐데 비쉬케끄(Бишкек) 아매는 보선나물이요 제비나물이요 이런 건 얘기 아니 하시더라구요. 아매가 말씀하지구. 삽지하구 닥지쌔기, 지름고비느 말씀하셨는데. 아매느 겡장히 머리가 좋으신 것 같습구마. 하라쇼(харашо) 라보따에뜨(работает). 마마! 골로바 하라쇼 라보따에뜨 시보드냐(мама! голова хорошо работает сегодня). (웃음) 맞습니까? 틀렸습지? 맞습둥? (웃음) 어: 아! 그러니까 원동에서두 산에서두 산에서 캐:내는 나물들이 꽤 많았었군요.

— 아:, 개래구 그 무스 잏기 시굼치요 무시기요 하는 것두 잇구. 시굼치라구 이르 이릏기 이 손가락마:이 둑하지[82]. 기랜게 이릏기 이릏기 자라지. 개래 그거 껍데기 **뺄껴서 기게 먹으무 맛이, 우리 기양 먹엇지.

- '모싯대의 싹'이라고 이렇게 그거 '모싯대의 싹'을 모두 어떤 사람들은 데치지 않고서 이제 이제 저기 … 선생이 정말 지금 쌈을 해 먹잖습니까? 장에다 찍어서 쌈을 해 먹는 것처럼 그렇게 쌈도 해 먹고. 데쳐서 이렇게 저기 … 반찬도 해 먹고 으흠. '모싯대의 싹'. 그리고 뭐 '모싯대의 싹'도 있고 삽주라던가 그런 그런 나물도 있고. 삽주인지 무엇인지. 음.

삽주라고.

- 삽주라고 그런.

아, 삽주를 ***.

- 음.

그럼 원동에서는 뭐 이것저것 많이 해 잡수셨네요.

- 많습니다. 그래 내 잊어버렸지 뭐.

보선나물, 제비나물, 모싯대의 싹, 고비, 고사리, 삽주 많이 해 잡수셨네.

- 많습니다. 내 아직 모르니 그렇지 싹 잊어버려서. (웃음) 원동에서 나이를 먹어, 이곳으로 들어왔으면 내가 알지. 내가 쪼그말 적에 들어온 것이 뭐. 몰라서 (말을 못하지).

그래도 쪼그맣게 쪼그말 때 이곳 중앙아시아로 들어오셨어도 지금 말하실 것은 다 말하시잖아요. 하나도 안 빼 놓고 다 말씀하시잖아요. 지금 보선나물, 제비나물, 모싯대의 싹, 고비, 삽주 얘기를 하셨는데. 그런데 키르기스의 비슈케크 할머니는 보선나물이요 제비나물이요 이런 건 얘기 안 하시더라구요. 할머니가 말씀하셨지. 삽지하고 기름고비는 말씀하셨는데. 할머니는 굉장히 머리가 좋은 것 같습니다. 좋습니다. 마마! 오늘 머리를 잘 쓰십니다. (웃음) 제 말이 맞습니까? 틀렸지요? 맞습니까? (웃음) 어, 아! 그러니까 원동 산에서도 산에서 캐내는 나물들이 꽤 많았었군요.

- 그리고 그 무슨 이렇게 '시굼치'(=수영?)요 무엇이요 하는 것도 있고. '시굼치'라고 이렇게 이 손가락만큼 굵지. 그런 것이 이렇게 자라지. 그래 그거 껍데기를 벗겨서 그걸 먹으면 맛이, 우리 그냥 먹었지.

맛잇다구. 약간 약간 취 시 죄에꼼 시 시 시군[83] 맛이 나지 야악간. 걔구 달달한 게 맛잇. 그거 으 쪼꼬말 적엔 아덜이 새아가덜이구 선스나덜이 기를 쓰구 그거 쉐채, 쉐채, 쉐채하메서르.[84]

쉐채르.

— 아하! 시굼치구 무슨 시굼치라는 건 이릏기 이릏기 잎이 잇는 게구, 이건 낭기 한나 올라가무 쉐채라 하구. 그런. 아매 그럽덤. 시굼치느 이릏 기 잎이 난 거 그거 가져다가 데와서 무슨 도로 해먹구. 아, 쉐채느 거저 거저 직접 먹지. 뜯어서 저 서랑서랑 직접 먹지. 그거 쉐채, 쉐채 하압덤.

걔니까 요 줄기르 뚝 끊어서 먹습둥? 아니면은,

— 이래 껍데기 발라서[85]. 껍데기 껍데기 발라지지.

아! 껍데기 발라서.

— 아하! 껍데기 발라서 그 안에 거 먹지. 으흠. 쉐채 긔럼 맛잇지.

고게 하:안검둥?

— 머 새파:란 게.

새파란 검둥?

— 아하, 파란.

그러니까 쉐채느 이 줄기가 *잇재임, 줄기가 있습둥?

— 쉐채 쉐채 줄기 잇지. 이리 이릏기 이마:이[86] 이릏기 둑 둑한 게 이 막:씨 자라지. 걔래 기게 그릏기 맛잇지. 껍데기 바르무 안에 게 안에 속 대 맛잇지.

속대.

— 속대 안엣 게.

(혼잣말로) 아, 이게 뭐까? 음:. (웃음) 삘긴줄 알았더니 아니네. 음. 음. 그럼, 아매::! 아까 말씀하신 것 중에 인제 나시는 말씀 안 하셨는데.

맛있다고. 약간 약간 신, 조끔 신 맛이 나지 약간. 그리고 달콤한 것이 맛있지. 그거 쪼끄말 적엔 아이들이 여자아이들이고 사내아이들이고 기를 쓰고 그거 '쉐채'(=수영?), '쉐채', '쉐채' 하면서.

수영을.

— 아! '시굼치'(=수영?)고 무슨, '시굼치'라는 것은 이렇게 이렇게 잎이 있는 것이고, 이건 나무(줄기)가 하나 올라가면 '쉐채'(=수영)이라고 하고. 그런 것이지. 할머니가 그러더군요. '시굼치'는 이렇게 잎이 난 거 그거 가져다가 데쳐서 무슨 **도로 해 먹고. '수채'(=수영)은 그저 그저 직접 먹지. 뜯어서 저 설렁설렁 직접 먹지. 그거 '쉐채', '쉐채' 하더군요.

그러니까 요 줄기를 뚝 끊어서 먹습니까? 아니면은,

— 이렇게 껍데기를 발라서. 껍데기 껍데기가 발라지지.

아! 껍데기를 발라서.

— 아! 껍데기를 발라서 그 안에 거 먹지. 으흠. 수영이 그럼 맛있지.

고것이 하얀 것입니까?

— 뭐 새파란 것.

새파란 것입니까?

— 응. 파란.

그러니까 수영은 이 줄기가 있잖, 줄기가 있습니까?

— 수영 수영은 줄기가 있지. 이러 이렇게 이만큼 이렇게 굵은 게 이만큼씩 자라지. 그래 그게 그렇게 맛있지. 껍데기를 바르면 안의 것이, 안에 속대가 맛있지.

속대.

— 속대 안엣 것이.

(혼잣말로) 아, 이게 무엇일까? 음. (웃음) '삘기'(띠 풀의 애순)인 줄 알았더니 아니네. 음. 그럼, 할머니! 아까 말씀하신 것 중에 이제 냉이는 말씀 안 하셨는데.

− 나 나시.

어티기 해먹는지.

− 나시 그겐 쑵재인 게지. 나시느 캐서 무슨 메와두[87] 먹구 나시르 머고렷사름덜 어떤 사름덜은 보이까 어떤 집이서는 짐치르 해먹습덤. 나시느 나시느 아하 짐치르 해먹습덤.

메와서 먹기두 하구.

− 아하! 메와서두 멕기두 하구 아 저나 소곰 쳐서 쳐서 마늘이랑 고치나 옇구 지 짐치두 해먹습덤. 나시 짐치르 해먹습덤. 난 아이 해 먹소만 내 그렇기 해먹는 집우 바 밧지.

그럼 아매! 달리라구 하는 건 없었슴둥?

− 달리두 달리두 원도~ 이시적엔 달리두 잇엇지. 달리두 잇구 쪽지두 잇구.

쪽지?

− 쪽지. 쪽지느 달리만[88] 따게 생겟지.

어터게 어터게 땀둥 그거느?

− 달리느 이릏기 이릏기 이릏기 저나 요렇기 잎이 나서 이렇구 용게[89] 두 그러무 대가리 앉지. 달리 달리는 대가리 앉지. 쪽지느 대가리 아이 앉지. 대가리 아이 앉지. 이래 홀 빼무 저 저 마늘이 **댄 꼭지 아이 앉재임둥? 그릏기 꼭지 안, 이릏게 요런게 요런게 없을 적에, 쪽이, 마늘쪽이 없일 적이 자라는 거처름 쪽지 그릏기 자라지.

산마늘이라는 건데. (혼잣말로), 어::

− 달리라구 잇엇습구마. 원도~이. 달리두 잇구.

아! 그렇슴둥?

− 으흠! 달리. *댈리 대가리 또리또리산 게. 그거 대가리 대가리 먹지. 예, 예. 예. 대가리 먹구. 음. 그럼, 아매! 그으 산에 가서:: 머 따 먹는 그

- 내 냉이.

어떻게 해 먹는지.

- 냉이 그건 쓰지 않은 것이지. 냉이는 캐서 뭐 무쳐도 먹고 냉이를 뭐 고렷사람들 가운데 어떤 사람들은 보니까 어떤 집에서는 김치를 해 먹더군요. 냉이는 음 김치를 해 먹더군요.

무쳐서 먹기도 하고.

- 아! 무쳐서 먹기도 하고 아 저기 … 소금을 쳐서 쳐서 마늘이랑 고추 등을 넣고 김치도 해 먹더구면. 냉이 김치를 해 먹더군요. 난 안 해 먹소만 내 그렇게 해 먹는 집을 보았지.

그럼 할머니! 달래라고 하는 것은 없었습니까?

- 달래도 달래도 원동에 있을 적에 달래도 있었지. 달래도 있고 산마늘도 있고.

'쪽지'(=산마늘)?

- 산마늘. 산마늘은 달래와 다르게 생겼지.

어떻게 어떻게 다릅니까? 그것은?

- 달래는 이렇게 이렇게 이렇게 저기 … 잎이 나서 이렇고 대가리가 앉지. 달래 달래는 대가리가 앉지. 산마늘은 대가리 안 앉지. 대가리 안 앉지. 이렇게 훌 뽑으면 저 저 마늘이 **(다 자라기 전에) 마늘통이 안 앉지 않습니까? 그렇게 산마늘은 마늘통이 안 생겼어, 요런 게(마늘통) 요런 게 없을 적에, 쪽이, 마늘쪽이 없을 적에 자라는 것처럼 산마늘이 그렇게 자라지.

산마늘이라고 하는 것인데. (혼잣말로), 어.

- 달래라고 있었습니다. 원동. 달래도 있고.

아! 그렇습니까?

- 으흠! 달래. 달래는 대가리가 동글동글한 것이지. 그 대가리를 먹지.

예, 예. 예. 대가리 먹고. 음. 그럼, 할머니! 그 산에 가서 뭐 따 먹는 그 여르매는 아깨 아매 말씀하신 것이 멀기라는 거 아까 말씀하셨구 그랬습지? 예. 고 다음에 구룸낭기: : .

 ─ 에 구룸낭기[90].

 ─ 구룸낭기 열매느 난 먹진내앳습그마[끄마]. 재다:만 게. 재다:맣게 까뜩 여업구마[꾸마], 구룸낭기. 음. 다 익으무 새까만 게. 새까만 구룸낭기.

 그것들 많이 따먹었다구 하던데?

 ─ 나느 아이 먹엇습구마[꾸마]. 다른 게 가뜩한데. 구룸낭게 그 열매 재다:만 게. 걔 그 강태느 뜯어 먹었어.

 강태!

 ─ 다(да). 강태. 익으문 새카만 게. 강태 그게 맛잇지, 음. 다달한게. 강 탠 잘 뜯어먹엇지[91].

 가무잡잡하면은 감수레: 하면은 따먹습지.

 ─ 이 익으무 새까맣지. 강 강태.

 강태가 있었슴둥?

 ─ 기래구 맷가:지구[92] 그저 꽈:리구 그런 게 거반 지 집에 집에서 자라지.

 꽈리하구 뭐하구?

 ─ 꽈리가 으으, 꽈리느 꽈리느 그런 젠젠 익으무 재빨갛지[93] 잉게. 맷가지느 이릏기 그것두 그건 익어두 새파:랗지. 맷가지라는 건.

 멧가지?

 ─ 으흠. 멧가지 새파:랗다가 익으문 야악간 스베뜰르이(светлый) 데지. 그램 기게 익은 게지. 기게 그렇기 맷가지 맛잇지. 옴판 맛잇지.

 멧가지?

 ─ 예. 멧가지. 거저 꽈아리는 이릏기 그전에 우리 아:일 적에 그거 이래 우베서는 그거 안엣거 뽑아저 씨르 **뽑아저서는 입에다 불메 댕기지. 그게 꽈아리지. 이건 메 뜯어먹는 것은 맷가지. 이 거저 꽈아리두 **그제

열매는 아까 할머니 말씀하신 것으로 머루라는 것이 있다고 아까 말씀하셨고 그랬지요? 고 다음에 귀룽나무.

 - 에 귀룽나무.

 - 귀룽나무 열매는 난 먹지는 않았습니다. 자잘한 것이. 자잘한 것이 가뜩 엽니다. 다 익으면 새까만 게 새까만 귀룽나무.

그것들을 많이 따먹었다고 하던데?

 - 나는 안 먹었습니다. 다른 것이 가뜩한데. 귀룽나무에 그 열매는 자잘한 것. 그래 그 까마중은 따 따 먹었어.

까마중!

 - 예. 까마중. 익으면 새까만 것. 까마중 그게 맛있지, 음. 달콤한 것이. 까마중은 잘 따 먹었지.

가무잡잡하면 가무스레하면 따 먹지요.

 - 익으면 새까맣지. 까마중.

까마중이 있었습니까?

 - 그저 '뙤가지'고 꽈리고 그런 것이야 거반 집에 집에서 자라지.

꽈리하고 뭐하고?

 - 꽈리와 어…, 꽈리는, 꽈리는 익으면 점점 새빨갛지 여기가. '뙤가지'는 이렇게 그것도 그건 익어도 새파랗지. '뙤가지'라는 것은.

뙤가지?

 - 으흠. 뙤가지는 새파랗다가 익으면 약간 밝은 색이 되지. 그럼 그게 익은 것이지. 그게 그렇게 뙤가지 맛있지. 원래 맛있지.

뙤가지?

 - 예. 뙤가지. 그저 꽈리는 이렇게 그전에 우리 아이일 적에 그거 이렇게 우벼서는 그거 안엣 것을 뽑아서는 씨를 뽑아서는 입에다 넣고 불며 다니지. 그게 꽈리지. 이 따 먹는 것은 뙤가지. 이 그저 꽈리도 그게

재빨갛게 다 익으무 먹는다해애두 쑈론느(всёравно) 쓰 쑈론노(всё равно) 쑵 쑵더구마. 쑵쓰레하지. 그저 꽈:리는. 아, **매까리느, 맷가지는 저거는 달구.

멧가지는 얼마나 이 크음둥?

─ 멧가지느 키야 그리 애이큽굼[꿈]. 아이 요렇게 요 가뜩.

땅딸기 비슷하게.

─ 가뜩 이릏기. 거저 거저 꽈리느 키 크지.

그렇습지. 이 정도 데지.

─ 아하. 가뜩 달기는 게. 음.

모르갰습구마. 멧가지.

─ 멧가지 모르개? 그겐 맛잇는 게. 멧가지 맛잇는게.

(혼잣말로) 아: 맛이 좋다. 열매는 얼마나 큼둥?

─ 열매 열매 요막씨, 요막씨.

여르매. 아, 요막씨 함둥?

─ 요막씨. 멧가지. 기게 맛잇는게.

땅딸기 비슷하구?

─ 땅딸기두 거기 원도~에 잇엇지.

아니! 멧가지 이 이놈이 땅딸, 땅딸기과 비슷함둥?

─ 녤(нет)! 아이. 같우재이끔. 쀼뚜름 아이하끔. 땅딸기는 재빨갛재앰도? 이거느 다아 익으무, 아이 익을 적엔 새파:랗지. 개 익으무 에 이게 (혼잣말로) 어뜨기 말하나, 블레드느이(бледный) 이릏기 다 다 익으무 약간 노루무리하지. 아이 익을 적엔 새파랗구. 개 다 먹게덴 익으무 노루무레하지, 이거 맷가지. 으음.

음. 머까?

─ 그으 내지에서느 그런 멧가지나[94] 없엇습두?

으음::. 없는 같습구마.

새빨갛게 다 익으면 먹는다 해도 어쨌든 쓰, 어쨌든 쓰더군요. 씁쓰레하지. 아, 그러나 뫼가지는, 뫼가지 저것은 달고.

뫼가지는 이게 얼마나 큽니까?

― 뫼가지는 키야 그리 크지 않습니다. 아니 크고 요렇기 요(렇게) 열매가 가뜩 (달리지).

땃딸기 비슷하게.

― 가뜩 이렇게 달리지. 그저 그저 꽈리는 키가 크지.

그렇지요. 이 정도 되지.

― 응. 가뜩 달리는 것이. 음.

모르겠습니다. '뫼가지'.

― '뫼가지'를 모르겠어? 그건 맛있는 것. '뫼가지'는 맛있는 것.

(혼잣말로) 아: 맛이 좋다. 열매는 얼마나 큽니까?

― 열매 열매가 요만, 요만하지.

열매. 아, 요만합니까?

― 요만하지. 뫼가지. 그게 맛있는 것이지.

땃딸기와 비슷하고?

― 땃딸기도 거기 원동에 있었지.

아니! 뫼가지 이 이놈이 땃딸기와 비슷합니까?

― 아니! 아니. 같지 않습니다. 비슷하지 않습니다. 땃딸기는 새빨갛잖습니까? 이것은 다 익으면, 안 익을 적에는 새파랗지. 다 익으면, (혼잣말로) 어떻게 말하나, 파리한, 이렇게 다 다 익으면 약간 노르스름하지. 안 익었을 적엔 새파랗고. 그래 먹게 된 것이면, 익으면 노르스름하지, 이 '뫼가지'라는 것이. 음.

음. 무엇일까?

― 그 내지에서는 그런 '뫼가지'라는 것이 없었습니까?

음. 없는 것 같습니다.

- 우리 원도~으느 우리 우리네 우리 우리 오고르드(огород) 밭에두 잇엇지. 밭에 잇엇지.

아아! 그렇습둥?

- 음.

그러니까 열매가 처음에는 무슨 색임두 색깔이?

- 맷가지?

으음.

- 처음에 에 거저 거저 풀색이 풀색이 나지. 새파랗지. 이 익기 전에느. 익으무 노루무레하지. 다아 익으무. 으흠. 다아 익으무 노루무레하지. 처음엔 첫감엔 새파랗스꿈. 이 꽈:리두 새파랗구. 시자~ 그저 새파랗지.

음. 음. 그렇지. 뭐든지 다 처음 첫감에는 점 푸르스름하지.

- 푸루지. 다 익으무 노오랗게 익어지지.

그렇지. 음. 아후! 그럼 아매! 지금 겡장히 많이 얘기하셨구마 지금. 멧가지, 꽈리:, 예, 예, 쪽지 말씀해 주시구. 달리 말씀하시구, 나시 말씀하시구, 쉐채 말씀하시구, 시금치 말씀하시구, 쉐투리, 무순둘레, 고사리, 지름고베 에 나시, 보선나물, 제비나물 뭐 한 스무 가지 얘기하셨구마. (웃음) 안 하신다 안 하신다 하면서 한 스무 가지 얘기하셨습구마. 어째 그렇기 기억력이 좋습둥? 아이구!

- 좋기는 무슨.

아아! 그렇구나! 그럼 아매! 그:: 원동에서 원동에서 낭게 그 달기는 열매는 또 뭐 없었습둥? 아까 구룸낭기 여르매를 말씀하셨는데 그것처럼 이렇게 낭게서 열리는 건 뭐가 없었습둥? 괘실이 다 포함해서?

- 괘실이 글쎄나 저 저 산에 개실으느 모르지. 집에 개실두 그쎄 잇엇지만해두. 아, 산에 괘실으느 무시기 다래 잇구.

아! 그렇지 다래. 산에 가면.

- 다래 잇구. 깨앰이 잇구, 멀기 잇구, 가시달기 잇구.

- 우리 원동은, 우리 우리네 우리 우리 텃밭에도 있었지. 밭에 있었지.

아! 그렇습니까?

- 음.

그러니까 열매가 처음에는 무슨 색입니까, 새깔리?

- '뫼가지'?

음.

- 처음에는 그저 그저 풀색이 풀색이 나지. 새파랗지, 익기 전에는. 익으면 노르스름하지. 다 익으면. 으흠. 다 익으면 노르스름하지. 처음에 처음에는 새파랗습니다. 이 꽈리도 새파랗고. 그땐 그저 새파랗지.

음. 음. 그렇지. 뭐든지 다 처음 첫음에는 좀 푸르스름하지

- 푸르지. 다 익으면 노랗게 익지.

그렇지. 음. 어휴! 그럼 할머니! 지금까지 굉장히 많이 말씀하셨습니다, 지금. 뫼가지, 꽈리, 예, 예, 산마늘을 말씀해 주시고. 냉이 말씀하시고, 달래를 말씀하시고, 수영을 말씀하시고, 시금치 말씀하시고, 씀바귀 민들레, 고사리, 고비에 에 냉이, 보선나물, 제비나물 뭐 한 스무 가지를 이야기하셨습니다. (웃음) 안 하신다 안 하신다 하면서 한 스무 가지를 이야기하셨습니다. 어째 그렇게 기억력이 좋습니까? 아이고!

- 좋기는 뭐.

아! 그렇구나! 그럼 할머니! 그 원동에서 원동에서 나무에 달리는 열매는 또 뭐가 없었습니까? 아까 귀룽나무 열매를 말씀하셨는데 그것처럼 이렇게 나무에서 열리는 것은 뭐 없었습니까? 과일을 다 포함해서?

- 과일이 글쎄 저 산에 과일은 모르지. 집에서 (따는) 과일이 있기는 했지만도. 산에 과일은 뭐 다래가 있고.

아! 그렇지 다래. 산에 가면.

- 다래가 있고. 개암이 있고, 머루가 있고, 산딸기가 있고.

아아! 가시달기.

– 으~. 아 고담에 무시기 다른 게 잇엇습두~?

그렇습지. 멀기 있구, 다래, 가시달기 있었구.

– 누(ну), 글쎄. 구룸낭기 구룸 구룸이 구룸두 잇지만 해두. 그건 우린
*먹중대애두. 재 재다:맨 게 열매. *가(←감구[黑]) 새카만 게, 다(да).

음. 그렇구나. 그럼 아매 그으 능금은 없었습둥? 그때는?

– 우 우리 우리 사던 데느 어째 그런 사 산에 능김이 없엇습구마[꾸
마]. 걔 그러구서 그런 그런 열매 잇엇습구마[꾸마]. 들쭉이 들쭉이 하는
그게 무슨 열맴둥? 들쭉이라는 게?

그런 게 있습구마.

– 들쭉이.

저 북조선에 ….

– 다래 잇구 들쭉이 잇구.

아아! 들쭉이 있었구나. 아아!

그으 북조선 있재임둥? 거기선 들쭉이라구 하는 것을 이룷게 파압구마.

– 예:.

아주 좋은 좋은 거라구해서 이룷게 파압구마. 특산품이라구 해서.

– 내 그전 원도~에 이시직이[이시찌기] 내 들을라이, 들쭉이오 머 다
래오 이래메서리. 어. 깨앰이두 깨앰이두 원동 우리 살 적에느 두 가지 깨
앰이 잇엇습구마[꾸마]. 거저 거저 이런 거저 거저 깨앰이 잇구 털깨앰이
잇엇습구마[꾸마]. 털깨앰이르 그 무시기라 하는가 하무 고렷사름덜 보리
깸이 보리깸이라 하압덤마95). 원도~ 잇으 적에 내 그런 소리 들엇지. 내
원도~에서 자란 자란이덜께 싹 다아 들엇지. 내 조꼬마시젝에[쩨게].

그런데 그걸 다아 어터게 기억하고 있습둥?

– (웃음) 원도~에서 들은 게 잇으이 어떤 건 잊어지구 어떤 건.

난 열 살 거[꺼] 한나투 기억이 안 나압구마. 지금.

아! 산딸기.

— 응. 아 고 다음에 무엇이 다른 것이 있었습니까?

그렇지요. 머루, 다래, 산딸기가 있었고.

— 음, 글쎄. 귀룽나무 귀룽 귀룽이, 귀룽이 있기는 하지만. 그건 우리는 먹지 않아서. 자 자잘한 것이, 열매가. 감고 새카만 것이, 응.

음. 그렇구나. 그럼 할머니 그 능금은 없었습니까? 그때는?

— 우 우리 우리가 살던 데는 어째 그런 산에 능금이 없었습니다. 그래 그러고 그런 그런 열매가 있었습니다. 들쭉, 들쭉 하는 그게 무슨 열매입니까? 들쭉이라는 것이?

그런 것이 있습니다.

— 들쭉.

저 북조선에 ….

— 다래가 있고 들쭉이 있고.

아! 들쭉이 있었구나. 아아!

그 북조선이 있잖습니까? 거기선 들쭉이라고 하는 것을 이렇게 팝니다.

— 예.

아주 좋은 좋은 것이라고 해서 이렇게 팝니다. 특산품이라고 해서.

— 내가 원동에 있을 적에 듣자하니, 들쭉이요 뭐 다래요 이러면서. 개암도 개암도 원동에서 우리가 살 적에는 두 가지 개암이 있었습니다. 그 저 그저 이런 그저 그저 개암이 있고 '털개암'이 있었습니다. 털개암을 그 무엇이라 하는가 하면 고렷사람들은 '보리깸이, 보리깸이' 하더군요. 원동에 있을 적에 내 그런 소리를 들었지. 내가 원동에서 어른 어른들에게서 싹 다 들었지. 내 조끄맸을 적에.

그런데 그걸 다 어떻게 기억하고 있습니까?

— (웃음) 원동에서 들은 것이 있으니 어떤 것은 잊히고 어떤 건.

나는 열 살 때 것이 하나도 기억이 안 납니다. 지금.

– 내 내 우리 아부지 내 네 살에 상새낫는데 어티기 눕어 앓던가 이 아부지 낯이 알깁구마[꾸마] 내 지금. 네 살에 내 네 살에 아부지 상새낫, 그래 어티기 눕어서 앓던 게구 낯, 얼굴이 어티기 생긴 거 내 알구. 아부지 그적에 알구.

으음. 아우! 아매 무섭습구마.96) (웃음) 무섭운 아매꾸마. 그걸 다아 기억하구 있으니.

– 야아! 원도~으느 그 원도~에 이시직이느[찌기느] 산으로 가무 정말 벨란 게 먹을 게 다아 잇지. 야아! 그렇기 좋지. 영게사 어찌 어디메서 그. 원도~은 벨이벨난 게 다 잇지. 산으르 올라가문 봄에두 연나물이 멫 가지 나물인두 모르지. 개 열매 열 적인 멫 가지 열매 여는두. 어떤 건 이름두 이름두 모르지. 거저 어떤 건 듫구 어떤 건 듫지두 못하구.

듫구97). 듣구. (웃음)

– 이 이짝 깨애미처름 쪼끔 저나 조끔 조끔 잘지. 이짝 이짝 거저 깨애미마, 보리깨애미. 그래두 알이 그렇기 오보사지, 보리깨미. 그걸 원도~서느 자란이덜이 보리깨미, 보리깨미라 하압덤. 개 내 그래 그 말으 들엇지 원도~서. 원도~ 이시젝이[쩨기]. 보리깨미라 하압덤마. 나 나아 잡순 분덜이 보리깨애미라 하압더구마 그거. 기래 내 그거 잊어 아이 뿌렛지.

그러니까 한 한내는 보리처름 이렇게 보리처르.

– 아하. 썩:썩하지[썩썩하지].

썩썩하지[썩써가지].

– 이짝거느 아이그렇재임두? 이래 그런. 깨애미 송치두98) 아이 그릏지. 저짝거느 이릏기 가 그런 가시 **간이(←같이) 이래 찌립구마[찌리꾸마]. 기래이간 기게 썩:썩하이까나. 보리 게 그렇재임둥? 보리.

거스레미.

– 아하. 거즐 거츨재? 기게 *보리깨야, 보리깨애미라 하아끄. (웃음)

- 내 내 우리 아버지 내가 네 살 때 돌아가셨는데 어떻게 누워 앓았는지, 이 아버지 낯이 어떻게 생겼는지 생각이 납니다, 내 지금. 네 살에 내가 네 살에 아버지가 돌아가셨는데, 그래 어떻게 누워서 앓았는지 그리고 얼굴이 어떻게 생겼는지를 내 알고. 아버지 그때의 모습을 알고.

으음. 아이고! 할머니 아주 대단합니다. (웃음) 아주 대단한 할머닙니다. 그걸 다 기억하고 있으니.

 - 야! 원동은 그 원동에 있을 적에는 산으로 가면 정말 별난 것이 먹을 것이 다 있지. 야! 그렇게 좋지. 여기야 어디서 그런 것을 볼 수 있겠소. 원동은 별의별 것이 다 있지. 산으로 올라가면 봄에도 연한 나물이 몇 가지나 있는지 모르지. 그래 열매가 열 적엔 몇 가지 열매가 여는지. 어떤 건 이름도 이름도 모르지. 그저 어떤 것은 듣고 어떤 것은 듣지도 못하고.

듣고. 듣고. (웃음)

 - 이 이쪽 개암처럼 쪼끔 저기 … 조끔 조끔 잘지. 이쪽 이쪽 보통 개암이보다, 보리개암이. 그래도 알이 그렇게 오붓하지, 보리개암이. 그걸 원동에서는 어른들이 '보리깸이', '보리깸이'라 하더군요. 그래 내 그래 그 말을 들었지 원동에서. 원동에 있을 적에. '보리깸이'라 하더군요. 나 나이를 잡순 분들이 '보리깸이'라 하더군요, 그거. 그래 내 그거 잊어버리지 않았지.

그러니까 하나는 보리처럼 이렇게 보리처럼.

 - 응. 썩썩하지.

썩썩하지.

 - 이쪽 것(개암)은 안 그렇잖습니까? 이래 그런. 개암 알을 싸고 있는 받침도 안 그렇지. 저쪽 것(보리개암)은 이렇게 가시 같이 이렇게 찌릅니다. 그러니까 그게 썩썩하니까. 보리 그것이 그렇잖습니까? 보리가.

꺼끄러기.

 - 응. 거칠, 거칠잖소? 그게 보리개암, 보리개암이라 합니다. (웃음)

으음. (웃음) 보리깨애미.

— 보리깨:미.

보리깨애미. 깨애미.

— 다(да). 깨애미두 두 가지꾸마, 원도~이.

아, 그러네. 그럼, 아매! 그 왜애지 뭐.

— 아, 왜애지99) 무슨 놀100)이구 무슨 원도~ 이시직이[이시찌기].

그것 좀 얘기해 보옵소.

— 아, 그 원도~으 집에 집에 집에 저어나 과실덜이. 집에 온긴 과실덜이. 으응.

아. 왜애지하구 또?

— 왜애지하고 놀:이 놀:이구 무슨 능금이구 무시그 **그니 그런 게. 어떤 거는 이 그 제[쩨]느 조오꼬맣다나니 이름두 알앗어? 이름두 모르꿈.

으음. 머어지라는 건 없었슴둥? 머어지?

— 머어지101) 나 그거 그 소리는 못 들엇스꿈.

으음. (웃음) 보리개암.

− 보리개암이.

보리개암. 개암.

− 개암도 두 가집니다, 원동은.

아, 그러네요. 그럼, 할머니! 자두 같은 것은 뭐 없었습니까?

− 아, 자두, 무슨 '놀'(자두의 한 종류)이고 무슨 원동에 있을 적에 (많았지).

그것 좀 이야기해 보십시오.

− 아, 그 원동의 집에 집에 집에 저기 … 과일들이. 집에 옮겨 심은 과실들이. 응.

아. 자두하고 또?

− 자두하고 놀, 놀이고 뭐 능금이고 무슨 그런 게 있지. 어떤 것은 그때는 내가 조끄맣다 보니 이름을 알았겠어? 이름도 모릅니다.

음. '머지'라는 것은 없었습니까? 머어지?

− '머지' 나는 그거 그 말은 못 들었습니다.

2.3. 음식

그러면. 그럼 그 아매! 그 당시 원동에서는 우리 고렷사람들이 저 무스걸 제일 많이 해먹구 살았슴둥? 무슨 어떤 음식을, 보통, 매일 매일 해먹는 음식 있재임둥?

－ 매일 매일 해먹는 게 기래두 글쎄 그전이나 지금이나 밥이지. 밥이지. 밥이. 기래구서 그런 걸루두 난 이제 나아 먹어시니까나 그렇지 그전에느 그 나느 피낯이랑 그런 걸르 떡으 못하는가 햇습고마[꼬마]. 겐데 피낯으102) 그런 데다 석매[성매]103)애다 싹 쩌서 쌀으 내서 그 피낯으 갈그 내애서 그래 그 시르떡에 그 해애먹습더구마. 피낯으 숭군 것두. 피낯이두. 개구 다른 게사 그거 그런 지재~이 검정지재~이구 노롱지재~이구 그 거느 쩌서 밥우 해애 먹구. 어떤 때무 혹시. 그 그것두 찰떡이나 한가지입덤마. 그릏기 풀이 잇습덤마. 재댐:한 찰104)이 잇잼두? 그 저기 저 샛노란 게. 재담:한 찰이. 그것두 저것두 지재~이느 모질이 굵지[국찌]. 그래 그것두 재다만 지재~이처름 그렇기 찰이 잇는 게지. 싹. 개 떡두 해먹구 밥두 해먹구 그래.

그러면은 해앰이는 뭘: 해 잡수셨을까?

－ 해앰이는, 해앰이느 ＊＊우리넬 원도~ 이시적이 으: 그으 고기두 먹어, 재빌르 대애지나 자래우다나 고기두 먹엇지만 해두. 그 동삼에 머 먹는 거느 저 저 불루깰루서르 그런 반찬으 절구지105), 응. ＊＊는 절굽지. 기래구 배챌르두 절구구. 기래구서리 그런 거 … 그애구서리 우리넬 원도~ 이시직이[찌기] 그 난치라구 아암두~? 난치. 여기 노시아 노시아 사름덜 노시아 이름우느, 지금두 마가진(магазин)에 잇습구마[꾸마], 모이바(мойва)라

2.3. 음식

그러면. 그럼 그 할머니 그 당시 원동에서는 우리 고렷사람들이 저 무엇을 제일 많이 해 먹고 살았습니까? 무슨 어떤 음식을, 보통 매일 매일 해 먹는 음식이 있잖습니까?

－ 매일 매일 해 먹는 것은 그래도 글쎄 그전이나 지금이나 밥이지. 밥이지. 밥. 그리고 그런 것으로도, 난 이제 나이를 먹었으니까 그렇지, 그전에는 그 나는 피랑 그런 것으로 떡을 못 하는가 했습니다. 그런데 피를 그런 데다가 연자방아에다 싹 찧어서 쌀을 내서 그 피를 다시 가루를 내서 그래 그 시루떡을 해 먹더군요. 피를 심은 것도. 피도. 그리고 다른 것이야 그거 그런 기장이, 검정 기장이고 노랑 기장이고 하는 게 있었는데 그거는 쪄서 밥을 해 먹고. 어떤 때면 혹시. 그 그것도 찰떡이나 한가지이더군요. 그렇게 풀기가 있더군요. 자잘한 찰기장이 있잖습니까? 그 저기 저 샛노란 것이. 자잘한 찰기장이. 그것(＝기장)도 저것(＝찰기장)도 기장은 알이 아주 굵지. 그래 그것도 자잘한 기장처럼 그렇게 찰기가 있는 것이지. 싹. 그래 떡도 해 먹고 밥도 해 먹고 그래.

그러면 반찬은 무얼 해 잡수셨을까요?

－ 반찬은, 반찬은 우리네는 원동에 있을 적에 어 그 고기도 먹어, 자기 스스로 돼지를 기르다 보니 고기도 먹었지만 해도. 그 겨울에 먹는 것은 저 불루깨로서 그런 물고기반찬을 담그지, 응. *** 담그지. 그리고 배추로도 담그고. 그리고서 그런 거 … 그리고서 우리네는 원동에 있을 적에, '난치(은어과의 작은 물고기)'라고 압니까? '난치'. 여기 러시아 러시아 사람들, 러시아 사람들은—지금도 상점에 있습니다—모이바(мойва)라

하압구마[꾸마]. 에따(это) 소곰 소곰친 르바(рыба). 요막:씨난게. 그거 원
도~서 고렷사름덜 그거 난치라 하지. 난치라구. 그거느 봄에 봄에 메츨 어
메 메츨 밤 고거 딱 메츨 어가이지. 메츨 어간에 그거 사름덜이 내 조오
꼬마시 적이 우리 삼춘이랑 이릏기 빠알까(палка)다 이릏기 무스거 마따
(мота?)해서 가래 불으 떡 어디다 케서 기래 사척에 드문드문 꼽아 놓구
그 난치 막 막 들어온다 할 적에느 막 잽힐 적에느 이릏기 그 이릏기 구
물으 틀어서 예 구물 구물 구양 재다:많게 틀어서 예 기래 재다많게 틀어
서 기래 네 네 사모 이 너벅지느 요마이 하압더구마. 걔 질씨106)느 이 이
릏기 질기 하압덤마 예? 기래 네모이 다 기게 낭기지 이러. 걔 잉게다 저
나 대르 지다:많게 해애서 이리 두 칸 두 칸 그런 *까끄(как) **강 음석마
따나 강차이잘기처름107) 지다:많게 이래 부랴모이(прямой) 이런. 걔 그걸
르 자꾸 퍼냅더구마. 거저 지내 어 물 물역 거기 물역에 물에 막 지내 기
차지유:. 샛하얀 난치, 난치. 걔 그걸르 대애구108) 퍼내서 그거 싹 이릏기
싹 검줄해서109) 절구지. 절궈서 어 절궈서 그래 그 저 보취까(бочка)랑
절궈서 기래무 동삼에 그릏기 그게 그게 저어나 **노, 고려말르 미시긴
가? 살이 지지. 고긴 요만:하지[요마:나지] 요마이 크지. 걘게 그릏기 쥐르
느이(жирный) 쥐르느이(жирный) 모이바(мойва). 직금 마우재덜 직금
마가진(магазин)에서 모이바(мойва)라 하압굼마[꿈마]. 그 모이바(мойв
а).

모이바(мойва).

— 모이바(мойва). 모이바(мойва). 잉게 마가진(магазин)서두 직금두
파압구마[꾸마]. 그 모이바 그릏기 비싸지. 잉게서사 없다나이. 그거 대애
구 **펴내지. 하 하룻저낙에두 몇 커우대110)르 **펴내지 그거. 그거 거저
딱 메츨 어간이지. 메츨 메츨 밤이구. 기래구 *없어지, 없지. 없어지지. 기
래 까즈드이 고드(каждый год) **도꼼 음 봄에 메 메츨 메츨 밤 메츨
밤우 고거 꺼내지. 그래구선 없지. 해마다 그렇지. 해마다 봄마다 그렇지.

합니다. 음 소금 소금을 친 물고기. 요만큼씩 한 게. 그거 원동에서 고렷 사람들이 '난치'라고 했지. '난치'라고. 그것은 봄에 봄에 며칠 어 며칠 밤, 그게 잡히는 기간은 딱 며칠 사이이지. 며칠 사이에 그거 사람들이 내 조끄맸을 적에 우리 삼촌이랑 이렇게 막대기에다 이렇게 무엇을 감아서 그래 불을 떡 어디다 켜서 그래 사방에 드문드문 꽂아 놓고 그 난치가 막 해안으로 들어온다 할 적에는, 막 잡힐 적에는 이렇게 이렇게 그물을 틀 어서(그물을 떠서) 그물 구멍을 아주 잘게 떠서 응 그래 잘게 떠서 네모, 네모 이 너비는 요만큼씩 하더군요. 길이는 이 이렇게 길게 하더군요 예? 그래 네모로 된 것이 다 나무지. 그래 여기다 저기 … 대를 기다랗게 해 서 이리 두 칸 두 칸 그런 ***처럼 삽자루처럼 기다랗게 이렇게 곧은 이 런 거. 그래 그것으로 자꾸 퍼내더군요. 그저 아주 어 물 물가 거기 물가 에 물에 막 (난치가) 아주 기차게 많지. 새하얀 난치, 난치. 그래 그것으로 자꾸 퍼내서 그거 싹 이렇게 싹 씻고 다듬어서 싹 절이지. 절여서 어 그 래 물통 등에 절여서 그러면 겨울에 그게 저기 … 고려말로 무엇인가, 살 이 내리지. 고기는 요만하지 요 정도로 크지. 그런 것이, 그렇게 기름진 기름진 은어지. 지금 러시아 사람들이 지금 상점에서 모이바(мойва, =은 어)라 합니다. 그 모이바(мойва, =은어).

은어.

- 은어. 은어. 여기 상점에서도 지금도 팝니다. 그 은어가 그렇게 비싸 지. 여기에는 그 고기가 없다 보니. 그거 자꾸 퍼내지. 하룻저녁에도 몇 자루를 퍼내지 그거. 그거 그저 딱 며칠 사이이지. 며칠 밤이고. 그리고는 없어지지, 없지. 없어지지. 그래 매년 조끔 봄에 며칠 며칠 밤 며칠 밤을 그거 퍼내지. 그러고서는 없지. 해마다 그렇지. 해마다 봄마다 그렇지.

기래구 그 이 저~어리.

정어리, 아까 말씀하신.

— 정어리 *정어리두서 싸게 하구. 기래구 맹태가 가재미는 내 그전에 원도~서 조오꼬마실 적이두 볼라이, 그거 소곰물으 맞침 소곰 맞침 쳐서 그래서 그거 소곰 소곰 소곰 쳐서 그런 담 연[111] 그거 저런 데다 싹 이런 그런 노~오.[112] 노~오 께에서 노~오 싹 께서 멫 다라미[113]씨 싹 달아맵덤마. 싹 말리와서. 그건 두디레 먹느라구. 그렇기 밥 해얨이나 이래 먹는 게 애이라. 가재미가 맹태느 이릏기 그런 게 *작 뻬대 없재이오? 누(ну) 가재미두 이런 이런 이거 한판에 포즈바노쉬니끄(позвоночник)나 그런 뻬대느 잇지만 해두 가재미, 이게 살이 *자대미 뻬대 없지? 맹태두 또즤 (тоже) *자대미 뻬대 없지. 그런다구서 그거는 말리와서 싹 집집마단 멫 다라미씨 말리우지. 그래 그건 싹 두디레 먹지. 마른 거 두디레 먹지. 으 흠. 마른. 그 어째 조오꼬말 적인 마른 맹태르 두디레 먹으무 그렇기 맛잇 던두~.

아, 직금두 맛있습구마.

— 아, 직금 어서.

한국에 많습구마.

— 아, 거기 맹태나 잡아 잡아내지.

저어기 아매 사시던대 있지? 나호드까(Находка).

— 아! 나호드까(Находка).

그 근처에서 잡습구마.

— 거기 맹태 기땅맥혜. 가재미낭 기땅맥혜.

거기서 잡아 가지구 (와서).

— 아하. 걔 난치두 경게 잇스꿈. 난치. 난치는 봄에 딱 고게 들어오는 **고밤뾔애 못 잡습구마[꾸마]. 그담엔 없어. 없습구마[꾸마]. 어디르 갓 는두~.

그리고 그 이 정어리.

정어리, 아까 말씀하신.

─ 정어리 정어리도 사게 하고. 그리고 명태와 가자미는 내 그전에 원동에서 조끄맸을 적에 그거 보니까 그거 소금물을 마침맞게 소금을 마침맞게 쳐서 그래서 그거 소금 소금 소금을 쳐서 그런 다음에 그거 저런 데다 싹 이런 그런 노끈을 꿰서 노끈을 싹 꿰서 몇 두름씩 싹 달아매더군요. 싹 말려서. 그건 두드려 먹느라고. 그렇게 밥 반찬이나 이래 먹는 것이 아니라. 가자미와 명태는 이렇게 그런 게 작은 뼈대가 없잖소? 음, 가자미도 이런 이런 이거 한가운데에 척추 뼈나 그런 뼈대는 있지만 가자미 이게 살에 자잘한 뼈대가 없지? 명태도 역시 자잘한 뼈대가 없지. 그렇다고 해서 그것은 말려서, 집집마다 몇 두름씩 말리지. 그래 그건 싹 두드려서 먹지. 마른 것을 두드려 먹지. 그 어째 조끄말 적엔 마른 명태를 두드려 먹으면 어찌나 그렇게 맛있던지.

아, 지금도 맛있습니다.

─ 아, 지금 그런 것을 어디서.

한국에 많습니다.

─ 아, 거기 명태를 잡아내지.

저기 할머니 사시던 곳 있지? 나홋카.

─ 아! 나홋카.

그 근처에서 잡습니다.

─ 거기 명태가 기가 막히게 많아. 가자미랑 기가 막혀.

거기서 잡아 가지고 와서.

─ 응. 그래 난치도 거기에 있습니다. 난치. 난치는 봄에 딱 고게 들어오는 고 밤밖에는 못 잡습니다. 그다음에는 없어. 없습니다. 어디로 갔는지.

모이바(мойва).

— 모이바(мойва). 아하! 모이바(мойва). 마가신(магазин)서 모이바(мойва)라 하압구마[꾸마], 난치르, 그거. 파는 거.

아매! 아까 말씀하신 쉐채있재임둥? 시굼치 뭐 쉐채 말씀하실 때.

— 아하. 쉐채, 쉐채.

쉐채.

— 아하. 쉐채.

그거는: 쉐채는 이게 러시아 말로 뭘까? 혹시 아심둥?

— 노시아말르 끼실리차(кислица)지. 끼실리차(кислица)라 하지. 시쿠다나이까나. 아무래 그렇갰지. 시구다나이. 끼실리차(кислица). 저 마우재덜 시군 거 무스거 그래무 끼실리차(кислица)라 하니까두. 기래 모르지 끼실리찬(кислица-ㄴ)두~. 고려말른 세채.

그렇지 세, 쉐채지.

— 아하! 쉐채.

쉐, 쉐, 쉐채.

— 쉐채라구. 어째 쉐채라 한두 모르지 글쎄. 원도~에서 들을라이까 쉐채, 쉐채.

그렇지. 소가 먹는거라구래서 쉐채라구 했으까? 쉐 있재임둥? 쉐 소, 불(вол). 음. 그럼 아매! 어:: 식해니 뭐 젓국디요 이런거는?

— 젓국지느114) 기게 나베르나(наверно) 그게 그겔게엡구마[꾸마]. 젓국지는 저 저 세 신 신 고기르 소곰친 고기 말구 *신 고기르 에 그 좋온 거 우유짜게 게 그 쓰 쓰 … 고려말이 기게 미시긴가. 누(ну), 노시아말르 스웨즈(свежий) 스웨즈(свежий) 곰만 잡아온 고기 잇재임두?

생선?

— 아하! 그거 그거 저나 싹 검줄해서 저나 그거 이 한판으 그거 싹 짜개서 그래서 그 저 누(ну) 칼르 그저 이릏기 싹 싹 쓰을지 그거. 그 고기르,

은어.

– 은어. 음! '모이바'. 상점에서 '모이바'라 합니다, 난치를, 그거. 파는 거.

할머니! 아까 말씀하신 수영 있잖습니까? '시굼치'니 뭐 수영을 말씀하실 때.

– 응. 수영, 수영.

수영.

– 응. 수영.

그것은 '쉐채'라고 하는 것은 러시아 말로는 무엇일까? 혹시 아십니까?

– 끼실리차(кислица)지. 끼실리차(кислица)라 하지. 맛이 시니까. 아마도 그렇겠지. 시다 보니 이름이 그렇겠지. 끼실리차(кислица). 저 러시아 사람들이 신 무엇을 말할 때 끼실리차(кислица)라 하니까. 그래도 모르지 끼실리차(кислица)인지 어떤지. 고려말로는 '세채'.

그렇지 세, '쉐채'지.

– 음! '쉐채'.

쉐, 쉐, 쉐채.

– '쉐채'라고. 어째 '쉐채'라 했는지 모르지 글쎄. 원동에서 들으니까 '쉐채 쉐채'라 하더군.

그렇지. 소가 먹는 것이라고 해서 '쉐채'라고 했는가? 소 있잖습니까? 소, 황소. 음. 그럼 할머니! 어 식해(食醢)니 뭐 젓국지요 이런 것은?

– 젓국지는 그게 아마 그게 그것일 것입니다. 젓국지는 저 저 신선한 고기를 소금 친 것 말고 신선한 고기를 에 그 좋은 거 *** 쓰고(또는 썰어서) … 고려말로 그게 무엇인가. 음, 러시아말로 '스웨즈(свежий, 신선한)', 신선한 금방 잡아온 고기가 있잖습니까?

생선?

– 아! 그거 그거 저기 … 싹 다듬어서 저기 … 그거 이 한가운데를 그거 싹 쪼개서 그래서 그 저 음 칼로 그저 이렇게 싹 싹 썰지 그거. 그 고기를,

물고기르. 기래서, 아, 한국에서두 그런 거 하갯는데 다(да)? 아이 함? 기래 그거 기래 소곰처서 소곰쳣다가서리 그 이튿날에, 밤 재와서 소곰 막치문 짭짤하게 처서 그 이튿날에 그 이튿날에 그담에 저 로바(蘿葍)[115] 잇재? 로바(蘿葍). 누(ну) 한국에 로바(蘿葍)덜 더 더 좋온 게 잇지. 잋게 네에즈느이(нежный) 저나 소오치느이(сочный) 그런. 개래 나느 직금 담가두 한국에 로오바(蘿葍)르 얻어보옵구마[보오꾸마]. 한국에 로바르 우슈토베(Уш-тобе)서 팔구, 우슈토베(Уш-тобе) 바자르(базар)에서 얻어보옵구마[보오꾸마]. 내 한국에 *로(←로바) 한국에 내 배채르 어저느 먹어 본지 열 다슷해두 넘습고마[꼬마]. 저 우리 내 내 한 집안 안에 한 집안 한 에따(это) **사백미쩌 저기서 윤씰개, 아니, 한국에 댕겟지. 유즈느이(Южная) 그 그 에따(это) 까레이(Корея). 기래 겅게 가서 씨르, 그 무스거 그 씨르 기래니까 일본, 우리 원도~ 이시직인[이시찌긴] 그거 그 무꾸 일본무끼라 햇습구마[꾸마], 원동사름덜은. 갠게 직금은 무시기라 곧 내지서 그 무꾸 무시기라 하는두~ 모르지. 이마:이 둑하구 이마:이 진 거. 그 무슨 무끼라 함두?

그거 일본무끼라 하압구마.

- 글쎄 그 우리느 원도~에 잇으직이[찌기] 일본무끼 일본무끼 햇지. 개 요 이마:이 이릏기 이릏기 생긴 건 그건 로오바(蘿葍)지. 기래구 또 어내 윤씰개네 **슥이 들을라이까나 그 그 그 *배(?) 그 무꾸느[116] 으: 나박짐치[117] 담그는 무끼 잇슴두? 나박짐치 담그, 요매씨나느 으 거 요릏기 샛하얀 게 다(да)? 자! 고게 그렇기 맛잇습고마[꼬마].

아매! 나박짐치르 어티기 아암둥?

- 그거느 나 우리 저 한 성친[118]에 집에와서 내, 윤씨네 저나 그거 총객이 우리 그집에 와서 저나 으 저 조사질하는 그집에 잇엇다구 하재앳던두?

아아! 그래서 거기서 들으셨슴둥?

- 그러재잏그[그러재이끄]! 가아게서.

물고기를. 그래서, 아, 한국에서도 그런 거 하겠는데 응? 안 합니까? 그래 그거 그래 소금을 쳐서 소금을 쳤다가 그 이튿날에, 밤 동안 재워서 소금을 막 치면, 짭짤하게 쳐서 그 이튿날에 그 이튿날에 그다음에 저 무가 있잖소? 무. 음, 한국에 무가 더 더 좋은 것이 있지. 부드럽고 물기가 많은 그런 무. 그래 나는 지금 김치를 담가도 한국의 무를 찾습니다. 한국의 무를 우슈토베 시장에서 찾습니다. 내 한국의 무 한국의 배추를 내 이제는 먹어 본 지가 열다섯 해가 넘습니다. 저 우리 내 내 한 집안에 한 집안 한 음 **** 저기서, 윤실개, 아니, 한국에 다녔지. 남쪽의 음 한국. 그래 거기에 가서 씨를, 그 뭐 그 씨를 그러니까 일본, 우리 원동에 있을 적에는 그 무를 '일본무끼'(=왜무)라 했습니다, 원동사람들은. 그런데 지금은 본국에서 그 무를 무엇이라 하는지 모르지. 이만큼 굵고 이만큼 긴 것. 그것을 무슨 무라고 합니까?

그거 '일본무끼'(왜무)라 합니다.

― 글쎄 우리가 원동에 있을 적에는 '일본무끼'(왜무), '일본무끼'(왜무)라고 했지. 그래 이만큼 크고 이렇게 이렇게 생긴 건 '로바'지. 그리고 또 어 내 윤실개네서 들으니 그 그 그 *배 그 무는 어 나박김치를 담그는 무가 있습니까? 나박김치를 담그는, 요만큼이나 하고 새하얀 거 응? 야! 고게 그렇게 맛있더군요.

할머니! 나박김치를 어떻게 압니까?

― 그것은 나 우리 저 한 일가(一家)가 되는 사람 집에 와서, 내 (일가인), 윤 씨네, 저기… 그 총각이 우리 그 일가 집에 와서 저기… 어 저 조사를 하기 위해 그 집에 있었다고 하지 않았던가요?

아! 그래서 거기서 들으셨습니까?

― 그렇고 말고! 그 아이에게서 들었지.

그걸 다 기억하구 있습둥? 나박김치. (웃음)

― 나박김칠. 무끼 요매씨 요매씨난 기, 샛하얀게. 그릏기 만만하구 꾸스느이(кушанье).

만만하구.

― 만만하압덤마. 그래 내 그거 알지. 그 무꾸, 나박. 나박짐치.

제 한번 까작 까작스딴 오면은 나박김치 하나 아니 무끼 하나 들구 오겠습구마. 비행기로 부치던지. (웃음)

― 비행기르 부치던지.

― 그래 (기침) 그래 그거 그 무끼. 그 무끼.

예.

― 아하! 나박짐치 담는.

젓국지.

― 젓국지는 그릏기. 기래구서는 그 이튿날에 그거 로바르 써얼어서 거저 야악간 소곰 치지, 그 로바 물이 물이 빠젓다구. 기램 반찬하무 물이 많애지지. 그거 그양 옇어무. 긔래 긔래 긔래 그거 물고길 싹 그거 저 소곰 쳤던 거 그거 싹 이래 꽁:꽁 짜서 그래 이 저 로오바 에따(это) 야악간 소곰친 거기다 한데 섞지. 개 한데 섞어서 거 검정 쵸르느이 뻬레즈(чёрный перец) 검정 **뻬르(перец) 쓰구 벌거 벌건 **뻬(перец), 벌건고치구 검정고치구 벌건고치구 상채구 마늘이구 그래 그래 옇구서 싹 해. 그래 옇어서 어떤 사름운 그것두 재빌르 제마끔119) 제 소원대르 하지. 나느 그릏기 그릏기 하 하무 그게 제 재비르 맛이들때꺼전 아이 다치지 난. 꽁 꽁 이래 옇구서르 경게다 무스거 덮구 그담에 우에다 저나 돌으 씿어서 이 뽈린찐 메쇼츠끄(полиэтиленовыймешочек)다 돌으 옇어서 기래 거기다 지달구지120). 지 지달과 놓지. 기래무 나는 하 한달이 넘어가서 두달이 데구야 그거 열지. 나느 그렇지. 다아 제 재빌르. 어떤 사름우느 초르 옇지. 기게 시자ᄀ 마우재말르 욱수수(уксус), 고려말르 초지?

그걸 다 기억하고 있습니까? 나박김치라는 말을. (웃음)

─ 나박김치를. 무가 요만큼씩한 것이, 새하얀 것이. 그렇게 무르고, 식품(食品)이.

무르고.

─ 무르더군요. 그래 내 그거 알지. 그 무, 나박. 나박김치.

제가 한번 까자흐스탄에 오면 나박김치 하나, 아니 무 하나 들고 오겠습니다. 비행기로 부치든지. (웃음)

─ 비행기로 부치든지.

─ 그래 그래 그거 그 무. 그 무.

예.

─ 아! 나박김치 담는 (무를).

젓국지.

─ 젓국지는 그렇게 하지. 그러고서는 그 이튿날에 그거 무를 썰어서 그저 약간 소금을 치지. 무의 물이 빠졌다고 하면. 그럼 물고기 반찬을 하면 물이 많아지지. 그거 그냥 넣으면. 그래 그래 그래 그거 물고기 싹 그거 저 소금 쳤던 거, 그거 싹 이렇게 꽁꽁 짜서 그래서 무를 약간 음 소금을 친 거기다 한데 섞지. 그래 한데 섞어서 거 검정 검정 고추 검정 고추를 쓰고, 벌건 고추, 검정 고추고 벌건 고추고 고수풀이고 마늘이고 그렇게 넣고서 싹. 그렇게 넣어서 어떤 사람은 그것도 자기 방식대로 제각기 제 소원대로 하지. 나는 그렇게 하면 그게 제 스스로 맛이 들 때까지 안 건드리지 난. 꽁꽁 이렇게 넣고서 거기에다 무엇을 덮고 그다음에 위에다 돌을 씻어서 비닐 봉투에다 돌을 넣어서 거기다 지지르지. 지 지질러 놓지. 그러면 나는 한 달이 넘어가서 두 달이 되어야만 그거 열지. 나는 그렇게 하지. 다 제 저절로 될 때까지. 어떤 사람은 초를 넣지. 그게 지금 러시아 말로 '욱수수(уксус)', 고려말로 초(醋)지?

2. 의식주 생활 361

다(да).

─ 초? 시군게 초지. 어떤 사름덜은 그거 초르 옇구 난 초르 아이 옇지. 난 아이 옇구 게 제 재빌르 맛이 들때꺼저 가마이 놔 뻬레 두지. 초르 아이 옇지 내. 어떤 사름덜은 초르 아이 옇구서리 오래 잇구 먹지. 나는 초르 아이 옇구서 두달이나 잇다가서 그담에 다아 제재빌르 제맛이 들무 우리네느 먹지. 걔 사름마단 쉐엔집 안깐덜마다느 다아 제 제마끔 하지. 제마끔 하지. 기래 그 식핸두 무시긴두 하는 거느 그건 식해라는 거느 에따(это) 기게 밥우 밥우 해애서 밥우 해애서 그래 저 에따(это) 싹 **식헤서 밥우 해:서 **식헤서 어떤 사름우느 거기다 무슨 그런 그런 게나 무슨 릐바(рыба) 옇는 고 물고기 옇는두 아이 옇는두. 어떤 사름은 아이 옇구서리 그 밥이 싸악 **식은 다음에 거기다 고치구 검정고치구 벌건고치구 마늘이랑 싹 저나 상채나 싹 옇어서 그래서 그거 이렇게 싹 섞어서 해애 놓오넨 메츨 그저 그거느 밥에다 식해다나이 하 한 이틀 잇으무 인츠 맛이 들지. 그거 식해느 그룷기. 이 반차이라는[121] 거느 고런 에따(это) 고고기르 물 물고기 좋:온 거 가즈 잡은 거 그런 거 옇구. 그런 거 가지구 하지.

그럼 아매! 여기서는 그 젓국지하구 식해 하기가 좀 바 바쁘갯습구마.

─ 어째 바쁘갯소?

고기가 있슴둥 여기?

─ 아이그! 고기 바자르(базар) 가무 다아 잇지.

바자르(базар) 가무 다아 있슴둥?

─ 다아 잇쟎구! (웃음) 바자르(базар) 가무. (웃음) 다아 *잇, 여러 여러 가지 고기 가뜩하지.

다(да). 다(да).

─ 그럼 아매:! 직금은 보통 그 집에서 잡수실 때, 무스거르 많이 해, 무스거 무스거르 주로 많이 해 잡수심둥?

예.

– 초(醋) 맞지? 신 것이 초지. 어떤 사람들은 초를 넣고 나는 초를 안 넣지. 나는 안 넣고 제 스스로(저절로) 맛이 들 때까지 가만히 놔두지. 초를 안 넣고서 오래 있다가 먹지. 나는 초를 안 넣고 두 달이나 있다가 다 제가 저절로 제맛이 들면 우리네는 먹지. 그래 사람마다 주인 집 아낙네들마다 다 제각기 다르게 하지. 제각기 하지. 그래 그 식해(食醢)인지 무엇인지 하는 것은 그 식해라는 것은 음 그게 밥을 밥을 해서 밥을 해서, 그래 저 음 싹 삭혀서 밥을 해서 삭혀서 어떤 사람은 거기다 무슨 그런 그런 게나 무슨 물고기를 넣는, 고 물고기를 넣는지 안 넣는지…. 어떤 사람은 안 넣고서 그 밥이 싹 삭은 다음에 거기다 고추고 검정 고추고 벌건 고추고 마늘이랑 싹 저기 고수풀이나 싹 넣어서 그래서 그거 이렇게 싹 섞어서 해 놓으면 며칠 그저, 그것은 밥에다 한 식해다 보니 한 이틀 있으면 이내 맛이 들지. 그 식해는 그렇게 하지. 이 물고기 반찬이라는 것은 고기를 물 물고기 좋은 것, 갓 잡은 거 그런 것을 넣고. 그런 거 가지고 하지.

그럼 할머니! 여기서는 그 '젓국지'하고 식해(食醢)를 하기가 좀 힘들겠습니다.

– 어째 힘들겠소?

고기가 있습니까? 여기?

– 아이고! 고기는 시장에 가면 다 있지.

시장에 가면 다 있습니까?

– 다 있고 말고! (웃음) 시장에 가면. (웃음) 다 *있, 여러 여러 가지 고기가 가득하지.

예. 예.

– 그럼 할머니! 지금은 보통 그 집에서 잡수실 때, 무엇을 많이 해, 무엇을 무엇을 주로 많이 해 잡수십니까?

- 나느.

햄:이, 햄:이.

- 해앰이.

집에서 잡숫는 거. 즉금.

- 내 직금 집에서 먹는 거느 우리네 저 그 한국에, 한국에 그런 이런 한국엣 거 싸기 전에 그전에 영게 저 그 저 저네느[122] 저네느 선생님네느 알아 못 듣소. 모르지. 그 그 크다:만 할라지니끄(холодильник) 질모스끄바(Зил Москва)라구 잇엇습고마[꼬마]. 그 *할라제. 기래구 민스크 민스끄 할라지니끄(Минск холодильник) 그룽기 큰 게지. 그 전에.

민스크에서 나오는 거?

- 로시아(Россия). 다(да). 민스크(Минск)서 그 할라지니끄(холодильник) 맨들지. 질(Зил) 나베르노(наверно) 그건 모스크바(Москва)에서 맨드는 모야이야. 아, 이 민스끄(Минск)느 민스끄(Минск)가[23] 에따(это) 에따(это).

우끄라이나?

- 녣(нет)!

- 민스끄가 저 저 ….

벨로루시?

- 모 모스크바. 그게 그 그 그 할라지니끄(холодильник) 같으지, 딱 같으지. 개 내느 내느 민 민스끄 잇구, 개래 한국엣거 내 에 저 아까 그래 재앱덤둥? 어시덜이 어시덜이 자이무셰스뜨보(заимущество) 내 탓다구. 개 그 돈 타메서리 그 한국에 할라지리니끄(холодильник) 또 하나 또 쌌지. 그때 마흔 마흔 몇 천 주구 쌌는가. 어전 어전 몇 해간 지나갓어. 마흔 몇 천 주구. 개 기래 큰 큰 할라지니끄(холодильник) 음 두울이 크다:만 게 잇지 내게. 기래 어 직금은 무 무스거 먹는감, 그러나 그룽기 나느 부재 부재처름 살준 못해두 이 고기 없이는 난 못 살갯어. 고기 없이는. 기래 저 나 쇠고기 싸지, 도투고기 싸지. 에 저 저 이제 시장 저 닭이 그거.

─ 나는.

반찬이, 반찬이.

─ 반찬.

집에서 잡숫는 거. 지금.

─ 내가 지금 집에서 먹는 것은 우리네 저 그 한국에, 한국에 그런 이런 한국엣 거 사기 전에 그전에 여기에 저 그 저 당신네는 당신네는 선생님네는 알아듣지 못하오. 모르지. 그 그 커다란 냉장고 '질모스크바'라고 있었습니다. 그리고 민스크 민스크 냉장고는 그렇게 (아주) 큰 것이지. 그전에.

민스크에서 생산되는 거?

─ 러시아. 응, 민스크에서 그 냉장고를 만들지. 틀림없이 질(Зил) 냉장고 그건 모스크바에서 만드는 모양이야. 아, 이 민스크는 민스크와 음 음.

우크라이나?

─ 아니!

─ 민스크가 저 저 ….

벨라루스?

─ 질모스크바 냉장고. 그게 그 그 그 냉장고와 같지 딱. 같지. 그래 나는 민스크 냉장고가 있고, 그래 한국엣 거—내 에 저 아까 그러지 않았습니까? 부모들이, 부모들이 강제로 이주 당한 대가로 받은 그 보상금을 탔다고. 그래 그 돈을 타면서—그 한국에 냉장고를 또 하나 샀지. 그때 40,000 몇 텡게를 주고 샀는가. 이제는 이제는 몇 해 지나갔어. 40,000 몇을 주고. 그래 그래 큰 냉장고 둘이 커다란 것이 있지 내게. 그래 어 지금은 무엇을 먹는가 하면, 그러나 그렇게 나는 부자, 부자처럼 살지는 못해도 이 고기 없이는 나는 못 살겠어. 고기 없이는. 그래 저기 … 쇠고기를 사지, 돼지고기를 사지. 에 저 저 이제 지금 저 닭 그거.

안찝.

– 아! 닭이 안찝으 싸지. 개구 아까라치까(окорочка) 닭이 달걀으 팔
재오? 마가신(магазин)에서. 그거 싸. 그거 싸지. 그래 세 가지 네 가지
먀싸(мясо) 거기다 싹 거더 옇지. ***두우카는 데다. 기랴 어떤 때무 쇠
고기 무스거 할 적이무 쇠고기 끄서내구 도투고기 끄서 그럴 적이무 도투
고기 끄서내구. 그담에 아까라치까(окорочка)두 잇지. 지금 닭이 셀루도브
(желудок)두 잇지.

그런 거 잡숫구.

– 냐˜. 개구 이 베짐치나[veʤimʧʰina] 잇구. 자˜, 자˜이두 자˜이두 난
낸 거저 자˜이두 잇구 고치자˜이두 잇구. 그건 내 싹 저런 메지코˜올로 재
빌르 싹 한게지.

아아. 재빌르 하시구.

– 아, 그러재이무 아 저 보토리124) 서이 잇는데 내 스 스무한살에 시
집간, 누기 나르 맨들어 주갯소. 시에미두 없지 내 마마(мама)두 없지. 무
시기 나르 맨들어 줘. 기래 잘 하던지 그전엔 그적에느 곰만 전재˜이 글
이 나서 마흔 일곱 해나 그런 게 코˜이 없어. 메지르 하는 코˜이 없엇습고
마[꼬마]. 기래 무스걸르 햇는가 하무 채밀르, 채밀으 삶아서 채밀르 자˜
아 햇댓습고마[꼬마]. 음. 개 거기서 채밀자˜으 내 두 핸두 세 핸두 햇댓
소. 그담에 쩨낄리(Текели) 이새르 해 가이까나 고렷사름덜이 쩨낄리(Те
кели)에서 농세질하는 사름덜 치더구만 예. 개 그 사름덜이 그 메지코˜오
숭거서 파압더구마. 기래 그 메지코˜오 싸서 이 이날 이때까저 기양 메지
코˜오 나무. 개 나느 재빌르 싹 하지. *생(?) 저 고치자˜이구 거저 자˜이구
싹 메지코˜올로 난 재빌르 하지. 음 그래 기래 웨짐치나 이르 이르 해:먹
구. 음 기래구 어떤 때 까 까풀(капуста-ㄹ) 싸당 먀싸(мясо) 두씨르(ту
шить) 해서두 그래 먹구.

까푸스(капуста)?

내장.

　－ 아! 닭의 내장을 사지. 그리고 허벅지살, 닭, 달걀을 팔잖소? 상점에서. 그거 사. 그거 사지. 그래 세 가지 네 가지 고기를 싹 거기다(＝냉장고에다) 거두어 넣지. *** 데다. 그래 어떤 때면 쇠고기로 무엇을 할 적이면 쇠고기를 냉장고에서 꺼내고 돼지고기를 꺼내 무엇을 할 적이면 돼지고기 꺼내고. 그다음에 (냉장고에) 허벅지살도 있지. 지금 닭의 위(胃)도 있지.

　그런 거 잡숫고.

　－ 응. 그리고 이 오이김치가 있고. 장, 장도 장도 난 난 그저 장도 있고 고치장도 있고. 그건 내 싹 저런 메주콩으로 내 손수 한 것이지.

　아, 손수 하시고.

　－ 아, 그렇지 않으면 아 저 홀아비가 셋이 있는데 내가 스물한 살에 시집간 것이 누가 나에게 장을 만들어 주겠소. 시어미도 없지 내 어머니도 없지. 무엇이 나에게 장을 만들어 줘. 그래 잘 하든지 (내가 하고) 그전에는 그 때에는 금방 전쟁이 끝이 나서 1947년에랑(＝에는) 그런 게 콩이 없어. 메주를 하는 콩이 없었습니다. 그래 무엇으로 했는가 하면 밀로, 밀을 삶아서 밀로 장을 했었습니다. 음. 그래 거기서 밀장을 내 두 했지 세 했지 했었어. 그다음에 쩨낄리로 이사를 해 가니까 고렷사람들이 체낄리에서 농사를 짓는 사람들을 거두어 쓰더구먼, 예. 그래 그 사람들이 메주콩을 심어서 팔더군요. 그래 그 메주콩을 사서 이 이 날 이 때까지 그냥 메주콩이 나면. 그래 나는 손수 싹 하지. 저 고추장이고 그저 장이고 싹 메주콩으로 난 내 손수 하지. 음 그래 그래 오이김치 등을 해 먹고 음 그리고 어떤 때는 양배추를 사다가는 고기를 볶아서도 그리해 먹어.

　까푸스(양배추)?

– 다드배채. 다드배채. 다드배채다 먀싸(мясо) 닦아서.

맛있는 거느 다 해잡수시네요! 아아, 다드배챌르두.

– 아, **다드배챌두.

그러문 동삼에는 머 그 짐치 같은 거.

– 동삼에느, 가슬 가슬이 저 저 한국에 배채르 우슈토베(Уш-тобе) 사름덜이 숭궈서 저기다 이 딸디꾸르간(Талдыкорган) 실어다 팔재오?

아, 그렇슴둥?

– 그으렇습고마[꼬마]! 여기는 아이 데엡고마[꼬마]. 그 배채 한국에 배채씨 여기는 아이 데엡고마[꼬마]. 이긴 칩구 우슈토베(Уш-тобе)느 덥재오? 그담에 그룷기 잘 데지. 한국에 배채씨 우슈토베(Уш-тобе). 개 그 사름덜 겨어서 잉게 자꾸 팔지. 기램 우리 싸지. 싸. 싸 싸서 절구지. (웃음) 기래구 물고기 싸서 반찬하지. 반찬. 아! 기래구 먀쌀(мясо-ㄹ)르 무슨 자~이두 끓여 먹구 장물¹²⁵⁾도 끓여 먹구 그러지. 그룷기 먹지.

아아!, 그러면 머 게장히 맛있게 잡숫네요.

– 개 달 달갈으두 내 마이 싸압굼[꿈]. 달갈. 달갈으 게란이라 하지? 다(да)? 내지서 게란? 게란으 어떤 마 마가신(магазин)은 야아! 굵은 거 파압굼[꿈]. 굵은 거 파. 열 개애 일백 쉰냥씨 이룿기 굵은 거. 열 개 열 개 일백쉰내~. 일백마흔냥씨두 하는 이두 잇구. 일백 일백 스 스무냥짜리두 잇구. 웬:¹²⁶⁾ 굵은 게 일백 쉰 내~이지, 열 개. 기래 그 그거 싸구. 그거 싸서 먹어.

아아! 그렇구나. 음. 그럼, 아매! 무끼 가지구느 머 임석으 아이함둥?

– 무꾸 가지구느 벨루 아이 하압구마[꾸마]. 아, 그거 반찬할 적이 그거 그래지. 아 따ㄲ(а так) 무 무꾸 가지구 무스 무스거 무꾸 무꾸 무꾸 어터게 **붓어.

동삼에 절구지 아이 아이함둥?

– 동삼에사 글쎄 먹지.

- 양배추. 양배추. 양배추에다 고기를 덮어서.

맛있는 것은 다 해 잡수시네요! 아, 양배추로도.

- 아, 양배추로도.

그러면 겨울에는 뭐 김치 같은 거.

- 겨울에는 가을 가을에 저 저 한국의 배추를 우슈토베 사람들이 심어서 저기다 이 탈디쿠르간으로 실어다 팔잖소?

아, 그렇습니까?

- 그렇습니다! 여기는 한국 배추가 안 됩니다. 그 배추 한국에 배추씨 여기는 안 됩니다. 여긴 춥고 우슈토베는 덥잖소? 그다음에 그렇게 잘 되지. 한국에 배추씨가 우슈토베에서. 그래 그 사람들이 농사를 지어서 여기에 와 자꾸 팔지. 그럼 우리가 사지. 사서 절이지(=담그지). (웃음) 그리고 물고기를 사서 물고기 반찬을 하지. 물고기 반찬. 아! 그리고 고기로 무슨 장도 끓여 먹고 국도 끓여 먹고 그러지. 그렇게 먹지.

아! 그러면 뭐 굉장히 맛있게 해 잡숫네요.

- 그래 달걀도 내 많이 삽니다. 달걀. 달걀을 계란이라고 하지? 그렇지? 본국에서 계란이라고 하지? 계란을 어떤 상점은 야! 굵은 거 팝니다. 굵은 거 팔아. 열 개에 150텡게씩, 이렇게 굵은 것을. 열 개 열 개 150텡게. 140텡게씩도 하는 이도 있고. 120텡게짜리도 있고. 가장 굵은 것이 150텡게지, 열 개에. 그래 그 그거 사고. 그거 사서 먹어.

아아! 그렇구나. 음. 그럼, 할머니! 무를 가지고 뭐 음식을 안 합니까?

- 무를 가지고는 별로 아니 합니다. 아, 그거는 물고기 반찬을 할 적에 그 무를 가지고 요리하지. 그런데 무 무를 가지고 뭐 무엇을 무를 무를 무를 가지고 어떻게 요리를 하나.

겨울에 김장을 담그지 않습니까?

- 겨울에야 글쎄 먹지.

글쎄 어떻게 당굼둥?

- 난 그 저렁기[저리끼] 그 그전에는 그전에 영게 영게 로바느 아이 아이 좋꼬마. 꽈:꽈잔127) 게. 유즈느이(Южная) 꺼마 그 모 에따(это) 한국에 꺼맘 땅땅해서 못쓰갯어. 기래 나느 정기 그 한국에 그 일본무끼나 이시 적에느 그거 쐋어서 싸알아 기래서느 이래 요막씨 질게 해서 여레: 토맥이르 기래 내서 기래 고치갈그128)두 아이 옇지 난. 그런 거, 음 이래 그런 거 (혀 차는 소리. 고려말이 생각이 안 나서 답답한 듯이) 아이구! 고치르 저나 짐치 속이나 옇느라구 매소루브까(мясорубка)다 통고치르, 통고치르 갈 갈재 임둥? 싹 쐋어서 그거 갈제에? 기래 그 *갈 그거 그 통고치르 갈아서, 거그 다 마늘으 마이 작게 아이 옇지 내. 마이 옇지. 마늘이 옇구 어 검정고치르 옇구 기래구 상채르. 상채르 갈그 내서 마이 옇구. 그래 그거 당고치에129) 한데 섞어서 개 당 당고칠르써 나느 그래 가지구 한국에 그거 그거 절굴 적 에느 내 소곰 아이 옇구, 개 이거 이 고치르 갈재앳슴130)? 고치르 갈, 치스노끄(чеснок) 거 마늘이랑 옇언 거. 개 그거 난 짭게 하지. 벤하지 말라구. 곰틀 곰틀래기 나지 말라구 난 짭게 하지. 개래 그런 짐치나 그거 일본무꿀 **덜굴 적에 나느 소곰 아이 옇지. 소곰으 아이 옇구 그거 고치르 간 거 그 짭게 짭게 해서 그걸 그걸르 하지. 소곰으 아이 옇지. 그릏기 난. 개 어떤 사름덜은 아이 그렇지 그저. 그저 소곰 그래구 그 담에 그 난 맨 그거 거기다 그저 자꾸 고칠 상구 양념 내 옇어서 짭게 하지. 짭게 해서 그 그 저 일본무 꿀르 그 저 짐치르 하지. 소곰은 아이 옇구. 맨 소곰은 아이 옇구 맨 난 그 거. 기래 그저 사름마다 줴 줴엔집 줴엔 집 안깐덜마단 다아 제 제재비르 뽀스 뽀스바이(по-свойски) 하지. 싹 제 재비르. 제 소원대르 하지. 으흠.

제 소원대로.

- 소원대르. 어티기 하기 싶운대르 소원대르 하지.

그럼 아매! 그 자ˇ이 있재임둥? 장에다 잏게 박는 거느 없슴둥? 고치나 무끼 조각이나 이런 거?

글세 어떻게 담급니까?

- 나는 그 저렇게 그전에는 그전에 여기 여기 무는 안 안 좋습니다. 뻣뻣한 것이. 남한 것만 그 음 한국엣 것만 딴딴해서 못 쓰겠어. 그래 나는 저 이제는 그 한국에 그 왜무가 있을 적에 그거 씻어서 썰어서는 이렇게 요만큼씩 길게 해서 여러 토막을 내서 고춧가루도 안 넣지 난. 그런 거, 음 이렇게 그런 거 (혀 차는 소리. 고려말이 생각이 안 나서 답답한 듯이) 아이고! 고추를 저기 … 김치 속에 넣느라고 분쇄기(粉碎機)에다 통고추를, 통고추를 갈지 않습니까? 싹 씻어서 그거 갈지 않소? 그거 그 통고추를 갈아서 거기다 마늘을 많이, 적게 안 넣지 내가. 많이 넣지. 마늘을 넣고 검정고추를 넣고 그리고 고수풀을. 고수풀 씨를 가루를 내서 많이 넣고. 그래 그거 고추에 한데 섞어서 그래 고추로, 나는 그래 가지고 한국의 그거(=무)로 담글 적에는 내 소금 안 넣고, 그래 이거 이 고추를 갈잖소? 고추를 갈아, 마늘 거 마늘이랑 넣은 거. 그래 그거 난 짜게 하지. 변하지 말라고. 곰팡이 나지 말라고 짜게 하지. 그래 그런 김치나 그 왜무를 담글 적에 나는 소금을 안 넣지. 소금을 안 넣고 그거 고추를 간 거 짜게 짜게 해서 그걸 그걸로 넣지. 소금을 안 넣지. 그렇게 난 하지. 그래 어떤 사람들은 그렇게 하지 않지. 그저 소금을 그리하고 그다음에 그. 난 맨 그거 거기다 그저 자꾸 고추를 늘 양념을 내 넣어서 짜게 하지. 짜게 해서 그 그 저 왜무로 김치를 하지. 소금은 안 낳고. 맨 소금은 안 넣고 맨 난 그거 하지. 그래 그저 사람마다 주인 집 주인 집 아낙네들마다 다 제 식으로 하지. 제 식으로 하지. 싹 자기 식으로. 제 소원대로 하지. 으흠.

제 소원대로.

- 소원대로. 어떻게 제 하고 싶은 대로 소원대로 하지.

그럼 할머니! 그 장이 있잖습니까? 장에다 이렇게 박는 것은 없습니까? 고추나 무 조각이나 이런 거?

─ 쩌먹느라구 거?

아니!

─ 기래.

장 속에 집어 넣어 가지구 이렇게 오래: 둬 가지구 삭혀 가지구.

─ 오오! 장밑에다 옇는 거!

예.

─ 아:! 장밑에다 넌 거. 나느 우 우리 아덜으느 어째 그전에느 내 장밑에 그전에 옇엇댓지 장밑에다, 무슨 그런 거. 저어나 새파란 루끄(лук)나 이릏기 크 조꼬맣지 새카만 요매낳지. 그런 거 싹. 기래 장 밑에다 그 야악간 소곰 첬다가 물 꼭 짜서 장밑에다 그리 옇엇지. 기래 그 우에 보오 페구서. 아, 걔랜데 우리 우리 식권 하나투 아이 먹소. (웃음) 기래 싹 뽑아 디지띠럿지[131]. 기래구 그 후에는 암 아이. **먹준잼 해서 우찌갯소. 아이 먹소.

아이 먹지.

─ 아이 먹어. 우리 아 둘이 저런 거 저 이런 거 세레니(зелень) 푸 푸른 푸룬 나물으 아이 먹는단 말이오, 아덜이. 그저 먀쌔(мясо). 거저 고기라구. 그저 먀쌔(мясо).

그럼 아매! 그: 우리 조선사름덜 음식 말구 그: 머 어:: 까자크 음식이나 우즈벡사람덜 음식 같은 거는 아이 해먹슴둥?

─ 어째 아이 해먹갯소. 해애먹지.

그 중에서 좀 예.

─ 그 우즈베끄덜이나 그 쁠롭(плов)[132] 쁠로쁘(плов) 하지. 쁠로쁘(плов) 우리 재빌르 해먹지. 까그다(кагда) 멕기 싶울 적이무 그거. 그거.

어티게 함둥? 그거. 작년에 한번 따시껜뜨에서 먹어보앗습니다. 겐데 하는 방법은 잘 모릅꾸마.

─ 그러나 저 저 재빌르 해 먹는 게사 고기르 많이 옇어야 하지.

- 쩌 먹느라고 그거?

아니!

- 그래(그러면).

장 속에 집어 넣어 가지고 이렇게 오래 두어 가지고 삭혀 가지고.

- 오! 장 밑에다 넣는 거?

예.

- 아! 장 밑에다 넣는 거. 나는 우리 아이들은 어째—그전에는 내 장 밑에다 그전에 넣었었지, 뭐, 그런 거. 저기 … 새파란 파를, 이렇게 조끄맣지 새까만 것이 요만하지. 그런 거 싹. 그래 장 밑에다 약간 소금을 쳤다가 물을 꼭 짜서 장밑에다 그리해서 넣었지. 그래 그 위에 보를 펴고서. —아, 그런데 우리 식구는 하나도 안 먹지. 그래 싹 뽑아 버렸지. 그리고 그 후에는 아무것도 안 (하지). 먹지도 않는 것을 해서 어찌하겠소. 안 먹소.

안 먹지.

- 안 먹어. 우리 아이 둘이 저런 거 저 이런 거 푸성귀 푸른 푸른 나물을 안 먹는단 말이오, 아이들이. 그저 고기. 그저 고기라고. 그저 고기.

그럼 할머니 그 우리 조선사람들 음식 말고 그 뭐 어: 카자흐 음식이나 우즈베크 사람들 음식 같은 것은 안 해 먹습니까?

- 어째 안 해 먹겠소. 해 먹지.

그 중에서 좀 예.

- 그 우즈베크 사람들이 해 먹는 그 플로프, 플로프를 하지. 플로프를 우리 손수 해 먹지. 먹고 싶을 적이면 그거 그거 해 먹지.

어떻게 합니까? 그거. 작년에 타슈켄트에서 먹어보았습니다. 그런데 하는 방법은 잘 모릅니다.

- 그러나 제 제 스스로 해 먹는 것이야 고기를 많이 넣어야 하지.

무슨 고기까?

― 쇠고기. 쇠고기르. 쇠고기르 그거 저나 이릏기 햐 (한숨) 그 먀싸(мя
со)르 싹 싸알아서 그래 가매애다 지름 마:이 붓지. 쌀으 보메서리 씿어서
쌀으 보메서 그래서 지름우 마:이 엉구서르 그담에 이 고기 고기 썬 거
엉지. 걔 지름에다 오래: 오래 에따(это) 그저 기게 지름 마이 붓다나이까
나 끓는 게나 한가지지. 지름에서 끓는 게나. 기래 자알 넣어 익헤서 그담
에 루끄(лук) 거더 엉구. 그담에 루끄(лук) 거더 이릏기 조오꼼 이래 저
나 기래진 담면¹³³)은 그담에 마르꼬프(морковь) 썰어 엉, 저 마르꼬프(мо
рковь). 고려말이 마르꼬프(морковь) 미시기오?

마르꼬프(морковь)는 마르꼬프(морковь)꾸마.

― 마르꼬프(морковь) 미시기오?

― 거저 거 이 색은 거저 거저 고려 불루깨¹³⁴) 같은 게. 저 마르꼬프(м
орковь)는 바자르(базар)서는 가뜩 팔재오? 마르꼬프(морковь). 이 이마:
이 큰게 이막씨 둑한 게 이래 이래, 마르꼬프(морковь).

내지에는 없습구마.

― 없소? 그게? 아, 윈도~ *이스 그저 기게 글쎄 기게 윈도~ 이시직엔
[찌겐] 내 그 우리 저 우리 한애비나 할미나 이시 적에 볼라이¹³⁵). 그 윈
도~ 이시 적에느 저 불루깨 불루깨 색으느 딱 불루깨 색이지 마르꼬프(мо
рковь). 또춰느(точно) 그렇지. 걔 그거 쓰릴 거저 거저 기래 먹으, 깎아
서 먹어두 다달한 게 불루깨처름 맛잇지. 지금 마르꼬프(морковь)라는
게, 지금 마르꼬프(морковь)라는 게 바자르(базар)서 지금 파는게. 그 마
르꼬프(морковь) 싹 채르 쳐서.

아아! 마르꼬프(морковь) 내지에 있습구마.

― 잇으? 음:.

예. 머 붉은무라구두 하구 홍당무라구두 하구. 예. 당근이라구두 하구.

― 난 우린 고려말으 모를, 모르다나이까, 그거 고려이름으

무슨 고기일까?

− 쇠고기. 쇠고기를. 쇠고기를 저기 … 이렇게 (한숨) 고기를 싹 썰어서 그래 솥에다 기름을 많이 붓지. 쌀을 씻어서 쌀을 보면서 그래서 기름을 많이 넣고서 그다음에 고기를 썬 것을 넣지. 그래 기름에다 오래 오래 음 그저 거기에 기름을 많이 붓다 보니 끓는 것이나 한가지지. 기름에서 끓는 것이나. 그래 잘 넣어 익혀서 그다음에 파를 거두어 넣고. 그다음에 파를 거두어 이렇게 조끔 이렇게 저기 … 그래진 다음 후에는 그다음에는 당근을 썰어 넣지, 저 당근. 고려말로 마르꼬프(морковь)는 무엇이라 하오?

마르꼬프(морковь)는 마르꼬프(морковь)입니다.

− 마르꼬프(морковь)가 무엇이오? 고려말로?

− 그저 그 이 색은 그저 고려(=한국)의 '불루께'(홍당무) 같은 것. 저 당근은 시장에서는 가뜩 놓고 팔잖소? 당근. 이 이만큼 큰 것이 이만큼씩 굵은 것이 이래 이래, 당근.

내지에는 없습니다.

− 없소? 그게? 아, 원동에 있을, 글쎄 그게 원동 있을 적에 내 그 우리 저 우리 할아버지나 할머니가 있을 적에 보니. 원동에 있을 적에는 불루께(홍당무), 불루께(홍당무)라는 것이 있는데, 색은 딱 불루께(홍당무) 색이지, 마르꼬프(морковь)가. 확실히 그렇지. 그래 그거 그저 그저 그래 먹을 때 깎아서 먹어도 달콤한 것이 불루께(홍당무)처럼 맛있지. 지금 그 당근이라는 것이, 지금 당근이라는 것이 시장에서 지금 파는데. 그 당근은 싹 채를 쳐서.

아! 마르꼬프(морковь)는 본국에도 있습니다.

− 있소? 음.

예. 뭐 붉은무라고도 하고 홍당무라고도 하고. 예. 당근이라고도 하고.

− 난 우리는 고려말을 모르다 보니, 그거 고려이름을

그거 모르꼬프(морковь) 모르다나 그저 마우재처름 기양 모르꼬프(морко
вь) 모르꼬프(морковь) 하지.

당근이라구 하압구마.

— 음:. 기래 이래 이래 싹 싸알어서 얇기[얍끼] 싹 싸알어서 채르 쳐서
거기다 한데 옇지. 누(ну), 먀싸(мясо)다. 먀싸(мясо)다 한데 옇어서 그 담
에 그거 자알 그거 싹 이릏기 자알 기게 닦아진¹³⁶⁾ 다음엔 그 담에 쌀으
씿어서 옇지. 쌀으 씿어서 옇어서 난 쌀으 씿어 싹 옇구서르 그 매야싸
(мясо)나 고기 에따(это) 골레까(горелка)라구 난 싹 적셔서 놓구 그담에
물으 붓지. 물으 마침이 묽게두[묵께두] 하지 마구. 기래구 기래 밥처름
고래 밥처름 그래 지름 마이 옇구 기래 해 노문 기게 뿔롭(плов)이지 뿔
롭(плов)이지.

그렇게 만드는구나. 쇠고기르.

— 쇠고기나 야ʼ아 고기나. 음.

— 걔래구 쌀으 쌀 저런 마르꼬프(морковь)나 다아 거더 옇구 쌀으 옇
기 전에 개구 물으 물으 쌀으 보메서르 물으 얼매간 옇구 소곰 옇어야 하
지. 소곰 옇어서 소곰 맛으 보메 그 물으 맛으 바야 하지. 그래구서 쌀으
싹 씿어 씿어옇구 옇어무 그담에 밥처름 데무 잏게 소곰 소곰 소곰 연게
알기지.

그렇습지.

— 아하! 기르 기릏기 뿔롭(плов) 하지.

그럼 그거 말구 또 우리 고렷사름덜이 해먹는 그 까자끄나 우즈벡 음식은
또 뭐가 있슴둥?

— 아, 무슨.

플로프(плов) 말구.

— 베스빠르마끄(бешбармак)두 잇지.

비 베스빠르마끄(бешбармак), 아하!

모르다 보니 러시아 사람처럼 그냥 '마르꼬프', '마르꼬프' 하지.

당근이라고 합니다.

– 음. 그래 이래 이래 싹 썰어서 얇게 싹 썰어서 채를 쳐서 거기다 한데 넣지. 음, 고기에다. 고기에다 한데 넣어서 그다음에 그거 잘 그거 싹 이렇게 잘 그게 닦어진 다음에는 그다음에 쌀을 씻어서 넣지. 쌀을 씻어서 넣어서, 난 쌀을 씻어서 싹 넣고서 그 고기나 고기 음 버너를 난 싹 젖혀서 놓고(버너의 손잡이를 돌려 불을 켜 놓고) 그다음에 물을 붓지. 물을 마침맞게 묽게도 하지 말고. 그리고 그래 밥처럼 고래 밥처럼 그래 기름 많이 넣고 그렇게 하면 그게 플로프지. 플로프이지.

그렇게 만드는구나. 쇠고기를.

– 쇠고기나 양(羊)의 고기나. 음.

– 그리고 쌀을 쌀 저런 당근이나 다 거두어 넣고 쌀을 넣기 전에 그리고 물을 물을 쌀을 보고 물을 얼마간 넣고 소금 넣어야 하지 소금 넣어서 소금 맛을 보며 그 물을 맛을 보아야 하지. 그리고 쌀을 씻어 넣고 넣으면 그다음에 밥처럼 되면 이렇게 소금 소금 소금 넣은 것이 알아지지.

그렇지요.

– 음! 그렇게 플로프를 하지.

그럼 그거 말고 또 우리 고렷사람들이 해 먹는 그 카자흐나 우즈베크 음식은 또 뭐가 있습니까?

– 아 뭐.

플로프(기름밥) 말고.

– 베스파르마크도 있지.

베스파르마크, 음!

─ 베스빠르마끄(бешбармак) 까자끄 음석이지.

그건 어티기 함둥?

─ 그 그 세 세고기나 바라니(баран-이) 고기나 야̆이 고기나 세고기나 야̆이 고기나 그거 싸다가서리 거저 까그(как) 뿔롭(плов) 한 거처름 그렇기 저나 자알 삶어서 쌀은 아이하구. 거저 그래 자알 삶어서 개 고기 고기 거반 세고기나 일리(или) 야̆아 고기나 고기 더 거반 다아 익어시 적이 다 익으 적에 저 갈글르서 갈기 이게서 갈그 이게서 데:게 데게 이게서 밀댈르 자꾸 밀어서 얍다:맣게 그릏기 하짐 그거. 개 이 고기낭 다아 익구 양념이나 다 옇어서 다아 익은 다음에는 이 저어나 이거 이거 갈그 미재앳소?

음.

─ 아하. 갈그 민 거 이래 칼르 칼르 싹 이릏기 썰어서. 누(ну)! 요래 요래 그저 저 그런 거처름 이릏기 싹 썰어서. 그래 그 그 저나 그거 고 고기 물이 장물이 끓을 적에 거기다 옇지. 다아 고기나 다아 먹게 덴 연에 덴 담에 그담에 그거 대앳개 밀어서 이래 싸알어서 이래 크바 크바드라뜨느이(квадратный) 이래 써얼어서 기래 옇지. 기래 옴 먹을 적에느 그거 저나 매 먀싸(мясо)가 베스빠르마끄(бешбармак) 쩨스따(тесто) 갈그 이긴 거 연 거 그거 익은 거 개 그거 빠드노스까(подноска)다 퍼서 먹지. 게 베스빠르마끄(бешбармак)지.

베스바르마끄(бешбармак). 아아!

─ 까자끄덜으느 까자끄덜으느 다쑬루 야̆:고길르 하지.

야̆:고기.

─ 아하! 까자끄덜은.

양고기.

─ 양고기. 으흠. 개구 쇠고길르두 하구.

무슨 고기?[137]

─ 베스파르마크는 카자흐 음식이지.

그건 어떻게 합니까?

─ 그 쇠고기나 양고기나 양(羊)의 고기나 쇠고기나 양의 고기나 그거 사다가서 그저 플로프를 한 것처럼 그렇게 저기 … 잘 삶아서 쌀은 안 하고. 그저 그래 잘 삶아서 그래 고기 고기 거반 쇠고기나 또는 양의 고기나 고기가 거반 익었을 적에 저 가루로, 가루 이겨서 가루를 이겨서 되게 되게 이겨서 밀대로 자꾸 밀어서 얄따랗게 그렇게 하지, 뭐, 그거. 그래 이 고기나 다 익고 양념이나 다 넣어서 다 익은 다음에는 이 저기 … 이거 이거 가루를 밀잖았소?

음.

─ 응. 가루를 민 거 이렇게 칼로 칼로 싹 이렇게 썰어서. 음 요렇게 요렇게 그저 저 그런 것처럼 이렇게 싹 썰어서. 그래 그 그 저기 … 그거 고깃국물이 국이 끓을 적에 거기다 넣지. 다 고기를 다 먹게 된 연후에, 된 다음에 그다음에 그거 댓 개를 밀어서 이렇게 썰어서 이렇게 네모지게 이렇게 썰어서 그리해서 넣지. 그래, 음, 먹을 적에는 그거 저기 … 고기와 베스파르마크 반죽, 가루를 이긴 거 넣은 거 그거 익은 것을, 그래 그거 그릇에다 퍼서 먹지. 그게 베스파르마크지.

베스파르마크. 아!

─ 카자흐 사람들은, 카자흐 사람들은 대부분 양의 고기로 하지.

양고기.

─ 음! 카자흐 사람들은.

양고기.

─ 양고기. 으흠. 그리고 쇠고기로도 하고.

무슨 고기?

— 쇠고 쇠고고 소고길.

예?

— 소고기, 소. 쇠고길르두 *베 에따(это) 그것덜두 베스빠르마크두 하구 그렇지. 쇠고길르두 해두, 우리네두 해애 먹어 밨어. 개 쇠고길루 해애두 너무나 맛잇습덤. 저 까자흐덜은 다쑤루 야~아고기 먹재임두? 기래. 개 그것들은 베스빠르마끄나 야~고길르두 하지. 야~고기 없으무 쇠고기루두 일없습덤. (웃음)

그럼 아매느 국시르 아이 해 잡습둥?

— 어쩨! 우리네느 국시 하는 게 우리두 잇지만 해두 재빌르 이릏기 한. 그랜것두 그 그것두 슲에서138) 국실르139) 파는 거 싸지. 이 깔로브까(коробка). 한 깔로브까(коробка) 열 열 낄로(кило)씨 옇엇지[여:찌]. 약하다:만 거. 국시 좋은 게. 요래 한 깔로브까(коробка). 열 열낄(кило)로씨 옇언 거.

열낄로(кило).

— 아하! 꼴로브까(коробка) 젤 싸지. 기래 한 깔로브까(коробка) 싸무오래: 먹지 무슨. 열 열낄로(кило) 맨 마른게 국시 열낄로(кило).

열 낄로. 아, 열 낄로무 많지.

— 그게 그게 한 한 한 요만한 요만:한 요런 까로돈느(кардонный) 까로브까(коробка) 열낄로(кило) 들지. 이천백냥씨 하140).

아후! 이천백냥?

— 열 열낄론게!

그렇지. 열낄로(кило).

— 열낄론게 싹 마른국시 열낄론게 이천 백냥141)씨.

그럼 아매! 그걸 어티게 해먹습둥?

— 고려국실 해먹는 거처름 그릏기 해먹지.

그러니까 어티게? 물에다 삶은 다음에, 우선 건져내서.

－ 쇠고 쇠고 소고기로.

예?

－ 소고기, 소. 쇠고기로도 베(스파르마크) 음 그것들도 베스파르마크도 하고 그렇지. 쇠고기로 해도, 우리네도 (쇠고리로) 해 먹어 보았어. 그래 쇠고기로 해도 너무나 맛있더군요. 저 카자흐 사람들은 대부분 양고기를 먹잖습니까? 그래. 그래 그 사람들은 베스파르마크를 양고기로도 하지. 양고기가 없으면 쇠고기로도 해도 괜찮더군요. (웃음)

그럼 할머니는 국수를 안 해 잡수십니까?

－ 어째 안 해 먹겠습니까! 우리는 국수를 만드는 것이(국수틀ー이) 있기는 하지만, 자기가 손수 이렇게 하는 것. 그런데도 그것도 싫어서 국수를 만들어 파는 것을 사지. 상자, 한 상자 10킬로그램씩 넣지. 약하게 생긴 것. 국수 좋은 게. 요렇게 한 상자. 10킬로그램씩 넣은 거.

10킬로그램.

－ 음! 상자로 파는 것이 제일 싸지. 그래 한 상자를 사면 오래 먹지 뭐. 10킬로그램, 맨 마른 것이 국수 10킬로그램.

10킬로그램. 아, 10킬로그램이면 많지.

－ 그게 그게 한 한 한 요만한 요만한 요런 두꺼운 종이로 만든 한 상자가 10킬로그램이 들지. 2,100텡게씩 하오.

어휴! 2,100텡게?

－ 10킬로그램인데!

그렇지. 10킬로그램.

－ 10킬로그램인데 싹 마른 국수 10킬로그램인데 2,100텡게씩.

그러면 할머니! 그걸 어떻게 해 먹습니까?

－ 한국에서 국수를 해 먹는 것처럼 그렇게 해 먹지.

그러니까 어떻게? 물에다 삶은 다음에, 우선 건져내서.

– 으흠. 경제[142] 내서 그 담에 경제 내서 찬물에다, 찬물에다.

다(да), 다(да).

– 서너 번 싳지. 차안물에다.

아! 다(да) 다(да).

– 아하! 서너 번 씿어서 사리르 해 놓지. 그런 이런 조 조리 같은 데다 무 물이 찌라구[143]. 기래구선 기래구서느 추미[144]르 하지. 추미르 추미르 만저 싹 해애놓구 고담.

무스걸르?

– 무스걸르? 도투고기[145]르나. 도투고기르. 도투고기 이 저 그거 추미두 추미두 집집마다 따게 하압구마[꾸마]. 집집마다 다(да). 집집마다 따게. 제 소원대르. 나느 난 도투고기르 이릏기 싸알어서 싹 닦아서 거이 익을 적에 으 다드배채느 다드배채느 만저 이릏기 싹 싸알어서 소금 쳐놓지. 소금 야악간 짭게 하지 마구 그담에 맞침 소금 쳐놓지. 소금 쳐놨다가 기게 소금 다아 두무 매흐싸(мяхса) 그거 익으무 고거 싹 짜서 거기다 다드배채르 싹 소금 친거 짜서 기래 거기다, 기래 거기다 양념우 싹 엻지. 한국에 양 양넘이. 그 한국에 **양금[146]이구 검정고치구 붉은고치구 저런 거 상채 찐 게구. 그 싹 양넘 다 옇지. 기래 기래 우리 아덜은 또 그 그렇기 추미르 하구라서 우리 아덜은 좋아하지. 내 그릏기 첫감부터 그릏기 멕에 놔서. 음. 다른 집우느 그런 거 이 까푸사(капуста)나 데우재잏구 생걸르 하지. 생걸르 채르 쳐서 소금 소금 쳐서 이릏게 그릏기 하지. 아이, 우리 아덜은 생거 아̃이 먹갰다 **하거늘 말이지. 저 저래 두실한 게 많애서 먀싸(мяхса) 두실한 게. 그래 그래 집마당 집마당 어티기 제 소원대르 하다나이까 여러 가지지. 여러 가지.

으음. 예. 알갰습구마. 에:.

- 응. 건져내서 그 다음에 건져내서 찬물에다, 찬물에다.

예, 예.

- 서너 번 씻지. 찬물에다.

아! 예, 예.

- 음! 서너 번 씻어서 사리를 해 놓지. 그런 이런 조리 같은 데다 물이 빠지라고. 그리하고서는 그리하고서는 고명을 하지. 고명을 고명을 먼저 싹 해 놓고 고 다음에.

무엇으로?

- 무엇으로? 돼지고기나. 돼지고기를. 돼지고기, 이 저 그 고명도 고명도 집집마다 다르게 합니다. 집집마다 예. 집집마다 다르게. 제 원하는 대로. 나는 난 돼지고기를 싹 썰어서 볶아서 거의 익을 적에 어 양배추는 양배추는 먼저 이렇게 싹 썰어서 소금을 쳐 놓지. 소금을 약간 짜게 하지 말고 그다음에 마침맞게 소금을 쳐 놓지. 소금을 쳐 놓았다가 그게 소금이 다 들면 고기 그거 익으면, 고거(소금에 절인 양배추) 싹 짜서, 거기다 (고기에다) 싹 소금 친 양배추를 짜서 그래 거기다 그래 거기다 양념을 싹 넣지. 한국의 양념. 그 한국의 양념이고 붉은 고추고 저런 거 고수풀 찧은 것이고. 그 양념을 싹 넣지. 그래 그래 우리 아이들은 또 그렇게 고명을 해야만 우리 아이들은 좋아하지. 내 그렇게 처음부터 그렇게 먹여 봐서. 음. 다른 집은 양배추 같은 것을 데치지 않고 생것으로 하지. 생것으로 채를 쳐서 소금, 소금 쳐서 이렇게 그렇게 하지. 아이, 우리 아이들은 생것을 안 먹겠다 하니 말이지. 저 저래 볶은 것이 많아서 고기를 볶은 것이. 그래 그래 집마다 집마다 어떻게 제 원하는 대로 하다 보니 여러 가지지. 여러 가지.

음. 예. 알겠습니다. 에.

2.4. 가옥 구조

그럼, 아매! 그 원동에 사실 때애 집이 어티기 생겼습둥? 집안이 어티기 생겼습두?

― 워 원도~에 이시직인[찌긴] 그저 집이 그저 지금처름 이룽기 모 못 그렇지. 기래두 두벌 예영147)이지. 예여~은 두벌 예여~이지. 아하, 두벌 예여~이. 저 우에 저 저 저 꼭대기에느 잏게 널르써 싹 다 햇지 널. 원도~ 이시젝에[쩨게] 싹 널르. 기래구 그적에느 무슨 여러 칸으 맨들엇습둥? 어디메? 이래 바~이 한내 잇구 이게 이게 정지148)구 그릏기 살앗지. 원도~ 이시직이[찌기].

지금은 아매! 예영은 무스걸르 맨들었습둥?

― 아, 직금은 쉬피리(шифер)지. 거 고려말른 미시긴지 모르지. 지금? 원도~ 이시적이[쩨기]? 일리(или) 지금?

아이, 원동 있을 때.

― 원도~ 이시 때 글쎄 널르 널르.

아! 널르. 전부.

― 널르, 널르.

샐르 아이하구?

― 녤(нет)! 잏기 널르. 널 이룽기 놓구 기래구 또 이 어간에다 이룽기 널어놓구. 바같에 예영 예영 싹 다 그릏게. 예영이라함? 저 저 바같에 저 예 예예~149). 예예~? 이룽기.150)

예영.

거 샐른 아이했습둥?

2.4. 가옥 구조

그럼 할머니! 그 원동에 사실 적에 집이 어떻게 생겼습니까? 집안이 어떻게 생겼습니까?

— 원동에 있을 적에는 집이 그저 지금처럼 이렇게 좋지 못했지. 그래도 두 벌 이엉을 이었지. 이엉은 두 벌 이엉이지. 음 두 벌 이엉. 저 위에 저 저 꼭대기는 이렇게 널로 싹 다 했지 널. 원동 있을 적에는 싹 널로. 그리고 그 때에는 무슨 여러 방 칸을 만들었습니까? 어디? 방이 하나가 있고 이게 이게 정지고 그렇게 살았지. 원동에 있을 적에.

지금은 할머니! 이엉은 무엇으로 만들었습니까?

— 아, 지금은 함석이지. 거 고려말로는 무엇인지 모르지. 지금 말인가? 원동에 살 적에? 지금?

아니, 원동에 있을 때.

— 원동 있을 때는 글쎄 널로 널로 했지.

아! 널로. 전부.

— 널로, 널로.

새〔草〕로 아니 하고?

— 아니! 이렇게 널로. 널을 이렇게 놓고 그리고 또 이 사이에다 이렇게 (널을) 늘어놓고. 바깥에 이엉 이엉은 싹 다 그렇게. 그걸 '예영'(이엉) 이라고 합니까? 저 저 바깥에 저 '예영', '예영'을?

이엉.

그거 새〔草〕로는 아니 했습니까?

– 샐른 아이 햇습구마[꾸마]. 새루 우리 우리 동네선 샐루 아이 햇스꿈.151)

그럼 잘살았습구마.

– 싹 널르. 널 이래 둘 이래 놓구 기양 한판 이릏기 놓구. 이릏기 싹 널르써.

돌 조각 같은 걸르느 아이했습둥? 이 돌 뾰족한 돌 조각 같은 거느

– 아, 녣(нет)! 아이 아이!

아이 했습둥?

– 아이! 싹 널르 예여˜으 햇스끄152) 싹.

그럼, 아매! 이릏게 사름 사는 집이 이릏게 있습구마, 그러면은 그 요렇:게 집 주위에 이릏게 뭐 닭이요 뭐요 산즘승이요 들어오지 못하게 뭐 둘러친 거 잇재임둥?

– 아, 이릏기 이래 돌과153) 조꼼 막앗지. 마다˜: 마다˜: 재비 마다˜: 이릏기 어떤.

그렇습지.

– 냐˜.

이릏기 돌과서 막은 걸 뭐라구 했습둥? 그거를 이름을?

– 장재154)르 한다 햇지.

아! 장재르.

– 장재르 한다.

무수걸르?

– 저나, 아, 그 낭그덜 개애다서 이릏기 저나, 고려 *노(←노시아) 고려말르 기게 미시긴가. 그런 캉재155)나 하는 거처름 이릏기두 햇지.156) 낭그르 뻬에다가.

아아! 쾅재하는 거처럼 이릏기 져어 놓구 져어 놓구, 아아!

– 다(да). 누(ну) 그릏기두 햇지. 그전에는 원도˜ 싸리낭기 싸리낭기

─ 새로는 안 했습니다. 새로, 우리 동네에서는 새로 아니 했습니다.

그럼 잘 살았습니다.

─ 싹 널로. 널을 이렇게 둘을, 이렇게 한가운데 이렇게 놓고. 이렇게 싹 널로써.

돌 조각 같은 것으로는 안 했습니까? 이 돌 뾰족한 돌 조각 같은 것은.

─ 아, 아니! 아니, 아니!

안 했습니까?

─ 아니! 싹 널로 이엉을 했습니다. 싹.

그럼, 할머니! 이렇게 사람 사는 집이 이렇게 있습니다, 그러면 요렇게 집 주위에 닭이요 뭐요 산짐승이요 들어오지 못하게 뭐 둘러친 것이 있잖습니까?

─ 아, 이렇게 이리해서 돌려서 조끔 막았지. 마당을 마당을 자기 마당을 이렇게 어떤.

그렇지요.

─ 응.

그렇지요. 이렇게 돌려서 막은 것을 뭐라고 했습니까? 그것을, 이름을?

─ '장재(널로 만든 울타리)'를 한다고 했지.

아! 장재를.

─ '장재'를 한다.

무엇으로?

─ 저기 … 아, 그 나무들을 가져다가 이렇게, 저기 … 고려, 고려말로 그게 무엇인가? 그런 바구니 같은 것을 만드는 것처럼 이렇게도 했지. 나무를 베어다가.

아! 광주리를 엮는 것처럼 이렇게 지어 놓고 지어 놓고, 아아!

─ 예. 음 그렇게도 했지. 그전에 원동에 싸리나무가

잇재앳습둥? 싸리낭기. 그 싸리낭그 싸리낭기 가져 완 게 그 싸리낭그 그 룿기 그룿기두 햇지. 개 어떤 사름덜으느 널르두 또 막앗지 널르 이룿기. 누(Hy)! 이룿기 이룿기 이룿기 딱 붙이재잉구[부치재이쿠] 요룿기 요룿기 요룿기 요룿기 요룿기 막 막기두 하구 그룿기.

음. 그걸 배재:라구는 아이했습둥?

— 기게 배재애임두?

배잽지 그게.

— 이게 이게 돌과 맨든 배재, 배재. 배재.

배재.

— 배재.

그럼, 배재태라구 하는 건 무스걸 배재태라구 했습둥?

— 배재태 무시긴가?

음:. 몰라서 여쭤보는 겁구마. 음. 말은 들었는데 잘 몰라서 여쭤 보는 겁 구마. 음. 어: 그러면은 어:: 이 배재는 그래니까 싸리낭글르두 하구 널 널빤 지 널르두.

— 돌우 막기두 하구.

막기두 하구. 예:.

그러면은 그 사람이 드나드는 요룿기 문을 만들어 놨재임둥? 문이 있었재 임둥?

— 그 그룿지.

그 문은 뭐라구 했습둥?

— 장재문157)이라 햇지.

아, 장재문이라구.

— 장재문이라구 햇지.

예?

— 그전에 내 내 **조오꼬 들을라이까 장재문이라 허더. 점 들어오는

있지 않습니까? 싸리나무. 그 싸리나무를 싸리나무 가져와서, 그 싸리나무를 가지고 그렇게 울타리(바자울)를 만들었지. 그래 어떤 사람들은 널로도 또 막았지. 널로 이렇게. 음, 이렇게 이렇게 널을 딱 붙이지 않고 요렇게 요렇게 요렇게 요렇게 막 막기도 하고 그렇게.

음. 그걸 '배재'(바자울)라고는 안 했습니까?

— 그게 '배재'(바자)가 아닙니까?

'배재'(바자)이지요. 그게.

— 이게 이게 돌려서 만든 '배재, 배재, 배재'(바자).

바자.

— 바자.

그럼, '배재태'라고 하는 건 무엇을 가지고 '배재태'라고 했습니까?

— '배재태'가 무엇인가?[158]

음. 몰라서 여쭈어보는 겁니다. 음. 말은 들었는데 잘 몰라서 여쭈어 보는 겁니다. 음. 어 그러면 어 이 배재는 그러니까 싸리나무로도 하고 널빤지 널로도 하고.

— 돌을 가지고 막기도 하고.

막기도 하고. 예.

그러면 그 사람이 드나드는, 이렇게 문을 만들어 놓았잖습니까? 문이 있었잖습니까?

— 그 그렇지.

그 문은 무엇이라고 했습니까?

— 널문이라 했지.

아, 널문이라고.

— 널문이라 했지.

예?

— 그전에 내 내가 조끄맸을 때 들자니 널문이라 하더군요. 들어오는

문은 저거는 바당무이구.

예, 그건 이따 여쭤보구. 아, 예, 예.

- 저거는 바당무이라159) 하구. 장재라구서리 문으 한 것은 장재무이라구 하더만.

장 장재무이라구.

- 아하! 장재문이라 하더. 장재문. 문. 문이. 음 그룷기. 그룷기 난 그전에 들엇지 쪼오꼬매시 적이.

음:, 음. 아. 그러문 거기 장재문, 문우 열구 이룷기 들어오면은 문우 열구 들어오면은 어: : 그 마다~에.

- 마다~이지.

뭐, 뭐가 있었슴둥?

- 마단160) 무스 아무것두 없었지. 걔 마다~아 조꼼 내애놓구 마 마다~이 이 집에서 얼매간 마다~: 내애놓구 그담에는 밭이지[바치지]. 밭이다나 (바치다나) 밭으 잏기 막앗지.161)

아아!

- 밭으 막앗지. 걔 마다~이만 내:놓구. 음. 장, 이 오고로든(огород-ㄴ) 막앗지 이룷게. 그런게나 숭궈놓굼 그룷기.

그럼 아매! 거기 무슨 허덕가이오 무슨.

- 허덕가이느162).

사랑까이오.

- 싸랑깐이랑163) 어째 원도~ 이시적이느 허덕가, 허덕가이 우리 잇엇습구마. 우리네 잇어두 어티기 허더가이 잇엇는가 하무 이룷기 집우루 훌 들어와서 이게 직금은 워 원도~이 지금. 이게 이룷기 저나 어 불우 때느 정지구, 정지구 그 정질르서리 저짝 벡에다가 에 저나 저짝에다 이룷기 붙여[부쳐] 짓구[지꾸] 기애구 그 정질르써리 문우 햇지. 그 허덕가이구 머 긍게164) 들어갓다 나왓다. 개구 그 즘승개165), 즘승개덜 그 달구굴안

문은 저거는 '바당문'이고.

예, 그건 이따가 여쭈어보고. 아, 예, 예.

− 저거는 바당문이라 하고. 장재라고 하고 문을 만든 것은 널문이라고 하더구먼.

장 '장재문(널문)'이라고.

− 음! 널문이라고 하더구먼. 널문. 문. 문. 음 그렇게. 그러게 나는 그 전에 들었지. 쪼끄맸을 적에.

음:, 음. 아. 그러면 거기 널문, 문을 열고 이렇게 들어오면 문을 열고 들어오면 어 그 마당에.

− 마당이지.

뭐, 뭐가 있었습니까?

− 마당에 무슨 아무것도 없었지. 그래 마당을 조끔 제외하고 마당이, 이 집에서 얼마간 마당을 제외하고 그다음에는 밭이지. 밭이니까 밭을 이렇게 막았지.

아아!

− 밭을 막았지. 그래 마당만 내놓고. 음. 장, 이 텃밭은 막았지. 그런 게나 심어 놓고 그렇게.

그럼 할머니! 거기 무슨 헛간이오 하는 무슨.

− 헛간은.

광이오.

− 광이랑, 어째 그런지 원동 있을 적에는 헛간, 헛간이 우리에게 있었습니다. 우리네 있어도, 어떻게 헛간이라는 것이 있었는가 하면 이렇게, 이렇게 홀 들어와서 이게 지금은 원동이라면, 지금. 이게 이렇게 저기 … 어 불을 때는 정지고, 정지고 그 정지로서 저쪽 벽에다가 에 저기 … 저쪽에다 이렇게 붙여서 짓고 그리고 그 정지로 드나드는 문을 냈지. 그 헛간이고 뭐 그곳에 들어갔다 나왔다 하지. 그리고 그 집짐승, 집짐승들 그 닭장이

두 딴 데 잇엇지.

그래. 그렇습지.

— 아하! 그릏기 윈도~ 이시젝이[쩨기].

그러니까 아매!, (가옥 구조 그림을 그리며) 요렇게:: 이렇게 이제 배재가 있습구마.

— 야~.

(계속 그림을 그려가며) 그럼 이게 장재문이꾸마 이렇게. 이 오래애서 이렇게 이 들어오오꾸마 이렇게. 그러문 이게 마당이구.

— 아하! 마다~이구. 집이 겅게 잇지.

아니. 예, 예, 예.

— 저짝에 집이 잇지.

저짝에 여기 집에 집이 있지? 사람 사는 집이 잇지? 여기는 인제 이 오고로드(огород)지 이게. 그럼 허덕간은 어디에 있었습둥? 이게 마당이구.

— 이게 집이 애임둥? 개 집우 이거 이거 문울루 홀 들어가무 집 두에다가[166] 이 집에다 집에다 한데 붙에서[부체서] 이룽기 져엇지.

아아!

— 개 개 들어가는 데느 정질르 들어가게 햇지.

그렇습지.

— 저짝 저짝에다 문우 아이 하구. 이 정질르 들어가게. 개 정질르 홀 들어가서 그짝에다 저짝에다 문우 햇:지. 허덕가이 문. 개 정지 정질르 이래 이래 바당문으 열구 정지르 들어오구 정지에서 이짝 쪼꼼 이래 이래 저짝 벡으르 가무 저짝 벡에 또 그런 게 무이 잇지. 허덕간으르 들어가느 무이.

그렇습지.

— 그릏기 우리네 원동에 이시직이[찌기].

아, 그랬구나!

또 딴 데 있었지.

그래. 그렇지요.

― 음! 그렇게 헛간이 있었지, 원동에 있을 적에.

그러니까 할머니! (가옥 구조 그림을 그리며) 요렇게 이렇게 이제 바자울이 있습니다.

― 응.

(계속 그림을 그려가며) 그럼 이게 널문입니다, 이렇게. 이 오래에서 이렇게 들어옵니다, 이렇게. 그러면 이게 마당이고.

― 음! 마당이고. 집채가 거기에 있지.

아니. 예, 예, 예.

― 저쪽에 집이 있지.

저쪽에 여기 집에 집이 있지? 저쪽에 사람이 사는 집채가 있지? 여기는 이제 이 텃밭이지, 이게. 그럼 헛간은 어디에 있었습니까? 이게 마당이고.

― 이게 집이 아닙니까? 그래 그 집을 문으로 들어가면 집 뒤에다가 이 집에다 집에다 한데 붙여서 이렇게 지었지.

아아!

― 그래 들어가는 데는 정지로써 들어가게 했지.

그렇지요.

― 저쪽, 저쪽에다 문을 안 하고. 이 정지로 들어가게. 그래 정지로 들어가서 그쪽에다 저쪽에다 문을 했지. 헛간 문을. 그래 정지, 정지로 이렇게, 이렇게 바당문을 열고 정지로 들어오고 정지에서 이쪽 쪼금 이래서 저쪽 벽으로 가면 저쪽 벽에 또 문이 있지. 헛간으로 들어가는 문이.

그렇지요.

― 그렇게 우리네 원동에 있을 적에.

아, 그랬구나!

─ 그릏기.

음. 그러문

　─ **기래우 달기굴으란 딴 데다가서.

그 달기굴은 어느쪽에 있었으까?

　─ 개래 개래구서는 그런 거 대애지굴으느 장재 밖에 나와서 나와서 나와서 도투굴, 대지굴으 져엇지.[167] 나와서. 이 집에 마다~에다 아이 짓구.

그렇습지.

　─ 아하. 그랫지.

그럼 세 쇠굴은 오양간은?

　─ 쇠, 쇠 잇어두 오양깐은 나느 어째 나느 어째 아이 알깁구마[꾸마]. 쇠 잇엇댓습고마[꼬마]. 젖짜는 **쇠애인 개 애이라 에따(это) 두 둥굴쇠. 둥굴쇠[168] 잇엇습구마[꾸마]. 젖짜는 쇠는 없엇구. 갠데 그 쇠는 어째서 그 쇠 쇠 오양간은 어째 잘 알기재입구마[이꾸마][169].

　그럼 아매! 붕간[170]은 어디 있었습둥?

　─ 붕 붕간이 저어 이 이게 이게 저나 집이 애임둥? 개 오고르드(огоро д) 나가는디 저짝에. 저어짝에 잇지. 개 경게서 저짝으르 더 나가무 석매 [성매] 잇구. 우리 원도~ 이시제.

　아아 아! 집 안에 있었습둥?

　─ 에이! 바긑[171]에. 바긑에.[172]

　아아! 으음. 석매 있었고. 어:. 그럼, 아매! 인제 요 마당에서 직금 바당문으 열구 들어갔습구마.

　─ 예에.

그러면은 바당문 열구 들어가면 첫감에 이 나오는 게 바 바당입지.

　─ 바다~이 바 바다~이 잇구. 그 바다~이 한 군에 그 임석으 끓이는 데. 마우재마따나 지금 꾸흐냐(кухня)지. 정지, 정지. 그 **징 **징지[173] 그 임석 끓이는 카이지. 임석 끓이는 칸 이게 바다~이

― 그렇게.

음. 그러면

― 그리고 닭장은 집채와 떨어진 딴 데다가서.

그 닭장은 어느쪽에 있었을까?

― 그래 그리고서는 그런 거 돼지우리는 널문 밖으로 나와서 나와서 돼지우리, 돼지우리를 지었지. (장재문을) 나와서. 이 집 안 마당에다 안 짓고.

그렇지요.

― 응. 그랫지.

그럼 외양간 외양간은?

― 소, 소가 있어도 외양간은 나는 어째 나는 어째 생각이 나지 않습니다. 소가 있었습니다. 젖을 짜는 소인 것이 아니라 음 두 마리의 황소. 황소가 있었습니다. 젖을 짜는 소는 없었고. 그런데 그 소는 어째서 그 소 소가 있는 외양간은 어째 잘 생각이 나지 않습니다.

그럼 할머니! 변소는 어디에 있었습니까?

― 변소가 저 이 이게 저기 … 집이 아닙니까? 그래 텃밭으로 나가는데 저쪽에. 저쪽에 있지. 그래 거기에서 저쪽으로 더 나가면 연자방아가 있고. 우리 원동에 있을 때.

아아 아! 집 안에 있었습니까?

― 에이! 바깥에. 바깥에.

아! 음. 연자방아가 있었고. 어. 그럼, 할머니! 이제 요 마당에서 바당문을 열고 들어갔습니다.

― 예.

그러면 '바당문'을 열고 들어가면 처음 만나게 되는 곳이 '바당'이지요.

― '바당'이 '바당'이 있고. 그 '바당' 한 곳에 그 음식을 만드는 데가 있고. 러시아 사람들 말마따나 지금 '꾸흐냐(кухня, 부엌)'지. 정지, 정지. 그 정지는 음식을 끓이는 칸이지. 음식을 끓이는 칸. 이게 '바당'인데

잉겔르 들어가무 임석 끓이는 카이 아임둥? 개 임석 끓이는 칸에 이 이 집에다 저 집에다 한데 이 이래서 잉게 이 바다~을르 들어가 영게 또 저 짝 칸에 지 지은 게 잇구 이짝에다 이짝에다 문우 잉게다 하구 바깥을르 문우 아이했지. 정질르 저짝으 허덕간으 들어가게 했지.

그렇습지.

‒ 그렇게 **지어냇다구.

그러니까 바당에서 네레가면 불때는 데가 잇습지. 불때는 데르 무스거라 함 둥?

‒ 부수깨.

아, 부수깨.

‒ 누(ну).

아아! 이룽기 쯤 요 이렇게 바당에서 네려가면은 요롱기 깊지. 쪼끔 이렇 게.

‒ 아이! 아이 짚지. 아이 짚어. 아이 짚엇댔어.

그러문?

‒ 아, 누(ну), 그저 요래 이 그저 쬐꼼 요렇지.

아, 쩨꼼 그렇습둥?

‒ 쬐꼼 그렇지.

아아! 그러면은 이 여기다가 이렇게 불우 옇는 데가 있지.

‒ 기래구 기래 이거 부수깨구 이게 집이 애임둥? 이 집이 이 벡이. 이 집이 벡인데 저 벡으 저 벡으 저짝에다 에따(это) 허덕간으 져엇지.

그렇습지.

‒ 예. 허덕간으 져어서 기래 이 정질르서르 이 부수깨 이거 지나서 이 이 벡이 애이우? 이게 이게 벡이. 집에 벡이. 집에 벡이 다(да). 이 집에 벡에다가 이 이기다가서 문우 내구 저짝게 허덕가이지. 바깥을르 문우 아 이 내구.

여기로 들어가면 음식을 끓이는 칸이 아닙니까? 그래 음식 끓이는 칸에 이 집채에다 저 집채를 한데 이어서, 여기에 이 바당으로 들어가 여기에 또 저쪽 칸에 지은 것(=헛간)이 있고, 이쪽에다 문을 여기에다 하고 바깥으로 문을 안 했지.174) 부엌으로 저쪽에 있는 헛간을 들어가게 했지.

그렇지요.

― 그렇게 지어 놓았다고.

그러니까 바당에서 내려가면 불 때는 데가 있지요. 불 때는 데를 무엇이라 합니까?

― 부엌.

아, 부엌.

― 음.

아! 이렇게 좀 요 이렇게 바당에서 내려가면 요렇게 깊지. 쪼금 이렇게.

― 아니! 안 깊지. 안 깊어. 안 깊었댔어.

그러면?

― 아, 음, 그저 요래 이 그저 쪼끔 요렇지(=깊다고 할 수 있지).

아 쪼끔 깊습니까?

― 쪼끔 그렇지(깊지).

아! 그러면 이 여기다가 이렇게 불을 넣는 데가 있지.

― 그리고 그래 이것이 부엌이고 이게 집이 아닙니까? 이 집이 이 벽이. 이 집의 벽인데 저 벽을, 벽에 잇대어 저쪽에다 음 헛간을 지었지.

그렇지요.

― 예. 헛간을 지어서 그래 이 정지로 해서 이 부엌을 지나서 이 벽이 있잖소? 이게 이게 벽이지. 집의 벽. 집의 벽, 음. 이 집의 벽에다가 여기다가서 문을 내고 저쪽에 헛간을 냈지. 바깥으로 문을 안 내고.

예. 그럼 …, 〔일어서서 집의 구조를 설명하는 구술자에게〕 아매!, 앉습소!

– 일없소.

그럼 아매! 이게 이 부수깨르 네려와서 잏게 불때는 데 있대님둥? 이릏게.

– 예, 예.

그건 뭐라구 함둥? 불우 넣는 데느? 불우 넣는데, 옇는데?175)

– 누(ну). 저 저게 시장 정게 가매 잇구 잉게느 불우 때:지.

그릏지! 그릏지! 이 불우 넣는 데느 무스거라 했슴둥? 부수깨아구리라 했
슴둥?

– 부수깨아구리지. 불우 불우 옇는 데 부수깨아구리지.

아아! 그럼, 아매! 여기 인제 가매가 몇 개 걸려 있었슴둥?

– 거게 무 저 그런개 잇지. 가 가매두 걸구 뿌리따(плита)두 잇구. 기
래구 저짝에느 구둘으 구둘이 정지지. 구둘이 구둘이 놓온 게 정지지. 그
담에 또 구둘루서리 우리네느 구둘루두 저짝 칸 들어가구, 걔 저짝칸으르
**들어갓쯔문 바겉을르두 문우 해앳지 또. 바갩을르 또 문우 또. 잉겔르
드 들어가구 저짝 칸으 바겉을루두, 기게 지끔 말하무 로시아(Россия) 마
우재말르 기게 잘르(зал)라는 게지. 잘르(зал). 까끄 잘르(как зал)처름
그렇지. 그릏게 우 우리넨 집우 그릏게 맨들엇댓지, 우리 집울.

그래 이 가매가 몇 개였슴둥?

– 냐̈ 경게, 경게. 경게.

몇 개? 몇 갬둥?

– 아, 뿔리따(плита) 하내구 고려가매 하내요. 그래.

그래 가매 하내는 밥을 끓이구.

– 큰가매, 큰가매르 걸구. 그담에 잉게느 뿔리따(плита)르 놓구. 추구
나(чугунка, 철제 솥?)덜. 그전에 기게 추군(чугун), 조끄만 가매 잇으무
이릏기 아이 하구.

그럼 …, (일어서서 집의 구조를 설명하는 구술자에게) 할머니! 앉으세요.

― 괜찮소.

그럼 할머니! 이게 이 부엌으로 내려서 이렇게 불을 때는 데가 있잖습니까? 이렇게.

― 예, 예.

그건 무엇이라고 합니까? 불을 넣는 데는? 불을 넣는 데, 넣는 데?

― 음. 저 저게 지금 저기에 솥이 있고 여기에서 불을 때지.

그렇지! 그렇지! 이 불을 넣는 데는 무엇이라고 했습니까? '부수깨아구리'라 했습니까?

― '부수깨아구리(=아궁이)'지. 불을 불을 넣는 데가 '부수깨아구리'지.

아! 그럼, 할머니! 여기에 솥이 몇 개가 걸려 있었습니까?

― 거기에 뭐 저 그런 것이 있지. 솥 솥도 걸고 번철(燔鐵)도 있고. 그리고 저쪽에는 방구들을, 방구들이 정지지. 구들을 놓은 곳이 정지지. 그 다음에 또 방구들로, 우리네는 방구들로도 저쪽 칸으로 들어가고, 저쪽 칸으로 들어갔다면 바깥으로도 문을 했지(냈지) 또. 바깥으로 또 문을 또 (내고). 여기로도 들어가고(정지를 통해서 정지와 이어진 방으로 들어가고) 저쪽 칸을 바깥으로도 (들어가고). 그게(=정지) 지금 말하면 러시아 러시아 사람들 말로 그게 잘르(зал, 큰 방, 홀)라는 것이지. 홀. 홀처럼 그렇지.176) 그렇게 우리네는 집을 만들었었지, 우리 집을.

그래 이 솥이 몇 개였습니까?

― 응 거기에, 거기에. 거기에.

몇 개? 몇 갭니까?

― 아, 번철 하나고 고려 솥이 하나요. 그래.

그래 솥 하나는 밥을 끓이고.

― 큰 솥, 큰 솥을 걸고. 그다음에 여기에는 번철을 놓고. 쇠로 만든 솥. 그전에 그게 솥, 조ㄲ만 솥이 있으면 이렇게 안 하고.

마우재 가매 이게 추구나(чугунка). 이런 추구나(чугунка). 아구! 이게 이게 이게 **든, 이게 이게 밑이느 요마:이 또리또리산 요마:이 놓지. 이 놈이 이르 이룧기 생겟지. 노시아 추구나(чугунка). 노 노시아가매. 걔 뿔리따(плита)다 그거느 거지. 이 추구나(чугунка)느 뿔리따(плита). 웬짝에느 고려가매르 걸구. 그룧기 기랫지.

그랬었죠. 그러면은 이 가매가 있는 데에 이 주변, 여기를 뭐라구 했습둥? 이걸 가맷전이라 했습둥? 아니면 가맷목이라 했습둥?

— 가맷목이라구 하지.

가맷목이.

— 가맷목이라 하지.

가맷전이라구 아이 하구?

— 가맷전이라 **아이깐 가맷목이라 합더만. 늘쌍.

가맷목이라구.

— 가맷목이라구.

그러면은 이게 가매가 있으면은 이쪽에는 인제 사람이 앉아서 얘기두 하구.

— 정게서 거기 저….

늫어 자기두 하구.

— 늫어 자기두 하구 경게서 먹지.

먹지. 여기서. 예.

— 저 저 구둘에서. 아하.

그러면은 에:: 이게 이게 여기 인제 가매가 있구 여기두 가매 있재임둥?

— 예, 예.

그리고 여긴 구둘이재임둥?

— 예, 예. 구둘이. 걔 구둘이지.

그럼 여기 잋기 가매가 있는 데를 여기는 무스거라 함둥? 이룧기 가매가 걸려 잇는 데르 무스거라 함둥? 그게 가맷목임둥?

러시아 사람 솥 이게 추구나(чугунка)지. 러시아 솥. 이런 솥. 아이고! 이게 이게 이게 **, 이게 이게 밑은 요만큼 동글동글한 것을 요렇게 놓지. 이놈이 이러 이렇게 생겼지. 러시아 솥. 그래 번철 위에다 그거는 걸지(놓지). 왼쪽에는 고려 솥을 걸고. 그렇게 그랬지.

그랬었죠. 그러면 이 솥이 있는 데에 이 주변, 여기를 무엇이라고 했습니까? 이걸 '가맷전'이라고 했습니까? 아니면 '가맷목'이라 했습니까?

− '가맷목'(아랫목)이라 하지.

'가맷목'.

− '가맷목'이라 하지.

가맷전이라 아니 하고?

− '가맷전'이라 안 하고 '가맷목'이라 하더군요. 늘.

'가맷목'이라고.

− '가맷목'이라고.

그러면 이게 솥이 있으면 이쪽에는 사람이 앉아서 이야기도 하고.

− 저기에서 거기 저 ….

누워 자기도 하고.

− 누워 자기도 하고 거기서 먹지.

먹지. 여기서. 예.

− 저 저 정지구들(방구들)에서. 음.

그러면 에 이게 이게 여기 이제 솥이 있고 여기도 솥이 있잖습니까?

− 예, 예.

그리고 여기는 방구들이잖습니까?

− 예, 예. 방구들. 그게 방구들이지.

그럼 여기 이렇게 솥이 있는 데를 여기는 무엇이라 합니까? 이렇게 솥이 걸려 있는 데를 무엇이라고 합니까? 그것이 '가맷목'입니까?

－ 기게 가맷목이지. 기게 가맷목. *개 **개매르 거는 데 기게 가맷목이지.

음. 그러면은: 에: 이건 구둘이구.

　－ 구둘이구.

예. 구둘이구. 구둘에다 무스거 깔았습둥?

　－ 노전으[177] 깔앗지.

아! 노전으.

　－ 기게 노전이라는 게 저나 저 깔르 깔르 그전에 원도~서 깔르 깔으 이래 기래서 깔르.

절어서.

　－ 기게 절어서[178] 노전 노전으 싹 깔앗지. 원도 이시 적엔.

그 뉘기 만들었습둥?

　－ 아, 그전에 나아 잡순 사름덜이 그거 싹 틀 틀더만. 노 노 노전 노전 젊더구맨[절떠구만]. 으흠. 우리두 우리 클아바이[179] 잇으 쩩에 클아바이 재빌르 깔으 이릏기 지내 둑한 거 마구 약하두:한 깔으 그런 거 싹 가져다 그래 이래 그런 목되기[180] 같은 거 놓구서니 이래 조꼼 두디레 마스구서는 그담에 그거 쭈루루 이르 이거 잡아댕기구. 이거 딱 담 꽉 누루구서 이거 잡아댕기덤. 그래 그거 다아 맨들어가지구 그담에 그거 노전 틀더군.

으음. 아, 그랬구나. 그럼 아매! 여기 인저 구둘이 있구, 구둘이 있구. 근데에 클아배나 누구 삼추이.

　－ 우리 우리느 어티기 그랫는가 하무 예 이릏기 시자~ 이게 이게 우리 이게 이것마 너르지. 너르기 하구. 정게 정게 가맷목이 잇구. 여기두 구둘이 잇구. 그래구 그 구둘르서리 저짝 칸으 한 칸으 또 맨들엇지. 아하, 한 칸으. 개 구둘르서리 저짝 칸으르 들어가지.

－ 그게 '가맷목'이지. 그게 '가맷목'. 그게 솥을 거는 데 그게 '가맷목'이지.

음. 그러면 에 이건 방구들이고.

－ 방구들이고.

예. 구둘이구. 방구들에다 무엇을 깔았습니까?

－ 삿자리를 깔았지.

아! 삿자리를.

－ 그게 삿자리라는 게 저기 … 저 갈대로, 갈대로 그전에 원동에서 갈대로 갈대를 이렇게 걸어서 갈대로.

걸어서.

－ 그게 갈대를 걸어서 삿자리 삿자리를 싹 방바닥에 깔았지. 원동에 있을 적에는.

그것은 누가 만들었습니까?

－ 아, 그전에 나이를 잡순 사람들이 삿자리를 싹 틀더구먼. 삿자리, 삿자리를 걷더구먼. 으흠. 우리도 할아버지 계실 적에 손수 갈대를 이렇게 너무 굵은 것이 아닌, 약하다 싶은 그런 갈대를 그런 것을 싹 가져다가 그래 이렇게 그런 나무토막 같은 것을 놓고 이렇게 조금 두드려 부수고서는 그다음에 그거 쭈르르 이거 잡아당기고. 이거 딱 꽉 누르고서 이거 잡아당기더구먼요.[181] 그래 그거 다 만들어 가지고 그다음에 그 삿자리를 틀더군.

음. 아, 그랬구나. 그럼 할머니! 여기 이제 방바닥이 있고, 방바닥이 있고. 그런데 에 할아버지나 누구 삼촌이.

－ 우리 우리는 어떻게 살았는가 하면 예 이렇게 지금 이게 이게 우리 이게 이것보다 너르지. 너르게 하고. 저기 저기 아랫목이 있고 여기 방구들(정지구들)이 있고 그리고 구들을 이어서 저쪽 칸을 방 한 칸을 또 만들었지. 음, 한 칸을. 그래 방구들(정지구들)로 해서 저쪽 칸으로 들어가지.

그렇습지.

― 긔래구 저짝 칸에 들어가서 또 카이 잇지. 우리네 우리느 그룽기 맨 들엇지, 우리집우. 개 저짝으르 저짝으르 들어갈 저짝으르 홀 저짝칸으르 들어가무 저짝칸으느 바끝을르 문우 하구. 손님덜이 기래. 직금 마련하무 까끄 잘(как зал), 까끄 고스찌니(как гостиница)처름.

그렇지.

― 그릏기. 기래 저짝으르두 들어가구. 이짝으르두. 저짝으르 손님덜 오무 저짝으르 바같으 문우르 들어오구. 아하, 이짝으느 임석이나 나르는 그런 문우 하구. 그릏기, 그 그전에. 우리집우느 그래. 다른 집우느 그룽기 아이 됀 우리집은 그룽기 그래.

그럼 아매! 이 구둘이 있재임둥? 정지. 구둘으 지나서 저짝 칸이 있재임둥?

― 싹 구둘이지. 그게 칸마다 구둘이지.

싹 칸 이름은 뭠둥?

― 칸이?

정지하구 붙은 칸은 안방, 굿방이, 앞방이 뭐 여러 가지 이름이 있재임둥?

― 누(ну). 기래 기래 야덜 이게 이 정지구. 그 담이 게[게] 앞방이, 그 담이 게[게] 무슨 방. 저어짝게 앞바~이구, 저어짝이. 저어짝게 앞바~이구. 이 이 두번채 거[꺼]느 (한숨) …… 두 번채.

굿방이 있구 고방이 있구 하늧고방이 있구.

― 이게 다~여이 두 번채께 고배~이구. 저짝거느 이제 이제 곰만 말햇지 이제 무슨 ….

앞방이.

― 앞바~이. 이거 고배~이구 저짝게 앞바~이구. 그릏기. 이건 정지구.

그렇지.

그렇지요.

― 그리고 저쪽 칸에 들어가서 또 칸이 있지. 우리는 우리는 그렇게 만들었지, 우리 집을. 그래 저쪽으로 저쪽으로 들어갈 저쪽으로 저쪽 칸으로 들어가면 저쪽 칸은 바깥으로 문을 하고. 손님들이 그리로 들어오고. 지금으로 말하면 홀처럼, 호텔처럼.

그렇지.

― 그렇게. 그래 저쪽으로도 들어가고 이쪽(정지)으로도 들어가고. 저쪽으로, 손님들이 오면 저쪽으로 바깥으로 낸 문으로 들어오고 음, 이쪽은 (정지에서 낸 문) 음식 등을 나르는 그런 문을 하고. 그렇게, 그 그전에. 우리 집은 그래. 다른 집은 그렇게 안 되어 있는데 우리 집은 그렇게 그래.

그럼 할머니! 이 방구들이 있잖습니까? 정지. 방구들을 지나서 저쪽 칸이 있잖습니까?

― 싹 방구들이지. 그게 칸마다 구들을 놓은 방구들이지.

싹 칸 이름은 무엇입니까?

― 칸?

정지하고 붙은 칸은 안방이요, '굿방'이요, '앞방'이요 뭐 여러 가지 이름이 있잖습니까?

― 음. 그래 그래 이 아이들이 있는 이게 이 정지고. 그 다음엣 것이 앞방, 그 다음엣 것이 무슨 방. 저쪽엣 것이 앞방이고, 저쪽의 것이. 저쪽 것이 앞방이고. 이 이 두 번째 것은 (한숨) …… 두 번째.

'굿방'이 있고 '고방'이 있고 '하눗고방'이 있고.

― 이것이 당연히 두 번째 것이 '고방'이고. 저쪽 것은 이제 이제 금방 말했지. 이게 무슨 ….

앞방.

― 앞방. 이건 고방이고 저쪽 것이 앞방이고. 그렇게. 이것은 정지고.

그렇지.

― 이거 이거 음식이나 끓이는 데느 그 뿔리따(плита)나 이 가매나 거는 건 그건 정지라 하더만. 늘쌍. 내 들을라이.

다(да), 다(да). 음. 그럼 정지가 있구 고 다음에 앞방이구. 고담이 고방이구.

― 고바~이구. 저어짝 고바~이.

그러면은 정지 다음에 이 앞방에는 뉘기 잠을 잤습둥?

― 어 경게서 어 내 삼 삼추이. 우리 빠빠(папа) 셋째 동새:182).

그렇지.

― 삼추이지. 긔래구 내 오래비가. 긔래 우리 사[za] 사 삼춘이가 삼춘댁은 저어짝 저어 다른 다른 칸이[카니] 잇구. 경게서 **지구. 개구 큰아매:183)구 클아바이구 우리 우리 아덜으느 정지에서 잣지. 정지르 크:게 햇지. 컷:댓지. 그래 거기서 자. 클아매가 클아배가 잉게서 쉬구, 우리 내 헤~이가 내 그때 조오꼬만 게 영게서 이 이짝에서 살구 그랫지.

정지칸에서 살구.

― 정지칸에서.

구둘에서.

― 으음.

따뜻한 데. 제일 좋은 데지 뭐. (웃음) 따땃하구. 저두 그런 데서 마이 잤습구마.

― 잣습둥?

중국에 가서.

― 에구::!

중국은 직 직금두 그렇습구마.

― 직금두 그렇습두? 으음.

― 그래 윈도~서 구둘에서 자보구느 못 자밧지. 우리네 못 자 밧지.

아, 그렇습지.

- 이거 이거 음식 등을 끓이는 데는, 그 번철이나 이 솥을 거는 데는 그건 정지라 하더구먼. 늘. 내가 듣자니.

예, 예. 음. 그럼 정지가 있고 고 다음에 '앞방'이고. 고 다음이 '고방'이고.

- 고방이고. 저쪽이 '고방'.

그러면 정지 다음에 이 앞방에는 누가 잠을 잤습니까?

- 거기에서 내 삼촌이. 우리 아버지 셋째 동생이.

그렇지.

- 삼촌이지. 그리고 내 남동생과. 그래 우리 사 삼촌과 작은어머니는 저쪽 저 다른, 다른 칸에 있고. 거기서 자고. 그다음에 할머니고 할아버지 고 우리 우리 아이들은 정지에서 잤지. 정지를 크게 했지. 컸었지. 그래 거기서 잠을 자. 할머니와 할아버지는 여기(정지)서 쉬고, 우리 내 형(언니)와 내가 그 때 조끄만 것이 여기서 이 이쪽(정지)에서 살고 그랬지.

정지칸에서 살고.

- 정지칸에서.

방구들에서.

- 음.

따뜻한 데. 제일 좋은 데지 뭐. (웃음) 따뜻하고. 저도 그런 데서 많이 잤습니다.

- 잤습니까?

중국에 가서.

- 에구!

중국은 지금도 그렇습니다.

- 지금도 그렇습니까? 음.

- 그래 원동에서 방바닥에서 자 보고는 못 자 보았지. 우리네 못 자 보았지.

아, 그렇지요.

– 음. 못 자밧지. 싹 이런 장 장판 장판집에서 살앗지. 구둘집에서 못 살아밧지.

으음. 그럼 아매! 그:: 아까 이제 아매 **부수깐 얘기하셨습지?

– 부수깨?

아참! 부수깨. 그 부수깨:: 그러니까 이게 인제 부수깨면은 여기가 부수깨면 잉게 가매가 잇구 구둘이재임둥? 반댈루, 반댈루 이짝에 이짝에는 그: ….

– 이짝에는 바다˜ 에따(это) 바다˜이지.

그래 바당이구. 또 바당 이쪽에는,

– 바당. 바 바당 이짝에는 내 직금 *생 이 저 생각하이 이래 구둘 우리 집이 컷:댓지.

거 큰집이지.

– 큰집. 이래 바당 이짝에느 이짝 이 이 이것처름 이거처르 이룽기 짓지. 이게 시자˜ 바당이구 이 **** 게 이 벡을르서리 이 벡에다 또 문우 햇:지. 내 아깨 잊어뻐리구 말으 아이 햇스꿈, 선생님가. 이 이 벡에다두 문우 내구. 저짝에다 저 이 벡으 문우 내구 이 문 이 문을르써 훌 나가무 에따(это) 오양까˜이.

다(да), 다(да), 다(да).

– 누(ну)! 그런데 아깨 잊어뻐리구. 쇠굴으 못 밧다구. 내. (웃음).

예, 예, 예 *맞.

– 잊어뻐리구.

생각이 나셨습지?

– 제짝이 오양까이지. 음. 그룽기 살앗지.

다(да), 다(да). 다(да). 아아!

– (웃음) 겐게[겡게] 세굴이 글쎄 잇엇는데 어디메 잇엇는 거 몰라. (웃음) 이 정지 바다˜을르서리 저짝 세굴르 들어가게 맨들엇지. 이게 문, 우이다 문우 햇지. 걔 저짝에느 세덜이 잇엇지.

- 음. 못 자 보았지. 싹 이런 장판, 장판집에서 살았지. 구들을 놓은 집에서는 못 살아 보았지.

음. 그럼 할머니! 그 아까 이제 할머니가 부엌을 이야기하셨지요?

- 부엌?

아참! '부수깨'(부엌). 그 부엌 그러니까 이게 부엌이면 여기가 부엌이라면 솥이 있고 그리고 방구들이잖습니까? 반대로, 반대로 이쪽에 이쪽에는 그: ….

- 이쪽에는 음 '바당'이자.

그래 '바당'이고. 또 바당 이쪽에는,

- '바당'. 이쪽에는 지금 이 저 생각하니 이래 구들을 놓은 우리 집이 컸었지.

그거 큰 집이지.

- 큰 집. 이렇게 '바당' 이쪽에는 이쪽 이 이것처럼 이것처럼 이렇게 짓지. 이게 지금 '바당'이고 **** 이 벽으로 이 벽에다 또 문을 했지. 내가 아까 잊어버리고 말을 못 했습니다, 선생님에게. 이 이 벽에다도 문을 내고. 저쪽에다 저 이 벽의 문을 내고 이 문으로 훌 나가면 음 외양간.

예, 예, 예.

- 아! 그런데 아까 잊어버리고. 외양간을 못 보았다고. 내가. (웃음).

예, 예, 예 맞습니다.

- 잊어버리고.

생각 나셨지요?

- 저쪽이 외양간이지. 음. 그렇게 살았지.

예, 예, 예. 아!

- (웃음) 그런데 외양간이 있었는데 어디에 있었는지를 몰라. (웃음) 이 정지의 '바당'을 통해서 저쪽 외양간으로 들어가게 만들었지. 이게 문, 정지의 위쪽 방향으로 외양간으로 들어가는 문을 냈지. 그래 문 저쪽에는 소들이 있었지.

다(да), 다(да).

그럼 발바이˜느 없었습둥?

― 발바이˜두 잇엇지. 발바˜이느 이렇게 장재문을르 홀 들어오다가 웬
짝에. 웬짝에.

아, 웬짝에.

― 웬짝에 발바˜이 잇구. 그담에 오고로(огород) 이 저 저짝으느 오고
로드(огород) 오고로드(огород) 수문 데다가, 오고로드(огород) 다 아이
수무구 석매 잇엇지.

석매 여기 있었구. 아아, 석매 있었구. 다(да), 다(да). 맞다. (웃음)

― (웃음) 오양간 잇엇는데 어드메 잇엇는지. (웃음)

옛날이라. 으음. 그럼 큰집에 게셨네.

― 큰집에 **게셧구마. 에이구! 음.

노전이 있었구.

― 그 그전에는 싹 노전으 하아.

싹 노전이지.

― 노전으 싹 *내. 이런 클리욘까(клеёнка)라는 거 아무것두 없었지
무스. 그저 노존이디.

음, 음:. 그러문 아매:! 에:. 야:! 집이 이렇기 컸네. 그러면은.

― 거긔다 오양까이구 무시기구 싹 붙에[부체] 짓다나이. 으흠.

음. 음:. 그럼, 아매! 이 집 앞은::?

― 그건 오고로드(огород).

오고로트(огород).

― 밭이지[바티지]. 집 앞이 다 밭이[바티]. 마다˜ 쪼곰 내놓구선 밭이
[바치] 됏지.

그럼 이웃집은 어디에 있었습둥? 이게 아매집이 이게 아매집이었다면은 바
로 이웃집이 바로 옆에 있었습둥? 떨어져 있었습둥?

예, 예.

그럼 디딜방아는 없었습니까?

― 디딜방아도 있었지, 디딜방아는 이렇게 널문으로 홀 들어오다가 왼쪽에. 왼쪽에.

아, 왼쪽에.

― 왼쪽에 디딜방아가 있고. 그다음에 텃밭, 이 저 저쪽은 텃밭, 텃밭의 작물을 심은 데다가, 그 텃밭에 작물을 다 심지 않고 그 안 심은 자리에 연자방아가 있었지.

연자방아가 여기에 있었고. 연자방아가 있었고. 예, 예. 맞다. (웃음)

― (웃음) 외양간이 있었는데 어디에 있었는지. (웃음)

옛날이라. 음. 그럼 큰 집에 계셨네.

― 큰 집에 있었습니다. 어이구! 음.

삿자리가 있었고.

― 그 그전에는 싹 삿자리를 하오.

싹 삿자리지.

― 삿자리를 싹 *내. 이런 비닐 장판이라는 것이 전혀 없었지 뭐. 그저 삿자리지.

음, 음. 그러면 할머니! 에. 야! 집이 이렇게 컸네. 그러면은.

― 거기다 외양간이고 무엇이고 싹 붙여서 짓다 보니. 음.

음. 음. 그럼, 할머니! 이 집 앞은?

― 그건 텃밭.

텃밭.

― 밭이지. 집 앞이 다 밭이지. 마당을 쪼금 제외하고는 밭이 되었지.

그럼 이웃집은 어디에 있었습니까? 이게 할머니 집이, 이게 할머니 집이었다면 이웃집이 바로 옆에 있었습니까? 떨어져 있었습니까?

– 다른 사름덜 집이?

　예.

　　– 우리네느, 우리느 우리 삼춘네 우리 *주주 우리 빠빠[папа]네 집우
는 이 저나 그 (기침) 그래 우리 이래 살구 우리 집이 그거 그 크지.[184]
그래 우리네느 다른 집우느 싹 다 이릏기 널루 이릏기 이래 널루두 이랫
지. 우리네두 이 널루 이래. 기래 그 집우 우리 우리 빠빠[папа] 우리 아
부지 느비[185] 그릏기 져엇지. 그릏기 크기 싹 져엇지. 개 느비 이새르 가
이까나 우리 오래비네 그 집우 줫갯지. 그적에느 어 큰아매 클아배 다아
생존할 적에. 아하! 재기 재기 빠빠[папа]네 주구서느 원동 아깨 신영고라
하재앳소? 신영고 꼴호즈 경게서 살앗지. 신영고에 가 살지. 개다나 우리
집이 크게 댔어. 오양까이구 무시기구 다아 잇엇지.

　큰집이니까.

　　– 큰집.

　음. 그럼 이 마을에느 아매! 에∷ 몇 멫 호나?

　　– 우 우리느 우리느 딸루 살앗습고마[꼬마]. 곁에 곁에 저 곁에 집이
어 없었어. 딸루.

　딸루 있었구나!

　　– 아하! 개 곁에 집이 이릏기 두 집씨 세 집씨 이래갖구 국가서 국가
서 제에[186] 주무 싹 널루 이릏기 하구. 개래 경게 어 두∶세간씨 이릏기 세
**시간씨 나웨르나(наверно) 세 **시간씨. 세 세 호이 이릏기 한 집이 이
릏기 잇엇지.

　아하.

　　– 아하! 그릏기 그릏기 원도~ 이시적이[쩍이].

　으음. 그러면 그∷ 아매 살던 거기는 전부 그 고롓사름덜 집이 몇 호나 댔
었슴둥?

－ 다른 사람들 집이?

예.

－ 우리네는, 우리는, 우리 삼촌네 우리를 주고 우리 아버지 집은 이 저기 … 그 (기침) 그래 우리는 이렇게 (삼촌댁에) 살고 우리 집이 그거 그 크지. 그래 우리네는, 다른 집은 싹 다 이렇게 널로 이렇게 이래 널로도 지었지. 우리네도 이 널로 이렇게. 그래 그 집을 우리 아버지, 우리 아버지 누이가 그렇게 지었지. 그렇게 크게 싹 지었지. 그래 누이가 이사를 가니까 우리에게, 다시 말하면 오라비인 우리 아버지에게 그 집을 주었겠지. 그 때에는 어 할머니 할아버지가 모두 생존해 계실 적이지. 음! 자기, 자기 아버지에게 집을 주고서는 원동, 아까 신영고라 하지 않았소? 그 신영고 콜호스 거기에서 살았지. 신영고에 가서 살지. 그렇다 보니 우리 집이 크게 되었어. 외양간이고 무엇이고 다 있었지.

큰 집이니까.

－ 큰 집.

음. 그럼 이 마을에는 할머니! 에 몇 호(戶)나?

－ 우리는 우리는 다른 사람들과 떨어져 따로 살았습니다. 곁에 곁에 저 곁에는 집이 어 없었어. 따로.

따로 있었구나!

－ 음! 그래 곁에 집이 이렇게 두 집씩 세 집씩 이래 가지고 국가에서, 국가에서 지어 주면 싹 널로 이렇게 하고. 그래 거기에 어 두세 칸씩 이렇게 세 칸씩 아마 틀림없이 세 칸씩. 세, 세 호(戶)가 이렇게 한 집에 이렇게 있었지.

아하.

－ 음! 그렇게 그렇게 원동에 있을 적에.

음. 그러면 그 할머니가 사시던 거기는 전부 그 고렷사람들 집이 몇 호나 됐었습니까?

－ 마 많앳스꿈마[마내쓰꿈마].

많앴습둥?

－ 많앳스꿈. 많앳스끔. 걔 그 무스거 우리 조오꼬말 적이 무슨 얼매나 데는두 그거 알앗답, 알앗답둥? 기게 꼬호스(колхоз)지. 우리 그 그 전 꼬호스(колхоз)지.

그러면은 아매! 대충 하면은 뭐 한 한 삼사십호 됐시까?

－ 그렇게 데재잏구!

서른이나 마흔.

－ 아아, 그렇게 데재잏구! 그렇게 데재잏구!

그럼 아매! 아까 아매가 말씀하실 때 오래라구 말씀하셨는데. 이 오래라구 하는 게 뭠둥?187)

－ 오래.

음. 자기 집이 있구.

－ 집이 잇구.

또?

－ 누(ну), 그 오래무 재비 집이 기게 오래:지. 오래.

자기집:.

－ 재비집이 오래. 집오래. 집오래라는 게.

집오래가 어딤둥? 집오래가 그러니까? 아까 말씀하신 것으로 하면은 마당이 있구 오고로트(огород)가 있재임둥?

－ 걔 **깁 집오래라이까데 게 마다~이랑 다아 들어가겠지.

그렇지.

－ 누(ну). 집오래. 재비 집오래이까나 마대~이구 무시기구.

'재비집 오래' 그러면은 마당, 오고로트 ….

－ 집오래라는 게 글쎄 집 옆이지[저터지]. 싹 다 기게.

집 옆이:.

‒ 많았습니다.

많았습니까?

‒ 많았습니다. 많았습니다. 그래 그거 무슨 우리 조끄말 적에 무슨 집이 얼마나 되는지 그거 알았답니까? 그게 콜호스지. 우리 그 그 전의 콜호스지.

그러면 할머니! 대충 뭐 한 삼 사십 호가 되었을까?

‒ 그렇게 되고 말고!

서른이나 마흔.

‒ 아, 그렇게 되고 말고! 그렇게 되고 말고!

그럼 할머니! 아까 말씀하실 때 '오래'라고 말씀하셨는데. 이 '오래'라고 하는 것이 무엇입니까?

‒ 오래.

음. 자기 집이 있고.

‒ 집이 있고.

또?

‒ 음, 그 '오래'라면 자기 집이 그게 '오래'지. 오래.

자기 집.

‒ 자기 집이 '오래'. 집오래. 집오래라는 게.

'집오래'가 어디입니까? '집오래가 그러니까? 아까 말씀하신 것으로 하면은 마당이 있고 텃밭이 있잖습니까?

‒ 그래 집 집오래라 하니까 그게 마당이랑 다 들어가겠지.

그렇지.

‒ 음. 집오래. 자기 집오래이니까 마당이고 무엇이고.

'자기 집 오래'라고 하면 마당, 텃밭 ….

‒ 집오래라는 것이 글쎄 집 곁이지. 싹 다 그게.

집 곁.

─ 집오래라는 게.

아아 집 절이〔저티〕.

─ 음.

음:. 그럼 아매! 낭그를: 어디다 장곘습둥? 어디다 쟁엤습둥 어디다가?

─ 낭그느 이릏게 저나 우리집우르 이래 홀 (기침) 들어가, 장잿문 장잿
문 열구 홀 들어가무 잉게 스라스(сразу) 영게 에따(это) 바~이 걸구 개구
바~이 저짝에 집운 이릏기 나가 잇엇지. 걔 잉게 자리 많지. 걔 그 바~이
저짝에다느 우리 클아바이 낭그 해서 거기다 낭그 가뜩 장쳈지. 낭그 가
뜩 장치구188) 그담에 이게 집이지 집이 장곘지. 이릏기 이릏기 살앗댓지.
음.

음, 음, 음. 그럼 아매! 어: 싸랑칸두 있었습둥?

─ 그 싸랑카이라는 기게 글쎄나 저나.

허덕가이?

─ 저 누(ну)! 허덕가이지. 집울루 정질르 들어가서 그 저짝에.

그걸 싸랑카이라구두 했습둥? 허덕간을 싸랑칸이라구 했습둥?

─ 게 싸 싸라~이(сарай)라 해두 일없구. 고려말르느 모르지 기게 미시
긴두~. 누(ну) 마우재말르느 싸라~이(сарай) 싸라~이(сарай) 하지.189) 고려
말르 허덕카이[카이] 옳갯습지. 허덕가이[까이] 옳갯습지.

음, 음, 음. 아매 어려, 겡장히 어렸을 땐데 이걸, 이게 이게 기억에 이 남
아 있습둥? 이게. (웃음) 아아::. 그럼 아매! 이게 이 집 주위에 멩태나 뭐
이런 거를.

─ 앞에다 가뜩 걸엇지.

말리는 거.

─ 말리우는 거.

그게 어디에 있었습둥 그거는?

─ 이게 *치양 이 이 집이 애이우?

─ '집오래'라는 게.

아, 집 곁이.

─ 음.

음. 그럼 할머니! 땔나무는 어디다 쌓아 두었습니까? 어디다 쌓았습니까, 어디다가?

─ 나무는 이렇게 저기 … 우리 집으로 이렇게 (기침) 들어가면, 널문 널문 열고 홀 들어가면 여기에 곧바로 여기에 음 방아를 걸고 그리고 방아 저쪽에 집은 이렇게 나앉았지. 그래 여기에 자리 많지. 그래 그 방아 저쪽에다는 우리 할아버지가 나무를 해서 거기다 나무를 가뜩 쌓았지. 나무를 가뜩 쌓고 그다음에 이게 집이지, 집에 쌓았지. 이렇게, 이렇게 살았었지. 음.

음, 음, 음. 그럼 할머니! 어 광도 있었습니까?

─ 그 광이라는 그것이 글쎄 저기 ….

헛간?

─ 저, 음! 헛간이지. 집으로 정지로 들어가서 그 저쪽에.

그걸 '싸랑칸'(광)이라고도 했습니까? '허덕간'을 '싸랑칸'이라고도 했습니까?

─ 그게 싸랑이라 해도 괜찮고. 고려말로는 모르지 그게 무엇이지. 음, 러시아 사람 말로는 '싸랑이', '싸랑이' 하지. 고려말로는 '허덕간'(헛간)이 옳겠지요. '허덕간'이 옳겠지요.

음, 음, 음. 할머니 어렸, 굉장히 어렸을 때인데 이걸, 이게 이게 기억에 남아 있습니까? 이게. (웃음) 아아. 그럼 할머니! 이게 이 집 주위에 명태나 뭐 이런 것을.

─ 집 앞에다 가뜩 걸었지.

말리는 거.

─ 말리는 거.

그게 어디에 있었습니까? 그것은?

─ 이게 그냥 이 이게 집이 아니오?

이게 집이라구 하면.

- 이 집이라 하멘.

음.

- 이 집이문 아 집이 그 바당문으로 바당문으로 들으가는 데 이짝에 웬짝이 바당문으 이래 홀 열무 오른짝은 이렇구 홀 열기지 야ˇ. 기래구 그짝에 웬짝에느 이짝에느 이짝에 조꼼 더 와서 오크노(окно) 잇지. 직금 오크노(окно) 잇지. 아 오크노(окно) 잇는 데 채 아이 가구서리 이래 저나 정질르서르 저짝 다른 칸을르 들어가재이 또?

음.

- 아하! 그래 그 어간에 그거 저나 벡이 집 벡에 자리 잇지. 거기담 어절궷다가는 거기다 가뜩 걸지. 지 집 아주 집에다.

안에다?

- 집 집 집이. 네트(нет)! 집 안이 아이. 집 바긑이지.

바긑인가?

- 집 집 바같벡에다가. 바같에 벡에다가.

바같벡에다가.

- 바같에 벡에다가 가뜩 걸지. 으흠. 바같에다 가뜩 거지. 그 정지 들어가는 문우 문우 문 잇는 데.

예.

- 아하! 문인데[190] 이 웬짝으 지금 내 다아 알기지.

다(да), 다(да).

- 웬짝 웬짝 스따라나(сторона) 거기 벡이 저나 이 벡이 잇지. 그 벡에다 가뜩 거지. 가재미. 가재미구 멩태구.

아아. 음:. 으음. 으음. 그렇구나. 그럼 아매! 그릇은 이 부수깨::하구 정지칸에.

- 음, 정지칸이.

이게 집이라고 하면.

– 이게 집이라 하면.

음.

– 이게 집이면, 아, 집이 그 '바당문'으로 '바당문'으로 들어가는 데, 이쪽에 왼쪽에 바당문을 이래 홀 열면 오른짝은 이렇고 홀 열리지 응, 그리고 그쪽에 왼쪽에는 이쪽에는 이쪽에 조끔 더 와서 창문이 있지. 지금 러시아 말로 오크노(окно)라 하는 것이 있지. 아, 창문이 있는 데까지 채 안 가고서 이렇게 저기 … 정지로써 저쪽 다른 칸으로 들어가잖소 또?

음.

– 아! 그래 그 사이에 그거 저기 … 벽이 집 벽에 말릴 고기를 걸 수 있는 자리가 있지. 거기다, 어 고기를 절였다가는 거기다 가뜩 걸지. 한데가 아니고 바로 집에다.

안에다?

– 집 집 집에. 아니! 집 안이 아니고! 집 바깥이지.

바깥인가?

– 집 집 바깥벽에다가. 집채의 바깥벽에다가.

집 바깥쪽 벽에다가.

– 바깥벽에다가 가뜩 걸지. 으흠. 바깥에다 가뜩 걸지. 그 정지 들어가는 문을 문을 (지나), 문 있는 데.

예.

– 아! 문이 있는데서 왼쪽에다. 지금 내가 다 생각이 나지.

예, 예.

– 왼쪽, 왼쪽, 왼쪽 거기에 벽이 저기 … 이 벽이 있지. 그 벽에다 가뜩 걸지. 가자미. 가자미고 명태고.

아아. 음. 음. 그렇구나. 그럼 할머니! 그릇은 이 부엌하고 정지칸에.

– 음, 정짓간.

에 그릇을 어디다 뒀슴둥?

― 이겜두~? 이게 시장 가매 큰가매르 걸구 이짝 뿔리따(плита) ****
뿔리따(плита). 개 뿔리따(плита) 이짝에 이짝엔 바다~이 바다~이 잉게
다는 그 거머거먼 에따(это) 물또~이 물으 물으 질어 붓는 물둥기 잇구.
그담에 둥기 저짝에는 이릏기 이런거 이런거 이건 무스거 게 무시긴가 떵
때[191] 이래 매구 그 벡에 그 벡에 저 저냐 저 아깨 그래쟎소? **그늠 저
짝 정지 정지 이 정지 이 구둘 구둘으 채 아이가구 이 뿔리따(плита), 이
뿔리따(плита) 이 벡은 베엣:지. 기래 경게다 이런 거 매구서리. 그릇은
경게서 싹 일으 했지. 으흠.

덩때르 매구서.

― 아하! 덩때르 매구. 기래 이 바다~을르 들어가다나이까나 이 저짝에
이 집에 벡으느 잉게다 문우 햇:지. 그러다나 잉게르 아이 가지. 잉게르
아이 가지. 그릏기 햇댓어.

그럼, 아매! 그 덩때느 널르 했슴둥? 이 도 도 동낭그르[192] 했슴둥?

― 녵(нет)! 널르서.

널르서 했지.

― 널르서리 해구서 개 그릇은 그거 메 멫 층대다 맨들구 맨들구서 개
래구 그릇으 경게다 싹 싳어 놓지.

음, 음, 음:.

― 그 덩때르 맨 데느 그, 고려말르느 그전에 조앙깐은 어느 게오? 조
앙깐은 무스거 가지구 조앙까이[까이]라구 하구? 내 쪼꼬마시적이[쩌기]
들을라이 조앙깐이[까니] 조앙깐이[까니]. 게 덩때르 한 거 거 그릇으 올
레논 그거 조앙깐이[까니]라구, 옳습지?

아, 모릅구마. (웃음) 이름은 아는, 이름은 들었는데 어디에다 뭘 어터게
하는 건지.

― 기게 조앙까이라는 게 기게 그릇으 싹 올레놓는 그거 **청대르

에 그릇은 어디다 두었습니까?

– 이것입니까? 여기에 지금 솥, 큰 솥을 걸고 이쪽에는 번철 **** 번
철(이 있고). 그래 번철 이쪽에 이쪽에는 바당 바당이 있는데 여기에다는
그 거먼 음 물동이, 물을 길어다 붓는 물두멍이 있고. 그다음에 물두멍 저
쪽에는 이렇게 이런 거 이런 거 이건 뭐, 그게 무엇인가 하면 선반을 이
렇게 매고 그 벽에 그 벽에 저 저기 … 저 아까 그러지 않았소? ** 저쪽
정지 정지 이 정지 이 방구들을 방구들을 채 안 가고 이 번철, 이 번철이
있는 이 벽은 비었지. 그래 거기에다 이런 거 매고서. 그릇을 씻고 건사하
는 것은 거기에서 싹 했지. 으흠.

살강을 매고서.

– 음! 살강을 매고서. 그래 이 바당으로 들어가다 보니 이 저쪽에 이
집에 벽은 여기에다 문을 했지. 그렇다 보니 여기로 안 가지. 여기로 안
가지. 그렇게 했었어.

그럼, 할머니! 그 살강은 널르 했습니까? 이 통나무로 했습니까?

– 아니! 널로써.

널로써 했지.

– 널로써 하고서 그래 그릇은, 그저 몇 층대를 만들고 만들고서 그리
고 그릇을 거기에다 싹 씻어서 놓았지.

음, 음, 음.

– 그 살강을 맨 데는 그, 고렷말로는 그전에, '조앙깐은 어느 게오? 조
앙깐은 무엇을 가지고 조앙깐이라고 하고?' 내 쪼끄맸을 적에 들으니 '조
앙깐', '조앙깐'이라고 하더구면. 게 살강을 맨 거, 그거 그릇을 올려놓은
것을 조앙깐이라고 하지, 옳지?[193]

**아, 모릅니다. (웃음) 이름은 아는, 이름은 들었는데 어디에다 뭘 어떻게
하는 건지.**

– 그게 조앙깐이라는 게 그게 그릇을 싹 올려놓는, 그거 층대(層臺)를

하구서 올레논 그릇으 올레논 기게 조앙까이. 누(ну), 이릏기 널 이래 놓
구 그담에 또 쪼곰 이마이 여기서 또 거기다 이래 널으 이릏기 놓구 개
떵때르 그렇게 햇지. 개 조앙까이 조앙깐이. 기게 아무래 조앙깐이.¹⁹⁴⁾

맞습구마. 맞습구마. 그 생각입구마. 그러니까 아매! 이게 이제 가매 아님
둥 이게? 여기 가매 있재임둥? 예:.

– 아하! 개 이짝에느 시장 저나.

허덕간으르 가야 데구 여기는.

– 아하, 이 형 겅게르 겅게르 이 부수깨르 딱 영게르 아이구, 누(ну)
그저 이게 이게 부수깨무 잉게르 호:드(вход) 잇지 이릏기. 잉게다 이기다
하구. 개 이거느 베에재앳슴? 이짝 벡은. 거기다가 덩때르 매구 조앙깐은,
조앙깐으 (웃음)

다(да), 다(да), 다(да). 알겠습구마. 아아, 그게 조앙깐이구나.

– 조앙깐. 아무래 기게 조앙깐이. (웃음)

거기다가 널으 이릏게 에 **청대로 이렇게 놓구 또 이릏기 놓구.

– 한 **청재 놓구 그담에 얼매간 또 하나 놓구. 그담은 이릏지 야ˑ.
세 **청대, 세 **청대.

아, 세 '청대'.

– 으흠.

그래 거기다 이 그릇으 깨끗이 다아 닦어서 놓구.

– 그릇으 씿어 놓구. 그릏기.

재미있게 살았습구마.

– (웃음) 재미잇긴! 기게 무슨 옛날에 …. (웃음) **대괄령 그렇게 살앗
갯지.

이게 우리 민족이 살아온, 살아온 역사구마. 이스또리(история).

– 원도~서 그렇기 산 게.

해서 그릇을 올려놓은, 그릇을 올려놓은, 그게 조앙깐이지. 음, 이렇게 널을 이렇게 놓고 그다음에 또 쪼끔 이만큼 여기서 또 거기다 이렇게 널을 놓고 그래 살강을 그렇게 했지. 그래 '조앙깐, 조앙깐'하고 불렀지. 그게 아마도 '조앙깐'.

맞습니다. 맞습니다. 알고자 하는 것이 바로 할머니 그 생각입니다. 그러니까 할머니! 이게 이제 솥이 아닙니까 이게? 여기 솥이 있잖습니까? 예.

― 음! 그게 이쪽에는 지금 저기 ….

헛간으로 가야 되고 여기는.

― 음, 이 거기로 거기로 이 부엌으로 딱 여기로가 아니고, 음, 그저 이게 이게 부엌이라면 여기로 입구가 나 있지, 이렇게. 여기에다 여기다 하고. 그래 이곳은 (공간이) 비지 않았습니까? 이쪽 벽은. 거기다가 살강을 매고 조앙깐은, 조앙깐을 두었지. (웃음)

예, 예, 예. 알겠습니다. 아아, 그게 조앙깐이구나.

― 조앙깐. 아마도 그게 조앙깐. (웃음)

거기다가 널을 이렇게 에 층층이 이렇게 놓고 또 이렇게 놓고.

― 한 층(層)을 놓고 그다음에 얼마간 또 하나 놓고. 그다음은 이렇지 응. 세 층, 세 층.

아, 세 층.

― 으흠.

그래 거기다 이 그릇을 깨끗이 다 닦아서 놓고.

― 그릇을 씻어 놓고. 그렇게.

재미있게 살았습니다.

― (웃음) 재미있기는! 그게 무슨 옛날에 …. (웃음) 대충 그렇게 살았겠지.

이게 우리 민족이 살아온 역사입니다. 역사.

― 원동에서 그렇게 산 것이.

아매가 돌아가시구 나면 아까 얘기했잖슴둥? 예. 그런 것들이 거이 다 없어져 버립구마, 다. 아무 누구도 모릅구마.

– 모르재이꾸! 어티기 알갯소. (웃음)

어티기 데어 있는지 역사를 모릅구마. 역사, 이스또리(история)르 모릅구마 예. 그래서 그래서 하는 거꾸마. 그래서.

– 아, 그전에, 그 직금은 그런 게 한나투 없습구마[꾸마].

없습지.

– 그전이 원도~ 잇으 적이 원도~ 잇으 적에 내 볼라이까나 직금은 아무 그릇이나 쌀으 씿재임둥? 저 저 알류미니이(аллюминий) 찰쓰까(чашка)나 트물 트물소래195)나 요막씨나 소래에다 쌀으 씿재오? 직금 우리는? 아 그전엔 쌀으 씿는 게 스 스뻬짠나(специально) 쌀으 씿는 그릇이 잇엇지. 함박이. 쌀으 씿는 함박이. 거기다 쌀으 씿엇지 이 이런 그릇에 소 소래나 아이 씿엇지. 함박에 쌀으 씿는 함박에다 씿엇지. 기래 이릏기 돌이나 이시무 이 일어서 쌀 이래 일어서 내 쪼:고마시 젝이 내 밧지.

예. 옳습구마. 아아!

– 쌀함박이. 쌀 씻는 함박이 따 딴 게 잇지. 이래, 이래 줍찌키(зубчики) 같은 게 이릏기 이릏기 야~.

골이 패여서.

– 아하! 이릏기 이릏기. 기래 이래 휘휘 이 일무 돌이두 깔앉구 이래. 내 조오꼬마시적이 내 그거 우리 삼춘댁이나 어찌는 거 내 밧댓지.

그럼, 아매! 그:: 그릇은 어떤 그릇 어떤 것들이 있었을까? 그 당시에는?

– 그릇이, 그전에 그릇으는 싹 다 대쩹입더문. 대집이. 그 대집이라는 거는 어 기게 **아배 원도~서, 고려따~에서두 그 그런 그릇으 싹 썻갯지. 대집이. 저 어 부룬살(бронза-ㄹ)르 하지. 부룬사(бронза) 옳지? 다(да)? 대집이 한게. 잉게[이게] 노 노오란 노오란 이른 게 에말리(эмаль)두 아이구. 저런 써 이런 홰포르(фарфор)두 아이구.

할머니가 돌아가시고 나면, 아까 얘기했잖습니까? 그런 것들이 거의 다 없어져 버립니다, 다. 아무 누구도 모릅니다.

— 모르고 말고! 어떻게 알겠소. (웃음)

어떻게 되어 있는지 역사를 모릅니다. 역사, 역사를 모릅니다, 예. 그래서 그래서 지금 조사를 하는 겁니다. 그래서.

— 아, 그전에 그랬지 그 지금은 그런 것이 하나도 없습니다.

없지요.

— 그 전에 원동에 있을 적에 원동 있을 적에 내 보니까 지금은 아무 그릇으로나 쌀을 씻잖습니까? 저 저 알루미늄으로 된 접시나 '특물소래'(금속으로 만든 대야 같은 그릇)나 요만한 소래에다 쌀을 씻잖소? 지금 우리는? 아 그전에 쌀을 씻는 것은 특별히 쌀을 씻는 그릇이 있었지. 이남박이. 쌀을 씻는 이남박이. 거기다 쌀을 씻었지 이 이런 그릇에, 소래에 안 씻었지. 이남박에, 쌀을 씻는 이남박에다 씻었지. 그래 이렇게 돌이나 있으면 일어서 쌀을 이리해서 일어서 밥을 하고 내 쪼끄맸을 적에 내가 보았지.

예. 맞습니다. 아아!

— 이남박이. 쌀 씻는 이남박이 따 딴 것이 있지. 이렇게, 이렇게 (안에) 톱니 같은 게 이렇게, 이렇게, 응.

골이 패여서.

— 음! 이렇게, 이렇게. 그래 이렇게 휘휘 일면 돌도 가라앉고 이래. 내 쪼끄맸을 적에 그 이남박으로 우리 삼촌댁이 어찌하는 것을 내가 보았지.

그럼 할머니! 그 그릇은 어떤 그릇 어떤 것들이 있었을까? 그 당시에는?

— 그릇이, 그전에 그릇은 싹 다 대접이더구먼요. 대접. 그 대접이라는 것은 어 그게 아마 원동에서, 고려땅에서도 그 그런 그릇을 싹 썼겠지. 대접. 저 어 청동(靑銅)으로 하지. 청동 옳지? 응? 대접을 한 게(대접을 만든 재료가). 이렇게 노오란 노오란 이런 게 사기질(沙器質)도 아니고. 저런 이런 도자기로도 한 것이 아니고.

놋그릇이.

― 기게 놋그릇이? 이래 요래 밥그릇이 밥그릇이랑 요렇게 노오란 덮개
나 요렇기 잇는게.

다(да), 다(да).

― 기게 놋그릇[녹끄를]이오?

음.

― 놋그릇이?

음.

― 그 그런 그런 그릇으 **썺어바, 싹 써. 이 이 쉐시르 하는 게나 싹
다 그런 소랠르. 그런 *소래애다 **시. 큰 큰 큰 소래.

그건 귀한 겁꾸마 그거는. 지금은.

― 그런 직금은 없지. 어디메 잇갯어?

없습지.

― 없재잏구!

한국에서느 귀한, 아주 귀한 겁구마. 직금은.

― 아이구! 그러문 대쳅인두 무시기 그런 그릇으 닦을 적에느. 에이!

크! 닦자문.

― 에이그! 안깐이덜으느 여자덜 생 죽을 고사ᅩ이. 그 잘란 거. 메츨 아
이 잇으문 에 그거 자꾸만 닦지. 빠안하라구[196], 빠안하. 이이!

무스거 가지구 닦습둥?

― 그전에 그전에 무스거 가지구 닦나. 그전에 우리네 모샐르 닦앗지.
모샐르.

짚 짚울르 이룧기 대애서?

― 짚인게 애이라. 저 모새 모새르 가져다서 어 지 짚우 짚우 쉐에서
모샐르 이룧기 이룧기. 내 그런거 바앗댓지.

그럼, 아매! 또 다른 그릇은 뭐가 있었습둥?

놋그릇.

— 그것이 놋그릇인가? 이렇게 요렇게 밥그릇, 밥그릇이랑 요렇게 노란 덮개가 요렇게 있는 것.

예, 예.

— 그게 놋그릇이오?

음.

— 놋그릇?

음.

— 그 그런 그런 그릇을 싹 써 보았지. 싹 써. 이 이 세수를 하는 것은 싹 다 그런 대야로. 그런 대야에다 씻었지. 큰 큰 큰 대야.

그것은 귀한 겁니다, 그것은. 지금은.

— 그런 것이 지금은 없지, 어디에 있겠어?

없지요.

— 없고 말고!

한국에서는 귀한, 아주 귀한 것입니다. 지금은.

— 아이고! 그러면 대접인지 무엇인지 그런 그릇을 닦을 적에는. 에이!

아이구! 닦자면 (고생이지).

— 어이구! 아낙네들은, 여자들은 죽을 고생이지. 그 잘난 거 닦느라고. 며칠 안 있으면 에 그거 자꾸만 닦지. 빤하라고, 빤하라고. 이 어이구!

무엇을 가지고 닦습니까?

— 그전에 그전에 무엇을 가지고 닦나. 그전에 우리네 모래로 닦았지. 모래로.

짚, 짚으로 이렇게 대서?

— 짚이 아니라. 저 모래 모래를 가져다가서 어 짚을 짚을 쥐어서 모래로 이렇게 이렇게. 내가 그런 것을 보았었지.

그럼, 할머니! 또 다른 그릇으로 무엇이 있었습니까?

－ 다른 그릇이 저 저나 저.

무슨 첩시[197]니.

　－ 직금 직금 막 아 막 아께 내 **가져오셋습둥? 알류미니이(аллюми
ний)나 찰쓰까(чашка) 그런 것두 귀햇스끔. 없엇습그마[끄마]. 개 사기그
릇이 잇엇지. 개 사기사발이 그전이 이릏기 사기덜이 잇엇지. 음.

사기덜이.

　－ 으흠. 사기. 사기사발이나 더러 잇엇지.

첩시 같은 것은 없엇습둥?

　－ 첩 첩시 첩시랑 그. 첩시구 개 종지구.

아, 종지구.

　－ 종지구. 어전 이림이두 다아 잊어뻐리구. (웃음)

아, 몇 십년전 얘김둥! 지금 이게!

　－ 음?

몇 십년, 칠십년전 얘기르 하구 있는데. 칠십년전 얘기르 하구 있는데.

　－ 그러재이꾸! 칠십년두 더 뎻지. (웃음)

더 뎄지.

　－ 더 데. (웃음) 어전 원도~서 들어온지 내 원도~서 들어온지 일흔 두
해 나. 내 열한 살에 들어왓거든. 개 어전 일흔 두해 나[198].

다(да) 다(да). 음.

　－ 게 일흔두해 난 게 무스! 다 잊어뿌렛지.

그렇습지.

　－ 그전이 쪼오고말 적이 들은 것두 다아 잊어, 점 잊은 게 데. 다아 잊
어뻐렛지.

기래이까 오늘 저녁에 아매! 집에 가서두 많이 생각 좀 하압소. (웃음) 뭐
재미난 게 있었다: 아 이거는 내가 얘:기르 해야 데겠다: 이런 게 생각나시면
은.

— 다른 그릇이 저 저기 … 저.

무슨 접시니 하는.

— 지금 지금 막 아 막 아까 내 가지오지 않았습니까? 알루미늄으로 만든 접시 그런 것도 귀했습니다. 없었습니다. 그래 사기그릇이 있었지. 그래 사기사발이 그전에 이렇게 사기그릇들이 있었지. 음.

사기그릇들이.

— 으흠. 사기. 사기사발이나 그런 것들이 더러 있었지.

작은 접시 같은 것은 없었습니까?

— 작은 접시 접시랑 그. 접시고 그리고 종지고.

아, 종지고.

— 종지고. 이젠 이름도 다 잊어버리고. (웃음)

아! 이게 몇 십 년 전 이야기입니까! 지금 이 하시는 말씀이.

— 음?

몇 십 년, 칠십 년 전 이야기를 하고 있는데. 칠십 년 전 이야기를 하고 있는데.

— 그렇고 말고! 칠십 년도 더 되었지. (웃음)

더 됐지.

— 더 돼. (웃음) 이젠 원동에서 들어온 지 내 원동에서 들어온 지 일흔두 해가 되지. 내 열 한 살에 들어왔거든. 그래 이젠 일흔두 해가 되지.

예, 예. 음.

— 게 일흔두 해가 지난 것이 뭐! 다 잊어 버렸지.

그렇지요.

— 그전에 쪼끄말 적에 들은 것도 다 잊어, 좀 잊은 게 되어서. 다 잊어 버렸지.

그러니까 오늘 저녁에 할머니! 집에 가서도 많이 생각 좀 하십시오. (웃음) 뭐 재미난 것이 있었다, 아, 이것은 이야기를 해야 되겠다 이런 것이 생각나시면 (말씀해 주십시오).

- 궁, 궁니르 어 그 무스 무시 잊어 아이 삐렛는두~ 그저 궁니르 해 보지, 글쎄.

예, 일부러 하시지 말구. 일부러 하시지 말구.

- 다아 이 잊어삐린 게 무슨.

잠이 아이오무, 잠이, 잠이 아이 오무.

- 잠이 아이 오무.

'내가 이놈들한태 뭐 얘기르 해 주갰다' 이런 거 있으면 말씀하압소, 예:.

- 야! 어쩨 이리 흻[헐]¹⁹⁹⁾ 잇에삐렛는두 몰라. 내 그전에 그전에 저어기 우리 원도~서부터 같이 살앗지. 걔 저 저 발하스(Балхасы)에서 살메서리 그집이 선스나 그 지²⁰⁰⁾ 에미 이래 **단도리에다 업구 댕기는 게 잇구, 요 네 살 묵은 선스나 에미 이래 초매르 해 주구 야~ 에미가 같이 댕기는 거, 네 네 살에 밧지. 기래구서 이 이 쩨낄리(Текели)에 와서 어티기 하다나이 쩨낄리(Текели) 무슨 저나 집안 집 새아가게르 서 서바~아 가메서 네 살에 본 거 서바~아 갈 적이 내 가르 알앗스꿈[아라쓰꿈]. 그 사름 알앗스꿈[아라쓰꿈]. 네 살에 보구서. 기래 가 너무: 기차서. 야아! 쫄지에 어찌무 어찌무 빠매찌(память) 이렇기 **좋은거구. 네 살에 밧는 데 내 서바~아 갈 적에 내 그 사름 알앗단 말이. (웃음) 그 사름 까그(как) 우리 쩨낄리(Текели)에 서바~아 갓지. 기래 암맘 바두 딱 보던 겐. 그 적에 내, 그 적에 내 어느 멫 살 뎃갰는가. 열야듧[여랴듭] 살이나 뎃갯스꿈. 소로끄 치뜨뵤르뜨(сорок четвертый) 저 다사라서 밧지. 그래두 그래두 그거 하 원도~서부터 한 꼬호스(колхоз) 기양 살앗지. 그래 가네 에미 야: 한나르 업구 한나느 손목으 쥐구 댕기지. 손목 쥔 건 에미 초매르 쥐구 댕기지. 갸:느 네 살짜리 아. 걔 서바~아 간다구 혼세에 오라 해 우리 갓지, 우리네. 우리 허재인(хозяин)가 둘이 갓지. 잔체: 오라구. 기래 가이 서방재르 보이까나 딱 보던 아야. 딱 보던. 그래 글쎄

— 궁리를 어 그 뭐 무엇을 안 잊어버렸는지 그저 궁리를 해 보지, 글쎄.

예, 일부러 하시지는 말고. 일부러 하시지 말고.

— 다 잊어버린 것(사람)이 뭐.

잠이 아니 오면 잠이, 잠이 안 오면.

— 잠이 안 오면.

'내가 이놈들에게 뭐 이야기를 해 주어야겠다' 이런 것이 있으면 말씀하십시오, 예.

— 야! 어째 이리도 쉬 잊어버렸는지 모르겠다. 내 그전에, 그전에 저기 우리 원동에서부터 같이 살았지. 그게 저 저 발하스에서 살면서 그 집의 사내아이 그 집 어미 이렇게 채비를 해서 업고 다니는 거 있고, 요 네 살 먹은 사내아이에게 어미가 이렇게 치마를 (잡게) 해 주고 응 아이와 같이 다니는 거, 네 네 살에 보았지. 그리고서 이 이 체킬리에 와서 어떻게 하다 보니 체킬리 무슨 저기 … 집안의 처녀에게 서방을 가는(장가를 가는), 네 살에 본 그 아이를, 장가갈 적에 내 그 아이를 알아보았습니다. 그 사람을 알아보았습니다. 네 살에 보고서. 그래 그 아이가 너무 기차서, "야! 어쩌면 어쩌면 기억력이 이리도 좋은가" 하고 말하지. 네 살에 보았는데 내가 (그 아이가) 장가갈 적에 내가 그 사람을 알아보았단 말이오. (웃음) 그 사람 우리가 사는 체킬리로 장가를 갔지. 그래 암만 보아도 딱 어디서 보던 사람이지. 내가 그 때에 내가, 그 때에 내가 몇 살이나 되었겠는가. 열여덟 살이나 되었겠습니다. 1944년, 저 다사라에서 봤지. 그래도 그래도 그거 *하 원동에서부터 한 콜호스에서 그냥 살았지. 그래 그 아이네 어미 아이 하나를 업고 하나는 손목을 쥐고 다니지. 손목을 쥔 건 어미 치마를 쥐고 다니지. 그 아이는 네 살짜리 아이. 그래 장가를 간다고 혼사(婚事)에 오라고 해서 우리가 갔지, 우리네. 우리 남편과 둘이 갔지. 잔치에 오라고 해서. 그래 가니 신랑을 보니까 딱 보던 아이야. 딱 보던. 글쎄

가안두 아인두 내 물어밧지. "네 아무깨네 아이야" 하이깐. "옳다" 하거
든. 옳다. 기래 졸지에 어티기 알앗는가. 걔 내 글쎄 암만 바두 네 저나
오종빔이 아들 가툴하다[201] 하이까나, "야아! 기차다! 그 적이 네 살이 때
인데 워찌~이[202] 내 요즘 자라이 뎃는데 서바~아 가는데 어티기 알앗는
가" 하구. 걔가 바두 널 딱 보던 아 같애서 내 네가 물어본다구. 그레이까
갸: 옳지. 네 살에 보던 아 옳지. 서 서바~아 갈 때 내 밧지. 음. 어전 어
전 정시~이 그전 빠매찌(память)마. 음.

아매! 그런데 잊어버릴 거 잊어버리구 사셔야지 그런 것까지 다아 기억하구
사시면은 에: 좀 머리가 아푸다구 하압구마 예. (웃음) 그럼, 아매! 그러면은
요기 나호드까(Находка) 떠나서 노시아땅으로 처음 가셨을 때 거기서 사시던
집은 어땠습둥? 집이 이거하구 완전히 따지?

— 그 적에 *제이비구 집이구 무스 거 거반 거저 원도~서 들어오던 것
처름 거반 줴에뿌리구 왓지[203]. 집우 집우 아 집운 우리 고 고르 에따(эт
о) 아스뜨라한(Астрахань) 꼬호즈(колхоз) 집우, 집 집덜이 좋은 집이엇
댓지. 싹 다 이 드바이노이 크리샤(двойной крыша) 싹 널르 이 이거 저
거 햇. 크리샤(крыша) 싹 널르 이룽기 한 거. 그룽기 좋은 집. 거그느 어
그런 게 이런 낑기 많재임둥? 리스(рис) 리스(рис) 가뜩하지. 긓다나이까
젠체르 낭글르 싹 져엇지. 널르 싹 져엇지. 기래 간다, 무스 한나투, 이런
즘승개두 어떤 거느 줴에뿌리구 왓. 어 불쎄르 미시기 싼다구? 누기 싸
갯소? 음? 그저 원도~서 들어오던 거처름 또취노(точно) 그룽기 들어왓지.
아스뜨라한(Астрахань)에서. 으흠.

아스뜨라한(Астрахань)에서.

— 으흠. 마흔 해 마흔 한 해 마감 달이. 마흔 두해 뻬르보이 또로고 뜨
레치이고 얀바리안(первая дорога третьего января-ㄴ)두 기래 이 사십
마흔 두해 에 정월 초사흗날인두 아스뜨라한(Астрахань)에서 떳지. 이 보
이나(война)느 전자~으느 마흔 한해애 낫, 마흔 한 해 여름에 낫지. 기래

그 아이인지 아닌지 내 물어 보았지. "네 아무개네 아이냐?" 하니까, "옳다" 하거든. 옳다. 그래 졸지에 어떻게 알았는가. 그래 내 글쎄 암만 보아도 '네 저기 … 오종범이 아들인 것 같다' 하니까, "야! 기차다! 그 때 네 살 때인데 어떻게, 내가 요즘(지금) 성인이 되었는데, 장가를 가는데 어떻게 알았는가!" 하고 말하지. 그런가 하고 봐도, 널 딱 보던 아이 같아서 내가 너에게 물어본다고. 그러니까 그 아이가 옳지. 네 살에 보던 아이가 옳지. 장가를 갈 때 내가 보았지. 음. 이젠 이젠 정신이 그전 기억력보다 (못하지). 음.

할머니! 그런데 잊어버릴 거 잊어버리고 사셔야지 그런 것까지 다 기억하고 사시면은 머리가 에 좀 아프다고 합니다, 예. (웃음) 그럼, 할머니! 그러면은 요기 나홋카를 떠나서 러시아 땅으로 처음 가셨을 때 거기서 사시던 집은 어땠습니까? 집이 이거하고 완전히 다르지?

― 그때에 집이고 뭐 거반 그저 원동에서 들어오던 것처럼 거의 집어던지고 왔지. 집을, 집을, 아, 집은 우리 음 아스트라한 콜호스 집은 집들이 다 좋은 집들이었었지. 싹 다 이중으로 된 지붕인데 싹 널로 이 지붕을 했지. 싹 널로 이렇게 한 것이었지. 그렇게 좋은 집이지. 거기는 어 그런 게 이런 나무들이 많잖습니까? 쌀, 쌀이 가득하지. 그렇다 보니 전체를 나무로 집을 싹 지었지. 그래 간다고 하여, 뭐 하나도 (가진 것이 없이), 이런 집짐승도 어떤 것은 내버리고 왔지. 어, 갑자기 이주를 하는데 무엇이(어떤 사람이) 그런 짐승을 산다고 하겠소? 누가 사겠소? 음? 그저 원동에서 들어오던 것처럼 정말 그렇게 다 버리고 들어왔지. 아스트라한에서 (카자흐스탄으로). 으흠.

아스트라한에서.

― 으흠. 1941년 마지막 달에. 1942년 1월 3일에 처음 길을 떠났는지, 그래 1942년 에 정월 초사흗날인지 아스트라한에서 떠났지. 이 전쟁, 전쟁은 1941년에 났, 1941년 여름에 났지. 그래

우리네느 마흔 두해 정월 초사흘날 이릉기 아스뜨라한(Астрахань)에서 불쎄르 싹 떴어. 야아! 기래 우리네느 두 번이나 띠왓지[204]. 윈도~서 윈도~서 들어와서 기랫지. 그전 아스뜨라한(Астрахань)에 야아! 좋기두 좋. 아스뜨라한(Астрахань)에서 봐이나(война) 나서 다른 사름 아이 아이 띠왓스꿈. 아이 띠왓스꿈. 구려부[205] 사름두 아이 띠우구. 고렷사름두 거기 구려부 가뜩 사는데 우리 우리 동네서두 경게 이새르 더러 갓댓지. 걔 그 사름덜은 한나 투 아이 띠우구 똘리꾀(только) 아스뜨라한스끼(Астраханьский) 고렷사름 기랫지. 똘리꾀(только) 우리네르. 아스뜨라한(Астрахань) 사름덜 띠왓지.

그럼, 아매! 그: 그 싀집 가셨을 때.

― 시집갔을 적에?

그때 그 집은 어땠슴둥? 원동 집하구〔지바구〕 비교했을 때 어떻슴둥?

― 아, 저 우리 이 전 내 시집올 적이, 잉게르 이새르 해 올 적에?

아니! 시 시집갔을 때.

― 시집갓을 적이 글쎄,

그 집은,

― 그 집으, 그 집은.

그 집은 집이 이 구조가 어떻슴둥?

― 그 그 집 그 집우느. 그 집우느 그저 이게 **이짜나 저나 그땐 기게 마흔일곱 해애서 그런 집두 어디메서 그런 게 좋온 게 없엇지. 싹 다 *거러 거런 집우 뜯어 집집마다 그런 집우 가지구 살앗지. 벨루 좋온 집이 없엇지, 직금처름. 그래 그저 이 이래 으, 누(ну), 누(ну) 이래 지 집이라:구 잇지. 기래 잉게 잉게 잉게느 잉 잉게느 이게 집이라구 직금 다(да)? 이 이 이러지. 걔 잉게느 잉게느 집이라구 훌 들어가무 저나 그런 게지. 껄리도리(коридор)지. 으 저 까끄부뜨(какнибудь) 저런 잉기 껄리도리(коридор). 그 껄리도리(коридор) 쪼끔 더 가무 여기 벳두재라는 게 잇엇지. 벳두재라는 게.

우리네는 1942년 정월 초사흗날 이렇게 아스트라한에서 갑자기 싹 떠났어. 야! 그래 우리네는 두 번이나 이주했지. 원동에서 들어와서 그랬지. 그전 아스트라한에서 살 때는 야! 좋기도 좋았는데. 아스트라한에서 있을 때 전쟁이 나서는 다른 사람은 이주시키지 않았습니다. 안 이주시켰습니다. 구려부 사람도 안 이주시키고. 고렷사람도 거기 구려부에 가뜩 사는데 우리 우리 동네에서도 거기 구려부로 더러 이사를 갔었지. 그래 그 사람들은 하나도 이주시키지 않고 오직 아스트라한에 거주하는 고렷사람만 그랬지(이주시켰지). 오직 우리네만을. 아스트라한의 (한인) 사람들만을 이주시켰지.

그럼, 할머니! 그 그 시집가셨을 때.

— 시집갔을 적에?

그때 그 집은 어땠습니까? 원동 집하고 비교했을 때 어떻습니까?

— 아, 저 우리 이 전에 내가 시집올 적에, 여기로 이사를 해 올 적에?

아니! 시집갔을 때.

— 시집갔을 적에, 글쎄.

그 집은,

— 그 집을, 그 집은.

그 집은 집이 이 구조가 어떻습니까?

— 그 그 집 그 집은. 그 집은 그저 이게 저기 … 그때는 그게 1947년이어서 어 집도 어디 뭐 그런 게 좋은 집이 없었지. 싹 다 그런 집을 뜯어, 집집마다 그런 집을 가지고 살았지. 별로 좋은 집이 없었지, 지금처럼. 그래 그저 이 이렇게 으, 음, 음 이렇게 집이라고 있지. 그래 여기에 여기에 여기에는 여기에는 이게 집이라고 하면 지금 응? 이러하지. 그래 여기는 여기는 집이라고 해서 들어가면 저기 … 그런 게지. 현관이지. 어 저 어쨌든 저런 이렇게 현관. 그 현관 쪼금 더 가면 여기 벼 두지라는 것이 있었지. 벼 두지라는 것이.

벳두재.

– 그런 걸르 매 맨들엇지. 개 맨들구서리 그 껄리돌(коридор)르서리 베 벳두재다 베르 이릏기 타무 거기다 쏜아 엻지. 기래구 이 껄리도리(коридор) 이 **층 그러면 이게 벳두재구 껄리도리(коридор) 홀 들어오무 이 이짝 오른짝에느 에따(это) 바당무~이지. 저런 무~이지. 저런 무이 잇구. 개 거저 저런 문우르 홀 들어가무 아 에따(это) 바다~이지. 아 기래구 서 바다~이구 그담에 이게 정지. 그런 게지. 음. 구둘이지.

으음.

– 으흠. 개, 개 구 구둘가 이 그 창 첫국206) 구둘가 이짝 이짝 두 번채 칸이 이거 이거 저나 이건 이거 집 집이 집 너 **너르비 다아 아이 차지르 햇지. 집이. 구둘이 아이 차지르 햇지. 기래 그거 이짝에 바다~이 요마: 이마:이 좁게서리 이게 바~이 저짝 두 두 카이 다아 그 잏기 꼳꼿이207) 바다~이처름 하구. 아하! 꼳꼿이. 문은 문은 잇지. 저짝 칸 이짝 칸 문은 잇지. 그러나 이거 다아 다아 뽈노스찌(полностью) 구둘으 아이 낳지. 잉겔르써 바다~을르 이래 댕기라그 햇지. 바다~으르 댕기라 햇지.

그렇습지. 오~, 오~.

– 으흠. 그릏기 한 집이 뎻지. 이 이게 정지구 이게 바~이구.

바~이구.

– 으흠. 바~아안이구. 개래 바~안에서느 내 시애끼가 우리 시아바이구. 겅게서 쉬구. 우린 정지에 잇구.

그럼 고이깨(койка), 고이깨(койка)르 뒀숨둥?

– 그건

고이깨(койка), 고이깨(койка)를.

– 고이까(койка) 없엇지.

없엇지.

벼 두지.

― 그런 걸로 만들었지. 그래 만들고서 그 현관을 통해, 벼 두지에다, 벼를 이렇게 콜호스에서 배급으로 타면, 거기다 쏟아 넣지(붓지). 그리고 이 현관 이 ** 그러면 이게 벼 두지이고 현관을 홀 들어오면 이 이쪽 오른쪽에는 음 '바당문'이지. 저런 문이지. 저런 문이 있고. 그래 그저 저런 문으로 홀 들어가면 음 '바당'이지. 그리고서 '바당'이고 그다음에 정지. 그런 것이지. 음. 방구들이지.

음.

― 응. 그래, 그래 방구들과, 이 그 창가의 첫 방구들과 이쪽 이쪽 두 번째 칸이 이거 이거 저기 … 이건 이거 집 집이 집이 너르게 다 차지를 안 했지. 집이. 방구들이 차지를 안 했지. 그래 그거 이쪽에 바당이 이만큼 좁게 이게 방이 저쪽 두 칸이 다 그 이렇게 곧게 바당처럼 하고. 음! 곧게. 문은, 문은 있지. 저쪽 칸 이쪽 칸 문은 있지. 그러나 이거 다, 다 죄다 구들을 안 놨지. 여기로 해서 바당으로 이렇게 다니라고 했지. 바당으로 다니라고 했지.

그렇지요. 응, 응.

― 으흠. 그렇게 해서 한 집을 이루었지. 이 이게 정주간(鼎廚間)고 이게 방이고.

방이고.

― 으흠. 방안이고. 그래 방안에서는 내 시동생과 우리 시아버지가 살고. 거기서 쉬고. 우린 정주간에서 지내고.

그럼 침대를, 침대를 두었습니까?

― 그건

침대를, 침대를.

― 침대는 없었지.

없었지.

- 구둘이.

그냥 구둘이.

- 구둘이. 내 원도~서 떠나서 그 그 그 시집가서 구둘이 또 자밧지.

그러니까 지금 시집얘기. 아, 그러니까 구둘이 있었, 여기.

- 아하! 시집오이까느 그 구둘이.

구둘이.

- 그집이 아하, 구둘이 잇엇지. 원도~서 떠나서 어 구둘집이 떠나서 개 시집와서 구둘집이서 쪼끔 자밧지.

예, 쪼금 자보시구.

- 넴놀시까(немножко) 죄꼼 살앗지. 기래구 저 쩨낄리(Текели) 월급 생활 갓지. 인치 갓지.

인치. 인치.

- 누(ну), 그 몇 해르 아이 살앗지. 쬐꼼 살구서리. **자구 아무것두 타재애두 자꾸마 그런 게 빈이 잇다하이까나 우리 허 우리 허재인(хозяин) 계흑이 나서 어저느 경게느 그 꼬호즈(колхоз) 떠가는 데르 가지 마자구 우리. 개 그 경게서 우슈토베(Уш-тобе)서 열아홉채 꼬호즈(колхоз) 전 꼬호즈(колхоз) 떠서 바따라 가 가지. 개 그럴 적에 우리네 경게르 가지 마자구, 우리 남페이 그 우리. 기래 어드르 가갯는가. 쩨낄리(Текели) 가자. 긔애 그 사름덜은 저 꼬호즈(колхоз) 사름덜은 레시까 무스 꼬호즈(колхоз) 다아 저 바따라 싹 가구. 우리넨 쩨낄리(Текели) 갓지.

그렇습지.

- 으흠. 개 쩨낄레(Текели-에) 가길래 경게 가서 쩨낄리(Текели) 가 길래 잘됏지. 그 따쉬껜뜨 그거 바따라 가 미시길 하갯소. 으흠. 기래 우 리 떨어지이 우리 헤재인(хозяин) 그적이 옳기 예산햇:지. 개 저 쩨낄리(Т екели) 가길래 좋았어. 좋았어. 쩨낄리(Текели) 그전에느 으 우리 가 살 적에느, 그거 음 … 이리 고 고려말이 미시긴두 모르갯어. 마우재말르

- 방구들이

그냥 방구들이.

- 방구들. 내 원동에서 떠나서 그 시집가서 방구들에서 또 자 보았지.

그러니까 지금 시집 이야기. 아, 그러니까 방구들이 있었군요, 여기에.

- 음! 시집오니까 그 방구들이 있었지.

방구들.

- 그 집이 음 방구들이 있었지. 원동에서 떠나서 어 구들 집을 떠나서. 그래 시집와서 구들 집에서 쪼끔 자 보았지.

예, 쪼끔 자 보시고.

- 조금, 조끔 살았지, 그리고 저 체킬리로 월급 생활을 하러 갔지. 이내 갔지.

이내. 이내.

- 음, 그 몇 해를 안 살았지. 쪼끔 살고서. 콜호스로부터 자꾸 아무것도 타 먹지 않아도 자꾸만 그런 빚이 있다 하니까 우리 남 남편이 계획이 나서(서서) 이제는 거기는 그 콜호스가 옮겨가는 데로 가지 말자고, 우리. 그래 그 거기서 우슈토베에서 19번째 콜호스, (콜호스 사람) 전부가 그 콜호스를 떠나서 바따라로 갔지. 그래 그럴 적에 우리는 거기로 가지 말자고 우리 남편이 그래서, 그 우리. 그래 어디로 가겠는가. 체킬리로 가자. 그래 그 사람들은, 저 콜호스 사람들은 레시까 무슨 콜호스가 있는 바따라로 싹 가고. 우리네는 체킬리로 갔지.

그렇지요.

- 으흠. 그래 체킬리에 갔기에, 거기에 가서, 체킬리 갔기에 잘 됐지. 그 타슈켄트에 있는 그 바따르에 가서 무엇을 하겠소. 으흠. 그래 우리가 그 콜호스에서 떨어져 나오니 우리 남편이 그 때 옳게 예산을 했지. 그래 저 체킬리로 갔기 때문에 좋았어. 좋았어. 체킬리, 그전에는 어 우리가 가서 살 적에는 그거 음 … 이리 고려말이 무엇인지 모르겠어. 고려말로

아비스뻬취니(обеспеченный) 그릏기 좋앗지. 쁘레모이 마스크바(премой Москва). 그릏기 뎃댓지. 저 쩨낄리(Текели). **거거 어쨋거나 루다나(руда)지. 루드니ㄲ(рудник)지. 그러다나이까 쁘레모이 저나 스마스ㄲ브이(премой с Москвы). 기래 다른 데느 무시기 없어두 저 쩨낄리(Текели)엔 무시기 쉬또 똘리ㄲ 이(что только и) 르바(рыба) 이 르바(рыба)두 ㄲ라스니야르바(краснаярыба), 께따(кета), 가르브사(горбуша) 벨게 다 아 잇엇지. 으흠. 그릏기 아비스뻬취니(обеспеченный) 좋았지, 쁘레모야 마스ㄲ바(премоя Москва). 정게 루드니ㄲ(рудник). 경게서 에따(это) 스비녜쯔(свинец) **난 파에지. **정리제 정리르 쩨낄리(Текели)서. 루드니ㄲ(рудник)두 잇지. 기래 그릏기 아비스뻬취니(обеспеченный) 좋앗지. 음. 그러길래서 경겔르 가길래서 가 잘 뎃댔어. 기래 경게 경게서 사다가서리 쩨낄리(Текели) 사다가 저 따지끼스딴(Таджикстан) 두샨베(Душанбе)르 갓댓지.

그럼, 아매! 직금 아매 사시는 집은 어떻슴둥? 아매 사시는 집은 칸이 몇 칸임둥?

― 집이 내 우 우리 지금 사는 건 사는 집은 이 이게 시장 이릏기 이릏기 이릏기 집이라:구 이릏기 집이라:구 기래 이 마 마다~을르서리 마다~을르서 이래 홀 꼳꽂이 들어오무 껄리도리(коридор) 잇소.

껄리도리(коридор).

― 껄리도리(коридор). 껄리돌(коридор)으 이래 **그까 그담에 껄리돌(коридор)르 더 나가무 으 더 나가무 끌라도쁘까(кладовка). 이 이 문우 이 껄리돌(коридор) 문우 열구 들어와서 껄리도리(коридор) 들어오무 그 저 또 끌라도쁘까(кладовка) 잇으무 끌라도쁘까(кладовка) 무이 잇지. 이 무이 잇구. 개 이 끌라도쁘까(кладовка) 개 껄리돌(коридор) 홀 들어오무 오른짝으느 으: 집이구. 이 이래 꼳꽂이 들어가무 껄리도리(коридор)구 이쑈(ещё) 저나 끌라도브까(кладовка)지. 누(ну), 그 장그릇이랑

살기가(생활 보장이) 그렇게 좋았어. 모스크바처럼. 그렇게 되었었지. 저 체킬리. 거긴 어쨌거나 채광장(採鑛場)이지. 광부(鑛夫)지. 그러니까 저기 모스크바처럼 좋은 곳. 그래 다른 데는 무엇이 없어도 저 체킬리에는 무슨 정말 물고기, 이 물고기도 빨간 물고기, 캄차카 연어, 사할린 송어 등 별게 다 있었지. 으흠. 그렇게 좋았지. 살기가 좋았지, 모스크바처럼. 거기에 광산(鑛山)이 있었지. 거기서 음 연(鉛)을 파내지. ****** 체킬리서. 광부도 있지. 그래 그렇게 살기가 좋았지. 음. 그러기에 거기로 간 것이, 가서 잘 뎄었어. 그래 거기 거기서 살다가 체킬리에서 살다가 저 타지키스탄의 (수도인) 두산베로 갔지.

그럼, 할머니! 지금 할머니가 사시는 집은 어떻습니까? 할머니가 사시는 집은 칸이 몇 칸입니까?

─ 집이 내 우리 지금 사는 집은 이 이게 지금 이렇게 이렇게 집이라고 이렇게 집이라고 그래 이 마당으로 꼿꼿이 들어오면 현관이 있소.

현관.

─ 현관. 현관을 이렇게, 현관으로 더 나가면 어 더 나가면 작은 창고. 이 이 문을 이 현관문을 열고 들어와서 현관으로 들어오면 그 저 또 작은 창고가 있다면 그 창고 문이 있지. 이 문이 있고. 그래 이 작은 창고 그래 현관을 훌 들어오면 오른쪽에는 어 사람이 거처하는 집이고. 이 이렇게 꼿꼿이 들어가면 현관이고 또 다시 저기 … 작은 창고지. 음, 그 장독이랑

무스 그양: 두구 먹는 데지 끌라도브까(кладовка) 거기다. 이거 첫간으느 꼴리도리(коридор)구. 걔 이래 훅 들어가무 이래 홀 들어가무 이게 꾸흐나(кухня). 이게 꾸흐나(кухня)구 이짝에 에 에따(это) 그런 게우. 잘(зал) 이구 이짝이 또 스빠니(спальня)구 기래구 또 이짝으르 꾸흐나(кухня) 정지에서, 정지 그 꾸흐나(кухня) 정지라 하지 고렷사름덜. 정질르서리 정질 정질 이래 홀 들어가무 잉게 뻬치까(печка) 잇소.

아, 뻬치카(печка)가 있어야 데지.

— 야~ 야~. 뻬치까(печка). 부수깨 잇소. 걔 부수깨 개랙 이건 이건 게 무시 으 점벡이 애이오? 걔 이 점벡이 무이 무이 잇지. 걔 그 문으르 들어 가무 이게 저어나 어 잘(зал) 잇구 저짝에 또 그 문 잘(зал)르서 그 문우 저짝으로 들어가무 에따(это) 그런 게오, 스빠니아(спальня). 걔 이짝으두 이게 꾸흐나(кухня)문 이게 꾸흐나(кухня) 애이오? 부수깨. 이 벡이 막헷 지, 맥헷지. 꾸후나(кухня) 이건 부수깨구 개래 이릏기 이짝 네레와서 잉 게 무이 잇소. 무이 잇으무, 한 카이 잇소. 걔 *크 칸에서 또 이릏기 이릏 기 또 저 오른짝으르 홀 들어가무 또 겆게 무이 잇소. 저짝에 꼼나따(ком ната) 잇소. 그렇기 잇어.

꼼나따(комната)가 또 있구나. 아이구! 복잡하네요, 그 집은. (웃음)

— 이 이 저:나 정지꺼저~ 다슷 카이지.

그렇지! 그러니까 복잡하지.

— 걔구 잉 이짝에느 에따(это) 껄리도리(коридор) 잇구 걔 끌라도브까(к ладовка), 걔 끌라도브까(кладовка) 저짝에느 에따(это) 그 물으 대는 마또 르(мотор), 마또르(мотор) 거기다 낫지. 걔구 저짝에느 어 반아(баня) 카이 구 싸라~이구 그런 감제굴[감제꿀]이구. 그런 게 잇소. 걔 이짝에다 이짝 집 앞에다느 그건 우리 와서 그릏기 똘리(толь)르 그저 똘리(толь)르선 그 서 답 씿는²⁰⁸⁾ 칸으 레뜨니이 꾸흐나((летнийкухня), 여름 여름 여름 정지, 여름 꾸흐나(кухня). 그담에 그거 그 벡에다가 랴돔(рядом) 바~이깐이오,

뭐 늘 거기다 두고 먹는 데지. 작은 창고 거기다. 이거 첫 칸은 현관이고. 그래 이렇게 들어가면 이렇게 들어가면 이게 부엌. 이게 부엌이고 이쪽에 에 음 그런 것이오. 응접실이고 이쪽이 또 침실이고 그리고 또 이쪽으로 부엌 정지에서, 정지, 그 부엌을 '정지'라 하지 고렷사람들이. 정지로, 정지를 정지를 이래 홀 들어가면 여기에 페치카가 있소.

아, 페치카가 있어야 되지.

— 응, 응. 페치카. 부엌이 있소. 그래 부엌이 있고 그리고 이건 이건 그게 뭐 어 절벽(?)(다른 곳으로 연결되지 않은 벽?) 아니오? 그래 이 절벽에(?) 문이 문이 있지. 그래 그 문으로 들어가면 이게 저기 … 어 응접실이 있고 저쪽에 또 그 문이 (있는데) 응접실에서 그 문을 열고 저쪽으로 들어가면 음 그런 게오, 침실. 그래 이쪽도 이게 부엌 문, 이게 부엌이 아니오? 부엌. 이 벽이 막혔지. 부엌, 이건 부엌이고 그래 이렇게 이쪽 내려와서 여기에 문이 있고. 문이 있으면 한 칸이 있소. 그래 큰 칸에서 또 이렇게 이렇게 또 저 오른쪽으로 홀 들어가면 또 거기에 문이 있소. 저쪽에 방이 있소. 그렇게 있어.

방이 또 있구나. 아이고! 복잡하네요, 그 집은. (웃음)

— 이 이 저기 … 부엌까지 다섯 칸이지.

그렇지! 그러니까 복잡하지.

— 그리고 이쪽에는 음 현관이 있고 작은 창고가 있고, 그래 창고 저쪽에는 음 그 물을 대는 모터, 모터를 거기다 놓았지. 그리고 저쪽에는 어 목욕탕이고 광이고 그런 감자를 보관하는 곳이고. 그런 게 있고. 그래 이쪽에다 이쪽 집 앞에다는 그건 우리 이사 와서 그렇게 검은 타르지(tar紙)로 그저 타르지로 그 빨래를 빠는 칸을 꾸몄고. 여름용 부엌, 여름 여름 여름 부엌, 여름 부엌. 그다음에 그 벽에다가 잇댄 방앗간이오,

바ˇ이칸. 바ˇ이 바ˇ이 바ˇ이 걸어서 바ˇ이칸. 그건 싹 다 그저 똘(толь). 이 이게 이거 빠딸로끄(потолок)다느 그거느 쉬페리(шифер) 햇지. 이 벡이느 싹 다 그런 거 똘리(толь) 그 춘, 검정 이릏기 조애 잇재오? 똘리(толь) 똘리(толь)라구. 그 똘리(толь)르 싹 돌갓지. 막아. 걔구 저 집우르 장잿문으르 홀 들오다 나쁘레바(направо) 오른짝에느 어 우골리(уголь) 옇는 게 우굴리얀까(уголянка) 잇지. 걔구 집이 잘 이기 집이나 이리 ** 다단자 하재오? 걔 집이 두에다느 이릏기 이릏기 저나 어 낭그 옇는 낭그 옇는 드라비니크(дровишки) 낭그 옇는 거. 낭그 옇는 거 이릏기 이릏기 햇지. 기래 이벡에 이벡에 이벡에다 문우 햇지. 그 바 바깥에, 바깥에 그 지인 데 이 벡에. 기래문 꾸흐냐(кухня) 오꾸스깐(окошко-ㄴ)데 이게 쉬또브(чтобы). 저짝에다 문우 햇지만 그전에 어이 햇는두 아이! 그저 불살개[209] 낭기 저렇기 에따(это) 축이 아이 나는데 우티기 데서 저런가. 그담에 동삼에사 보이까나 우리 겅게 그 부수깨 부수깨애 때는 낭 낭그두 싹 핸 거 쌓서 거기다 거더 옇엇는데 동삼에 보이까나 눈이 오이까나 발짜기 쌓안 데 겅겔르서 우리 우리 불쌀개 낭그 싹 도독질해 가.

아휴!

― 그래 그짝에 내 기래 그담에 기랫지 아들가. 이 이거느 이 문은 ** 전츠르 달아라, 이짝으르. 기애구 겅게르 이릏기 이릏기 이릏기 꼳꽂이 이릏기 우리 벡이 애이오? 기래 겅게르 이릏기 이릏기 오무 기게 저나 저기 싸라ˇ이지. 걔 싸라ˇ 이짝에다 문우 햇거든. 우리 본래 줴엔이덜이. 기래 거기다 *해까 동삼엔 거기서 우리 사보르(забор) 그렇기 높우재이오. 장작 높우재이오. 겅겔르 동삼에 글쎄 댕기메선 그거 우리 **불사스개 낭그 싹 도독질 자꾸 한단 말이오. (웃음) 발짜기두 하구. 누이 오기 전에느 몰랏지. 누이 오이까 알앗지. 그담에 아들아게다 이거 철페르 해라. 걔구 이기다 해라. 이짝에다 해라. 이짝에다 하무 우리 꾸흐냐(кухня) 오크노(окно) 딱 이릏기 싸라ˇ이 딱 베우지. 기래 문우 돌가 매 매 매앳어. 에:구!

방앗간. 방아 방아를 걸어서 방앗간. 그건 싹 다 그저 바닥이 아스팔트. 이 이게 이거 지붕에다는 슬레이트를 얹었지. 이 벽은 싹 다 그런 거 타르지(tar紙) 그 이렇게 검정 종이가 있잖소? '똘리(Толь, 타르지)'라고 하는. 그 타르지로 싹 둘렀지. 막아. 그리고 저 집으로 널문으로 훌 들어오다 보면 오른쪽에는 어 석탄을 넣는 석탄저장고가 있지. 그리고 집 여기로 **잘, 집으로 이리 다다르자 하잖소? 그래 집의 뒤에다는 이렇게 이렇게 저기 … 어 나무를 넣는 나무를 넣는, 장작, 나무를 넣는 거. 나무를 넣는 거 이렇게 이렇게 했지. 그래 이 벽에 이 벽에 이 벽에다 문을 냈지. 바깥에 바깥에, 그 지은 데 이 벽에. 그러면 부엌 창문이지 이게. 저쪽에다 문을 했지만 그전에 어이했는지, 아니! 그저 불쏘시개 나무가 저렇게 음 축이 안 나는데 어떻게 해서 저런가(축이 나는가). 그다음에 겨울에야 보니까 우리 거기에 그 부엌 부엌에서 때는 나무도 싹 해서 쌓아서 거기다 거두어 넣었는데 겨울에 보니까, 눈이 오니까 발자국이, 나무를 쌓은 데로, 거기로 나서, 우리 우리 불쏘시개 나무를 싹 도둑질해 가.

아유!

— 그래 그쪽에 내가 그래 그다음에 그랬지 아들에게. 이 이것은 이 문은 전체를 닫아라(폐쇄해라), 이쪽으로. 그리고 거기를, 이렇게 이렇게 이렇게 꼿꼿이(곧게 오면) 이렇게 우리 벽이 아니오? 그래 거기를 이렇게 이렇게 오면 그게 저기 … 광이지. 그래 광 이쪽에다 문을 했거든. 우리 집에 살았던 본래 주인들이. 그래 거기다 하니까(문을 내니까) 겨울엔 거기서— 우리 담장이 그렇게 높지 않소. 장작 쌓은 것도 높지 않소.—거기로 겨울에 글쎄 (도둑이) 다니면서 그거 우리 불쏘시개 나무를 싹 자꾸 도둑질한단 말이오. 발자국도 내고 눈이 오기 전에는 몰랐지. 눈이 오니까 알았지. 그담에 아들아이에게다 이거 철폐(撤廢)를 하라고 했지. 그리고 여기다 문을 내라. 이쪽에다 문을 내라고 했지. 이쪽에다 하면 우리 부엌 창문으로 딱 이렇게 광이 딱 보이지. 그래 문을 돌라 맸어(돌려서 냈어). 어이구!

그런 걸 다아 가져감둥?

─ 아, 그거 무슨 사깨구 마우재구 아 전에 아, 술으 먹으라무 잘 먹지. 아, 도 돈이 잇어야 라스또쁘까(растопка)나 싸지! 그 불살개 낭기나. 그래 도독질해. 그래 전에 딱 딱 알앗지. 우리 낭그 자꾸 *도, 어째 저렇기 빨리빨리 축이나는가ː 햇ː지. 하! 그담에 보이까나 우리 불살개르 자 자꾸 도독질해 가는. 그담에 그 문 철페르 하구 이짝으르 이짝이다 문우 맨들엇지. 에이그!

그래 눈이 와서 발짜기를 보구서 아셨군요. (웃음)

─ 기차지! 세상. 기애 집은 하 한 미누뜨(минут)두 못 비우ː. 누기 잇으무 집이 잇어야지. 집이 없으무 아이 데우.

그런 것을 다 가져갑니까?

― 아, 그거 무슨 카자흐 사람이고 러시아 사람이고, 아, 전에는 술을 먹으라면 잘 먹지. 아, 돈이 있어야 불쏘시개를 사지! 그 불쏘시개 나무를. 그래 도둑질해. 그래 전에 딱 딱 알았지. 우리 나무를 자꾸 도둑질, 어째 저렇게 빨리빨리 축이 나는가 했지. 하! 그다음에 보니까 우리 불쏘시개를 자 자꾸 도둑질해 가지. 그다음에 그 문을 철폐를 하고 이쪽으로 이쪽에다 문을 만들었지. 어이구!

그래 눈이 와서 발자국을 보고서 아셨군요. (웃음)

― 기차지! 세상에. 그래 집은 1분도 못 비우오. 누가 있으면 집에 있어야지. 집에 없으면 안 되오.

1) '베질하다'는 '벼농사를 짓다'의 뜻. '논질하다'라는 말도 쓴다. 중국의 동북 및 육진방언 화자도 '베질', '논질'이라는 말을 쓴다.

2) 중앙아시아의 한인들은 벼농사를 지을 때, 논을 갈아엎고 번지로 다스린 다음 논바닥에 가라앉은 영양토를 위로 일어나게 한다. 그러고 나서 볍씨를 뿌린다. 그래야만 영양분이 있는 흙이 볍씨에 고루 묻어 싹을 잘 틔울 수 있다. 구술자가 '흙물을 어지럽게 만든다'고 한 것은, 나무때기나 널판 따위를 가지고 논을 휘저어 바닥의 흙이 위로 일어나게 하는 것을 말한 것이다. 이를 '물으 흐리운다'라고 표현하기도 한다.

3) '꾹두기'는 '고무래'의 방언. 흔히 '국다' 또는 '국두기'라 한다.

4) '지다맣다'는 '기다랗다'의 방언.

5) '아주 몹시'의 뜻을 지닌 부사. 형용사 '모질-'에서 파생된 부사이다. <모딜이. '모질다'는 '굵다', '어떤 정도가 매우 심하다' 등의 의미를 지닌 형용사이다.

6) '깡치'는 다의어다. '액체 속에 가라앉은 찌꺼기', '물 밑에 가라앉은 퇴적물', '국의 건더기', '깨, 콩 따위의 기름을 짜고 난 찌끼' 따위의 뜻을 지닌다. 본문에서는 영양분을 함유하고 있는, 논바닥에 가라앉은 흙을 말한 것이다.

7) '일구다'는 '일[起]-'의 사동사.

8) '중태'는 '중태기'라고도 하는데 물건을 담아 들거나 어깨에 메고 다닐 수 있도록 만든 그릇. 사전에서는 '망태기'와 같은 것이라 하였으나 재료와 만드는 방법이 다르다. 중태는 삼의 오리 따위로 걸어 만든다.

9) '기차-'와 '기땅맥히-'가 일시적으로 뒤섞여 만들어진 말. 흔히는 '기땅맥히다' 또는 '끼땅맥히다'라 한다.

10) '강차이+-ㄹ'로 분석된다. '강차이'는 '삽'의 방언이고 'ㄹ'은 기구격조사 '르르'가 줄어든 것. '강차이'는 한어(漢語) '鋼鍤'을 차용한 말로, 이전부터 함경도 지방에서 널리 쓰였다.

11) 긴 자루의 끝에 삼각형 모양의 쇠로 된 날이 달린 농기구.

12) 고려말과 함경도 방언에서 흔히 '인차'라 한다. '이내 곧'의 뜻을 지닌 부사로 북한의 문화어이다. '인츠, 인츰, 인치' 따위와 같은 변이형이 있다(곽충구: 2019). 구술자는 '인치' 또는 드물게 '인츠'라는 말을 쓰기도 하였다. '인츠+-이>인치>인칙>인치'의 변화.

13) '-덤'은 '-더구마'(=더군요)의 준말인데 '-덤'을 외파시켜 '-덤므[təmm]'로 발음하

거나 '-덤무'로 발음하기도 한다. 고려말이 서툴고 러시아어를 많이 쓰는 고려인의
발화에서 많이 나타난다.

14) '수통(水筒)'은 물이 통하는 관(管).

15) 마니>마이. '마이'는 앞의 내용에 상당하는 수량이나 정도임을 나타내는 의존명사
'만큼'의 방언. 육진방언권에서는 '마니'라 한다. 조사로도 쓰인다.

16) '술기'는 '수레'의 방언. *술귀>술긔>술기.

17) '싣-'과 '실-'로 교체되던 어간이 '싫-'로 단일화한 것. 이처럼 구술자의 고려말에서
는 'ㄷ' 불규칙 어간의 말음이 대부분 'ㄷ>ㄹㅎ'의 변화를 겪었다. 예: 듫다(듣다,
聽).

18) 사람이나 우마가 다닐 수 있는 넓고 긴 둑.

19) '주'는 부정 어미 '-지'의 방언. 구술자는 특이하게 이 어미를 자주 썼다. 경북과 인접
한 충북의 여러 지역에서도 이 '-주'를 쓴다.

20) '깡치'는 다음과 같은 뜻을 지닌 명사. ①액체 속에 가라앉은 찌꺼기. ②물 밑에 가라
앉은 퇴적물. ③깨, 콩 따위의 기름을 짜고 난 찌끼. =깻묵. 본문에서는 ②의 뜻으로
쓰였다. 각종의 영양 성분을 지니고 있다가 물에 가라앉은 지표면의 흙을 말한 것이
다.

21) '몹시', '매우'의 뜻을 지닌 부사 '모질이'의 변이형. 육진방언권에서는 '모딜이'라
한다. 본디 '모딜다'에서 파생된 부사이다.

22) '두'는 '뒤[後]'의 방언. 함경도와 강원도 일원에서 쓰인다. 중세국어에도 보인다.

23) '벼'와 '쌀'의 개념이 명확하지 않아 순간적으로 '쌀'을 말한 것이다. 모국어 상실의
과정을 보여 주는 것이다.

24) 흔히 함경도 방언에서는 '세모재비'라 하는데, 방동사니과에 딸린 풀의 하나이다.
줄기가 세모꼴로 되어 있어 붙여진 이름이다. 두만강 유역의 함북 사람들은 이 풀을
가공하여 생활에 필요한 물건을 만들어 썼다.

25) '생긴 모양이 아주 흡사하게'의 뜻을 지닌 부사. 본디 '천심하다(<텬심하다)'에서 파
생된 부사 '천심이(<텬심이)'가 줄어든 말. 천심이>쳰심이>쳰심. 육진방언권에서는
'톔심하다', '톄심이'가 쓰인다.

26) '-마'는 선행어가 비교의 기반이 됨을 나타내는 보조사. 구술자는 '-만'이라 하기도
하였다.

27) '싹싹하다'는 '거죽이 메마르거나 세어서 매끄럽지 못하고 깔깔하다'라는 뜻의 형용
사. '껄껄하다'는 좀 큰 느낌을 준다.

28) '눈멕재'는 '소경'의 방언. 흔히 육진방언에서는 '눈먹재'라 한다.

29) '짚우다'는 '깊다'의 방언.

30) '가슬'은 '추수(秋收)'의 방언. '베가슬'은 다 익은 벼를 베어서 거두어들이는 일을 뜻하는 말이다.

31) '언제나 늘'의 뜻을 지닌 부사. 고려말과 함경도 방언에서 널리 쓰인다. 육진방언권에 서는 '댱', '댱즈'라 한다. 북한의 문화어이다.

32) '낟'의 고려말은 '낟'이지만, 이 구술자의 방언은 '낮'이다. 이는 '낟'이 'ㅣ' 앞에서 구개음화를 겪은 다음[나지], 교체형 '낮'이 교체 범위를 확대한 것이다. 고려말, 중국 조선족의 동북 및 육진방언에서는 일반적으로 체언 말자음 'ㄷ, ㅌ'이 'ㅣ' 모음 앞에 서 구개음화하지 않는다. 따라서 구술자의 발화에서 '낮'이 출현하는 것은 형태소 경계에서의 ㄷ구개음화가 이루어지기 시작하는 초기 단계를 보여주는 것이다. 음운 의 변화가 형태소 내부에서 경계로 확산되는 과정, 그리고 음변화가 어휘에 따라 점진적으로 이루어지는 과정, 교체계열에서의 단일화 과정을 아울러 보여 준다.

33) 벼나 조 따위의 곡식을 15단씩 가리어 쌓아 놓은 무지. 30단씩 무져 놓은 것은 '하지 (<하디)'라 한다.

34) '두디리다'는 '두드리다'의 방언. 동북, 육진방언에서는 도리깨로 두드려 털든 탈곡기 로 털든 곡식을 터는 것을 '두드린다'고 한다.

35) '뻬다'는 '베다'의 방언.

36) 동북, 육진방언의 '밭'은 '논과 밭(田)'처럼 식물 따위가 자라거나 자연물이 들어찬 평평한 땅'을 뜻한다. 따라서 '논'은 '베밭' 또는 '논밭'이라 하고 '숲'은 '나무밭'이라 한다.

37) 소트카(сотка)는 어떤 단위의 1/100을 나타내는 말이나 구어에서는 흔히 100㎡의 넓이를 나타낸다. 100㎡는 1헥타르의 1/100이다.

38) 볏단을 돌 따위에 후려쳐서 벼를 터는 모습을 말한 것. 이를 개상질 또는 태질이라 한다.

39) 대부분의 방언에서 그렇듯이 고려말에서도 '총을 쏘다'를 '총을 놓다'라 한다.

40) 땅 위의 모래나 작은 돌이 탈곡한 곡식에 섞이지 않도록 땅바닥에 멍석 따위를 펴 놓았다는 말.

41) 고려말의 '저'는 평대의 2인칭대명사. 때문에 조사자가 자신을 낮추기 위하여 쓴 '저' 를 구술자는 자신을 지칭하는 것으로 생각하고 대답한 것이다.

42) '이새'는 '이사'(移徙)의 방언. '인세'라 하기도 한다.

43) '시애끼'는 '시동생'의 방언. 싀[媤]+애끼[弟]>시애끼. '애끼[弟]'는 본디 '아우'의 주 격형이다. 이 명사는 동북 및 육진방언에서 자음으로 시작하는 조사 앞에서는 '아스'

모음으로 시작하는 조사 앞에서는 '앆'으로 어간이 교체되던 명사였다. 구술자는 이 '아스/앆'을 쓰지 않는다. 다만, '시애끼'라는 명사에서 그 흔적만을 보여 줄 뿐이다.

44) 트루드(труд)는 трудодень(집단 농장원의 노동을 계산 하는 단위. 노동일수)를 말한다. 복수형은 트루도드니(трудодни, 총노동일수)이다.

45) 처소를 나타내는 지시 대명사 '저기'의 방언. 고려말, 동북 및 육진방언에는 지시 대명사 '이, 고, 그, 저(뎌), 조(됴), 요' 등에 'ㅇ게'가 결합한 '잉게, 엉게, 공게, 긍게, 정게(<뎡게), 종게(<둉게), 용게'와 같은 대명사들이 쓰인다.

46) '-다이(<다니)'는 동북방언에서, 하오할 자리에서 쓰이는 서술형 종결어미. 화자가 어떤 사실을 알리거나 경험하여 알고 있는 사실을 일러줄 때 쓰인다.

47) 헤[泳]-+-어+나->헤에나-. '헤에나다'는 '힘든 상태를 헤치고 벗어나다'라는 뜻을 지닌 동사.

48) 영농 주체인 고려인이 가족 단위로 구성된 소공동체(브리가다)를 조직하여 농사철에 당사자의 거주지를 떠나, 근거리 또는 원거리에서 토지를 임차하여 생산에서 판매에 이르는 영농의 전 과정을 수행하는 '이동임차농업'이라 부를 수 있다(전경수 편(2002), 『까자흐스딴의 고려인』, 서울대학교출판부, 139-210).

49) 자기가 샀기 때문에 국가에 주면 안 된다는 말. 땅을 자유롭게 매매할 수 있고 사유화할 수 있다는 말. 조사자가 고본질의 과정을 알기 위해 질문하였으나 제보자는 이를 잘못 알아듣고 위와 같이 말하였다.

50) 러시아 영내의 사라토프(Саратов)를 말한 것이다. 사라토프(Саратов)는 볼가강 연안에 있는 도시로 교통의 요지이다. 제분업이 발달하였고 문화의 중심지이며 고등교육기관이 많은 교육의 중심이다.

51) '질'은 '길'의 방언.

52) 알마티와 탈디쿠르간 사이에 있는 도시. 알마티로부터 약 70km 북쪽에 위치한다.

53) 1993년에 카자흐어 쉼켄트(Шымкент)로 개명되었다. 알마티 서쪽 650km 지점에 위치하며 남카자흐스탄주의 주도(州都)이다. 2007년의 통계 자료(알마티 한국종합교육원)에 의하면 침켄트에는 9,912명의 한인이 거주한다.

54) "께납(конопля)인두~ 무시긴두~"이라 해야 옳은 발음이다.

55) '헝겊'은 '천'의 방언. '헝겊'이 아니다.

56) '꼳꼳이'는 '꼿꼿이'의 방언. 곧곧이>꼳꼳이>꼳꼳이.

57) '다치다'는 '건드리다'의 뜻.

58) =땃딸기. 북한의 문화어로는 '땅딸기'. 함남북, 평남북, 강원 등 북부의 산악지대에서 자생하는 여러해살이풀의 하나.

59) '다드배채'는 '양배추'의 방언. '다드배채'(흔히 '다두배채'라 함)는 '大頭白菜'에서 유래한 말인데 이는 중국 동북 지역에서 쓰이는 한어(漢語)의 방언으로 일찍이 함경도 지방에 유입되어 정착하였다. '大頭白菜'를 줄여서 '大頭菜'라고도 한다. 양배추의 모양이 '사람의 큰 머리'와 같다고 해서 붙여진 이름이다. 함경도 출신이 주로 거주하는 중국 지린성(吉林省)의 대부분 지역에서도 '다두배채'라는 말을 쓴다.

60) '눅다'는 '값이 싸다'의 방언.

61) '따개다'는 '쩨다', '쪼개다', '따다'의 뜻을 지닌 동사. 본문의 '따개지다'는 양배추의 고갱이가 뭉치지 않고 터진 것을 말한 것이다.

62) '낭그'는 '나무'의 대격형(또는 속격형). 구술자는 자음 조사나 접사 앞에서 '낭기', '낭그'를 수의적으로 쓰는데 여기서는 '낭그'를 썼다.

63) '꼽다'는 '꽂다'의 방언.

64) 집채 주변의 가까운 공간. 주로 울타리의 안 또는 집채 주위를 이른다.

65) '무순둘레'는 '민들레'의 방언.

66) '보선나물'은 그 실체를 알기 어렵다. 다만, 백두산을 무대로 한, '버선나물'에 대한 설화가 있는 것으로 보아 '버선나물'이 함경도 지방에서 서식했던 것으로 생각된다.

67) '닥지쌔기'는 '모싯대의 어린 싹'을 말하는데 그 싹을 뜯어서 무쳐 먹는다. 함경도 지방에서는 '닥지쌔기'라 하여 봄에 이 나물을 즐겨 해 먹는다.

68) 동북, 육진방언에서는 열매를 '따다'라 하지 않고 '뜯다'라 한다. 예: 사과르 뜯는다, 배르 뜯어라.

69) 러시아어 'как(어떻게)'와 한국어 '-부터'가 결합된 말로 보인다. '어떻게 (무엇)부터 말해야 되나' 정도의 말을 하려다 얼버무린 것이다.

70) '씁다'는 '쓰다[苦]'의 방언.

71) '저레'는 '바로', '내친 김에'의 뜻.

72) '답닦다'는 '여러 차례 닦다'의 뜻. 고어(古語)에서, '답'은 용언의 앞에 붙어 '강조'의 뜻을 나타냈다.

73) '깨기름'은 참깨나 들깨로 짠 기름.

74) '저'는 앞에서 이미 말하였거나 나온 바 있는 사람을 도로 가리키는 삼인칭 대명사. '제'는 '저'의 주격형.

75) '슳에하다'는 '싫어하다'의 방언. 고려말이나 동북, 육진방언에서는 부정부사 '아이'(<아니)가 '-하다'의 앞에 놓인다.

76) '뚜지다(<뚜디다)'는 '꼬챙이 따위의 뾰족한 것으로 쑤셔서 파다'의 뜻을 지닌 동사.

77) '심다'는 대체로 자음으로 시작하는 어미 앞에서는 '수무-', '-어X' 앞에서는 '숭구-'

또는 '숨-'으로 실현된다.

78) '공이사'는 '상점(商店)'의 방언. 중앙아시아 한인들은 '상점'을 러시아어 마가진(магазин)이라 하거나 '공이사'라 한다.

79) '-스'는 주로 여성들이 혼잣말처럼 중얼거리며 말할 때 많이 쓰이는 종결어미.

80) 삽듀+-이>삽쥐>삽지.

81) '-읍고마/-습고마'는 합쇼할 자리에서 쓰이는 서술형 종결어미. 본디 육진방언과 그 외곽의 함북 지방에서 쓰이는데 '-읍구마/-습구마'보다는 쓰임의 빈도가 낮다.

82) '둑하다'는 '가늘지 않고 좀 굵다'의 뜻을 지닌 형용사.

83) '시굴다'는 '시다[酸]'의 방언.

84) 구술자의 진술로 미루어 '시굼치'는 '수영'이나 '싱아'일 것으로 생각된다. 구술자는 이를 '쉐채'라고 하였으나 뒤에서는 '시굼치'와 '쉐채'를 다른 것으로 설명하고 있다. 여기서는 일단 '시굼치'와 '쉐채'를 모두 '수영'으로 해 둔다.

85) '바르다[剝]'는 자음으로 시작하는 어미와 '-으X' 앞에서는 '바르'로 교체되고 '-아X' 앞에서는 '밝'으로 교체되는 비자동적 교체 어간인데, 구술자는 'ㄱ'이 탈락한 '발라서'를 썼다. 함남 단천 출신의 다른 구술자는 '발가서'와 '발라서'를 수의적으로 썼다(곽충구: 2009a).

86) '-마이(<-마니)'는 '만큼'의 방언.

87) '메우다'는 '나물에 양념을 넣어 버무리다'의 뜻.

88) '-만'은 선행어가 비교의 기반이 됨을 나타내는 보조사. 구술자는 '-마'라 하기도 하였다.

89) 처소를 나타내는 지시 대명사 '요기'의 방언. 고려말, 동북 및 육진방언에는 지시 대명사 '이, 고, 그, 저(뎌), 조(됴), 요' 등에 'ㅇ게'가 결합한 '잉게, 영게, 공게, 긍게, 정게(<뎡게), 종게(<둉게), 용게'와 같은 대명사들이 쓰인다.

90) 함경도, 중국의 만주, 러시아의 연해주 등에 거주하는 한인들은 이 나무와 나무의 열매를 생활에 유용하게 썼다. 표준어로 '귀룽나무'라 한다. 흰 꽃이 핀 다음 검은 열매가 달리는데 이 열매는 배앓이를 다스리는 약재로 썼다. 또 이 귀룽나무 가지를 베어 가는 오리로 켜낸 다음 그것으로 '삳' 또는 '뎜제, 점제, 점재'(簟子)라 불리는 '삿자리'를 엮어서 방바닥에 깔았다.

91) 고려말, 동북 및 육진방언에서는 '따다'라 하지 않고 '뜯다'라 한다. '과일'과 같은 열매는 모두 '뜯는다'고 한다.

92) 한해살이풀. 키는 30~40m, 잎은 타원형이고 자주색 꽃이 피며 열매는 작고 둥근 모양인데 처음에는 푸르다가 익으면 노르스름고 맛이 달다. 밭이나 들에 저절로 자란

다.『譯語類解』(下:11a)에 '𦾔茄子 뫼가지'가 있는데 '맷가지'는 이 '뫼가지'와 같은 식물일 것으로 생각되지만 국내에는 이를 참고할 만한 문헌이 없다. 다만,『中國植物志』(中國科學院 植物研究所, 2004)에는 '山茄', '山茄子', '野茄'라는 식물이 있는데 이 가운데 중국의 동북지방에서 자라는 '山茄子'가 '뫼가지'일 것으로 생각되나 분명하지는 않다. 위『譯語類解』의 '𦾔茄子'는 중국측 문헌에도 나타나지 않는다. '𦾔茄'는 黑龍江省 湯原縣『縣志』에 유일하게 보이나, "가지(茄子)는 𦾔茄와 水茄의 차이가 있다."고만 언급되어 있을 뿐 그에 대한 구체적인 기술은 없다. 이로 보면 '𦾔茄'는 중국 동북 지방의 방언일 것으로 추측된다.

93) '재빨갛다'는 '새빨갛다'의 방언.

94) '-나'는 '-라'. '-라'는 받침 없는 말 뒤에 붙어 어떤 대상을 들어내어 화제로 삼을 때 쓰이는 보조사이다. 고려말에서는 '-라' 외에 '-란', '-라느'와 같은 변종이 쓰이기도 한다.

95) '-읍덤마'는 '-읍더구마'가 줄어든 말.

96) 동북, 육진방언에서 '무섭다, 무셥다'는 '정도가 아주 심하거나 대단하다'의 뜻을 지닌다. 예: 남평'이라구 무셥'운 산골인'데(남평이라는 곳은 아주 깊은 산골짝인데) / 우리 집안에' 서울으' 과거볼라 갓다가서 낙방한 분이 잇엇'는데 무셔'운 학쟌데(우리 집안에 서울로 과거를 보러 갔다가 낙방한 분이 있었는데 대단한 학자인데)(곽충구: 2019에서 전재함).

97) '듣-'과 '들-'로 교체되던 어간이 '듫-'로 단일화한 것이다. 이처럼 구술자의 고려말에서는 'ㄷ' 불규칙 어간의 말음이 대부분 'ㄷ>ㄹㅎ'의 변화를 겪었다.

98) '송치'는 다의어이다. 다음과 같은 뜻이 있다. ①씨가 들어 있는 과일의 속 부분. ②알을 모두 털어 내고 남은 옥수수의 자루. ③잣나무나 소나무의 송이. ④열매와 그 열매를 감싸고 있는 전체. 본문에서는 ④의 뜻으로 쓰였다.

99) '왜애지(<오얒+-이)'는 '자두'의 방언.

100) 함경도 지방에는 세 종류의 자두가 있다(최명옥, 곽충구 외, 2002:211-212, 곽충구, 2008:88-90, 곽충구: 2019). 그 중의 하나가 '놀'이다. 살구보다 좀 작고 동글동글하며 처음에는 푸르다가 익으면 노랗게 된다. 맛이 달다.

101) 자두 종류 중에서 가장 크며 맛이 있다. 생김새는 길쭉하며 익으면 자줏빛을 띤다.

102) '피낮이(<피낟이)'는 '피[稗]'의 방언. 대격조사 '-으' 앞에서 말모음 'ㅣ'가 탈락되었다. 과거 함경도 지방과 연해주 지역에서는 '피'와 '조'가 주식(主食)이었다.

103) '석매'는 '연자방아'의 방언.

104) 끈끈한 성질이나 차진 기운. 또는, 그러한 것. 본문에서는 찰기장 또는 차조를 말한 것으로 생각된다.

105) '절구다'는 흔히 '담그다'의 뜻으로 쓰인다. 예: 김치르 절군다(김치를 담근다).

106) '질씨(<길씨)'는 '길이'의 방언.

107) =삽자루처럼. '강차이'는 '삽'의 방언, '잘기'는 '자루[柄]'의 방언, '-처름'은 '-처럼'의 방언이다. '강차이'는 한어(漢語) '鋼鍤'을 차용한 말로 이전부터 함경도 지방에서 널리 쓰였다.

108) '대애구'는 '잇따라 되풀이하여 자꾸'의 뜻을 지닌 부사.

109) '검줄하다'는 '지저분한 것을 다듬어 깨끗이 하다'라는 뜻의 동사. 예컨대, 김장을 담글 때 파나 배추를 다듬거나 생선을 요리할 때 비늘이나 내장을 제거하는 것을 '검줄한다'고 한다.

110) '커우대'는 한어(漢語) '口袋[kǒudai]'를 차용한 말. 일찍이 함북 지역에 차용되어 함경도 지역에서 널리 쓰인다.

111) '담'은 '다음'이 줄어든 말이고 '연'은 "주로 '-(으)ㄴ' 뒤에서 '연에'의 꼴로 쓰여, 어떤 일이 있은 뒤"라는 뜻을 지닌 의존명사.

112) '농'은 '노끈'의 방언. '농'은 중세국어 '놓'의 후대형이므로 '농'의 'ㅇ'은 'ㅎ'으로부터 변화한 것이다.

113) '다라미'는 '두름'의 방언. 흔히는 '다래미'라 한다. '달[掛]-+-암+-이'로 분석된다. '다램이'는 '채소나 나물 따위를 길게 엮은 것' 또는 '고추나 가지 따위를 실에 꿰어서 길게 늘인 것'을 이르는 말이다. 함북 지방에서는 고추나 가지를 실에 꿰어 집채의 벽면이나 처마에 달아매거나 덕에 걸어서 말렸는데 그것을 '고치다래미', '까지다래미'라 하였다.

114) 젓국디>젓국지. 식해(食醢)와 비슷한 음식의 하나로, 바닷물고기나 민물고기를 저민 것에, 무를 썰어 넣고 마늘, 생강, 고춧가루, 고수풀의 씨를 가루 낸 것을 함께 넣어 버무린 다음 단지에 넣어서 삭힌 음식. 두만강 연변에 사는 사람들은 지금도 이 음식을 즐겨 해 먹는다.

115) 한어(漢語) '蘿蔔[luófú]'를 차용한 말. 고려말 및 동북방언에서는 흔히 '무'를 '노오배'라 한다.

116) 묶+-우느 '-우느'는 보조사 '은'의 방언. '무'는 자음으로 시작하는 조사 앞에서는 '무수', 모음으로 시작하는 조사 앞에서는 '묶'으로 교체된다. 주격형은 '무끼(묶-이)', 대격형은 '무꾸(묶-으)', 처격형은 '무께(묶-에)'. 그러나 자음 조사 앞에서 '무끼'가 출현하기도 한다.

117) 구술자가 카자흐스탄에 체류하던 한국인으로부터 배운 말.

118) 성(姓)이 같아 친척 같이 지내는 지인.

119) '제마끔'은 '제각기'의 방언.

120) 문맥상 '지달구다'는 '지지르다'의 뜻이다. 그런데 동북 및 육진방언에서는 흔히 '지지르다'를 '지즐구다'라 한다. 구술자의 고려말도 그렇거니와 함경도 방언 '지달구다'는 '기다리다'의 방언이다. '지달구다'가 동음이의어인 것으로 생각되나 확인하기 어렵다.

121) 동북, 육진 및 서북 방언에서 '반찬'은 '물고기로 요리한 음식'을 뜻한다.

122) '저+-네+-느'로 분석된다. '저'는 평대 2인칭대명사, '-네'는 접미사, '-느'는 보조사다.

123) 벨로루시의 수도. 자동차 공업, 공작 기계, 직물, 피혁 공업이 활발하다.

124) 한어(漢語) '跑腿兒'를 차용한 말. '호불애비'(또는 '하불애비')와 달리 '보토리'는 결혼하지 않고 혼자 사는 사람을 뜻하며 좀 낮추는 뜻이 있다.

125) 재료가 무엇이든 '국'을 '장물'이라 한다.

126) '웬'은 정도를 나타내는 부사 '맨' 또는 '가장'의 방언. 대체로 육진방언에서는 '왠:'이라 하고 동북방언에서는 '웬:' 또는 '엔'이라 한다.

127) '꽈꽈자다'는 '부드럽지 못하고 뻣뻣하다'라는 뜻을 지닌 형용사. 표준어 '꽛꽛하다'와 뜻이 비슷한 말이다. 이 형용사는 '-아X'를 만나면 '꽈꽈재서'가 된다. 이러한 유형의 형용사에 대해서는 곽충구(2013)을 참고할 것.

128) 본디 대격형(또는 속격형, '갉-+-으') '갈그'가 자음 조사 앞에서 쓰인 것이다.

129) '당고치'는 아직 조사 보고된 바 없는 방언이다. 전후 문맥을 고려하면 '당고치'는 '고추'임이 분명하다. 함남 지방에서는 '고추'를 '당추', '당취', '댕가지' 따위로 부른다. 따라서 '당고치'는 함남 방언('당' 계열 방언형)과 함북방언('고치')의 접촉 과정에서 형성된 방언형으로 판단된다. 구술자의 선대 거주지는 바로 그 접촉지역이라 할 수 있는 함남 단천이다.

130) '-슴'은 'ㄹ'을 제외한 받침 있는 용언 어간, 선어말어미 '-엇-, -갯-' 뒤에 붙어, 하오할 자리 때로 하압소할 자리에서, 어떤 사실을 있는 그대로 나타내거나 의문을 나타내는 종결어미.

131) 본디 '데지떼렛지'(<데지떼리-+-엇-+-지)인데 'ㅔ' 모음이 'ㅣ'로 실현되었다. '데지-'는 '던지-' 또는 '버리-'의 뜻이며 '떼리-'는 강세 접미사 '-뜨리다의 방언. 그 뜻은 '내던졌지'가 된다.

132) 우즈베크의 전통 음식. 쌀에다 고기와 야채 그리고 후추 따위를 넣고 기름에 볶아서 만든다.

133) '담먼'은 '담 연'을 잘못 발음한 것이다. '담'은 '다음'의 준말이고, '연'은 '어떤 일이

있은 뒤에'의 뜻을 지닌 의존명사.

134) '홍당무'를 뜻하는 한어(漢語) '胡蘿卜[húluóbo]'에서 유래한 말로 보인다.

135) '보-+-ㄹ라이'로 분석된다. '-ㄹ라이'는 받침이 없는 어간 뒤에 결합되는데 '-자
하니', '-으니까' 정도의 뜻을 지닌 연결어미다. 이보다 약간 강조의 의미를 지닌
'-ㄹ라이까', '-ㄹ라이까나', '-ㄹ라이까네'도 쓰인다. 구술자의 발화에서 두드러지
게 나타난다.

136) '닦다'는 '덖다'의 방언. 물기가 조금 있는 고기나 약재, 곡식 따위를 물을 더하지
않고 타지 않을 정도로 볶아서 익히다.

137) '쇠고기'의 '쇠'가 원순모음으로 발음되는지를 알아보기 위해 재차 질문한 것이다.

138) '슳-'은 어미 '-어X'와 결합하면 '슳에X'가 된다. 즉, '슳고, 슳에서, 슳으이 …'와
같이 활용한다. 이는 '슳-'이 '슬ㅎ-'에서 변화하였기 때문이다.

139) 국시+-르르. '국시'는 '국수'의 방언. 국수+-이>국쉬>국시.

140) 하오체 종결어미 '-오'는 어간 '하-'뒤에서 '-아'로 실현된다. 이는 육진방언권의
여성 화자에서 두드러지게 나타난다.

141) 중앙아시아의 한인들은 거주국의 기본 화폐 단위를 쓰지 않고 우리의 옛 화폐 단위
인 '냥'을 쓴다. 본문에서 이천 백냥은 2,100텡게를 말한 것이다. 카자흐스탄의 화폐
단위는 '텡게'이다.

142) '겅지다'는 '건지다'의 방언.

143) '찌다'는 '들어 있거나 배어 있는 물이 줄어들거나 없어지다'라는 뜻을 지닌 자동사.

144) '고명'이나 '뀌미'를 '추미'라 한다.

145) '도투고기'는 '돼지고기'의 방언. 중앙아시아 한인들은 '돼지고기'(또는 대애지고기)
와 '도투고기'를 함께 쓰는데, '도투고기'가 고형이다. '도투굴'은 '돼지우리'를 말한
다.

146) '양념'을 잘못 발음한 것.

147) '예영'은 '이엉'의 방언.

148) 함경도의 전통적인 가옥구조에서 '정지'는 생활의 중심이 되는 공간이다. 정지는
크게 세 개의 공간으로 구성되어 있다. [정지방], [바당과 부수깨], [외양간과 방앗
간]이 그것인데 모두 벽이 없이 하나의 공간에 배치되어 있다. '정지방'(또는 '정지
칸', '하랑', '구둘칸', '구들'이라고도 하고 그냥 '정지'라 부르기도 한다)에서는 그
집의 주장이 되는 젊은 부부와 아이들이 주로 거처한다. 그리고 집안 식구들이 함께
모이는 공간이기도 하고 손님을 맞아 대접하는 곳이기도 하다.

149) '예예~'은 '예영+-이'가 줄어든 말이다. 동북, 육진방언에서는 단독형일 때 명사

말에 '-이'가 결합된다.

150) 구술자가 기억이 희미해서 자신이 말한 '예엉'이 맞는지를 확인하기 위해 반문한 것.

151) 두만강 연안의 함북 사람들이나 연해주 한인들은 '띠'와 같은 새[草]를 가지고 지붕을 이었는데 구술자는 널로 하였다고 하였다. 너와(너새)로 지붕을 해 이었던 것이다.

152) '-스끄'는 '-습구마'가 줄어든 말을 음성형 그대로 전사한 것이다.

153) '돌구다'는 '도르다'의 방언.

154) '장재'는 널빤지로 만들어 둘러 세운 울타리.

155) 쾅재>캉재. 바구니 모양으로 나무오리를 결어 만든 물건. 둥글고 긴 손잡이가 있다. 흙이나 곡식 따위를 담아 나르는 데 쓴다. 한어(漢語) '筐子[kwāngzi]'를 차용한 말이다. 구술자는 나무로 결어서 만든 울타리를 묘사하기 위하여 이 '쾅재'라는 말을 썼다.

156) '쾅재'를 결듯이 그렇게 나무를 결어서 울타리를 만들었다는 말. 바자를 말한 것이다.

157) 널판을 잇대어 울타리 사이에 낸 문.

158) '배재태'는 바자를 다 걸고 나서 가닥의 남은 부분으로 땋아서 마무리한 테두리를 말한다. 바자를 어떻게 엮는지를 묻기 위해 제시해 본 것이다.

159) 마당에서 집채의 안으로 들어오는 문. 흔히 '한문'이라고 한다. 문을 열고 들어오면 흙바닥으로 된 공간을 밟게 되는데 이 공간을 '바당'이라 한다. 신발을 벗어 놓기도 하고 두멍을 두기도 하며 일용하는 잡살뱅이를 놓아두기도 한다. 이곳에서 신을 벗고 정지방(정지구들)으로 올라선다. 또 이곳에서 불을 때는 '부수깨'로 내려간다. '부수깨'는 깊이가 1m가 채 안 되는 움푹 파인 곳이다. 그 바닥을 부수깨바당이라 한다.

160) 음절말의 'ㅇ'이 'ㄴ'으로 실현된 예. 이에 대해서는 소신애(2010)을 참고할 것.

161) 울타리 안에 텃밭이 있는데 그 텃밭 주위를 바자로 둘러쳤다는 것을 말한 것이다. 중앙아시아의 한인들은 지금도 집마다 텃밭이 있는데 그것을 오고로드(огород)라 부른다.

162) '허덕간'은 '헛간'의 방언. 대개 사면의 일부가 벽면이 없이 터져 있으며 농기구 따위를 보관하거나 땔나무 따위를 쌓아 놓는다. 대개 마당 한 편에 짓는데 구술자가 살던 원동 집에서는 정지와 이어진 뒤꼍에 두었던 것으로 보인다.

163) '곳간' 또는 '광'. 곡식이나 음식을 보관하거나 두지 따위를 넣어 둔다. 구술자는 뒤에서 '싸랑'이라는 말을 몇 차례 썼다.

164) 대명사 '그곳'의 방언. 고려말, 함경도 방언에서는 지시대명사 '이, 고, 그, 저(뎌),

조(묘), 요' 등에 'ㅇ게'가 결합한 '잉게, 영게, 공게, 궁게, 정게(<덩게), 종게(<동게), 용게'와 같은 대명사들이 쓰인다.

165) '즘승개'는 집짐승을 통틀어 이르는 말.

166) 고려말, 함경도 방언에서는 '뒤'를 '두'라 하기도 한다. 예: 두우르(뒤로), 두에(뒤에).

167) '대애지굴', '도투굴'은 모두 '돼지우리'의 방언. '도투굴'이 고형이다.

168) '둥굴쇠'는 '황소'의 방언.

169) '알기-'는 '알[知]-'에 접사 '-기-'가 결합된 파생어. '알아지다', '생각나다' 정도의 뜻을 갖는다.

170) '붕간'은 '변소'의 방언. '糞間'에서 유래한 말로 보인다. 중국 조선족 육진 및 동북방언 화자들은 이 말을 쓰지 않는다.

171) '바글'은 '바깥'의 방언. '바같'이라는 말도 쓰인다.

172) 사유재산으로 인정되는 공간[집채+마당+오고로드(텃밭)]은 옛날이나 지금이나 바자나 널로 울타리를 만들어 둘러 세웠다. 그 울타리 안의 허덕간(헛간)은 집채의 뒷쪽에 붙어 있었고 변소는 울타리 안쪽의 텃밭 한 켠에 있었던 것으로 보인다. 그리고 바로 그 근처에 석매(연자방아)가 있었음을 알 수 있다. 현재 중앙아시아 한인촌의 가정집도 이와 비슷하다.

173) '정지'를 잘못 발음한 것.

174) 구술자가 중언부언한 느낌이 든다. 요컨대, 집채의 밖에서 집 안으로 들어올 때는 '바당문'을 통해 들어오며 들어섰을 때 밟는 곳은 바당이고 바당 옆에는 부수깨(부엌)가 있고 그 부수깨의 한쪽에는 본채에서 허덕간(=헛간)으로 통하는 문이 있었다는 말.

175) '부수깨'가 '부엌'을 이르는 말인지 또는 '아궁이'를 이르는 말인지 확인하기 위해 던진 질문이다.

176) 전통적인 함경도의 가옥은 양통식 전자형(田字型) 구조로 되어 있다. 크게 보면 '정지+전자(田字) 모양의 방 넷'의 구성이다. '정지'는 다시 '바당+부수깨+방구둘(=정지구둘)+외양간+방앗간'으로 되어 있다. 구술자는 이 '정지'를 러시아의 'зал'와 비교하고 있다. 이곳에서 가족이 모여 이야기를 나누고 식사를 하고 손님을 맞기 때문이다. 이 정지에서 전자(田字) 모양의 방으로 들어간다. 그런데 이 정지에 이어진 방들은 또 밖에서도 들어갈 수 있는 문이 있다. 구술자는 이러한 가옥 구조를 말하고 있는 것이다.

177) 귀룽나무나 참나무의 가는 나무오리 또는 갈대로 결어서 만든 샷자리.

178) '절어서'는 '결어서'의 방언. 구술자의 고려말에서 '겯다[編]'는 '젋다'로 비원순화하

였다.

179) '클아바이'는 '할아버지'의 방언.

180) 목침 모양으로 생긴 나무토막을 '목도기'라 한다. 본문의 '목되기'는 '목도기'의 'ㅣ'
모음역행동화형이다.

181) 함경도에서 삿자리는 보통 갈대, 참나무, 귀룽나무의 가는 나무 오리를 가지고 결어
만든다. 구술자는 갈대를 나무토막 위에 올려놓고 살살 두드려서 가는 오리로 쪼개
는 과정을 말하고 있다. 잘라 낸 갈대의 머리 부분을 두드려 갈라지게 한 다음, 거기
서 오리를 하나하나 잡아당겨서 쭈르르 갈라낸다.

182) 동생+-이→동새이→동새:.

183) '큰아매'는 '할머니'의 방언. 흔히 '클아매'라 한다. '큰어머니'는 '맏아매'(또는 '몬아
매')라 한다.

184) 앞서 구술자는 아버지가 일찍 작고하여 삼촌댁에서 자랐다는 말을 한 바 있는데
여기서 그 사실을 다시 언급하고 있다. 그것은 구술자가 살던 집의 내력과 관련되기
때문이다. 아래에서 부모의 형제자매들이 이런저런 사정으로 집을 주거니 받거니
한 과정을 말하고 있다.

185) '느비(<누븨)'는 '누이'의 방언. 순자음 앞에서 'ㅜ'가 'ㅡ'로 비원순화하였다.

186) 쥐[執]-+-어→줴에→제에.

187) 함경도라도 지역에 따라 '오래'의 의미가 조금씩 다르기 때문에 구술자가 말하는
'오래'의 뜻이 무엇인지를 정확하게 파악하기 위하여 질문한 것이다. 구술자는 '집
채 주변의 가까운 공간' 즉, 주로 울타리의 안 또는 집채 주위를 뜻한다고 하였다.

188) '장치다'는 '쟁이다'의 방언.

189) 함경도에서는 '허덕간'(헛간)과 달리 곡식이나 농기구 따위를 보관하는 집채를 '샤
랑'(광, 곳간)(육진방언) 또는 '사랑'(동북방언)이라 한다. 연해주의 한인 집에도 이러
한 공간이 있었는지, 있었다면 그 기능은 무엇이었는지를 조사하기 위하여 질문한
것이다. 그런데 묘하게도 러시아어에도 '사랑'과 음과 뜻이 비슷한 capaй란 단어가
있다. 구술자는 그 러시아어 단어를 말한 것이다.

190) '-인데'는 뒤에 '-서' 또는 '-르' 따위가 붙어 흔히 '-한테서', '-한테로' 정도의
의미를 갖는 조사로 쓰인다. 예: 내인데르(내한테로), 시'애끼인데'꺼지 스'느비인데'
꺼지(시동생한테까지 시누이한테까지). 이 '-인데'는 '-잇는 데'가 문법화한 것으로
보인다. 위 본문에서 쓰인 '-인데'는 '-잇는 데'가 문법화하는 중간 단계를 보여
준다.

191) '떵때'는 '덩때' 또는 '덕대'라고도 하는데 '시렁', '살강', '선반'을 총칭하는 말이다.

192) '동냥기'는 둘레가 대략 두서너 뼘 정도의 굵기를 가진 나무. 또는, 그 나무를 땔감으로 쓰기 위해 베어 내거나 쪼갠 것.

193) '조앙간'은 정지방의 북쪽 벽면 주위의 공간을 말한다. 이곳에 찬장 등을 두며 살강이나 시렁을 가설하기도 한다. 구술자는 처음에는 정확하게 말하였으나 마지막에는 조앙간이 살강과 같은 것이 아닌가 하는 의문을 나타내고 있다. 오래 전의 일이라 기억이 희미해진 까닭이다.

194) '조앙깐'은 덩때(살강)이 아니고 덩때를 가설한 공간을 이르는 말. 정지의 북쪽 벽면 아래의 공간이다. 흔히 이곳에 찬장을 둔다.

195) '소래'는 '대야'와 비슷하게 생긴 그릇. 음식을 담거나 물건을 담아 두는 데 쓴다. '트물소래'를 중국 조선족의 함경도 방언에서는 '특물소래'라 한다.

196) '빤:하다'는, '눈에 보이는 것이 매우 또렷하고 환하다'의 뜻.

197) '첩시(<텹시)'는 '작은 접시'를 이르는 말.

198) '나다'는 '어떤 연한이 되다'라는 뜻.

199) '헗'은 '헗이'를 줄여서 말한 것. '헗이'는 '헗-'에 접사 '-이'가 결합되어 파생된 부사. '쉬'라는 뜻이다. '헗-'은 본디 '헐하-'가 줄어든 말이다.

200) '지'는 '집'의 속격형. 흔히 자음으로 시작하는 명사 앞에서는 '짓', 모음으로 시작하는 명사 앞에서는 '지'로 실현된다.

201) '~와 비슷하다', '~인 듯하다'의 뜻을 지닌 형용사. '가툴하다' 앞에 용언이 놓이는 경우에는 의존명사 '것'이 생략되어 '-는 가툴하다'의 꼴로 쓰인다.

202) 어찌>워찌. 함남 지역어에서는 이 같은 변화를 종종 볼 수 있다.

203) 1937년, 원동에서 러시아의 볼가강 인근 지역으로 이주한 뒤 1942년에 카자흐스탄으로 재이주를 할 때, 원동에서 러시아로 들어올 때처럼 모든 것을 다 버리고 떠났다는 말.

204) '띠우다'는 '뜨다'의 사동사. '띠왓지'는 '강제로 살던 곳을 떠나게 했지'의 뜻이다.

205) '구려부'는 아스트라한으로부터 남쪽으로 70km 떨어진, 볼가강 지류에 바로 인접해 있는 Кировский인 것으로 생각된다. 구술자는 '구려부'가 카자흐스탄 땅이라고 하였는데 러시아 영내에 있다.

206) '첫국'은 '일이 벌어진 처음 국면'이라는 뜻인데 본문에서는 '첫 부분' 정도의 뜻으로 쓰인 것이다. 또는 '첫굴'일 수도 있다. '첫굴'이 그다음에 이어지는 '구둘'과 이어지면서 자음동화에 의해 '첫국'으로 발음되었을 가능성도 있다. '첫굴'의 '굴'은 불길이 닿지 않는 방구들의 구석진 자리를 말한다. 후자라면 창가의 구석진 자리라는 뜻이 된다.

207) '꼳꽂이'는 '꼿꼿이'의 방언. 곧곧이>꼳꼳이>꼳꽂이. 본문에서는 '휘지 않고 곧게'의 뜻으로 쓰인 것으로 보인다.

208) '서답 씿다'는 '빨래하다'의 뜻.

209) '불살개'는 '불쏘시개'의 방언.

03 일상생활

3.1. 재난(흉년과 질병)[1]

그럼, 아매! 아깨∷ 그: 42년도 인저 숭년 얘기하면서,

— 아하.

그때 그∷ 막 빗고티[2] 같은게 마악 왔는데 그게 메떼기였다구.

— 기게 메뙤기우.

고기서부터 자세히 좀 얘기해 주웁소.

— 그래, 그래 그 메떠기 메떼기 요러, 요룽기 뙥뜬뜯뜯 뛰적에느[뛰쩌게느] 뛰적에느[뛰쩌게느] 저 사름덜 꼬호즈(колхоз) 사름덜 무실 하는가, 무스거 어쨌는가나무 이 이 깊일 이마:이 (구술자 앞에 놓인 탁자를 가리키며) 이 상가 이 이 이 따이마이 이룽기 깊이르 이마:이 이마:이 이룽기 너르개서리. 이마:이 너르게 그렇게 에구 깊이 팟습지 머. 그 밭 감재밭으 역으 감재밭으 역으 개래 여렇기 똑똑뚝똑 뛰적에느[뛰쩌게느] 이래 이러 숱한 저 아:덜이 아:덜 숱한 아:덜이 그거 떨구무 겡게 그 그 구러~이 싹 떨어지지.

아아.

— 메떼기. 요 똑똑똑똑 띠는 기. 아 구러~이 싹 떨어지무 그담에 짚우 가져다 구러~이다 옇구서 불우 활 달아놓지.

아아. 으흠.

— 그 그담에 그거 조꼬말 적에 뚝뚝 뛰적에느 그룽기 그룽기 잡앗지. 아, 그담에 이것덜이 날래르 접어들엇지. 날개 나서 날 날아댕기지. 날아댕기이까나 사 사흘 지나이까나 감재 하나두 없어. 사흘 *덴 그것덜 뜯어 먹으이까나 감재 없어. 기래 에 기래 마흔두 해 적에[쩌게] 그렇게 숭녀이

3.1. 재난(흉년과 질병)

그럼, 할머니! 아까 그 이제 1942년도 흉년을 얘기하면서,

– 응.

그때 그 막 빗방울 같은 것이 막 왔는데 그게 메뚜기였다고.

– 그게 메뚜기오.

고기서부터 자세히 좀 얘기해 주십시오.

– 그래, 그래 그 메뚜기 메뚜기가 요러, 요렇게 똑똑똑똑 뛸 적에는, 뛸 적에는 저 사람들 집단농장 사람들이 무엇을 하는가 하면, 무엇을 어쨌는가 하면 이 이 깊이를 이만큼 (구술자 앞에 놓인 탁자를 가리키며) 이 탁자와 이 이 이 땅바닥만큼 이렇게 깊이를 이만큼, 이만큼 이렇게 너르게 해서. 이만큼 너르게 그렇게 에어 내고 깊이 팠지요 뭐. 그 밭 감자밭 가장자리를. 감자밭 가장자리를. 그래 메뚜기가 이렇게 똑똑똑똑 뛸 적에는 이래 이런 숱한 저 아이들이, 아이들 숱한 아이들이 그 메뚜기를 떨어뜨리면 거기에 그, 그 구렁에 싹 떨어지지.

아.

– 메뚜기. 요 똑똑똑똑 뛰는 거. 아 구렁에 싹 떨어지면 그다음에 짚을 가져다가 구렁에다 넣고서 불을 확 질러 놓지.

아. 음.

– 그 그다음에 그 메뚜기가 조꼬말 적에 뚝뚝 뛸 적에는 그렇게, 그렇게 잡았지. 아, 그다음에 이것들이 날자고 접어들었지. 날개가 나서 날아다니지. 날아다니니까 사흘이 지나니까 감자가 하나도 없어. 사흘 된 후 그것들이 뜯어먹으니까 감자가 없어. 그래 예 그래 1942년에 그렇게 흉년이

들어서 그담에 숭녀이 드이 어 어티기. 거기선 어티기. 그 그 전에느 아 그 숭녀이 들기 전에 어터기 농새질하는가 함 그 아깨 내 그래재앺제? 가~이 일리(реки Или)가~이[3] 일리(Или)가~이 뿛구라사[뿛꾸라사][4] 농세질하지. 뿛구라사[뿛꾸라사]. 그래 마흔두 해 적에느 일리(Или)가~이 뿛지 재잏지. 기래구 이 *싸란(←싸란차, саранча), 이거 매때기르 **마우재달말 마우재말르 사란차(саранча)라 하아[5]. 매때기 매때기 나이까나 감재나 이릏기 그러이까 사흘 먹을 *감 이거 이 물 뿌리는 데꺼지 다아 먹어 치왔어. 다아 먹어. 그담에 기 숭녀이 그해 들엇지 또. 그담에 사름덜이 시장 그 발 발하스 오제르(озеро) 발하스(Балхасы) 잇잿느[6]? 개 여름에느 그 빠라호두(пароход) 마또르(мотор)구 이래 배 댕기지. 동삼에 그게 얼지. 그 발하스(Балхасы) 가~이 얼지. 그래 그 그 발 발하스(Балхасы) 가~이 발하스(Балхасы) 꾸이간(Куиган)에서 발하스(Балхасы) 이짝은 건너 오잠 몇백 낄로메뜨라(километре)던가. 내 잊어뿌렛어.

음:.

– 그렇기 머지. 몇백 낄로메뜨르(километре)지. 그 꾸이간(Куиган)에서 이짝을 아 저나 발하르(Балхасы) 이짝으 나오자무. 기래두 이 사름덜이 *발하 물이 *어이까나 모도 아아덜 그저 그직이[그찌기] 무스 전장직이[7] 무스 어른아덜 *입히? 그저 대갈량 그저 헌 이불이랑 싸서 그래 쪽발귀[8]에다, 굶어 죽지 말자구서 발하슈(Балхасы) 나오느라구. 발하스 넘어오느라구. 그래 아구::! 그 칩운 데 우리 아스뜨라한(Астрахань) 아스뜨라한(Астрахань)에서 사던 사름덜두 꾸이간에서 영감노친네[9] 자식 하나뚜 없엇지. 거저 영감노친네 왓지. 개 그 영감노친네덜두 경게르, 그 사름덜 가서 떠낫지. 기래 떠나이: 그 그 얼음 얼음에서 글쎄 그저 쪽발기르, 쪽발기에다 해애서 무스 싫구 어떤 집이서는 어른아덜 쪽발기에다 앉헤서 그래 글쎄 그래 이 영감 노친네느 아 저 그렇기 칩구 그러이까나 싹싸울(саксаул)[10] 그게느 경게느 낭기 싹싸울(саксаул) 잇지. 저 꾸이간(Куиган)에느.

들어서 그다음에 흉년이 드니 어 어떻게 (살아). 거기선 어떻게 (살아). 그 그전에는 그 흉년이 들기 전에는 어떻게 농사를 짓는가 하면 아까 내 그러지 않습디까? 강(江)이, 일리강(реки Или)이 붇고서야(=불어야만) 농사를 짓지. 붇고서야. 그래 1942년에는 붇지도 않지. 그리고 이 메뚜기, 이거 메뚜기를 러시아 사람들 말, 러시아 사람 말로 '사란차(саранча)'라 하오. 메뚜기, 메뚜기가 나타나니까 감자가 이렇게 그러니까 사흘 (동안) 먹을 감자를 물 뿌리는 데까지 다 먹어 치웠어. 다 먹어. 그다음에 그 흉년이 그해 들었지 또. 그다음에 사람들이 지금 그 발하슈 호수 발하슈 있잖소? 그래 여름에는 그 기선이고 발동선이고 이렇게 배가 다니지. 겨울에 그 발하슈가 얼지. 그 발하슈 강이 얼지. 그래 그 그 발 발하슈 강이, 발하슈, 쿠이간에서 발하슈 이쪽을 건너오자면 몇 백 킬로미터던가. 내 잊어버렸어.

음.

- 그렇게 멀지. 몇 백 킬로미터지. 그 꾸이간(Куиган)에서 이쪽을 아, 저기, 발하슈(Балхасы) 이쪽으로 나오자면. 그래도 이 사람들이 발하슈 물이 어니까 모두 아이들, 그저 그 때에 뭐 전쟁 적에 뭐 어린아이들에게 옷을 입혀? 대강 그저 헌 이불이랑 싸서 썰매에다 (싣고), 굶어 죽지 말자고서 발하슈를 나오느라고. 발하슈 넘어오느라고. 그래 아이고! 그 추운데 아스트라한, 아스트라한에서 살던 사람들도 쿠이간에서 영감과 안노인은 자식이 하나도 없었지. 그저 영감과 안노인이 왔지. 그래 그 영감과 안노인도 거기로, 그 사람들이 가서(=집단농장의 사람들이 떠나가서 함께) 떠났지. 그래 떠나니 그 그 얼음 얼음에서 글쎄 그저 썰매, 썰매에다 해서 무엇을 싣고 어떤 집에서는 어린아이들을 썰매에다 앉혀서 그래 글쎄 그래 이 영감과 안노인은 그렇게 아 저 춥고 그러니까 삭사울(саксаул) 나무, 그곳은 거기에는 삭사울 나무가 있지, 저 쿠이간에는.

싹싸울(саксаул). 그 싹싸울(саксаул) 가뜩 섯는데 싹싸울(саксаул) 경개 들어가서 글쎄나 맥이 없어서 그랫갯지 늙으이덜이, 그직이사[그찌기사] 우리느 아덜이지. 맥이 없어서 진해하이까나[지내하이까나]11) 그거 이불 이나 이래 대강 페구서리 싹싸울(саксаул) 그 저나 경개덜 들어가서 영감 노친네 쉬느라구, 쉬느라구서. 아, 그래 맥이 **진앗지(←진햇지)12) 늙으 이지. 자 잣지. 그래 영감노친네 다아 얼어 죽엇지.

아이구!

- 음. 다아 밤에. 그래 꼬호스(колхоз)느 으 저 꼬호스(колхоз)느 사름 덜으 사름덜 꼬호스(колхоз) 싹 헤체진다 사름덜 가게 **못하느라구서 에 **지수 저기 에따(это) 그 고려말르 무시긴가. (생각이 나서) 지키지. 사름덜 **달아나지마구. 꼬호즈(колхоз) 달아나. 그래두 이 사름덜이 그 저 가만: 가만 밤을르 밤에 싹 달아나서. 그 발하스(Балхасы) 발하스 물 이 물이 언데 사름이 가뜩 죽엇지. 가뜩 죽엇지. 마흔두해 에 동삼에. 기 양. 시장13) 마흔두해 그 에 마감14) 마감이지.

그렇지.

- 그담에 마흔세해 정월이지. 정월이 데지. 웨엔15) 칩울 적에 글쎄 그 발하스 발하스가~이 오제르 얼어시적에 어티기 할 건 달아나느라고, 꼬호 스(колхоз) 굶어 죽는 거 어찌갯소. 앉아 굶어 죽는거 어찌구. 그래 정게 발하스 건네오느라구서리 숱한 사름이 그직이[그찌기] 죽엇소. 숱한 사름 이. 게 거저 발하스 얼음이 **녹으느까느 거서 싹 못 밀엇다구하지16) 음. 누기 그 발하스(Балхасы) 오제르(озеро) 그 몇 백낄로미뜨르(километре) 되는 거 미시기 저너 어띠기 그거. 그래 그적에[쩌게] 마흔두해 마흔두해 마흔세해 이때 숭녀이 들어서 저 꾸이간(Куиган)에서 사름이 마이 죽어. 마이 죽어. 고렷사름두, 고렷사름들이.

고렷사름덜이.

- 고렷사름들이. 그 꼬호스(колхоз)서 저나 발하스 나오느라구서.

삭사울. 그 삭사울이 가뜩 섰는데 삭사울 거기에 들어가서 글쎄 힘이 없어서 그랬겠지 늙은이들이. 그 때야 우리는 아이들이지. 힘이 없어서 기진(氣盡)해 하니까 그 이불이랑 이렇게 대강 펴고서 삭사울 그 저기 거기에 들 들어가서 저기 영감과 안노인이 쉬느라고, 쉬느라고서. 아, 그래 힘이 다했지, 늙은이지 하니까. 자 잤지. 그래 영감과 안노인이 다 얼어 죽었지.

아이고!

— 다 밤에. 그래 집단농장은, 어 저 집단농장은 사람들을, 사람들, 집단농장이 싹 흩어진다고 사람들을 가지 못하게 하느라고 에 *지키, 저기, 음 그 고려말로 무엇인가. (생각이 나서) 지키지. 사람들이 달아나지 말라고. 집단농장에서 달아나서. 그래도 이 사람들이 그저 가만 가만 밤을 타서 밤에 싹 달아나서. 그 발하슈, 발하슈 물이, 물이 언 데서 가뜩 죽었지. 가뜩 죽었지. 1942년 겨울에. 그냥. 그때가 1942년 말(末)이지, 말(末)이지.

그렇지.

— 그다음에 1943년 정월이지. 정월이 되지. 가장 추울 적에 그 발하슈 강이 호수가 얼었을 적에 어떻게 할 건 (없고 하니) 달아나느라고, 집단농장에서 굶어 죽는 거 어찌하겠소. 앉아 굶어 죽는 거 어찌하고. 그래 저기에 발하슈 호수를 건너오느라고 숱한 사람이 그 때에 죽었소. 숱한 사람이. 발하슈 얼음이 녹으니까 거기서 (육지까지) 잘 못 미쳤다고 하지, 음. 누가 그 발하슈 호수 그 몇 백 킬로미터 되는 거 무엇이(=그 누가) 저기 어떻게 거길 건너. 그래 그 적에 1942년, 1942년, 1943년 이때 흉년이 들어서 저 쿠이간(Куйган)에서 사람이 많이 죽었어. 많이 죽어. 고렷사람들, 고렷사람들이.

고렷사람들이.

— 고렷사람들이. 그 집단농장에서 저기 발하슈에서 나오느라고.

동삼에 아:덜이나 앓헤 쪽 쪽발기에 끄스구 고:사~햇. 그 누(ну)! 굼머 죽, 굶어 죽게 되까나 이짝에서 발하스 나오느라구. 개래 채르 어떤 사름은: 다아 건네오구, 오제르(озеро) 발하스. 어떤 사름우느 싹 **숙엇지, 그 얼음 우에서 발하스. 발하스 얼음, 물 우에서 어 얼음이 얼엇으 적이[-쩌기] 다아 죽엇지. 숱한 사름이 죽었어. 그적이[그쩌기]. 그렇기 숭년. 저거 매 때기 친 그 숭녀이사. 앞서 **앞섬 쩰레비조르(телевизор), 이런 쩰레비 조르(телевизор)다 어느 어느 곧에서 싸 싸란차(саранча) 그 매띠기 기땅 맥히게 날아 댕겨. 기게 다아 먹엇어. 없구.

새까맣개 날라다녀.

— 지내[17] 어떤 때느 하늘 아이 베우[18]. 그 날아댕길 젝이무 하늘 아이. 그러무 지내 그 숭년으 싹 맨드지. 그 매또기. 매뛰기 치무 숭년으 싹 맨들어. 야아! 그직에[그찌게] 그 사름덜 마이 죽어. 우리 아스뜨르한(Аст рахань) 사름덜두 죽엇지. 겡게 본래 사던 사름덜 꾸이간 사름두 죽엇지. 모도 달아나느라구. 고 굶어서 달아나느라구. (쯧) 마:이 마이 죽엇소.

(혼잣말로) 그래 그랬었구나! 그리고 아매! 머 어저께 말씀하신 것 중에서 빼놓구 말씀 안 하신 거. 머 이 있으문 말씀애 주웁소 아무꺼나. 음. 어저께 머 이 말으 좀 해야 데는데 말으 못했다 잏게 생각데는 게 있으무 아무꺼나 말 해 주웁소.

— 무슨 말으 할까?

그러면 아매! 에:: 예. 뭐 그: 옛날 그: 아덜이, 아덜이: 머 이렇게 병 걸 려가지구.

— 원도~서 야 원~도서 들어와서 고렷사름덜이 원~도서 들어와서 어 어 째 기후 배끼와 그랜두 어째 그랜두 사름이 기: 기땅맥히게 죽엇지. 한집 에서 둘씨 그저. 아아, 아아 자라이 둘씨 셋씨 거저 막 막 쓸어내젓어[19] 그적이[그쩌기]. 원도~서 들으와서 기후맞재애 기랜두 어째 기랜두 모르 지 머. 그릏기 사름 마이 죽엇지. 원도~서 들으와서.

겨울에 아이들이랑 썰매에 앉혀 끌고 고생했어. 그, 아! 굶어 죽게 되니까 이쪽에서 발하슈 호수를 건너 나오느라고 그런 채로 어떤 사람은 다 건너 오고, 발하슈 호수를. 어떤 사람은 싹 죽었지, 그 발하슈 얼음 위에서. 발하슈 얼음, 물 위에서 얼음이 얼었을 적에 다 죽었지. 숱한 사람이 죽었지. 그 적에. 그렇게 흉년이 들었어. 저거 메뚜기 친(=번식한) 그 흉년이야. 앞서, 앞서 텔레비전, 이런 텔레비전(에서 보니까) 어느 어느 곳에선가 메뚜기, 그 메뚜기가 기가 막히게 날아 다녀. 그것이 (곡식을) 다 먹었어. 없고.

새까맣게 날아다녀.

― 아주 어떤 때는 하늘이 안 보이오. 그 메뚜기가 날아다닐 적이면 하늘이 안 보이오. 그러면 아주 그 흉년을 싹 만들지. 그 메뚜기. 메뚜기가 치면 흉년을 싹 만들어. 아! 그 적에 그 사람들이 많이 죽었어. 우리 아스트라한 사람들도 죽었지. 거기에 본래 살던 사람들, 쿠이간 사람들도 죽었지. 모두 콜호스에서 달아나느라고. 고 굶어서 달아나느라고. (쯧) 많이, 많이 죽었소.

(혼잣말로) 그래 그랬었구나! 그리고 할머니! 뭐 어저께 말씀하신 것 중에서 빼놓고 말씀 안 하신 거. 뭐 있으면 말씀해 주십시오, 아무것이나. 음. 어저께 뭐 이 말을 좀 해야 되는데 말을 못했다 이렇게 생각되는 것이 있으면 아무것이나 말해 주십시오.

― 무슨 말을 할까?

그러면 할머니! 에 예. 뭐 그 옛날 그 아이들이, 아이들이 뭐 이렇게 병에 걸려 가지고.

― 원동서, 원동서 들어와서 고렷사람들이 어째 기후가 바뀌어서 그랬는지 어째 그런지 사람이 기가 막히게 죽었지. 한 집에서 둘씩 그저. 아이, 아이와 어른 둘씩 셋씩 그저 막, 막, 막 쓸어냈어, 그 적에. 원동에서 들어와서 기후가 맞지 않아서 그랬는지 어째 그런지 모르지, 뭐. 그렇게 사람이 많이 죽었지. 원동에서 들어와서.

그때 무슨 병이 많았슴둥?

─ 무슨 무슨 베~이란[20], 그 우리 무스 아덜 조오꼬맣다나 무슨 베~인
지 앓아죽은 거 모르지? 거저 그전이사 그저 앓아죽으무 죽엇는가 햇지.
무슨 베~인거 니기, 직금 무슨 베~인거 아지 아! 그전에 무슨 베~인거 알
앗는가!

음. 모르지 머.

─ 모르재앻구! 그저 앓아 앓아서 죽엇다 하지 무슨 베~이해[21] 죽엇다
는 거 모르지.

그러면 아매! 에: 그 전엠베~인가? 젠엠벵 그런 건 없었슴둥? 이룽기 퍼져
나가는 거.

─ 그전에 그전에느 고롓사름덜 들와서 삼 삼십팔연 삼십구연 이 이 이
적에느[쩌게느] 저어 저어나 사름덜이 기게 그런 베~이햇지. 그 무시기
…. 고 고롓말르느 학질이지. 고려말르 학질이란 그런 베~이 햇지.

그벼~은 어떻슴둥?

─ 그래 그거 벼~어느 저어나 이룽기 사람이 하 학질하는 게 학질, 학
질 너무: 이룽기 여러날 하무 막 사름 이래, 그런, 고려말르 그게 무스 베
~인가?

이룽기 너턴다구[22]?

─ 예, 예.

음:.

─ 게 고려말르 무슨 말임둥?

학질.

─ *학, 그저 베~이 이림이 학질이지. 아, 이래 막 떠는 그런 베~으느
무슨 베~인가?

그게 학질이지 머.

─ 학질베~이 해앳슴덤. 그것두 죽엇지. 숱한 사름이. 우리 원동

그때 무슨 병이 많았습니까?

－ 무슨, 무슨 병인가는, 그 우리 뭐 아이들 때 조그맣다 보니 무슨 병인지 그 앓아 죽은 거 모르지? 그저 그전에야 그저 앓아 죽으면 죽었는가 했지. 무슨 병인지 누가 (아나!), 지금이나 무슨 병인지 알지 아! 그전에야 무슨 병인지 알았는가!

음. 모르지 뭐.

－ 모르잖고! 그저 앓아 앓아서 죽었다 하지 무슨 병을 앓아 죽었다는 건 모르지.

그럼 할머니! 에 그 전염병인가? 전염병 그런 것은 없었습니까? 이렇게 퍼져 나가는 거.

－ 그전에 그전에는 고렷사람들이 들어와서 1938년 1939년 이 이때에는 저기 저기 사람들이 그게 그런 병을 앓았지. 그 뭐 …. 고 고려말로는 학질이지. 고려말로 학질이란 그런 병을 앓았지.

그 병은 어떻습니까?

－ 그래 그 병은 저기 이렇게 사람이 학질하는 게 학질, 학질 너무 이렇게 여러 날을 하면 막 사람이 이렇게, 그런, 고려말로 그게 무슨 병인가?

이렇게 덜덜 떤다고?

－ 예, 예.

음.

－ 그게 고려말로 무엇입니까?

학질.

－ 학, 그저 병 이름이 학질이지. 아, 이래 막 떠는 그런 병은 무슨 병인가?

그게 학질이지 뭐.

－ 학질 병을 앓더군요. 그 병으로도 죽었지. 숱한 사람이. 우리 원동

이시적에느 학질이라는 건 모르지.

아아! 그렇슴둥?

— 모르지. 모올랏지. 잉게르 들어오이까나. 원동서 이길 들오이까나 학질, 학질이구 그담에 어 눈앓는 게. 눈앓는 베~이. 원도~서 들어와서. 나느 글쎄 눈 눈이나 그런 거 모 앓아밧어. 다른 사름덜은 눈앓이23) 그릏기 하지. 눈으 눈으 앓지. 음. *학, 그 원도~서 들와서 고렷사름 내 학질, 어떤 사름덜 그렇기 학질하구 어 눈앓이 눈 앓는 베~이 해앳지. 이 근래느 누 이 앓는 베~이 없재임드. 아, 그전에는 원도~서 들와서느 눈앓이베~이 그 렇기 많앳지. 눈으 그렇기 마이 앓앗지. 그건 내 조오꼬매두 그야 알지 내. 들엇, 들엇지. 밧지. 학질베~이가 그 눈알 눈앓이베~이.

음. 그러문 저쪽 원동에서::는 머 무슨 그 베 베~이 없었슴둥?

— 원도~에서느 무스 그런 베~이 나서 무스 마이 죽구 이런게사 없엇 지. 우리 동넨 없엇지.

그저 뭐 행불이나 점 하구.

— 누(ну). 행불이나 하구. 그러나, 그러나 직금은 이룷기 이사르 배우 다나이24) 무슨 베~이 해서 죽엇다 하재임두~? 냐~?

— 아, 그전에느 이사 잇어두 이사 어드메 **근 글뚜, 그전에느 그 거 반 이 고려 고려이사덜 잇재느? 그 이. 누(ну) 이사 글두 아이 이르구25) 그거 어티기 어티기 이사질햿:는두 모르지. (웃음) 침우 가주구서 죽적 놓 으메서. 음?

그럼 아매! 이쪽에 둘와서 그 머 아:덜 걸리는 베~이 있재임둥. 머 홍진26) 이니 머 이런 것들.

— 어째 어째 이 지금 이 근래느 그런 거 이사덜 자꾸 그런 거 우꼬(ук ол) 쬐외곰할 직이 우꼬(укол)나 쁘리베리까(прививки)르 하는, 쁘리 쁘 리베리까(прививки)르 하지. 기게 내 고려말르 무시긴두 내 몰라.

있을 적에는 학질이라는 건 모르지.

아! 그렇습니까?

― 모르지. 몰랐지. 여기로 들어오니까. 원동에서 여길 들어오니까 (생긴 병이) 학질, 학질이고 그다음에 눈 앓는 것. 눈 앓는 병. 원동에서 들어와서. 나는 글쎄 눈 눈이나 그런 거 앓아 보지 못했어. 다른 사람들은 눈병을 그렇게 (많이) 앓지. 눈을, 눈을 앓지. 음. 학질, 원동에서 들어와서 고렷사람, 내가 학질, 어떤 사람들은 그렇게 학질을 하고 어 눈앓이, 눈병을 앓았지. 이 근래는 눈 앓는 병이 없잖습니까. 아, 그전에는 원동에서 들어와서는 눈앓이(눈병)이 그렇게 많았지. 눈을 그렇게 많이 앓았지. 그건 내가 조끄매도 기야 알지, 내가. 들었, 들었지. 보았지. 학질 병과 그 눈앓이 병을.

음. 그러면 저쪽 원동에서는 뭐 무슨 그 병, 병이 없었습니까?

― 원동에서는 뭐 그런 병이 나서 뭐 많이 죽고 이런 것이야 없었지. 우리 동네는 없었지.

그저 뭐 감기나 좀 앓고.

― 그렇지. 감기나 앓고. 그러나, 그러나 지금은 이렇게 의사에게 진찰을 받다 보니 무슨 병을 앓아서 죽었다 하잖습니까? 응?

― 아, 그전에는 의사가 있어도 의사가 어디서 공부도, 그전에는 그 거의 이 고려 의사(＝한의사)들이 있잖소? 그 이런. 아, 의사가 공부도 안 하고 그거 어떻게, 어떻게 의사 노릇을 했는지 모르지. (웃음) 침을 가지고서 뚝딱 놓으면서. 음?

그럼 할머니! 이쪽에 들어와서 그 뭐 아이들이 걸리는 병이 있잖습니까. 뭐 홍역이니 뭐 이런 것들.

― 어째 어째 이 지금 이 근래는 그런 거 의사들이 자꾸 그런 거 주사(注射), 아이들이 쪼끄말 적에 주사로 쁘리베리까(прививки, 예방접종)을 하는, 쁘리베리까(прививки, 예방접종)을 하지. 그게 내 고려말로는 무엇인지 내 몰라.

예방주사.

— 무스기두. 아덜 두 달이구 세 달이구 어전 넉 달이구 점 이릏기 뼁원으 이사 오라구 하지. 오라, 어른아 가지구 오라 하지. 기램 그럴 때. 그러나 홍지이구 무시기구 직금으느 홍지이 *난 *한, 저 홍진 하는두 아이 하는두 그건 모른, 못 들엇스꿈. 어저느 이제 멫해채. 홍지이오, 게 자꾸 베~워이서 우꼴(укол)으 놓다나이 홍지이 *어없.

없어졌지.

— 없어겻습구므.

— 개 드물게 드물게 미시기 홍진 하지. 아이 않지 그전처름. 그전에 그저 어 싹 홍진하지. 다아 홍진 하재임? 그전에느. 아, 기랜게 직금, 직금은 드물게, 드물게 홍진하지. 홍진하기 전에 이 이사덜 싹 이 홍진이오.

그럼 아매! 그전에는 이 홍진으 어티기 했습둥?

— 홍진 어티기….

아덜이.

— 아덜이 어 발써 이릏기 앓으무 누: 눈이두 이릏기 고릏기 깨까추27) 못하구 홍진할 직엔[찌겐]. 콧물이 자꾸 네려오구, 아 그래 시 시잭이할 적에[찌게] 그릏기 앓으면서 그담에 재재만 게 기저 바 바알간 게 **재빤 재다만 게 요런 요런 저나 그런 살이 가뜩 돋지.

으음.

— 으흠 살이. 기게 그래 시잭일 해서 가뜩 싹 잘 *저트 오온몸28)에 잘 페무29) 조옳지.

아!

— 아하! 기게 나오다 아이 나오무, 아, 못 쓰지.

아하! 그렇습둥?

예방주사.

　－ 무엇도(＝어떤 사람도). 아이들이 (태어나) 두 달이고 석 달이고 이젠 넉 달이 되면 좀 이렇게 병원을 의사가 오라고 하지. 오라, 어린아이를 데리고 오라 하지. 그럼 그럴 때 (예방접종을 하지). 그러나 홍진(홍역)이고 무엇이고 지금은 홍역이 난(＝생긴), 한 (것을), 저 홍역을 하는지 안 하는지 그런 모른, 못 들었습니다. 이제는 이제 몇 해째. 홍역이오 뭐다 해서, 게 자꾸 병원에서 주사를 놓다 보니 홍역이 없지.

없어졌지.

　－ 없어졌습니다.

　－ 그래 드물게, 드물게 뭐 홍역을 하지. 안 앓지 그전처럼. 그전에는 그저 어 싹 홍역을 하지. 다 홍역을 하잖습니까? 그전에는. 아, 그러던 것이 지금은 드물게 홍역을 하지. 홍역하기 전에 이 의사들이 싹 이 홍역이오 (뭐다 해서 주사를 놓으니).

그럼 할머니! 그전에는 이 홍역을 어떻게 했습니까?

　－ 홍역을 어떻게….

아이들이.

　－ 아이들이 어 벌써 이렇게 앓으면 눈 눈도 이렇게 고렇게 깨끗하지 못하고 홍역할 적에는. 콧물이 자꾸 내려오고, 아, 그래 홍역을 시작할 적엔 그렇게 앓으면서 그다음에 자잘한 것이 그저 발간 것이 새빨간 자잘한 것이 요런 요런 저기 그런 살이 가뜩 돋지.

음.

　－ 음 살이. 그게 그래 시작해서 (발진이＝꽃이) 가뜩 싹 잘 온 몸에 잘 피면 좋지.

아!

　－ 그럼! 그게 나오다가 안 나오면, 아, 못 쓰지.

아! 그렇습니까?

− 으음 못 쓰지. 다(да). 그 홍지이[hoɲǰii]란 게. 나오문 나올 적에 싹 잘 나오무 홍진이[hoɲǰiⁿi] 어 그렇지. 아, 나오다가 이 드문드문 이릏기 잇으문 좋지 못하지. 싹 맨드지, 싹 나오게시리.

음:. 기까 몸에 이룧게.

− *째빨[30] 몸에. 싹 몸이나 낯이구 무시기 몸이 싹.

골구루 이렇게 돋아야만 좋은 검둥?

− 으흠. *돋, 요런 요런 자다만 게 재 재빨간 크라스너(красно) 이 건 빨가스레한 게 그런게 오온 일신에 다아 다 돋지. 기래구서리 그게 아무래두 *하 한 나달[31]이나 **네 나흘인두 닷샌두 이룧기 그게 다아 *나앗, 돋앗다서 그담에 메츨이 지나문 졈졍졍졍 기게 깔아지지. 그 그적인 발써 낫아지느라구 베~이 낫아지느라구.

아하!

− 아하.

그거 그 벵을 잃게 앓게 데무 어티게 다스림둥? 집에선 어티게 고침둥?

− 아, 집에서 어찌, 집에서 그전에 병원에 저 그전에 병원 어른아 앓 아두 그 병원으 조마네[32] 갓어? 개 사름들은 나: 나아[33] 잡순 사름덜은 어른아 그룧기 앓기 저기 이룧기 이러무, 기게 에 고려말르느 대애기라 하지. 고릿말르[고림말르] 대애기라 하지.

대애기.

− 홍진이[hoɲǰini]라구두 하구 돼애기[tʷɛɛgí]라구두 하구. 기래 *여 사름덜은 *난 나아 먹은 사름덜은 아지. 야 저나 돼애길 한다. 기래이까나 기램 아 차게두 굴지 말구.

으음. 음. 차게 굴지 말구.

− 아하. 차게 굴지 말구 ***, 찬물에나 가서 놀게두 하지 말구. 집에서 아 앓게서.

— 음 못 쓰지. 그렇지. 그 홍역이라는 게. 나오면, 나올 적에 싹 잘 나오면 홍역이 어 그렇지(좋지). 아, 나오다가 이 발진이 드문드문 이렇게 있으면 좋지 못하지. 싹 만들지, 싹 발진이 나오게끔.

음. 그러니까 몸에 이렇게.

— 새빨간 것이 몸에. 싹 몸이나 낯이나 뭐 몸에 싹.

골고루 이렇게 돋아야만 좋은 것입니까?

— 음. *돋, 요런, 요런 자잘한 것이 새빨간, 새빨간, 이건 빨그스름한 게 그런 게 온 일신에 다 다 돋지. 그리고 그게 아무래도 한 나달이나 ** 네, 나흘인지 닷샌지 이렇게 그게 다 *나았, 돋았다가 그다음에 며칠이 지나면 점점점점 그게 가라앉지. 그 그 적엔 벌써 나아지느라고 병이 나아지느라고.

아하!

— 응.

그거 그 병을 앓게 되면 어떻게 다스립니까? 집에서는 어떻게 고칩니까?

— 아, 집에서 어찌, 집에서, 그전에 병원에 저 그전에 병원을, 어린아이가 앓아도 그 병원을 좀처럼 갔어? 그래 사람들은 나이, 나이를 잡순 사람들은, 어린아이가 그렇게 앓기, 저기 이렇게 이러면(=열이 나고 발진이 돋으면), 그게 에 고려말로는 '대애기(=홍역)[34]'라 하지. 고려말로는 '대애기'라 하지.

홍역.

— '홍진'이라고도 하고 '돼애기'라고도 하고. 그래 사람들은 나이를 먹은 사람들은 알지. 이 아이가 저기 홍역을 한다. 그러니까 그러면 아이를 차게도 하지 말고.

음. 음. 차게 하지 말고.

— 음. 차게 하지 말고 ***, 찬물에 가서 놀게도 하지 말고. 집에서 앓 앓게끔.

예에. 집에서 앓게서.

— 으흠.

그럼 어시덜은 어티기 함둥? 그 아덜으 어티기 함둥? 아덜이 마악 그냥 머어 바쁘다구 막 소리질르구 머.

— 개 바쁘다[35] 할 적이무 그 적이무 으 이사르 처하지. 아하, 이사르 처~해. 이사르 처하무 기게 무슨 베~인거 이사두 인 츠 인츠 아지. 무슨 베~이. 기램 약두 주구. 우 우꼴(укол) 저기 고려말른.

주사.

— 침이갯지, 다(да)?

주사.

— 치 침이 애이구 노시아 기게 우꼴(укол), 그것두 침이지 무슨.

주사라구 하압구마.

— 주사르? 우꼴(укол), 우꼴(укол)으 주 주사라 하오? 아아! 누(ну) 주사두 놓구.

주사두 놓구. 아아.

— 으흠. 에. 으, 으 (무슨 말을 하려고 끙끙거리며).

그으, 그으오 돼애기 때문에 이 죽은 아덜은 없었승둥?

— 저어 **잇웃것, 잇엇스꿈ㅁ. 잇엇습구마. 돼애길 하, 돼애길 그거 하다서느 죽는 어른아덜 많습구마. 많앳습구마. 이 근래느 읇지. 이근래느. 그전에느 그전에. 직금은 무스 약이구 우꼴(укол)르 가뜩한게 무슨. 아, 그전에는 그전엔 돼애길 해서 아덜으 마이 잃에삐렛지.

으음. 으음. 그럼, 아매! 이 돼애기 말구 또 어린아덜이 걸리느 베~이 또 딴거 없었승둥?

— 그으

마누래느 어떻습둥?

예. 집에서 앓게끔.

— 음.

그럼 부모들은 어떻게 합니까? 그 아이들을 어떻게 합니까? 아이들이 막 그냥 뭐 어 힘들다고 막 소리를 지르고 뭐.

— 그래 힘들다 할 적이면 그 적이면 어 의사를 청하지. 음, 의사를 청해. 의사를 청하면 그게 무슨 병인가를 의사도 이내 알지. 무슨 병인지. 그러면 약도 주고. '우꼴(укол, =주사)' 저기 고려말로는.

주사(注射).

— 침이겠지, 그렇지?

주사.

— 침이 아니고 러시아어로 그게 '우꼴(укол, =주사)'인데 그것도 '침'이지 뭐.

주사라고 합니다.

— 주사를? 러시아어 '우꼴(укол)', '우꼴(укол)'을 주 주사라 하오? 아! 음 주사도 놓고.

주사도 놓고. 아.

— 음. 에. 어, 어. (무슨 말을 하려고 끙끙거리며)

그, 그 홍역 때문에 이 죽은 아이들은 없었습니까?

— 저어 있었습니다. 있었습니다. 홍역을 하다가, 홍역 그걸 하다가 죽는 어린아이들이 많습니다. 많았습니다. 이 근래에는 없지. 이 근래에는. 그전에는 그전에. 지금은 뭐 약이고 주사가 가뜩한데 뭐. 아, 그전에는, 그전에는 홍역을 해서 아이들을 많이 잃어버렸어.

음. 음. 그럼, 할머니! 이 홍역 말고 또 어린아이들이 걸리는 병이 또 다른 것은 없었습니까?

— 그.

천연두는 어떻습니까?

− 마누래라는 게 기게 마누래라는게 예 그거 그 내 그전에 들엇지. 조 오끄말 적에. 마느래란 베~이느 이룽기 저어나 그것두 이룽기 에 저어나 제 저 그거느 돼애기처름 재다마채얭구 조끔 굵은 게. 마누래 가뜩 나오 지. 기래 마누래르 할 적에 잏게 아덜 가랍아해두 그 굶짐므[극찜므], 굶 [극] 굶지[극찌] 말아야 하지.

아아.

− 이룽기 **굶기 나서[글끼나서] 오온36) 낯이나, 그 마 마 마누래느 에 에떠(это) 자느 자느 잔 저나 곤치지 못하무 이 오온 낯이 싹 얽지. * 얼 얽[억] 이룽기 억두배37) 싹 데지. 마누래 배우지38). 억두배 싹 데지.

아아, 억두배가 데는구나!

− *억두, *억두 얽지, 낯이. 낯이. 이 이런 요런 저나 기게 무시긴가. 머 이룽기 쏙쏙쏙쏙 들어가게시리.

네. 네. 네.

− 기래 싹 얽지[억찌].

얽지.

− 게 마누래라는 말은 에 예떠(это) 이 베~이느 그런 베~이란 말이오. 마누래. 마누래 잘못 그래무 싹 어 얼 **얼구 억두배 데지.

억두배.

− 싹 낯이 얽지[억지].

으음. 으음. 아아.

− 기애 기래구서 그전에 기래 어, 고려사, 고렷사름덜 어른아덜께나39) 어 제 제다~이라는 베~이40), 제다~이라는 게. 그 제다~이라는 게 누(ну) 고려말르 기게 그 베~이 제다~이지. 개 그건 어 어시래두 인츠 알구라 그 렇지 모르문 죽지. 모르문 죽지. 제다~이라는 게, 이래 *사, 어드메 살이 이룽기 저어나 으음 주뼛해[주뼈태]41) 훌훌 나무 이룽기 크 클라스느이(к расный) 이룽기 덴 덴다구. 그 제다이는 글쎄 우리 그거

― 천연두라는 게 그게 천연두라는 게 예 그 내 그전에 들었지. 조그말 적에. 천연두라는 병은 이렇게 저기 그것도 이렇게 예 저기 제 저 그것은 (발진이) 홍역처럼 자잘하지 않고 조끔 굵은 것이지. 천연두는 발진이 가뜩 나오지. 그래 천연두를 할 적에 이렇게 아이들이 가려워해도 그 긁지 뭐, 긁지 말아야 하지.

아.

― 이렇게 온 낯 등에 긁지 않을 수 없게 꽃(발진)이 나서, 그 천 천연두는 에 음 저 아이는 저 아이는 저 아인 저기 고치지 못하면 이 온 낯이 싹 얽지. 얽, 얽, 이렇게 곰보가 싹 되지. 천연두에 걸리면 표가 나지. 곰보가 싹 되지.

아아, 곰보가 되는구나!

― 곰보, 곰보는 얽지, 낯이. 낯이. 이 이런 요런 저기 그게 무엇인가. 뭐 이렇게 얼굴이 쏙쏙 쏙쏙 들어가게끔.

네. 네. 네.

― 그래 싹 얽지.

얽지.

― 그게 '마누래'라는 말은 에 음 이 병은 그런 병이란 말이오. 천연두. 천연두를 잘못 다스리면 싹 얽고 곰보가 되지.

곰보.

― 싹 낯이 얽지.

음. 음. 아.

― 그래 그러고서 그전에 그래 어 고렷사람들, 어린아이들에게 어 '제단'이라는 병, '제단'이라는 게 있지. 그 '제단'이라는 게, 음, 고려말로 그게 그 병이 '제단'이지. 그래 그건 어 부모라도 이내 알면 그렇지(=고치지) 모르면 죽지. 모르면 죽지. '제단'이라는 게, 이렇게 살이, 어디 살이 이렇게 저기 음 주뼛해서 이렇게 자꾸 (주뼛해) 나면 이렇게 붉게 이렇게 된다고. 그 '제단'은 글쎄 우리가 그거

저 저 *발 언 인츠 알구서리 알구 잡지구라서 살구 알지 못하무 제단하무 죽슴. 죽는.

아아, '제당'.

― 아하, '제단'.

'제단'.

― '제단'.

아하. 으음. *스 음.

― *즈, 그러나 직금은 그런 베~이나 *어. (갑자기 화제를 바꾸어) 그거 그건 어째, 선생님!, 그렇슴둥? *전 내 이 쇠간에 내 그 칠십, 칠십년 긍게 갓다왓지. 오라해서. 기래 거기 내 이릏기 머지아잏게 살아두 그 여자는 못 밧댓지. 멘목 모르지.

예.

― 기란데 그집이서 그 집이서 오라 해 그런 여자 떡 갓습덤마 예. 개 여자나 키두 크구 잘 생겟습더구마. 기랜게 내 멘목 아는 여자 그리기 그 리저리 해서 저 여자, 기게 에 기게 무시기 …. 어구! 닭으 닭으베~인두 무시기 이래 ***치잉찌따 이래 부 부들부들 떨메 이릏기 번 번들어지 는[42] 게. 기게 무슨 베~임?

조류인플렌자.

언제?

― 누(ну). 직금 그런 여자 잇지. 그 이 잏기 저나 얼매:간 가무 메 멫 달이 갓다무 또 그베~이 하구 그담에 이 그랫다가두 다슷 메누뜨(минут) 나 여슷 미누뜨(минут) 그릏기 이릏기 그렇지. 그담에 그게 지나무 지나 가무 이 일없구. 일없구. 기라구 또 얼매간 지나가 또 그베~이 그러 기게 무슨 베~이?

번데지는 거.

― 아아, 번제제.

저 바로 이내 알고서야, 알고 병을 잡아야만 살고 알지 못하면, 제단을 하면 죽습니다. 죽는 (병이지).

아, '제당'.

– 음, '제단'.

'제단'.

– '제단'.

아. 음. 음.

– 그러나 지금은 그런 병이 어째. (갑자기 화제를 바꾸어) 그거 그건 어째, 선생님!, 그렇습니까? 전에 내가 이 시간에 내 그 1970년, 1970년에 거기에 갔다 왔지. 오라고 해서. 그래 거기 내가 이렇게 멀지 않게 살아도 그 여자는 못 보았었지. 면목을 모르지.

예.

– 그런데 그 집에서 그 집에서 오라고 해 그런 여자가 떡 갔더군요. 그래 여자가 키도 크고 잘 생겼더군요. 그런데 내 안면이 있는 여자가 그렇게 그리저리 해서 (그 집에 갔는데) 저 여자(=앞에서 말한 여자), 그게 에 그게 뭐더라 …. 어이구! 닭의, 닭병인지 뭐 이렇게 **** 이렇게 부들부들 떨며 이렇게 나자빠지는 게. 그게 무슨 병입니까?

조류인플루엔자.

언제?

– 음. 지금 그런 (병을 앓는) 여자가 있지. 그 이 이렇게 저기 얼마간 가면 몇 달이 지나갔다면 또 그 병을 앓고 그다음에 그랬다가도 5분이나 6분 그렇게 이렇게 그렇지(=나자빠지고 부들부들 떨지). 그다음에 그게 지나면 지나가면 괜찮고. 괜찮고. 그리고 또 얼마간 시간이 지나면 또 그 병이 그렇고 한데 그게 무슨 병입니까?

넘어지는 거.

– 아아, 넘어져.

간질.

— 무스기?

간질이라구두 하구. 지랄병이라구두 하구.

— 게 아무래 지랄베~이베~인 모애~이다. 아무래 지랄베~이. 지랄베~이
라는 게 **쌔쓰구재베~임둥?[43] 다(да)? 으음. 그래 그 여자 ….

쌔쓰개베~은: 그거는 좀 따구. 그거는 이 골이 잘못데서 어 잏게 막 미친
거. 그게 쌔쓰개베~이구. 지랄병은 일없다가, 일없다가 갑자기 아 번드러져 가
지구서 아아악….

— 아아, 막 하구 이래. 그렇기 기래. 아아! 기게 지랄베~이. 나느 또 그런.
아아, 그거 있습구마, 아매. 그건 이룷:게 ….

— 어째 이사두 못 곤치나.

넷속 뇌. 이 뇌: 머리에 뇌에서 생기는 베~이기 때문에.

— 아아! 으응::. 못 곤치는 모애~이. 아, 이사덜 곤친다는 그저 무시, 직
금 벨란 이사 다 잇대두 그런 베~이 못 고쳐.

근데 인제::, 지금은 그:: 잏게 이 자주루 하는 거르 에 막는 거느 있습구
마. 병은 못 고치는데. 에 이렇게 자주루 하지 않게 에 하는 그런 건 있습구마.

— 난, 나느 또 기게 닭으베~이, (웃음) 닭으 베~인가, 닭으베~인가 햇지.
닭이[다기] 영가 정가 푸둑들 이룷기 이룷기 *덴. 그러이까 닭으베~인가
(웃음).

간질(癎疾).

― 뭐?

간질이라고도 하고 지랄병이라고도 하고.

― 그게 아마도 지랄병 병인 모양이다. 아마도 지랄병. 지랄병이라는 게 미친병입니까? 맞지? 음. 그래 그 여자 ….

미친병은 그거는 좀 다르고. 그거는 이 머리가 잘못돼서 어 이렇게 막 미친 거. 그게 미친병이고. 지랄병은 괜찮다가, 괜찮다가 갑자기 어 나자빠져서 아 악….

― 아, 막 몸을 떨고 이래. 그렇게 그래. 아! 그게 지랄병. 나는 또 그런. 아, 그거 있습니다, 할머니. 그건 이렇게 ….

― 어째서 의사도 못 고치나.

뇟속 뇌. 이 뇌 머리에 뇌에서 생기는 병이기 때문에.

― 아! 응. 못 고치는 모양이군. 아, 의사들이 고친다는 그저 무엇이, 지 금 별난 의사들이 다 있다 해도 그런 병은 못 고쳐.

그런데 이제, 지금은 그 이렇게 이 자주 하는 것을 막는 것은 있습니다. 병 은 못 고치는데. 에 이렇게 자주 하지 않게 에 하는 그런 건 있습니다.

― 난, 나는 또 그게 '닭병', (웃음) '닭병'인가, '닭병'인가 했지. 닭이 여기 가 저기 가 푸드득 이렇게, 이렇게 되는. 그래서 '닭병'인가 (했지).44) (웃음).

3.2. 무속(巫俗)[45]

예. 아, 으음. 음. 그럼 아매! 여기에: 알마띠나 머 따슈껜트 이런 데에 그 하락시르 보는 사름이 있습둥?

─ 하락시[46]를 보는 사름덜이 저 우슈토베(Уш--тобе)에 잇엇댓습구마. 갠게[갱게] 어전 상새낫는두 **어쨋두 모르지. 남자, 남자. 개 그 남자 그 전에느 직금은 직금은 나이 많은 게 모르지. 살앗는두 죽엇는두 내 그거 모르지. 나두 어느:해 어느:해 갓다왓습구마. 에 어째 가 갓다왓는감, 나느 그런 잇는 줄두 잇는 거 모올랏지. 어드메 그런 거 잇다는 거. 이거 무스거 베와[47] 못 밧지 나느. 못 베와밧지. 기래 우리 저나 우리 어: 우리 남편 사츤 사츤 느비[48] 사츤 느비 영게 살앗지. 원도~서 그래 **갈가진자 마흔 마흔해 만내밧지.

으음.

─ 마 마흔해만에. 기래 그 그 그 *우 헹님에게, 그 헹님에게 그런 하락시책[49]이, 책이 책이 잇는 거 몰랏지. 난 몰랏지. 우리네. 우리 남제두 모르구. 무 몇십년으 보지 못하다 잉게 와서 만낫지, 딸디꾸르간에 와서. 기래 으 기래 헹님네 집우르 놀라댕갯댓지. 드문드문 자꾸 놀라 놀라댕기라 해서 놀라오라 해서 놀라댕겟지. 개 몇해르 놀라댕게두 헹님이 아이 말하거든 으 (웃음) 그러나 하 하락시책이 잇다는 말으 아이 **하아지. 우리가 아이 햇지. 기래 기래 한번으 그 내 우리 둘이 가앗댓지. 헹님네 집. 기래 가이까나 내 저나 올해르[오래르] 보자:멘, 개 "헹님! 무슨 무스거 보옴다[50]? 무스거 어티기 보옴두~?" 기래이까 내게 책이 잇다하거든.

3.2. 무속(巫俗)

　예. 아, 음. 음. 그럼 할머니! 여기에 알마티나 뭐 타슈켄트 이런 데에 그 점술(占術)을 보는 사람이 있습니까?

　- '하락시'를 보는 사람이 우슈토베에 있었습니다. 그런데 지금은 죽었는지 어쨌는지 모르지. 남자, 남자. 그래 그 남자 그전에는 점을 보았지만 지금은, 지금은 나이가 많으니 모르지. 죽었는지 살았는지 내 그거 모르지. 나도 어느 해 어느 해 (점술집을) 갔다 왔습니다. 에 어째 갔다 왔는가 하면, 나는 그런 것이 있는 줄도 몰랐지. 어디에 그런 게(=점술을 보는 것이) 있다는 거. 이거 뭐 점술을 접해 본 적이 없지, 나는. 점술을 접해 본 적이 없지. 그래 우리 저기 우리 어 우리 남편 사촌, 사촌 누이 사촌 누이가 여기에 살았지. 원동에서 그래 서로 갈라진 지 마흔, 마흔 해 만에 만나 보았지.

　음.

　- 마 마흔 해만에. 그래 그, 그 우리 형님에게, 그 형님에게 그런 점술 책이, 책이 있는 것을 몰랐지. 난 몰랐지. 우리네. 우리 남편도 모르고. 뭐 몇 십 년을 보지 못하다 여기에 와서 만났지. 탈디쿠르간에 와서. 그래 어 그래 형님네 집으로 놀러 다녔었지. 드문드문 자꾸 놀러 다니라고 해서 놀러오라고 해서 놀러 다녔지. 그래 몇 해를 놀러 다녀도 형님이 안 말하거든 어. (웃음) 그러나 점술 (책)이 있다는 말을 안 하지. 우리에게 안 했지. 그래, 그래 한 번은 그 내 우리 둘이 갔었지. 형님네 집을. 그래 가니까 형님이 내 저기 올해 운세(運勢)를 보자면서 그래, "형님! 무슨 무엇을 봅니까? 무엇을 어떻게 봅니까?" 그러니까 내게 책이 있다 하거든.

아하!

― 으흠. 걔 책이 잇다구. 그래 걔 이게 무슨 책인가 내 물어밧지. 걔 기게 하락씨책이라구. 이 일년치르 일년. 한 해 한 해 한해르 보, 누(ну) 이래 이 정월달에 시작이르 하무 그저 그런 막 막끝[51] 에따(это) 섣달꺼 지 그런 그런 책이. 해마다˘ 그런 책이지 그게. 기래 보구서 응 일없다, 일없다구. 나두 일없다구. 그담에느 헹님인게 그게 잇는 줄 알구 우린 새 해 돌아옴 에 가 가지. 그건 나 그거 그러지 말구서 인츠 빼게 왓으무 어 떻갯슴다? 내. 고렷글으 싹 쓴 거 뺏게 왓으무. 그 뺏게 벳길 궁니두 아이 하구서. (웃음) **개러(←개래) 헹님네 집 댕게. 걔 헹님집 가서 베우이까 나 내 내게 내게 다(да)? 내 내게 이릏기 나온게 글쎄 내 지식은 없어두 그렇기 쓴거 못쓸 못쓸 글이 나온게사 내 알앗지. 음. 알기지, 그 책에 쓴 기. 기램 좋지 못한 게 나왓으이. 기래 내 헹님이 이기 내 죽는 게라구. 죽는 그게라고. (웃음) 그래이까 헹님이 우재르, "에이! 무시기오." 기래 기램 또 다시 봐보자구. 다시 봐두 못쓸게거든. 세 번 봣지. 세번. 세번 다 시 봐두 하나.

음.

― 걔, "헹님이! 내 이거 헹님은 날 그시지[52] 마압소! 나르 그래지 마압 소! 내 내 이게 내 죽는, 죽는 게 나왓습구마." (웃음) 그랫지. 기래이까 헹님이 무시기라는가 이릏기 말하더군. 기램 음 저나 어디메 그제 잘 잘 보는 아는 사름인데 가 베우라고 나르. 아 기래 아는 사름 없으이 어드메 잇는두˘ 기래 내 우리 멘목 아는 저 안깐덜가 물어밧지. 기래 기래 그 안 깐덜, "열넷째 잇다나". 저 우슈또베(Уш-тобе). 우슈또베(Уш-тобе) 그 사 산골[상꼴] 산 산골[상꼴] 잇는데 그 꼬호스(колхоз) 경게 잇지, 열넷 째 꼴호스(колхоз). 걔 그런 데 신선[53] 꼴랴(Коля)라구 잇다구. 신선 꼴 랴(Коля) 잇다구 경게

아!

─ 음. 그래 책이 있다고. 그래 이게 무슨 책인가 하고 내가 물어 보았지. 그래 그게 하락시책이라고. 이 일 년치를, 일 년. 한 해 한 해 한 해를 보는, 음 이렇게 이 정월달에 시작을 하면 그저 그 마지막 섣달까지 한 해 운세를 보는 그런, 그런 책. 해마다 (보는) 그런 책이지, 그게. 그래 보고서 응 괜찮다, 괜찮다고. 나도 괜찮다고. 그다음에는 형님에게 그것이 있는 줄 알고 우리는 새해가 돌아오면 가지. 그건 내가 그러지 말고(=해마다 가서 보지 말고) 이내 베껴 왔으면 어떻겠습니까? 내가. 고렷글을 싹 쓴 거 베껴 왔으면. 그 베껴, 베낄 궁리도 안 하고서 (그냥 있었지). (웃음) 그래 형님네 집을 다녀. 그래 형님 집에 가서 보니까 내 내게 내게 응? 내 내게 이렇게 점괘가 나온 것이 글쎄 내 지식은 없어도 그렇게 쓴 거 몹쓸, 몹쓸 글이 나온 것이야 내 알았지. 음. 알 수 있지, 그 책에 쓴 거. 그럼 좋지 않은 점괘가 나왔으니. 그래 내 형님이, 이게 내가 죽는 것이라고. 죽는 그 점괘라고. (웃음) 그러니까 형님이 농담을 (하는 것이라고 하면서?), "에이! 무엇이오!" 그래 그럼 또 다시 봐 보자고. 다시 봐도 몹쓸 것이거든. 세 번을 봤지. 세 번. 세 번 다시 봐도 역시 한가지.

음.

─ 그래, "형님! 내 이 점괘를 가지고 형님은 날 속이지 마십시오. 나에게 그러지 마십시오. 내 내 이제 내 죽는, 죽는 것이 나왔습니다." (웃음) 그랬지. 그러니까 형님이 무엇이라 하는가 하면 이렇게 말하더군. 그럼 저기 어디 그 때 잘 잘 점을 보는 아는 사람한테 가 점을 보라고, 나에게 말하기를. 아, 그래서 아는 사람이 없으니 어디에 있는지 그래 내가 우리 알고 지내는 저 아낙네들에게 물어 보았지. 그래, 그래 그 아낙네들이 말하기를, "제14 집단농장에 있지." (라고 하지). 저 우슈토베 우슈토베 그 산골, 산골이 있는데 그 집단농장이 거기에 있지, 제14 집단농장이. 그래 그런 데 '꼴랴'라는 점쟁이가 있다고. '꼴랴'라는 점쟁이가 있다고 거기에

가서 배우, 열넷째 산다구 경게 가 베우라구. 기래 갓지. 기래 찾아가이까
나 그집으 또 저나 악또부수(автобус) 앉아서54) 열넷째르 우슈또베(Уш-Т
обе)서 악또부스(автобус) 앉앗지. 우슈또베서 악또부스(автобус) 앉아 가
이까나, 아이! 경게 사름덜까 물어보이까나 경게 사름덜은 어제 그 사름덜
이 우슈토베(Уш-тобе) 이새르 갓다구. 하이! 정말이지. (웃음) 찾아가이간.
어제 이새르 우슈또베(Уш-тобе)르 이새르 갓다구. 기래 또 악또부스(авто
бус) 앉아서 또 되비 우슈또베(Уш-тобе)르 왓지. 개 우슈또베(Уш-тобе)
바자르(базар) 와서 물어밧지. **곧은이사 바자르(базар) **가뜩하. 개 그
리그리한 사름이 어 어제 이새르 신서이 이새르 해 왓다는 거, 그 아드레
스(адрес), 그 *고 노시아말르 고려말르 무시기오 '*아드레(адрес)'?

주소.

– 음?

주소.

– 주소?

– 예. 어 어디메 사는 거 그 *아, 주 주소. 기래 그 주소르 좀 몇 장
아자구 그런다나까나 아 어제 이새르 온 거 어티가 알갯는가 하메서리.
기래다나이 발써 어전 내 정슴 후이 뎃지. 내 경게 그 열넷째 가앗다 악
또부수(автобус) 갓다 악또부수(автобус) 그 악또부수(автобус) 되비 와
**보나나 점슴우 **여니 저냑페이 데엣지. 기래 거기 우리 집안 집이서
기애 집안 집 아즈마님네 집 들어가 자구 그 이튿날 아츰에 내 이쩍:이
나왓지 바자르(базар). 기래 그리그리한 사름 아: 저 신선 신선이 전 잉기
르 이사르 왓다는 거 아드레스(адрес) 아는가 물어보이까나. 그 이새르
해 온 집 아드레스(адрес) 그건 **수 수조? 아드레스(адрес). 이제 아드레
스(адрес)?

주소.

– 주소?

가서 보라고. 제14 집단농장에 산다고 거기에 가서 점을 보라고. 그래 갔지. 그래 찾아가니까 그 집을 또 저기 버스를 타고 가니까, 아니! 거기 사람들에게 물어보니까 거기 사람들은 어제 그 사람들이 우슈토베로 이사를 갔다고 하지. 하! 정말이지! (웃음) 찾아가니까. 어제 이사를, 우슈토베로 이사를 갔다고. 그래 또 버스를 타고 또 도로 우슈토베로 왔지. 그래 우슈토베의 시장에 와서 물어보았지. 그곳이야 시장이 가뜩하니. 그래 그러그러한 사람이 어제 이사를 점쟁이가 이사를 해 왔다는 거, 그 아드레스(адрес, =주소), 그 러시아말로, 고려말로 무엇이오? '아드레스(адрес)'가?.

주소.

― 음?

주소.

― 주소?

― 예. 어디에 사는 거 그 *아(드레스). 주 주소. 그래 그 주소를 좀 몇 장 알자고 그런다 하니까 아, 어제 이사를 온 것을 어떻게 알겠는가 하면서. 그러다 보니 벌써 이제 내 점심 후(오후)가 되었지. 내 거기에 그 제14 집단농장에 갔다 버스로 갔다 버스, 그 버스를 타고 도로 와 보니까 점심을 ** 저녁 편(때)이 되었지. 그래 거기 우리 집안이 되는 집에서 그래 집안이 되는 집의 아주머님네 집에 들어가서 자고 그 이튿날 아침에 내가 일찍이 나왔지, 시장에. 그래 그러그러한 사람 아 점쟁이, 점쟁이가 여기로 이사를 왔다는데 주소를 아는가 하고 물어보니까. 그 이사를 해 온 집 '아드레스(адрес, =주소)' 그건 (고려말로) '**수 수조'? '아드레스(адрес)'. 이제 말한 '아드레스(адрес)'(를 고려말로 무엇이라 한다고 했지)?

주소.

― 주소?

음.

– 그 주소르 좀 하여튼[아여튼] 내 아자 알자구 한다나이까나, 그렇게[그러게] 어제 이새르 해 왓으이 주소르 모르지만 해두 그 사름으 으: 쉐시 그 나 나그내[55] 동새:~ 안까이 쉐시, 쉐시 주소느 아 알겟, 안다멘서르 걔 그 쉐시 주소르 내 내 좀 그거 달라구서 그랫지. 알케달라구. 걔이까 아무개 주소 몇 몇째 집이라구 말하더. 걔 거기 찾아갓지 내. 걔 찾아가이까나 늙은 아매 그적에[그쩍에] 발써 그 아매느 한 팔십우 마:이 넘엇갯. 그런 아매. 걔 가서 내 무 이 저 쥐인[čwín] 찾으이까나 그애 부루이까나 아매 나와. 기래 날래[56] 들:오라 하메서, 걔 들어가서, 걔 들어가서 내 기래 그 이리저리해서 내 어제 열넷째꺼지 찾아갓다. 열넷째서 음 이 우슈 또베 이새르 갓다 해서 기래 내가 찾구 댕긴다. 아이!, 그렇기 찾앗는가 하메서. 걔 이제 집우 싸구서 집 집글[57]으 넹길라 댕긴다구. 제쉬가 같이 그 집 **집분 집글으 넹길라 아 겅게 갓다메 앉아 잇으라하메서. 좀 올게라메서. 개래 앉아 잇엇지. 걔 앉아 잇으이까나 그 사름덜이 그 그 글으, 집글 그, 글으 수속할라 갓다 와. 와. 그래 내 기래 내 그리저리해서 아 에따(ɘТо) 그 베 베울라 왓다구서 내 기래이까 기래이까느 그 사림이 나르 *보, 에뜨(ɘТО) 밧지. 기래 보구서느, 기래 밧지. 그 부이 기래 무시기라 말하는 가나무. 그렇지. 이 이 게래 그런 그런 거 기래. 길으 나르 멩심하라구[58]. 나르 길으 멩심하라구. 기래 내 그 말까 가지구 기랫지. 선새임이! 내 할 럴[59]에 저어 겅게르 내 먹으꺼 쌀라구[60] 공이사[61]르 그양 할럴에 몇 번씨 두 다 댕기는데 내 어터기 내 재빌르 멩심해 하 하는가구서 그랫지. 기래 걔 선생님이! 그 그거 좀 어티기 방토[62]르 하나 어티기 기래 달라구 내 기 랫지. 가래이까나 고 여~ 글르서는 고려글르서 이거 싹 쓰, 쓰오, 이릏기. 기램 워서 어디메다 어찌운다구선[63]. 잊어삐렛어. 어전 스 스무해두 남아 데지 그 가본지. 기래 무스 어찌구 어찌구 어째 걔 저 그 선생님이 하라는 대르 해앳지. 하라는 대르 해앳지. 기래구서리 기래구 점 집에 왓지.

음.

- 그 주소를 좀 하여튼 내가 알자 알자고 한다니까, 어제 이사를 해왔으니 주소를 모르지만 그 사람의 제수(弟嫂), 그 남자(=신선, 점쟁이) 동생 아내, 제수, 제수 주소는 아 알겠, 안다면서 (말하기에) 그래 그 제수 주소를 내 내게 좀 달라고 그랬지. 가르쳐 달라고. 그러니까 아무개 주소 몇 몇째 집이라고 말하더군. 그래 거기 찾아갔지 내가. 그래 찾아가니까 늙은 할머니, 그 때에 벌써 그 할머니는 한 80은 많이(=족히) 넘었겠더군. 그런 할머니. 그래 가서 내가 뭐 이 저 주인을 찾으니까 그래 부르니까 할머니가 나와. 그래 얼른 들어오라고 하면서, 그래 들어가서 내 그래 이리저리해서 내 제14 집단농장까지 찾아갔다고 했지. 제14 집단농장에서 음 이 우슈토베로 이사를 갔다 해서 그래 내가 찾아다닌다고. 제수와 같이 그 집 집문서를 넘기러 아 거기에 갔다며 앉아 있으라면서. 좀 있으면 올 것이라면서. 그래 앉아 있으니까 그 사람들이 그 그 문서, 집문서 그 문서를 수속하러 갔다 와. 와. 그래 내 그리저리해서, 아, 음, 그 점을 보러 왔다고 내 그러니까, 그러니까는 그 사람이 나를 보더니만, 음 봤지. 그래 나를 보고서는, 그래 점을 봤지. 그 분이 그래 무엇이라 말하는가 하면. 그렇지. 이 이 그래 그런 점괘를 말해. 나보고 길을 조심하라고. 나에게 길을 조심하라고. 그래 내가 그 말을 가지고(=말을 받아서) 그랬지. 선생님! 내 하루에 저 거기를 내가 먹을 것을 사려고 가게를 그냥 하루에 몇 번씩도 다니는데 내 어떻게 내 스스로 (길에서) 조심하는가 그랬지. 그래, 그래 선생님! 그 그거 좀 어떻게 액막이를 하거나 어떻게 그래 달라고 내가 그랬지. 그러니까 고 아주 글로써 고려글로써 이거 싹 쓰 쓰오, 이렇게. 그러면 (그것이) 어디서 어디다 어찌하게 한다고. (그 부적을) 잃어버렸어. 이젠 스무 해도 넘어 되지. 그곳에 가 본지가. 그래 뭐 어찌하고, 어찌하고 어째서 그래 저 그 선생님이 하라는 대로, 하라는 대로 했지. 그러고서 그리고 좀 집에 왔지.

집에 와서 그저 그 선생님이 하라는 대르, 시기는대르 내 해앳지. 그래이
깐 기래구서 잇엇지. 기래구서리 내 그 삼 삼년만에 그 신선인데르 갓 갓
댓지. 삼년 삼년 삼년 지나이 무슨 일이 한 한번 잇엇는감 재빌르 지내
못 보무 **껀릴상 모르지. 거저 이렇기 내 말해서 거저 거스뿌렌가 하지.
누(ну) 그 그러나 내 직접 재비 지나밧지. 기래 삼연이 대앳는데 그래 그
나그네인데 가서, 그거 신선으 베우구 삼년이 됏는데 한 번은 좀 내 집에
하분자64) 잇지. 줴인이65) 일할라 가구 아덜두 없구. 기래 집에 하분자 잇
는데 내 속을르 속으 불쎌르 다아(да) 이렇기 저어나 벨라 벨랍습더구만.
이 이 이 심자ᅟᅵᆼ이 벨라 벨라. 막 잃기 벨랗게 이르. 생전 아이 그렇던게
벨랗게 *그. 기래 내. 기래 재빌르 자ᅟᅡ아 이거 좀 바사르(базар) 마가신(м
агазин) 저 공리사나 바자르(базар) 이 자ᅟᅡ아르 내 가야하겟다구서르 내
우티르 갈아입엇지. 갈아입다가서리 아이구! 가즈 말앗으무 좋겟다구서리.
재빌르 재빌르 이렇기 데더란 말이오. 재빌르. 기래 우티르 갈아입다가서
르 아이 갈아입구 아이 왓지66), 잉게르 아이 왓지. 악또부스(автобус) 앉
아 댕겟지 우리네. 걔 아이 왓지. 기래 아이 오구서리 내 삼년 지나갓으까
나 내 삼년만에 그 신선인데르 갓댓지. 걔 가서 그리저리해서 삼년 *스 *
스 삼년 전에 이런 일이 잇엇 그렇기 잇어 잇엇다구서. 기래이까나 그 신
서이 무시라는가 나무 그릏기 갈까말까 이렇기 그럴 적에 나가무 죽는다
하거든.

　음.

　　－ 음. 그래 기래 기래 그으 저 신서이 저어 까프까스(Кавказ)랑 까프
가스(Кавказ) 저어 까프 체첸(Чечен)이덜이랑 사는 끼프까스(Кавказ),
좋온게. 그런 데서 그전에 살앗지.

　　으음.

　　－ 걔 그런데서 살메서리 우리 그 나그내 동미, 동미무 우리두 다 동미
지. 그 까프까스(Кавказ)서 같이 살앗댓지. 걔 까프가스(Кавказ)부터 저

집에 와서 그저 그 선생님이 하라는 대로, 시키는 대로 내 했지. 그러니
깐, 그러고서 있었지. 그러고서 내 그 삼 년만에 그 점쟁이한테로 갔 갔었
지. 삼 년 삼 년 삼 년 지나니 무슨 일이 한 번 있었는가 하면, 자기 스스
로 지내 보지 않으면 *** 모르지. 내 말해두 그저 거짓말인가 하지. 음
그 그러나 내 직접 내 스스로 지내 봤어. 그래 삼 년이 되었는데 그래 그
남자(=신선, 점쟁이)한테 가서, 그 점쟁이를 만나 점을 본 뒤 삼 년이 되
었는데 한 번은 좀 내가 집에 혼자 있지. 주인(=남편)이 일하러 가고 아
이들도 없고. 그래 집에 혼자 있는데 내 속으로 속이 갑자기 응, 이렇게
저기 별나더군요. 이 이 심장이 별나, 별나. 막 이렇게 별나게 이렇게. 생
전 안 그렇던 것이 별나게 그래. 그래 내가. 그래 내 스스로 시장(市場)을
이거 좀 시장의 상점 저 가게나 시장(市場) 이 시장을 내 가야하겠다고서
내가 옷을 갈아입었지. 갈아입다가, 아이고! 가지 말았으면 좋겠다고서.
내 스스로 이렇게 되더란 말이오. 스스로. 그래 옷을 갈아입다가서 안 갈
아입고 안 왔지. 여기로 안 왔지. 버스를 타고 다녔지 우리네. 그래 안 왔
지. 그래 안 오고서 내 삼 년이 지나갔으니까 내 삼 년만에 그 점쟁이한
테로 갔었지. 그래 가서 그리저리해서 삼 년 삼 년 전에 이런 일이 있었,
그렇게 있었다고서. 그러니까 그 점쟁이가 무엇이라 하는가 하면, 그렇게
갈까 말까 이렇게 그럴 적에는 나가면 죽는다고 하거든.

음.

― 음. 그래 그래 그래 그 저 점쟁이가 저 카프카스랑 카프카스 저 카
프카스, 체첸 사람들이랑 사는 카프카스, 좋은 곳이지. 그런 데서 그전에
살았지.

음.

― 그래 그런 데서 살면서 우리 남편 동무, 동무면 우리도 다 동무지.
그 카프카스에서 같이 살았었지. 그래 카프카스부터 저

아맨 신선 신선질 했지. 누(ну) 사름들은 무슨 아 어찌 어티기 저나 그렇기 그래무 와서 배우지. 기래이깐 이 동미 나그낸 자꾸 웃지. 개뿔두 몰라 가지구서 정말 자꾸만 그런 에떠(это) 신선이질한다구. 이늠이 기랫지. 기래 그건 어째 그릏기 딱 맞슴둥? 예? 야아! 기래 그 그 그 사름들이 저느 그런 사름덜이 저 그전에 누(ну) 곧이[고지] 아이 듣던 사름덜이 그릏기 말하이 그건 정말 알아맞헤젯던 모얘~이. 기래 이 사름덜이 장67) 그 신서이 동미 이새: 우리 사던 데 저 쩨낄리(Текели), 쩨낄리(Текели) 헤~이 잇엇댓지. 헤~이네 동네 이새르 오자구서 그 까프까스(Кавказ)서. 기래 이새르 오자구서 기랫지. 이새르 오자구. 기래 아무래 *안까, 남저~은68) 고지 아이든지. 동미지. 신서이가 동미지. 기래 자꾸만, '아새끼 개뿔두 몰라가지구 자꾸만 신서이질한다'구. (웃음) 장 그렇지. 기래 이 안까이 가 마이 가서 배왓지. 까프까스(Кавказ) 저기. 기래 배워서 배우이까나 신선은 그리지. 이 이새르 하무 물으69) 주검이 난다구.

아! 물에 죽 주검?

— 물에 주검이 난다구. 이새마 하무 물 무리 주검 난다구. 그랜거 아이 곧이[고지] 들엇지. 으음. 거스뿌레하는가 햇지. 짐지. 기래구서 저장 그 집이서 아이 이새르 해 왓스꿈마. 까프까스서(Кавказ). 정게르. 쩨낄리 (Текели)르 헤~이네 동네르 왓지. 헤~이네 동네 와서 지금 쉰야듧해[야들패] 내 직금 그런 거 에:구! 그 해두 아이 잊어져. 일천구백쉰야듧해. 쉰야듧해[야들패] 어:~ 이 저 우리느 이짝에 살구 그 이새르 해온 으응 집이 헤 헤~이네가 그거 이새르 해온집이 저릏기 이릏기 누(ну) 이릏기 산이 같은 게 잇지. 게 거기에 산이 가서 게 홀 넘우무 저네 저짝에 사지. 그 사름들이. 기래, 기래 남젠 일어날 적인 아아 그 집이 너이 잇엇댓스꿈. 새애가70) 둘이 선스나71) 둘이. 기래 와. 기래 시장 쉰야듧해 칠얼 칠얼 칠얼 초엿샛날. 내 날두 잊어 아이 지입구마. 그 날이. 그 집이서 그집이서 그렇기 무리 주검난 거 내 날두 잊어 아이지꿈. 기래 그 날이 집우 싸구.

할머니는 점쟁이, 점쟁이 노릇을 했지. 음 사람들은 무슨 (일이 있으면) 아 어찌 어떻게 (해야 하나 알기 위해) 저기 그렇게 그러면 와서 점을 보지. 그러니까 이 동무 남편은 자꾸 웃지. 개뿔도 몰라 가지고서 정말 자꾸만 그런 어 점쟁이 노릇을 한다고. 이놈이 그랬지. 그래 그건 어째 그렇게 딱 맞습니까? 예? 야! 그래 그, 그 사람들이 저기 그런 사람들이 저 그전에 곧이듣지 않던 사람들이 그렇게 말하니 그건 정말 알아맞혔던 모양이야. 그래 이 사람들이 늘 그 점쟁이 동무가 이사, 우리 살던 체킬리, 체킬리에 형이 있었지. 형네 동네로 이사를 오려고 해, 그 카프카스서. 그래 이사를 오려고 그랬지. 이사를 오려고. 그래 아마도 아내, 남편은 곧이듣지 않지. 동무지. 점쟁이와 동무지. 그래 자꾸만, '아이새끼 개뿔도 모르면서 자꾸만 점쟁이 노릇을 한다'고 하지. (웃음) 늘 그렇지. 그래 이 아내가 가만히 가서 점을 보았지. 카프카스 저기서. 그래 점을 보아서, 점을 보니까 그 점쟁이가 그러지. 이 이사를 하면 떼죽음이 난다고.

아! 떼죽음?

─ 떼죽음이 난다고. 이사만 하면 떼죽음이 난다고. 그런데 곧이듣지 않았지. 음. 거짓말을 하는가 했지. 짐짓. 그러고서 짜장 그 집이 이사를 해 왔습니다. 카프카스서. 저기로. 체킬리로, 형네 동네로 이사를 왔지. 형네 동네 와서 지금 1958년 내 지금 그런 거, 어이구! 그 해도 안 잊혀. 1958년. 1958년 어 이 저 우리는 이쪽에 살고 그 이사를 해 온 응 집의 형네와 그 이사를 해 온 집이 저렇게 이렇게 음 이렇게 산 같은 것이 있지. 게 산에 가서 게 홀 넘으면 저네들이 저쪽에 살지. 그 사람들이. 그래, 그래 남편은 (사건이) 일어날 적에는 아이가 그 집에 넷이 있었습니다. 여자아이 둘 사내아이 둘. 그리해서 이사를 와. 그래 지금 1958년 7월 7월 7월 초엿샛날. 내 날도 안 잊힙니다. 그 날에. 그 집에서 그 집에서 그렇게 떼죽음이 난 거 내 날짜도 안 잊힙니다. 그래 그 날 집을 사고.

집우 에따(это) 집운 치친(Чечен)이들 살던 집우 쌌댓지. 치친(Чечен)이
들 사던 사다가 이 집우 파구 이새르 갓지.

음.

— 개 그 집짝 치친(Чечен)이덜 집우 쌌댓지. 개 치친(Чечен)이들 집우
**싼지 쩨낄리(Текели) 저 쩨낄리(Текели) 우리 사던 덴 이룽기 큰 산
이 산이 이 이 산이 이짝에두 사이구 이짝에두 사이구. 이거 골채기지. 게
이 산 집우느 이짝이 산 산 잉게다가서느 그거 맨들구 집은 경게다 짓구.
게 이게 양짝으루 이룽기 이룽기 사이 데다나이까나 이거느 훈게72) 애임
두? 훈게. 저 우리 살던 저 쩨낄레엔 비 온담 ***쇠 들리기 없이 오옵구
마. 그래구 이른게 기게 무시긴가? 아휴! 노시아말른 **그라드(градина)
박새. 박새?

'박재'.

— '박채'. '박새' 이 미시기오! 이 '박새'나 비에 얼음이 떨어지는 게.

박재.

— '박새'. 음. '박새'가 그 으 그런게. 비이. **시 **내 베드로(ведро)
르 막 붓는 거처름 우리 쩨낄리 살 적엔 그렇게[그러께]. 개 기게 게 양짝
산에 물이 그 무 물 비가 그 저나 박새 모두다나73) 기땅맥히지. 이거느
시장 후런이구74). 기랜게 저 체체(Чечен)이덜이 집은 이짝에다 짓구 개래
고 싸라ꞈ이덜으75), 응, 그 허덕가이76), 허덕간 잇구 무시기구 무슨 글쎄
저것덜이. 아이! 그 훈게르 내오? 절국 훈게르 ***삐 뜩 겨엇단 말이야.
그 어 그 허덕가이구 무시기구 이룽기 잉기 떡 젓단 말이야. 기래 그집이
서 저짝 건 이짝을르 집이 사는 마다ꞈ을르 홀 들어가무 홀 문우 * 열구
들어가무 허덕가이지. 개 허덕간으 두에다 또 문우 해앳지. 또 문우 해앳
지. 저짝에다 저짝삑에다두 문우 하구 이짝 삑에다두 문우 해앳지. 체첸(Ч
ечен)이덜이. 그렇기 허덕간으 그룽기 떡 져. 이거 이건 훈게르 내놓재잉
구. 훈게르 잉기 져엇단 말이.

집을 어 집은 체첸 사람들이 살던 집을 샀었지. 체첸 사람들이 살던, 살다 가 이 집을 팔고 이사를 갔지.

음.

— 그래 그 집 쪽 체첸 사람들 집을 샀었지. 그래 체첸 사람들 집을 샀는데 체킬리 저 체킬리 우리 살던 데는 이렇게 큰 산이 산이 이 산이 이쪽에도 산 이고 이쪽에도 산이고 이건 골짜기지. 게 이 산 집은 이쪽 산 산 여기다가는 그거 만들고 집은 거기다 짓고 게 이게 양쪽으로 이렇게 이렇게 산이 되다 보니까 이거는 골짜기의 바닥이 아닙니까? 골짜기의 바닥. 저 우리가 살던 저 체킬리에는 비가 온다 하면 소리가 들리지 않고 옵니다. 그리고 이런 게 그게 무엇인가? 아휴! 러시아 말로는 '그라지나(градина, =우박)', '우박'. '우박'?

'박재'(=우박).

— '박채'. '박새' 이게 무엇이오! 이 '박재'(우박)라 하는 건 비에 얼음 이 떨어지는 것.

우박.

— 우박. 음. 우박이 그 그런 게. 비. 물통으로 막 붓는 것처럼 우리가 체킬리에 살 적엔 그렇게 (비가 내렸지). 그래 그게 양쪽 산의 물이 그 물, 비와 그 저기 우박이 모이다 보니 기가 막히지. 이거는 지금 골짜기의 바 닥이고. 그런데 저 체첸 사람들 집은 이쪽에다 짓고 그래 고 창고들을, 응, 그 헛간, 헛간이고 무엇이고 뭐 글쎄 저것들이 (골짜기에 짓는단 말이 오). 아니! 물이 흘러가는 그 훈개를 내야잖소? 결국 훈개(물이 흘러가는 골짜기의 바닥)에 지었단 말이야. 그 어 헛간이고 무엇이고 이렇게, 이렇 게 떡 지었단 말이야. 그래 그 집에서 저쪽 건 이쪽으로 사람이 사는 마 당으로 훌 들어가면 훌 문을 열고 들어가면 헛간이지. 그래 헛간의 뒤에 다 또 문을 했지. 또 문을 했지. 저쪽에다 저쪽 벽에도 문을 하고 이쪽 벽 에도 문을 했지. 체첸 사람들이. 그렇게 헛간을 그렇게 떡 지어. 이거 이 훈개는 내놓지 않고[77]. 훈개(골짜기의 바닥)에다 이렇게 지었단 말이야.

훈게르?

― 후 훈게르 글쎄 훈게르 훈게 이거 야 잉게 훈게르 그거 그거 물이 네려올 적이 내 물이 네려올 데르 산물이 네려올 데르 내놓재잏구 잏기 그저 요만 저저 산에 이거 훈게르 이릏기 떡 떡 막아서 져엇단 말야. 그런 거 허덕가이나 허덕가이나 가뜩.

'훈게'가 뭥둥?

― 훈게, 훈게. 글쎄 이게 이게 *이자 이게 시장 이게 사~이구 이게 사이 이게 훈게지. 이게 *사, 산에서 물이구 으 박새구 막 네려오지. 그 훈게르. 그랜게 그 체체이덜이 이거 어 허덕간으 이거 훈게르 아이 내놓구 막 졋단 말야. 허덕간으. 그래 (기침) 그래 남젠 일할라 가구. 시장 너어 네번채 아 선스나 네일이 생진날[78]이거든 칠얼 초야드렛날이무 생진날이지. 긔래 아 그랜데 남재두 일할라 가구. 게 기게 아 아츰 늦은 아침이때 엿습구마. 아츰맷엇이습굼[꿈]. 점슴때두 안즉 아이데구. 그런데 개래 이 저나 안깐으 그거 저나 허 허덕간에 경게 들어 그 그런 거나 놓구 우선 음석 끓이지, 아덜. 걔 에미 나오이까 아덜 너이 다아 나왓지. 으흠. 어 개 큰아두 그젝에[그쩨게] 어: 핵교르 핵교르 가슬에 갈, 웨엔 큰게 가슬에 핵교르 갈 아 한내 웨엔 큰 게구. 그담 고 아래르 서이 이릏기 잇엇지. 기랜[기랭] 기랜데 아이 이게 저 비가 어 이게 저 박새 네레 **크수, (쯧) **네리퍼부시이까[79] 그 집운 집운 저짝에 잇지. 집운 일없지. 집운. 걔 집우 들으 들어가갯는게 너무:두 에따(это) 으 음 그렁까 비쏟아지구 박새덜 이까 그게 진하무 아덜 댓구 집우르 들어가자 햇:지. 아 기앵게 기게 파악 양 양산 두 산에서 모다서 어 잏게 그 박새가 비 지:내 헤게없이[80] 그래 그 문우 탁 치구서. 저짝으 저짝으 저짝 저짝이 저짝에두 문 이짝에두 문 이 잇엇다 하잼두? 기랜 저짝에서 온 거게 이러 큰 모둔 게 어찌갯소. 박새가 비 모둔게. 갠데 그 저짝

'훈계'를?

— 후 훈개를 글쎄, 훈개를, 훈개 이거 응 여기에 훈개를, 그거 물이 내려올 적에 냇물이 내려올 데를, 산의 물이 내려올 데를 내놓지 않고 이렇게 그저 요만하게 저 저 산에 이 훈개를 이렇게 떡 막아서 지었단 말이야. 그런 헛간이나, 헛간이나 그런 것을 가뜩.

'훈계'가 뭡니까?

— '훈개', '훈개'. 글쎄 이게, 이게 이제 이게 지금 이게 산이고 이게 산이라면 이 골짜기의 바닥이 '훈개'지. 이게 산에서 물이고 어 우박이고 막 내려오지. 그 골짜기의 바닥으로. 그런데 그 체첸 사람들이 이거 어 헛간을 이거 (물이 흘러내릴 수 있는) 골짜기의 바닥을 안 내놓고 막 지었단 말이야. 헛간을. 그래 (기침) 그래 남편은 일하러 가고. 지금 넷, 네 번째 아이 머슴아이는 내일이 생일날이거든, 7월 초여드렛날이면 생일이지. 그래 아 그런데 남편도 일하러 가고. 게 그게 아침, 늦은 아침때였습니다. 아침때였습니다. 점심때도 아직 안 되고. 그런데 그래 이 저기 아내는 그거 저기 헛간에 들어 그 그런 것이나 놓고 우선 음식을 하지, 아이들의. 그래 어미가 나오니까 아이들 넷이 다 나왔지. 음. 그래 큰아이도 그 때에 어 학교를, 학교를 가을이 되면 갈, 가장 큰놈이, 가을에 학교를 갈 아이가 하나 있는데 가장 큰놈이고 그다음에 그 아래로 셋이 이렇게 있었지. 그런데 아니! 이게 저 비와 어 이게 저 우박이 내려 크게 내리퍼부으니까, 그 집은, 집은 저쪽에 있지. 집은 괜찮지. 집은. 그래 집을 들어가려는데 너무도 음 어 음 그러니까 비가 쏟아지고 또 우박이니까 그게 진하면(盡 --, =다 그치면) 아이들을 데리고 집으로 들어가려 했지. 아, 그런 게 그게 꽉 두 산 두 산에서 모아서 어 이렇게 그 우박과 비가 아주 엄청나게 내려 그래 그 문을 탁 치고서. 저쪽을 저쪽을 저쪽 저쪽이 저쪽에도 문이쪽에도 문이 있었다고 하잖았습니까? 그러니 저쪽에서 흘러온 빗물이 이렇게 크게 모인 것이 어떠하겠소 우박과 비가 모인 것이. 그런데 그 저쪽

문으 문골아부라[81]), 문골아부라 타악 지르구 나가지. 기래이까나 식궐르 에미꺼저 다슷으 다아 구불에[82]) 갓지.

쯧쯧.

─ 싹 구불에 갓지. 그래이께 그저 시꺼먼 물이 돌이구 무시기구 그저 지내 엄매르 진실르 왓는가 하무 열다스미누뚜(минут)르 왓어. 열다스미누뚜 왓어.

어우!

─ 열다스미누뚜(минут) 그런 에따(это) 박새가 비. 아하. 열다스미누뚜(минут) 오는데 그래 경게 경게서 글쎄나 그 집우 싹 저나 허덕간으 그거 막 치구 식귀 다슷으 다아 가져갓어. 다아. 개 저짝에 올리막에 젯지, 이짝 네리막이지. 개 그거 무슨 산이다나 이: 저짝은 산이다나니까 이건 네리막이지. 이 네리막으 개래 우리 쩨낄리(Текели) 살젝에[쩨게] 그 쩨낄리인까(Текелинка)라구 물이 네레가는 게 잇엇습구마. 쩨낄리인까(Текелинка)라구.

한물이?

─ 아하 이런 물이. 큰물이.

큰물이.

─ 큰물이. 음. 그래 그래 경게꺼저 경게서두 막 끄서왓어. 음. 식귀 다슷으 다아, 아. 기래 이 에미느 개두 크다나이까더 그 물으 경게 다아 못 들어가구. 집이 에미. 에미 조오끄만 아르 안구[앙구] 잇엇지. 그것두 네 일이 생진데는 아르 안구[앙구] 잇엇지. 아 안구[앙구]. 아, 그래 아르 아이 놓갯다구 한게 너무: 막 구부다나 아르 홀 놔아뿌렛지. 어른아르. 햐아! 기적에[기쩌게] 기땅맥헷습구마, 기게. 다아(да) 쉰야듧해. 기래 기래 아이 에미 에미 기래 눕어 잇으이 사름덜켄 지나가다 그런 거 밧지. 그래 사름덜이 오이, 그담 우리 우리사 그제 집에 잇엇지. 개다나 그 집이서 그릏기 그런 거 몰랏지. 우리 집에 *우 집에 기래 잇다나. 기래 기래 우리

문을 문틀조차, 문틀조차 탁 치고 나가지. 그러니까 식구째 어미까지 다섯을 다 굴러 가게 했지.

쯧쯧.

- 싹 굴리어 갔지. 그러니까 그저 시꺼먼 물이 돌이고 무엇이고 그저 진실로 너무나 얼마를 왔는가 하면 15분 동안 왔어. 15분 동안 왔어.

어우!

- 15분을 그런 음 우박과 비가. 음. 15분을 오는데 그래 거기에 거기에서 글쎄 그 집을 싹 저기 헛간을 그저 막 치고 식구 다섯을 다 가져갔어(=쓸어갔어). 모두 다. 그래 저쪽에 오르막에 졌지, 이쪽은 내리막이지. 그래 그거 무슨 산이다 보니 이 저쪽은 산이다 보니까 이건 내리막이지. 이 내리막을. 그래 우리 체킬리 살 적에 그 체킬린카 강이라고 물이 내려가는 것이 있었습니다. 체킬린카 강이라고.

냇물이?

- 응 이런 물이. 큰물이.

큰물이.

- 큰물이. 음. 그래, 그래 거기까지 거기서도 막 끌어왔어. 음. 식구 다섯을 다, 아. 그래 이 어미는 그래도 크다 보니 그 물 거기에 다 안 들어가고. 집의 어미. 어미가 조끄만 아이를 안고 있었지. 그것도 내일 생일이 되는 아이를 안고 있었지. 안고. 아, 그래 아이를 안 놓겠다고 한 것이 너무 물살에 구르다 보니 아이를 홀 놓아 버렸지. 어린아이를. 햐! 그 적에 기가 막혔습니다, 그게. 응 1958년에. 그래 그래 아이! 어미 어미가 그래 누워 있으니 사람들이 지나가다가 그런 거 봤지. 그래 사람들이 오니, 그 다음 우리 우리야 그 때 집에 있었지. 그렇다 보니 그 집에서 그렇게 일이 벌어진 그런 거 몰랐지. 우리 집에, 우리 집에 그렇게 있다 보니. 그래, 그래 우리

쏘 저 졀엣집 졀에 사는 여자, 이사 안 간 거거든. 그 열다스미누뜨(минут) 지나가이 박새 지나가이 어 그 그 그걸 그 그 우리 그양 바같으르 나 갓지. 걔이까나 우리 졀에 사는 여자. 정게 저나 까자끄 여잔두우 저어 그 런 박새나 막 저나 으 으 누이 비 막 기래서 정게 **누부야 아매 까자끄 여자말이 그 정게 저 골안에서 산다 하더라구. 저 골안에서 산다더라. 아 너인게. 그런 까자끼 여자 아니 *마 노 노시아여자덜은 그 고려여자르 까 자긴가 햇지. 까자끄 여잔가 햇지. 고려여잘 가주구. 가 아덜 에밀 가주구. 그래 벵원에 또 실어갓지, 에밀. 에미 만저 얻어밧지. 그담에 아두. 그담 에 그래 그거 쩨낄린 또 물이 네레가는 그 경게 저느 박새 박새 이릏기 장쳿습구마[83], 박새. 열다스미누뜨(минут) 온 게 그릏기 **백 박새 그릏 기. 기래서 사름덜이 싹 얻어밧지. 걔 얻어보이까나 아아덜 영게 가 한나. 그런 거 박새 밑에서 파냇지. 아덜으. 죽은 거.

아이구!

– 죽은 거. 죽은 거. 죽은 거 한나 파내구 두울으 파내구 서어 파내구. 아 한나느 어드르 갓는두~ 기양 얻어밧지. 기래 웨엔 큰 새아가 일굽 살 먹은 거. 걔래 그 새아갈 얻어보이 죄외꼼 숨이 잇엇댓지. *이시 이짝거 느 서이 다 죽엇지. 다 죽구 이짝:으느 으음 조꼼 숨이 잇어서 벵원에 가 져갓지. 병원으 가져간 병원에서 어 낮에 가져간 게 정슴에 지낙[84]펜에 네 번채 아두 죽엇소.

쯧쯧쯧쯧.

– 기래 열다슷미눈(минут) 열다슷미누뜨(минут) 어간에 아 아르 너 어 다아 죽엣지. 기래 기래 그 신서이 모름두~? 음?[85]

글쎄. 아네.

– 음?

알았지. 신선이.

곁에 사는 여자, 이사를 안 간 사람이거든. 그 15분이 지나가니, 우박이 지나가니 어 그 그 그래서 우리가 그냥 바깥으로 나갔지. 그러니까 우리 곁엣집, 곁에 사는 여자. 저기에 저기 카자흐 여자인지 저 그런 우박이 막 저기 어 눈과 비가 막 그래서 저기에 ***(누워 있는 채로 있다고). 아마도 카자흐 여자 말이 그 저기에 저 골짜기에서 산다고 하더라고. 저 골짜기 에서 산다더라고 하지. 아이가 넷인 것이. 그런 카자흐 여자, 아니! 러시 아 여자들은 그 고려 여자를 카자흐 사람인가 했지. 카자흐 여자인가 했 지. 고려 여자를 가지고. 그 아이의 어미를 가지고. 그래 병원에 또 실어 갔지, 어미를. 어미를 먼저 찾았지. 그다음에 아이도. 그다음에 그래 그거 또 체킬리 물이 내려가는 거기에 저기 우박 우박이 이렇게 쌓였습니다, 우박이. 15분 동안 온 게 그렇게 우박이 그렇게 (많이 내렸지). 그래서 사 람들이 싹 찾았지. 그래 찾아보니까 아이들이 여기에 가 하나. 그런 거 우 박 밑에서 파냈지. 아이들을. 죽은 것을.

아이고!

– 죽은 거. 죽은 거. 죽은 거 하나 파내고 둘을 파내고 셋을 파내고. 아이 하나는 어디로 갔는지 그냥 계속 찾았지. 그래 가장 큰 여자아이 일 곱 살 먹은 거. 그래 그 여자아이를 찾으니 조끔 숨이 붙어 있었지. 이 이 쪽 거는 셋이 다 죽었지. 다 죽고 이쪽 거(=뒤에 찾은 여자아이)는 음 조 끔 숨이 있어서 병원으로 옮겼지. 병원을, 옮긴 병원에서, 어 낮에 옮긴 것이 점심이 지나 저녁 무렵에 네 번째 아이도 죽었소.

쯧쯧쯧쯧쯧.

– 그래 15분, 15분 사이에 아 아이를 넷을 다 죽였지. 그래 그러니 그 점쟁이가 모른다고 할 수 있습니까? 음?

글쎄. 아네.

– 음?

알았지. 점쟁이가.

– 아, 또춰노(точно) 말햇지. 정말 고롷기 말햇지. 이새만 하무 무리죽임이 난다구. 가지 말라구. 이새르 하지 말라구.

다(да), 다(да).

– 기랜거 머 개뿔두 몰라가지구서 그런다구. 곧이[고지] 든재잏지 말으 기래이 기래이까 어터기 아이고지든갰어! 기래 으 *노시, 고려말이 무시긴가? 열다슷미누뜨(минут) *. 무시기?

십오분.

– 십오분, 어. 십오분 어간에 아덜 너어 다아 죽엣지. 그래 그래이 신서이 말두 들어야 하지. 신선말두 들어야. 음. 좋 좋온 건 아이 맞지. 정말 좋온 건. 못쓸 건 꼭 맞지.

그 신선이 이게 어디 우슈또베(Уш-тобе):….

– 우슈또베(Уш-тобе). 지금 생조인두 상새난두 그건 내 내 모르갰소. 그런 신서이지. 남자.

으음. 그럼 우리 고렷사름들이 어:: 그 신선한테 가서 점 베움둥? 베왔슴둥?

– 베우쟪구. 나두 기전에 두 번 갓다왓다니까!

갓다왔다구 그러셨죠.

– 그 우슈또베(Уш-тобе) 사름들이나 으 우슈토베(Уш-тобе) 그 꼬호즈(колхоз) 가뜩하니 사측86)에. 영게서두 영게 사름덜두 가구. 베울라 마이 댕갰습지. 영게두 영게두 에따(это) 그 여자 잇엇어. 신선 여자.

딸디꾸르간(Талдыкорган)에두?

– 딸디꾸르간(Талдыкорган)에 음. 기랜게 상년인가 그러껜가 아무래 상년인두 상새낫스꿈. 그 여자두. 그여자두. 아는 여자.

으음.

― 아, 정확히 말했지. 정말 고렇게 말했지. 이사만 하면 떼죽음이 난다고. 가지 말라고. 이사를 하지 말라고.

예, 예.

― 그런데 뭐 개뿔도 몰라 가지고 그런다고. 곧이듣지 않지, (점쟁이) 말을. 그러니 그러니까 어떻게 곧이듣지 않겠어! 그래 어 *러시, 고려말이 무엇인가? '열다섯미누뜨(минут)'는. 무엇?

십오 분.

― 15분, 어. 15분 사이에 아이들 넷을 다 죽였지. 그래 그러니 점쟁이 말도 들어야 하지. 점쟁이 말도 들어야. 음. 좋은 건 안 맞지. 정말 좋은 건. 못쓸 건 꼭 맞지.

그 신선이 이게 어디 우슈토베….

― 우슈토베. 지금 생존(生存)해 있는지 죽었는지 그건 내 내가 모르겠소. 그런 점쟁이지. 남자.

음. 그럼 우리 고렷사람들이 어 그 점쟁이한테 가서 점을 봅니까? 보았습니까?

― 보잖고. 나도 그전에 두 번 갔다 왔다니까!

갔다 왔다고 그러셨죠.

― 그 우슈토베 사람들이나 어 우슈토베에 그 집단농장이 가득하니, 사방에. 여기서도 여기 사람도 가고. 점 보러 많이 다녔지요. 여기도, 여기도 음 그 여자 있었어. 점보는 여자.

탈디쿠르간에도?

― 탈디쿠르간에 음. 그런데 작년인가 그러께인가 아마도 작년인지 죽었습니다. 그 여자도. 그 여자도. 아는 여자지.

음.

3.3. 옛날이야기

그러면 아매::! 그 어저께 말씀드린 머 옛날얘:기:, 옛말 재미있는 거 점 많이 점 얘:기 점 해:주웁소.

– (웃음) 내 무슨.

심청이던 춘양이던 머 예 범:얘기던 승내얘기던 머 그냥 생각나시는 대로. 아니면 일리(или) 에 루스끼이 라스꺼즈(русскийрассказ)던 머 아무꺼나 점 얘기 점 많이 해주웁소. 듣자구 하압구마.

– 으, 음. 난 그 내 재빌르[87] 본 거느 그 **연구[영구] 심 심청전이구 다머거리[88] 연국 밧댓지.

아아.

– 다머거리 연국 밧댓지.

다머거리?

– 아하. 다머거리 연극. 내 그전에 따슈껜트 **갓은 게(←갓는 게) 어 연 극 배우덜이 경게 와서 어 연극으 노는[89] 거 그거 밧지. 다머거리 연국이.

다머거리 무스겜둥? 내 모르겠습구마.

– 다머거리, (기침) 이 저나 그 다머거리 연극이 그 그 그 이림이 무시 기던두? 음. 상장님[90]인두[91]. 상장님이. 상장님이 미시김두? *오, 고려 에 따(эта) 고렷말르 상장님이 무시? 누(ну) 큰사름이갯지, 나이나. 쿄인[92]이 갯지. 상장님이 다(да)?

음.

– 어, 상장님이 이 저 말 말으 말으 저나 이 그런 인도하는 그 그 구 차한 거, 구차한 이런 전[93] 청년 같이 댕기지.

3.3. 옛날이야기

그러면 할머니! 그 어저께 말씀 드린 뭐 옛날얘기, 옛말 재밌는 것 좀 많이 좀 얘기 좀 해 주십시오.

— 내 무슨.

심청이든 춘향이든 뭐 예 범 이야기든 승냥이 얘기든 뭐 그냥 생각나시는 대로. 아니면 혹은 러시아의 이야기든 뭐 아무것이나 좀 얘기 좀 많이 해 주십시오. 듣자고 합니다.

— 어, 음. 난 그 내 스스로 본 것은 그 연극, 심 심청전과 다머거리 연극을 보았었지.

아.

— '다머거리'라는 연극을 보았었지.

'다머거리'(=먹보)?

— 응. 연극 '다머거리'. 내 그전에 타슈켄트에 갔는데 어 연극배우들이 거기에 와서 어 연극 공연하는 것을 봤지. '다머거리' 연극.

'다머거리'가 무엇입니까? 내 모르겠습니다.

— '다머거리' (기침) 이 저기… 그 '다머거리' 연극이 그 그 그 이름이 무엇이던가? 음. '상장님'(=상전님)인지. 상전님. 상전님이란 말이 무엇입니까, 고려, 어, 고려말로 '상전님'이 무엇이오? 음 큰 사람이겠지, 나이나. 주인이겠지. '상장님'이란 말뜻이, 그렇지?

음.

— 어, 상전님이 이 저 말[馬] 말을, 말을 저기… 이 그런 인도하는 그 구차한 사람, 구차한 이런 저기… 청년과 같이 다니지.

아아 그렇지!

─ 으흠.

예. 예.

─ 그래 그 연극으느 개래94) 이래 가아다가 가아다가서르 두르 드, 이짝95) 그 기게 저 기게 고려말르 무슨 말인두 모르갯습구마. 이짝거느96) 상정님이구 이짝거느 다머거리지.

아:.

─ 다머거리. 아하. 다머거리. 그래 상장님이 어떤 **추연97), 기게 고려말르 무시기 말임두~? 스딸로브(столовая) 무시기란 말? 무시기라 말하나? 저런….

'스딸로브이(столовая)' 식당.

─ 시 식당, 아:. 잉게서느 스딸로브이(столовая)두 잇구 까페(кафе)98) 두 잇구 예스뜨랑(ресторан)두 잇구 그렇지. 갠데 그 고려말르느 그 잏기 누(ну) 수 술이랑 들어가 먹는게 전 *수 그 무시김99)? 고려말르.

주막집.

─ 주막집?

음.

─ 그래.

술집.

─ 그래 저 그 시장 상장님이 이짝 다머거리 시기지. 네 아무 데 정게 들어가서 팥죽으[파쭈'그]100) 팥죽으[파'쭈그], 연극두 팥죽이라[파쭈'기라] 합더구마, 연극 놀 제. 팥죽 한 그릇으 싸내오라 하지, 상장님이. 개 이 다머거리 예:: 하구서 들어가서. 개 들어가서 한그릇 싸가지구 나오메 자꾸 야101) 무슨 적시지102). 이래 적시지. 개애까나103) 이 상장님이, 야! 이놈아 무 무스거 경게 자꾸 얻어보는가구서. 기 개래이까 이 저나 이 이 다머거기

아 그렇지!

― 음.

예. 예.

― 그래 그 연극은 그래 이렇게 가다가 가다가서 두루, 이쪽 그 그게 저 그게 고려말로 무슨 말인지 모르겠습니다. 이쪽 사람은 상전님이고 이쪽 사람은 '다머거리'(=먹보)지.

아.

― '다머거리'(=먹보). 응. '다머거리'. 그래 상전님이 어떤 주연(酒宴), 그게 고려말로 무슨 말입니까? '스딸로브(столовая)'는 무엇이라는 말? (고려말로) 무엇이라 하나? 저런….

'столовая'는 고려말로 '식당'이라 하지요.

― 시 식당, 아. 여기서는 식당도 있고 카페도 있고 레스토랑도 있고 그렇지. 그런데 그 고려말로는 그 이렇게 음 술이랑 들어가 먹는 곳이 저기, 술, 그게 무엇입니까? 고려말로.

주막집.

― 주막집?

음.

― 그래.

술집.

― 그래 저 그 지금 상전님이 이쪽 '다머거리'(=먹보)에게 시키지. 네 아무 데 저기에 들어가 팥죽을, 팥죽을,―연극도 '팥죽'이라 하더군요, 연극을 공연할 때.―팥죽 한 그릇을 사서 가져오라고 하지, 상전님이. 그래 이 '다머거리'(=먹보)가 '예!' 하고 들어가서. 그래 들어가서 한 그릇을 사 가지고 나오며 자꾸 이 아이가 무엇을 넣어 어지럽게 하지. 이래 집어 넣어 어지럽게 하지. 그러니까 이 상전님, 야! 이놈아 무엇을 거기에서 자꾸 찾아보는가 하고서. 그 그 그러니까 이 저기 이 '다머거리'(=먹보)가

기래지. 상정님예104)! 상정님예! 저 내 잉게105)다 콧물으 한단106) 떨군 게107) 콧물으 떨군게 얻어본다108)구. 얻어본다구. (웃음) 개래, "애! 이놈 아!" 개래 욕하지. 욕하니, "애 이놈아 그 갬 갬 그건 네 먹어라!" 하지. 개 네 먹어라 하이깐 이 다머거리 무시기라 하는가 나무 이러지. "상정님 예! 상정님예! 에 저레109) 두 그릇으 시겟덤므110), 두 그릇으. 두 그릇으 부탁했듬므, 한그릇은 상장님이 잡숫구 한그릇은 내 먹자이깨누111)." 이 이런 연극이 잇엇지. 이런 연극이.

어: .

— 개단112) 그래 그래이까느 그거 다 다머거리 제 먹엇지. 상장님이 음 콧물으 떨궛다 하이 아이 먹구. 그담에 또 **가악가다 가아다 가다 시장 그담에 당나귀, 당나귈 타구서 가아다가 가아다가서 개 당나귈 떡: 매놔. 서울, 서울이라 하더니. 고려말르 서울. 아이, 저나 이 당나귀 거기다 그 렁저렁113) 매애놓구선 이 저 다머거리 이거 **장나귀 지켜라 하지. 서울 에서 산 눈 빼는 곧인게 **산 당나귈 *당 당나귀 잘 보라구. 그리메 상정 님이 ***가안등114) 들어가지. 아, 게랜데 이 상정님은 없구 시장 다머거 리 게 또 점 그 이 어 당나귀 지 지키지. 상장님이 당나귀. 개 당나귀 지 키는데 아 *이르 누이 누이 먼 사림이 저나 어드메 길으 오지. 오니까더 이 야 저나 미시기라구 말하던가. 야 그건, 그 당나기 싸라구. 당나기 싸 라구.

으음.

— 그 그 눈 **면 사름가 당나귀 싸라구 그 그러지. 기래 저나 어 이 야 저 그거 무슨 쥬인게다115) **눈면 쥬~이게다 당나귀 팔앗지. 개구 누 깔116) 이래 싸매구 잇지. *당 다머거리 *잠 눈으 싸매구 떠억 서 잇지. 아이 개 상젱님이 나오이까나 당나귀는 없구 아이 **재비 그 다머거리 눈으 떡 싸매구 잇어. "헤이! 애 이놈아! 눈으 어째 싸매." 아이! 상젱님이 말하재인는가구선. 서울이 산 눈 빼는 곧으이까나

그러지. 상전님! 상전님! 저 내가 여기다 콧물을 한 방울(?) 떨어뜨린 것, 콧물을 떨어뜨린 것을 찾는다고. 찾는다고. (웃음) 그래, "야! 이놈아!" 그래 그 상전이 욕하지. 욕하니, "야 이놈아 그 그럼 네 먹어라!" 하지. 그래 네 먹어라 하니까 이 '다머거리' 무엇이라 하는가 하면 이러지. "상전님! 상전님! 에 시키는 김에 두 그릇을 시켰더라면, 두 그릇을. 두 그릇을 부탁했더라면 한 그릇은 상전님이 잡숫고 한 그릇은 내가 먹자니까는." 이 이런 연극이 있었지. 이런 연극이.

어.

— 그러다 보니 그래 그러니까 그거 다 '다머거리' 제가 먹었지. 상전님이, 음, 콧물을 떨어뜨렸다 하니 안 먹고. 그다음에 또 가다가 가다 가다 이제 그다음에 당나귀, 당나귀를 타고서 가다가 가다가서 그래 당나귀를 떡 매 놓아. 서울, 서울이라 하더니. 고려말로 서울. 아이, 저기 이 당나귀를 거기다 그럭저럭 매 놓고서 이 '다머거리'보고, "이 당나귀를 지켜라!" 하지. 서울에서는 산 사람의 눈을 빼낸다니 당나귀를 당 당나귀를 잘 보라고. 그러면서 상전님이 *** 들어가지. 아, 그런데 이 상전님은 없고 지금 '다머거리'가 또 좀 그 당나귀를 지키지. 상전님의 당나귀. 그래 당나귀를 지키는데 아 이렇게 눈이, 눈이 먼 사람이 저기 어디서 길을 오지. 오니까 이 이 아이가 저기 무엇이라 말하던가 하면. 이 아이가 그건, 그 당나귀를 사라고. 당나귀 사라고.

음.

— 그 그 눈 먼 사람에게 당나귀를 사라고 그러지. 그래 저기 어 이 이 아이 저 그 무슨 **주인에게다 눈 먼 중에게다 당나귀 팔았지. 그리고 눈깔을 이렇게 싸매고 있지. '다머거리'(=먹보)가 눈을 싸매고 떡 서 있지. 아이 그래 상전님이 나오니까는 당나귀는 없고 아니, 자기 당나귀는 없고, 그 '다머거리'가 눈을 떡 싸매고 있어. "헤! 야 이놈아! 눈을 어째 싸매." 아니! 상전님이 말하지 않았는가 하고서. 서울이 산 사람의 눈을 빼는 곳이니까

눈 빼울까바[117] 눈으 빼울까바 눈으 싸매구 잇엇다구. 그런 어간 당나귀 도독질해 갓다구 이리지. 제 팔아먹구두. (웃음) 다머거리 다머거리 상정님으 당 당나귀 제 팔아먹구서.

팔아먹구서.

― 아하. 그래 상젱님이 그러재앳는가구. 서울에서 눈으 빼는 **고인다라니까나 눈으 싸매구 잇엇지만 당나귀 잃어삐렛다구. 제 팔아먹구두. 다 다머거리 팔아먹구두. 팔아먹구. 이런, 이런 연극으. 이런 거 **해. (웃음).

아아. 제[118] 모릅구마. 그 연극을.

― 어 어느나[119] 밧습구마, 다 다머거리 연극이.

내 내 모릅구마.

― 재미, 재미잇는 연국이, *재.

글쎄, 예.

― 그전에 그전에 그 연극배우덜이, 배우덜이.

예, 예. 아:. 그때 다머거리가 이게 고려말임두~ 아니면은 에 노시아말임두~?

― 다머거리 고려말입끔[120].

고려말임두~?

― 다머거리라구 어째 말한 **단, 내 생각인 그 다머거린 어째 말해, 마이 **먹당나이 다머거리라 하지.

아아.

― 마이 먹는다구 다머거리라 하.

으응.

― 걔 그 다머거리래두 골이사 일, 골이 일 잘하재앳어? 잘하재앳슴두? 골이[121].

예.

눈을 뽑힐까 봐 눈을 뽑힐까 봐 눈을 싸매고 있었다고. 그런 사이에 당나귀를 도둑질해 갔다고 이러지. 제가 팔아먹고도. '다머거리', '다머거리'가 상전님의 당나귀를 제가 팔아먹고서.

팔아먹고서.

— 응. 그래 상전님이 그러지 않았는가 하고. 서울은 눈을 빼는 곳이라 하니까 눈을 싸매고 있었는데 당나귀를 잃어버렸다고. 제 팔아먹고도. '다머거리'가 팔아먹고도. 팔아먹고. 이런, 이런 연극을 보았지. 이런 연극을 해. (웃음).

아. 저는 모릅니다. 그 연극을.

— 어 어느 누구나 봤습니다, '다머거리' 연극.

나는 모릅니다.

— 재미, 재밌는 연극, 재미.

글쎄, 예.

— 그전에, 그전에 그 연극배우들이, 배우들이.

예, 예. 아. 그때 다머거리가 이게 고려말입니까? 아니면 에 러시아 말입니까?

— '다머거리'(=먹보)는 고려말입니다.

고려말입니까?

— '다머거리'라고 어째 그리 말했는지는 (모르고), 내 생각은 그 '다머거리'는 어째 그리 말하는가 하면, 많이 먹다 보니 '다머거리'라 하지.

아.

— 많이 먹는다고 '다머거리'라 하오.

응.

— 그래 그 '다머거리'라도 머리를 잘 쓰잖았어? 머리를 잘 쓰지 않았습니까? 머리.

예.

- 죽우 그거 어 제 말, 그 다머거리마따나 저레 제것가 저 상정님이 두 그릇으 부탁햇으무 어떻갯슴두. 제에 상젱님이 제 하분자 먹갯다구 한 그릇으 부탁햇지. 걔 야느 제 먹어야하갯는데 어트기 얼렛으무 **좋으깜 좋갯는가아구 상정님 어트기 얼려. 그래 자꾸 잔¹²²⁾ 사발에서,

콧물이 떨어져.

- **슷물, 어 사발에서 술루 **적시메느(←적시네느), 아 얘 이놈아 네 거기서 무스거 얻어보는가 하이까, 상정님예! 상정님예! 내 가주구 나 여기 죽우 어 팥죽으 가주구 나오다가 여기다 콧물으 떨궈서 얻어본다구서. 제 먹길래 이릏게 거슷뿌레르 해앳. 걔 이 원판 이름으, 연극이두 다머거리 연극이오. 다머거리 연극.

이 다머거리가 머,

- 아하. 골이 일해.

골이 일했구마.

- 걔 서울에서 산 눈으 뺀다 하이까나 아, 당나귀 팔아먹구두 눈으 떠억 싸매구서. 아, 걔래, "아, 이놈아! 이 자석아! 당 당나귀르 …." 아, 상정님이 그래재앳는가구. 서울에서 산 눈으 빼는 곤이라 하이까 눈으 싸매구 잇습더무, 당나귀 또 도독질해 갓다구. 제 팔아먹구서두.

다, 다(да, да). (웃음).

- 그런 연극이. 그런 연극이. 다머거리 연극은.

그으 다머거리 연극은 어디, 그 우리 고롓사람들이 한검두˘ 아니면 북조선이나 남조선에서 한검두˘?

- 네엩(нет)! 네엩(нет)! 영게 사름덜이. 영게 사름덜이.

영게 분들이.

- 영게 사름덜이. 그거느 남조서이구 북조선 아이 아이 영게 사름덜이.

재있습구마.

– 죽을 그거 어 제 말, '다머거리' 말마따나 계제에 제 것과 제 상전님 것 두 그릇을 주문했으면 어떠했겠습니까? 제 상전님이 제 혼자 먹겠다고 한 그릇을 주문했지. 그래 이 아이는 제가 먹어야 하겠는데, (상전을) 어떻게 얼리면 좋을까 하고, 상전님을 어떻게 얼려서…. 그래 자꾸 저 아이는 사발에서,

콧물이 떨어져.

– 어 사발에서 숟가락으로 어지럽히면, 아, 야 이놈아 네 거기서 무엇을 찾는가 하니까, 상전님! 상전님! 내 가지고, 내가 여기 죽을 어 팥죽을 가지고 나오다가 여기다 콧물을 떨어뜨려서 찾아본다고. 제가 먹기 위해 이렇게 거짓말을 했지. 그래 이 원래 (주인공의) 이름을 ('다머거리'라 하는데), 연극 이름도 '다머거리' 연극이오. 다머거리 연극.

이 '다머거리'(= 먹보)가 뭐,

– 응. 머리를 써.

머리를 썼습니다.

– 그래 서울에서는 산 사람의 눈을 뺀다 하니까 아 당나귀를 팔아먹고도 눈을 떡 싸매고서. 아 그래 "아, 이놈아! 이 자식아! 당나귀를 …." 아, 상전님이 그러지 않았는가 하고 서울은 산 눈을 빼는 곳이라 하니까 눈을 싸매고 있었더니 그 사이에 당나귀를 도둑질해 갔다고 제가 팔아먹고서도.

예, 예. (웃음).

– 그런 연극. 그런 연극. '다머거리' 연극은.

그 '다머거리' 연극은 어디, 그 우리 고렷사람들이 한 것입니까? 아니면 북한이나 한국에서 한 겁니까?

– 아니!, 아니! 여기 사람들이. 여기 사람들이.

여기 분들이.

– 여기 분들이. 그건 한국이나 북한이 아니고, 아니고 여기 사람들이.

재밌습니다.

─ 영게 여 영게 연극배우덜 잇재앦소?

네.

─ 고려 고려연극배우덜 그 연극으. 그 배우덜으느.

아매! 제가 구십사년에 아흔네해에 알마띠 고려극장에서 봉이 김선달으 봤습구마.

─ **보~에 김선달?

예. 봉이 김선달.

─ 아아:.

대동강 물을 팔아먹은 봉이 김선달 그 연극을 봤습구마. 여기: 고렷사람덜이 하는 거 봤습구마.

─ 으음.

그러니까.

─ 아, 에따(эта), 아흔 아흔네해 그적에[그쩌게] 알마따 가, 왔다갓습둥?

예. 그때 왔다갔습구마.

─ 우리 아흔세해 알마따 가서 으 우수또빠(выступать) 햇지. 창가123) 두 하구. 젊은 아덜 춤우추구 우리 나 먹은 사름은 창가르 하구. 그담에 그담에 아흔네해: 알마따 *우 또 갓다왓스꿈. 우수또바(выступать) 한나.

음.

─ 음. 게 저저 고렷말이 으 으 저 그 노시앗말은 깐쩨르뜨(концерт)지만 고렷말은 그거 무시기라 하오? 연극두 아이구 그 무시기? 그래구 아흔다스해 따쉬껜뜨(Ташкент)에 갓다 왓습구마, 우리네. 영게 사름덜이. 배우덜. 그런 우리 저 늙은 나아 먹은 사름덜이구 젊은아덜이구 어 아흔다스해 저,

따쉬껜뜨(Ташкент)에.

─ 따쉬껜뜨(Ташкент) 갓어. 알마따 두 번 갓다오구 따쉬껜뜨(Ташкент) 한 번 갓다오구.

－ 여기 여 여기 연극배우들이 있잖소?

네.

－ 고려, 고려 연극배우들이 그 연극을. 그 배우들은.

할머니! 제가 1994년에 1994년에 알마티 고려극장에서 봉이 김선달을 봤습니다.

－ 봉이 김선달?

예. 봉이 김선달.

－ 아아.

대동강 물을 팔아먹은 봉이 김선달 그 연극을 봤습니다. 여기 고렷사람들이 하는 것을 봤습니다.

－ 음.

그러니까.

－ 아, 음, 1994년에 그때에 알마티에 가, 왔다 갔습니까?

예. 그때 왔다 갔습니다.

－ 우리가 1993년에 알마티에 가서 공연을 했지. 노래도 하고. 젊은 아이들이 춤을 추고 우리 나이 먹은 사람은 노래를 하고. 그다음에, 그다음에 1994년에 알마티를 공연하러 또 갔다 왔습니다. 공연 하나가 있어서.

음.

－ 음. 게 그저 고렷말이 어 어 저 그 러시아 말은 '깐쩨르뜨(концерт, ＝음악회)'지만 고려말은 그걸 무엇이라 하오? 연극도 아니고 그 무엇인가? 그리고 1995년에 타슈켄트에 갔다왔습니다. 우리네. 여기 사람들이. 배우들. 그런 우리 저 늙은 나이 먹은 사람들과 젊은이들이 1995년에 저, **타슈켄트에.**

－ 타슈켄트 갔어. 알마티는 두 번 갔다 오고 타슈켄트는 한 번 갔다 오고.

아매 거기서 이게 에.

─ (웃음) 창개.

창개를 했습지?

─ 내 내 이 내느 어디, 기래구 나느 야든아홉해 야든아홉해 이 아침놀이 야:덜이 나아 먹은 건 내 **한내뿐이없엇잖. 내 한내뿐 갓댓스꿈. 야든아홉해 크즐오르다(Кызылорда) 저어 크즐오르다(Кызылорда) 경게느 어 *고(←고려), 원도~서 고렷사름덜이 들어와서 첫 첫 그런 게지.

부린운데구.

─ 첫, 첫, 에따(это) *고(←고려) 마우재말른 훼시찌발리아(феситиваль).

음.

─ 까레이스끼(корейский) 원도~서 들어와서 까레이스끼 훼스뜨발이(корейский феситиваль), 뻬르브이 뻬르브이 라즈(первый первый раз). 뻬르브이 가드(первый год). 어 으 일천구백팔십구년에 야든아홉해[-아오패] 젝이[쩨기] 내 갓다왓지. 그 사름덜. 음.

음. 음.

─ 음. 영게 젊은 아 전 새애가덜이나 선스나덜 젊은아덜가. 나이 먹은 건 내 하분자 갓다왓지. 내 그적에 예슨세 살이 뎃어. 끄즐오르다(Кызылорда) 갓다왓지. 야든아홉 해.

그렇지. 어저께 말씀하셨습구마. (웃음) 아매 어저께 크즐오르다(Кызылорда) 갔다오신 거 얘기하셨습구마. 그 얘기했습구마. 홍범도 장군 얘기두 하구.

─ 이, 하, 홍범도. 그적에[쩨게] 한번 더 갓다왓지. 그적에[쩨게].

─ 내 앞서 말햇지, **어지.

다, 다(да, да).

─ 아하. 이릏기 저 그 저 노시아 노시아 그전에 어 노시아 무 무조노브스끼(буденовский) 사깨124)라구 그런 게 잇엇어. 무조느이(буденый) 기래 그런. 그 술이 애이오? 술. 무조느이 무조노브스끼(буденовский)

할머니 거기서 이게 에.

– (웃음) 노래.

노래를 했지요?

– 내 내 이 나는 어디, 그리고 나는 1989년 1989년 이 그룹 '아침놀이 아이들이'에서 나이 먹은 건 나 하나뿐이고 없었어. 나 하나만이 갔었습니다. 나 하나만이 갔었습니다. 1989년 크즐오르다 저 크즐오르다 거기는 어 원동에서 고렷사람들이 들어와서 첫, 첫 번째로 내린 곳이지.

부린 데고(=실어다 내려놓은 데고).

– 첫, 첫 음 러시아 말로는 '훼시찌발리아(феситиваль, =페스티벌).

음.

– 한인(韓人)이 원동에서 들어와서 연 한인 축제, 제1회. (공연을 한) 첫해지. 어 1989년에 1989년 그 때 내가 갔다 왔지. 그 사람들. 음.

음. 음.

– 음. 여기에 젊은 아이, 여자아이들이나 사내아이들 젊은 아이들과 함께. 나이 먹은 건 내 혼자 갔다 왔지. 내 그 적에 예순세 살이 되었어. 크즐오르다 갔다 왔지. 1989년에.

그렇지. 어저께 말씀하셨습니다. (웃음) 할머니가 어저께 크즐오르다에 갔다 오신 것을 얘기하셨습니다. 그 얘기하셨습니다. 홍범도 장군 얘기도 하고.

– 이, 아, 홍범도. 그 때에 한 번 더 갔다 왔지. 그 때에.

– 내가 앞서 말했지, 어제.

예, 예.

– 응. 이렇게 저 그 저 러시아 그전에 어 러시아 부조노브스키 모자라고 그런 것이 있었어. 부조노브스키라고 그래 그런. 그 술이 아니오? 술. 부조노브스키

사깨르 그 **홍범돈게다 이릏기 부조노브스끼(буденовский) 사깨느 이르. 이릏기 이릏기 생겟습덤[125] 으~. 이릏게. 개래 그거 홍범도게다 **씨 왓대시, 이 씨운 거처름. 그래 크게 이릏기 큰 큰 이릏게 사름 옴판 사름만 크게서 그릏게 비유스느이(бюстный). 고려말른 그 미시기우?

네. 이 동상이라구 하압구마.

— 아하. 동상 이릏기.

동상.

— 동상. 그 그릏기. 그런 무슨 무슨 내 보기에느 구릴르 한 같습데[126].

멛:(медь).

— 멛:(медь). 건 그거 노시앗글 노시아말르느 메지(медь)지. 고려말른게 구리갯지 구리. **부끄시레한 게 다(да)? 메(медь) 에 저 구리, 구릴르 그릏기 한 같애. 그 사름.

다, 다(да, да).

— 그 그래 그적에[그쩨게] 가서 그적에[그쩨게] 가서 야든아홉해 가서 밧댓지. 그 사름덜만.

그럼 아매, 지금 다머거리하구 상전님이 얘기만 했습구마. 또 다른 또 얘기 계속해 주웁소. (웃음) 내 차암 들었습구마, 이거 다머거리 얘기르.

— 그래 그래서 다머거리 기래구서리 가아 그거꺼저 다아 야 야~ 예따(это) 어 당나귀꺼저 다아 팔아먹으이까나 이 상정님이 이 이 씨만해서[127] 밀어놔서 저나 재비 저 제 또 재비 집우르 가라 하지. 되비[128]. 으 집우르 집우르 가라 하이까나 이 저나 이 게 이게 저:나 상정님이 다머거리 똘가데지지[129]. 집우르 되비 가라구서.

아아.

— 아하. 집우르 되비 가라구. 그래. 그래 야 시장 시자~ 집우르 오옵구마. 개 그 상정님이 상정님이게 에 딸이 잇지. 집에. 딸이 잇지. 그래 야느 시자~ 집우르 저 상정님이 똘가 그 당나기꺼저 다 팔아먹으이까나

모자를 그 홍범도 장군에게다 이렇게 부조노브스키 모자를 이렇게 씌웠지. 이렇게 이렇게 생겼더군요, 응. 이렇게. 그래 그거 홍범도 장군에게다 씌웠지, 이 씌운 것처럼. 그래 크게 이렇게 큰, 큰 이렇게 원래 사람보다 크게 그렇게 만든 '비유스뜨'(бюст, =흉상(胸像). 고려말로는 그거 무엇이오?

네, 동상이라고 합니다.

— 아. 동상을 이렇게 (세웠지).

동상.

— 동상. 그 그렇게. 그런 무슨 무슨 내 보기에는 구리로 한 것 같습니다.

구리.

— 구리. 그건 그거 러시아 글, 러시아 말로는 '메지(медь)'지. 고려말로는 그게 구리겠지, 구리. 불그스레한 게 그렇지? 구리 에 저 구리, 구리로 그렇게 한 것 같아. 그 사람을.

예, 예.

— 그 그래 그 때에 가서 그 때에 가서 1989년에 가서 봤었지. 그 사람들만.

그럼 할머니, 지금 '다머거리'하고 '상전님' 이야기만 했습니다. 또 다른 또 얘기 계속해 주십시오. (웃음) 내 처음 들었습니다. 이 '다머거리' 얘기를.

— 그래 그래서 '다머거리'가 그리하고서 그 아이가 그것까지 다, 이 아이가, 응, 음, 어, 당나귀까지 다 팔아먹으니까 이 상전님이 괘씸해서 미워서 저기… 자기, 저, 제 (집) 또 자기 집으로 가라고 하지. 도로. 어 집으로 집으로 가라 하니까 이 저기 이게 이게 저기 상전님이 '다머거리'를 집으로 쫓아버리지. 집으로 도로 가라고서.

아.

— 응. 집으로 도로 가라고. 그래. 그래 이 아이가 지금 지금 집으로 옵니다. 그래 상전님이, 상전님에게 딸이 있지. 집에. 딸이 있지. 그래 이 아이는 지금 집으로 저 상전님이 쫓아서, 당나귀까지 다 팔아먹었으니까

으 똘가 집우 **제비 똘가보내지. 개 가 가메서리 야 이 다머거리 아아 에 저 상정님이 그 저나 펜질 쓴 것 겉은, 펜질 쓴 것처름 야 제재비르 어 펜질 재비 궁니르 해서 썻지. 써가지구 갓지. 개래 다머거리 이룽게 아 무때 아무때 이룽기 집우르 가이까나 어 저나 제 딸으 이 다머거리게다 시집 주라구. 이 거즛뿌레 해서 다머거리 싹 써서 썻지. 제재빌르. 에 상 정님이 똘가데지이까나 집우루 되비 가라구 똘구이까나 저느 오 오메서 리 펜질 썻지. 상정님이 쓴 거처름.

아아.

― 상정님이 쓴 거처름. 제 재비르 헙잡130) 펜지 썻지.

무스거라 썻슴둥?

― 무스! 글쎄. 내 그래재앰두~? 가무 이제 저어 아무깨 아무깨 아무 때 집우르 간다구. 다머거리 간다구. 개이까나 이 저나 다머거린 그렇지. 아 무 때 아무 때 집우 가서 그 제 상정님 딸으 이 다머거리게다가 **시가르 주라구. 이룽기 펜질 제재비 썻지, 다머거리. 헙잡 펜질 써가지구 갓지, 집우르, 음.

그래서.

― 에, 그래 그래 시집 시집 *보, 가던두 어쨋던두 그건 내 잘 잘 모르 갯어. 잊어버렷어. 연극으 본지 오라지.

그래서 머 결국은 그:,

― 누(ну). 펜질 발써, 펜질 개 애비 애비 저나 멩려~어 줫으이까나 서 바~아 가 갓갯지.

갓갯지.

― 멩려~으 줫으이까나.

다, 다(да, да).

― 펜지에다 멩려~으 줫으이까 갓갯지.

그러니까 상전님 딸까지.

어 쫓아, 집을, 자기 집으로 쫓아 보내지. 그래 그 아이가 가면서 이 아이이 '다머거리' 아이가 에 저 상전님이 그 저기 편지를 쓴 것 같은, 편지를 쓴 것처럼 이 아이가 제 스스로 어 편지를 자기가 궁리를 해서 썼지. 써 가지고 갔지. 그래 '다머거리'가 이렇게 아무 아무 때 이렇게 집으로 가니까 어 저기 제 딸을 이 '다머거리'에게다 시집보내라고. 이 거짓말을 해서 '다머거리'가 싹 써서, 썼지. 제 스스로. 에 상전님이 쫓아버리니까, 집으로 도로 가라고 쫓으니까, 제가 오면서 편지를 썼지. 상전님이 쓴 것처럼.

아.

– 상전님이 쓴 것처럼. 제 스스로 협잡(挾雜) 편지를 썼지.

무엇이라 썼습니까?

– 뭐! 글쎄. 내가 그러잖습니까? 가면 이제 저 아무개 아무개가 아무 때 집으로 간다고. '다머거리'가 간다고. 그러니까 이 저기 '다머거리'는 그렇지. 아무 때 아무 때 집을 가면 그 제 상전님 딸을 이 '다머거리'에다가 시집을 보내라고. 이렇게 편지를 제 스스로 썼지, '다머거리'가. 협잡(挾雜) 편지를 써 가지고 갔지, 집으로, 음.

그래서.

– 에, 그래, 그래 시집, 시집을 보내는지, 시집을 가던지 어쨌는지 그건 내가 잘 모르겠어. 잊어버렸어. 연극을 본 지가 오래지.

그래서 뭐 결국은 그,

– 음. 편지를 벌써, 편지를 (보내) 아비 아비가 저기… 명령을 했으니까 장가를 가 갔겠지.

갔겠지.

– 명령을 줬으니까(했으니까).

예, 예.

– 편지에다 명령을 했으니까 갔겠지.

그러니까 상전님 딸까지.

– 그러 그러이까나 다머거리 골이 골이 일으 햇다는 거 그거구. 골이 일으 해. (웃음).

아아, 재밌습구마. 근데 차암들었습구마. 그 이 얘기는.

– 차암 들엇소?

– 이유~! 어전 본지 오라지. 어저느 어구::! 어전 서른 해두 넘습구마.

아, 그렇지.

– 서른 해두 넘습구마. 이 연국으 본지. 이유!

으음.

– 서른 해애두. 우리 딸디꾸르간(Талдыкорган) 이새르 해 온지 어저느 어 돌아온 해무 마흔해 나오. 딸디꾸르간(Талдыкорган) 이새르 해 온지. 아, 그란데 그 연극 본지두 쉰해두 넘습구마. 우리두, 내 젊어서. 썩 썩 젊어서 밧댓지. 이 연국.

음. 그럼 아매! 이거 그거 말구 또 또 딴 얘기두 좀 해주웁소. 재미난 얘기 좀 해주웁소.

– 재미! (웃음) 재미 **낭 얘기 무슨 무슨 얘기. (한숨).

아덜한테 해 주는 얘기두 있재임둥? 아덜 아이 아덜한테 해 주는 재미있는 얘기 있재임둥?

– 아덜, 아덜까 하는 얘기. (웃음).

우리 고렷사름들이, 아매 아바이들이 아덜게 이렇게 해 주는 얘기두 있재임둥? 아무꺼나 그냥 얘기해 주웁소. 예.

– 기래 내 아 아깨 말하재앳슴두~? 다(да). 그 그 집에서 아덜 다 쥑이구 다(да)? 그 쩨낄리(Текели) 사는 집이.

음.

– 아하. 그래구서리 쩨낄리(Текели).

음.

- 그러 그러니까 '다머거리'가 머리, 머리를 썼다는 거 그거고(=그 이야기고). 머리를 써. (웃음).

아, 재밌습니다. 그런데 처음 들었습니다. 그 이 얘기는.

- 처음 들었소?

- 어유! 이젠 본 지 오래지. 이제는 어이구! 이제는 서른 해도 넘었습니다.

아, 그렇지.

- 서른 해도 넘습니다. 이 연극을 본 지가. 어유!

음.

- 서른 해도. 우리 탈디쿠르간으로 이사를 해 온 지 이제는 어 돌아오는 해면 40년이 되오. 탈디쿠르간 이사를 해 온 지가. 아 그런데 그 연극을 본 지도 50년도 넘습니다. 우리도, 내 젊어서. 썩 젊어서 보았었지. 이 연극을.

음. 그럼 할머니! 이거 그거 말고 또 딴 이야기도 좀 해 주십시오. 재미난 이야기 좀 해 주십시오.

- 재미! (웃음) 재미난 이야기라니 무슨 무슨 이야기.

아이들한테 해 주는 얘기도 있잖습니까? 아이들 아이 아이들한테 해 주는 재밌는 얘기가 있잖습니까?

- 아이들, 아이들에게 하는 얘기. (웃음).

우리 고렷사람들이, 할머니 할아버지들이 아이들에게 이렇게 해 주는 얘기도 있잖습니까? 아무것이나 그냥 얘기해 주십시오. 예.

- 그래 내 아까도 말하지 않았습니까? 응. 그 그 집에서 아이들을 다 죽이고 응? 그 체킬리 사는 집이.

음.

- 응. 그러고서 체킬리.

음.

— 아하. 개래구서리 그 에미 에미 에미가 남재[namjɛ] 살앗지. 남젠
[namjen] 일할라 가다나이 그 그 *고(←고려), 노시아말른 그거 나보드네
니(наводнение)라 하압구마. 그 박새구 이 무스 에따(это) 비 올 젝에 남
잰 일하거들라 가다나이까나 개 집이 식귀 아덜 그저 다슷이 싹 죽다가
살앗지. 개 *죽, 다 죽구 안까이 살앗지. 그래 기래구서리 그 집이서 어른
아 어른아 둘으 또 낫스꼼마. 아들이 한나에 딸이 한나에. 개 아들이 스물
일굽살으 먹엇지. 서바˘아 갓지. 개 어른아 두 살 먹은게 요런 새아가 잇
어. *노시앗사, 노시아 여자게 서바˘아 갓지. 그래 어째 그랫던두 서바˘아
가, 서바˘아 가서 딸루 살앗지. 어드메 딴 곧에 살앗지. 그래 그담엔 어째
어른아르 나가지구 어째 왓던두 에미나스나[131] 어른아 데리구 왓엇지. 기
래 에미 에미집에 놀라왓갯지. 기래 왓던게 아 앓준[132]댛구 이래 (기침)
목이 아프다 하메서 기래 이살 처햇엇지. 이살 청해서 이사와서 저 저 기
게 고려말르 미시기오? 우꼴(укол).

주사.

— 주사. 주사나 놓구서 그래구 갓지. 기래구서르 저런 저기 왓나(ванн
а) 잇재오? 저 완나. 뜨왈레뜨(туалеты) 저 완나(ванна) 음. 저 그 완나(в
анна) 완나(ванна)칸에 들어가서 완나(ванна)칸에 들어갓지. 개 애비두 집
에 잇구 에미두 싹 집에 잇구. 그랜데 어 어째 저나 완나(ванна)칸으 아들
들어간지 어전 어전 몇 미누뜨(минут) **데인덴 나오재잏지. 개 애비 어
문우 홀 **여구서 *뜨(←뜨왈레뜨) 완나(ванна) 완나(ванна)문우 홀 열구
들어가이까나 아들이 발써 죽엇지. 어째 ***알 순 데 없구 그랫어. 그러이
까 그러이까나 아덜이 여슷이 나서 한내 짙엇지. 아들꺼정 죽엇지.

그러네.

— 개 딸이 한내 잇엇지. 개 딸이 저어기 어디메 가서 아 아매 노시아
따에 노시아 따르[133] 글일라[134] 갓지. 개 이사대학으 필햇지.

아아.

─ 음. 그러고서 어미 어미 어미와 그 남편이 살았지. 남편은 일하러 가다 보니 그 그 고려, 러시아 말로는 그거 나보드네니(наводнение, = 홍수(洪水))라 합니다. 그 우박이고 이 뭐 음 비 올 적에 남편은 일하러 가다 보니 그래 집의 식구 아이들 다섯이 싹 죽다가 살았지. 그래 죽, 다 죽고 아내가 살았지. 그래 그리고서 그 집에서 어린아이, 어린아이 둘을 낳았습니다. 아들 하나에 딸 하나. 그래 아들이 스물일곱 살을 먹었지. 장가를 갔지. 그래 어린아이 두 살 먹은 게 요런 여자아이가 있어. 러시아 여자에게 장가를 갔지. 그래 어째 그랬던지 장가를 가서 따로 살았지. 어디 딴 곳에 살았지. 그래 그다음에는 어째 어린아이를 낳아 가지고 어째 왔던지 부부가 어린아이를 데리고 왔었지. 그래 어미, 어미 집에 놀러왔겠지. 그래 왔던 것이 아 앓지는 않고 이래 목이 아프다고 하며 그래서 의사를 청했지. 그래 의사를 청해서 의사가 와서 저 저 그게 고려말로 무엇이오? '우꼴(укол)'.

주사(注射).

─ 주사. 주사나 놓고 그러고 갔지. 그러고서 저런 저기 욕조(浴槽)가 있잖소? 저 욕조. 화장실에 있는 저 욕조, 욕조 음. 저 욕조 칸에 들어가서, 욕조 칸에 들어갔지. 그래 아비도 집에 있고 어미도 싹 집에 있고. 그런데 어 어째 저기 욕조 칸을 아들이 들어간 지 이젠 몇 분이 됐는데 나오지 않지. 그래 아비가 문을 훌 열어보고서 화장실 욕조, 욕조 문을 열고 들어가니까 아들이 벌써 죽었지. 어째 **** 그랬어. 그러니까, 그러니까 아이들이 여섯이 태어나서 하나 남았지. 아들까지 죽었지.

그러네.

─ 그래 딸이 하나 있었지. 그래 딸이 저기 어디 가서 아마 러시아 땅에 러시아 땅으로 공부하러 갔지. 그래 의과대학을 마쳤지.

아.

― 이사대학으. 음 딸이, **한캔 다 한내 딸 짙엇지. 걔 이사대학에서 그래 그애 그랴 그집이서두 그 새애가 **하구 어전 딸이 한내 짙게 데이까나 기래이까 또 그 우슈또베(Уш-тобе) 신선으, 신선 꼴랴(Коля)인델 갓댓지.

아하.

― 으흠. 기래 다 죽구선 딸이 한내 짙엇지. 기래 가서 어 기램 가 갓는데. 나르 나르 같이 가자 하거든. 내 그적[그쩍] 그거 만저 갓다 왓지. 기래이 그릏기 모도 소문낫지. *근 아매 그릏기 용하게 그릏기 안다. 걔 저 사름덜은 그 까프까즈(Кавказ)서 까프까즈(Кавказ)서 같이 사던 사름인거 모오 몰랏지. 그 사름인 거 다른 사름인가 햇:지. 아, 까프까즈(Кавказ)서 한 오래¹³⁵⁾서 동미다나 같이 살앗지.

음.

― 내 그점[그쩜], 동미르 동미 같이 살메서느 이새르 하자 하이까나 가지 말라하이까나 기양 와서 아덜 둘이서 죽엿다구.¹³⁶⁾ 그래 가이 기래나느 그거 내사 몰랏지. 한곧이 산 거. 그래 내인데 왓더만. 저 집 그 어 그 집 안까이 우리 동미 안까이.

음.

― 그 전 내가 같이[가치] 점 그 사림[saʕim] 신서이집 점 같이[가치] 가보자구서. 기래 동민데 어찌 아이가갯어. 긔래 그 안까이가 같이 인저 우슈토베 그 신서이네집 찾아 갓지. 걔 찾아 가서 이 이 안까이 그 신선이 집이 가서 한동네서 그전에 까프까즈서 사던 게 보던 사름이. 걔 이 안까이 무시기라 하이간 그 물어보더무. 때애 기때 그 신선보구 꼴랴(Коля) 아인가 하이까나 옳다 하메서리.

어.

― 걔래이까나 이 저 이 *안 내 동미 안까이 그것두 '나르 모르갯는가'구. '아이, 모르갯다니¹³⁷⁾.' **기금 어전 오라다나이 이 신서이

─ 의과대학을. 음 딸이, 다 (죽고), 딸이 하나 남았지. 그래 의과대학에서 그래 그래 그 집에서도 그 여자아이가 이젠 딸이 하나 남게 되니까 그러니까 또 우슈토베 점쟁이 점쟁이인 콜랴한테로 갔었지.

아.

─ 음. 그래 다 죽고 딸이 하나 남았지. 그래 가서 어 그래 갔는데. 나에게, 나에게 같이 가자고 하거든. 내 그 적에 그 점쟁이에게 먼저 갔다 왔지. 그러니 그렇게 모두 소문이 났지. 할머니가 그렇게 용하게 그렇게 잘 안다고. 그래 저 사람들은 카프카즈에서, 카프카즈에서 같이 살던 사람인 것을 몰 몰랐지. 그 사람을 다른 사람인가 했지. 아, 카프카즈에서 한 오래에서 함께 살던 동무이다 보니 같이 살았지.

음.

─ 내 그 좀, 동무에게 동무와 같이 살면서는 (그 동무가) 이사를 하려 하니까 (그 동무인 점쟁이가) 가지 말라 하니까 그냥 이사를 해 와서 아이들 둘을 죽였다고. 그래 가니 그래 나는 그거 나야 몰랐지. (점쟁이 그리고 같이 간 아낙네가) 한 곳에 산 것을. 그래 나한테 왔더구먼. 저 집 그 어 그 집 아낙네, 우리 동무인 아낙네.

음.

─ 그 저기 나와 같이 좀 그 사람 점쟁이 집을 좀 같이 가보자고서. 그래 동무인데 어찌 안 가겠어. 그래 그 아낙네와 같이 이제 우슈토베 그 점쟁이네 집을 찾아갔지. 그래 찾아가서 이 아낙네가 그 점쟁이 집에 가서 한 동네서 그전에 카프카즈에서 살던 것이어서 보던 사람이지. 그래 이 아낙네가 무엇이라 하니까 그 점쟁이가 물어보더군. 때에 그때 그 점쟁이보고 콜랴가 아닌가 하니까, 옳다고 하면서.

어.

─ 그러니까 이 저 이 내 동무인 아낙네 그 사람도, ‘나를 모르겠는가’ 하고 말하지. ‘아이, 모르겠소.’ 지금 이젠 오래다 보니 점쟁이가

잊이뼈렌두ᆞ. 걔 내 아무깨체 아무깨라구.

으음.

― 그릏기 떡 말하더[138]. 기래 그릏기 말하메서리 그야ᆞ 그 신선이 말하메서리 걔래 걔래이까나 제 동미 안까인 줄 알앗지 그저. 알지. 기래 미시기라 하는가 나무 신서이 이랩더구마 예. 어 (기침) 그 저짝으느 그 *안 (←안까이) 내 저 동미 안까이 냄제두 이림이 꼴랴(Коля)구.

음.

― 음. 아, 그 꼴랴 이런거 **예길 아이 하는데. 이런 거 곧이[고지] 아이 듫는데. 고려말르 그릏지.

음.

― 아하. 이런 거 곧이[고지] 아이 듫는데. 걔 그 말 까리[139] 내 기랫지. 제 제 바쁘민 다 곧이[고지]듫는다구.

음ᆞ.

― 내 이릏기 말햇지.

그렇지. 예.

― 제 바쁘무 다아 곧이[고지] 듫는다구. 이릏기 말햇지. 그래 그담에 어 그 그 신서이 밧지. 기래 봄 기래 야아르 이 새아가르 잇다가 시집갈 적에 이 저 '아무깬데[140] 네 싀집가거라', '아무깬데 싀집우' 이런데는 보내지 말라구.

음.

― 으흠. 제재빌르 제재빌르 제 제 마음이 든 사름 제재비르 가지, 네 권디[141]르 권디르 한 데르 가지 말라구.

어딜 가지말라구?

― 권디르 하는 데르. 권디르 하는 데. 눈(ну-ㄴ), 니 아무깨 그게 좋온 사름이다. 그 사름인데르 싀집가서 싀집. 이릏기 기래 그런 사름

잊어버렸는지. 그래 내가 아무개 처(妻)인 아무개라고.

음.

— 그렇게 떡 말하더군. 그래 그렇게 말하면서 그냥 그 점쟁이가 말하면서 그래 그러니까 제 동무의 아내인 줄을 알았지, 그저. 알지. 그래 무엇이라 하는가 하면, 점쟁이가 이러더군요, 예. 어 (기침) 그 저쪽 사람은 그 아낙네, 내 저 동무가 되는 아낙네 남편도 이름이 콜랴고.

음.

— 음. 아, 그 콜랴는 이런 거(=점에 관한 것) 얘기를 안 하는데. 이런 거 곧이 안 듣는데. 고려말로 그렇지.

음.

— 웅. 이런 거 곧이 안 듣는데. 그래 그 말을 할 그 때에 내가 그랬지. 제가, 제가 힘들면(=힘든 상황에 놓이면) 다 곧이듣는다고.

음.

— 내가 이렇게 말했지.

그렇지. 예.

— 자기가 힘든 상황을 만나면 다 곧이듣는다고. 이렇게 말했지. 그래 그다음에 어 그 점쟁이가 점을 봤지. 그래 점을 보며 그래 이 아이를 이 여자아이를 있다가(나중에) 시집갈 적에, 이 저 '아무개한테 네 시집가거라', '아무개한테 시집을 (가라)' 이렇게 말하는 데는(=혼처(婚處)는) 시집을 보내지 말라고.

음.

— 음. 제 스스로 제 스스로 제 제 마음이 드는 사람에게 제 스스로 시집을 가야지, 네 중매(仲媒)를, 중매를 한 데로는 가지 말라고.

어딜 가지 말라고?

— 중매를 하는 데로. 중매를 하는 데. 아, 네 아무개 그 사람이 좋은 사람이다. 그 사람한테로 시집가서, 시집(가라). 이렇게 그러는 그런 사람

덜 가지 말라구.

음:.

— 으흠. 기거 고려말르 '권디르 한다'는 게지.

그렇지.

— 누(ну).

다, 다, 다(да, да, да).

— 그릏지. 긔래 그릏기 권딜 하는 덴 가주 말구 가아 재빌르 가게서리 재빌르 시집가게서리. 기래 좋온 연께 가서, 어 이 저 이사대학으 필하구 서리 아무래 그 그 남자 남재두 아무래 이사 이사대학에서 일것는두[142] 모르지.

아하.

— 아, 기래 그 노시아 남재애게르 시집갓엇지. 시집가서 어 어른아 잇지. 그래 이 쩨낄레에서 에미 애비 살앗지. 동미 동미 나그내가 동미 안까이. 기랜거 그 제 딸이 한내이까나 어시 어시딜으느 늙으이까나 데레갓지. 제 저 딸이 와서 에미 애비 데레갓지. 제 사는 데르.

음.

— 으흠. 데레간게 어 애비는 거 가 오래 **살기는 살진 못하구. 그게 그 고려말르 기게 무슨 말임둥? *고 고려, 노시아 그 말르느 그 베~이, 아 *죠(←조선) 고려 고려말르느 그 베~이 무슨 베~인두 직금은 라크(рак), 라크(рак) 하재오? 노시아말르 라크(рак)라 하재오?

음. 라크(рак).

— 라크(рак). 라크(рак). 게 고려말른 게 무슨 베~이오?

암:.

— 암:?

암:이라구 하압구마.

— 암:이오? 으음. 이사두 못 곤치는 베~이.

들에게는 시집가지 말라고.

　음.

　− 음. 그거 고려말로 '중매를 한다'는 것이지.

　그렇지.

　− 음.

　예, 예, 예.

　− 그렇지. 그래 그렇게 중매를 하는 데는 가지 말고 그 아이가 스스로 시집을 가게끔, 스스로 시집가게끔. 그래 좋은 연분(緣分)으로 (시집) 가서, 이 저 의과대학을 마치고서, 아마 그, 그 남자, 남편도 아마 의사, 의과대학에서 공부했는지 모르지.

　아.

　− 아, 그래 그 러시아 남자에게로 시집갔었지. 시집가서 어 어린아이가 있지. 그래 이 체킬리에서 어미와 아비가 살았지. 동무, 동무 남편과 동무가 되는 아낙네. 그런데 그 자기 딸이 하나이니까 부모, 부모들은 늙으니까 데려갔지. 제 저 딸이 와서 어미와 아비를 데려갔지. 제 사는 데로.

　음.

　− 음. 데려간 것이 어 아비는 거기에 가 오래 살지는, 살진 못하고. 그게 그 고려말로는 그게 무슨 말입니까? 고 고려, 러시아 그 말로는 그 병이, 아 고려 고려말로는 그 병이 무슨 병인지 지금은 '라크(рак, 암(癌))', '라크(рак)'라고 하잖소? 러시아 말로는 '라크(рак, 암'이라 하잖소?

　음. 라크(рак).

　− 라크(рак), 라크(рак). 그게 고려말로는 그게 무슨 병이오?

　암(癌).

　− 암?

　'암'이라고 합니다.

　− '암'이오? 음. 의사도 못 고치는 병.

못 고치는.

— 으음. 라크(рак). 라크(рак)해서 애비 죽엇지. 딸집이 가서. 그담에 에미 에미 상 상년143) 그러께 에미 상년 그러께 죽구. 그때 이 딸이 데려간게. 거기 가 딸집에 갓다가 죽어, 죽엇지. 기래 여슷, 아 여슷에서 한내 살앗지.

그러네. 음.

— 음.

그, 아매! 그 그 얘긴 이제 들엇구 그런 얘기는. 그: 아까 그 다머거리 같은 거어 얘기들 그런 얘기들 라스꺼즈(рассказ).

— 라 라스꺼즈(рассказ) 그저 그 그전에 기게 본게 무슨. (웃음) 그전에 그전에 본게.

으음. 뭐 얘기해 보옵소. 그런 라스꺼즈(рассказ) 얘기 좀 해보옵소.

— 기래무, 그 기게 무슨 끼놈(кино-ㅁ)두~? 게 *연(←연극) 심천전두144) 아이구 내 내 *처 어:: 그런 그 연국 이름 잊어뻐렷습구마.

아, 그냥 얘기해보옵소.

— 그래, 아 아이 글쎄 쓰지 마 **말아두. 으으~ 그런 *끈 **비노(←끼노)르 구비햇지. 제비 제비 제비 그거 베우는 게.

아. 예, 예.

— 제비, 그런 연국이 잇엇습지. 그거 선생이랑 다아 밧갯습지.

내 잘 모릅구마. 무슨 얘긴지. 이거는 아까 다머거리 얘긴 처음 들었습구마.

— 제비 제비 저나 연국두 게 고렷사름덜 연국 싹 놀앗는데.

으음. 그것 좀 얘기해 보옵소. 아이 아이 적겟습구마. 예.

— 에 아이 저나 에 그 그건 제비가. 제비. 창가두 제비가 잇구 연국두 '연국 제비가'라 하지.

으음.

못 고치는.

- 음. 암. 암에 걸려서 아비는 죽었지. 딸집에 가서. 그다음에 어미 어미는 작년 그러께에, 어미가 작년 그러께 죽고. 그때 이 딸이 데려간 것이. 거기 가, 딸집에 갔다가 죽어, 죽었지. 그래 여섯, 아이가 여섯에서 하나가 살았지.

그러네. 음.

- 음.

그, 할머니! 그 얘기는 이제 들었고 그런 얘기는. 그 아까 그 '다머거리' 같은 거 얘기들, 그런 얘기들 얘기.

- 얘기 그저 그 그전에 그게 본 것이 무슨. (웃음) 그전에 그전에 본 것이.

음. 뭐 얘기해 보십시오. 얘기, 얘기 좀 해 보십시오.

- 그러면, 그 그게 무슨 영화입니까? 게 연극 심청전도 아니고 내 내가 어 그런 그 연극 이름을 잊어버렸습니다.

아, 그냥 얘기해 보십시오.

- 그래, 아이 글쎄 쓰지 마 말고. 응 그런 영화를 구비했지. 제비, 제비, 제비 그거 보이는 것.

아. 예, 예.

- 제비, 그런 연극이 있었지요. 그거 선생이 다 보았겠지.

내 잘 모릅니다. 무슨 얘기인지. 이거는 아까 말씀하신 이 '다머거리' 얘기는 처음 들었습니다.

- 제비, 제비 저기… 연극도 게 고렷사람들이 싹 공연을 했는데.

음. 그것 좀 얘기해 보십시오. 안, 안 적겠습니다.

- 에 아이 저기… 에 그 그런 제비가(--歌). 제비. 노래에도 제비가 있고 연극도 '연극 제비가'라 하지.

음.

− 개래. 그 제비 제비연국으느 예 그 한 한 집에서느 아 헹제가이지. 연국이. 헹제가인데 맏헤~이네느 어 잘 살지. 맏헤~이네. 다아 서바~아 간 게지. 이짝 동새:~두[145] 서바~아 가구. 기래 다아 *새, 서방: 서바~아 가서 재비 식귀 잇는 게지. 기래 잇:잖아 동 동새애 동새애 이 *안, 동새애 안 까이 이 제비 이릏기 날 날아왓댓지. 제비 날아온게 제비 보올라이까나 제비 잏게 한짝 다리 끄너졋지.

음.

− 제비. 개라이까나 이 여자 **겨거 불싸하다구서리 제빌 저:나 그거 끄너진 다리르 동제서 동제서 동제 논 *갓 제비 갓지.

으음.

− 개 제비 가서 그담에 날아 날아댕기다가서르 그 집으르 마 어느 ** 때나 와. 그 누(ну) 연국인게 무슨.[146] 개 그 집으르 호박씨르 한나 데레 데레왓지[147]. 에따(это) 물어왓지. 제비 호박 호박씰 한나 그 집으로 물 물왓지. 제 다리르 으 싸매주던 그 집으르.

으음.

− 으흠. 호박씨르 한나 가져왓지. 개 그 집이서 호박 숭궛지[148]. 그 호박씰 가져온 거. 개 호박 수무이 호박이 그 이릏기 크게 이젠 대앳지. 호박이. 잘 대앳지 그릏기. 그 제 제비 씨르 물어, 물어온 게 그릏기 잘 대앳지. 개 잘 대서 시자~ 그거 에따(это) 그런 걸르 칼르 못그러구서 톱울르 켓지. 으흠. 톱우 톱울르 케에서 그래 그 호박이 너무 크이까나 톱울르 케이까 톱울르 훅 짜개이까나, ㅅ:(=의문을 가진 채로 과거의 일을 생각해 낼 때 내는 소리) 그 안에 미시기 잇던두. 어째선지 이 집이 그거 그 제비 그러게나 잘 대지. 싹 구차하던 게 잘 살게 대앳지. 그거 호박으 때애 케이까느 고 호박에서 그런 게. 햐! 내 밧는데 어전 잊어버렛다. 그래 이깐 이 헤~이넨 잘 사지. 그래 가마이 보이 동새~이네 그릏기 구차하던 게 그릏기 잘 보내지. 잘 사지. 기래이까나 아 어티기 어티기 해서 이릏기

− 그래. 그 제비, 제비 연극은 예 그 한 집에서 사는 아 형제간이지. 연극이. 형제간인데 맏형네는 어 잘 살지. 맏형네. 다 장가를 든 사람들이지. 이쪽 동생도 장가를 가고. 그래 다 장가 장가를 가서 자기 식구가 있는 사람이지. 그래 곧 동생, 동생 이 *아내, 동생 아내에게 이 제비가 이렇게 날 날아왔었지. 제비가 날아온 것이, 그 제비를 보자 하니 제비가 이렇게 한쪽 다리가 끊어졌지.

음.

− 제비가. 그러니까 이 여자 그거 불쌍하다고 제비를 저기 그 끊어진 다리를 동여서 동여서, 다리를 동여 놓은 제비가 갔지.

음.

− 그래 제비가 가서 그다음에 날아다니다가 그 집으로 어느 때인가 와. 그 어 연극인데, 뭐. 그래 그 집으로 호박씨를 하나 가지고, 가지고 왔지. 아, 물어왔지. 제비가 호박 호박씨를 하나 그 집으로 물어왔지. 제 다리를 어 싸매 주던 그 집으로.

음.

− 음. 호박씨를 하나 가져왔지. 그래 그 집에서 호박을 심었지. 호박씨를 가져온 거. 그래 호박씨를 심으니 호박 그게 이렇게 크게 됐지. 호박이. 잘 됐지 그렇게나. 그 제비가 씨를 물어온 것이 그렇게 잘 되었지. 그래 잘 되어 지금 그거 음 그런 걸로, 칼로 못 그러고서, 톱으로 켰지. 음. 톱을 톱으로 켜서 그래 그 호박이 너무 크니까 톱으로 켜니까 톱으로 확 쪼개니까, 그 안에 무엇이 있던지. 어째서인지 이 집이 그거 그 제비로 인해서 그렇게나 잘 되지. 싹 구차하던 것이 잘 살게 되었지. 그거 호박을 떼어서 켜니까 고 호박에서 그런 게. 야! 내가 (호박 안에 들어 있는 것을) 봤는데 이젠 잊어버렸다. 그러니까 이 형네는 잘 살지. 그래 가만히 보니 동생네가 그렇게 구차하던 것이 그렇게 잘 지내지. 잘 살지. 그러니까 아 어떻게 어떻게 해서 이렇게 저기 이렇게 구차하던 것이 이렇게

저나 이릏기 구차하던기 이릏기 불쎄르[149] 이릏기 잘 살게 댓는가 이늠이 기랫지. 기래이까나 기래이까 이 동새애 안까이 말 해앳지. 어티기어티기 해서 기래 제비 다리 끄너진 거 완거[150] 제 싸매서 보냇다구. 개래 호박씨랑 하나 물어왓더라구, 제비. 걔 그 호박 수문기 이 이릏다. 기래이까나 그 잘 **살더느 잘 사든 헤~이 안까이 무슨 즛으 햇는가 함 제비르 *부 제비르 붙들어서 다리르 뚝 끄네놨지.

아이구!

― 제에나. 제에나 뚝 끄네.

아아.

― 제에나 뚝 끄네놓구 이래 싸서 어 다리 싸매서 이래.

제엔나.

― 아하, 제에나. 제에나.

제에나. 으음.

― 그담 그담에 *호(←호박) 저나 그런 게 호 호박씨르 하나 물어왓지. 그 집두 그 제비. 그집이 다리 끄너진 제비. 걔 이것덜 숭궜지. 숭구니까느 정말 호박 이릏기 크게 잘 돼앳지. 그래 **세삼 으~ 창가르 하메서 *잠 이거 톱울 케, 톱울 호박 케지.

아, 어터기 창가르 했어요?

― 그 창가두 **잊어버러…. 스르르 스르르 무슨 톱질이라던두 이리 무슨.

아아.

― 음. 그래 그거 어 그 호박 켓지. 케이까나 거기느 대:골이.

아아!

― 기게 고려, 노시아말르 말하문 으음 시낄렛(скелет).

음.

― 고려말른 대골 옳슴? 다(да)?

갑자기 이렇게 잘 살게 됐는가 이놈이 그랬지. 그러니까, 그러니까 동생 아내가 말을 했지. 어떻게 어떻게 해서 그래 제비 다리가 끊어진 것이 온 것을 자기가 싸매서 보냈다고. 그래 호박씨랑 하나 물어왔더라고, 제비가. 그래 그 호박을 심으니 이 이렇다고. 그러니까 그 잘 살던 잘 살던 형의 아내가 무슨 짓을 했는가 하면 제비를, 제비를 붙들어 다리를 뚝 끊어 놓았지.

아이고!

− 일부러. 일부러 뚝 끊어.

아.

− 일부러 뚝 끊어 놓고 이래 싸서 어 다리를 싸매서 이렇게.

일부러.

− 응, 일부러. 일부러.

일부러. 음.

− 그다음, 그다음에 호박, 저기 그런 거 호박씨를 하나 물어왔지. 그 집도, 그 제비. 그 집의 다리가 끊어진 제비. 그래 이것들이 심었지. 심으니까 정말 호박이 이렇게 크게 잘 되었지. 그래 응 노래를 하면서 톱으로 켜, 톱으로 호박을 켜지.

− 아, 어떻게 노래를 불렀어요?

− 그 노래도 잊어버려⋯. 스르르 스르르 무슨 톱질이라던지 이러면서 뭐.

아.

− 음. 그래 그거 어 그 호박을 켰지. 켜니까 거기는 대가리가.

아!

− 그게 고려, 러시아어로 말하면 음 시낄렛(скелет, ＝해골).

음.

− 고려말로는 '대골'이 옳습니까? 예?

예, 예. 다, 다(да, да).

― 그 무시 대 댓골이. 녤(нет)! 대골이 아이 백골이. 백골이 호 호박이 호박 안에 떡 잇지. 백골이.

아하!

― 으흠. 백골이. 그 그담에 이거 이거 동새애~ 안깐으 욕하메서 게 그래. 아, 아, 저어네느, 이 사름덜으느 제재비르 어디메서 그래 끄녀진 거 저나 음 싸매줫는데, 아 이 사름들은 제에나 뚝 끄니다나니까나 그 호박이 자라니깐 호박 안에 에 백골이 떡 ***이떠시 긴단 말이오. 그담에 그 담에 시장 이 이 장 어 그 백골이 잇다하잼느?151) 그것들 잘 사지. 걔 잘 살아 어디멜 이 그 남제[namje] 갓던가. 걔 그, 어오! 그 남제[namje] 시애끼집우르152) 왓지, 그 시장 다리르 **또그잭또 보냇다 하잼두? 그 시애끼집우르 으 동 동새애~집우르 왓지 그 나그내 시장. 에 이리 다리르 *부, 어, 제에나 저나 제비 붙에[부쩨] 붙이구[부찌구] 그 그 보냇던 그 *안 그 안까이 남제[namje]무 이 지 이 저 이 나그내는 동새:~지, 이짝. 그 잘 덴 잘 살게 덴 그게 동새:~지. 기래이까나 그 집우르 왓지. 동새:~집우 왓주153). 기래 기래 동새:~이네 또 약으 주지. 요런 알약으 음. 미시기 무시기라 말함, 아, 저나 그 헹쉬, 헹수154) 그르지 무. 이거 아즈바예155)! 이 약이 좋온 약이라구. 한 알으 먹으무 백년 산다구.

아우!

― 백년 산다구. 걔 두 알으 먹으무 양백년 산다구. 이런 약이라구. 기래 그거 두 알으 으 에미네스날 먹으라구. 에따(это) 동세가 으 스헤~이 먹으라구서느 두 알으 줫지. 개인데 이늠운 그 더럽운 저기 그 싀헤~이란 게 그 저나 그거 안깐 하나 주구 저르 하나 먹으라고 햇는데 어 제재빌르 선 야~, '한 한 알 먹으무 백년 살어'. '두 알 먹으무 양백년이나 …'. 둘 다 제 무 (웃음) 두 알 다 제 먹어.

제 먹었지.

예, 예. 예, 예.

— 그 뭐 대 대가리가. 아니! '대가리'가 아니라 백골이. 백골이 호박, 호박 안에 떡 있지. 백골이.

아하!

— 음. 백골이. 그 그다음에 이 동생 아내를 욕하면서 그게 그래. 아, 아, 저희들은, 이 사람들은 제 스스로 어디서 그래 끊어진 거 저기 음 싸매 주었는데 아, 이 사람들은 일부러 뚝 끊다 보니 그 호박이 자라니까 호박 안에 백골이 떡 있단 말이오. 그다음에, 그다음에 지금 이 이 어 그 백골이 있다 하잖소? 그것들이(＝맏형) 잘 살지. 그래 잘 살아 어디로 그 남자가 갔던가. 그래 그, 오! 그 남편이 시동생집으로 왔지, 그 지금 다리를 또 그 적에 또 제비를 보냈다 하잖습니까? 그 시동생집으로, 어 동생집으로 왔지, 그 남편이 지금. 에 이 다리를 일부러 (부러뜨리고) 저기 제비 다리를 붙이고, 붙이고 그, 그 날려 보냈던 그 아낙네 남편이면 이 집이 남편은 동생이지, 이쪽. 그 잘 된, 잘 살게 된 그게 동생이지. 그러니까 그 집으로 왔지. 동생 집으로 왔지. 그래, 그래 동생네가 또 (형한테) 약을 주지. 요런 알약을. 음 무엇 무엇이라 말하는가 하면, 아 저기 제수, 제수가 그러지 뭐. 이거 아주버님! 이 약이 좋은 약이라고. 한 알을 먹으면 100년을 산다고.

어우!

— 100년을 산다고. 그래 두 알을 먹으면 200년을 산다고. 이런 약이라고. 그래 그거 두 알을 어 부부가 먹으라고. 음 동서와 어 시형이 먹으라고 두 알을 주었지. 그런데 이놈은 그 더러운 저기 그 시형이란 것이 그 저기 그거 아내에게 하나 주고 제가 하나 먹으라고 했는데 어 제 스스로 응, '한 알을 먹으면 백 년을 살어'. '두 알을 먹으면 200년이나 ….' 둘 다 제가 뭐 (웃음) 두 알을 다 제가 먹어.

제가 먹었지.

─ 안깐게다 아이 주구. 안깐가 같이[가치] 먹으라. 하나하나씨 먹으라는데 한알 먹으무 백년살아, 두알 먹으무 양백년 살아 … (웃음). 게 그런 연국이. (웃음) 기래 둘 다 제 다 먹엇지.

그래서, 그래서 어티기 됐슴둥?

─ 아, 그래, 그래 제 다 먹엇지. 그래서 어찌갯소.

― 아내에게다 안 주고. 아내와 같이 먹으라고 했는데. (두 사람이) 하나씩, 하나씩 먹으라는데, '한 알 먹으면 100년을 살아, 두 알 먹으면 200년을 살아 … (웃음).' 하면서. 게 그런 연극이지. (웃음) 그래 두 알을 다 제가 다 먹었지.

그래서, 그래서 어떻게 됐습니까?

― 아, 그래, 그래 제가 다 먹었지. 그래서 어찌하겠소.

3.4. 연금 생활[156]

음. 그렇구나! 그럼 아매:! (보조원과 얘기를 나눈다) 그럼 아매! 에: 그:: 아이들 기를 때에 예, 어 어터게 기르셨는지 좀 얘기 좀 해: 주시갰습둥? 아덜 기를 때애.

– 아덜 기를 적에 나는 일으 아이 햇지. 일으 아이 햇지. 또 우리 우리 줴엔으느 어째 그랫는두. 직금은 그저 이 무스 뻰시(пенсия) 줘 어째. 그전엔 뻰시(пенсия)법이라는 것두 없엇지. 걔 우리 허재인(хозяин)은 어째 나르 일으 시기, 일으 하지 말라구 너무:: 그래서, 일으 하지 말라구.

아매 위해서 그랬지.

– 일으 시기재이 나르. 국가 일 하지 말라구 너무: 너무:: 그래서 그래 일으 조꼼 하다 얼매간 멫 해간 하다가 줴에뿌렛지.

그래, 예.

– 일 하지 못해서.

음:. 애기들:.

– 그 담에 뻰시(пенсия)법이 떡 나져[157]. 이 뻰시(пенсия)법이 어느 때 나졋던두 모르갯어. 이른 이른 어느 때애 나졋는두, 뻰시(пенсия) 준다는 게. 이 뻰시(пенсия)법이 그전엔 없엇지. 걔 뻰시(пенсия) 그법이 떡 나지이까나 내겐 스딸쉬이(старший)두 없지. (웃음) 기래 걔 내 잘 댓다구 야 내 게렛지. 잘 댓다구. 나르 일하지 말라 일하지 말라 어전 뻰시(пенсия)두 못 타구 잘 댓다 하이깐, 뻰시(пенсия) 못 타두 산다구, 우리. 이르메 일으 아이 시겻어. 국가 일두 국가 일 내 얼매간 햇:지. 시집오기 전에 하구 시집와서 조꼼 일햇:지. 기애 꼴호즈랑 그런 게사 없지. 일한

3.4. 연금 생활

음. 그렇구나! 그럼 할머니! (보조원과 얘기를 나눈다) 그럼 할머니! 에 그 아이들 기를 때에, 어 어떻게 기르셨는지 좀 얘기를 해 주시겠습니까? 아이들 기를 때에.

─ 아이들 기를 적에 나는 일을 안 했지. 일을 안 했지. 우리 남편은 어째 그랬는지. 지금은 그저 이 뭐 연금을 주고 어찌해. 그전에는 연금법이라는 것도 없었지. 그래 우리 남편은 어째 나에게 일을 시키(지 않고), 일을 하지 말라고 너무 그래서, 일을 하지 말라고.

할머니를 위해서 그랬지.

─ 일을 시키지 않아 나를. 국가 일 하지 말라고 너무 너무 그래서 그래 일을 조끔 하다 얼마간 몇 해간 하다가 집어치웠지.

그래, 예.

─ 일을 하지 못해서.

음. 아기들.

─ 그다음에 연금법이 떡 생겼지. 이 연금법이 어느 때 생겼는지 모르겠어. 1970년대 어느 때에 생겼는지, 연금을 준다는 것이. 이 연금법이 그전에는 없었지. 그래 연금 그 법이 떡 생기니까 내겐 높은 사람도 없지. (웃음) 그래 내 잘 되었다고 그냥 그랬지. 잘 됐다고. (그거 보라고.) 나에게 일하지 말라 일하지 말라 하더니 이젠 연금도 못 타고 잘 됐다고 하니까, 연금 못 타도 산다고, 우리. 남편이 이러면서 일을 안 시켰어. 국가 일도, 국가 일을 내가 얼마간 했지. 시집오기 전에 하고 시집와서 조끔 일했지. 그래 콜호스에서랑 그런 것이야 없지. 일한

건 없지. 일하재잇다나이. 기래 기래 내 미니말리(минимальный) 뻬시(пенсия). 그 고롓사름 말하무 미시기라 하나. 채 차지 못했지. 내 잏게 메몇 십년 잏게 일하구 뻬시(пенсия) 나오죠? 기게 내겐 차지 못했지. 그거 고려말르 미시기라 하는두 모르갯어. 기게 차지못하다나이까나 내 젠체 젠체 뻬시(пенсия)르 못타지, 내. 미니말리(минимальный) 내 타지. 미니말리(минимальный) 뻬시(пенсия)르 타지.

음, 그래두 아까 말씀하시는데, 열

— 열야듧천, 열야듧천삼백 타지. 열야듧천삼백.

열야듧천삼백이면 많이 타시는 거지.

— 기래두 일없소. 거저 사무이글라브느이(самыйглавный), 아 자라[158] 앓재이무 댓지.

그렇습니다.

— 앓재이무 댓지.

그렇습니다, 예. 그럼 아매! 그걸 열아홉천 타셔 가지구.

— 딸이 일하지.

에, 어터게, 그 돈으 어터게 쓰음둥? 전부다 다?

— 우리느 다(да), 나느 어:: 그 어전 우리 아덜두[아덜뚜] 잇다가 저어찌리 살무 그렇갯지. 나느 무스거 돈 돈으 이릏기 타무, 저런 거 먹을 거부터 난 싸지.

그게 제일 중요하지.

— 먹을 거부터. 아하. 이런 고기는 안 싸두 한 낄로(кило) 두 낄로(кило) 이릏기 아이 싸지. ***홋찌두 뻬시(пенсия)르 마이 못 받아두 나느 그렇기 아이 싸지. 뒷달개 한나씨. 내 저 아까라치긴(окорочки-ㄴ) 까로브까(коробка)다, 까로브까(коробка)다 팔재오? 그 까로브까(коробка) 열 다숫 낄로(кило) 드오. 걔 그 까로브까(коробка) 한나씨 가져오지. 더 세고 기나 싸두 나 기래 저 뿌끼(пуки) 잇재오? 저거. 뿌끼(пуки) 잇는거 그거

것은 없지. 일을 하지 않다 보니. 그래 그래 내 최소 연금을 타지. 그 고려사람 말로 하면 무엇이라 하나. (연금 지급에 필요한 연한이) 채 차지 못했지. 내가 이렇게 몇 십 년 이렇게 일해야만 연금이 나오죠? 그게 내겐 그 기간이 차지 못했지. 그거 고려말로 무엇이라 하는지 모르겠어. 그 기간이 차지 못하다 보니까 내 전체 전체 연금을 못 타지, 내. 최소 연금을 내가 타지. 최소 연금을 타지.

음, 그래도 아까 말씀하시는데, 열

－ 18,000텡게, 18,300텡게를 타지. 18,300텡게.

18,300텡게면 많이 타시는 거지.

－ 그래도 괜찮소. 그저 내 자신이 제일 중요하고, 아이고 어른이고 앓지 않으면 됐지.

그렇습니다.

－ 앓지 않으면 됐지.

그렇습니다, 예. 그럼 할머니! 그걸 19,000텡게를 타 가지고.

－ 딸이 일하지.

에 어떻게 그 돈을 어떻게 씁니까? 전부 다?

－ 우리는 응, 나는 응 그 이젠 우리 아이들도 좀 있다가 저희끼리 살면 그렇겠지. 나는 뭐 돈 돈을 이렇게 타면, 저런 거 먹을 것부터 나는 사지.

그게 제일 중요하지.

－ 먹을 것부터. 음. 이런 고기는 안 사도 1킬로그램 2킬로그램 안 사지. 연금을 많이 못 받아도 나는 그렇게 안 사지. 뒷다리 하나씩. 내 저 뒷다리 살을 상자에다 상자에다 팔잖소? 그 상자에 15킬로그램이 드오. 그래 그 상자 하나씩 가져오지. 저 쇠고기 같은 것을 사도 나는 그래 저 '(고기)묶음' 있잖소? 저거. '묶음' 있는 거 그거

할럴으 우리 도취까(дочька) 일할라 아이 가는 날이무, 그 그거 저나 내 드바차찌 빼찌(двадцать пять), 스물다슷 낄로(кило) 싸다 스물다슷 낄로(кило) 싸다가 도취까(дочька)가 오온 할럴으 젤르이 젠 치스찔리(цел ьйдень чистили). 저 뿌끼(пуки). (웃음) 기래 그래 싹 씿어서 그담에 저런 바께뜨(bucket)다 잇재오? 집이. 보리 질르는 바 바께뜨(bucket), 조 만지덜이. ** 거기다 얼매씨 물으 싹 짜서 싹 옇어서 그담에 말로지브까 (морозилка)다 싹 홀로지니끄(холодильник)마당 말로지브까(морозилк а)다 싹 거더 옇지. 그래 게 먀싸뿌라둑트(мясопродукт) 거이 긑이 나무 또 바자르(базар) 가서 내 뻰시(пенсия) 타오무 또 가서 싸오지.

그럼, 아매! 뻰 뻰 뻰시(пенсия)느 어디가서 탐둥? 갖다줌둥?

— 에이! 내 재비 우리 재빌르 탈라 댕기지. 쩬 쩬뜨랄느이 즈베리까스(це нтральный сберкасса)서 타오. 쩬뜨랄느이(центральный). 저엉게 정게.

쩬뜨랄리(центральный)?

— 쩬뜨랄리 즈베리까서스(центральный сберкасса).

즈베리까서스(сберкасса).

— 즈베리까서스(сберкасса).

즈베리까서스 멈둥?

— 거기 가 타지.

아.

— 뻰시(пенсия)르.

뻰시(пенсия)를. 그리구서 인제 에: 무슨 남우 집 잔채나 머.

— 잔채나. 그런 데두 아비사지(обязательно) 오란 델 **이스간에 두[159] 가즈[160] 갓다왓어. 가즈 갓다왓스끔마. 칠십 세는 거. 칠십살 세는 거. 오라, 또 오라 하무 어 **무근[161] 아이 가제두: 돈 애께서 아이 가는 같은 게. 기래 다 아다나이이까나. 맨목 아다나이 그 돈 애께서두 아이가는 같애서 천냥 천냥짜리 하나 가지구 가지. (웃음)

하루를 우리 딸이 일하러 가지 않는 날이면, 그 그거 저기 … 내 25, 25 킬로그램을 사다가 25킬로그램을 사다가 딸과 함께 온종일, 온종일 다듬었지. 저 '묶음'을. (웃음) 그래 그래 싹 씻어서 그다음에 저런 바케쓰에다, 있잖소? 집에. 보리를 기르는 바케쓰와 주머니들이. 거기다 얼마씩 물을 싹 짜서 넣어서 그다음에 냉동실에다 싹 냉장고마다 냉동실에다 싹 거두어 넣지. 그래 게 육류가공품이 거의 끝나면(소진되면) 또 시장에 가서 내 연금을 타오면 또 가서 사 오지.

그럼, 할머니! 연금은 어디 가서 탑니까? 갖다 줍니까?

― 에이! 내 스스로 우리 스스로 타러 다니지. '쩬뜨랄르이 즈베리까서(중앙저축은행)'에서 타오. 중앙(저축은행). 저어기, 저기.

'쩬뜨랄르이(центральный)'?

― '쩬뜨랄르이 즈베리까서(центральный сберкасса, 중앙저축은행)'에서

'저축은행)'

― '저축은행)'

'즈베리까서스(сберкасса)'가 멉니까?

― 거기 가서 타지.

아.

― 연금을.

연금을. 그리고 이제 에 무슨 남의 집 잔치나 뭐.

― 잔치나. 그런 데도 초대하여 오라는 데를 이즈음에도 얼마 전에 갔다 왔어. 얼마 전에 갔다 왔습니다. 칠 십 세는 거(고희(古稀)). 오라, 또 오라고 하면 어 뭐 안 가려고 해도, 돈을 아껴서 안 가는 것 같아서 가지. 그래 다 알다 보니. 면목을 알다 보니 그 돈 아껴서 안 가는 것 같아서 1,000냥(텡게), 1,000냥(텡게)짜리 한 장을 가지고 가지. (웃음)

그럼 다른 사람덜두.

― 그럼 다른 사름덜두[사름덜뚜] 싹 그렇지.

싹 그렇기 함둥?

― 싹 그렇지. 싹 그릏기 하지. 개래 오라구 하는 데느 다 가지. 무슨 생지이오[162] 혼세오 무시기오. 오 오라구 청자 청자하무 다 다 가지. 녜: 집이던지. 음. 개 어떤 달에느 어 네 집씨 다슷 집씨 다 데오. 어떤 달에는.

어떤 달에는.

― 냐˘. 딸디꾸르간(Талдыкорган) 저 자리야(Зария). 그러다나이까나 응 어떤 달에느 세 세 네 집두 가는 때 잇구 세 집두 가는 때 잇구 다슷 집두 가는 때 잇어. 음. 그거 쓰무, 어떤 달에느 어떤 달에는 사름덜이 저 자리야(Зария) 사름덜두 한달에 순 **순즈 숱한게 낫거든 남자나 여자나. 한 달에. 그러이까 그 달 그 사름덜 다 오라 하무 한 달에 네 번이구 다 슷번이구 가야지. 어찌 하갯소.

알마따나 이런 데두 또 먼데두 가야데재임둥?

― 알마따느 글쎄 그전에는 댕겟소만 직금은 아이 가오.

못 댕기지.

― 직금 아이 가오. 아이! 못 댕기긴! 가기사 무슨 그 악또부스(автобу с)나 앉아나[163] 일리(или) 무슨 딱시(такси) 앉으무 가지만해두. 아이 가오. 그전에 내 젊엇을 적에는 새 쌔이 싸말료뜨(самолёт) 쌔기 례따햇습고마[꼬마]. 마이 례따(взлёт)햇어.

여기서 아매! 딸디꾸르간(Талдыкорган)에서: : 그 우슈토베(Уш-тобе)까 지는 악또부수(автобус)는 몇 분이나 걸림둥?

― 악또부스(автобус) 지금은 그게 악또(автобус), 이 딸디꾸르간(Тал дыкорган)가 우슈토베(Уш-тобе) 한 쉰 낄로메따르(километре) 델께오.

아, 가깝군요.

그럼 다른 사람들도.

- 그럼 다른 사람들도 모두 그렇지.

싹 그렇게 합니까?

- 모두 그렇지. 싹 그렇게 하지. 그래 오라고 하는 데는 다 가지. 무슨 생일(生日)이요, 혼사(婚事)요, 무엇이오. 오라고 청하면 다 다 가지. 뉘 집이든지. 음. 그래 어떤 달에는 어 네 집씩 다섯 집씩 다 되오. 어떤 달에는.

어떤 달에는.

- 응. 탈디쿠르간 저 자리야라는 곳을 가지. 그러다 보니까 응 어떤 달에는 세, 서너 집도 가는 때가 있고 세 집도 가는 때도 있고 다섯 집도 가는 때가 있어. 음. 그거 쓰면, 어떤 달에는 어떤 달에는 사람들이 자리야에서, 사람들도, 한 달에 숱한 사람이 태어났거든 남자나 여자나. 한 달에. 그러니까 그 달에 그 사람들이 다 오라고 하면 한 달에 네 번이고 다섯 번이고 가야 하지. 어찌 하겠소.

알마티나 이런 데도 또 먼 데도 가야 되지 않습니까?

- 알마티는 글쎄 그전에는 다녔소만 지금은 안 가오.

못 다니지.

- 지금 안 가오. 아이! 못 다니긴! 아이! 가기야 뭐 버스 등을 타거나 또는 택시를 타면 가지만 해도. 안 가오. 그전에 젊었을 적에는 비행기를 아주 많이 탔습니다. 많이 탔어.

여기서 할머니! 탈디쿠르간에서 그 우슈토베까지는 버스는 몇 분이나 걸립니까?

- 버스 지금은 그게 버스, 이 탈디쿠르간과 우슈토베는 한 50킬로미터 될 거요.

아, 가깝군요.

– 머재이오. 머재이. 그 딱시(такси)느 한 시동안이무 가는데. 한시 동안 우슈토베(Уш-тобе)꺼지.

한.

– 한 시 동안이.

한 시 동안.

– 한 시 동안 잉게서 경게 우슈토베(Уш-тобе) 댕기는데.

그러면은 여기서: 알마티까지는 그 악또부스(автобус)가 몇 분이나 걸림둥?

– 몇 낄로메뜨른(километре-ㄴ)가?

아니!

– 기래.

몇 시간이나 걸림둥?

– 아아! 몇 시간. 그거 어 어떤 사름으느 그거 마시나(машина) 가기에 달렸지. 어떤 거느 빨리 모질이 몰지. 어떤 거느 그렇기. 누(ну) 몇 시 동안에느. 재빌르 댕기는 거느 세 시 동안. 알마티서 여기르. 딸디꾸르간(Талдыкорган)에서 알마따.

아아! 재비 마시나(машина) 가지구 가면.

– 아하! 재비 마시나(машина) 가무 세 시 동안에 가오.

아, 세 시 동안에 감둥?

– 저레 딱시(такси)나 앉아 가무 몇 시동안에두.

딱시(такси)는 얼마나 줘야 뎀둥? 알마티까지.

– 알마따까진 지금은 무슨 천냥이라던두 모르갰소. 여게 영게서 저나 딱시(такси) 딱시(такси) 우슈토베(Уш-тобе) 가는데 우리 우리 딸이 ** 이스간에 가즈 우슈토베(Уш-тобе) 갓다왓지. 영게서 딱시(такси) 앉아서 우슈토베(Уш-тобе) 가는거 한 한짝길이 양백 내~, 양백 뎅가(тенге).

우슈토베(Уш-тобе) 가는 거.

– 우슈토베(Уш-тобе) 가는 거. 딱시(такси) 한 사름이 한 사름이

― 멀지 않소. 멀잖아. 그 택시는 한 시간 동안이면 가는데. 한 시간 동안 우슈토베까지.

한.

― 한 시간 동안.

한 시간 동안.

― 한 시간 동안, 여기서 거기 우슈토베 다니는데.

그러면 여기서 알마티까지는 그 버스가 몇 분이나 걸립니까?

― 몇 킬로미터인가?

아니!

― 그래(그러면).

몇 시간이나 걸립니까?

― 아아! 몇 시간. 그거 어 어떤 사람들은, 그거 자동차가 가기에 달렸지. 어떤 사람은 빨리 몹시 몰지. 어떤 사람은 그렇게 가지. 음, 몇 시간 동안에는 갈 수 있지. 자기 차로 다니는 사람은 세 시간 동안이면 가지. 알마티에서 여기를. 탈디쿠르간에서 알마티를.

아아! 자기 차를 가지고 가면.

― 음! 자기 차로 가면 세 시간 동안이면 가오.

아, 세 시간 동안 갑니까?

― 바로 택시나 타고 가면 몇 시간 동안에도 가지.

택시는 얼마나 주어야 됩니까? 알마티까지.

― 알마티까지는 지금은 무슨 1,000냥(텡게)이라던가 모르겠소. 여기 여기서 저기 … 택시 택시로 우슈토베를 가는데 우리 우리 딸이 이즈음에 막 우슈토베 갔다 왔지. 여기서 택시 타고 우슈토베 가는 것은 편도가 200냥(텡게), 200텡게.

우슈토베 가는 거.

― 우슈토베 가는 거. 택시 한 사람이 한 사람이

양백 뎅가(тенге).

알마띠느 천냥이구.

— 어떤 것덜은 어 돈으 벌길래164) 천냐~ 아이래두 막 가오. 칠백냥 팔백냥. 그 마쉬난(машина-ㄴ) 가뜩하지. **각자는 가는 사름운 으 작다 하다나이 눅 눅거리165)래두 막 가오. 알마따두.

그렇구나! 그럼, 아매! 그 아매 여기서 머 잠불(Джамбул, =따라즈(Тараз))166)이나 머 침켄트(Чимкент, Шымкент)나.

— 으음 잠불(Джамбул).

이런 데는 가끔 다니심둥? 거기두 우리 고렷사람덜이 많다 많다재이오?

— 고렷사름 침껜트(Чимкент) 가뜩하압긔[ㄲ]. 침껜뜨(Чимкент) 잠불(Джамбул) 가뜩하아ㄲ.

잠불(Джамбул)도 가뜩하압지?

— 아하! 잠불(Джамбул)도 많소.

크즐오르다(Кызылорда)느?

— 크즐오르다(Кызылорда) 많소. 크즐오르다(Кызылорда)는 어쩨 갓다왓는가 하무. 음:. 야 야 야든 아홉해[야든아호패] 뜨시찌 지뱌뜨쏘뜨 워심지샤뜨 지뱌똠 가두(в тысяча девятсот восемьдесят девятом году) 야든아홉 해 에 고렷사름덜 원도~서 들와서 첫 그 고려 고려말이 미시긴두 노시아말르 뻬르브이 훼시찌발(первый феситиваль), 뻬르브이 훼시찌 훼시찌발(первый феситиваль) 고렷사름이 크즐오르다(Кызылорда)를 가 햇어[해서]. 워심 저 팔십 구년 적이. 저 저 크즐오르다(Кызылорда) 처암 고렷사람이 들와서. 기래 잉게 저나 아:덜이 젊은 아:덜이 이레까꾸르(река Кур) 그런 거 아츰놀이, 그런 거 들었어? 아츰놀이 잇다는 거. 야 저나 춤추는 아덜 '아츰놀이'. 가덜이 가덜이 갈 적에 에따(это) 나르 가자 해서 내 나아 먹은 게 한내 갓다 왓어. 크즐오르다(Кызылорда)가, 훼시찌발(феситиваль)에 갓다 왓어.

200텡게.

알마티는 1,000냥(텡게)이고.

- 어떤 것들은 어 돈을 벌기 위해서 1,000냥(텡게)가 아니라 해도 막 가오. 700텡게, 800텡게에. 그 자동차는 가득하지. 가려고 하는, 가는 사람이 적으니 싸구려로 막 가오. 알마티도.

그렇구나! 그럼, 할머니! 그, 할머니!, 여기서 잠불(타라즈)나 뭐 침켄트(쉼켄트)나.

- 음 잠불(타라즈).

이런 데는 가끔 다닙니까? 거기도 우리 고렷사람들이 많다 많다고 하잖소?

- 고렷사람 침켄트에 가득합니다. 침켄트와 잠불(타라즈)에 가득합니다.

잠불(타라즈)에도 가득하지요?

- 음! 잠불(타라즈)에도 많소.

크즐오르다는?

- 크즐오르다에 많소. 크즐오르다는 어찌하여 갔다 왔는가 하면. 1989년, 1989년에 에 고렷사람들 원동에서 들어와서 첫—그 고려 고려말로 무엇인지—러시아 말로 '뻬르브이 훼시찌발(первый феситиваль, 제1회 축제)'를 고렷사람들이 크즐오르다를 가서 했어. 팔, 저 팔 십 구 년 때에. 저 저 크즐오르다에 처음으로 고렷사람이 들어와서. 여기 저기 … 아이들이 젊은 아이들이 이 레까꾸르(река Кур) 그런 거 '아츰놀이', 그런 거 들었어? '아츰놀이'라고 하는 그룹이 있다는 것을. 야 저기 … 춤추는 아이들 '아츰놀이'. 그 아이들이 그 아이들이 크즐오르다 공연을 갈 적에 음 나에게 가자고 해서 내 나이를 먹은 것이 하나 갔다 왔어. 크즐오르다에 가, 축제에 갔다 왔어.

뭘로?

− 워심지뱌뜨(восемь девят). 훼시찌발(феситиваль) 기게 미시기오? 고려말르? 원도~서 고렷사름 들와서 처암으 처암으 처 처암으 크즐오르다(Кызылорда)서 해앳지.

부리운 곳이. 부리운데가.

− 녤(нет)! 부리운덴 게 애이라. 처암으 고렷사름덜이 원도~서 싹 들와서 처엄, 허어! 훼시찌발(феситиваль)이 고렷사름이 고려말르 훼시찌발(феситиваль)이 미시긴두 모르갯소. 처 처엄으 조선 깐쩨르뜨(концерт)지. 거 까 고 고성 고려 미시기오? 기게. 야아! (혀 차는 소리) 고려말르 그런 말으 모르다나이.[167]

그러니까 말으 하압소. 그러니까 처암 와서.

− 차 차암 경게서 햇어. 야 야든아홉해 야든아홉해. 기래 잉게 아츰놀이 아덜 구루빠(группа) 잇지. 구루빠(группа) 춤추는 아덜이. 개 개래또 치 치스뜨이(чистый) 고려창가르 하는 그런 사름우 보내라 하지. 가라 하지. 기래 아츰놀이에서 루까바지찌질(руководитель) 하는 그 여자 내 그저 누(ну) 그릏기 그릏기 가깝운 빠두르가(подруга)가 아이지만 해두 멘목으 알지. 기래이까나 그 따냐(Таня)라구 죽었어. 루까바지찌질(руков одитель)하던 여자. 고려 여자. 그 여자 나를 가자 하오. 정게 크즐오르다(Кызылорда)르. 기래 내 팔십구연 적에 크즐오르다(Кызылорда) 갓다왓지. 창 창가 쓰느라구[168] 갓다왓지. 야든아홉해:.

으음. 으음. 그 크즐오르다(Кызылорда)에:: 그 사범대학이 있었는데.

− 그전에.

그전에. 직금은?

− 직금두 잇는두 모르지 야. 크즐오르다 너르웁더구만. 너르다:마 게[169]. 울리짜(улица)란 거 어떻게 너르게 해앤두[170]. 크즐오르다(Кызы лорда).

무엇으로?

— 89. '훼시찌발(феситиваль, 축제)' 그게 무엇이오? 고려말로? 원동에서 고렷사람이 들어와서 처음으로 처음으로 처음으로 크즐오르다에서 공연을 했지.

고렷사람을 부린(내려놓은) 곳. 부린 데가.

— 아니! 부린 데가 아니라. 처음으로 고렷사람들이 원동에서 싹 들어와서 처음, 허어! '훼시찌발(феситиваль)'이라는 말을 고렷사람이 고려말로 '훼시찌발(феситиваль)'이 무엇인지 모르겠소. 처 처음으로 열린 조선 음악회지. 거 고려말로 무엇이오? 그게. 야! (혀 차는 소리) 고려말로 그런 말을 모르다 보니.

그러니까 말을 하십시오. 처음 와서.

— 처음 거기에서 했어. 1989년, 1989년에. 그래 여기 '아츰놀이' 아이들 그룹이 있지. 그룹, 춤추는 아이들. 그래, 그래 또 아마추어로서 고려 노래를 잘 하는 그런 사람을 보내라 하지. 나보고 가라고 하지. 그래 '아츰놀이'에서 지도자로 일하는 그 여자, 내 그저 음 그렇게 그렇게 가까운 친구가 아니지만 면목을 알지(안면이 있지). 그러니까 그 '타냐'라고 하는데 그 여자 죽었어. 그룹을 이끌던 여자. 그 고려 여자. 그 여자가 나에게 가자고 하오. 저기 크즐오르다를. 그래 내가 1989년 그때에 크즐오르다를 갔다 왔지. 노래를 부르느라고 갔다 왔지. 1989년에.

으음. 으음. 그 크즐오르다에 사범대학이 있었는데.

— 그전에.

그전에. 지금은?

— 지금도 있는지 모르지. 크즐오르다는 너르더구먼요. 꽤 널따랗게. 거리를 어떻게나 너르게 했는지. 크즐오르다.

아, 그렇습둥?

─ **긍아~. 개 내 야든아홉해 내 차암 갓다왓지, 크즐오르다(Кызыло рда)르. 음. 뽀예즈드(поезд) 앉아서.

뽀예즈드(поезд) 앉아서.

─ 아하! 구루빠(группа)덜 싹 뽀예즈드(поезд) 앉아 갓지 경게. 오월 달에. 거 오월 오월 스무엿샛날 경게 가서 발써 우리 우스또바(выступать ь) 햇댓지. 오월 스무엿샛날. 걔까나 영게서 우리 오월 스무나흘날 떠낫 어. 개 뽀예즈드(поезд)에서 하룻밤 자구 경게 갓댓지 크즐오르다(Кызы лорда)르.

아, 그렇습니까?

　－ 그럼. 그래 내가 1989년에 내가 처음으로 갔다 왔지, 크즐오르다를. 음. 기차를 타고.

기차를 타고.

　－ 음! 그룹 사람들도 싹 기차를 타고 갔지, 거기에. 5월 달에. 거 5월 26일 거기에 가서 벌써 우리 공연을 했었지. 5월 26일. 그러니까 여기서 우리 5월 24일 떠났어. 그래 기차에서 하룻밤을 자고 거기에 갔었지. 크즐오르다.

3.5. 홍범도 장군

　거기에 그 옛날에 에: 끼따이(китаи)쪽에서: 어 일본군하구 싸움했던 유명한 그 조선사람이 있는데 홍범도 장군이라구.

　— 호 홍범도 이거 뷰스뜨(бюст)르 가지구 우리 밧지.

　아, 봤슴둥?

　— 보앗지, 밧지. 개래 이릏기 그전에 그전에 노시아 무조노브스끼(буденовский) 삽깨171)라구 이런 게 잇어. 뽀오족, 잉게 뽀오족한 게[뽀오조강 게], 끝이. 이런 무조노브스끼(буденовский) 삽깨. 그거 그거 떡 쓰구서리 이런 뷰스뜨(бюст)르 해서 거기다 떡 세왓습데. 크즐오르다(Кызылорда)에. 개 우리네 영게 간 사름덜 싹 가서 거기가 구경, 싹 개애다 베웁더구마172). 데리구 가서. 개래 홍범도 이게 홍범도 크즐오르다(Кызылорда) 크즐오르다(Кызылорда)서 죽, 개 그 사 그 사림이 사던 집우 또 베웁데. 층대집이 ** 층대집이. 누(ну) 불러고스뜨로이느이(Благоустроенный) 층대집이. 기래 그 사림이 사던 집이 어느 게라는 거 그것두 싹 베우구.

　음:.

　— 기래구 기게 무슨 구린 구린두~ 무시겐두 그런 걸르 이릏기 뷰스트(бюст) 떡 해서 세왓어. 홍범돌. 구릴르 핸두~ 무스걸르 핸:두. 누(ну), 그런 게 애이구, 흙이 애이구.

　음. 다(да), 다(да).

　— 쩨멘뜨(цемент)두 애이구. 무스 이릏기 그런 걸 해서.

　청동이라구 하는데, 한국말로는.

　— 호 홍범도.

3.5. 홍범도 장군

거기에 그 옛날 중국 쪽에서 어 일본군하고 싸움했던 유명한 그 조선사람이 있는데 홍범도 장군이라고.

─ 홍범도는 이 반신상(半身像)을 가지고 우리가 보았지.

아 보았습니까?

─ 보았지, 봤지. 그래 이렇게 그전에 그전에 러시아 부조노브스끼 모자라고 이런 것이 있어. 뾰족한, 여기가, 뾰족한 게, 끝이. 이런 부조노브스키 모자. 그거 그거 떡 쓰고서 이런 반신상(半身像)으로 만들어서 거기다 떡 세웠데. 크즐오르다에. 그래 우리네 여기서 간 사람들이 싹 가서 거기 가 구경, 싹 우리를 데려다 보이더군요. 데리고 가서. 그래 홍범도. 이게 홍범도. 크즐오르다 크즐오르다에서 죽어서, 그래 그 사람이 살던 집을 또 보이데. 아파트 ** 아파트. 음, 잘 꾸며진 아파트. 그래 그 사람이 살던 집이 어느 것이라는 거 그것도 싹 보이고.

음.

─ 그리고 그게 무슨 구리 구리인지 무엇인지 그런 것으로 이렇게 반신상을 떡 해서 세웠어. 홍범도를. 구리로 했는지 무엇으로 했는지. 음, 그런 게 아니고, 흙이 아니고.

음. 예, 예.

─ 시멘트도 아니고. 무슨 이렇게 그런 걸로 해서.

청동(靑銅)이라고 하는데, 한국말로는.

─ 호, 홍범도.

청동이라는 쇠 쇠붙일르.

— 그릏기 해서 떡 세와. 그래 그때 야든아홉해애 내 가서 밨어, 홍범도.

그 양반이 원동에서 여기 들어와가지구는 에: 이 찌아뜨르(театр) 있재임둥? 끼노(кино) 찌아뜨르(театр).

— 아:.

거기서 잏게 어 문지키는 그런 일으 했답구마.

— 아:, 그랫담두? 으:

그런 말으 못 들었슴둥?

— 난 못 들었어.

아아! 그러니까 그런 큰: 일으 하던 사람인데 원동에서 싫게 들어와가지구서는 찌아뜨르(театр)에 가서 이.

— 기래 크즐오르다(Кызылорда)에서 사,

사망했죠.

— 상새난 모야~이야.

상새낫죠.

— 기래 경게다가 해:서 크:게 해서.

그렇습지. 그 양반이, 그으 내지에 백두산이라구 하는 큰: 산이 있습구마. 중국하구 붙은 산에. 고담에 끼따이(китаи) 있재임둥? 끼따이(китаи) 만주라구 하는 데가 있습구마. 거기서 일본군들하구 많이 싸워가지구 일본이 이 조선을 강탈했을 때 싸워.

— 저, 그런 소리느, 선생님! 얘길 하압소.

그래서 그때 일본군하구 싸워서 인제 에:: 승리르 많이 했습구마. 많이 이겼습구마. 그러니까 아주 유명한 사람인데 에:: 어떻든 원동으로 둘와가지구는 너무 쓸쓸하게.

— 그 그러지. 그렇지.

청동이라는 쇠붙이로.

― 그렇게 해서 떡 세웠어. 그래 그 때 1989년에 내가 가서 보았어. 홍범도.

그 양반이 원동에서 여기 들어와서는 이 극장 있잖습니까? 영화관이나 극장.

― 아.

거기서 이렇게 어 문을 지키는 그런 일을 했답니다.

― 아, 그랬답니까? 응.

그런 말을 못 들었습니까?

― 난 못 들었어.

아! 그러니까 그런 큰 일을 하던 사람인데 원동에서 실려 들어와서는 극장에 가서 이.

― 그래 크즐오르다에서 사,

사망했죠.

― 죽은 모양이야.

죽었지요.

― 그래 거기다가 동상을 만들어서 크게 만들어서.

그렇지요. 그 양반이, 그 본국에 백두산이라고 하는 큰 산이 있습니다. 중국하고 붙은 산에. 고 다음에 중국 있잖습니까? 중국에 만주라고 있습니다. 거기서 일본군들하고 많이 싸워 가지고, 일본이 이 조선을 강탈했을 때 싸워서.

― 저, 그런 말은, 선생님! 이야기를 하십시오.

그래서 그때 일본군하고 싸워서 이제 에 승리를 많이 했습니다. 싸워서 많이 이겼습니다. 그러니까 아주 유명한 사람인데 에 어떻든 원동으로 들어와서는 너무 쓸쓸하게.

― 그 그러지. 그렇지.

그것두 이제 한국사람덜이 와가지구 홍범도 장군 이렇게 이렇게 해 가지구 그래두 많이 알려지게 덴겁구마〔뎅거꾸마〕. 그전에는 아무 누구두 잘 알려주지 않구 그랬는데. 얘기: 하압소. 홍범도 장군에 대해서.

─ 그전에 그전에 정말인두 내 그전에 늙으이덜 하는 말으 들엇지. 저 홍범도 그 빨찌 빨찌산질한 일.

다(да), 다(да).

─ 빨찌산질하메서 어 저 *어르 안까이 어른아 낫지. 개 어른아 나이까나 아이! 빨찌산 이래 그 숭게 댕기는데 아 울무 그거 저나 원수 원수덜이 접어들까바서 재비 아르 죽엣다구. 음. 어른아 운다구. 울무 그 그런 그 적덜이 찾아온다구 재비아르 죽엣다구. 홍범도.

음. 그런 얘기가 있슴둥?

─ 으흠. 그런 그런 소리르 내 들엇스끔. 으음.

그 일본.

─ 누(ну), 누(ну) 글쎄. 그전에.

야쁜(Япония), 야쁜스끼이 솔다뜨(японский солдат)하구 맨날 싸웠습구마.

─ 그런 소리두 내 들엇스끔[드러쓰끔].

아아, 그렇구나!

그것도 이제 한국사람들이 와서 홍범도 장군이라고 이렇게 이렇게 해 가지고 그래도 많이 알려지게 된 겁니다. 그전에는 아무 누구도 잘 알려주지 않고 그랬는데. 할머니! 이야기를 하십시오. 홍범도 장군에 대해서.

— 그전에, 그전에 정말인지 내 그전에 늙은이들이 하는 말을 들었지. 저 홍범도 장군이 빨치산 노릇을 한 것을.

예, 예.

— 빨치산질하면서 어 저 어린, 아내가 어린아이를 낳지. 그래 어린아이를 낳으니까 아이! 빨치산이 이렇게 숨어 다니는데 아이가 울면 그거 저기 … 원수 원수들이 덤벼들까 봐서 자기 아이를 죽였다고. 어린아이가 운다고. 울면 그 그런 즈 적들이 찾아온다고 자기 아이를 죽였다고. 홍범도가.

음. 그런 이야기가 있습니까?

— 으흠. 그런 그런 소리를 내가 들었습니다. 음.

그 일본.

— 음, 음 글쎄. 그전에.

일본, 일본 군인들하고 만날 싸웠습니다.

— 그런 말도 내가 들었습니다.

아아, 그렇구나!

1) 이 부분은 AKZ_TD_04(국립국어원 음성 파일 관리 번호)의 앞 부분을 전사한 것임.

2) '빗고티'는 '빗방울'의 방언. '고티'는 작고 둥근 물체를 이르는 말이다. 예: 오좀고티(오줌 방울), 느베고티(누에고치). 구술자의 선대 거주지(함남 단천) 방언은 ㄷ구개음화가 이루어진 지역이지만 구술자는 비구개음화형을 썼다. 육진방언을 쓰는 시댁 사람들의 영향이라 생각된다.

3) 톈산산맥에서 발원하여 카자흐스탄 알마티주를 경유하여 발하슈 호수로 들어가는 강. 길이는 1,439km.

4) '뿐[增]-'이 '뿛-'로 변화하였다. ㄷ 불규칙 용언의 'ㄷ'은 대부분 이와 같은 변화를 겪었다.

5) '하아'는 '하-+-오'가 완전순행동화를 겪은 것.

6) '-느'는 하오할 자리에서, 동사의 어간이나 선어말어미 '-엇-', '-갯-' 뒤에 결합하여 의문을 나타내는 종결어미. '-잿느'의 '-잿-'은 '-지 아이 하-+-앗-'이 줄어든 말. '-잿느'는 확인이나 다짐을 받고자 할 때 쓰인다.

7) '전장'은 '전쟁'의 방언. 이 전쟁은 1941년에 발발한 '독소전쟁'을 말한다.

8) '쪽발기'는 '썰매'의 방언. '쪽+발기(<발귀)'의 구성으로 된 합성어이다. '발귀'는, 산간오지에서 눈이 많이 내리는 겨울철에 짐을 실어 나르는 바퀴 없는 수레이다.

9) '노친'은 여자 노인을 대접하여 이르는 말. 노부부 사이에서 남편이 자신의 아내를 가리켜 말할 때에도 쓰인다. '영감노친'은 '영감과 그 늙은 아내'를 말한 것이다.

10) 사막에서 자라는 나무의 하나. 보통 1.5~2.5m의 높이로 자라는데 최대 5m까지도 자란다.

11) '진(盡)하-'는 '힘이 들거나 시달림을 받아서 기운이나 힘이 없어지거나 빠지다'의 뜻.

12) '맥이 진하다'는 '힘이 다하다'의 뜻. 동북 및 육진방언에서는 '힘'이라는 말 대신 '맥'이라는 말을 많이 쓴다.

13) '시장'은 '지금'이라는 뜻을 지닌 부사. 여기서는 현재 말하는 시점에서의 '지금'이 아니고 사건이 전개되던 그 때(1942년)를 '시장'이라 한 것이다.

14) '마감'은 '마지막'의 방언.

15) '웬:'은 '가장' 또는 '맨'의 뜻을 지닌 부사.

16) '및다'는 '미치다'의 고어이자 방언. 사전적으로는 '미치다'의 준말이지만 이 방언에서는 '미치다'라는 말이 쓰이지 않는다.

17) '지내'는 '아주', '너무'의 뜻을 지닌 부사.

18) '베우우(←베우-＋-우)'가 줄어든 말. '베우-'는 '보-'에 접사 '-이우-'가 결합된 피동사이다.

19) '쓸어내-'에 '-어 지다'가 결합된 동사.

20) 전설 모음(ㅣ, ㅐ, ㅟ)을 끝소리로 가진 체언 또는 '이다'의 어간, 또는 조사 '-에서' 뒤에 붙어 어떤 대상을 들어내어 강조할 때 쓰는 보조사.

21) 고어 '병ㅎ다'의 잔재. '병을 앓다'의 뜻이다.

22) '덜덜 떨다'의 뜻을 지닌 동사 '너털다'는 고어이자 동북 및 육진방언에서 흔히 쓰이는 방언이다.

23) '눈앓이'는 '눈병'의 북한어이다. 북한에서는 북한 지역에서 쓰이는 말을 다수 문화어로 삼았다.

24) '이사르 베우다'(의사에게 보이다)는 '진찰(診察)을 받다'의 뜻을 지닌 관용구.

25) '글으 이르다(글을 읽다)'는 '공부하다'라는 뜻을 지닌 관용구.

26) '홍진'은 '홍역(紅疫)'의 방언. 고어(古語) '도야기'에서 변화한 '돼애기', '대애기'라는 말을 쓰기도 한다.

27) '깨까추'는 '깨깟하-＋-추(-지)'가 줄어든 말. '깨끗하다'의 고려말 및 함북방언은 '깨까자다'이다.

28) '온몸'을 '오분몸' 또는 '오온몸'이라 하는데 구술자는 '오온몸'이라 하였다. 'ㅂ'이 약화 탈락한 것이 '오온몸'이다.

29) '페다'는 '피다[發]'의 방언.

30) '째빨갛다'를 발음하려다 그친 것. '째빨갛다'는 '재빨갛다'를 강조하는 말로 '재빨갛다'는 '새빨갛다'의 동북 및 육진방언이다.

31) '나달'은 '나흘이나 닷새 가량'의 뜻을 지닌 명사.

32) '조마네'는 '좀처럼'의 방언.

33) 고려말과 함경도 방언에서, 단음절인 개음절 명사에는 대체로 대격조사 '-으'가 결합되는데 이 '-으'는 선행모음에 동화된다. 예컨대, '코'의 대격형은 '코＋-으＞코오'가 된다. 본문의 '나아'는 명사 '내[歲]'에 '-으'가 결합되어 동화된 것이다. 그러나 간혹 '-르'가 결합되기도 하는데 '나르'(나-를)가 그 예이다.

34) 고어 '도야기'에서 변화한 말로 함경도에서는 대체로 '돼애기' 또는 '대애기'라 한다. 구술자를 비롯한 중앙아시아 한인들은 한자어 '홍진(紅疹)'을 더 쓴다.

35) '바뿌다'(또는 '바쁘다')는 함경도 방언이나 고려말에서 흔히 쓰이는 다의어로 표준어의 그것과 의미가 좀 다르다(곽충구: 2007b). 다음과 같은 뜻을 지닌다. ① 하기가 까다로워 힘에 겹다. =어렵다. ② 힘에 부치거나 참기가 어렵다. ③ 병 따위가 깊어 고치기 힘들다. ④ 몸이 몹시 피곤하다. =고단하다. ⑤ 생활 형편이 지내기 어렵다. ⑥ 열이 나거나 하여 몸이 괴롭다. ⑦ 일이 많거나 하여 딴 겨를이 없다. 위 본문에서는 ②의 뜻으로 쓰였다. 고려말에서는 주로 ⑤의 뜻으로 쓰이고 중부방언에서는 ⑦의 뜻으로 쓰인다.

36) '오온'은 관형사 '온[全]'의 방언. 함북방언에는 '오분'과 '오온'이 모두 나타나는데 이 구술자는 '오온'만을 썼다. 예: 오온일신(온일신), 오온몸(온몸), 오온할릴(온종일).

37) '억두배'는 '곰보'의 방언. 흔히 '억두배기'라 한다.

38) '배우다'는 '보이다'의 방언. '보이-+-우-〉뵈우-〉배우-'.

39) '-께'는 '-에게'의 방언. 어떤 물건이나 속성이 소속된 곳이나 위치를 나타낸다. 구술자의 발화에서는 주로 복수 접미사 '-덜'과 함께 쓰인다.

40) '제단'은, 처음에는 근육이 뻣뻣하게 당기고 결리다가 심해지면 곪아서 염증을 일으키는 질병. 육진방언에서는 '단'이라 하는데 구술자는 '제단'이라 하였다. 표준어 '단(丹)'은 '근육이 팽팽하게 당기는 증상'을 말한다.

41) '근육 따위가 켕기고 뻣뻣한 상태'를 말한 것이다.

42) '번들어지다'는 '나자빠지다'의 방언.

43) 함경도 방언에서는 흔히 '미치광이'를 '사쓰개, 샬쓰개, 쌰구재, 쌔쓰개'라 하는데 이 말은 욕으로도 쓰인다. 구술자는 이를 잘못 발음하여 '쌔쓰구재'라 한 것이다.

44) 병에 걸린 닭이 이리저리 푸드득거리며 날뛰는 것이 간질 증세와 비슷하다고 보고 간질을 '닭병'이라고 한 것이다. 실제로 동북방언에서는 '간질'을 '닭삥'이라 하는 곳이 있다(곽충구: 2019, '간질-삥' 항목을 참조).

45) 이 부분은 AKZ_TD_04(국립국어원 음성 파일 관리 번호)를 20분부터 전사한 것임.

46) 중앙아시아의 한인들은 사회주의 시절은 물론 그 이후에도 점술(占術)을 믿어왔다. 그 하나가 '하락시'다. '하락시'는 사람이 태어난 연월일시(年月日時)에 근거하여 길흉화복(吉凶禍福)을 알아보는 점(占). 또는 그것을 기록해 놓은 책자를 말한다. '하락시'의 '하락'은 하도낙서(河圖洛書)의 '하락(河洛)'에서 나왔을 것으로 추정된다. 이 책이 주역(周易)이나, 사람의 길흉화복 따위의 예언을 적은 위서(緯書)의 바탕이 되었다는 점에서 그러하다. '시'는 '슈(일을 해결하거나 처리하는 방법이나 방도)'일 것이다. 이 방언의 명사 어간 말에는 '이'가 덧붙는 현상이 있으므로 '슈+-이〉쉬〉시'가 된 것이다. 중국의 함경도 방언 화자들은 '하락시'를 '사주(四柱)' 또는 '신수'의 의미로, 중앙아시아의 제보자들은 '사주' 내지는 그 '사주를 보는 사람'으로 이해하고 있다.

47) '베우다'는 '보이다'의 방언. 여기서는 '점이나 사주 따위를 보다'의 뜻으로 쓰였다. 본디 '점쟁이에게 베우다'라 한다. 사주나 점을 보는 것도 '베우다'라 하고 의사에게 진찰을 받는 것도 '베우다'라 한다.

48) '느비'는 '누이'의 방언. '누븨>느븨>느비'의 변화. 육진방언을 비롯한 함북 북부 지역에서는 순자음 앞의 'ㅜ'가 'ㅡ'로 변화하는 비원순모음화 현상이 있다. 예; 드비(두부), 늡다(눕다) 등.

49) 앞날의 길흉을 예언하는 내용을 적은 도참서(圖讖書)를 말한다. 이러한 유형의 도참서에 대해서는, 국립민속박물관(1999)를 참고할 것.

50) '-음다'는 합쇼할 자리에서 쓰이는 의문형 종결어미. 중국의 60대 미만 동북방언 화자들도 이 말을 서술 및 의문형 종결어미로 쓴다.

51) '마지막 끝'이라는 뜻의 명사.

52) '그시다'는 '기이다'(어떤 일을 숨기고 바른대로 말하지 않다)의 방언. 고어 '그싀다'의 반사형이다.

53) 점을 치거나 사주를 봐 주는 사람을 '신선'이라 한다. 중국 조선족자치주의 동북 및 육진방언 화자도 '신선' 또는 '신션'이라 하므로 이러한 명칭은 오래 전 함경도 지방에서 유래한 것이라 할 수 있다.

54) 버스나 기차 등 교통수단을 이용할 때 '타다'라는 말 대신 '앉다'라는 말을 쓴다. 중국 조선족의 조선어에서도 그와 같다.

55) '나그내'는 '자기 남편이나 남의 집 남편'을 이르는 말. 여기서는 '남자 점쟁이'를 말한다. '남편'을 '남제(남데<남뎡+-이)'라 하기도 하는데 주로 남의 집 남편을 이르며 '나그내'보다는 낮추는 뜻이 있다.

56) '날래'는 '얼른'의 방언.

57) '글'은 다의어. '집글'은 '집문서'를 말한다. 신분증은 '몸글'이라 한다.

58) '맹심하다'는 '명심하다(銘心--)'가 변화한 말이나 그 의미는 사전적 의미와 조금 다르다. 흔히 '유의하다' 또는 '조심하다'의 뜻으로 쓰인다.

59) 고려말, 함경도 방언에서 '하루'는 '할랄' 또는 '할릴'이라 한다. 이들 방언은 '홀+눌[日]'에서 변화한 말이다. 단, '초하루'는 중세국어처럼 자음으로 시작하는 조사 앞에서는 '초하르', 모음으로 시작하는 조사 앞에서는 '초할르'로 교체된다. '오온할릴(또는 오분할랄)'은 '온종일'이란 뜻이다. 이에 대해서는 곽충구(2000b)를 참고할 것.

60) '싸다'는 '사다[買]'의 방언.

61) '공리사'는 '가게' 또는 '상점'의 뜻을 가진 말. 중국의 노년층 육진방언 화자도 이 말을 알고는 있으나 쓰지는 않는다. 그러나 중앙아시아에서는 러시아어 'магазин'

과 함께 '공리사'(또는 '공이사')라는 말이 많이 쓰인다.

62) '방토'는 '액막이' 또는 '방책(方策)'의 뜻. 이 말은 중국 조선족 노년층에서도 흔히 쓰인다.

63) '어찌우다'는 '어찌-'에 접사 '-우-'가 결합된 사동사. '어찌하게 하다'의 뜻.

64) '하분자'는 '혼자'의 방언.

65) '쮀인'은 '쥬인'에서 변화한 말. 함경도에서는 '주인'이라는 뜻 외에 자기 남편을 이르는 말로도 쓰인다.

66) 여기서 '오다'는 '가다'의 뜻으로 쓰였다. 러시아어식 표현으로 생각된다. 시장에 안 갔다는 말.

67) '장'은 '늘', '항상'의 뜻을 가진 부사. 육진방언권에서는 '댱', '댱즈'라 한다.

68) '남정(男丁)'은 주로 '남의 집 남편'을 홀하게 이르는 말. '자기의 남편'를 이르기도 한다. '-이'가 결합한 '남제'(남제<남데<남뎡+-이)라는 말을 흔히 쓴다.

69) '무르'는 '무리+-으'(무리의)으로 분석된다. '무리'는 '떼[群]'의 뜻. 따라서 '무르 죽엄'은 '떼죽음'이 된다. 전후 문맥으로 보아서는 '물[水]의 주검'으로도 해석될 수 있지만 '물'은 성조가 고조로, '무리'는 저저조로 실현되므로 '물'은 '무리[群]'가 옳다.

70) '새애가'는 '여자아이'의 방언.

71) '선스나'는 '사내아이'의 방언.

72) '훈게'는 강, 늪, 사들기[沮澤] 따위의 깊이 팬 곳이나 그 바닥을 이르는 말이다. 동북, 육진방언에서 쓰이는 방언이며 북한의 문화어이기도 하다. 위 본문에서는 '물이 흘러 갈 수 있는 통로'로서의 '골짜기의 바닥'을 지칭한 것이다. 대역어에서는 북한의 문화 어대로 '훈개'로 적기로 한다.

73) '모두다나'는 '모두-+-다나이(-다나니)'의 결합형. '모두-'는 '모이-', '모으-'의 뜻을 지닌 동사. 자동사와 타동사로 쓰인다.

74) '후런'은, 솥을 걸기 위해 부뚜막의 한 부분을 둥그렇게 파 놓은 곳을 말한다. 본문에서는 '깊이 파인 곳'을 비유적으로 말한 것이다. 또는, '훈게'를 잘못 말한 것일 수도 있다.

75) '싸랑'은 식량이나 가내 집기를 보관하는 곳. '광' 또는 '창고'라 할 수 있을 것이다. 육진방언권에서는 '샤랑'이라 한다.

76) '허덕간'은 수레나 농기구 또는 땔내무 따위를 보관하기 위하여 지은 가건물이다. 기둥과 지붕은 있지만 사방에 벽이 없다.

77) 물이 흘러가는 골짜기의 바닥을 내놓지 않고 그곳에 창고나 헛간을 지었다는 말.

78) '생진' 또는 '생진날'은 '생일'의 방언.

79) 네리퍼부시이까(←네리-+퍼+붓-+으이까(<-으니까)). '붓-'는 규칙 활용을 한다.

80) '헤게없다'는 '이루 헤아릴 수 없다'의 뜻을 지닌 형용사. <회계(會計)+없다.

81) '-아부라'는 '-조차'의 뜻을 지닌 보조사. '아불-[竝]'에 '-아'가 결합된 것이 문법화 한 것이다.

82) '구불이다'는 '굴리다[使轉]'의 방언. '구불다(구르다)'의 사동사이다.

83) '장치다'는 '물건이 차곡차곡 쌓이다'의 뜻을 지닌 동사. 타동사로도 쓰인다.

84) '지냑'은 '저녁'의 방언.

85) 점쟁이가 한 말이 신통하게 들어맞았으니 어찌 점쟁이의 말을 믿지 않을 수 있겠느냐 는 말.

86) '사측'은 '사방'의 방언. 본디 '사척'이나 구술자는 '사측'이라 발음하였다.

87) '재비'는 재귀대명사 '자기'의 방언. 여기서 파생된 부사로 '재빌르' 또는 '재비르'(자 기 스스로)가 있다.

88) 중앙아시아 한인들이 대본을 만들고 무대에 올린 연극. 구술자는 뒤에서 "많이 먹어 서 '다머거리'라 하지."라고 말하였다. '다[全]+먹-+-어리'로 분석할 수 있을 듯하 다. '머거리'는 '먹을거리'의 함경도 방언. 중국의 조선족 노인들도 이 이야기를 알고 있다. 이로 보면, 오래 전부터 구술로 전해오는 이야기일 듯하다.

89) '연극을 공연하다'를 '연극으 놀다'라 한다. 이러한 연어 구성은 러시아어와 함경도 방언 그리고 북한의 문화어에서도 쓰인다.

90) '상장님'은 '상전님'을 잘못 발음한 것. 구술자는 이 밖에도 '상정님', '상젱님'이라 하였다.

91) 어미 '-ㄴ두'는 '-ㄴ지'의 방언. 막연한 의문을 나타낼 때 쓰이는 연결어미. 종결어미 로도 쓰인다.

92) '줴인'은 흔히 '줸:이' 또는 '줸:'이라 하는데 '주인(主人)'의 방언이다.

93) '젠'은 '저나'가 줄어든 말.

94) 구술자는 '걔래'라는 말을 자주 썼는데 '그래'가 줄어든 '걔'에 다시 '그래'(또는 '기 래')가 보태진 다음 줄어든 말로 보인다.

95) 고려말 화자들은 앞말을 가리키는 지시어(전자, 후자)로 '이짝', '저짝'이라는 말을 쓴다. 지시 대상이 둘일 때에는 '이짝', '저짝'이라는 말을 쓰나 구술자는 모두 '이짝' 이라 하였다. 본문에서는 '다머거리'를 지시하는 말로 썼는데, 구술자는 말을 하다가 갑자기 화제를 바꾸어 '다머거리'의 말뜻을 조사자에게 물었다.

96) 의존명사 '거'는 크게 낮추는 뜻이 없이 '사람'을 지칭하기도 한다.

97) '주연(酒宴)'을 잘못 발음한 것으로 보인다.

98) '카페'는 '생일, 환갑' 등을 치르는 대규모 연회장(宴會場)이다.

99) '무시김?'은 '무시김둥?'(무엇입니까?)이 줄어든 말.

100) '팥죽'의 고려말은 '오구랑죽'이다. '팥죽'은 연극의 대사에서 배운 말일 것이다. 때문에 '팥죽'의 성조가 '팥죽' 또는 '팥죽'으로 달리 나타난다.

101) '이 아'가 줄어든 말. '아'는 '아이'의 방언.

102) 함경도 방언의 '적시다'는 사전적 의미보다 그 쓰이는 범위가 넓어 표준어와 의미차를 보인다. 즉, '숟가락이나 젓가락으로 음식을 건드려 어지럽게 만들어 놓다. 뒤적거려 놓다.' 등의 뜻으로 쓰인다. 벌레 따위가 음식에 빠졌을 때에도 '벌레가 음식을 적셔 놓았다'고 한다. 위 본문에서는 '팥죽에 무엇을 집어넣어 어지럽게 만들어 놓다'라는 뜻으로 쓰였다.

103) '그리하-+-으니까나'가 줄어든 말. '-니'는 'ㄴ'이 탈락하여 '-이'로 실현되었다.

104) '예'는 손윗사람을 부를 때 그 명사에 붙이는 조사. 대개 친족명칭에 붙어 쓰인다.

105) '잉게'는 '여기'의 방언. 유의어로 '영게'가 있다. 구술자는 '옝기'라는 말도 썼다.

106) '한 방울'을 잘못 말한 것인지 아니면 콧물을 많이 떨어뜨려 '한 단'이라고 에둘러 말한 것인지 분명하지 않다.

107) '-게'는 의존명사 '거'에 명사에 흔히 붙는 '-이'가 결합된 것.

108) '얻어보다'는 '찾다'의 방언.

109) '무엇을 한 김에 함께'의 뜻. 계제(階梯)에.

110) '-덤므'는 '-더무'의 변이형. '-더무'는 '-더라면'의 방언.

111) '-이깨누'는 '-으이깨(<으니깨)'에 '-누'가 결합한 것. '-누'는 말하는 이가 상대의 태도에 대하여 탐탁하게 여기지 않으면서 물을 때 쓰이는 종결어미. 대체로 어간이나 선어말어미 '-갯-' 뒤에 붙으나 여기서는 어미에 붙었다.

112) '그리하다 보니'가 줄어든 말이다.

113) 일을 건성으로 대충 하는 모양. 동북방언 및 육진방언에서는 '그랑녀랑, 그렁더렁, 그랑저랑, 그렁저렁'이라 한다.

114) 동사 어간 '가-'에 과거 시제의 '-안'과 '-ㄴ둥'이 결합한 말로 보이나 확실하지는 않다. 앞 형태 분석이 옳다면 그 뜻은 '갔는지'가 된다.

115) 여기서는 '주인'이라고 하고 뒤에서는 '중'이라고 하였다.

116) '누깔'은 '눈깔'의 방언.

117) '빼우-'는 '빼-+-이-+-우-'로 분석된다. '뽑히다'의 뜻. 이렇게 동사 어간에 '-이-+-우-'가 결합되는 현상은 함경도 방언의 특징이다.

118) 고려말에서 '저'는 화자와 대등한 관계의 청자를 가리키는 2인칭대명사로 쓰이므로

청자인 구술자는 자신을 가리키는 말로 알아듣게 된다. 따라서 조사자는 '나'라고 했어야 했다.

119) '어느'가 대명사로 쓰인 예로 고어적이다. '-나'는 강조의 뜻을 지닌 보조사.

120) '-읍끔'은 '-읍구마'가 줄어든 말. 줄어든 말을 소리 나는 대로 표기한 것이다.

121) '골이 일을 하다'는 러시아어 'голова работает'를 번역차용한 말이다. '머리를 잘 쓰다' 정도의 뜻을 갖는다.

122) '쟌'은 '자느'(저 아이는)의 준말. '자'는 '저+아(아이)'의 준말.

123) '노래'를 '창가' 또는 '창개'라 한다. '노래'라는 말은 쓰이지 않는다.

124) 본디 러시아어 'шапка'에서 유래한 말. 일찍이 함경도 지방에 차용되어 함경도 방언에 정착하였다.

125) '-습덤'은 '-습더구마'가 줄어든 말. '-더군요'의 뜻.

126) '-읍데/-습데'는 하오할 자리에서 화자가 과거에 보고 들은 사실을 현재에 와서 남에게 말할 때 쓰이는 서술형 종결어미. 의문형 종결어미로 쓰이기도 한다. 어간이 모음이나 유음으로 끝나면 '-읍데'가 결합되고, 유음을 제외한 자음으로 끝나면 '-습데'가 결합된다.

127) '씨만하다'는 '몹시 밉살스럽고 마땅찮거나 괘씸하다'의 뜻을 가진 형용사. 함경도에서 널리 쓰이는 방언이다.

128) '되비'는 '도리어, 도로, 다시'의 뜻을 가진 부사. 함경도 방언에서는 '되비, 뙈비, 데비' 등 여러 변이형이 쓰인다.

129) '똘구다'는 '쫓다'의 방언. '똘가데지다'는 '쫓아버리다'의 뜻.

130) '혭잡'을 '헵잡'이라 한 것이다. 함북의 일부 방언권에서는 'ㅎ' 뒤에서 반모음 'ㅣ'가 탈락하기도 한다. 예: 형(兄)>헝.

131) '에미나스나'는 '부부(夫婦)'를 홀하게 이르는 말. '에미네스나'가 옳은 말이다.

132) '앓준[알춘]'의 '주'는 부정어미 '지'의 변이형이고 'ㄴ'은 보조사. '앓지는'의 뜻.

133) 따+-으르→따아르→따르.

134) 글일라는 '글+이르-+-라'가 줄어든 말. '글이르-'는 '공부하다'의 뜻. '-라'는 의도를 나타내는 연결어미 '-러'의 방언. 따라서 '글이르라'는 '공부를 하러'가 된다.

135) 동북방언에서는 지역마다 조금씩 뜻이 다르나 대체로 '자기 집과 그 주변의 가까운 이웃을 아우른 구역'을 가리킬 때 '오래'라 한다. 앞서 구술자는 '집채 주위의 공간'이라는 뜻으로 '오래'라는 말을 쓴 바 있다.

136) 사건과 등장인물이 복잡하게 얽혀 있어서 쉽사리 이해가 안 되는 부분이다. 자세히 설명하자면, 홍수가 나서 식구를 잃은 남자1과 점쟁이인 남자2는 같은 동네의 이웃

에 사는 동무 사이이다. 남자1이 동무인 남자2에게 이사를 가려한다고 말하자, 점쟁이인 남자2가 이사를 가면 화를 당한다고 하면서 이사를 가지 말라고 한다. 점쟁이 동무의 만류에도 불구하고 남자1이 이사를 가서 결국 화를 당했다는 말. 남자1의 아내는 구술자의 동무이다. 남자1의 아내와 구술자가 한참 후에 다시 우슈토베에 사는 점쟁이 남자2에게 갔더니 남자2가 옛날 카프카즈에서 이웃에 살던 구술자의 동무(남자1의 아내)를 몰라보더라는 말을 한다.

137) '-다니'는 하오할 자리에서, 화자가 듣거나 보거나 경험하여 알고 있는 사실을 확인해서 일러주거나 강조할 때 쓰이는 종결어미' 비육진방언권에서는 '-다이'라 한다. 함경도 방언에서 일상적으로 널리 쓰이는 종결어미이다.

138) '말하더구마'가 줄어든 말.

139) '까리'는 '①어떠한 일을 하기에 좋은 또는 적절한 시기나 기회(機會), ②일이 어떠하던 시기나 때'의 뜻을 지닌 명사. '까리'는 함경도와 평안도에서 널리 쓰이는 말이다.

140) '아무깬데'는 '아무깨+-인데'가 줄어든 말. '-인데'는 '-한테'와 비슷한 뜻을 지닌 조사.

141) '권디'는 본디 '권도(勸導)+-이'에서 변화한 말인데 고려말이나 함경도 방언에서는 '중매'의 뜻으로 쓰인다.

142) '글으 이르다'는 '배우다, 공부하다'의 뜻. '이르다[讀, 謂]'는 어미 '-어X' 앞에서는 '읽'으로 교체되고 자음 어미 앞에서는 '이르'로 교체되므로 '일것는두(←'읽-+-엇-+-는-+-두)'라 한 것이다.

143) '샹년'은 '작년(昨年)'의 방언. <샹년.

144) 고려말 또는 함경도 방언에서는 'ㅇ'을 'ㄴ'으로 발음하는 경우가 있다. '심천전'도 그 하나이다. 이에 대해서는 소신애(2010)을 참고할 것.

145) 동상+-이>동생이]>동새애[동새:].

146) 제비가 다시 그 집으로 돌아왔다는 것은 연극에서나 있을 수 있다는 말.

147) 고려말을 많이 잊은 상태여서 '가져왔다'를 '데려왔다'라 한 것이다.

148) '숭구-'는 '심다'의 방언. '-으니' 앞에서는 '숭구' 또는 '수무'로 교체된다.

149) '불쎄르'는 '갑자기'의 방언. '불시(不時)+-에+-르'로 분석된다. 육진방언에서는 '불쎄르라 한다.

150) '완'은 '오-+-안'으로 분석된다. '-안'은 과거를 나타내는 어미.

151) '-잼느'는 하오할 자리에서 의문을 나타내는 종결어미. '-잖소'의 방언.

152) '남자'는 형이므로 '시애끼'(시동생)가 아니라 동생이라 해야 한다. 구술자의 발화 실수이다.

153) '-지'를 '-주'로 발음한 예.

154) 문맥으로 보아 '형수(兄嫂)'가 아니라 '제수(弟嫂)'가 되어야 한다.

155) '아즈바이'에 '-예'가 결합한 말.

156) 이 부분은 AKZ-TD-03(국립국어원 음성 파일 관리번호)의 2시간 38분부터 전사한 것임.

157) <나디다. '나지다'는 '없던 것(또는 잃었던 것 등)이 나타나거나 새로 생기다'의 뜻.

158) '자라'는 '자라이'(<자란이, =성인, 어른)를 말한 것으로 보인다.

159) '이지간에두'를 잘못 발음한 것.

160) '가즈'는 '이제 막'의 뜻을 지닌 부사. 표준어 '갓'과 어원이 같은 말이다. '갓난아이'를 '가즈난아'라 한다.

161) '무스' 또는 '무스거'를 잘못 발음한 것.

162) '생일'을 흔히 '생진'이라 한다.

163) 고려말, 함경도 방언에서는 연결어미 '-거나'가 '-나'로 나타나는 경우가 일반적이다.

164) '-길래'는 원인이나 근거를 나타내는 연결어미.

165) '눅거리'는 '싸구려'의 방언.

166) 카자흐스탄 남부 잠빌(Жамбыл)주의 주도(州都)로 인구는 약 33만 명이다. 알마티 서쪽 키르기스스탄 국경지대에 위치하고 있다. 1993년 '잠빌', 1997년에 '타라즈'로 이름이 바뀌었다. 2007년 통계 자료(알마티 한국종합교육원)에 의하면 13,093명의 한인이 거주한다.

167) 러시아어 'феситиваль'(페스티벌, 축제)을 조사자가 얼른 알아듣지 못하고 또 구술자 자신이 그 러시아어를 고려말로 무엇이라 해야 할지 몰라서 몹시 답답해하면서 한 말.

168) '창가르 쓰다'는 '노래를 부르다'의 뜻.

169) '너르다맗다'는 '널따랗다'의 방언. <너르-+-다맗다. 함경도 방언의 '-다맗다'는 표준어 '-다랗다'와 비슷한 의미를 갖는다. '정도가 꽤 어떠하다'는 뜻을 보탠다. 이에 대해서는 곽충구(2013)을 참고할 것.

170) '하-+-앗+-ㄴ두'. '-ㄴ두'는 '-ㄴ지'의 방언.

171) 본디 러시아어 'шапка'에서 유래한 말. 일찍이 함경도 지방에 차용되어 동북방언에 정착하였다.

172) '베우다'는 '보다'의 사동사로 '보이다'의 방언. 보-+-이-+-우->뵈우->베우-.

■ 참고문헌

곽충구(1986), 「노한회화와 함북 경흥방언」, 『진단학보』 62, 79-125.

_____(1991), 「함경북도 육진방언의 음운론」, 박사학위 논문(서울대)[『함북 육진방언의 음운론』, 國語學叢書 21(國語學會), 태학사, 1994].

_____(1993), 「함경도 방언의 친족명칭과 그 지리적 분화」, 『진단학보』 76, 209-239.

_____(1994), 「카자흐스탄의 고려인과 고려말을 찾아서」, 『전망』 9월호, 대륙연구소, 70-74.

_____(1998a), 「육진방언의 어휘」, 『국어 어휘의 기반과 역사』, 태학사, 617-669.

_____(1998b), 「동북・서북방언」, 『문법 연구와 자료』(이익섭 선생 회갑기념논총), 태학사, 985-1028.

_____(2000a), 「재외동포의 언어 연구」, 『어문학』 69, 한국어문학회, 1-41.

_____(2000b), 「함북방언의 비자동적 교체 어간과 그 단일화 방향」, 『21세기 국어학의 과제』, 월인, 1123-1166.

_____(2001), 「구개음화 규칙의 발생과 그 확산」, 『진단학보』 92, 237-268.

_____(2004), 「중앙아시아 고려말의 역사와 그 성격」, 『관악어문연구』 29(서울대 국문과), 127-168.

_____(2005), 「육진방언의 음운변화―20세기 초로부터 1세기 동안의 변화」, 『진단학보』 100, 183-220.

_____(2006), 「초기 노한사전의 편찬 경위 및 체제와 구조」, 『한국사전학』 7, 한국사전학회, 35-64.

_____(2007a), 「중앙아시아 고려말의 자료와 연구」, 『인문논총』 58, 서울대학교 인문과학연구원, 231-272.

_____(2007b), 「동북방언의 어휘―함북방언을 중심으로」, 『방언학』 5. 한국방언학회, 23-70.

_____(2008a), 『중앙아시아 이주 한민족의 언어와 생활―카자흐스탄 알마티』, 국립국어원 해외 지역어 총서 1-1, 태학사.

_____(2008b), 『중국 이주 한민족의 언어와 생활―중국 길림성 회룡봉촌』, 국립국어원 해외 지역어 총서 2-1, 태학사.

_____(2008c), 「국어사전의 편찬과 방언」, 『방언학』 7, 한국방언학회, 75-96.

_____(2009a), 『중앙아시아 이주 한민족의 언어와 생활—우즈베키스탄 타슈켄트』, 국립국어원 해외 지역어 총서 1-2, 태학사.

_____(2009b), 「중앙아시아 고려말 소멸과정의 한 양상」, 『방언학』 10, 한국방언학회, 57-92.

_____(2010), 「중앙아시아 고려말의 음운 변이」, 『최명옥 선생 정년 퇴임 기념 국어학 논총』, 태학사.

_____(2013), 「동북방언 'X자/사/다-'류 형용사의 음운론과 형태론」, 『국어학』 67, 국어학회, 3-34.

_____(2019), 『두만강 유역의 조선어 방언사전』, 태학사.

국립민속박물관(1999), 『우즈벡스탄 한인동포의 생활문화』.

김 뾰뜨르 게로노비치(1991), 우즈벡스탄에서의 고려인(高麗人) 역사(歷史) 한 페이지, 타쉬켄트: 우즈벡공화국고려문화협회.

김수현(2014), 「중앙아시아 고려말의 공시 음운론」, 박사학위논문(서강대).

김필영(2004), 『소비에트 중앙아시아 고려인 문학사』, 강남대학교 출판부.

김태균(1986), 『함북방언사전』, 경기대출판부.

니라리사(2002), 「카자흐스탄 고려말의 문법과 어휘에 대한 연구」, 석사학위논문(서울대).

소신애(2005), 「공시적 음운변이와 통시적 음운변화의 상관성-함북 육진방언을 중심으로」, 박사학위 논문(서강대)[국어학총서 64(국어학회), 태학사, 2009].

소신애(2006), 「수의적 교체를 통한 점진적 음운 변화」, 『국어학』 48, 국어학회, 101-124.

소신애(2008), 「중세국어 음절말 유음의 음가와 그 변화」, 『국어학』 53, 35-64.

소신애(2010), 「중자음에 의한 위치 동화에 대하여」, 『어문연구』 148, 한국어문교육연구회, 151-173.

소신애(2012), 「국어의 △>ㅈ 변화에 대하여」, 『진단학보』 114, 51-84.

손현익(2012), 「러시아어 단위어 연구」, 『슬라브 연구』 28권 2호, 한국외국어대학교 러시아연구소 77-106.

이기갑·김주원·최동주·연규동·이헌종(2000), 「중앙아시아 한인들의 한국어 연구」, 『한글』 247, 5-72.

이기갑(2003), 『국어방언문법』, 태학사.

이기갑(2008), 「중앙아시아 고려말의 어휘」, 『이숭녕 현대국어학의 개척자』, 태학사.

이기문 외(1993), 『한국 언어 지도집, *Language Atlas of Korea*』, 대한민국 학술원.

이상근(1996), 『한인 노령이주사 연구』, 탐구당.

전경수 편(2002), 『까자흐스딴의 고려인』, 서울대학교출판부.

최명옥, 곽충구, 배주채, 전학석(2002), 『함북 북부지역어 연구』, 태학사.

킹, 러쓰・연재훈(1992), 「중앙아시아 한인들의 언어-고려말」, 『한글』 217, 한글학회, 83-134.

Kho, SongMoo(1987), Korean in Soviet Central Asia, *Studia Orientalia* 61, Helsinki.

King, J.R.P.(1987), "An Introduction to Soviet Korean." *Language Research* 23・2, Seoul National Univ, 233-274.

_____(1991), "Russian Sources on Korean Dialects", Doctorial dissertation in Havard Univ.

_____(2001), "Blagoslovennoe: Korean village on the Amur", 1871-1937. *Review of Korean Studies* 4・2 (December), Korea: Academy of Korean Studies, 133-176.

_____(2001b), [co-edited with German N. Kim]. *Koryo Saram: Koreans in the Former USSR.* Special issue of *Korean and Korean American Studies Bulletin* 12, published by the East Rock Institute, New Haven, Connecticut.

Pak, N.S.(1991), "On Korean Dialects in the USSR", 『이중언어학회지』 8.

_____(2001), "Jazyk-Variant Jazyka-koiné-Dialect." The Second Kazakhstan-Korean International Conference, *Korean and Central Asian Region* N 2. Almaty.

_____(Пак Н.С.)(2005), *Корейский язык в Казахстане: проблемы и перспективы,* Казахский университет международных отношений и мировых языков им. Абылай хана, Алматы.

/ 의존 형태 /

/ㄱ/

고무래

　　꾹두기　292

고방++

　　고배~이구　404

고비

　　지름고비두　326

고사리

　　고사리두　326

고생

　　고사~햇지　292

고수풀

　　상채구　360

　　상채르　370

고슴도치

　　고숨도치라　170

고장 나다

　　파이난　68

고추

　　고치구　162

　　고치르　322, 370

　　당고치에　370

　　당고칠르써　370

고추장

　　고치자~이두　366

고춧가루

　　고치갈그두　370

고치다

　　곤치지　68, 482

　　고치는　140

　　곤치입구마　140

고함

아부장　148

곡식

　　곡석이　56

골뱅이

　　골배:구　70

　　골배애구　78

　　골배애는　80

　　골배두　202

　　골배　204

골풀++

　　사모재　298

곰보

　　억두배　482

곰팡이

　　곰툴래기　370

곱다

　　고옵운　238

　　곱운　238

곳

　　곧에　50, 170, 236, 530

　　곧에서　50, 82, 470

　　곧으르　50, 154

　　굳을　124

　　곧이　154, 252

　　굳에　172

　　굳에서　224

　　곧인게　514

　　곧으이까나　514

곳간(광)

　　싸랑까이랑　391

　　싸라~이라　416

/ ㅂ /

아니
  아이 56, 304, 314
아니다
  아이야 432
  아이우 58
  애넷습꾸마 338
  애이구 54
  애이라 50, 290, 354
  애이지 160
  애인둥 184
아동
  아동춤 186
  아동춤이나 178
아마
  아무래 180, 250, 536
아무
  암만이라:구 314
아버지
  아부지 48, 154
아비
  애비 180
  애비두 152
  애비구 172
아이
  아:일 338
아저씨
  아즈바이 116
아주
  지내 50
아주머니
  아즈마이 116

아주버니
  아즈바예 544
아직
  안죽 66, 238
  안죽은 322
아파트
  층대집이 564
아홉
  아홉해[aɦofwɛ]르 174
아휴
  아휴! 130
안녕하다
  알령하십니까? 168
안질
  눈앓이 474
  눈앓이베~이 474
안질(眼疾)
  눈앓이베~이 474
안찜
  안찜으 366
알
  쉬 까는두 86
알다
  아는가 230
  아다나이 552
  아다나이까나 552
  아오 26, 50
  아지 220, 480
  알지 198, 332
알아지다
  알기재이꾸마 394

/ ㄱ /

/ ㅊ /

니나다(не надо) 142

■ 부록 : 어휘 조사 자료

벼 : 베 | 베르(+대격형)

이삭 : 베이사기 | 베·이사기지

볍씨 : 베씨 | 베씨르(+대격형)

못자리 : *(+직파(直播)함)

모판 : *(+직파(直播)함)

쟁기 : 가대기 | 가대기두 | 가대기르. (+소 두 마리에 메워 밭갈이에 쓰는 육중한 농기구)

보습 : △

볏 : △

-이 : △

극젱이 : 가대기

써레 : 걸기르 논는다

번지 : *

모내기 : *(+직파(直播)함)

흙덩어리 : 흑떼이(+[hikt'eʸ]) | 흑떼이 (+[hikt'ey])| 흑떼이르 마스라구 (+[hikt'eʸri]){흙덩어리를 부수라고} | 흑떵지르 마스더구마{흙덩어리를 부수더군요}

고무래 : 국띠기 | 국뚜기라 | 국띠길르 {고무래로}

고무래(곡식) : *

고무래(재) : △(+совóк(러시아어=작은 삽)을 사용함)

고무래(흙) : 국뚜길르서리

고무래(미는 것) : *

고무래(당기는 것) : *

쇠스랑 : △

곡괭이 : 꽉찌(+명칭이 '괭이'와 동일함)

괭이 : 꽉찌지{괭이지}

삽 : 강차일르{삽으로} | 강차이(중국어 鋼鍬을 차용한 말)

호미 : 호밀루{호미로}

농기구 : →쟁기라구두 하구 | 쟁기두

김 : 지스무(+대격형) | 지시미 지서따구{김이 무성하다고}

김매다 : 지슴맨다 하지

애벌 매다 : 아시지슴 맨다 하지 | 아시르 매지

두벌 매다 : 두버르 매구 | 두벌찌슴 매구

마지막(세벌) 김매기 : 세벌찌시미두 매구 | 막뻐르 맨다 하지

논둑 : 뚜기지 무슨 | 뚜기 | 큰드레기라구 | 장드레기라구두 하구 | 큰드러그(+대격형) | 장드러기(+차량과 농기계가 다닐 수 있도록 폭을 넓게 조성한 논둑)

논두렁 : 드러그느{논두렁은} | 드러굴루{논두렁으로} | 드러기 너르다 하지 | 널분 드레기

밭둑 : 드러기지 | 뚜기지 | 드러기라구두 하구

밭두둑 : 든데기

밭고랑 : 받꼴따아 가지구 | 바꼴따라구 | 바꼴따~이 | 받꼴따~이다 무루 대지{밭고랑에다 물을 대지} | 바꼴따을르{밭고랑으로}

밭이랑 : 이래라구(+높낮이에 관계 없이 씨를 심은 곳을 '이랑'이라 함.) | 이래애지 | 반니라이라구두 하구 | 두 이라~아 수무구{두 이랑을 심고} | 반니래

(밭이랑을) 타다/갈다/째다/파다 : 간다구 | 드르그 자바라 | 가라 놔따 하지

이랑밟기 : *

보리 : 보리 애이우?{보리 아니오?} | 보리이삭 | 보리이사그(+대격형) | 보리부터 가져오라구

가을보리 : *(+보통 4월에 파종함)

봄보리 : *

보리쌀 : 보리싸리지

가을갈이 : △

깜부기 : 보리에 베~이드러따구 | 그 감부지라능거느 옥수끼에(+'깜부기'는 보리에는 쓰지 않음) | →감부지 나서 | 감부지

두엄 : 더어미지{두엄이지} | 덤 | 더엄 가져오라 | 더어미

거름 : 비로(+'거름'을 유식하게 말할 때 이 말을 씀) | 걸금내나 | 걸그무 낸다 | 걸기미개찌{거름이겠지}

추수하다 : 가슬하지 | 베가슬하지

볏단 : 베따이구

볏단 : 베따느(+대격형)

볏단 : 베따느 무끄능거

볏단 : 베따느 동지더구마{볏단을 동여 매더군요}

가리 : 가리르(+대격형)

가리다 : 베따느 가린다구 | 가레라

볏가리 : 베까리

낟가리 : 나까리

타작 : △

벼훑이 : *

그네 : *

개상 : △

자리개 : *

자리개질 : 태뻬르 두디린다

도리깨 : 도리깨

도리깻장부 : 도리깨·대라 하더구마{도래깻장부라 하더군요}

도리깻열 : 도리깨아드리구

도리깨꼭지 : →도리깨마우리 올쓰꾸마{도리깨꼭지 옳습니다}

볏짚 : 베찌피

-을 : 베찌푸 드레오라{볏짚을 들여오라}

-에 : 베찌페

새꽤기 : 베쏭치 | 송치지

쭉정이 : 베쭈거리(+벼 쭉정이)

티 : 티 드러따 하지

까끄라기 : 베꺼스레미(+벼의 까끄라기)

풍구 : 풍채

원두막 : 마기 | 거저 마기{그냥 막}

허수아비 : 헤재비지{허수아비지}

흉년 : 숭녀이지 | 숭년 | 숭녀이 드러따구

머슴 : 머스미 애임두?{머슴 아닙니까?} | 머시미질 하지{머슴질 하지}

놉 : 싹꾼 | 싹꾸이 업써서

-을 : 싹꾸느 마이 데려오라

품앗이 : 어품가푸미지

품삯 : 싹쩌느 바다따

-으로 : 싸그르 | 싸그 바꾸{삯을 받고}

방아 : 바이지 | 바이

디딜방아 : 발바이

방앗공이 : 덤무리 | 바이떡무리

방아확 : 호박 | 바이호박

물레방아 : 물바이

연자방아 : 성매지{연자방아지} | 성매

절구 : 절귀(+[t͡ɕəlgwi])

절구통 : 절귀토~이(+[t͡ɕəlgwitʰõ˞]) | 절귀통

절굿공이 : 절귀막때 | 절귀막땡기

절구질 : △

겨 : 제라하지

보릿겨 : 보리쩨지

왕겨 : 아시쩨

쌀겨 : 두벌쩨(+[tubəlt͡ɕ'e])

검불 : 검부르(+대격형) | 검부르 싹 끄러라

껍질 : 껍찌짐{껍질이지 뭐}

곡식 : 곡써기지(+다) | 곡쎄기(+다) | 곡써그(+대격형) | 곡씨기 마느나(+소){곡식이 많으나}

찹쌀 : 차입싸리지 | 차입쌀

멥쌀 : 매입쌀 | 맵쌀 | 맵싸르 가져오갠

는두{멥쌀을 가져오겠는지}

쌀보리 : *

조 : 조이지{조지}

차조 : 찰조이

메조 : 매조이두 이찌

좁쌀 : 조이싸리

잘다 : 자다망게{자그마한 게} | 잘다구
하지 | 자라서

조이삭 : 조이이새기나{조 이삭이나} |
조이이새기 | 조이이사그(+대격
형)

수수 : 밥쑤끼 | 밥쑤꾸 가져오라 | 밥쒸
구 만타(+[paps'ügu]) | 밥쑤두 망
쿠

붉은색 수수 : △

장목수수 : 비쉬지(+[pisüji]) | 비쉬
(+[pisü]) | 비쉬두 만타(+[pisüdu])
| 비쉬르(+[pisüri])

찰수수 : 밥쑤끼지 | 밥쒸지(+[paps'üji])
| 찰밥쑤끼짐{찰수수지 뭐}

메수수 : *

수수깡 : 밥쑤때지

옥수수 : 옥쑤끼지 | 옥쑤꾸 숭궈찌{옥
수수를 심었지}

찰옥수수 : 차록쑤끼

메옥수수 : 매옥쑤끼지

귀리 : 귀미리(+[kümiri]) | 구미리(+말
에게 주로 먹임)

메밀 : 매미리

콩 : 코~올르 하지{콩으로 하지} | 코~오

(+대격형) | 콩 | 코~이지

콩깍지 : 콩깍찌 | 콩깍찌르 가져오나라

메주 : 메지르(+대격형)

매달다 : 다라매지

띄우다 : 띠우구

곰팡이 : 곰틀래기 업찜{곰팡이 없지
뭐} | 곰태기

강낭콩 : 열코오느{강낭콩은} | 열코~이
지

콩기름 : 콩지리미 | 콩지름두

깨 : 깨지름 짜먹꾸 | 깨지리미라능게오
{깨지름이라는 것이오} | 깨르 다
까서{깨를 볶아서}

참깨 : 창깨두 이꾸

들깨 : 들깨구

고소하다 : 고소하지

채소 : 채소 만타구

나물 : 나무리 | 나무르 마이 캐오라구
{나물을 많이 캐오라고}

나물(밭)_재료 : 나무리

나물(밭)_반찬 : 나시채나{냉이 반찬이
나} | 나물채라 하구

나물(들)_재료 : 나무리

나물(들)_반찬 : 채라 하무{반찬이라 하
면}

나물(산)_재료 : 산나무리라구 하지

나물(산)_반찬 : 고사리채라{고사리 반
찬이라}

푸성귀 : →푸나무새구

다듬다 : 나무르 싹 검줄해야 | 검주래

야지

반찬 : 해애미 | 해애미르 가져오나라

무 : 무꾸 가져오나라 | 무끼지 | 무끼 | 무수두 망쿠 | 무꾸부터 | 무수마{무보다}

썰다 : 칼르 싸알지 | 쏘오지{썰지} | 써엄두{썹니까?} | 무꾸 써얼다 | 싸아라라 | 쏘오라라 | 싸알지 | 써어러라

무청 : 무수이피라 하지 | 무순니피

시래기 : 시래기나 | 시래기느{시래기는} | 시래기지(+배추 잎을 말린 것만 지칭함)

무말랭이 : △

장다리무 : →장다리무끼지{장다리무지}

배추 : 배채

고갱이 : 속깨·기

오이 : 베지(+[ve]) | 베(+[ve]) | 무뢰(+[murö])

오이지 : △

오이소박이 : △

가지 : 까지

호박 : 호바기

고구마 : *

감자 : 감제

우엉 : →우벙니피{우엉 잎}

파 : 파이 | 파이르 가져오라 하지 | 파에(+처격형)

고추 : 고치지

시금치 : 시굼치

미나리 : 미나리(+원동에서만 봄) | 미나리르 가져오나라 | 미나리부터 가져오나라

부추 : 염지

상추 : 불기 | 불구 가져오나라(+[pulgʉ]) | 불기두 망쿠

마늘 : 마느리지 무시기{마늘이지 뭐} | 마누리

생강 : △

냉이 : 나시이꾸마{냉이입니다}

달래 : 달리

도라지 : 도라지두 먹찌

더덕 : *

쌀밥 : 이파비지

찬밥 : 참바비라 하지 | 무근 바비라구(+[mugʉn]) | 무근 바비느(+전 날에 한 밥이 남은 것)

더운밥 : 더붐밥

조밥 : 조이바부(+대격형, 밥에 조를 섞어서 지은 밥) | 찰배비(+조만으로 지은 밥)

누룽지 : 가마치

눌은밥 : 가마치 바비지 | 가마치

숭늉 : 숭뉴~이 | 숭뉴~우(+대격형)

뜨물 : 뜸무리지

김(蒸氣) : 지미지{김이지}

갱죽(羹粥) : 국쭈기라구(+어린 시절에 들어 본 말이라 함)

싱겁다 : 승겁따 | 승겁찌 | 승거바서 몸

머깨따{싱거워서 못 먹겠다}

국수 : 국씨르 기래오{국수를 그러오?}

칼국수 : 칼구기 | 칼구기지 | 칼구그 가
　　　져오라 | 칼구구 가져오라 | 칼구
　　　게다{칼국수에다}

기계국수/틀국수 : 국씨지

건더기 : 깡치

국물 : 장물무리 지터찌{국물이 남았지}

고명 : 추미(+고명과 추미의 통칭)

꾸미 : 국씨추미르

미역 : 메에기

김(海苔) : △

수제비 : 뜨더꾸기

끼니 : 시거기람마리{끼니라는 말이} |
　　　시거그 머거라

미음 : 미이미 | 미임

(미음을)끓이다/쑤다/삶다 : 미이무 써
　　　서 메기지{미음을 쑤어서 먹이지}
　　　| 미이무 쑨다{미음을 쑨다}

엿기름 : 싹찔구미 | 보리싹찔구미

식혜(食醯) : 감지

식해 : 반차이(+손질한 다음 소금을 쳐
　　　서 재운 생선에 소금 간을 한 무
　　　와 마늘, 고추 등을 넣은 후 식초
　　　를 넣고 절인 음식) | 시캐느{식해
　　　는}

달다(甘) : 다지 | 너무 다라서

가루 : 갈그 내지{가루를 내지} | 채밀깔
　　　기{밀가루}

-에 : 갈게서

-을 : 갈그 내능거{가루를 내는 거}

-도 : 채밀까르두 망쿠 | 입쌀깔기마 모
　　　타다 | 입쌀까르마 모타다

밀가루 : 채밀깔그두 망쿠 | 채밀깔기두
　　　망쿠

밀기울 : 채밀제

미숫가루 : 미쉬지(+[miswi]) | 미쉬깔기
　　　(+[miswik'algi])

간장 : 지레에{간장에} | 지레이라구두
　　　하구(+[čirey]) | 지러어 가져오나
　　　라 | 지령두 업꾸 | 간자이라 해찌
　　　| 간재 | 간자~{간장을} | 간장두
　　　업찌

된장 : 자~아 여치{된장을 넣지} | 장

고춧가루 : 고치깔그(+대격형) | 고치깔
　　　기

고추장 : 고치자~아느{고추장은} | 고치
　　　자~이지{고추장이지}

소금 : 소곰 노치{넣지}

김치 : 짐치라 하지 | 짐치르 가져오라
　　　구

김장 : *

깍두기 : 로배짐치지(+'로배'는 중국어
　　　'蘿卜[luóbo]'(=무)를 차용한 말) |
　　　무꾸짐치지

나박김치 : *

담그다 : 짐치르 당군다 짐치르 절군다

-고 : 절구자구 그런다 | 짐치르 당구자
　　　구서

-어라 : 절궈라 | 당과라

양념 : 양념 다 연는다{넣는다}

버무리다 : 적쎈냐 | 다 버무렌냐 | 버무
　　레라 | 버무리지 마라

버섯 : 버스시

-이 : 버스시

콩나물 : 질구미

콩나물 : 질굼채지

숙주(나물) : 녹띠질구미지

두부 : 드비

비지 : 드리

비지떡 : *

달걀 : 달가르(+대격형) | 달갸리 만타 |
　　달가리 만타 | 달개리 달개리(+자
　　연 발화에서 제일 많이 씀)

가래떡 : *

시루떡 : 시르떠기

송편 : *

빗다 : *

흰떡 : 골미떠기지{절편이지}

고물 : 곰무리지

팥죽 : 오구랑죽 애이오{팥죽 아니오?} |
　　오구랑주기

새알심 : 오구래·르 비베여치{새알심을
　　비벼서 넣지}

백설기 : 셀기

튀밥 : △

술 : 수우르 멍는거뚜 이꾸{술을 먹는
　　사람도 있고} | 수우르느{술은}

막걸리 : *

소주 : 토지지(+토쥐<토쥬+-이)

부침개 : *

부뚜막 : 가매쩌니라 해찌

가마솥 : 가매구 | 콩가매르

-을 : 가매르

-에 : 가매·다{가매에다}

아궁이 : 부수깨지

-이 : 부수깨아구리 크다 | 부수깨 무이
　　{문(門)이} 크다 하던지

그을음 : 가매 검대기 | 끄스레미

불쏘시개 : 불살개(+[pulsargɛ])

연기 : 내구리 나와 그러치

내(煙氣) : 내구리

그을리다 : 끄스러따

부지깽이 : 부수땡기

부삽 : →불꽝차이라 해두 일업찌 | 불
　　광차이(+광차이는 중국어 '鋼鍤'를
　　차용한 말)

냅다 : 내굴지 | 내군다 | 내구러서

냄비 : △

그릇 : 그르시 만터라

-을 : 그르스

뚜껑 : 더깨

주발 뚜껑 : 더깨·지

사발 뚜껑 : 시끼더깨지

솥뚜껑 : 가매뜨베

밥주걱 : 밥쭈그(+대격형) | 밥쭈기

숟가락 : 술루 먹찌{숟가락으로 먹지} |
　　수리 업따{숟가락이 없다}

젓가락 : 저리{젓가락이}

종지 : 종지지 | 종지 | 종지르 가져오나

라

보시기 : →보시기

뚝배기 : 토기라 하지

접시 : 세체비라 하지 | 세첩 | 세처부(+
　　　대격형, <쉐텁)

조리 : 조리(+동북방언권의 조리는 그
　　　림과 다르게 생겼음)

이남박 : 무람바기 | 무람바그(+대격형)

바가지 : 바가지 | 적쎄르(+대격형) | 적
　　　쎄두

행주 : 새앵지 | 새앵지르(+대격형)

헹구다 : 히와라 | 히와서 | 히우지 마라

설거지 : 자실 까세라 | 그르스 시쳐라
　　　| 거두매르 해라

개숫물 : 자심무리

찌꺼기 : →깡치

화로 : 화루또~에 | 화루또~에르 가져오
　　　라(<+화로+ㅅ+동히)

화롯불 : 화루똥부리라구

부젓가락 : →불저리라구 하지

-이 : →불저리라 하지

부손 : △

다리쇠 : △

석쇠 : 적쎄라 합띰{석쇠라 하더군요}

도시락 : *

바구니 : △

뒤주 : 베뚜지

찬합 : △

강판 : 채카리 | 채카르(+대격형)

개다리소반 : 크라바이 사이구 | 크라바

이 사~아

안방 : 정지

벽 : 베기

다락 : *

벽장 : *

감추다 : 꼼치운다

흠 : △

돌쩌귀 : 문쩌기(+[munč’əgi]) | 문쩌길
　　　다라라(+[munč’əgil])

암짝 : 문쩌기지(+[munč’əgiji])

수짝 : 문쩌기지(+[munč’əgiji])

미닫이 : 밀째 | 밀짱무이지 | 밀짱문

여닫이 : 무누 열지{문을 열지} | 문 다
　　　다라

덧문 : 두벌무이지(+[tuβəlmuiji]) | 두벌
　　　무누(+[tuβəlmunu])

열다 : 여러라 | 열자구

문고리 : 뭉꼬리라

자물쇠 : 쉐때

갇히다 : 개끼완는지 | 개끼우나

열쇠 : 열쎄

잠그다 : 채와라 | 채운다

구멍 : 구냐아 뚭꾸{구멍을 뚫고} | 구냐
　　　~아 뚤버야 하지{구멍을 뚫어야
　　　하지}

쥐구멍 : 쥐구~얘(+[čügūyɛ]) | 쥐구내
　　　(+[čügunyɛ]) | 쥐구냐~아~(+대격
　　　형)

찢다 : 쯘는다 | 쯔저데지능거 | 쩬다구
　　　두 하구 | 쯔찌마라 | 쯔쯔마라 하

나 | 쩨지마라

구들 : 구두리(+방바닥의 의미임) | 구두레서

흙받기 : △

흙손 : △

흙칼 : △

흙칼(나무로 만든 것) : △

흙칼(쇠로 만든 것) : △

바르다 : 바르지 | 바른다구 | 발라라

장판 : 노저느 까라찌{삿자리를 깔았지} | 점제라구두 하구 | 장파이지(+바닥에 널을 깐 것)

종이 : 조애

도배 : 도배르 하지

구석 : 구세기

굽도리 : △(+제보자가 원동에서는 못 보았다고 함, 러시아 어로 '쁠린뚜사라 함)

깨끗하다 : 깨끄타다 | 깨끄태 조타구 | 깨까지 거더서 조타{깨끗이 거둬서 좋다} | 깨까재서{깨끗해서}

문지방 : 문터기

-에 : 문터게

틈 : 찌미나따구 | 찌마기 싹 마그라구 | 쯔무 업쌔라

가장자리 : 여가리두

가운데 : 함파이지 | 함파느(+대격형)

시렁 : 덩때

살강 : 그르떵때(+그릇+덩때)

선반 : 그르떵때(+그릇+덩때)

서랍 : 뽀비 | 뽀비르 빼·라 | 뽀비르 여어라 | 뽀비르 마차라

경대 : 세껠~이 세껠~이 하지

거울 : 세껴~이라 하지 | 세경

걸다 : 거러야 | 걸라구 | 거지 말라

호롱 : 초로~이

지붕 : 지버어꼭때게다(+지벙+-으 꼭대기에){지붕의 꼭대기에다}

-에 : 지버~이다가

기와 : 좌아짱

기와집 : 좨애짱지비라

수키와 : △

암키와 : △

대들보 : 용마르때

서까래 : 세까다리라구 | 세까달

추녀 : △

처마 : △

오두막 : △

초가집 : △

이엉 : 예여어 여어찌 | 예영 예영

-에서 : 예여~에

용마름 : 이게 용말긴두 모르지{이게 용말기인지 모르지}

기스락 : 예영기슬기입찌 | 기슬기

낙숫물 : △

기스락물 : △

사닥다리 : 새당따리 노치{사닥다리 놓지} | 새당따리르(+대격형)

용마루 : 용말기

토방 : 바다~이 | 바다~아(+대격형)

댓돌 : 채셰기라 하압떠마 | 채셰기 | 채
　　셔그 봅찌 마라(+밟지 마라)

섬돌 : *

마루 : △

-에 : △

툇마루 : *

기둥 : 지두~이지 | 지둥 | 지두~우 세와
　　야

주춧돌 : △

-을 : △

굴뚝 : 구새지 | 구새

뜰 : △

마당 : 마대~이지 | 마다~아 쓰러라 | 마
　　다~아다 너러라 | 마대· 너르다 |
　　마당두

넓다 : 너르더라

-어서 : 널거서 조타

넓히다 : 늘궈라(+[nilgʷəra]) | 널구지
　　모태따 | 널궈라

곳간 : 허덕깐 | 허더까이라 하지

외양간 : 오양까이지 | 세구리라구두 하
　　구(+세[牛]+굴(=우리))

마구간 : △

광 : 싸라~이라(<샤랑)(+제보자는 러시
　　아어 'capaй'로 알고 있음)

헛간 : 허더까네다 다 두웁찌{헛간에다
　　가 다 두지요}

쓰레기 : △

장독대 : *

장독 뚜껑 : 장더깨구

변소 : 측스까이라 | 붕까니라구두 하구
　　| 똥수까이라구두 하구 | 붕깐 | 붕
　　까느 가바라

똥장군 : *

울타리 : 장재(+널판을 대어 만든 울타
　　리) | →배재라구

담 : 토다미

-에 : 토다메

-도 : 토담두

사립문 : △

뒤꼍 : 두왜니 | 두왜니두 너르다

-에서 : 두왜네

바깥 : 바가트 바라

-에 : 바그테 나가 노라라 | 바가테 나가
　　놀라

모퉁이 : 집모태지 | 집모태·서

모서리 : 귀띠(+[küťi]) | 모이 | 상 모에
　　베케따{상(床) 모서리에 부딪혔다}

마을 : 고으리구 마으리구(+원동에서
　　썼음) | 마으리라 해찌

윗마을 : 움마으리구 | 움마리

이웃 : 겨테찝 | 이우찌비라구두 | 져테
　　찌비라구

-이 : 겨테찌비라 | 이우찌비라

-에 : 이우찌베

마을가다 : 마시또리간다구(+옛날에 썼
　　음)

우물 : 구렁무리

두레박 : 자새르 자사서{자새로 자아서}

샘(泉) : 삼치무리

가(邊) : 여기(+역+-이) | 여가리

-을 : 여그 잘바라 | 여가리르 잘바라

-에 : 여게서

물지게 : 물찌개때

가게 : 공이사지 | 공이사르(+대격형) |
　　상저미라

싸다[低價] : 눅따

비싸다 : 비싸다 | 비싸서

흥정 : 흥저·한다

거간꾼(중매인) : 방간재지

잔돈 : 잔도늘르 바까달라

에누리 : 네리와 달라구 | 누께(+눅-게)
　　달라구{싸게 달라고}

거스름돈 : 승천 바다야 하지

거스르다 : △

꾸다(借) : 꾼다

-어야 : 꿔따

구두쇠 : 딱꼽째

맡기다 : 매끼구 | 매께따

나머지 : 진능거{남은 거} | 지틍걸르{남
　　은 것으로} | →나마지구

덤 : △

몫 : 내 모기구 | 지저그느{몫은}

-을 : 내 모그 달라구

빚 : 비디 만타

-을 : 비드 마이지구{빚을 많이 지고}

-에 : 비데 몰기나 하나{빚에 몰리나 하
　　나} | 비데 빠져서

이자(利子) : 베니 | 베이 올라가지

심부름 : 심바람

두름 : 한다래미 | 두다래미

축 : *

쾌 : 한다래미 두다래미

접 : *

쌈 : 한싸미 | 한싸무 싸따(+[hansʼamɯ])

두름 : 함무꾸미 두무꾸미 | 함무꿈

단/뭇 : 함무꾸무 싸따 | 한단 | 한다이
　　라 | 한다느 싸따

단/뭇 : 한단

톳 : *

모숨 : 한줌씨

켤레 : 네커리 싸따 | 한드디래구두

마지기 : *

한 마지기의 넓이 : *

꾸러미 : *

그루 : 항개 두 개{한 개 두 개}

포기 : 배채 페기

저울 : 저우레 | 저우레 뜨지

자루(包袋) : 잘기라구(+'커우대'와 '조만
　　지'의 통칭) | 커우대(+큰 자루, 한
　　커우대가 10kg, 국가에서 만들어
　　줌) | 조만지나(+작은 자루, 1kg~3
　　kg 정도의 무게)

-을 : 잘그 가져오나라

-에 : 잘게다 싸를 여어라

하나 : 한나

한 개 : 항개

한 되 : 한되(+'되'의 'ㅚ'는 [ö])

한 말 : *

둘 : 두우

두 개 : 두개

두 되 : 두뙤(+'되'의 'ㅚ'는 [ö])

두 말 : *

셋 : 서어

세 개 : 세개

세 되 : 세뙤(+'되'의 'ㅚ'는 [ö])

세 말 : *

넷 : 너어

네 개 : 네개

네 되 : 네뙤(+'되'의 'ㅚ'는 [ö])

네 말 : *

다섯 : 다스

다섯 개 : 다스깨

다섯 되 : 다스뙤(+'뙤'의 'ㅚ'는 [ö])

다섯 말 : *

여섯 : 여스

여섯 개 : 여스깨

여섯 되 : 여스뙤(+'뙤'의 'ㅚ'는 [ö])

여섯 말 : *

일곱 : 일구

일곱 개 : 일구깨

일곱 되 : 일굽뙤(+'뙤'의 'ㅚ'는 [ö])

일곱 말 : *

여덟 : 야듭

여덟 개 : 야듭깨

여덟 되 : 야듭.되(+'되'의 'ㅚ'는 [ö]) | *

여덟 말 : *

아홉 : 아웁

아홉 개 : 아우깨(+[aʊkʼɛ])

아홉 되 : 아옵뙤(+'뙤'의 'ㅚ'는 [ö])

아홉 말 : *

열 : 열(+[yəɾ])

열 개 : 열깨(+[yəɾkʼɛ])

열 되 : 열뙤(+'뙤'의 'ㅚ'는 [ö])

열 말 : *

스물 : 스무리지 | 스물

스무 개 : 스무개

스무 되 : 스무뙤(+'되'의 'ㅚ'는 [ö])

스무 말 : *

서른 : 서르이지 | 서른

서른 개 : 서릉개

서른 되 : 서른뙤(+'되'의 'ㅚ'는 [ö])

서른 말 : *

마흔 : 마은

마흔 개 : 마응개

마흔 되 : 마은뙤(+'되'의 'ㅚ'는 [ö])

마흔 말 : *

쉰 : 쉰:(+[süːn])

쉰 개 : 쉥:개(+[süːŋɛ])

쉰 되 : 쉰:되(+'쉬'의 'ㅟ'는 [ü], '되'의 'ㅚ'는 [ö])

쉰 말 : *

예순 : 육씹

예순 개 : 육씹깨

예순 되 : 육씹뙤(+'뙤'의 'ㅚ'는 [ö])

예순 말 : *

일흔 : 칠씹

일흔 개 : 칠씹깨

일흔 되 : 칠씹뙤(+'뙤'의 'ㅚ'는 [ö])

일흔 말 : *

여든 : 팔씹

여든 개 : 팔씹깨

여든 되 : 팔씹뙤(+'뙤'의 'ㅚ'는 [ö])

여든 말 : *

아흔 : 구십

아흔 개 : 구십깨

아흔 되 : 구십뙤(+'뙤'의 'ㅚ'는 [ö])

아흔 말 : *

백 : 배기지 | 백

백 개 : 배깨

백 되 : 백뙤(+'뙤'의 'ㅚ'는 [ö])

백 말 : *

이백 : 양배기(+兩百+-이)

한둘 : 한두리 와따

한두 개 : 한두개 | 한둬:개

한두 되 : 한두되(+'되'의 'ㅚ'는 [ö])

한두 말 : *

두셋 : 둬:서이

두세 개 : 두세개

두세 되 : △

두세 말 : *

두서넛 : 둬:서너

두서너 개 : 둬:서너개

두서너 되 : 둬:서너되(+'되'의 'ㅚ'는 [ö])

두서너 말 : *

서넛 : 세너이 와따 | 세너이

서너 개 : 서너개

서너 되 : 서너되(+'되'의 'ㅚ'는 [ö])

서너 말 : *

네댓 : 너더

네댓 개 : 너더대·깨 | 너더깨

네댓 되 : 너더뙤(+'뙤'의 'ㅚ'는 [ö])

네댓 말 : *

대여섯 : 대·여스 와따 | 대애여스 와따

대여섯 개 : 대애여스깨

대여섯 되 : 대애여스뙤(+'뙤'의 'ㅚ'는 [ö])

대여섯 말 : *

예닐곱 : 예일굽 와따구

예닐곱 개 : 예일구깨

예닐곱 되 : 예일굽뙤(+'뙤'의 'ㅚ'는 [ö])

예닐곱 말 : *

일여덟 : 이라듭

일여덟 개 : 이라들깨

일여덟 되 : 이라듭뙤(+'뙤'의 'ㅚ'는 [ö])

일여덟 말 : *

여덟아홉 : 야듭아웁

여덟아홉 개 : 야들깨나 아우깨

여덟아홉 되 : △

여덟아홉 말 : *

여남은 : 여라무 와따구

여남은 개 : 여라무개

여남은 되 : 여람되(+'되'의 'ㅚ'는 [ö])

여남은 말 : *

치마 : 초마 | 초매

길이 : 길씨 기다구 | 질씨 지다구

저고리 : 고름다리저고리 | 저고리

색동저고리 : △

두렁이 : *

무늬 : 무이 놔찌(+격자 형태만을 무늬라 함) | 문:놔따구

고쟁이 : 짝바지라

바지 : 바지

두루마기 : →제매기

의복 : 우티르 뻐서라 | 우티 만타 | 우티에 흘기무더따 | 이보게{의복에}| 오세{옷에}

구겨지다 : 구게져따 | 꾸게져따

옷고름 : 고·르미지 | 고르미지 | 고름

단추 : 단치지

동정 : 동저~이(+[toɲǰjy]) | 동저~어~(+대격형) | 동정두

겉 : 거치우{겉이오} | 거츠두 곱따

-에 : 거추~에(+[kəč^hjy])

-을 : 거츠: 씨쳐라(+거층+-으){겉을 씻어라}

홑옷 : 하비우티라 하지

겹옷 : 접우티라

잠방이 : *

누더기 : 지분우티지 | →헌투레기라구

거지 : 비렁배지

구걸 : 빌구 | 비지 | 구처해달라능게{도와달라는 게}

조끼 : 쪼끼

내의 : 송내보기지 | 송내보그(+대격형)

껴입다 : 께이꾸 나가라 | 우에다 더 께이꾸 나가라

소매 : 소매 | 사매

주머니 : 돈쭈머이지 | 주머이

호주머니 : 까르마니지 | 까르만(+러시아어 차용어)

허리띠 : 허리띠지

댕기 : △

도포 : 차우시(+봄과 가을에 입음)

삿갓 : 사까디 | 사까스 | 사까드

-에 : 사까데

고깔 : *

사모 : *

유건 : *

대님 : 오금매기라

감발 : 감바리 | 감바르 하구서리

짚신 : *

미투리 : 메커리느

(짚신을) 삼다/만들다/트다/겯다 : 메커리 시느 삼는다

나막신 : *

설피(雪皮) : △

명주 : 비다이 | 멩지라 해두

명주실 : 비단시리 업따 | 멩지시리라

목화 : 모카르 수무지{목화를 심지}

목화다래 : △

무명 : △

무명실 : 모카시리지

씨아 : *

자새 : 자새지(+우물에서 물을 자아 올리는 것)

물레 : *

베 : *

길쌈 : *

골무 : 골미

반짇고리 : 지티쾅재

가위 : 가샐르 베지

-을 : 가새르

-에 : 가새애 노기 스러따

마르다(裁) : 우티르 마른다{옷을 마른다}

-고 : 마르지 말라

-어라 : 우티르 말가라

헝겊 : 헝걷쪼배기라

-을 : 헝걷쪼배그

-에 : 헝걷쪼배게

바늘 : 바눌루 지찌(+[panʉllu]) | 바눌루 집찌{바늘로 깁지}

꿰다 : 낀다구 | 께능거 | 껜다

-고 : 께지

-어라 : 께·다구

바느질 : 지벅찔한다 | 바느질한다 | 바누질한다(+[panʉjil])

재봉틀 : 마서이지 | 마서느(+대격형)(+ '마선'은 러시아어 차용어)

끈 : 기늘르(긴+-을르){끈으로}

노끈 : 노~오 꽈찌 | 노~이 지다(<농+-이 길다)

참바 : 삼빠이 | 바이

매듭 : 오르매체져따 | 매들비

(매듭을) 맺다/짓다/엮다/묶다 : 매들부 매체라

보자기 : 보이 | 보에다 싸라 | 보에

이불 : 이부리 | 이부레

솜 : 소캐지

포근하다 : 푸구:나다

홑이불 : →하분니부리라

겹이불 : →점니부리

솜이불 : 소캐이부리 | 소개이부리

누비이불 : 예·엔이부리

베개 : 베개르 베구

베갯잇 : 베개이시

-에 : 베개이셰 때 만타

목침 : 목떼기 | 목띠기라 하더만

퇴침 : *

방석 : *

담요 : △

빨래하다 : 우티르 시찌 | 시쳐라 | 빨래질한다

빨랫방망이 : 방치지 | 서답빵치

빨래터 : △

빨랫줄 : △

다리미 : 대레밀르 대리웁찌 | 다레닐르 다리지 | 대레미

다림질 : 대렌질한다

인두 : 윤다라

다듬잇방망이 : 방칠르 | 방치

다듬잇돌 : 방치또리라 합떠마

다듬이질 : 다디미질한다 | 방치질한다 | 다드미질한다

설날 : 정월초할리라 하지 | 설라리지

설 : 서리

섣달 그믐날 : 서딸서른할리나리지 | 그므미 | 그믐따리오

묵은세배 : *

올해 : 오레지

-는 : 오렌 덥따

작년 : 상녀니

재작년 : 상년그러께라 하지 | 상년그러
　　　께

내년 : 도라오느해지 | 멩녀니구

후년 : 후녀니구

내후년 : *

작은설 : *

윷 : 유꾸치기 | 유끼치기라능게오

-을 : 유꾸

-에 : 유께

윷놀이 : 유꾸 | 유꾸치기(+강낭콩으로
　　　윷놀이를 함)

윷가락 : *

도 : 또깨지오

개 : *

걸 : *

윷 : *

모 : *

단동 : *

외동무니 : *

두동무니 : *

석동무니 : *

넉동무니 : *

막동 : *

단동무니 : *

보름 : 보룸

삭망 : *

추석 : 춰서기(+[čʰüsəgi])

망월 : *

쥐불놀이 : *

자치기 : 꿀깨치기(+원으로 금 세 개를
　　　그은 후 뒤로 돌아서서 막대를 던
　　　져 치는 횟수를 결정한다. 두 번
　　　째 줄에 걸리면 두 번 치고 가운
　　　데나 금 사이의 빈 공간에 떨어지
　　　면 막대를 치지 못 한다. 이렇게
　　　치는 횟수를 결정한 후 멀리 친
　　　사람이 놀이에서 이긴다.)

작은 막대 : 꿀깨구(+[kʼurkʼɛgu])

긴 막대 : 꿀깨치는 낭기라 해두 이럽
　　　꾸

수수께끼 : 수수께끼 | 수수께끼르 해애
　　　바라

호미씻이 : △

꽹과리 : △

장구 : △

곁두리 : *

무당 : →복쑤리(<복슐(卜術)+-이)

박수 : 복쑤리르

고수레 : *

고수레! : *

점쟁이 : 신서니라 | 신서니 업따

상여(喪輿) : 상뒤(+[saŋdü]) | 상뒤르 메
　　　구 간다(+[saŋdwi])

굴건 : *

제사 : 제세르(+대격형)

제기 : *

귀신 : 구시니

도깨비 : 도깨비

고삐 : 쇠곱찌(+[sögopč'i])

굴레 : →굴게(+말에게만 씌움) | 말굴레르 씨와라

멍에 : △

길마 : 마란재지 | 마란자~(+대격형)

부리망 : △

구유 : 쇠구시(+[sögusi])

작두 : 작뛰(+[čakt'wi]) | 작뛰에(+[čakt'üe])

꼴 : △

여물 : 여물두

쇠죽 : *

쇠죽바가지 : *

수레 : 쇠술기지(+'쇠'의 'ㅚ'는 [ö]) | 쇠파리(+'쇠'의 'ㅚ'는 [ö]){소 썰매}

끌다 : 끄슨다지

-고 : 끄스지 | 끄스구 간다

바퀴 : 바키 이서야 하지 | 바퀴(+[pakʰwi])

새끼(繩) : 새끼라

새끼(짐승의) : 새끼구

망태기 : 새끼중태 | 중태 여어가지구

먹둥구미 : *

거적 : *

가마니 : *

가마니틀 : *

돗자리 : *

자리틀 : *

(자리를) 짜다/치다/만들다/곁다/매다 : *

왕골 : *

삼태기 : →소보치(+한어 '簸箕[bŏji]'에 고유어 '소[牛]'가 결합한 혼종어.

짚 삼태기 : 소보치

싸리 삼태기 : *

멍석 : *

어레미 : 얼겅채

고운체 : 보드라븐 채라 | 총채구

굵은체 : 얼겅채

대장장이 : 얘쟤이(+[yɛjɛɣ]) | 얘장 | 얘자~아(+대격형)

대장간 : 예장까네서

풀무 : 풍구미

모루 : △

모루채 : 망치지

갈퀴 : 깍째이(+[k'akč'ɣ]) | 깍째르(+대격형)

집게 : 찌께지

장도리 : △

노루발 : △

톱 : 토비 | 토불루{톱으로}

-에 : 토베 노기 스러따

도끼 : 도낄르 찍찌

자루(柄) : 도끼짤기지

-을 : 도끼짤그 가져오라

-에 : 도끼잘게

갈고리 : 쇄까꾸래지

쐐기 : 쇄애기르(+대격형)

송곳 : 송고들르 | 송고즈 가져오나라

-에 : 송고제 | 송고제 흘기무더따

뾰족하다 : 뽀오주가지{뾰족하지}

숫돌 : 시뚤르 | 수뚤르

-에 : 수뚜레다

맷돌 : 매또리 | 매똘르 | 매또레다 | 매
　　똘부터

수쇠 : △

암쇠 : △

지게 : 쪽찌게

발채 : *

지게 작대기 : 쪽찌개때개쓸지{'쪽지갯
　　대'겠지요} | 쪽찌개때(+쪽지개+-
　　ㅅ+대) | 쪽개막때기

막대기 : 막때기

몽둥이 : →몽대일르{몽둥이로} | 몽대
　　이르(+[moŋdɛɤri], 대격형)

빗자루 : 빌루 쓰지{빗자루로 쓸지}

광주리 : 강주리

소쿠리 : *

함지 : 함지

풀비 : △

귀얄 : △

독 : 독 | 도그(+대격형) | 도기 만타

-에 : 도게다

물독 : 둥기 | 물뚱그 가져오라구

항아리 : →항사리라

단지 : 단지라구두

물동이 : 물또애

똬리 : 따바리

옹기 : 토기 그르떠리라

표주박 : △

키(箕) : 치입꾸마{키입니다}

떡살 : *

다식판 : *

시루 : *

-을 : *

-에 : *

시룻밑 : *

-에 : *

시룻번 : *

부싯돌 : →부수또리(+부싯돌과 부시를
　　구분 못함)

-을 : 부수또르 가져오라

부시 : 부시 | 부술루{부시로}

부싯깃 : →부수지치(+쑥은 쓰지 않음)

담배 : 댐배르 피운다

담뱃대 : 담배때라

담배설대 : 담배때

대통 : 대토~이

물부리 : 댐묵찌구

담배쌈지 : 댐배쌈지지 | 댐배쌈지

부채 : 부체

토시 : 통시르 낀다

벼루 : △

가락지 : 가락찌

비녀 : 비내

참빗 : 챔비슬르 비서찌

-을 : 챔비스 가져오라구

-에 : 챔비세 흘기 무더따

얼레빗 : 얼게

세숫대야 : 쉐시양푸이라 | 쉐시양푸니
　　　　라 | 쉐시소래라 해두 일업꾸

비누 : 비누리지 | 쉐시뻬누리{세숫비
　　　누}

도투마리 : *

활대 : *

잉앗대 : *

부티 : *

도롱이 : *

이마 : 니매 | 니마 | 이매 넙따

이마빼기 : 이맨대기 | 이맨때계{이마빼
　　　　기에}

눈자위 : →눈짜시라구두 하구(+눈알과
　　　　눈자위를 구분 못 함)

검은자위 : 검정동재라구

흰자위 : 힌동재라

눈꺼풀 : 눈떼기 | 눈떠그 시쳐라

거적눈 : 부성누이라구

눈썹 : 눈쎄피 | 눈써부(+대격형)

-이 : 눈써비 까아마타

속눈썹 : 눈싸부레

-이 : 눈싸부레 지다{속눈썹이 길다}

눈두덩 : 눈뜨베

안경 : 푸아느(+대격형) | 푸아니지

안경집 : 푸안토이개찌(+풍안통)

돋보기 : △

주름살 : 쭈룩싸리

-이 : 쭈룩싸리

앳되다 : △

수염 : 쉐에미

구레나룻 : 구리쉐에미구(+보통은 구분
　　　　없이 '쉐에미'를 씀)

-을 : 구리쉐에미르(+대격형)

코 : 코올르{코로}

-이 : 코이 크다

콧수염 : 코미테 쉐에미개찌

코딱지 : 코떼데 떼에데제라{떼어 버려
　　　　라}

콧구멍 : 코꿍개짐{콧구멍이지 뭐}

-을 : 코꿍가(+콧궁강+-으) 마가라

-에서 : 코꿍가에서 피난다

콧물 : 콤무리

입술 : 입쑤니 | 임녀기라 하지

-에 : 임녀게(+입+역[邊]+-에)

다물다 : 다무러라 | 다무더라

어금니 : 검니

덧니 : 던니 나능게 | 던니빠리지

휘파람 : 회빠름 분다(+'회'의 'ㅚ'는 [ö])

침 : 추미

삼키다 : 넝구지

가래(痰) : 가래 나오개찌

뱉다 : 바다 데지지 | 바꾸 가가라{뱉고
　　　가거라}

혀 : 세 | 세띠 | 세떼 | 헤(+존)

혓바늘 : 세떼에 쓰리 도다따 하지

귓불 : △

귀고리 : △

귀걸이 : △

귀지 : 귀채(+'귀'의 'ㅟ'는 [ü])

귀이개 : △

소리 : 소리 치지 마라 | 소래

엿듣다 : →여뜬다 | 여뜰른다구두 하
구

귀청 : 귀채 떠러진다(+'귀'의 'ㅟ'는 [ü])
| 귀채이 떠러진다(+'귀'의 'ㅟ'는
[ü])

귀밑 : 귀미티지(+'귀'의 'ㅟ'는 [ü])

-에 : 귀미테(+'귀'의 'ㅟ'는 [ü])

관자놀이 : 벤뒤라구(+[pendüragu])

기미 : 재미 나 도다따 | 잼두 망쿠

주근깨 : 주궁깨

턱 : 태기

턱수염 : △, 태게 쉐에미 나따

뺨 : 볼태기지 | 뺨(+맞았을 때만 가리
킴)

볼 : 빠무 마자따(+맞았을 때만 가리킴)

갸름하다 : →질쭈:마다

보조개 : △

머리카락 : 머리끼 | 머리끼르 뽀바따

비듬 : 머리삐누리(+머리+-ㅅ+비눌)

기계총 : △

정수리 : 수꿍기라 하지(+숨구멍과 정
수리의 의미차가 없음)

대머리 : 번들리매라구(+'번들니매'는
머리가 벗겨지고 넓은 이마)

고수머리 : 양머리

가르마 : 그무 내지(+금+-우 내지)

가르마 타다/가르다/하다 : 그무 내능게
지{금을 내는 것이지}

가마(旋毛) 가ˊ매

가마(鼎)의 성조·음장 : 가매ˊ지

가마(轎)의 성조·음장 : 가ˊ매라

가마(窯)의 성조·음장 : *

가마(가마니)의 성조·음장 : *

뒤통수 : 뒤따라 하지(+'뒤'의 'ㅟ'는 [ü])

뒷덜미 : 목떠튀미(+[moktʼətʰümi]) | 더
튀미지(+[tətʰümiji]) | 목떠투미

목 : 모기지 | 모게 호기 나따

멱살 : 멕따시미 | 멕뚜시미라구 | 멕뚜
시미르(+대격형) | 멕따시미두

어깨 : 엉께

밀치다 : 쾅 밀구간다

겨드랑 : 재개미 | 자개미지 | 재가메{겨
드랑이에}

등 : 드이라구두 하압떠마{등이라고도
하더군요}

가슴 : 압까시미구 | 압까슴두 너르다 |
가시미지 | 가슴두 너르구

결리다 : 케운다 | 케와서

갈비뼈 : 갈비뻬지 | 갈비

허파 : 페

쓸개 : 여리지(+열+-이지)

콩팥 : 콩빠치

-에 : 콩빠체 베이 생게따

-을 : 콩빠츠

팔 : 파리지 | 파리 아푸다

팔꿈치 : 팔꾸비 | 팔뚜꾸비 | 팔뚜꾸비
두 아푸구

팔짱끼다 : 팔쩡개르(+대격형)

손톱 : 손토비지

오른손 : 오른소이구 | 오른짝쏘이구

왼손 : 웬소이지 | 웬짝쏘이구

다르다 : 따다

-아서 : 따서

틀리다 : 틀레따

왼손잡이 : 웬재라 하지

엄지손가락 : 엄지소까라기

집게손가락 : △

가운뎃손가락 : △

약손가락 : △

새끼손가락 : 새끼송까라기구

생인손 : 새앵손 알른다 | 새앵송까락
　　　알른다

사마귀 : 사마기

손아귀 : △

손목 : 솜모기지

뼘 : 한 뽀미

허리 : 허리

지팡이 : 지페르 집꾸댕긴다

옆구리 : 여꾸리지

간지럽다 : 간질기우지{간지럽히지} |
　　　간지러바서

간지럼 : 간질군다 하지

잔허리 : △

근육 : △

배꼽 : 배뿌기지 | 배뿌그 다까라

목물 : △

복사뼈 : 발꼬무리

발가락 : 바까래기지 | 발까래기 | 발까

락 시쳐라

발바닥 : 발빠다기 | 발빠다게

발톱 : 발토비

냄새 : 내 난다

고린내 : 발쿠린내 난다 | 발똥내 난다

굳은살 : →자~아리라 | 자아리 배게따
　　　구(+장알은 손바닥의 굳은살)

정강이 : 성무니 | 성무니라 | 성무느 시
　　　쳐라

종아리 : 다리암뻬라(+다리와 종아리,
　　　장딴지의 구분이 없음)

장딴지 : 장딴지라구두 하구(+다리와
　　　종아리, 장딴지의 구분이 없음)

회초리 : 훼차리

무릎 : 무루피지

-을 : 무루푸 시쳐라

-에 : 무루페 안자따

오금 : △(+'오곰'은 다리의 높임말)

엉덩이 : 엉치지

궁둥이 : 엉치 | 궁디라(+짐승에게 쓰는
　　　낮춤말)

볼기 : 신다리지{볼기지}

멍 : 이무러따구

멍울 : 모리 서찌(+[mɔɾi]) | 모르
　　　(+[mɔɾi], 대격형)

가랑이 : 가다리라구두 하지 | 가다리
　　　어가이(+사이)

사이 : 어가네 | 새·라구두 하구

샅 : △

-이 : △

-을 : △

사타구니 : *

가래톳 : △

-을 : △

허벅다리 : 신다리라 하지

넓적다리 : 신다리라 하지 | 신다립찌

가부좌(跏趺坐) : 올방재르 하구 안는다

가부좌(跏趺坐) 치다/앉다/트다/꼬다/하다 : 올방재르 하구 안는다구

감기 : 숭감해애서 | 융가미라구두 하구

기침 : 지치무 진는다

재채기 : 재채기라 | 재채기르 하지

사레 : 개께따구

사레 들리다/만나다/걸리다 : 개낀다

딸꾹질 : 패기르 하는게지

트림 : 트름한다

곰보 : 억뚜배기지 | 억뚜배

천연두 : 마누래베~이 | 마누래

여드름 : 구리 | 구르 짜라

학질 : 학찔뻬~이지

하루거리 : 학찔 하무

이틀거리 : 학찌리

매일 앓는 학질 : 학찔

홍역 : 홍지니라 | 대애기라 | 대애기

볼거리 : 도투베~이라

땀띠 : 땀때

두드러기 : 두두럭뻬~이

버짐 : 버지미

마른버짐 : 마른 버지미라

진버짐 : 저즌 버즈미

도장버짐 : 버지미

문둥이 : 문둥뼹~재라

문둥병 : 문둥베~이(+[munduŋpẽy])

부스럼 : →부수레미지 | 부수레미 | 부수레무 곤체라{부스럼을 치료해라} | 부수렘두 만타

종기 : △

고름 : 고르미지 | 고르미

곰기다 : 공긴다

난쟁이 : 난재애 | 난재·애르 바라 | 난재애두 와따

사팔뜨기 : 해뜨개라 하지 | 해뜨개

언청이 : 헤채 | 헤채더리 만타구

소경 : 눈멕째라 하지 | 쉐게이(+[swegey]) | 쉐겨어더리 와따(+소경과 당달봉사의 총칭)

당달봉사 : 뜬누이 | 뜬누이더리두 와따

애꾸 : 엔눈통싸아재라구

눈곱 : 눙꼬비

다래끼 : 께에지라 하더마 | 때애지라구

다래끼 : 께에지 | 때애지(+위 아래 구분 없이 씀)

다래끼 : 께에지 | 때애지(+위 아래 구분 없이 씀)

절름발이 : 다리절루배

곱사등이 : 등곱째라구

귀머거리 : 귀멕째(+'귀'의 'ㅟ'는 [ü])

말더듬이 : 말머깨라{말더듬이라}

벙어리 : 버버리라 하지

잠꾸러기 : 잠꾸데기라구

졸리다 : 자분다 하지{존다고 하지} | 자
　　불구 안자이따구{졸고 앉아 있다
　　고} | 자부러바서{졸려서}
하품 : 하페밀 한다 | 하페미 | 하페미마
　　한다구
졸음 : 자부레미 온다
-을 : 자부러무 참찌 모타구
-에 : 자부러메 하페미두 만타
잠꼬대 : 잡쏘리 한다구
입덧 : 게우닥찔 하지
-을 : 게우닥찌르
갓난아이 : 아라구 하짐(+갓난아이와
　　어린아이의 총칭) | 가즈난 어르
　　나라 하지
어린아이 : 아더리라구 | 스나라 하구
　　(+6세~10세 정도의 아이) | 어르나
　　(+서너살 정도의 아이)
경기(驚氣)하다 : 어르나 푸~우 일군다
눕히다 : 누핀다
계집아이 : 새아가더리지 | 간나라구두
　　| 에미나라구두 하지 | 게지배라구
　　두 하구(+오래된 말로 인식)
예쁘다 : 곱따 | 고바서
사내아이 : 선스나르(+대격형)
아우 타다 : 제 아래르 타서
아우보다 : 네 동새애르 보개따
야위다 : 예빈다 | 축한다구 | 예베에간
　　다구
쌍둥이 : 쌍둥어르나라 하지 | 쌍둥아더
　　리라 | 쌍뒤(+'뒤'의 'ㅟ'는 [wi])

오줌 : 오좀두 싸지
똥 : 또오 싸지 | 똥두 싸구
기저귀 : 엉치바치개라 하더마
뉘다(排便) : 오좀 뉘운다(+'뉘'의 'ㅟ'는
　　[ü])
방귀 : 방기르 낀다
뀌다 : 뀐다(+[k'ünda])
구린내 : 똥쿨래 나짐{구린내가 나지
　　뭐} | 똥내 난다
구리다 : 쿠리다구두 하구
포대기 : △(+하부리 싸서 업찌)
기지개 : 지지개 쓴다
기지개를 켜다/하다/쓰다/펴다 : 쓴다 |
　　지지개르 한다구
거짓말 : 거스뿌레르 해따 | 거즈뿌레르
　　자란다 | 거즈뿌레 한다구
남부끄럽다 : 부끄러바서
겁쟁이 : 무세에비 만타 | 거비 만타 하
　　지 | →겁째라구
불쌍하다 : 불싸아다 하지 | 불싸애
　　(+[puls'aᵋ]) 모뽀개따
죄암죄암 : 재앰재 | 잼·잼·
곤지곤지 : 송곧송곧
따로따로 : 서라서라 하지
도리도리 : 도리도리
짝짜꿍 : 짝짱기
부라부라 : 디디장 디디장
걸음마 : 거름발 탈쩌게
아장아장 : 아장아장
넘어지다 : 어푸러진다 | 어퍼진다(+앞으

로 넘어지다) | 번드러진다(+옆으로
넘어지다) | 대배진다(뒤로 넘어지다)

곤두박질 : 공두박찔 해· 떠러져따

안기다 : 앵기와찌 | 앙기우지

바람개비 : 발랑개비

호드기 : △

숨바꼭질 : 꼼치울래기

소꿉놀이 : 바꿈재노로미

사금파리 : △

연 : 여니 | 연

방패연 : 여니

가오리연 : 여느 띠운다

걸리다 : 걸게따

고누 : △

땅뺏기 : *

팽이 : 배아리라구 | 배아르 친다

딱지치기 : *

구슬 : 구수리

그네 : 굴기

그네를 뛰다/타다/구르다 : 띠지

밑싣개 : △

굴렁쇠 : 구불개라구 | 구부레가지구 노
지

굴리다 : 구부린다

-고 : 구부리구

-어야 : 구부레 가지구 | 구부레라

자전거 : 재앵고 | 재앵고두

목말 : 몽매르 탄다 | 몽매르 태운다

말타기 : 말타개

달음박질 : 달름질 해·라

썰매 : 쪽빨기 | 쪽빨기(+[ǯokpʼaɾgi])

얼음을(썰매를) 지치다/타다 : 탄다

송곳 : △

엄살 : 엄사르

(엄살) 부리다/피우다/떨다/하다 : 쏜다

부아 : 부왜르 도꾼다(+[puʰwɛɾi])

아버지 : 아부지(+원동에서 주로 썼음),
빠빠(+지금 주로 씀)

아버지(호칭) : 아부지 잉게르 오오

어머니 : 어머니(+원동에서 주로 썼음),
마마(+지금 주로 씀)

·어머니(호칭) : 어머니! 잉게르 오오

할아버지 : 크라바이 | 하나바이 | 하나
부지

할아버지(호칭) : 하나부지 | 크라바이

할머니 : 크나매

할머니(호칭) : 크나매 잉게르 오오

남편 : 남펴니 | 남제 | 줴에니

남편(호칭) : 일보 잉게르 오오(+원동에서
썼음. 지금은 주로 이름을 부름)

아내 : 앙까이 | 부인네라구

아내(호칭) : △(+주로 이름을 부름, 원
동에서는 '여보', '일보'를 씀)

형 : 헤~이다, 헹님

형(호칭) : △(+주로 이름을 부름)

아우 : 동상 | 동새·라구(+다) | 애끼라구
(+소)

아우(호칭) : 동새애!(+어렸을 때는 주
로 이름을 부름)

누나 : 느베 | 내 이상느비오

누나(호칭) : △(+주로 이름을 부름)

누이 : 느비다(+누이·이다)

누이(호칭) : △(+주로 이름을 부름)

자식 : 자석떠리{자식들이}

맏아들 : 마다드리

맏딸 : 마따리 | 마따리구

막내 : 점메기라구 | 점메기

오빠 : 이새무 오라바이, 지해느 오래비{손 위면 오라바이, 손아래면 오래비}

오빠(호칭) : △(+원동에서는 어렸을 때 이름을 부름, 커서는 오라바이. 지금은 이름을 부름)

언니 : 서애라구 | 서애르 만나따

언니(호칭) : △(+주로 이름을 부름)

아비 : △(+이름을 부름). 네 남저~어 | 네 남제르 | 남편 어드르 간냐

아비(호칭) : △(+이름을 부름)

어미 : 처이 어드르 간냐(+아이를 낳기 전) | 메누리 어드르 간냐(+아이를 낳은 후) | 에미 어드르 간냐(+아이를 낳은 후)

어미(호칭) : 이사르마(+주로 이름을 부름)

손자 : →손재라구

손녀 : →손네

사위 : 싸우 | 싸우 이기르 오오 | 싸우이(+[s'auy]) | 싸우마 아드리 나따{사위보다 아들이 낫다}

사위(호칭) : △(+주로 이름을 부름)

외손자 : 웨손재

외손녀 : 웨손녜

꾸짖다 : 욕한다(+[yok·handa]) | 요가지(+[yogʱaji]) | 챙망한다

-고 : 챙망하더라

나무라다 : 욕·한다

총각 : 총가기

처녀 : 새애기

혼인 : 혼세르 한다 | 잔체르 한다

혼인식 : △(+잔체르 한다)

혼인 잔치 : 잔체라구

장가가다 : 서바~·간다(+서방+-으 간다)

시집가다 : 시집깐다

혼숫감 : △

함 : →하물(+대격형)

겹사돈 : 두벌 사두이지

새색시 : 각씨라구

새색시(호칭) : 애기 여기르 오오, | 각씨 | 애기네

시아버지 : 시아바니 | 시애비(+낮춤말)

시아버지(호칭) : 아반니미 | 아반님

시어머니 : 시어마니 | 시어머니 | 시에미(+낮춤말)

시어머니(호칭) : 어마니 | 어머니 오옵쏘 | 어먼님

비위 : △

아주버니 : 시헤~이

아주버니(호칭) : 아즈바이(+[aǰibai])

서방님 : 시애끼{시동생}

서방님(호칭) : 새워이(<생원+-이)

도련님 : 시애끼 | 새워임두(생원+-이+-

음두? =도련님입니까?)

도련님(호칭) : △

형님 : 형니미 | 마똥세{맏동서}

형님(호칭) : 헹님(+주로 이름을 부름)

시누이 : 스느비

시누이(호칭) : 스느비(+주로 이름을 부름)

아가씨 : 스느비(+주로 이름을 부름)

아가씨(호칭) : 스느비 잉게 오오(+주로 이름을 부름)

올케 : 올찌세미

올케(호칭) : 올찌세미(+주로 이름을 부름)

매형 : 매비 | 매부

매형(호칭) : 매부 잉게르 오오 | →헹님

매제 : 맏매비구 | 둘째매비구

매제(호칭) : 매비 | 매부(+주로 이름을 부름)

큰아버지 : 마다바이

큰아버지(호칭) : 마다바이

아버지의 둘째 형(호칭) : 둘째마다바이

아버지의 셋째 형(호칭) : 세째마다바이

큰어머니 : 마다매

큰어머니(호칭) : 마다매

아버지 둘째 형의 아내(호칭) : 둘째마다매

아버지 셋째 형의 아내(호칭) : 세째마다매

큰집 : 큰지비

작은아버지 : 아즈바이 | 삼추니라구 |

삼추이

작은아버지(호칭) : 아즈바이

작은어머니 : 아즈마이

작은어머니(호칭) : 아즈마예! 오오!

삼촌 : 삼추이 | 아즈바이

삼촌(호칭) : 아즈바예:!

아저씨 : 마다바이(+아버지보다 나이가 위일 때) | 아즈바이(+아버지보다 나이가 아래일 때)

아저씨(호칭) : 마다바이(+아버지보다 나이가 위일 때) | 아즈바이(+아버지보다 나이가 아래일 때)

아주머니 : 마다매(+아버지보다 나이가 위일 때) | 아즈마이(+아버지보다 나이가 아래일 때)

아주머니(호칭) : 마다매(+아버지보다 나이가 위일 때) | 아즈마예!!(+아버지보다 나이가 아래일 때)

조카 : 조캐

조카딸 : 조캐

고모 : 마다매(+아버지의 누나) | 아재(+아버지의 여동생)

고모(호칭) : 마다매(+아버지의 누나) | 아재(+아버지의 여동생)

고모부 : 마다바이(+아버지 누나의 남편) | 아재(+아버지 여동생의 남편)

고모부(호칭) : 마다바이(+아버지 누나의 남편) | 아재(+아버지 여동생의 남편)

고종 : 베사춘(+[vesaʧʰun]) | 웨사춘

이모 : 베다마매(+[vemadamɛ], 어머니의 언니) | 아재 | 웨아지미(+어머니의 여동생)

이모(호칭) : 마다매(+어머니의 언니) | 아재(+어머니의 여동생)

이모부 : 마다바이(+어머니 언니의 남편) | 아즈바이(+[ajibai], 어머니 여동생의 남편)

이모부(호칭) : 마다바이(+어머니 언니의 남편) | 아즈바이(+[ajibai], 어머니 여동생의 남편)

이종 : 웨사춘

외삼촌 : 마다바이(+어머니의 오빠) | 아즈바이(+어머니의 남동생) | 베삼춘(+[vesamʧʰun])

외삼촌(호칭) : 마다바이(+어머니의 오빠) | 아즈바이(+어머니의 남동생)

외숙모 : 마다매(+어머니 오빠의 아내) | 아즈마이(+어머니 남동생의 아내)

외숙모(호칭) : 마다매(+어머니 오빠의 아내) | 아즈마이(+어머니 남동생의 아내)

외종 : 웨사춘

외할아버지 : 웨크라바이

외할아버지(호칭) : 웨크라바예!

외할머니 : 웨크나매

외할머니(호칭) : 웨크나매! 아츰 잡싸쏘?

장인 : 가시아바니

장인(호칭) : 가시아바님임두{장인이십니까?}

장모 : 가시어마니

장모(호칭) : 가시어마니미

처남 : 처내미

처남(호칭) : 처나마(손아래, +주로 이름을 부름) | 형님이라구(+손위, +주로 이름을 부름)

처남댁 : 처남대기

처남댁(호칭) : △(+주로 이름을 부름)

홀아비 : 보토리 | →하부래비

홀어미 : 하부레미

계모 : 이부데미

계부 : 이부대비

아저씨 : 마다바이(+아버지보다 나이가 위일 때) | 아즈바이(+아버지보다 나이가 아래일 때)

아저씨(호칭) : 마다바에!(+아버지보다 나이가 위일 때) | 아즈바예! | 아즈바이!(+아버지보다 나이가 아래일 때)

아주머니 : 마다매(+아버지보다 나이가 위일 때) | 아즈마이 | 아재(+아버지보다 나이가 아래일 때)

아주머니(호칭) : 마다매!(+아버지보다 나이가 위일 때) | 아즈마예! | 아재!(+아버지보다 나이가 아래일 때)

사나이 : →스나

영감 : △(+주로 이름을 부름)

할머니를 낮추어 말할 때(저 놈의 할망

구) : *

나이 : 나이

-를 : 나아{나이를}

환갑 : 항갑

환갑잔치 : 항갑짠체

사투리 : △

물고기 : 물꼬기

민물고기 : 밈물꼬기

피라미 : *

지느러미 : △

아가미 : 저버리

창자 : 배애리

송사리 : *

헤엄 : 헤에가지{헤엄쳐 가지}

메기 : 메사귀(+[mesagü]) | 메사길(+대

격형)

자라 : 자래

거북 : 거부기

미꾸라지 : 쉐처네(<쇼쳔어+-이)

개구리 : 메구락찌 | 개고락찌 | 개고라

기

올챙이 : 올채

두꺼비 : 두께비

거머리 : 거마리

다슬기 : 골배

우렁이 : 골배

고둥 : 골배

달팽이 : 뿌리 인는 골배(+뿔[角]이)

새우 : 새비

새우(대)_민물 : *

새우(소)_민물 : *

새우(대)_바다 : 왕새비

새우(소)_바다 : 새비

새우젓 : →새비저시

-이 : 새비저시

가재 : 가재

갈치 : 갈치

고등어 : 고도에 | 고도에르(+대격형)

가오리 : *

가자미 : 가재미 | 가재미르(+대격형)

멸치 : *

명태 : 멩태

동태 : 얼군 멩태

황태 : *

노가리 : *

북어 : △

생태 : 멩태(+이 지역에서는 명태를 얼

린 것만을 판다 함)

조기 : *

도미 : *

뱀장어 : *

낚시 : 낙씨 | 낙씨질하지

미끼 : 미끼 | 미끄 개애와라 | 미께다 |

미끄부터

낚싯대 : 낙씨때

얼레 : △

조개 : 조개

소라 : 골배

벌레 : 벌거지덜 | 벌기

날벌레 : 날뻘기

파리 : 파리

쉬파리 : 쉬파리(+[süpʰaɾi])

쉬슬다 : 쉬르 쓸지(+[süɾi]) | 쉬르 쓸재
   이따{쉬를 슬지 않았다}

가시 : 구데기

진딧물 : 드미 치지

(진딧물이) 끼다/앉다/생기다 : 친다

잠자리 : 잼:재리

방아깨비 : 메떼기 | 메뙤기(+[meťögi])

암컷 : 메떼기 | 메뙤기(+[meťögi])

수컷 : 메떼기 | 메뙤기(+[meťögi])

메뚜기 : 메뙤기구(+[meťögigu])

여치 : 메뙤기(+[meťögi])

사마귀 : △

벌 : 버어리 | 버리

(벌을) 치다/기르다/키우다 : 버르 친다

땅벌 : *

나비 : 나비 | 나빌 자바라

하루살이 : *

풍뎅이 : *

모기 : 모기

장구벌레 : *

매미 : △

개똥벌레 : 개똥벌거지

반딧불 : 개똥부리

거미 : 거미 | 거미지 | 거미주리{거미줄이}

굼벵이 : 굼베이(+[kumbey])

구더기 : 구데기

노래기 : *

그리마 : △

지네 : △

개미 : 배깨애미

바구미 : △

진드기 : 어얘 | 어~얘 | 진뒤(+[čindüi])

벼룩 : 베리기

이(蝨) : 이르 잡찌 | 이 치지

서캐 : 써개 | 써개르 주게라

빈대 : 빈대

송충이 : 쏙쐐·미

귀뚜라미 : 기뚜리

누에 : 느베 | 느베벌거지

고치 : 느베고치

번데기 : △

지렁이 : 지레

회충(蛔蟲) : 거시

소금쟁이 : △

방개 : △

가축 : 즘승개·라구

암소 : 암소 | 암쒜

송아지 : 쐐애지

송아지 부르는 소리 : 마냐(+"마샤"(암
   송아지) | "완냐"(숫송아지)처럼
   송아지 이름을 지어 부름)

황소 : 둥굴쒜 | 둥구리

길들이다 : 지르 디린다 | 질디린다

소 모는 소리_앞으로 가라 : 이라!

소 모는 소리_그 자리에 서라 : △

소 모는 소리_오른쪽으로 돌라 : △

소 모는 소리_왼쪽으로 돌라 : △

소 모는 소리_뒤로 물러나라 : △

쇠고기 : 쇠고기(+[sögogi])

고기(肉) : 고기르 멍는다

둘치 : →들쉐 | 둘쉐(+[tɐls'we])

꼬리 : 쉐꼬리 | 쉐꼬랑대기

망아지 : 매애지

당나귀 : 당나귀(+'귀'의 'ㅟ'는 [ü])

갈기 : 말모리 | 모:래기 | 모오래기

돼지 : 돼애지 | 대애지

멧돼지 : 메때애지 | 매때애지르 | 메때
애지르

주둥이 : 도투주디 | 주디이르(+대격형)

돼지 머리 : 도투대가리

돼지우리 : 도투구리지(+도투굴)

오래오래 : 쫄:쫄 | 쫄:쫄쫄

개(犬) : 개

수캐 : 수캐

암캐 : 암캐

강아지 : 개애지 | 개애지르(+대격형)

염소 : 염쉐

고양이 : 고얘

수고양이 : 수코얘

암고양이 : 암코얘

토끼 : 토끼

거위(鵝) : 게사이

암탉 : 암타기 | 암탈기

병아리 : 배우리

모으다 : 모다따 | 모다라 | 모여따

수탉 : 수타기 | 수탈기

-이 : 수탈기

볏(鷄冠) : 뻬시

부리 : 부부리 | 달그 부부리

모이 : 요리 만타 | 요르 줘라 | 욜부터

-을 : 요르 줘라

모이다 : 모다와따(+모두 아 왔다)

닭털 : 달그터레기 | 닥터리라구

닭똥 : 달기또~오 싼다

어리 : 달구구리

닭장 : 달그구리

둥우리 : 둥지지{둥우리이지}

날개 : 날개

깃 : △

-을 : △

호랑이 : 버미 | 범

살쾡이 : →슬기

여우 : 여끼 | 여끄 | 여끼두 | 여끼에 |
여끄재비 | →여스새끼

원숭이 : 잰내비 | 잰내빌 자바라 | 잰내
비두 업따

사슴 : 사시미 | 사시미꾸마 | 사스무 |
사슴새끼

노루 : 놀가지

-이 : 놀가지 만타

-을 : 놀가질 자바라

고슴도치 : 고숨도치 | 고숨도칠(+대격형)

두더지 : 따뚜지

족제비 : 쪽쩨피

뱀 : 배애미

도마뱀 : 도마배·미 | 도마배미 만타

구렁이 : →구레
살무사 : *
생쥐 : 쥐(+[čü])
박쥐 : 빨찌 | 빨쮜(+[čü])
거꾸로 : 가꾸루 다라매지
다람쥐 : 다래미
새(鳥) : 날쯤식~(+[nalčimsĩ]) | 새더리
꽁지 : 꼬리
솔개 : △
독수리 : 닥쑤리 | 닥쑤릴 자바라
제비(燕) : 제비
두루미 : 두루미
소쩍새 : △
꿩 : 꿔~이 애임두~?
장끼 : 수꿔~이
까투리 : 암꿔~이
꺼병이 : 꿔~이새끼 | 꿔~어새끼
종달새 : 종달쌔
뻐꾸기 : 버꾹쌔
기러기 : 기러기 | 기러기부터
뜸부기 : *
올빼미 : △
까치 : 까치
딱따구리 : 떡뚜구리 | 떡뚜구리 자바라
덫 : 더티 만:타
-을 : 더트
올가미 : 올개기
진달래꽃 : 천지꼬지
철쭉꽃 : △
민들레 : 무순둘레

맨드라미 : 부드꼬지 | 부드꼴
봉선화 : △
꽈리 : 꽈리 | 꽈:리
해바라기 : 해자부리 | 해자부릴 | 해자
    부레(+처격형) | 해자불부터
꽃봉오리 : 꼬뿌디
시들다 : 스들다 | 스드러져따
질경이 : 배짜개
질경이(식물 이름) : 배짜개
질경이(식용(반찬) 이름) : *
삘기 : *
비름 : 도투비느리
쇠비름 : 너울푸리라구
씀바귀 : 세투리 | 참세투리
고들빼기 : *
고들빼기(식물 이름) : *
고들빼기(식용(반찬) 이름) : *
고사리 : 고사리
고비 : 지름고비
도깨비바늘 : →닥싸리
도꼬마리 : 께꼬리
억새 : 새지{억새이지}
갈대 : 까리지
이끼 : △
아주까리 : 피마재 | 피마재르
담쟁이 : △
수세미 : △(+카자흐스탄에는 없고 우
    즈베키스탄 타슈켄트에 있으며
    주로 몸을 씻는 데 씀)
덩굴 : 너우리 번는다

덤불 : 덤부리
가시덤불 : 가시덤부리
잔디 : 잔디푸리
소나무 : 솔랑기 | 솔랑그| 솔랑게 | 솔
　　　라무부터
솔방울 : 송치 달게따
관솔 : 솔라무옹지
솔가리 : △솔라무이피말랐다
그러모으다 : 끄러모다라
뽕나무 : 뽕낭기| 뽕나무 | 뽐낭기 | 뽐
　　　나무이피
오디 : 오디(+[ɔdi])
도토리 : 바미라구 | 밤두(+밤+-두)
떡갈나무 : 가람낭기 | 가람나무두
상수리 : 바미라구(+밤+-이라구)
옻 : *
-으로 : *
버드나무 : 버드리| 버들랑기 | 버들랑
　　　그 | 버들라무두
느티나무 : *
그림자 : 그름재지
그늘 : 그느리 생기지
숲 : 나무바티
-을 : 나무바틀
-에 : 나무바테
시원하다 : 씨워:나다
찔레 : *
칡 : *
-에 : *
가지(枝) : 아치| 아채기| 나무아채기

끝 : 그티 나지
-이 : 그티 나지
-을 : 그트 내라 | 그트 마차라
-에 : 그테
삭정이 : △
삭정이를 딴다/꺾다/하다 : 뚝뚝 꺼꺼서
나무 : 낭기 만타 | 나무두 만터라
-을 : 낭글르
-에 : 낭게
나무하다 : 나무하라 | 낭그하라 간다
그루터기(밑동) : →글거리 | 나무글거
　　　리 | 나무드덜기
그루터기(벼를 베고 남은 것) : →글거리
등걸 : 글거리 | 글기
장작 : →장재기라 하지
패다 : 낭그 팬다구
부스러기 : 부수레기 | 지적빼비(+지적+
　　　밥+-이)
숯 : 수수깨기
-이 : 수수깨기 만타
-을 : △
-에 : 수수깨게 무루 쳐라
불잉걸 : △(부리 부터서 이글이그라
　　　다)
싹 : 쌔기 올라와따 | 싸그(+대격형)
잎 : 입쌔기 | 이피
-을 : 나무이푸
잎사귀 : 입쌔기 | 입쌔기르
가랑잎 : 가람니피라구
뿌리 : 뿌리 | 뿌레기

능금 : 능그미 | 능그무

돌배 : 돌빼라

복숭아 : 복쑤애

곶감 : *

홍시 : *

고욤 : *

살구 : 살귀(+[salgü])

앵두 : 앵도 | 앵도르 | 앵도지

자두 : △

오얏 : 왜애지(+원동에 있었음)

-을 : 왜애지르 가져오나라

석류 : △

모과 : *

과일 : 과시리 | 개시리

꼭지 : 쪽짤기

밤 : *

밤송이 : *

풋밤 : *

알밤 : *

쌍동밤 : *

보늬 : *

호두 : 가랍토시

가래(秋子) : *

개암 : 깨애미(+원동에 있었음)

머루 : 멀귀

다래 : 다래(+원동에 있었음)

청미래덩굴 : *

으름 : *

참외 : 고려차매

딸기 : 땅딸기 | 가시달기

딸기(밭)_재배 : *

딸기(밭)_야생 : 땅딸기

딸기(들)_재배 : *

딸기(들)_야생 : 땅딸기

딸기(산)_재배 : *

딸기(산)_야생 : 가시달기

뱀딸기 : *

마름(菱) : *

산꼭대기 : 산꼭때기

기슭 : 산지슬기

-에 : 산지슬게서

골짜기 : 상꼴채 | 상꼴째기

메아리 : △(사니 우러난다)

고함 : 아부재기 친다

(고함) 치다/지르다/하다 : 친다

묘 : 모이라구 | 모이 크다 | 모오르 간
다 | 무덤이라구

묏자리 : 산짜리 볼라댕긴다

광중 : △

구덩이 : 구러~어~ 판다 | 구러~이두 너
르다

비탈 : 네리매기 | 네리마기

가파르다 : 강하다 | 강해서

언덕 : 언데기 져따 | 언더그 너머가따

낭떠러지 : 베락때라구

들(野) : 뜨리

-에 : 뜨레서 일한다

벌 : 벌파니 | 벌파이라구 | 벌판

갈림길 : 세가달 지리 | 갈가지능 기리
라구

헤어지다 : 갈가져따 | 갈가지자

바위 : 돌빠우지

-을 : △

-에 : 독빠우에

돌(石) : 도리지

-을 : 도르

-에 : 도레 달기 마자따

자갈 : 자작또리

모래 : 모새 만타

-를 : 모새르

진흙 : 즌흘기지

찰흙 : △

물 : 무르

거품 : 더푸미

개운하다 : 씨워:나다 | 거뿌나다 | 거뿌내

도랑 : 도래 | 도래 너르다 | 도랑두 너르다 | 물또래

봇도랑 : 논또래애지 | 논또래애두 | 논또라~아 | 논또랑두

둑 : 뚜기 | 논뚜기 | 드러기 | 드레기

잠기다 : 쟁게찌

개울 : 물깨애니(+'가~이{강} > 물깨애니{개울} > 도래애{도랑})

내(川) : 물깨애니

미역 감다 : 모역한다

발가숭이 : 버얼개

목욕하다 : 모역 할라가따 | 모역.한다

수채 : △

개골창 : 도라~아~ 만드러찌

시궁창 : △

웅덩이 : 웅더~이(+[uŋdə͂y]) | 웅더~: (+대격형) | 웅덩부터

수렁 : 증개구레 빠져따

늪 : 느피

-에 : 느페

배(船) : 배·라 하지 | 찬 | 차니 | 차느(+찬은 중국어 차용어)

나루터 : △

돛 : 푸~이구 | 푸~우 쳐찌 | 풍두

-에 : 푸~에

돛대 : 도때지

돛배 : △

돛 줄 : △

닻줄 : 다티 | 다쭈리(+제?)

거루 : △

상앗대 : △

개펄 : △

뭍 : △

-으로 : △

밀물 : △

썰물 : △

가라앉다 : 까란찌

그물 : 구무리 | 구무루(+대격형)

해녀 : *

새벽 : 새바기

새벽밥 : 조바니 | 조바느

아침 : 아츠미 | 아츰두

아침밥 : 아치미 | 아츠미라지

점심 : 정시미지 | 정슴 머거라

저녁 : 저녁 머거라 | 저녀기 | 저녁뿌터
    | 저녀그
설핏하다 : △
노을 : 느부리(+[nibɯri])
-을 : 느부리르
불그레하다 : 버얼거치 | 벌게스레: | 불
    그스레:
해거름 : △
땅거미 : △
봄 : 보미 | 보메
여름 : 여르미지
더위 : 더비르 머거따
추위 : 치비 나따
가을 : 가스리 | 가스리지 | 가슬부터
-에 : 가스레
겨울 : 동새미 | 동사미 | 동삼두
-에 : 동사메두 머꾸
얼음 : 어리미 데지 | 어름두
오늘 : 오늘
내일 : 내일 | 내일 온다
모레 : 모레
글피 : 글피
그글피 : 그글피
어제 : 어제
그저께 : 그저께
그그저께 : 그그저께
훗날 : 훈나레 | →후제
하룻날 : 초할리 | 초하른날
이튿날 : 이튼날 | 이튼날부터
사흗날 : 사은날(+[saʱinnar]) | 사은날부

터
나흗날 : 나은날 | 나은나레
닷샛날 : 다쌘나리 | 다쌘나레
엿샛날 : 여쌘날
이렛날 : 이렌날
여드렛날 : 야드렌날
아흐렛날 : 아으렌날
열흘날 : 여를랄
하루 : 하르
이틀 : 이틀
사흘 : 사으(+[saʱi])
나흘 : 나으(+[naʱi])
닷새 : 다쌔
엿새 : 여쌔
이레 : 이레
여드레 : 야드레
아흐레 : 아으레
열흘 : 여를 | 여르
한나절 : 반날
반나절 : △
그믐 : 그미미라 | 그므미 온다
그믐께 : 그믐께
지금 : 지금 이르 해애라
아직 : 안죽
이제 : 이제
이미 : 발써
요즈음 : 이셰 어떠냐 | 이지가니 어떠
    냐
금방 : 곰만
볕 : 베치 | 해삐치

-이 : 베치 | 해삐치

-을 : 베트 | 해삐츠

따스하다 : 따따:사다 | 따따:새 조타

아지랑이 : △

응달 : 능다리 | 그느리라구

양달 : △

비(雨) : 비지

가랑비 : △

이슬비 : △

안개 : 앙개

는개 : 즌새

무지개 : 무지개 서따

소나기 : 소낙삐지(+'소나기' = 우레)

갑자기 : 불쌀르

홍수 : 무리져따

번개 : 벙개 친다

천둥 : 소내기 운다

벼락 : 베래기 친다

무섭다 : 무셔·바서 무세에바서

함박눈 : 누니 | 눈 | 누이지 | 누이오지

싸락눈 : 싸랑누이

발자국 : 발짜기

진눈깨비 : 눙개삐 온다

우박 : 박쌔

고드름 : 고조리

햇무리 : 해 머리르 언져따/에와따 | 해
    따바리 에에따{해가 똬리를 이었
    다}

달무리 : 달 머리르 에와따 | 달 머리르
    언져따

둥글다 : 또리또리사다 | 또리또리새·
    보기조타

은하수 : *

금성 : 새뼈리

가뭄 : 가무리

마르다 : 말라드러따

-어서 : 말라찌

위 : 우우루 | 우에

아래 : 아래르

왼쪽 : 웬짜기

오른쪽 : 오른짜기

곁 : 저티라구

-에 : 저테

회오리바람 : 돌개바르미

북풍 : →북푸~이

남풍 : △

동풍 : △

서풍 : △

저자 소개

곽충구

서강대 명예교수
제3·4대 한국방언학회 회장
제16회 일석국어학상 및 제1회 학범 박승빈 국어학상(저술상) 수상

〈주요 논저〉

『함북 육진방언의 음운론』(1994)
『한국언어지도집, *Language Atlas of Korea*』(공편, 1993)
『방언학사전』(편집 책임 및 집필, 2001)
『중앙아시아 이주 한민족의 언어와 생활』(태학사, 2008, 2009)
『두만강 유역의 조선어 방언 사전』(2019)
「구개음화 규칙의 발생과 그 확산」(2001)
「현대국어의 모음체계와 그 변화의 방향」(2003)
「중앙아시아 고려말의 역사와 그 언어적 성격」(2004)
「동북방언의 만주퉁구스어와 몽골어 차용어」(2017) 외

김수현

서강대학교 대학원 국어국문학과 석사, 박사
전, 세종사이버대학교 국제학부 한국어학과 외래교수
전, 국립국어원 학예연구사
현, 문화체육관광부 국어정책과 학예연구사

〈주요 논저〉

『중앙아시아 이주 한민족의 언어와 생활-카자흐스탄 알마티』(공저, 태학사, 2008)
「중앙아시아 고려말의 공시 음운론」(박사학위 논문, 2014)
「방언에 나타나는 모음간 '이/ɯ/' 삽입의 원인」(2011)
「'겨드랑이'의 어휘사」(2012) 외

중앙아시아 이주 한인의 고려말
- 카자흐스탄 탈디쿠르간

초판 인쇄 2022년 11월 21일
초판 발행 2022년 11월 28일

지 은 이 곽충구 · 김수현
펴 낸 이 이대현
펴 낸 곳 도서출판 역락

주   소 서울시 서초구 동광로 46길 6-6 문창빌딩 2층
등   록 1999년 4월 19일 제303-2002-000014호
전   화 02-3409-2058, 2060
팩   스 02-3409-2059
홈페이지 www.youkrackbooks.com
이 메 일 youkrack@hanmail.net

ISBN 979-11-6742-323-8 94710
        979-11-5686-694-7 (세트)